高中國文

全方位跨領域經典閱讀

陳嘉英——著

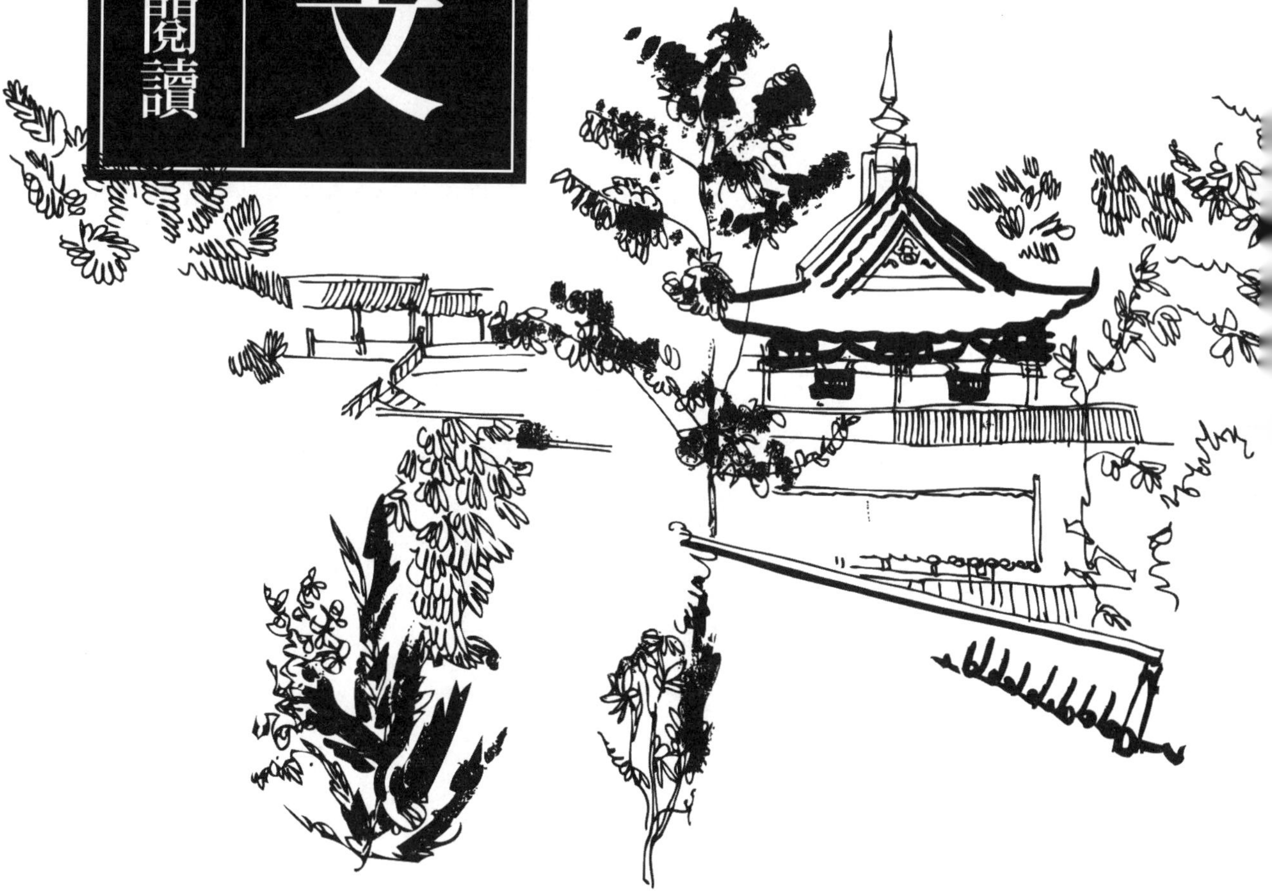

五南圖書出版公司 印行

編者序言

當按下最後一個句點

句號之後，是一個得意的意念轉折，另一個按捺不住激濺而出的段落開始，或是長長的空白，發呆停滯的困惑。

都是。

當你想完成一本書時，這樣的浪打灘頭而後碎成細石間的心情，這樣無視於晴天召喚寒冬懾人，一心一念於編織劇情的姿勢便如石膏像一般固定。這樣過程的你，是虔誠素樸的僧侶，燈盞與電腦鍵盤是唯一的溫度與聲響。

對著經典古文，你看見千百年前作者觀看自我的方式，也看見自己在解讀一篇篇詩文時的眼神，更遠的是看見未來讀這本書的期盼情意。那時候的你們，或許會有那麼一瞬間契合，在同樣的燈下，夜裡；在同樣的震撼，心底。

這本書是幾年前應出版社董事長專程北上的邀約，為了高一的孩子能親近古文，能在文化的光照下啟開想法。接受慎重的託付與承諾之後，是無數孤獨卻不寂寞，沉穩卻不單調的日子，以及充滿重新閱讀與重生的歡喜。

幾年後，這本書不再於市面上流傳，有人追問去哪裡買？有人讚美那是很好看的書，有人說它跟一般書不同，不為了測驗、分數而閱讀，是為了與古人談心、交朋友而閱讀。

你是感動的，那正是你想傳達的感覺。青春的孩子視許多書為苦藥，目的強烈得忘卻了閱讀其實可以交付彼此，忘了那純然是希望你們更有智慧、更有勇氣愛這世界的禮物。

為了這樣的探詢，這本書將由另一個出版社接手。為了這樣的誕生，增加了跨領域的觀看，讓盧梭《社會契約論》與《韓非子》對話；以沙特的價值論解讀荀巨伯遠看友人疾，明

白決定自己價值的方式，從不在於別人，而在於內在價值的高尚及尊貴；或者當《王風・黍離》知我者謂我心憂，不知我者謂我何求時，是否該停下來深思我們為何需要國家？國家如何形成？然後明白「行邁靡靡，中心如噎」有多麼沉痛。

當你透過經濟學供需理論與看不見的手、迷戀光影追逐感覺的印象畫派、不直接說出悲傷或寂寞的關漢卿與是枝裕和、以機會成本計算墨子的非樂理論、父親給兒子什麼話？英雄帶什麼書出征？……這些跨界、跨科、跨時空的理論與視角與古文對話時，所謂任何歷史都是現代史，任何過去都是當下，任何古文都是最新的時事，一一在凝視細讀之間，成為確信的真實。

按下最後一個句點，然後，等待它被裝訂成書。

句點之後，讀者會繼續寫他的故事。

目錄

卷二 得心應手
心有靈犀一點通

卷三 游刃有餘 信手拈來俱天成

卷一

初試啼聲

與古文的浪漫邂逅

一、子產①不毀鄉校②

春秋　左傳

鄭人游於鄉校，以論執政。然明③謂子產曰：「毀鄉校何如？」

子產曰：「何爲？夫人朝夕退而游焉，以議執政之善否。其所善者，吾則行之，其所惡者，吾則改之，是吾師也，若之何毀之？我聞忠善以損怨，不聞作威以防怨，豈不遽止？然猶防川，大決④所犯，傷人必多，吾不克救也；不如小決使道⑤，不如吾聞而藥之⑥。」

然明曰：「蔑也今而後知吾子之信事也。小人實不才，若果行此，其鄭國賴之，豈唯二三臣？」

仲尼聞是語也，曰：「以是觀之，人謂子產不仁，吾不信也。」

【注釋】

①子產：春秋鄭國大夫，姓公孫，名僑，有遠見卓識，善外交，執政二十二年間，力主改革，使鄭國在晉、楚兩個大國之間立於不敗之地。

②鄉校：古代諸侯所立學校。春秋以前，鄉校不僅是受教育的地方，也是議論國家政事得失的地方。

③然明：名蔑，鄭國大夫。

④大決：大的潰決。

⑤道：同「導」，疏導。

⑥藥之：以之藥，此指以民之批評為藥石。

【翻譯】

鄭國人到鄉校休閒聚會，議論執政的得失。鄭國大夫然明對子產說：「把鄉校毀了，怎麼樣？」子產說：「爲什麼毀掉？人們早晚勞作完畢後來到鄉校聚會遊玩，議論一下施政措施的好壞。他們認爲是好的事情，我就推行；他們所厭惡的，我就改正。這些人，正是我的老師，爲什麼要毀掉它呢？我聽說忠誠善良盡力做好事來減少怨恨，沒聽說過依權仗勢以制止怨恨。難道用權勢（可以）很快制止這些議論嗎？但是這樣做就像用堤防堵洪水一樣：一旦洪水衝破了堤防造成損害，傷害的人必然很多，那時，我們就無法挽救；不如開個小口慢慢地疏導洪水；不如我們聽取這些議論後把它當作治病的良藥。」然明說：「我從現在起才知道您確實可以成大事。我確實沒有才能，如果真的這樣做，恐怕鄭國真的就有了依靠，豈止是有利於我們這些臣子！」

孔子聽到了這番話後說：「以這些話看來，人們說子產不仁，我絕不相信。」

知識要點

- 故事背景：子產嚴格遵守禮制治理鄭國，他執政之初，曾經受國人反對和抵制，當政第三年，人們歌誦：「我有子弟，子產教誨他們；我有田地，子產增加它的產量。子產如果死了，有誰能繼承他的事業？」
- 敘述脈絡：鄭人於鄉校論政→然明建議毀鄉校→子產認為民意足以為施政參考→然明肯定，孔子讚子產仁。
- 故事後續：子產逝世，鄭國百姓如喪考妣。孔子聞子產死了，悲哭道：「子產的仁愛，真是古代的遺風啊！」
- 歷代評論：《論語．公冶長》：子謂子產：「有君子之道四焉：其行己也恭，其事上也敬，其養民也惠，其使民也義。」（做人很謙恭，事奉君上能敬其事，用恩惠養民，使用民眾，能得其宜。）
- 知識重點：

1. 提出「以仁執政，聽取民意」的民主政治思想，強調「民之所好好之，民之所惡勿施」，若想以權威武力服眾，將導致民怨如河川氾濫一發不可收拾。
2. 子產對於然明的提議，藉由「何為」的問句，引出對事情的觀察與思考，表現他「推本溯源，推究對方提議動機目的作為判斷基礎，行事冷靜與明理」的作風。
3. 子產肯定鄭人議政的正面性，認為行政者既「忠善以損怨」，又「聞而藥之」，虛心向人民學習，才是政通人和之道。
4. 鄭大夫然明虛心受教，讚賞子產值得委託國家重任，孔子稱之曰「仁」。

練習題

1. 下列有關本文的敘述，正確的是：
(A)子產行事溫良恭儉，言詞謙讓
(B)然明大夫虛心受教，知人善任
(C)孔子責備鄭人忘恩負義，欺害忠良

(D)然明大夫執於己見，自以爲是

2.下列最接近「政治是人們透過制定、維繫和修正其生活一般規定的活動」觀點的敘述是：

(A)作威以防怨，豈不遽止？
(B)大決所犯，傷人必多
(C)若果行此，其鄭國賴之，豈唯二三臣？
(D)其所善者，吾則行之，其所惡者，吾則改之

3.根據本文，孔子讚美子產行仁政的原因是：

(A)民之所好好之，民之所惡勿施
(B)得民者昌，失民者亡
(C)幼吾幼以及人之幼，老吾老以及人之老
(D)君子之德，風；小人之德，草，草上之風必偃

【大考演練】

1.依據下文，符合全文旨意的選項是：

彊令之笑不樂；彊令之哭不悲；彊令之爲道也，可以成小，而不可以成大。缶醯黃，蚋聚之，有酸，徒水則必不可。以貍致鼠，以冰致蠅，雖工，不能。以茹魚去蠅，蠅愈至，不可禁，以致之之道去之也。桀、紂以去之之道致之也，罰雖重，刑雖嚴，何益？（《呂氏春秋》）

註：茹魚：腐臭的魚。

(A)興衰成敗有數，不可力強而致
(B)治國悖離民心，如同爲淵驅魚
(C)大材不宜小用，割雞焉用牛刀
(D)國君用人之術，務在明賞愼罰　【106指考】

2.下列選項，何者說明下文「在儒家價值體系中早有明確的分劃」？

知識分子的立身處世之道，在儒家價值體系中早有明確的分劃，那就是兼善或獨善——將自己置身於政治漩渦之中，一伸治平之志；或蟬蛻於塵囂之中，自致於寰區之外，和政治保持某種程度的疏離。（改寫自逯耀東〈且做神州袖手人〉）

(A)用之則行，舍之則藏
(B)君子喻於義，小人喻於利
(C)見賢思齊焉，見不賢而內自省也
(D)政者，正也。子帥以正，孰敢不正　【108統測】

【跨領域觀看】：民意政治與民粹主義

美國獨立宣言、法國大革命伸張自由、財產、安全和反抗壓迫的天賦人權，開啓民主政治。民

意政治的特徵是以民爲本，人民是國家一切權力的來源，透過選舉產生出民意所支持的政黨與候選人。政府施政必須以民意爲依歸，權力的行使必須向人民負責，而人民可以在法律規範的範圍內，透過陳情、輿論、參加團體、遊行抗議等多種方式，來反映與表達自己的意見。

近年來「訴諸人民以反抗既有權力結構、主流觀念和社會價值的運動」的民粹主義在歐美國家中竄起，善用媒體傳達想法形成話題。如英國脱歐公投、美國總統大選的川普旋風。

民粹主義概念從拉丁文populus（人民）發展而來，泛指「政治必須遵照人民的偏好才是對的」。其定義有二。一是卡諾凡提出：站在「人民」的立場，批判舊有政治與菁英的政治運動；一是大嶽秀夫與吉田徹等人提出：突破固定的支持基礎，直接訴諸廣泛國民的政治形態，如英國的柴契爾政權、義大利的貝魯斯柯尼政權等。法國思想家茨維坦．托多洛夫認爲舊有政黨無論右派或左派全都存在於「上層」，民粹主義則站在「下層」的立場，批判「上層」菁英。

由上可見民粹主義是以人民爲基礎，批判舊有的權力結構與菁英階級（以及社會的支配性價值觀），以實踐主張。以顯著的農民勞工民粹運動而言，水島治郎《民粹時代：是邪惡的存在，還是改革的希望？》一書分析：「農民、勞工、中產階級等各種原本被排除在政治之外的人，爲了對抗傳統政治菁英的支配，積極利用民粹主義作爲他們參與政治或利益表達的過程。尤其在拉丁美洲，民粹主義式的政治，是提升勞工與多元弱勢的地位、支持推行社會政策的一股重要推進力。」

子產不毀鄉校這篇文章顯現重視民意的概念，《孟子．梁惠王下》也説明了考察民聲的方式：「左右皆曰賢，未可也；諸大夫皆曰賢，未可也；國人皆曰賢，然後察之；見賢焉，然後用之。左右皆曰不可，勿聽；諸大夫皆曰不可，勿聽；國人皆曰不可，然後察之；見不可焉，然後去之。左右皆曰可殺，勿聽；諸大夫皆曰可殺，勿聽；國人皆曰可殺，然後察之；見可殺焉，然後殺之。故曰：『國人殺之也！』如此，然後可以爲民父母。」

孟子「民貴君輕」、「民之所好好之，民之所惡勿施」、施行仁義，創造福祉利益「與民共之」的主張，與西方民主主義、民粹主義都強調政治具體表現於「聆聽民意」，具體實踐於保障全民自由安全與生存富足之上。

二、登徒子①好色賦

文選　宋玉

大夫登徒子侍於楚王，短宋玉曰：「玉爲人體貌閑麗，口多微辭②，又性好色，願王勿與出入後宮。」

王以登徒子之言問宋玉，玉曰：「體貌閑麗③，所受於天也；口多微辭，所學於師也。至於好色，臣無有也。」王曰：「子不好色，亦有說乎？有說則止，無說則退。」玉曰：「天下之佳人莫若楚國，楚國之麗者莫若臣里，臣里之美者莫若臣東家之子。東家之子，增之一分則太長，減之一分則太短；著粉則太白，施朱④則太赤。眉如翠羽⑤，肌如白雪，腰如束素⑥，齒如含貝⑦。嫣然一笑，惑陽城，迷下蔡⑧。然此女登牆闚臣三年，至今未許也。登徒子則不然：其妻蓬頭攣⑨耳，齞脣歷齒⑩，旁行踽僂⑪，又疥且痔。登徒子悅之，使有五子。王孰察之，誰爲好色者矣。」

注釋

① 登徒子：複姓登徒，未知是否真有其人，可能僅為文學上的虛構角色。
② 微辭：委婉而隱含諷諭的批評言詞。
③ 閑麗：文雅英俊。
④ 施朱：塗胭脂。
⑤ 翠羽：翠鳥的羽毛，青綠色而有光澤，比喻眉色。後遂用以指女子的眉。
⑥ 束素：言其白而緊緻苗條如一束白色生絹，此形容腰細。
⑦ 含貝：形容牙齒潔白。
⑧ 惑陽城，迷下蔡：使陽城、下蔡兩地的男子著迷。陽城、下蔡是楚國貴族封地。
⑨ 攣：音ㄌㄩㄢˊ，手、足因抽搐而彎曲不能伸直。

⑩ 齞脣歷齒：稀疏而不整齊的牙齒露在外面。齞，音ㄧㄢˇ，張嘴露齒的樣子。歷齒，形容牙齒稀疏不整齊。

⑪ 旁行踽僂：彎腰駝背，走路搖搖晃晃。踽僂，音ㄐㄩˇ ㄌㄡˊ，駝背。

【翻譯】

楚國大夫登徒子在楚王面前說宋玉的壞話：「宋玉長得閒雅文雅，容貌出眾，說話很有口才，言詞婉轉巧妙，本性又好色，希望楚王今後不要讓他出入后妃居住的宮殿。」

楚襄王用登徒子的話問宋玉，宋玉回答說：「容貌俊美，是上天所生，善於言詞辯說，是從老師那裡學來的，至於貪愛女色，下臣則絕無此事。」楚王說：「你不貪愛女色確有道理可講嗎？有道理講就說，沒有理由可說便離去。」宋玉於是辯解道：「天下之美人，沒有比得上楚國的女子，楚國美女，沒有誰能比得上我那家鄉的美女，我家鄉最美麗的美女，還得數我鄰居東家那位小姐。東家那位小姐，論身材，增加一分則太高，減掉一分則太矮；論其膚色，搽一點粉則太白，抹一點胭脂則太紅，她那雙眉有如那翠鳥之羽毛，肌膚恰如白雪般瑩潔，腰身纖細如一束絹帛，顯露出美人苗條的腰肢，牙齒有如口中含著海貝般潔白整齊。輕露出甜美嫵媚的微微一笑，就會使陽城、下蔡兩地的男子與王孫公子都為之迷惑和傾倒。這樣一位絕代佳人，趴在牆上窺視我三年，而我直到現在還沒有接受她的追求。登徒子卻不是這樣，他的妻子蓬頭垢面，耳朵攣縮，嘴脣外翻而牙齒參差不齊，彎腰駝背，走路一瘸一拐，又患有疥疾和痔瘡。這樣一位醜陋的婦女，登徒子卻與之頻繁行房，並且生有五個孩子。請大王明察，究竟誰是好色之徒呢？」

【知識要點】

- 故事背景：楚襄王非常賞識宋玉，因為宋玉精通音樂，文學造詣深，尤其創作辭賦聞名。楚襄王欣賞宋玉的才能，任他及景差、唐勒為文學侍從，主要工作是謳詩獻賦、娛樂君主、記錄言行活動，因經常隨侍左右，故屢遭嫉妒誹謗。
- 敘述脈絡：登徒子讒言宋玉→楚王問宋玉→宋玉以東家美女窺三年而不動心證明不好色→反譏登徒子之妻醜而怪卻悅之，請楚王明察誰是真正的好色之徒。
- 故事後續：秦國的章華大夫趁機進言，發乎情，止乎禮，勸諫楚王克己復禮、戒之在色。於是楚王稱善，宋玉遂不退。
- 歷代評論：《史記．屈原賈生列傳》：屈原既死之後，楚有宋玉、唐勒、景差之徒者，皆好辭而以賦見稱。然皆祖屈原之從容辭令，終莫敢直諫。

● 知識重點：

1. 根據《離騷》：「眾女嫉余之蛾眉兮，謠諑謂余以善淫」推而廣之，目的在指斥嫉賢妒能的讒巧小人。

2. 此賦讓登徒子成為好色之徒的代稱，然此賦中登徒子，是讒巧小人卻未必好色，他既不追逐美女，又從不見異思遷，反而是始終不嫌棄他那位容貌醜陋妻子的專一之人。

3. 寫作手法上，先藉由楚國→臣里→東家的空間層遞，聚焦於東家之子最美。繼而著墨於東家之女以「增之一分則太長，減之一分則太短；著粉則太白，施朱則太赤」的烘托方式帶出整體的完美性；接著藉「眉如翠羽，肌如白雪，腰如束素，齒如含貝」的賦筆與比喻進一步細寫外貌身材，最後以「東家鄰女至美而其不動心，登徒子妻醜卻悅之」的比襯手法反駁。

練習題

1. 這篇文章中，宋玉採用的辯論技巧是：
(A)聲東擊西，無中生有
(B)以其道，還治其人之身
(C)脣槍舌劍，虛張聲勢
(D)爾虞我詐，勾心鬥角

2. 本文巧妙地運用烘托的手法描繪美女，下列採用同樣手法的是：
(A)肩若削成，腰如約素。延頸秀項，皓質呈露
(B)頭上何所有？翠微盍葉垂鬢脣。背後何所見？珠壓腰衱穩稱身
(C)佳人曉起出蘭房，折來對鏡比紅妝。問郎：花好奴顏好，郎道：不如花窈窕
(D)行者見羅敷，下擔捋髭鬚；少年見羅敷，脫帽著帩頭。耕者忘其犁，鋤者忘其鋤，來歸相怨怒，但坐觀羅敷

3. 下列選項中，與「嫣然一笑，『惑』陽城，『迷』下蔡」，同是使役動詞的是：
(A)舞幽壑之潛蛟，泣孤舟之嫠婦
(B)縱之、順之，毀其盆，悉埋於地，解其棕縛
(C)予慍爲戲，趨行急半，小奚仆，束斷爲崩
(D)臣竊計君宮中積珍寶，狗馬實外廄，美人充下陳

大考演練

1-2爲題組。閱讀下文，回答1-2題。

子思見老萊子，老萊子聞穆公將相子思，老萊子曰：「若子事君，將何以爲乎？」子思曰：「順吾性情，以道輔之，無死亡焉。」老萊子曰：「不可順子之性也，子性剛而

傲不肖，又且無所死亡，非人臣也。」子思曰：「不肖，故人之所傲也。夫事君，道行言聽，則何所死亡？道不行，言不聽，則亦不能事君，所謂無死亡也。」老萊子曰：「子不見夫齒乎？雖堅剛，卒盡相摩；舌柔順，終以不弊。」子思曰：「吾不能為舌，故不能事君。」（《孔叢子．抗志》）

1. 關於子思「不能事君」的原因，下列敘述錯誤的選項是：
(A)不能順己性情
(B)不願愚忠枉死
(C)無法為民喉舌
(D)行一不義，殺一不辜，而得天下，皆不為也
【106學測】

2. 依據上文，最符合老萊子之意的選項是：
(A)君使臣以禮，臣事君以忠
(B)堅強者死之徒，柔弱者生之徒
(C)名不正則言不順，言不順則事不成
(D)行一不義，殺一不辜，而得天下，皆不為也
【106學測】

【跨領域觀看】：把自己打造成品牌

《牛津大辭典》解釋品牌（Brand）為：「用來證明所有權，作為質量的標誌或其他用途。」這樣的定義其實來自古挪威文Brandr，原義是「燒灼」，從最初在牲畜上的烙印以標誌財產的意義，到中世紀歐洲手工藝匠人藉以註記產地和生產者、十六世紀早期釀酒廠在木桶上烙上生產者，都代表對作品的負責，以維護製造者的聲譽。

時至今日，品牌成了識別商品的標誌，企業的精神象徵、理念價值，也是建立人群對其品質信任的關鍵。任何知名品牌都具有長久歷史、傳統文化與創新的核心力量，才能鞏固品質與榮耀。在知識經濟時代，人才也各自打造自己成為品牌，以流行樂而言，阿妹、蔡依林、伍佰、費玉清、周杰倫……，這些偶像莫不是深具獨特魅力的品牌，運用其「市場賣點」發展出多角事業。

德國品牌專家永．克利斯托夫．班特在《我，就是品牌》這本書，提出十個打造個人品牌的方法：1.聚焦最愛，並全神貫注。2.時時留意競爭對手，強化自己的強項。3.認出自己的獨特性，

以能力吸引他人。4.讓自己值得被他人議論，建立對社會的貢獻及影響力。5.內外俱佳，表裡如一。6.不隨波逐流，堅持做自己。7.增強辨識度，如藉故事力量傳達你的個人特質。8.積極宣傳自己，重複主題。9.持之以恆，堅持到底。10.善用社群網絡。

宋玉，在戰國時期的楚國也是名牌，不僅因爲他是中國古代四大美男之一（另三位是潘安、蘭陵王、衛玠），更因爲他是屈原之後最傑出的楚辭作家。

在景差推薦下，十七歲的宋玉被襄王任文學侍臣，二十一歲因平亂有功而任議政大夫。年少得志怎能不遭忌？由本文可知登徒子毀言，在〈對楚王問〉這篇文章裡，楚襄王劈頭問道：「先生也許有不檢點的行爲吧？爲什麼士人百姓都那麼不稱讚你呢？」宋玉不緩不疾地以「下里巴人和之者眾，陽春白雪和之者寡」來突顯自己不同流俗，正符合《我，就是品牌》中讓自己值得被他人議論、積極宣傳自己的原則。文末他再次強調「不光是鳥類中有鳳凰、魚類中有鯤魚，士人之中也有傑出人才。聖人的偉大志向和美好的操行，超出常人而獨自存在，一般的人又怎能知道我的所作所爲呢？」

掌握敵人心理，自信表現善於辭令的表達技巧，宋玉成功地讓自己成爲亮眼的「蘭臺公子」，代表楚國文學的名牌。

三、晏子春秋．橘越淮為枳

戰國

晏子將使楚。楚王聞之，謂左右曰：「晏嬰，齊之習辭者①也，今方來，吾欲辱之，何以也？」

左右對曰：「爲其來也，臣請縛一人，過王而行，王曰：『何爲者也？』對曰：『齊人也。』王曰：『何坐？』曰：『坐盜。』」

晏子至，楚王賜晏子酒，酒酣，吏二縛一人

詣王，王曰：「縛者曷②爲者也？」對曰：「齊人也，坐盜。」

王視晏子曰：「齊人固善盜乎？」

晏子避席③對曰：「嬰聞之，橘生淮南則爲橘，生於淮北則爲枳，葉徒④相似，其實味不同。所以然者何？水土異也。今民生長於齊不盜，入楚則盜，得無⑤楚之水土使民善盜耶？」

王笑曰：「聖人非所與熙⑥也，寡人反取病焉⑦。」

注釋

①習辭者：能言善道者。習，熟悉。

②曷：何。

③避席：古人席地而坐，為表示對某人尊敬，離坐而起，稱為「避席」。

④徒：只是。

⑤得無：莫非……吧。

⑥熙：通「嬉」，嬉戲，此指開玩笑。

⑦取病焉：此指自討無趣。病，辱。

翻譯

晏子即將出使楚國。楚王聽說這消息以後，對身邊的人說：「晏嬰是齊國善於辭令、能言善道的人，現在他要來，我想羞辱他，該用什麼辦法？」

身邊的左右大臣回答道：「當他到來的時候，請讓我們捆綁一個人從您面前經過，您就說：『這人是幹什麼的？』我們就回答：『是齊國人。』您再問：『犯了什麼罪？』我們回答說：『犯了偷盜罪。』」

晏子到了楚國，楚王請晏子喝酒，喝酒喝得正暢快的時候，兩個差吏捆綁著一個人來到楚王面前，楚王問：「被捆綁的人，是什麼人？」差吏回答說：「他是齊國人，犯了偷盜的罪。」

楚王眼睛盯著晏子問道：「齊國人本來就擅長於偷盜嗎？」

晏子離開座位嚴肅地回答說：「我聽說過，橘樹生長在淮河以南就是橘樹，移植到淮河以北就變爲枳樹，只是葉子相似，但它們結的果實味道卻大不相同。爲什麼會這樣呢？是因爲水土不一樣的緣故啊。現在老百姓生長在齊國不偷盜，可是到了楚國就偷盜，該不會是楚國的水土使人變得善於偷盜吧！」

楚王尷尬地笑著說：「聖人是不能跟他開玩笑的。我反而自討沒趣了。」

知識要點

●故事背景：齊國雖是東方大國，但齊景公深知齊國的力量是無法與強晉抗衡，於是想與楚修好關係以共抗晉國，因此派晏子出使楚國。

●知識重點：

1.整段敘述晏子出使楚國，楚王刻意羞辱。楚王表面上因為晏子乃「習辭者」，而有意「辱之」，於是在君臣聯手下演出這段試驗。但若與楚人以晏子短而讓他走狗門等三次侮辱，可見楚國的動機是想藉以顯威風，晏子巧妙回擊，不僅維護國家尊嚴，也成就自己機智善辯的外交才能與勇氣。

2.「橘越淮為枳」比喻環境變了，事物的性質也變了。晏子巧妙地以此比喻，四兩撥千金地把原本羞辱的力道還給楚國，逼得楚王不得不以「聖人」讚之，自認無禮取辱。

練習題

1.下列「」古今詞義相同的選項是：
(A)寡人反取「病」焉／久「病」成良醫
(B)王曰：何「坐」？曰：坐盜。／「坐」以待斃
(C)葉徒相似，「其實」味不同／「其實」這只是一樁誤會
(D)楚王聞之，謂「左右」／「左右」以君賤之，食之以草具

2.根據本文，下列人物分析敘述正確的是：
(A)由左右計謀，可見大臣對楚王極盡阿諛附和
(B)由楚王有意羞辱晏子的動機，可見楚王嫉惡如仇
(C)由晏子「今民生長於齊不盜，入楚則盜，得無楚之水土使民善盜耶？」可知晏子得理不饒人
(D)由王笑曰：「聖人非所與熙也，寡人反取病焉」，可推知楚王禮賢下士

3.下列最符合此故事的寓意是：
(A)水土不同造成文化差異
(B)狂妄自傲者，終將自食惡果
(C)口才足以決定外交勝負，化解干戈
(D)兩國來往，不得羞辱使者，否將引起殺戮

大考演練

1.下文所描寫的西螺柑特質，理解正確的選項是：

圍爐飲酒，對燭讀書。熱腸之際，燥吻之餘，嗽其清津，醉意能醒；吮其玉液，夢慵亦舒。幾回寒味，醰醲流甘之後；一座冷香，繚繞擘瓣之初。（洪繻〈西螺柑賦〉）

(A)驅寒生暖，宜共品嚐

(B)清熱醒酒，足資入藥
(C)滋味清芳，沁人心脾
(D)可製佳釀，吟詠助興

2-3為題組。

兗州張氏期余看菊，去城五里，余至其園，盡其所為園者而折旋之，又盡其所不盡為園者而周旋之，絕不見一菊，異之。移時，主人導至一蒼莽空地，有葦廠三間，肅余入，遍觀之，不敢以菊言，眞菊海也。廠三面，砌壇三層，以菊之高下高下之。花大如瓷甌，無不球，無不甲，無不金銀荷花瓣，色鮮豔，異凡本，而翠葉層層，無一葉早脫者。此是天道，是土力，是人工，缺一不可焉。

（張岱〈菊海〉）【106指考】

---

2. 依據上文，關於張府賞菊處所的敘述，何者正確？【107統測】
(A)占地廣達五里，包含葦廠三間
(B)入園之後幾經打探，始見葦廠
(C)葦廠有圍牆三層，牆以石磚砌成
(D)配合壇分三層，菊株按高低擺放

3. 依據上文，作者至張府賞菊時初覺「異之」，主要是因為：【107統測】
(A)吾廬籬下菊，秋來未著花
(B)東籬有佳菊，恨無知音賞
(C)遍尋不知蹤，覓時何處覓
(D)行到水窮處，但聞人語響

【跨領域觀看】：生物適應環境的應變力

生物為適應環境、求得生存，會因應外在狀況而改變，如：枯葉蝶像枯樹葉，防止天敵的擬態；毒蛇鮮豔花紋的警戒；青蛙在泥塘裡變成黃褐色的保護；為了在乾旱的沙漠中生存的駱駝雙峰；原是食肉動物的大熊貓因自然環境變化，轉以吃竹子為生；蜜蜂、螞蟻體積小而組成龐大社會性群體共同生活；動物的冬眠、夏眠……等，都是物競天擇的演化之下，發展出的各式生存方法。不過，即使環境未產生巨大變化，為保持優勢也必須如《愛麗絲鏡中奇遇記》中紅皇后對愛麗絲說：「你必須盡力不停地跑，才能保持在原地。」進化生物學家 Leigh Van Valen 便以此解釋環境不變，生物間的不斷競爭仍然會驅動進化的進行。

據研究，蝴蝶僅僅透過翅膀的結構微調，顏色就能與環境相諧。儘管如此，仍不敵全球暖化、大量使用農藥對生物全面性的毀傷，昆蟲數量驟減情況以蝴蝶和蛾類最嚴重。根據第一份全球回顧性科學論文，全世界超過百分之四十的物種正在減少，三分之一的昆蟲瀕臨滅絕，其結果可能導致「自然生態系的災難性崩潰」。

晏子以橘越淮爲枳爲喻，機智地抵過楚王帶著挑釁意味的批評，但多元多彩的生物未來，是否如此幸運，則掌握在你我手上。瑞典的十六歲女孩桑柏格啓發全球學生走出校園，到瑞典國會前抗議，要求政治人物採取具體行動，阻止氣候變遷，促使歐盟對推動減少排碳應有更宏大作爲。

桑柏格說：「我們不是爲了自己的未來而奮鬥，是爲所有人的未來正在奮鬥。」不讓北極熊因爲冰山融化而死亡，不讓鯨魚因爲滿腹塑膠袋而死亡，不讓昆蟲因爲享受牛肉而必須生產牧草排放廢氣，逐漸凋零……，是我們每個人的責任。

四、察今篇．楚人過河

戰國　呂氏春秋

荊人①欲襲宋，使人先表②澭水，澭水暴益③，荊人弗知，循表④而夜涉，溺死者千有餘人，軍驚而壞都舍。向其先表之時，可導⑤也。今水已變而益多矣，荊人尚猶循表而導之，此其所以敗也。

注釋

①荊：楚國。
②表：動詞，做標記。
③暴益：突然增加。益，同「溢」。
④循表：順著、按照標誌。
⑤可導：可以順著標記渡過去。

翻譯

楚國人想偷襲宋國，派人先在澭水中設置渡河的標誌，澭水突然上漲，楚國人不知道，仍然按照原來的標誌在夜裡渡河，結果淹死了一千多人，士兵驚慌混亂的聲音就像城市裡的房屋倒塌一樣。當初他們事先設置標誌的時候，是可以根據標誌渡河的。現在水位已經發生變化，楚國人還是按照原來的標誌渡河，這就是他們失敗的原因。

知識要點

● 故事背景：《呂氏春秋》是秦國丞相呂不韋集合門客們集體編撰的著作，內容融合儒、法、道，屬雜家，有如一部古代類百科全書，有八覽、六論、十二紀，又名《呂覽》。書中提出無古不成今的歷史進化論，認為瞭解過去，有助於瞭解今天，但其目的不在拘泥不變，而是隨時代變化而改變政策，這篇寓言即為闡明此理而寫。

● 敘述脈絡：荊人欲襲宋，使人先表澭水→澭水暴益，荊人弗知，循表而夜涉→溺死者千有餘人，軍驚而壞都舍→水變益多，荊人尚且循表，所以敗也。

● 歷代評論：司馬遷稱它「備天地萬物古今之事」，並將它與《周易》、《春秋》、《國語》、《離騷》等相提並論。

● 知識重點：

1. 這是一場軍事襲擊，在明處主動發出攻略的是楚國，「欲」、「襲」二字加強楚國的目的性與決心。順此理由展開的是「使人先表澭水」，這是楚國必須克服的唯一問題，但原本穩當安排的竟成了最大的變數，「循表而夜涉」的結果是全軍覆沒。這是整個敘事，情節中的關鍵在「澭水暴益」、「荊人弗知」，以致依著沙盤演練的環節進行的事件，功虧一簣。

2. 這寓言採用先敘後議論的結構：「向其先表之時，可導也。今水已變而益多矣，荊人尚猶循表而導之，此其所以敗也」，此段是針對前述故事的分析。「向」、「今」標出時間變化、「益多」是水的變化，「尚猶」二字顯現楚人之不變，對照之間，失敗就成了必然的結果。

3. 變，是自然現象；變，也是人事因應之道。這則寓言告訴人們，以不變應萬變的治國方式將導致滅亡，墨守成規必然失敗，處理事情要從實際出發，面對的情境不同，處理的方法也要有所不同。如果將這道理推之於現代亦然，無論企業經營策略、學校管理方式、人際關係的往來、解決問題的方法，都應因時制宜，因勢制宜。

練習題

1.下列「」中的字義，兩兩相同的是：

(A)變而「益」多／斟酌損「益」
(B)循「表」夜涉／出師一「表」眞遷賈
(C)向其先表之時，可「導」也／「導」之以政，齊之以刑
(D)此其「所以」敗也／師者「所以」傳道授業解惑也

2.下列有關「荊人欲襲宋，使人先表澭水」所運用的戰爭策略，敘述正確的是：

(A)聲東擊西
(B)欲擒故縱
(C)知己知彼
(D)以退爲進

3.下列選項，適合作爲這段故事結論的是：（多選）

(A)祖宗之法，不可易也
(B)世易時移，變法宜矣
(C)譬之若良醫，病萬變，藥亦萬變
(D)舉事必循法以動，變法者因時而化
(E)病變而藥不變，向之壽民，今爲殤子矣

大考演練

1-2爲題組。閱讀下文，回答1-2題。

在發現澳洲之前，舊世界的人相信所有的天鵝都是白的——這個想法其實沒有錯，因爲它和實證現象完全吻合。但只要一隻黑天鵝，便足以讓一個基於白天鵝被看到千萬次所形成的認知失效。

出乎意料的黑天鵝事件，說明了人們從觀察或經驗所學到的事物往往有其局限。人們無力預測黑天鵝事件，也顯示了人們無從預測歷史發展。但黑天鵝事件發生後，人們又會設法賦予它合理的解釋，好讓它成爲是可預測的。因此，許多學說總在黑天鵝事件後出現。

雖然令人難以置信的黑天鵝事件經常衝擊現有的局勢，但我們如果願意反知識操作，或許可以從中僥倖獲利。事實上，在某些領域——例如科學發現和創業投資，來自未知事件的報酬非常大。發明家和企業家往往注意雞毛蒜皮的小事，並在機會出現時認出機會。

（改寫自Nassim Nicholas Taleb《黑天鵝效應・前言》）

1.下列敘述，符合作者看法的是：

(A)黑天鵝事件向來離奇，人類的經驗難以理解
(B)留意細微徵兆，有助於防範黑天鵝事件發生
(C)投資致富的關鍵，便是懂得避開黑天鵝事件

(D)科學研究若出現黑天鵝事件，可能翻轉知識【107學測】

2.下列作品中人物始料未及之事，最接近黑天鵝事件的是：

(A)《三國演義》：曹操沒料到，赤壁在冬天會吹東南風

(B)《儒林外史》：胡屠戶沒料到，女婿范進能鄉試中舉

(C)〈燭之武退秦師〉：鄭伯沒料到，鄭國能倖免於秦晉聯軍

(D)〈馮諼客孟嘗君〉：孟嘗君沒料到，薛地百姓會夾道相迎【107學測】

【跨領域觀看】：高層次的心智歷程——後設認知

後設認知是一個人在處理訊息、解決問題、做決定時，對整個歷程的理解及自我監控、調適能力。它的成分包括「問題性質的確認」、「選題解決策略與步驟」、「表徵知識的應用」、「解題時間的分配」、及「解題的監控」。

據研究，有智慧的人比較能統整、組織及計畫問題，並能迅速思考出解決問題的對策。而此能力與環境、文化，以及學習方式、生活經驗有關，〈楚人過河〉這篇文章中，可見依經驗判斷所發生的誤謬，於是需要更貼近事實，打破慣性思考或經驗法則的推理，而提出新的策略。Bruner（西元一九五六年）將「策略」定義爲：「一個人面對問題情境時，會運用舊知識或訊息去應付情境，並且產生認知的衝突、緊張和壓力，預備去冒險，以達成目標。」也就是在問題情境、認知壓力和冒險性三個條件之下，人們爲了生存、爲了解決問題這類具目標導向的狀況，依照以往認知的概念行事時卻失敗，這時候即考驗當事者是否能透過分析、計畫、執行、監控、修正五個步驟進行有系統、有計畫的決策。

臺大研究以「問題性質確認」、「相關知識」、「自我知識架構」、「方法與應用」、「理解監控」等五個項目評分，發現大一學生思考模式由部分到整體的、以「由下而上」模式出現百分比較高；研究生思考模式由「理論」或「理論原則」開始作答的「由上而下」思考模式閱讀理解較多。

可見，受試的思考模式隨著其學術經驗有所不同（陳李綱〈思考模式、學術經驗與認知策略訓練對大學生後設認知與智力的影響〉）。

解決問題的能力不僅是生存條件，也是改變環境，超越過去的利器，透過經歷事情刺激的應變力、多元文化交流間吸取的知識觀念與學習思考累積的邏輯推理力、與人合作互動的溝通表達力，都有助於提升精確的判斷。

五、澄子亡緇衣

戰國　呂氏春秋

宋有澄子者，亡緇衣①，求之塗②。見婦人衣緇衣，援而弗舍③，欲取其衣，曰：「今者我亡緇衣。」

婦人曰：「公雖亡緇衣，此實吾所自為也。」

澄子曰：「子不如速與我衣。昔吾所亡者，紡緇④也；今子之衣，禪緇⑤也，以禪緇當⑥紡緇，子豈不得⑦哉？」

【注釋】

①亡緇衣：丟了黑色綢衣。亡，丟失。緇，音ㄗ，用黑色帛綢所做的朝服，也用以指黑色的衣服。

②塗：同「途」，道路。

③援而弗舍：拉著他的衣服不放手。援，拉，拿取。弗，不。舍，放下。

④紡緇：黑色夾衣。紡，有裡子的衣服，即夾衣。

⑤禪緇：黑色單衣。禪，單，沒有襯裡的單衣。

⑥當：抵，償。

⑦得：便宜

【翻譯】

宋國有個叫澄子的人，丟了一件黑色衣服。他到路上去尋找，看著一個婦人穿著黑色衣服，就抓住她的手不放，要脫掉她的衣服，說：「今天我丟了件黑色衣服。」婦人說：「您雖然丟了黑色衣服，不過這件衣服確實是我自己做的。」澄子說：「你不如趕快把衣服給我。昨天我丟的是黑夾衣，如今你的衣服是黑單衣，用單衣來賠償我的紡帛黑夾衣，你豈不是占便宜嗎？」

【知識要點】

● 敘述脈絡：澄子亡緇衣，求之塗→見婦人衣緇衣，援而弗舍→婦人曰此實吾所自為也→以禪緇當紡緇，子豈不得哉？

● 知識重點：

1. 中國寓言源遠流長，在先秦時期已具雛形，多屬說理寓言。寓言假借外物以立論的技巧有比喻、直敘、說理、詼諧、諷刺、警示等方式。如「郢書燕說」是以此況彼比喻性的寓言，「東施效顰」則藉詼諧敘事戒人深慎，「鄭人買履」寧可信其度則是諷刺性的寓言，反映現實，本文亦然。
2. 故事安排在「塗」，這公共空間，顯現這是社會事件，可見寓意的範疇具現實性、尋常性與普遍性，而非單一特殊或偶發現象。
3. 事件開始於遺失案件，由此帶出找出竊賊的行動，但這理所當然的過程間，因為「緇衣」這相同元素而形成糾紛。於是雙方展開分析，在澄子而言只要緇衣就可以彌補所失，就是我的，完全不理會別人也有緇衣的所有權。面對婦人「自為」的申辯，澄子非但不放手，還威脅對方「不如速與我衣」，其抱持的理由是：「以禪緇當紡緇，子豈不得哉？」這種為了彌補自己的損失，肆無忌憚地損害別人的利益；霸占別人的東西，還說別人占了便宜的強盜邏輯，豈不與某些擁有權力者的行徑似乎有雷同之處？

【練習題】

1. 下列對澄子言行的推理，最貼近其想法的敘述是：
(A)以其人之道還治其人之身
(B)諱疾忌醫不如刻舟以求劍
(C)與其得過且過寧損人利己
(D)劣幣逐良幣源於以假亂眞

2-3 為題組

甲、魯有執長竿入城門者，初豎執之，不可入；橫執之，亦不可入，計無所出。俄，有老父至，曰：「吾非聖人，但見事多矣！何不鋸中截而入。」遂依而截之。

乙、齊有貧者，常乞於城市，城市患其亟也，眾莫之與。遂適田氏之廄，從馬醫作役而假食。郭中人戲之曰：「從馬醫而食，不以辱乎？」乞兒曰：「天下之辱，莫過於乞，乞猶不辱，豈辱馬醫哉？」

丙、齊有善相狗者，其鄰假以買取鼠之狗。期年乃得之，曰：「是良狗也。」其鄰畜之數年，而不取鼠，以告相者，相者曰：「此良狗者，其志在獐麋豕鹿，不在鼠；欲其取鼠也，則桎之。」其鄰桎其後足，狗乃取鼠。

丁、宋有澄子者，亡緇衣，求之途。見婦人衣緇衣，援而弗舍，欲取其衣，曰：「今者我亡緇衣。」婦人曰：「公雖亡緇衣，此實吾所自爲也。」澄子曰：「子不如速與我衣，昔我所亡者，紡緇也；今子之衣，禪緇也，以禪緇當紡緇，子豈不得哉！」

2.上列四則短文，可藉以諷人無知的是：【91指考預試卷】

(A)甲
(B)乙
(C)丙
(D)丁

3.上列四則短文，可以「強詞奪理」爲題的是：【91指考預試卷】

(A)甲
(B)乙
(C)丙
(D)丁

大考演練

1.依據下文，符合全文旨意的選項是：【106指考】

或北陸初結，或東風始興。睹之也知其脆易破，涉之也恐其任不勝。由是屏氣而行，虛心而進。在陽敢思乎不冶，通陰庶懷乎克慎。

(A)安步當車
(B)臨深履薄
(C)盈科後進
(D)危言危行

【跨領域觀看】：偏見、歧視的心理與文化分析

澄子因爲丟了黑色綢衣，就強詞奪理地誤認他人的衣服，雖不至偏見，但這樣的認知偏差，在某種程度上已接近之。

偏見、刻板印象和歧視往往都是負面評價，三者之間連動相關，如對黑人的偏見形成刻板印象，久之造成歧視現象與社會問題。

政治、經濟、宗教、文化、習俗等都會造成偏見。社會心理學家對偏見的解釋是：這是常見的否定性態度，也就是對某特定群體或是某類成員的負面情感，缺乏充分的事實依據的否定性消極認識與態度。簡而言之，偏見就是貼標籤，其認知、情感和行爲反應有過度類化的傾向，而忽略個別差異的多樣性。

陳昌文等所著《社會心理學》說道：「人們往往具有占有資料和資訊不全就貿然下決斷的傾向，並且在事實的資訊輸入後仍不願意改變原來的態度。」這是一種群體間的社會態度，其特點在於不合事實、過分類化、先入爲主、不易改變。

刻板印象則屬認知，是屬類化、認知歸因偏差，在判斷時以一種簡化的方式歸納，如女性通常軟弱無能、男子漢不落淚、男生的數理能力優於女生。

歧視是偏見的具體化和外顯化，亦即由偏見的認識和態度引起的差別對待，即不合理的不同對待或不合理的相同對待，一般而言，性別、種族歧視是最普遍也最被各國重視的人權問題。如男性中心的思維，造成男性被社會認爲應該從事高所得、高社經地位，或是高危險性的職業，而女性則被認爲從事護士、祕書、理髮師、保母等性質的職業，而薪資顯然有相當大的差距。

六、說符郤雍視盜

戰國　列子

晉國苦盜，有郤雍[1]者，能視盜之貌，察其眉睫之間而得其情。晉侯使視盜，千百無遺一焉。晉侯大喜，告趙文子[2]曰：「吾得一人，而一國盜爲盡矣，奚用多爲？」文子曰：「吾君恃[3]伺察而得盜，盜不盡矣。且郤雍必不得其死焉。」俄而[4]群盜謀曰：「吾所窮者，郤雍也。」遂共盜而殘之。晉侯聞而大駭，立召文子而告之曰：「果如子言，郤雍死矣。然取盜何方？」文子曰：「周諺有言：『察見淵魚者不祥，智料隱匿⑤者有殃。』且君欲無盜，莫若舉賢而任之，使教明於上，化行於下，民有恥心，則何盜之爲？」於是用隨會⑥知政，而群盜奔秦焉。

注釋

①郤雍：晉大夫叔虎的采邑，後成為姓氏。郤，音ㄒㄧˋ。

②趙文子：即趙武，又稱「趙氏孤兒」，世人尊稱「趙孟」，春秋時期晉國大夫。

③恃：音ㄕˋ，依賴，依仗。

④俄而：不久。

⑤隱匿：隱藏。匿，音ㄋㄧˋ。

⑥隨會：即士會，於魯宣公十六年（西元前五九三年）時成為晉國執政，是傑出的政治家，先秦時代賢良的典範。

翻譯

晉國苦於強盜太多。有一個叫郤雍的人，能看出強盜的相貌，看他們的眉目之間就可以得到他們犯案的眞情。晉侯叫他去察看強盜，千百人中不會遺漏一個。晉侯非常高興，告訴趙文子說：「我得到一個人，全國的強盜都沒有了，何必用那麼多人呢？」文子說：「您依仗窺伺觀察而抓到強盜，強盜不但清除不盡，而且郤雍一定不得好死。」不久一群強盜商量說：「我們所以窮困的原因，就是因爲郤雍。」於是共同抓獲並殘殺了他。晉景公聽說後大爲驚駭，立刻召見文子告訴他說：「果然像你所說的那樣，郤雍死了。但收拾強盜用什麼方法呢？」文子說：「周時有俗話說：『眼睛能察覺深淵中游魚的人不吉祥，智慧能估料到隱藏著的東西的人有災殃。』況且您要想沒有強盜，最好的辦法是選拔賢能的人並重用他們，使上面的政教清明，好風氣流行於下，老百姓有羞恥之心，那麼還有誰去做強盜呢？」於是任用隨會主持政事，所有的強盜都跑到秦國去了。

知識要點

- 故事背景：晉國饑荒，盜賊蜂起，晉國上卿荀林父訪國中能察盜者，找到善於刑名之學的郤雍治理盜患，維護社會治安，大夫聽到這個決定，持反對意見。取材自《左傳》、《戰國策》的《東周列國志》第五十五回有這樣一段故事，列子修整後收錄爲寓言。
- 敘述脈絡：晉國苦盜→晉侯用郤雍視盜，一國盜爲盡→趙文子不以爲然→盜共謀殺郤雍→隨會知政，群盜奔秦。
- 故事後續：根據《東周列國志》所敘，荀林父憂憤成疾而死。隨會將緝盜科條，盡行除削，專以教化勸民爲善。奸民皆逃奔秦國，無一盜賊，晉國大治。

知識重點：

1.「察見淵魚者不祥，智料隱匿者有殃」是致死的原因，「且君欲無盜，若莫舉賢而任之；使教明於上，化行於下，民有恥心，則何盜之為？」是止盜之方。

2.為政的根本方法不在大量啟用善於捕盜和治理刑獄的官吏，而在移風易俗改變風氣，才能從根本上鏟除盜賊的根源。「察見淵魚者不祥，智料隱匿者有殃。」所表現查緝盜賊的以智禦智，如用石壓草，草必罅生。布下天羅地網地以暴制暴，如用石擊石，石必兩碎。而「舉賢而任之，使教明於上，化行於下，民有恥心，則何盜之為？」所提出賢者在位以德化民，能者在職教民使知廉恥，與孔子所說：「道之以政，齊之以刑，民免而無恥；道之以德，齊之以禮，有恥且格。」不謀而合。

練習題

1.從文中可推知趙文子預言郤雍將死的理由是：
(A)盜賊難以馴服
(B)逞能以趕盡殺絕
(C)知人知面不知心
(D)風行草偃上行下效

2.根據上文，下列關於晉侯言行的敘述，正確的是：
(A)自誇自己除盜的能力
(B)得意文子能精簡人事成本
(C)喜於得人治盜除患
(D)諷刺趙文子貪欲無厭

3.下列與「且君欲無盜，若莫舉賢而任之；使教明於上，化行於下，民有恥心，則何盜之爲？」的行政理念相同的是：
(A)政者，正也，子帥以正，孰敢不正？
(B)君子不重則不威，學則不固
(C)舉直錯諸枉，能使枉者直
(D)名不正，則言不順；言不順，則事不成
(E)其身正，不令而行；其身不正，雖令不從（多選）

大考演練

1.依據下文，「善相人者」所以能提出研判，係因掌握人際互動的何種特質？

荊有善相人者，所言無遺策，聞於國，莊王見而問焉。對曰：「臣非能相人也，能觀人之友也。」

（《呂氏春秋．貴當》）

(A)人云亦云

(B) 物以類聚

(C) 樹大招風

(D) 趨利避害。

2. 依據下文，AI與IA的最主要區別爲何？【105統測】

二〇一八年世足賽啓用VAR（影像輔助裁判），減少許多誤判。這樣的科技不是AI（人工智能），而是初級的IA（智能放大）。AI研究是希望通過電腦的計算能力，模擬人類智能，讓機器可以接近人腦思維模式，例如近期極受關注的自駕車（用機器取代人）；IA研究則是希望通過電腦及其他設備，讓人類強化本有的智能，例如電影中鋼鐵人（人穿上機器）的人機共生想像。【108統測】

(A) AI是機器主控，IA是人類主控

(B) AI是民生資源，IA是軍事資源

(C) AI是生命科學，IA是應用科學

(D) AI是尖端科技，IA是初階科技

【跨領域觀看】：看不見賢才的社會與心理原因

如果國君是駕駛車子的人，治國理念是方向盤，那麼賢才便是帶動車子奔馳的引擎、冷卻系、燃料系、潤滑系、點火系、起動系的發動機、底盤、輪胎……，無數錯綜複雜而又縝密分工的零件機體。人才的重要性不言而喻，〈出師表〉也以親賢遠佞爲國家興亡關鍵，但何以領導者看不見賢才？如同我們常無法分辨何者爲益友？

「近廟輕神」這句俗話道出「每天看到神明，久而久之就容易失去尊敬之心，而視之尋常」的心理。曹丕《典論．論文》直指「各以所長，相輕所短」、「謂己爲賢」是文人相輕無法尊賢的原因，「貴遠賤近、向聲背實」更是不能認清事實的心理。顏之推〈慕賢〉篇裡也指責這樣的心態導致世人多蔽，譬如從小一起長大的人，即使是賢能之士，人們也往往對他輕慢侮弄，不是以禮相待；處在遠方異土的人有點名聲，大家就延頸企踵朝思暮盼。魯國的人稱孔子爲「東家丘」；虞國的宮之奇與國君自小一起長大，國君狎之，不納其諫，以致亡國。

馮友蘭教授分析貴古賤今的原因有二，一是「貴所聞而賤所見」，也就是輕所見之世，貴所聞之古世，《抱朴子》說：「俗世多云：『今山不及古山之高，今海不及古海之廣，今日不及古日之熱，今月不及古月之朗。』可見重所聞，輕所見，是人情難免者。」其次，農業的社會關注的四時之變化，五穀之種植收穫，大多是循環的，也就是循環重複的，因此具經驗的長者是解決問題、教導方法的智者。據此，人所以尊高年，一半是由於道德的理由，一半是由於實用的理由。

至於向聲背實，就認知心理學而言，人腦就像電腦的信息加工系統，由感受器、反應器、記憶和處理器（或控制系統）四部分組成。當環境向感受器輸入信息後，感受器會轉換信息，經過控制系統重構，辨別和比較符號，再由記憶系統所貯存的知識提取可供使用的符號結構，最後反應器對外界做出反應（人工智慧開創者之一的西蒙和電腦科學家紐厄爾之主張）。

每個人對環境、資訊的接受與處理、判斷與行動都透過這一套心智處理的過程，因此頭腦中已有的知識和知識結構對人的行爲和當前的認識活動有決定作用。文化傳統、民俗習慣、教育環境……，無時無刻不在人們有意識與無意識中進入感知、記憶、推理系統之中，而內化爲面對問題與現象的態度。偏見、成見、謬見、歧視……因此形成，再加上嫉妒、自我膨脹，因爲憤怒而貼標籤、見不得他人好等心理偏差，以致產生賢者多被疏遠，甜言蜜語奉承阿諛的小人多被親近的情況。

七、內儲說[1]（下）

戰國 韓非子

荊王[2]所愛妾有鄭袖[3]者。荊王新得美女，鄭袖因教之曰：「王甚喜人之掩口也，爲[4]近王，必掩口。」美女入見，近王，因掩口。王問其故，鄭袖曰：「此固言惡王之臭[5]。」及王與鄭袖，美女三人坐，袖因先誡御者[6]曰：「王適[7]有言，必亟⑧聽從。」王言美女前，近王，甚數⑨掩口。王悖然怒曰：「劓⑩之。」御因揄⑪刀而劓美人。

一曰。魏王遺荊王美人，荊王甚悅之。夫人鄭袖知王悅愛之也，亦悅愛之，甚於王，衣服玩好⑫擇其所欲爲⑬之。王曰：「夫人知我愛新人也，其悅愛之甚於寡人，此孝子所以養親，忠臣之所以事君也。」夫人知王之不以己爲妒也，因爲新人曰：「王甚悅愛子，然惡子之鼻，子見王，常掩鼻，則王長幸子矣。」於是新人從之，每見王，常掩鼻，王謂夫人曰：「新人見寡人常掩鼻何也？」對曰：「不已知也。」王強問之，對曰：「頃嘗言惡聞王臭。」王怒曰：「劓之。」夫人先誡御者曰：「王適有言，必可從命。」御者因揄刀而劓美人。

注釋

①儲說：儲備各種解說。
②荊王：此指戰國楚懷王。
③鄭袖：楚懷王的寵姬。
④為：若，如果。
⑤臭：難聞的氣味。若音ㄒㄧㄡˋ，氣味。
⑥誡御者：吩咐侍者。
⑦適：若。
⑧亟：音ㄐㄧˊ，急速。
⑨數：音ㄕㄨㄛˋ，屢次。
⑩劓：音ㄧˋ，古代割去鼻子的刑罰。
⑪揄：音ㄩˊ，揮動。
⑫玩好：音ㄨㄢˊ ㄏㄠˋ，玩弄嗜好的物品。
⑬為：給予。

翻譯

楚王有個寵妾叫鄭袖，楚王新近又娶了一位美女，鄭袖就告訴她說：「大王非常喜歡看人把嘴巴遮起來的樣子，如果你接近大王，一定要捂住嘴巴。」美女進見，走近楚王時就遮住嘴巴。楚王詢問其中的原因，鄭袖說：「這當然表示討厭大王的氣味。」等到楚王和鄭袖、美女三人坐在一起的時候，鄭袖事先告誡侍從說：「大王如果說什麼話，一定要立即聽從大王的話去做！」美女走到前面來到靠楚王很近的地方，屢次捂住嘴巴。楚王氣得變了臉色，說：「割掉她的鼻子！」侍從聽了便拔出刀來割掉了美人的鼻子。

另一說是：魏王送一個美女給楚王，楚王非常喜歡。楚王的夫人鄭袖知道楚王喜歡、寵愛這位美女，也表現對她很喜愛，寵愛的程度勝過了楚王。衣服和賞玩珍寶等東西，都挑選美女想要的送給她。楚王說：「夫人知道我寵愛新來的美人，因此喜歡這位美人超過了我，這是孝子奉養父母的心意，也是忠臣奉侍君主的道理。」鄭袖知道楚王已不認爲自己有嫉妒之心，就對新來的美人說：「大王非常喜歡、寵愛你，但討厭你的鼻子。你見到大王，要常常捂住鼻子，這樣大王就會永遠寵愛你了。」於是美人聽從鄭袖的話，每次見到楚王都遮掩住鼻子。楚王對鄭袖說：「新人見我時常捂住鼻子，什麼緣故？」鄭袖回答說：「我不知道。」楚王硬是追問她（強迫她回答），她回答說：「不久前新人曾說討厭聞到大王的氣味。」楚王發怒說：「割了她的鼻子！」鄭袖預先告誡侍從說：「大王如果發了話，一定要趕緊照辦。」所以侍從就拔出刀來割掉美人的鼻子。

【知識要點】

- 故事背景：鄭袖的故事不僅見於《韓非子．內儲說下》，《戰國策．楚策》、《史記．屈原賈生列傳》、《資治通鑑》都有相關記載，鄭袖的形象不再被限制於姿色豔美，而因她長袖善舞工於心計的聲色而鮮明生動。
- 敘述脈絡：魏王贈美人，楚王甚愛之→夫人鄭袖以衣服玩好與之，告新人常掩鼻則王長久愛之→鄭袖告王掩鼻是惡聞王臭→王怒割美人鼻。
- 故事後續：去除魏美人後，鄭袖得到專寵。她迷戀三閭大夫屈原而不得，於是誣告屈原，導致懷王疏遠屈原並將他發配漢北。而後楚王近臣靳尙勾結鄭袖，放走張儀，使楚國終至「兵挫地削，亡其六郡，身客死於秦，爲天下笑」，國事日益敗壞。
- 知識重點：

1. 儲說分內、外篇，又各分上下，乃藉事例解說治國之術，以備君王採用。〈內儲說下〉敘述六種伺察方法，都是君主控御臣子的道術。鄭袖言惡臭而新人劓的故事是用來說明類似的事情，易於迷惑，這是君主誅罰錯誤、臣下成就私刑的原因。
2. 《韓非子》一書同時列出這兩段敘述，正可比較不同版本在敘事上的差異，由中察見在人物刻畫上的寫作手法與效果。故事首尾相同，只因情節加入鄭袖討好美人，取得楚王信任這段鋪陳，以及在楚王之逼問下才透露美人掩鼻原因這欲擒故縱的手腕，不但呈現為殺美人計畫之周詳，也顯現鄭袖陰險惡毒的心機，步步教人不寒而慄。
3. 如果推敲楚王何以被鄭袖蒙蔽、何以怒殺美人，則得由心理層面思考。首先兩女必然爭寵，嫉妒是仇恨毀滅之源頭，楚王悅愛之是點燃殺機的起因。其次投其所好計以取得信任，鄭袖比楚王更愛美人，一方面既隱藏了自己的真實目的，取得楚王信任，奠下日後楚王強問美人掩鼻之因、相信其言的基礎；另方面取得美人信任，解除了敵對者的戒備，聽其擺布而掩鼻。再者折楚王自尊，美人之所以掩鼻是因惡楚王氣味，這心態孰能忍？最後的殺手鐧終將美人逼入絕境。

4. 九十五學年度預試卷的閱讀寫作，要求以第二段選文與《敦煌變文集．搜神記》比較在鄭袖人物形象描寫上，哪則材料比較生動傳神？其文如下：

昔有楚王夫人鄭袖，年老不共同席，王遂遣之。有一美妾，憐愛非常。袖心恨怨，不出其口。遂於私處語妾曰：「王看你大好，惟憎你鼻大。」其妾因此已後，見王掩鼻。楚王私處問袖曰：「妾近來見我，掩其鼻，何也？」袖對曰：「此妾云王身體腥臭，是以掩鼻。」其王更不思慮，遂遣人入割其鼻，由不慮也。

練習題

1. 根據上文，鄭袖設計殺美人的情節順序排列，最恰當的是：

楚王甚愛新得之美人

甲、王強問新人掩鼻

乙、鄭袖以衣服玩好與之

丙、言惡聞王臭

丁、先誡御者亟聽王令

王怒割美人鼻

(A)甲丁乙丙

(B)甲乙丁丙

(C)乙丁甲丙

(D)乙丁丙甲

2. 下列有關人物行動言語的分析，正確的是：

(A)美人聽鄭袖之言而掩鼻：楚王喜

(B)楚王殺美人：理智終於戰勝情感

(C)鄭袖先誡御者：不可輕舉妄動，破壞大計

(D)鄭袖面對楚王問：「新人見寡人常掩鼻何也？」對曰：「不己知也。」逼楚王親自問美人

3. 依法家站在國君立場而發展論述的角度，關於鄭袖故事所寓含的道理，正確的是：

(A)女人是禍水，國君不應寵愛美人

(B)忠言逆耳，國君應聽從勸諫以修德

(C)巧言鮮仁，國君應明察秋毫以免濫刑

(D)紅顏薄命，國君應珍惜當下以謀福祉

【大考演練】

1.某校為弘揚儒家、墨家思想，特將新建的兩棟大樓命名為「歸仁堂」、「兼愛樓」，若欲彰顯命名宗旨，則川堂懸掛的字幅依序應是：

(A)士不可以不弘毅，任重而道遠／仁者，人也，親親為大

(B)愛人利人以得福，惡人賊人以得禍／人不獨親其親，不獨子其子

(C)非禮勿視，非禮勿聽，非禮勿言，非禮勿動／視人之國若視其國，視人之家若視其家，視人之身若視其身

(D)己欲立而立人，己欲達而達人／人之於身也，兼所愛；兼所愛，則兼所養也。無尺寸之膚不愛焉，則無尺寸之膚不養也

【106學測】

【跨領域觀看】：盧梭社會契約論

處在戰國後期的韓非子面對崩解的秩序，而以〈孤憤〉論述智術之士和當權大臣不能相容的原因與實況，並闡述國家將因君王矇昧、權臣坐大而滅亡。〈五蠹〉強調學者（儒士）、言談者（縱橫家）、帶劍者（遊俠、墨家人士）、患御者（逃兵的人）、商工之民（工商企業）是擾亂君王法治的五種人。

法家以解決亂世為主要動機，認為國家亂源在於「勢之旁落」，所以加強國君的地位與絕對權勢是解決動亂之方。韓非子從國君的角度出發，主張君主專制中央集權，亦即賢人政治之外，國君必須在「法」的範疇中，運用「術」，穩固「勢」。

韓非子打破言必稱堯舜的傳統，承繼荀子法後王的觀點，反對保守的復古思想，主張社會歷史進化論，強調「不期修古，不法常可」。因為每個時代有其問題，所以必須以「世異則事異」、「事異則備變」為原則，視當時情況找出對策與改變的方向，故銳意改革，變法圖強。

或許我們會以秦快速亡國而認定法家是失敗的治國哲學，但今天民主政治國家哪個不以法律為基礎，我們甚至可以說沒有法治就無法實踐民主，也就無法保障全民自由平等的安樂生活。小至家

法、校規、交通法，大至國家的律法、國際間的航空法、海洋法、商業法……，無一離開明確條文所規範的法則規章。其差別僅在是君主立憲，或透過代表民意的議會、立法機構執行，作爲啓蒙者的盧梭提出反對政黨及代議，每個公民都親自參與的理想。

「人是生而自由的，但卻無往不在枷鎖之中。自以爲是其他一切主人的人，反而比其他一切更是奴隸。」這是盧梭的名言，爲十八世紀末法國資產階級民主革命和美國資產階級民主革命奠定了理論基礎。他認爲群眾是盲目無知的，需要立法者來教育，主張個人須犧牲「天然自由」換取「公民自由」。故強調人類爲了自己，爲了使合作成爲可能並保障共同的安全，通過社會契約創立了國家。也就是爲求得生存而形成結合的意志，建立社會契約，而後產生政府。個人將自己置於主權者的支配下，是主權者的存在爲了保護公民。一切人權的表現和運用必須表現人民的意志，法律是「公意」，在法律面前人人平等，君主不能高於法律。

相較於以君王統治爲主的法家，盧梭重視的是「人民主權」，公意的法律，兩者區別了專制極權與民主政治。

八、晉獻公殺世子[1]申生

禮記 檀弓

晉獻公將殺其世子申生。公子[2]重耳[3]謂之曰：「子盍[4]言子之志於公乎？」世子曰：「不可。君安驪姬[5]，是我傷公之心也！」曰：「然則盍行乎？」世子曰：「不可。君謂我欲弒君也。天下豈有無父之國哉？吾何行如之[6]？」

使人辭[7]於狐突[8]曰：「申生有罪，不念伯氏[9]之言也，以至於死。申生不敢愛其死[10]。雖然，吾君老矣，子少，國家多難，伯氏不出而圖吾君[11]；伯氏苟出而圖吾君，申生受賜而死！」再拜稽首[12]，乃卒。世以爲恭世子也。

注釋

①世子：天子、諸侯的嫡子。
②公子：天子、諸侯的庶出之子。
③重耳：申生異母弟，即晉文公。
④盍：音ㄏㄜˊ，何不，表示反問。
⑤君安驪姬：君以驪姬為安。
⑥吾何行如之：到哪裡去呢。如：到……去。
⑦辭：辭別，訣別。
⑧狐突：申生的師傅，重耳的外祖父。
⑨伯氏：對狐突的敬稱。
⑩愛其死：吝惜其死。
⑪圖吾君：為吾君圖，指為國君謀畫政事。
⑫稽首：叩頭到地，最恭敬的跪拜禮。稽，音ㄑㄧˇ。

翻譯

晉獻公要殺死他的世子申生，公子重耳對申生說：「你怎麼不把心中的委屈向父親表明呢？」世子說：「不行。君王喜歡驪姬，要有驪姬才安適，我要是揭發她對我的誣陷，那就太傷老人家的心了。」重耳又說：「既然這樣，那麼你何不逃走呢？」世子說：「不行。君王認定我要謀害他。天下哪有沒有父親的國家呢？（誰會收留背著弒父罪名的人）我能逃到哪裡去呢？」

於是申生派人去向師傅狐突訣別說：「申生有罪，沒有聽從您的教導，以致難免一死。申生不敢貪生怕死。然而，我們的國君老了，愛子奚齊還年幼，國家將會多災多難，您不出來爲國君謀畫政事；如果您肯出來爲國君謀畫，我就算死也蒙受您的恩惠。」於是再拜行禮，在曲沃自縊而死。因此他的謚號爲「恭世子」。

知識要點

● 故事背景

1. 申生是春秋晉獻公嫡長子，齊姜所生，本是晉國太子，賢能孝悌，屢建奇功，深受群臣百姓擁戴。晉獻公伐驪戎，驪戎請和，得驪姬姊妹。驪姬生子，取名奚齊，後與優施通姦，合謀陷害申生，慫恿晉獻公立驪姬的兒子奚齊爲太子。

2. 驪姬在頭髮上塗蜂蜜，引來蜜蜂追趕，並要求申生趕蜜蜂，晉獻公以爲申生無禮，怒以戟刺。而後驪姬設計申生至曲沃去祭祀母親齊姜，在祭肉與酒中下毒，並讓晉獻公發現酒肉有毒，獻公以爲是申生謀反，隨即上朝下令討伐申生。這時大夫狐突急遣心腹星夜趕到曲沃密報申生。申生歎說：「君父沒有驪姬居不安，食不飽，我若自白無罪，驪姬必有罪，君父年老，假使因殺驪姬而寢食不安，是我傷害君父的心……」於是就向北稽首三拜，自縊而死。

● 敘述脈絡：晉獻公將殺其世子申生→君安驪姬，自認傷公之心→使人辭於狐突，託以國事→再拜稽首，乃卒。世以爲恭世子也。

● 故事後續：

1. 申生死後，驪姬泣訴於獻公，恐重耳和夷吾會替申生報仇，獻公下令捉拿二人，遂出奔。奚齊被立爲太子，獻公死，奚齊被申生師傅里克殺死，驪姬見大勢已去投井自殺。秦穆公送夷吾歸國即位爲晉惠公，後來惠公背義於秦國，秦穆公起兵討伐。
2. 〈晉世家〉記載：晉惠公把申生重殮入棺，葬在曲沃高原，狐突設祭拜奠完畢，正要回朝時，忽然旌旗飄搖，一隊人馬，迎面而來，見大車中申生冠纓佩劍，宛如生前一樣，說：「上帝憫我仁孝，命我爲喬山神……」
3. 後人緬懷申生的忠孝之舉，立申生廟。《曲沃縣志》曾載，邑人奉申生爲城隍之神。

● 歷代評論：宋朝理學名儒張橫渠讚揚申生：「無所逃而待烹，申生其恭也。」

● 知識重點：

1. 驪姬之子奚齊，時年六歲，申生預料死後，其弟兄將因爭奪君位而相互殘殺，因此以「國家多難」請託狐突，表現了申生盡忠盡孝於生前，以及他對國家命運的憂患以及對老父、幼弟的深切關愛。
2. 魯閔公二年，晉獻公命申生領兵伐東山皋落氏（赤狄別種，在今山西垣曲東南），狐突勸申生趁機出逃，申生沒有採納他的意見，因此自認「申生有罪，不念伯氏之言」。又因狐突在伐東山後，就推託有病，在家不出，故以「伯氏不出而圖吾君」、「伯氏苟出而圖吾君」兩個相關的假設句，表現申生盡忠孝於生後，為國家設想的惶恐誠敬之心，並以「受賜而死」、「再拜稽首」的最敬之禮表達內心的感激。
3. 這篇文章雖只是一段對話，一段獨白，但透過對話塑造出的人物形象卻鮮明立體。如透過面對問題時，思考的方向、處理的態度可觀察申生與重耳個性、器識上之不同：重耳主張向父親辯白，或逃亡出走。申生體貼父親寵愛驪姬，既不揭露事實傷父親的心，又不選擇出逃以揚父親之過，而甘願蒙冤而死。
4. 恭，是敬順事上，申生明知父命是錯誤的，仍順從而自殺，所以被諡為「恭」，也因為讓父親被蒙蔽而誤會，陷親於不義，其行也「愚」，故不稱為「孝」。

練習題

1.下列針對申生訣別詞的說明，正確的是：
(A)「君安驪姬」，導致申生不敢愛其死
(B)自承有罪，因此「伯氏不出而圖吾君」
(C)因爲「天下豈有無父之國」，而不念伯氏之言
(D)以「吾君老矣，子少，國家多難」作爲請託狐突的大事

2.文章以「晉獻公將殺其世子申生」爲敘述首句的目的在：
(A)作爲後段描述的結果
(B)當成故事發展的轉折點
(C)鋪陳人物情節的心理背景
(D)形塑恐怖、緊張而充滿懸念的氣氛

3.下列關於本文寫作技巧與作用的說明，正確的是：
(A)殘酷的環境與申生坦然的心境對比，揭示人物的忠孝之心
(B)與狐突的敘述有如內心獨白，坦露選擇壯烈犧牲是爲成全節操的方式
(C)透過申生對重耳的「盍言」、「盍行」的問答，表現申生臨死前無法清醒認知自我處境
(D)藉由摹寫老而昏聵的獻公要殺親子，大臣憤怒與沉痛的表情，塑造人物形象

大考演練

閱讀下文，回答第1-3題。

甲、風箏曾無拘無束，享受著風的安撫，卻不知在何時，被線緊緊拽住：「去迎接更多的挑戰，離天空更近一步！」風箏不知道那條與自己最親密相連的線，爲什麼會變得如此殘酷。即使飛向高空不是它的理想，它還是乖乖順服。

但強風呼嘯，並沒有讓它飛得更高。

搖搖欲墜的它說服線，將主導權交給一個小孩，隨心所欲地飛，迎向新的未來。（改寫自陳冠曄〈風箏〉）

乙、母親只買回了七尺布，我悔恨得很，爲什麼不敢自己去買。

我說：「媽，七尺是不夠的，要八尺才夠做。」母親說：「以前做七尺都夠，難道你長高了嗎？」我一句話也不回答，使母親自覺地矮了下去。

母親仍按照舊尺碼在布上畫了一個我，然後用剪刀慢慢地剪，我慢慢地哭，啊！把我剪破，把我剪開，再用針線縫我，補我，……使我成人。（蘇紹連〈七尺布〉）

1.甲、乙二文所敘寫的皆是「與家長互動」的成長經驗，下列敘述，何者正確？
(A)皆在遭受挫折後尋求家長協助

(B)皆嘗試與家長溝通內心的想法
(C)皆在溝通後獲得自由發展機會
(D)皆對自己曾經的任性感到後悔

2.「藉事託寓」是甲、乙二文的重要表現手法。下列敘述，何者最恰當？【108統測】
(A)「風箏享受風的安撫」借指孩子對溫暖親情的渴望
(B)「風箏將主導權交給小孩」借指童年回憶總是美好
(C)「買的布料長度不夠」借指小孩缺乏看未來的眼光
(D)「把布上的我剪破、縫補」借指家長對孩子的塑造【108統測】

3.加入詞語修飾有助於文意表現。下列關於「」內詞語的解說，何者不恰當？
(A)被線「緊緊」拽住：強調督促的嚴厲
(B)「搖搖欲墜」的它：強調自主的後果
(C)用剪刀「慢慢地」剪：強調長期用心
(D)「仍按照舊尺碼」畫：強調愛的執念【108統測】

【跨領域觀看】：步步驚心、寸寸血淚的後宮爭戰

《芈月傳》、《後宮甄環傳》、《如懿傳》、《宮心計》、《美人心計》、《巴清傳》、《孝莊祕史》、《母儀天下》、《武媚娘傳奇》、《大清後宮之還君明珠》、《宮鎖珠簾》、《金枝欲孽》、《延禧攻略》……，數不盡的宮廷後宮爲何在現代不斷拍攝？遠離現實的後宮爭寵、爭名、爭利、求生存的經歷爲何形成巨大商機與話題？

這些貫串春秋戰國、漢唐明清的歷史，精彩的不是帝王將相的文功武略，而是與后妃之間的情愛柔情；熱鬧的不是開疆闢土的血腥沙場，而是看不見的心機權謀。

六宮粉黛花容月貌底下，個個練就洞悉誰是主流掌門人、誰滾落爲邊緣棋子、誰將會是崛起的暴風眼。圍繞太后、皇后的派系，如群山峻嶺各據陣地，丫環、太監、阿哥、王爺、大臣一層層分職通風報信、形成風向、鞏固關係。

「表面風平浪靜、實際暗藏玄機」的爭鬥模式，背後的動機不一，或爲爭寵或爲自保，或爲報

恩或爲復仇，彼此結盟成網，瞬間揮起、掀起背叛的矛。宮鬥就像打蛇須三分，老虎咬住獵物咽喉，武林高手飛鏢斃命，講求的是快、狠、準。過程中演繹了陰謀與謊言，那是智謀之戰，考驗後設認知的觀察、分析、推理、布局、評估機率的精密度與準確度。

雖然故事發生在古代宮廷，但何嘗不是現實生活裡千絲萬縷的生存戰？它一方面滿足觀眾揭開宮廷貴族神祕面紗的心理、宮闈傾軋的獵奇想像，以及集中矛盾衝突張力所帶來的戲劇趣味。另方面從女性角度觀想，男性中心政治背後，女性雖不脫母以子貴的依附心理與政治意義，但女性視角下的「權謀劇」所表現出豐富面相的自我，多重駁雜的女性意識，似乎塑造出更眞實精彩的生命色調，平衡了夫權、父權至上的宰制，或許這便是宮廷劇方興未艾之故。

只可憐失去母親權勢依靠的王儲，落得被機關算盡而死。中生如此，扶蘇如此，怪不得後宮必須拉攏皇親權貴，才能保得太子登基。

九、留侯世家

漢 司馬遷 史記

良嘗閒從容步游下邳圯[1]上，有一老父，衣褐，至良所，直[2]墮其履圯下，顧謂良曰：「孺子，下取履！」良愕然，欲毆之。爲其老，彊忍，下取履。父曰：「履我！」良業爲取履，因長跪[3]履之。父以足受，笑而去。良殊大驚，隨目之。父去里所，復還，曰：「孺子可教矣。後五日平明，與我會此。」良因怪之，跪曰：「諾。」五日平明，良往。父已先在，怒曰：「與老人期，後[4]，何也？」去，曰：「後五日早會。」五日雞鳴，良往。父又先在，復怒曰：「後，何也？」去，曰：「後五日復早來。」五日，良夜未半往。有頃，父亦來，喜曰：「當如是。」出一編書，曰：「讀此則爲王者師矣。後十年興。十三年孺子見我濟北，穀城山下黃石即我矣。」遂去，無他言，不復見。旦日視其書，乃《太公兵法》也。

良因異之，常習誦讀之。

注釋

①圯：音一ˊ，橋也。
②直：正也，謂至良所正墮其履也。
③長跪：直身屈膝成直角的跪禮，以示莊重。
④後：遲到。

翻譯

張良閒暇時遊晃到下邳橋上，有一個老人，穿著粗布衣裳，走到張良跟前，故意把他的鞋甩到橋下，看著張良對他說：「小子，下去把鞋撿上來！」張良很驚訝，想打他，因爲見他年紀大，於是勉強地忍了下來，走下橋撿回鞋。老人說：「給我把鞋穿上！」張良心想既然已經把鞋撿了上來，就跪著替他穿上。老人把腳伸出來穿上鞋，笑著離去了。張良十分驚訝，眼光隨著老人的身影注視著他。老人離開一里路後，又折返回來，說：「你這個孩子可以教導教導。五天以後天剛亮時，跟我在這裡相會。」張良覺得這件事很奇怪，跪下來說：「嗯。」五天後天剛亮，張良到橋上時，老人已先在那裡，生氣地說：「跟老年人約會，竟然遲到，爲什麼？」老人離去，並說：「再過五天以後早早來這裡碰面。」五天後雞一叫，張良就去橋上。老人又已經先到那裡，生氣地說：「又來晚了，這是爲什麼？」老人離開說：「五天後再早點兒來。」五天後，張良不到半夜就去了。過了一會兒，老人也來了，高興地說：「應當像這樣才好。」老人拿出一部書，說：「讀了這部書就可以做帝王的老師了。十年以後就會發跡。十三年後小夥子你到濟北見我，穀城山下的黃石就是我。」說完便走了，沒有別的話留下，從此也沒有見到這位老人。天明時一看老人送的書，原來是《太公兵法》。張良因而覺得這部書非比尋常，因此經常誦讀研究。

知識要點

● 故事背景：始皇暴虐，二世無道，項羽、劉邦高舉反秦大旗，兵鋒直指咸陽。楚漢相爭雖僅八年，卻變動激烈。劉邦主要謀略人物張良因「五世相韓」，故欲爲韓報強秦滅國滅族之仇，遂以家財求客刺秦王於博浪沙。本文敘述暗殺事敗，僥倖逃過一死，張良隱姓埋名藏於下邳，遇老人的情節。

● 敘述脈絡：張良遇圯上老人→老人墮鞋，要張良撿鞋，張良怒欲毆之→忍怒撿鞋，三度與老人約見→老人贈兵書，預言爲王者師。

● 故事後續：留侯以其智才輔佐劉邦，從下邳到下邑，由楚地到關中，十多年的遊歷與潛藏，深懂黃老之術，漸漸從剛烈任俠轉變成深思能忍的謀士，往往能夠克敵制勝。同時在漢封蕭何、韓信等開國功臣中，能因不爭名利，懂得進退而保其全身。

● 知識重點：

1. 張良個性剛烈，急於復仇，但此不足為勇。蘇軾〈留侯論〉中認為圯上老人百般責難，刻意磨折他的銳氣，讓子房剛烈復仇到智深能忍，並強調忍而不怒是張良能輔佐劉邦成帝王的主因。
2. 在〈留侯世家〉中，司馬遷清楚地敘述張良由一個負氣逞勇的貴公子，到圯下拾履，誦讀兵書十年，蛻變為「帝王師」，運籌帷幄，決勝千里，終至滅秦復仇的人生歷程。張良甘心沉潛以待來日，正是他成就事功的必要儲備過程。
3. 全文圍繞著「怪」而展開，老人「直墮其履圯下」之舉怪、對素昧平生的張良提出穿鞋的要求怪、一而再再而三地刁難張良的責備怪、十三年後的黃石預示也怪。這種種不尋常的「怪」既形成故事的離奇性，也加重老人強烈的意圖性與對張良的考驗性。
4. 面對老人三次相約，司馬遷透過層遞方式呈現張良一次比一次早到的時間，更由此動作中顯現張良想一探究竟的情緒，與前段中「愕然，欲毆之」形成對比，突顯張良在此過程中所鍛鍊出的隱忍功夫，也直到他已體會「用智而不用力，守柔持謙」之道，至此老人才拿出編書贈之，而這才是他成功的關鍵。

● 歷代評論：

1. 《史記．高祖本紀》肯定張良謀略的貢獻：夫運籌策帷帳之中，決勝於千里之外，吾不如子房。
2. 蘇軾〈留侯論〉認爲圯上老人的責難，讓子房剛烈復仇到智深能忍：「古之所謂豪傑之士者，必有過人之節。人情有所不能忍者，匹夫見辱，拔劍而起，挺身而鬥，此不足爲勇也。天下有大勇者，卒然臨之而不驚，無故加之而不怒（此指圯上老人之事）。此其所挾持者甚大，而其志甚遠也（指報滅韓之仇）。」
3. 清代鍾惺認爲老人要張良取鞋是刻意磨折他的銳氣，就像當頭棒喝，張良頓然領悟，而強忍憤怒欲毆之氣撿鞋，這就是老人要教化張良的隱忍之道：「子房是何等英雄，一圯上老人，素不相識，直墮其履圯下，顧謂良曰，孺子下取履，子房此時已心折矣，點化子房，全在於此，此棒喝機鋒也，豈待授書之後哉。」
4. 明代邵寶強調成爲帝王之師的關鍵在運用智慧而非霸力：「老人高良之義，而怪其狙擊之勇，於是乎教，教在意不在言，而況書哉？是故為帝師而不自為，用智而不用力，守柔持謙，而豫以待事。」

●學習重點：在〈留侯世家〉中，司馬遷清楚地敘述張良由一國之世家貴公子，負氣逞勇，謀刺始皇，到圯下拾履，十年研書，蛻變為「帝者師」，運籌帷幄，決勝千里，終至滅秦以報國仇的人生歷程，張良的甘心沉潛以待來日，正是他成就事功的必要儲備過程。

練習題

1. 圯上老人認為「孺子可教」的原因是：
(A)長跪履之
(B)如期赴約
(C)佐助王者
(D)愕然取履

2. 下列針對「讀此則為王者師矣。後十年興。十三年孺子見我濟北，穀城山下黃石即我矣」做出的推測，最合理的是：
(A)張良得兵書而成仙
(B)黃石老人為隱居的賢者
(C)張良因兵書而成為王者師
(D)黃石老人才是真正的王者

3. 舉這篇文章為例，可以證明成功之道在：
(A)運氣
(B)忍耐
(C)孤獨
(D)機會

大考演練

1. 右列甲、乙、丙三聯依序對應的人物，正確的選項是：【106指考】
(A)孟軻／劉基／蘇軾
(B)孟軻／諸葛亮／袁宏道
(C)司馬遷／劉基／袁宏道
(D)司馬遷／諸葛亮／蘇軾

甲	乙	丙
剛正不阿，留得正氣衝霄漢	占事考祥，明有徵驗，開國文臣第一	衝破樊籬，教性靈直出，行雲流水壯文瀾，人皆仰止
幽愁發憤，著成信史照塵寰	運籌畫計，動中機宜，渡江策士無雙	追思聖傑，讓氣脈相通，麗句清詞吟柳浪，公可安然

【跨領域觀看】：奇幻文學裡的智慧老人

在許多奇幻冒險文學作品中，都有一位智者，身負傳承與啓迪的責任。如《哈利波特》中的巫師阿不思．鄧不利多，是仁慈、風趣、法力強大戰術家和計畫者，也是霍格華茲魔法學校校長，展現出親和開明的作風。他相信人性美好而不計前嫌，對所有巫師一視同仁，而不以血統分別，甚至准許狼人就讀。

英國文學家托爾金《魔戒三部曲》英雄旅程中，有甘道夫、薩魯曼和迪耐瑟三位智慧老人，擁有魔法，熟悉中土大陸的各種歷史與學識，知道摧毀至尊魔戒唯一辦法就是將之丟入末日火山的熔岩烈焰中，成功協助完成這趟堅毅不屈的旅程，讓人皇回歸中土大陸，精靈得以回鄉。

就像保羅．科爾賀《牧羊少年奇幻之旅》中所說：「當你眞心渴望某樣東西時，整個宇宙都會聯合起來幫助你完成。」張良遇見圯上老人看似老師刻意爲之，但或許也是上天有意安排。「無論做什麼，每一個人都在世界歷史上扮演了重要的角色，而通常它本身並不自知。」與圯上老人相遇的這段情節，張良可能不知道自己在那瞬間被賦予重任，也無法預期自己竟完成比報韓之仇更大的壯舉！

《紅樓夢》裡的劉姥姥是看清人情世故的聰明人，圯上老人是智慧者，閱覽經歷中所體悟的道理，工作與生活裡磨出的智慧，讓老人成爲度化者、鍛鍊者，所以俗話說：「不聽老人言，吃虧在眼前。」

十、說苑．正諫

漢　劉向

景公有馬，其圉人殺之[1]，公怒，援戈[2]將自擊之。晏子曰：「此不知其罪而死，臣請爲君數[3]之，令知其罪而殺之。」公曰：「諾。」晏子舉戈而臨之曰：「汝為吾君養馬而殺之，而罪當死；汝使吾君以馬之故殺圉人，而罪又當死；汝使吾君以馬故殺人，聞於四鄰諸侯，汝罪又當死。」公曰：「夫子釋之，夫子釋之，勿傷吾仁也。」

注釋

①其圉人殺之：《晏子春秋．諫上》作「暴病死」。圉人，官名，掌管養馬放牧等事。圉，音ㄩˇ。

②戈：武器名。為長柄橫刃的平頭戟。

③數：數說，責備。

翻譯

齊景公有一匹馬，圉人照顧不周而把馬養死了。齊景公非常生氣，拿起長刀來要親自擊刺養馬的人。晏子說：「這樣他並不知道自己犯了什麼罪就被處死，讓我替您數落他所犯下的過錯，讓他知道自己犯了什麼罪再殺他。」

齊景公就說：「好的。」晏子舉起長戈對養馬人說：「你為我們君王養馬，馬竟然死了，你所犯下的罪該死；你使我們的君王因為馬的緣故而殺圉人，你的罪又該死；你讓我們的君王因為一匹馬死就殺人的事，傳到四鄰的諸侯耳中（讓他們覺得我們的君王是沒有德操的），你的罪又該死。」齊景公連忙說：「先生，放了他吧，放了他吧，不要損害我仁德的聲譽呀。」

知識要點

● 故事背景：《說苑．正諫》除本章外，有四章與齊景公有關，其一是景公為臺，臺成，又欲為鐘，晏子諫而罷。其二是齊景公好射，負責養雛鳥的人竟讓鳥飛走了，景公怒而欲殺之，晏子以三條罪數落之，景公立刻撤令，並向養鳥者致歉。其三是齊景公在大白天披頭散髮，架著六匹馬拉的車，載婦人要出宮門，被看門人趕回去說：「你不是我們的國君。」景公羞愧而不上朝。第四則是齊景公飲酒到半夜，還想轉移到晏子家繼續飲宴。

● 敘述脈絡：圉人照顧不周，以致齊景公的馬死了→公怒將自擊→晏子數落其罪有三→齊景公認錯。

● 知識重點：

1.《說苑》成書於西漢末年，為劉向輯錄朝野藏書雜著類編，內容多哲理深刻的格言警句。體例類似《國語》、《戰國策》，以記言為主，兼採記事，敘事意蘊諷喻。載錄其他學派人物的言談事蹟乃至街談巷議，提供另一種角度來觀察歷史人物，對小說的發展產生推動作用。

2.「正諫」意謂勸諫。正，同「證」。《說文》嘗言：「證，諫也。」〈正諫〉一章提出忠臣不可不進諫其君，以匡正君主的過失，因為君主有過失就是危亡的徵兆。

3.從〈正諫篇〉所列五則有關齊景公的敘述，可見他是縱欲享樂，重物輕人之君，幸而晏子隨時諫諭，景公能幡然領悟，及時修正。本文表面上是為君細數圉人殺馬之罪，其實暗責國君愛馬而殺圉人。晏子誇大其事，以聞於四鄰諸侯，形成擴散式的輿論壓力，使景公明白事態嚴重而作罷。

練習題

1.從下列哪一個行爲可知齊景公是個性急切之人？

(A)圉人不知其罪而死
(B)夫子釋之，勿傷吾仁也
(C)援戈將自擊殺馬之圉人
(D)以馬故殺人，聞於四鄰諸侯

2.下列有關文意的分析，正確的是：

(A)「臣請爲君數之，令知其罪而殺之」：越權之過
(B)「汝爲吾君養馬而殺之」：失職之罪
(C)「汝使吾君以馬之故殺圉人」：失言之過
(D)「汝使吾君以馬故殺人，聞於四鄰諸侯，汝罪又當死」：推諉之罪

3.下列有關本文的說明，正確的是：

(A)齊景公愛馬勝於愛人是傷仁之表現
(B)晏子數落圉人罪狀是想誹謗齊景公
(C)晏子認爲君王行事應以愛人之心愛馬
(D)晏子舉戈臨圉人的動作顯現態度盛氣凌人

大考演練

1.下列是一段現代散文，請依文意選出排列順序最恰當的選項：

我這個暗光鳥，如此近距離地觀看暗光鳥、黑冠麻鷺、蜥蜴、大蜘蛛。
甲、而我在初春裡，南方佳木之城
乙、彷彿也有了坐擁山林的丘壑之心了
丙、植物園裡的牠，習得不動聲色的禪學功夫
丁、我想當我離開嘉義時，只消在心頭種上一株植物
戊、大蜘蛛編織著巨網，懸在兩棵大樹之間，優雅的殺手
就會遙想起整個南方、整個城市的亞熱帶風情。

（鍾文音〈甜蜜亞熱帶〉）

(A)甲乙丙戊丁
(B)乙戊丙丁甲
(C)丙戊丁乙甲
(D)戊丙甲乙丁

【106學測】

【跨領域觀看】：人物冰山理論

從人物面對事情的反應往往可推知其個性、思想、價値觀、情緒，進而判斷修養、格局。《論語．鄉黨》記載：「廄焚。子退朝，曰：『傷人乎？』不問馬。」同樣是馬房出事，齊景公關心的是馬，孔子關心的是人。再者，當時馬代表身分、地位，因此非常珍貴，相對的馬夫是普通平民，任司寇的孔子藉此表現無論身分、地位，人的生命勝過財產上的損失。

世界知名的美國心理治療師，也是家族治療的先驅維琴尼亞．薩提爾（Virginia Satir, 1916-1988）認爲：「問題的本身不是問題，如何面對問題才是問題。」他提出的冰山（Satir）隱喻，說明人類對外在的應對方式與行爲，就像露在水平面以上的冰山，其實只是整個冰山的八分之一，在水平面以下的八分之七代表著人類心裡內在的感受、觀點、期待及自我，因此必須更深層地去瞭解他的內在想法。

這套理論既可作爲人際關係相處時的參考，也可是聆聽探索自己的內在冰山，瞭解接納自己的生命力的途徑，更可作爲分析文學作品中角色特質與意義的支持點，如景公自我中心主義，晏子、孔子展現尊重生命、心存寬厚的修爲。

十一、朱買臣傳

漢 漢書 班固

初，買臣免，待詔，常從會稽守邸①者寄居飯食。拜爲太守，買臣衣故衣，懷其印綬②，步歸郡邸。直上計③時，會稽吏方相與群飲，不視買臣。買臣入室中，守邸與共食，食且飽，少見④其綬。守邸怪之，前引其綬，視其印，會稽太守章也。

守邸驚，出語上計掾吏⑤。皆醉，大呼曰：「妄誕耳！」守邸曰：「試來視之。」其故人素輕買臣者入內視之，還走，疾呼曰：「實然！」坐中驚駭，白守丞，相推排陳列中庭拜謁。買臣徐出戶。有頃，長安廏吏乘駟馬車來迎，買臣遂乘傳⑥去。會稽聞太守且至，發民除道，縣吏並送迎，車百餘乘。

【注釋】

①守邸：守衛官邸的人。邸，高級官員的住所，如官邸。

②印綬：印信和繫在印信上的絲帶。綬，音ㄕㄡˋ。

③直上計：遇到上計的時候。古代地方官向朝廷上報境內戶口、賦稅、盜賊、獄訟等文書，以供考績，謂之「上計」。

④見：音ㄒㄧㄢˋ，顯示。

⑤掾吏：輔佐官吏的通稱。掾，音ㄩㄢˋ。

⑥傳：音ㄓㄨㄢˋ，驛車。

【翻譯】

起初，朱買臣被免了職，正等待著皇帝重新任命，常到會稽郡守邸人那裡借住吃飯。等到朝廷授予會稽郡太守官職，朱買臣仍舊穿著從前的舊衣服，懷裡揣藏著繫綬帶的官印，步行回到郡邸。遇到查戶口賦稅的時候，便跟會稽郡辦上計的官吏一起飲酒，沒人理睬朱買臣。朱買臣便徑直走進房間，看守府邸的人和他一道吃飯。快吃飽時，朱買臣稍微露出那繫著官印的綬帶，看守府邸的人看了覺得奇怪，就走近前去一拉印帶，看到官印，原來是會稽太守的官印。

他吃了一驚，走出屋外告訴辦理上計的官吏們。那些人都喝醉了，大叫大喊道：「這是胡說罷了！」看守府邸的人說：「你們姑且來看看再說！」買臣的老朋友中有個向來看不起他的，走進室內看清楚官印，（嚇得）轉身就跑，高聲嚷道：「的確如此！」在座的人（這才）驚慌害怕起來，把這事報告了會稽守丞，眾人互相推擁著排列在中庭拜見新太守。買臣緩緩走出門去。過了一會兒，果然有長安廏吏坐著四匹馬拉的車子來迎接買臣，買臣便坐著傳車走了。會稽地方官聽到太守要來了，趕快在前面要民眾灑掃街道，所有的地方官員趕著上門來迎接，車隊有將近有百輛。

知識要點

● 故事背景：朱買臣家貧好讀書，靠砍材爲生地邊擔著材薪行，邊背誦書。他的老婆崔氏吃不飽、穿不暖，滿腹怨言，對朱買臣說，我寧願坐在寶馬裡哭泣，也不願坐在土炕頭上跟你受罪。朱買臣笑著說：「我年五十當富貴，今已四十餘矣。汝苦日久，待我富貴，報汝功。」但妻子生氣地說：「到時候我可能已經餓死。」說完，毅然改嫁有錢的趙石匠。朱買臣受此一激，奮發圖強，終於金榜題名，衣錦還鄉。

● 故事情節：朱買臣免官待詔時，常至會稽守邸者家中寄食→拜爲太守，仍穿故衣，懷其印綬至，會稽吏對他有視無睹→守邸與共食，見印綬，眾人不信→確認官印，眾人拜見，朱買臣坐著傳車離開。

● 故事後續：居歲餘，買臣受詔將兵，與橫海將軍韓說等俱擊破東越，有功。徵入爲主爵都尉，列於九卿。

「朱買臣休妻，潑水難收」：朱買臣未當官時，家貧賣柴度日，其妻求去。朱買臣發跡後，崔氏悔不當初，而求復婚。朱買臣潑一盆水，如她收得回來，才允婚。

● 知識重點：

1. 班固出身於仕宦家庭，受正統儒家思想影響極深，作為一個歷史家，他重視客觀歷史事實，是體恤人民疾苦的正直官吏。
2. 透過朱買臣失意、得意時所遭受不同待遇的具體描寫，顯現世態炎涼。

練習題

1. 下列選項中的字音字義，完全正確的是：
(A)綬，音ㄕㄡˋ，印信
(B)掾，音ㄩㄢˋ，輔佐官吏者
(C)廄，音ㄐㄧㄡˋ，掌管馬匹的官吏
(D)謁，音ㄧㄝˋ，平輩見面

2. 根據上文，最適合用來形容會稽吏與眾人對朱買臣的態度，是：
(A)前倨後恭
(B)前仆後繼
(C)桀驁不恭
(D)禮賢下士

3. 關於上列文字，敘述正確的是：
(A)朱買臣「衣故衣，懷其印綬，步歸郡邸」，乃是爲了表現廉潔的形象
(B)朱買臣步行回郡邸時，會稽官吏「不視買臣」，是因爲官吏忙於應酬，無暇理會他

(C)官吏「大呼曰：『妄誕耳！』」是因爲他們直覺地認爲朱買臣並沒有官拜太守的能耐
(D)朱買臣後來「徐出戶」，顯示他刻意要讓那些有眼不識泰山的人延長拜謁及困窘的時間
(E)朱買臣「少見其綬」的舉動，顯示出他十分在意他人的觀感，內心亟欲人知他已非昔日吳下阿蒙

【98指考】

【大考演練】

1. 閱讀下文，選出敘述正確的選項：

名片的種類式樣之多，就如同印名片的人一樣。有足以令人發笑的，有足以令人駭怕的，也有足以令人哭不得笑不得的。若有人把各式的名片聚集起來，恐怕比香菸裡的畫片還更有趣。

官僚的名片，時行的是單印名姓，不加官銜。其實官做大了，人就自然出名，官銜的名片簡直用不著。惟獨有一般不大不小的人物，印起名片來，深恐自己的姓名太輕太賤，壓不住那薄薄的一張紙，於是把古往今來的官銜一齊的印在名片上，望上去黑糊糊的一片，就好像一個人的背上馱起一塊大石碑。

身通洋務，或將要身通洋務的先生，名片上的幾個英文字是少不得的，「湯姆」、「查利」都成，甚而再冠上一個聲音相近的外國姓。因爲名片也者，乃是一個人的全部人格的表現。

（梁實秋〈名片〉）

(A)單印名姓而不加官銜的名片，表示名片主人並不看重外在的虛名
(B)有些人無法自我肯定，只能用層層疊疊的官銜來證明自己的存在
(C)作者將名片上的官銜喻爲大石碑，暗指爲官者應知任重道遠之意
(D)作者對於通洋務者必在名片加上英文姓名，語帶嘲諷，不以爲然
(E)名片比畫片有趣之因，在於可從中看出各種不同的人格表現方式

【106學測】

【跨領域觀看】：關於貧賤的種種思考

「貧賤」一直與低成就、生活窘困、命運坎坷、社會邊緣化畫上等號。它不僅是社會問題、福利政策中不斷被檢討、被關注的焦點，也是評量政府治國、選舉藍圖的指標。

貧賤也一直是激勵奮發圖強改變現況的動力。二〇〇六年曾入圍奧斯卡獎的電影《當幸福來敲門》，改編自同名小説，敘述帶著未滿兩歲的兒子住在地鐵站公廁、淪爲遊民的單親爸爸，從流浪到打入華爾街證券界成爲第一位黑人億萬富豪。其關鍵在對兒子説的話：「我們是無家可歸，但並非毫無希望。」「孩子，我一直以來，都用這麼少的東西，做這麼多的事；我可以不靠任何東西做出任何事情。」懷抱希望，「從你手中擁有的東西開始」，全力以赴就是追求幸福、脱離貧賤、實踐夢想的方法。

貧賤，也讓人際關係變得辛苦，即使夫妻也因而百事哀，如本文的朱買臣被眾人輕賤也被其妻嫌棄，但二〇一八年發表的美國喬治亞州立大學「美國生活轉變調查」研究，發現年收入不超過六萬美元的已婚家庭所受不良情緒乃至抑鬱症的影響最小；收入水平超過六萬美元時，財富的增加並沒有改善家庭成員的健康狀況，尤其是抑鬱情緒。

這是針對三千五百多名二十四至八十九歲的成年人訪談社會學、心理學和身體健康等方面話題的分析，打破了既定的觀念，爲「婚姻資源模型」理論提供證據，夫妻財產共有可以使經濟拮据的人對處境感覺更好，有助提升其經濟安全感和自我效能感。

十二、遊褒禪山記

宋　王安石

於是予有歎焉！古人之觀於天地、山川、草木、蟲魚、鳥獸，往往有得，以其求思之深而無不在[1]也。夫夷以近[2]，則遊者眾；險以遠，則至者少。而世之奇偉瑰怪非常之觀[3]，常在於險遠，而人之所罕至焉，故非有志者不能至也。有志矣，不隨以止也，然力不足者，亦不能至也。有志與力，而又不隨以怠，至於幽暗昏惑，而無物以相[4]之，亦不能至也。然力足以至焉而不至，於人爲可譏，而在己爲有悔。盡吾志也，而不能至者，可以無悔矣。其孰能譏之乎？此予之所得也！

【注釋】

①無不在：指廣泛地思考、探求。在，省察。

②夷以近：平坦而距離近的地方。夷，平坦。

③奇偉瑰怪非常之觀：奇特、雄偉、壯麗、不尋常的景象。

④相：音ㄒㄧㄤˋ，幫助。

【翻譯】

對於這件事，我有些心得感慨：古人觀察天地、山川、草木、蟲魚、鳥獸，常常有所體悟，這是因爲他們思慮得很深入，所以無處不探究省察。平坦而且距離近的地方，遊客就多；危險而偏遠的地方，那麼抵達那兒的人就少了。但是世間奇特瑰怪、不尋常的景致，常在危險偏遠而又人跡少至的地方。所以沒有堅定意志的人，是不能到達的；有堅定的意志，能不隨他人停下來，但是體力不夠的人，也不能到達；有了意志和體力，又不隨著他人懈怠，然到了幽深昏暗、看不清楚的地方，如果沒有外力的幫助，也不能到達。體力足以到達卻沒有到達，結果將遭人譏笑，自己也會後悔；（但是如果）已經盡了心力卻不能到達，（那麼便）可以不必後悔，又有誰能譏笑我呢？這是我此次遊覽的感想。

【知識要點】

● **故事背景**：宋仁宗至和元年（西元一〇五四年）七月王安石與弟弟王安國等同遊褒禪山，前洞平坦空曠，很多人在洞壁上記遊題字；從山腳下往上走五六里的後洞，幽暗深邃而寒冷，幾乎沒有人走到盡頭。王安石等人拿著火把進入，進去越深，前進越困難，但所見到的景物也越奇特。後來有人怠惰想出去，擔心火把就要燒完了，以致未能窮究山洞奇險之景，掃興而歸。

● **論理結構**：古人有得在於思察（起）→世之奇特在險遠處（承）→敘有志、力、有物相之（轉）→不能盡志將後悔（合）。

● **歷代評論**：

1. 蘇東坡：網羅六藝之遺文，斷以己意；糠秕百家之陳跡，作新斯文。
2. 明茅坤：王荊公湛深之識，幽渺之思……以成一家之言者也。

● **知識重點**：

王安石注重經世致用，矢志於變法革新，散文長於說理，言簡意深，筆力雄健，見識超群。本文是他早期作品，融合記遊、感悟、議論，將所述見聞提升為哲理性思辨的基礎，是典型借事喻理之文，重點不在記而在議，其主要論述有以下四點：

1. 世之奇偉瑰怪非常之觀，常在於險遠而人之所罕至焉，故非有志者不能至也——說明唯有不畏艱難，不圖安逸的人才能看見奇景。
2. 成功的關鍵，必須主觀因素「有志」（心理—精神狀態）、「有力」（生理—體質狀態）、客觀因素「有物相之」，三者缺一不可。
3. 盡其在我，全力以赴的處事態度——「力足以至焉而不至，於人為可譏，而在己為有悔。盡吾志也，而不能至者，可以無悔矣」，強調自我負責的生活原則。
4. 崇尚刑名之學的王安石在行文中展現縝密的推理結構，一方面以因果組織「夷以近，則遊者眾；險以遠，則至者少」的現象，藉以得出要看到「世之奇偉瑰怪非常之觀」，必須有超乎常人的志向。另方面以層遞、雙重否定的句式，逐一拆解成功的三要素，前呼後應，層層議論極具說服力。

練習題

1. 「有志矣，不隨以止也，然力不足者，亦不能至也。有志與力，而又不隨以怠，至於幽暗昏惑，而無物以相之，亦不能至也。」這段話若以數學方式表達，何者正確？
(A)志＞物＞力
(B)志＞力＞物
(C)物＞志＞力
(D)力＞志＞物

2. 下列何者與「夫夷以近，則遊者眾；險以遠，則至者少。而世之奇偉瑰怪非常之觀，常在於險遠，而人之所罕至焉。」這段敘述所運用修辭技巧同？
(A)知之者不如好之者，好之者不如樂之者
(B)學而時習之不亦說乎，有朋自遠方來不亦樂乎
(C)有生而知之者，有學而知之者，有困而知之者
(D)生，事之以禮；死，葬之以禮，祭之以禮

3. 下列哪句話與這段主旨相近？
(A)魚躍龍門，過而為龍
(B)欲速則不達，見小利則大事不成
(C)得志，澤加於民，不得志，修身見於世
(D)志之所趨，無遠弗屆；窮山距海，不能限也

大考演練

1-2為題組。閱讀下文，回答1-2題。

春陵俗不種菊，前時自遠致之，植於前庭牆下。及再來也，菊已無矣。徘徊舊圃，嗟歎久之。誰不知菊也，芳華

可賞，在藥品是良藥，爲蔬菜是佳蔬。縱須地趨走，猶宜徙植修養，而忍蹂踐至盡，不愛惜乎！於戲！賢士君子自植其身，不可不慎擇所處。一旦遭人不愛重如此菊也，悲傷奈何！於是更爲之圃，重畦植之。其地近宴息之堂，吏人不此奔走；近登望之亭，旌旄不此行列。縱參歌妓，菊非可惡之草；使有酒徒，菊爲助興之物。爲之作記，以託後人；並錄藥經，列於記後。（元結〈菊圃記〉）

1. 菊花在「前庭牆下」消失的原因，敘述最適當的是：
(A)菊花不如良藥、佳蔬用途廣大，因此遭眾人鄙薄厭棄
(B)菊花係遠方品種，移植舂陵而不服水土，致枯萎凋零
(C)菊花栽植於人來人往之處，被踩踏蹂躪，因而凋枯萎謝
(D)菊花形貌樸素，雖非可惡之草，但不受人喜愛而遭棄養 【107學測】

2. 作者藉種植菊花而感悟處世之理，下列敘述最適當的是：
(A)立身處世應具良禽擇木而棲的智慧
(B)順境僅成就平凡而逆境可造就不凡
(C)具備多元能力，可在競爭時代勝出
(D)正直友可礪品格，酒肉交將招災禍 【107學測】

【跨領域觀看】：成功者的努力

王安石透過遊褒禪山，闡釋成功之道在比他人擁有更強烈的企圖心。被美國籃球名人堂譽爲NBA「史上最偉大射手」的雷·艾倫自言他的表現不是天分，而是苦練；不是僥倖，而是規律。「上帝沒有教會我投籃，教會我的，是我的努力。」

《今周刊》專文介紹敘述他「長達十八年的美國職籃（NBA）生涯裡，每天在固定的時間起床、吃一模一樣的食物、在比賽開打前四小時到球館練習投籃、早晚各量一次體重、從不接觸酒精飲料。他曾形容自己活得像個囚犯，卻從不懷疑這一切的必要性。因爲他深信，決定成功與否的關鍵，不在天賦高低，而是一個人願意爲成功，付出什麼代價。」

「追求完美」，迫使自己達到最高峰是成爲人上人必備的態度，也是通往成功的唯一道路。

蔡依林一天花十幾個小時在鍛鍊體力、練習舞蹈動作；選爲全球「未來十年十五個最具影響力的廚

師」江振誠不能給自己留後路，在做一件事情的時候都全力以赴，當完美時便歸零，走向下一個任務。

唯有登頂才能一覽群山，人生亦是如此。唯其擁有堅持到底的意志、長時間的努力、永遠不滿足現有的自我挑戰，才值得戴上冠冕，配得上成爲眾人追隨的典範。

十三、讀孟嘗君傳

宋　王安石

世皆稱孟嘗君①能得士，士以故歸之；而卒賴其力，以脫於虎豹之秦②。嗟乎！孟嘗君特③雞鳴狗盜④之雄耳，豈足以言得士？不然，擅齊之強⑤，得一士焉，宜可以南面⑥而制秦，尚何取雞鳴狗盜之力哉？夫雞鳴狗盜之出其門，此士之所以不至也。

【注釋】

①孟嘗君：姓田名文。相齊，封於薛，號孟嘗君，以養賢士食客數千人著稱。

②脫於虎豹之秦：從像虎豹一樣兇殘的秦國脫困而出。《史記．孟嘗君列傳》記秦昭王曾欲聘孟嘗君為相，有人進讒秦昭王囚而欲殺之。嘗君向昭王寵姬求救，寵姬提出要白狐裘為報，賴狗盜者，夜入秦宮，盜孟嘗君所獻昭王之白狐裘，姬為言於昭王，孟嘗君乃得脫。夜半至函谷關，雞鳴者引動群雞皆鳴，孟嘗君才脫險逃出函谷關，回歸齊國。

③特：只，僅僅。

④雞鳴狗盜：言學雞鳴，為狗作盜。後比喻有某種卑下技能的人，或指卑微的技能。

⑤擅齊之強：擁有齊國的強大國力。擅，擁有。

⑥南面：古代人君聽政之位居北，其面向南，故後指居人君之位。

【翻譯】

世人都稱孟嘗君能夠招賢納士，賢士因爲這個緣故歸順他，（孟嘗君）終於依靠他們的力量，從像虎豹一樣（兇殘）的秦國逃脫出來。唉！孟嘗君只不過是一群雞鳴狗盜的首領罷了，豈能說得到了賢士？如果不是這樣，（孟嘗君）擁有齊國強大的國力，（只要）得到一個（眞正的）賢士，（齊國）就應當可以依靠國力面向南方稱王而制服秦國，哪裡還要借助雞鳴狗盜之徒的力量呢？雞鳴狗盜之徒出現在他的門下，這就是（眞正的）賢士不到他門下的原因。

知識要點

● 故事背景：

1.《史記．孟嘗君列傳》記載孟嘗君門下之士的來源是「招致諸侯賓客及亡人有罪者，皆歸孟嘗君」。其得人心的方式是「舍業厚遇之」、「無貴賤一與文等」，「以故傾天下之士，食客數千人」，「士以此多歸孟嘗君」。

2.這是一篇《史記．孟嘗君列傳》讀後感，針對列傳中司馬遷「士以此多歸孟嘗君」，以強勁峭拔的氣勢翻案，是著名的短篇傑作。

● 敘述脈絡：世皆稱孟嘗君能得士→孟嘗君只是雞鳴狗盜之雄→擅齊之強，得一士可以南面制秦→雞鳴狗盜出其門，所以士不至也。

● 歷代評論：王安石的〈讀孟嘗君傳〉全文不滿百字，被歷代文論家評爲「千秋絕調」，譽爲「文短氣長」的典範。

1.《唐宋文舉要》引沈德潛語：「語語轉，筆筆轉，千秋絕調。」

2.《唐宋文舉要》引樓迂齋語：「轉折有力，首尾無百餘字，嚴勁緊束，而宛轉凡四五處，此筆力之絕。」

● 知識重點：

1.《史記．孟嘗君列傳》中太史公有段評論說道：「吾嘗過薛，其俗閭里率多暴桀子弟，與鄒、魯殊。問其故，曰：『孟嘗君招致天下任俠，奸人入薛中蓋六萬餘家矣。』世之傳孟嘗君好客自喜，名不虛矣。」這段敘述中透過親身所見孟嘗君封地薛風俗乖戾，訪談中溯其緣由，引出孟嘗君所招任俠之人，為當地帶來的是「奸人」，但孟嘗君自己卻津津樂道「好客」，顯然與當地人的感受與評價似乎相去甚遠，而這似乎也成為王安石的翻案基礎。

2.全文思考的問題在：「孟嘗君是否稱得上得士」？「什麼樣的人稱得上是士」？

王安石為翻出悟出新意，文章直陳世俗的觀點，藉一目瞭然的因果關係確定此論說的合理性：「世皆稱孟嘗君能得士，士以故歸之」，繼而以「而卒賴其力，以脫於虎豹之秦」的事實為孟嘗君得士的根據。沒想到作者以一句「嗟乎！」表現對此看法的情緒，並以一句判斷句、一句反問，激起咄咄逼人的氣勢。「孟嘗君特雞鳴狗盜之雄耳，豈足以言得士？」筆鋒陡然一轉，否定了傳統看法。接著趁勢提出質問：孟嘗君如果真能得士，也就可以「南面而制秦」，又何必賴雞鳴狗盜，作為孟嘗君不能得士的有力佐證，而得出「夫雞鳴狗盜之出其門，此士之所以不至也」的結論，與司馬遷的結論隱然相契。

3. 全篇緊緊圍繞「孟嘗君不能得士」立論，提出論證、結論。用詞簡練，結構嚴謹，一立一劈，強勁峭拔。論證手法上，王安石採取以子之矛攻子之盾，使「雞鳴狗盜之徒」既是孟嘗君得士的證明，也是他所得非士的證據，更讓孟嘗君成為罪魁禍首，因為雞鳴狗盜，士不願至其門下，戳破他得士的表面性和片面性，讓成為他只不過「雞鳴狗盜之雄」之人。

4. 王安石強調文章要有利於「治教」，「務為有補於世」，因此在這基礎上的論說，提出士的條件是具有經邦濟世的雄才大略，格局當如「南面而制秦」具積極性、開拓性者，而非但求「脫於虎豹之秦」之輩，是以絕不可讓雞鳴狗盜之徒剽竊士之美名，更不能像孟嘗君假好客養士而浪得虛名。王安石讀書能在不疑處有疑，但以孟嘗君門下食客數千，所取樣的證據僅設定於雞鳴狗盜，暴露出以偏概全之弊，何況《戰國策》、《史記》所記馮諼為孟嘗君營三窟，難道不能算士？還是必然如王安石能為國立功、為民謀福利者才能稱得上士？

練習題

1.下列可作爲「孟嘗君得士」論據的敘述是：

(A)相齊，封於薛
(B)脫於虎豹之秦
(C)薛之閭里率多暴桀子弟
(D)招致天下任俠，好客自喜

2.由文中可推知王安石心目中的士，應具有的條件是：

(A)爲知己者死
(B)爲揚名而行義
(C)計天下之利
(D)求南面爲王

3.下列有關本文論證的說明，錯誤的是：

(A)句句之間呈現因果，環環相扣，導出論點
(B)「雞鳴狗盜之徒」，是孟嘗君得士與不得士的關鍵
(C)「士以故歸之，而卒賴其力」是「孟嘗君不得士」的例證
(D)「孟嘗君特雞鳴狗盜之雄耳，豈足以言得士？」藉反問提出質疑

【大考演練】

1. 閱讀下文，最適合塡入□□□□內的語詞依序是：

葉石林《避暑錄話》中多精語。其論人才曰：「唐自懿、僖以後，人才日削，至於五代，謂之□□□□可也。然吾觀浮屠中乃有雲門、臨濟、德山、趙州數十輩人，卓然超世，是可與扶持天下，配古名臣。然後知其散而橫潰者，又有在此者也」云云。此論天下人才有定量，不出於此則出於彼，學問亦然。元明二代，於學術蓋無可言，至於詩文，亦不能出唐宋範圍，然書畫大家□□□□。國朝則學盛而藝衰。物莫能兩大，亦自然之勢也。

（王國維《東山雜記》）

(A)空國無人／沒沒無聞
(B)空國無人／接武而起
(C)人才輩出／沒沒無聞
(D)人才輩出／接武而起

【107學測】

【跨領域觀看】：人才與斜槓人才

在知識、科技、創新爲主的時代，人才是國家發展的資本，因此成爲各國著力培養的目標。但隨著全球化、世界經濟、資訊傳播與便捷的交通網絡，人才移動、人力流通成爲全球現象，以及各國關切的議題。

有伯樂才有千里馬，有梧桐樹才能引來鳳凰，企業組織領導人必須具前瞻理念、資產雄厚、禮賢下士等實力與態度才能吸引賢才效力。如戰國四公子的養士，遇危難時士能爲其策畫效命，也能培植勢力，藉以提高自己的聲譽和國家的威望。

國家吸納人才政策的宏識，如戰國時齊以稷下學宮、燕以黃金臺廣招天下人才。由李斯〈諫逐客書〉可知秦穆公因爲得由余、百里奚、蹇叔、丕豹、公孫支而稱霸西戎。孝公用商鞅，奠定國富兵強的基礎；惠王用張儀之計，散六國合縱；昭王得范睢，彊公室，杜私門；這些人才使秦富利彊大。

三國群雄對峙，莫不求才若渴，積極囊括，如曹操打破門第唯才是舉，造成群賢畢至的效應；

劉備三顧茅廬，請出諸葛亮定三分局面；孫權獲周瑜、陸遜而保住江東基礎。

不過，每個時期的人才定義都不同，就像亂世之才多是具霸氣披荊斬棘，或能出奇制勝的謀略者，治世之才強調道德學養。因此對孟嘗君而言，能化險爲夷的雞鳴狗盜是人才，但處太平之世的王安石不以爲然。

吳怡農〈成爲現代社會需要的人才——和新鮮人及教育者分享〉一文中，提及他招聘新員工時對「課外活動」尤其重視是否有志工經驗，因爲「一個長期以志工身分參與社會的學生，不會活在自己的小世界裡。他對許多社會和政治議題會有自己的看法，而也願意爲團體和社區目標貢獻他的時間及資源」。其次是否參加校隊或社團，因爲長期嚴密的訓練與參與活動能培養出自律、團隊默契的團隊精神、抗壓力和忍受失敗的韌性。最後是申請者有沒有主動利用身邊所有的資源，去探索、找出學術性及非學術性的興趣。

新經濟時代的公司需要的人是有責任感、高適應能力、主動、懂得溝通而且具有團隊精神。但專業知識、產業技能只要有心並不難學習，溝通技巧和思考能力相對才是最重要的。

二十一世紀的產業人才需求是「會創新、有創意」跨領域人才。Susan Kuang《斜槓青年：全球職涯新趨勢，迎接更有價值的多職人生》一書提出：「Slash是一種生活態度——共享經濟時代，越來越多人不再滿足於單一職業和身分的束縛，開始選擇一種能夠利用自身專業和才藝，經營多重身分的多職人生。這些人都擁有一個共同的名字：斜槓青年／Slash。」這說明未來世界，每個人都必須培養多樣才能，方具競爭力。

十四、書戴嵩[1]畫牛

宋 蘇軾

蜀中有杜處士，好書畫，所寶以百數。有戴嵩《牛》一軸，尤所愛，錦囊玉軸[2]，常以自隨[3]。一日曝書畫，有一牧童見之，拊掌[4]大笑，曰：「此畫鬪牛也。牛鬪，力在角，尾搐[5]入兩股間。今乃掉尾[6]而鬪，謬矣。」處士笑而然之。古語有云：「耕當問奴[7]，織當問婢。」不可改也。

注釋

①戴嵩：唐代畫家，生卒年不詳。擅畫田家、川原之景，寫水牛尤為著名，相傳曾畫飲水之牛，水中倒影，脣鼻相連，可見其觀察之精微，傳世作品有《鬥牛圖》。

②錦囊玉軸：以「錦」為囊，以「玉」為軸，裱裝精美。囊，袋子，此指畫套。

③自隨：經常隨身攜帶。

④拊掌：拍手。拊，音ㄈㄨˇ。

⑤搐：音ㄔㄨˋ，抽縮。

⑥掉尾：翹起尾巴。

⑦耕當問奴，織當問婢：奴，農夫。婢，織女。

翻譯

有位住在四川的杜姓隱居不做官的人，愛好書畫，他所珍藏的書畫數有幾百幅。其中有一幅唐代戴嵩所畫的牛，他特別珍愛。他用錦綢縫製了畫套，又用美玉做了畫軸，經常隨身帶著這幅畫。有一天，他把收藏的書畫攤開了拿到外頭曬太陽，有個牧童經過，看見這幅戴嵩畫的牛，拍手大笑說：「這張圖畫的是鬥牛。牛相鬥時，力氣全在角上，尾巴因筋肉牽動會緊緊地夾在兩腿中間。現在這幅畫上的牛卻是搖著尾巴在相鬥，這可就錯了！」杜處士笑了笑，覺得牧童說得很有道理。古人曾說：「耕種的事要問農民，紡織的事要問女婢。」這眞是顛撲不破的名言。

知識要點

- **故事背景**：本文選自《東坡題跋》卷五。明代毛晉汲古閣《津逮祕書》本《東坡題跋》六卷，收入蘇東坡字畫、文物、書籍等所寫的題跋文字六百多篇。多是提筆揮灑而就，頃刻成文的「急就章」，因而短小精悍，寓意深遠，靈光乍現而光彩照人。
- **敘述脈絡**：杜處士珍愛戴嵩《牛》圖→一日曝書畫，牧童見而大笑→此畫鬪牛也→處士笑而然之
- **歷代評論**：戴嵩畫牛和韓幹的畫馬同樣著名，並稱「韓馬

戴牛」。

● **知識重點：**

「耕當問奴，織當問婢」一句是本文的主旨。故事藉小牧童評論唐代著名畫家戴嵩所畫牛的失誤處，蘊含的道理，一是啟發人們應由不同角度觀看的思維模式，二是要實際觀察與自省，才能免於紙上談兵憑空想像的失誤，三是敬重、看重與尊重不同的專業領域與專業知識。樊遲請學稼，子曰：「吾不如老農。」請學為圃，曰：「吾不如老圃。」這段話或許能與此相印證。

練習題

1. 下列選項中的詞性，兩兩相同的是：
(A)所「寶」以百數／夫物不產於秦，可「寶」者多
(B)今「乃」掉尾而鬭／至今「乃」反
(C)常「以」自隨／「以」物易物各取所需
(D)笑而「然」之／蕩「然」無存

2. 依據上文，最符合作者理想的藝術評論是：
(A)胸中有竹，就能意到筆隨
(B)寫意不如寫實，感覺不如素描
(C)與其追求眞善美，不如表現想像
(D)詩中有畫，畫中有詩，書畫詩合一

大考演練

1. 「此畫鬭牛也。牛鬭，力在角，尾搐入兩股間。今乃掉尾而鬭，謬矣。」這段敘述中，牧童指出錯誤的方法是：
(A)實證法
(B)數據法
(C)統計法
(D)原則法 【101學測】

2. 下列文句與上文主旨最不相關的選項是：【101學測】
(A)聞道有先後，術業有專攻
(B)學無常師，有一業勝己者，便從學焉
(C)使言之而是，雖在褐夫芻蕘，猶不可棄也
(D)三人行，必有我師焉。擇其善者而從之，其不善者而改之

3. 依據下文，不符合文意的解說是：【101學測】
余嘗論畫，以爲人禽宮室器用皆有常形。至於山石竹木、水波煙雲，雖無常形而有常理。常形之失，人皆知之。常理之不當，雖曉畫者有不知。故凡可以欺世而取名者，必託於無常形者也。雖然，常形之失，止於所失，而不能病其全，若常理之不當，則舉廢之矣。以其形之無常，是以其理不可不謹也。世之工人，或能曲盡其形，而至於其理，非高人逸才不能辨。（蘇軾〈淨因院畫記〉）

(A)畫作成敗的關鍵，往往在於常理得當與否
(B)常形失誤，較常理失當容易被一般人發現
(C)欺世盜名的畫作，往往以無常形之物掩飾不足
(D)高逸者多繪山石竹木、水波煙雲，故能辨常理　【108學測】

【跨領域觀看】：科學態度與精神

胡適先生在一九一九年提出「大膽假設，小心求證」的治學方法，將西方科學的實驗主義、自由主義帶入中國。受十九世紀科學影響而產生實驗主義的哲學不承認眞理就是永遠的眞理，只承認一切的眞理都是應用的假設，需要靠實驗來驗證。科學家則認爲科學的定律是可變的，目前所有的科學定律只是最適合的假設。這種無論處世和治學都強調「合理的假設，確鑿的求證」，求得眞知與事實的精神，正是《孟子．盡心下》：「盡信書，不如無書」之意。當我們不固守一門學識，不困於主觀成見的藩籬之中，追根究柢地探討時，往往會創造出新的想法、新的領域。因此《中庸》強調博學之後，須「審問、愼思、明辨」，而後「篤行」的態度。

一九三七年諾貝爾生理醫學獎得主聖捷爾吉（Albert Szent-Gyorgyi）形容科學研究爲：「去看每個人都看得見的東西，去想沒有人曾經想過的事情。」人類史上的許多重大發現與發明都基於「求眞、求實」而成，達爾文參與「小獵犬號」五年航行，對於所見生物與化石的地理分布感到困惑，進而開始研究物種轉變。長達二十多年的追尋下，在被視爲異端的打擊下，從《自然選擇理論》、《人類與動物的情感表達》、《人類的由來與性擇》到植物研究……，多方面求證下，才終於闡釋人類的演化與性選擇的作用，讓「物競天擇」的觀點成爲可以解釋生物學、古生物學、分子生物學、遺傳學、人類學現象的理論。

生活在訊息滿天飛的時代，這種懷疑、求證的態度更加必要，否則將淪陷於假新聞、假醫學資訊、假商品廣告之中，而受到莫名的損失與傷害。

十五、賈人渡河

明　劉基

濟陰①之賈人渡河而亡其舟，棲於浮苴②之上號③焉。有漁者以舟往救之，未至，賈人急號曰：「我濟上之巨室④也，能救我，予爾百金。」漁者載而升諸陸，則予十金。漁者曰：「向許百金，而今予十金，無乃⑤不可乎。」賈人勃然作色曰：「若漁者也，一日之獲幾何，而驟得十金，猶為不足乎？」漁者黯然而退。

他日賈人浮呂梁⑥而下，舟薄於石，又覆。而漁者在焉。人曰：「盍⑦救諸？」漁者曰：「是許金而不酬⑧者也。」艤⑨而觀之，遂沒。

郁離子曰：「或稱賈人重財而輕命，始吾不信，而今知有之矣。孟子曰：『故術不可不慎也。』信哉！」

注釋

①濟陰：古郡國，今山東菏澤、定陶一帶。

②浮苴：漂著的枯草。苴，音ㄐㄩ，可結子的麻。

③號：音ㄏㄠˊ，大聲喊叫。

④巨室：世家望族。

⑤無乃：表示推測的語氣，相當於口語的莫非、只怕。

⑥呂梁：今江蘇省銅山縣。

⑦盍：何不。

⑧酬：報答。

⑨艤：音ㄧˇ，使船靠岸。

翻譯

濟陰有位商人渡河的時候沉了船，危急中只好伏在河中漂著的枯草上呼救。一位漁夫駕著小舟去救他，不等船划到跟前，商人就急忙大喊：「我是濟上的世家望族，你能救我，我就送給你一百兩銀子。」漁夫用船把他載到岸上去，他只給了漁夫十兩銀子。漁夫問他：「你剛才親口答應要給我一百兩銀子，但現在只給十兩，這恐怕不夠吧？」商人馬上生氣地變了臉說：「像你這樣一個捕魚的漁夫，一天能有多少收入？現在一下子得了十兩銀子，還不滿足嗎？」漁夫很沮喪地走開。

過了些日子，這位商人坐船沿著呂梁河而下，船撞在礁石上，又沉了。那位漁夫剛好在他沉船的地方。有人問漁夫：「怎麼不去救他？」漁夫回答說：「這是那位答應給我百兩銀子卻又不願付錢的人。」於是，漁夫把船停在岸邊，看著那位商人在水裡沉沒於河水之中。

郁離子說：「有的人說商人重視錢財而不看重生命，起先我不相信，現在知道眞有這樣的人。孟子說：『所以，一個人選擇謀生職業不可以不謹愼。』果眞如此！」

知識要點

● 故事背景：劉基撰寫《郁離子》時，已清醒地認知元末社會的黑暗與腐敗，故藉寓言針砭時弊，反映統治階級對人民的殘酷剝削與壓迫，揭示了元室必然滅亡的命運。內容除充滿著批判性，並具闡述個人政治主張、哲學觀點和修身立命之道的辯論性，目的在透過寓言故事喚醒民智，從而建立新的社會與秩序。

● 敘述脈絡：商人過河時翻船，漁人救之（開始）→商人許諾給予百金，事後反悔（發展）→商人再次翻船，漁人以其言而不信（轉折）→立而觀之，遂沒（結果）。

● 歷代評論：張秉政、趙家新〈劉基寓言文學的審美特徵〉：「郁離子」，是貫串全書的主人公，實際是作者的化身和代言人。他有時作爲事件的目擊者，有時則作爲參與者，有時又以評判者的身分出現。

● 知識重點：

1. 誠如徐一夔《郁離子・序》中所云：「本乎仁義道德之懿，明乎吉凶禍福之幾，審乎古今成敗得失之跡，大概矯元室之弊，有激而言也。」《郁離子》中有相當部分寓言是針對人情世風的，因此具有普遍的警策意義，如本文假商人重財輕命、言而無信的故事，說明不守許諾、失信於人，是要自食惡果。一方面警示世人處事當誠信，一方面隱然可見諷當局者出爾反爾，蒙騙善良百姓，終必被人民唾棄。
2. 寓言的結構可分為故事的部分：虛設的情節，具有隱喻的技巧、寓意，以及警世諷俗的深刻寄託兩大部分。《郁離子》寓託於敘事之中，其結構多先呈現故事，最後再透過故事中人物，或一段結論加以議論收束。除與先秦寓言有所關聯外，更承繼了唐代柳宗元寓言反映現實的精神，藉以闡說重信義的倫理道德。
3. 作者以商人為故事主角，似乎承襲社會對商人重利輕義的印象，因此並未指名道姓而是以此為職業性的共相，一方面讓讀者對故事情節的合理性毫不懷疑，另則寄託社會輕賤商人之意。此外透過商人疾呼時承諾百金的豪舉，與事成之後給十金的計較，突顯前恭後倨的嘴臉。又以「賈人勃然作色」與「漁者黯然而退」在神情氣勢上的對比，加深其重利欺人之惡。
4. 敘述故事的手法上，以「旁觀者」的身分書寫，最後再以「郁離子」作為全知的角色，替寓言的主旨做以評論，點出寓意。由於寓言的特色是故事必須具有

「足以讓人省思」的道理存在其中，本身故事不需要過於繁複的敘述，因此本文僅於前段鋪陳細節，後段僅藉旁人所言「盍救諸？」，漁者「艤而觀之，遂沒」，呈現商人不重然諾、視錢勝於生命之愚昧與荒謬性。

練習題

1.下列「」的詞義，兩兩相同的是：

(A)賈人渡河而「亡」其舟／人皆有兄弟，我獨「亡」
(B)漁者載而升「諸」陸／求善賈而沽「諸」
(C)「向」許百金／民心所「向」
(D)「無乃」不可乎／「無乃」太簡乎

2.商人勃然作色曰：「若漁者也，一日之獲幾何，而驟得十金，猶為不足乎？」下列最接近此表現的成語是：

(A)爾虞我詐
(B)頤指氣使
(C)出爾反爾
(D)因勢利導

3.下列有關本文文意的說明，正確的是：

(A)漁人憤恨商人欺騙，冷眼旁觀
(B)商人提高酬金，因為人性貪婪
(C)漁人看穿商人伎倆，斤斤計較
(D)商人是千金之子，無懼於劫難

大考演練

1-2為題組。閱讀下文，回答1-2題。

南唐彭利用對家人、奴隸言，必據書史以代常談，俗謂之掉書袋，因自謂彭書袋。其僕有過，利用責之曰：「始予以為紀綱之僕，人百身，賴爾同心同德，左之右之。今乃中道而廢，侮慢自賢。若而今而後，過而弗改，當撻之市朝，任汝自西自東，以敖以游而已。」鄰家火災，利用望之曰：「煌煌然，赫赫然，不可向邇，自鑽燧以降，未有若斯之盛，其可撲滅乎！」（獨逸窩退士《笑笑錄》）（註：人百其身：出自《詩經．秦風．黃鳥》，指自身願死百次以換回死者的生命，在此處指願竭盡心力為對方付出。同心同德：出自《書經．周書．泰誓》。中道而廢：出自《禮記．表記》。以敖以游：出自《詩經．邶風．柏舟》。）

1.下列文意解釋，最適當的是：

(A)「賴爾同心同德，左之右之」，指僕人要賴失德，三心二意
(B)「今乃中道而廢，侮慢自賢」，指因僕人半途辭職，有損主人的賢名
(C)「任汝自西自東，以敖以游而已」，指將僕役逐出家門

(D)「自鑽燧以降，未有若斯之盛，其可撲滅乎！」指彭利用讚歎火勢盛大，阻止鄰人將其撲滅　【107指考】

2.依據上文，最符合彭利用說話方式的是：

(A)自負博學，盛氣凌人
(B)廢話連篇，誇大不實
(C)曲解經典，胡吹亂謅
(D)賣弄學問，滿口典故　【107指考】

【跨領域觀看】：詭辯的話術

詭辯的説服方式，被亞里斯多德稱爲「僞説服技術」，常見的有「以不存在的根據爲由，進而貌似得出結論」的手法。

商人言：「我濟上之巨室也，能救我，予爾百金。」仔細推敲這句話，根據「巨室」與「遵守承諾」之間毫無關係，是以漁人救命之後，商人給百金的「結論」連結性不高，也就是商人以詭辯的方式解危，漁人的救人行動必然承擔了被欺騙的風險。

在廣告行銷、選舉宣導及談判中常見這樣以偏概全、根據與結論不相符的詭辯之術。如送鑽石代表珍愛一生、搽某個化妝品便能像明星一樣美麗、買名牌象徵高貴、吃某個東西可彰顯地位……等。要識破這類説服技巧，必須追究「根據」與「結論」的關係是否密不可分，以培養假新聞的媒體識讀力、獨立思考的判斷力。

由文意看來，漁人倒也不是無法接受救人而得不到報酬，畢竟救人一命，勝造七級佛屠（佛塔），既是功德，也是做人的基本道德。實是商人得了便宜還賣乖，不懂得言而有信、報恩感謝，反而諷刺漁人貪心不足，怪不得引人憤恨，自食惡果！

十六、越車

明　方孝孺

越無車，有遊者得車於晉楚之郊，輻①朽而輪敗，輗②折而轅③毀，無所可用。然以其鄉之未嘗有也，舟載以歸而誇諸人。觀者聞其誇而信之，以爲車固若是，效而爲之者相屬④。他日，晉楚之人見而笑其拙，越人以爲紿⑤已不顧。及寇兵侵其境，越率敝車禦之，車壞，大敗，終不知其車也。學者之患亦然。

注釋

①輻：車輪中連接車轂和輪圈的直木。

②輗：音ㄋㄧˊ，車轅與橫木相連接的插銷。

③轅：車前用來套駕牲畜的兩根直木。

④相屬：一個接著一個連續不斷。屬，音ㄓㄨˇ。

⑤紿：音ㄉㄞˋ，欺騙。

翻譯

越國沒有戰車，有個越人在晉國、楚國交界處的郊野得到戰車。這輛戰車不但車輻朽敗，整個輪子壞了，車轅也毀壞了，已經毫無用處了。但因越人的家鄉從來沒有戰車，他就雇用船把這輛破車載回到越國，並且到處向人誇耀。許多來看戰車的越國人都聽信那個越人誇張炫耀的話，以爲戰車本來就是這般破爛的樣子，於是一個接著一個地效仿製造這種破車。晉楚一帶的人看見這種破車就笑他們笨拙，可是越人認爲晉、楚之人是在騙自己，因此毫不理睬。等到敵軍侵犯越國邊境，越人駕馭破戰車去抵禦入侵者，結果，因爲戰車都壞了，以致大敗，但越國始終不知道眞正的車是怎麼造的。學習的人要擔心的也是這種情況啊。

知識要點

● 故事背景：方孝儒，人稱正學先生，以文章和理學著稱，建文帝時任文學博士，自期甚高的他充滿對國家的使命，所著《遜志齊集》有許多以寓言方式寄託想法、批判世事之作。

● 敘述脈絡：遊者在晉、楚之郊得車，車輻輗轅已壞→以舟載歸向人誇耀→人們以爲車本應如此，效而爲之→晉、楚之人見而笑，越人不信→駕敝車作戰，大敗，終不知其車。

● 歷代評論：宋濂對方孝儒讚許有加，曾以「孤風」相譽，並說：「遊吾門者多矣，未有若方生者也。」

● 知識重點：

1. 遊者因為不曾看過車而誤解，警示人不要不懂裝懂，自以為是。

2. 越人道聽塗說，閉門造車，說明不要輕信他人，不要盲目模仿，要懂得思考判斷。

3. 「晉楚之人見而笑其拙，越人以為紿己不顧。」而導致在戰爭中一敗塗地，這沉痛的教訓人們不能一意孤行、恪守己見，要懂得傾聽他人的勸告，接受正確的建議。

4. 越人如果實際測試，便能發現其不可用，可見不能憑主觀判斷事物，應要實事求是，實證之後選擇。

練習題

1. 根據上文，越國人戰敗的原因是：
(A)一步錯，步步錯
(B)兵不強，士不勇
(C)堅持習俗不改變
(D)捍衛眞理不妥協

2. 下列最符合「學者之患亦然」的讀書態度是：
(A)天馬行空，從善如流
(B)知之為知之，不知為不知
(C)韋編三絕，懸梁刺股
(D)見賢思齊，見不賢內自省

大考演練

1. 依據上文，下列各句「之」字指「越國遊者所說的話」的選項是：
(A)然以其鄉「之」未嘗有也
(B)觀者聞其誇而信「之」
(C)效而為「之」者相屬
(D)越率敝車禦「之」 【101學測】

2. 依據上文，敘述正確的選項是：
(A)越人以為晉、楚之人所言不實，故對其譏笑不予理睬
(B)越國遊者改造的晉、楚戰車不夠精良，因此被敵寇打敗
(C)越人故意用殘破的戰車與寇兵作戰，使其輕敵，終獲勝利
(D)越國遊者將晉、楚大軍的戰車毀壞，成功地阻止晉、楚入侵 【101學測】

3. 關於下列陸游《老學庵筆記》二則引文，敘述適當的是：
甲、田登作郡，自諱其名，觸者必怒，吏卒多被榜笞，於是舉州皆謂燈為火。上元放燈，許人入州治遊觀，吏人遂書榜揭於市曰：「本州依例放火三日。」
乙、今人謂賤丈夫曰漢子，蓋始於五胡亂華時。北齊魏愷自散騎常侍遷青州長史，固辭之。宣帝大怒，曰：「何物漢子，與官不受！」此其證也。承平日，有宗室名宗漢，自惡人犯其名，謂漢子曰兵士，舉宮皆然。其

妻供羅漢，其子授《漢書》，宮中人曰：「今日夫人召僧供十八大阿羅兵士，大保請官教點兵士書。」都下鬨然傳以爲笑。

(A)「吏卒多被榜笞」，是違反田登禁忌的下場
(B)書榜「本州依例放火三日」，表示吏人已經避開田登名諱
(C)宗漢不喜他人觸犯名諱，乃因「漢子」一詞在當時含有貶義
(D)「舉州皆謂燈爲火」、「舉宮皆然」，顯示州民、宮人欣然認同避諱
(E)選用避諱之例，如「放火」、「十八大阿羅兵士」、「兵士書」，應寓有嘲諷之意

【108學測】

【跨領域觀看】：混沌不明與資訊不對稱

賽門．加菲爾《地圖的歷史：從石刻地圖到Google Maps，重新看待世界的方式》敘述赫里福德的中世紀世界地圖，是畫在長一百六十三公分、寬一百三十七公分的獸皮上的道德畫。耶路撒冷位中心，天堂與煉獄分居極端，傳說中的生物及怪物則居於遙遠的地帶。這張地圖以今日看來，跟越人因資訊不足、判斷錯誤而造成的荒謬似乎相近。在沒有衛星座標、網路系統、經度與緯度概念的科技支持下，人們以所知來推理、解讀，往往造成許多不可思議的言說。

中世紀的西方探險家留下的手稿中，對於東方民族的描繪充滿神祕而誇張的想像：有些只有一隻腳，有些沒有頭而五官全都長在身體上。反映於地圖上的意識形態，不僅以聖經寓言、動物寓言爲象徵符號，透過朝聖者有意導引人民走向基督教，也藉滑稽生物、獨腳人揭示對當時對異國的恐慌與憂懼。

這可說明人的文明、知識學術的建構是一條撥雲見日、逐步求證澄清事實的路途。但即使在傳播蓬勃、取得資料容易的時代，我們仍不免因爲資訊不對稱而影響判斷，造成損失。

二〇〇一年諾貝爾經濟學獎得主阿克洛夫、史賓斯、斯蒂格利茨，長期研究資訊不對稱市場及

資訊經濟學，發現賣方能向買方推銷低品質商品，是因爲市場雙方各自所掌握的資訊不對稱所造成的。如消費者無法知道中古車的眞實性能，以及對商品品質極端不信任的心理，遂以壓低價格平衡可能承擔的風險，久之將導致市場上低劣商品充斥，高品質商品逐漸退出市場，最慘的結果是整個二手車市場萎縮。

這理論用來解釋越人因爲缺乏正確資訊，而信以爲「輻朽而輪敗，輗折而轅毀」之車爲車，不信任晉、楚之人的說詞，造成慘烈損傷，顯現充分資訊是做出決策判斷的重要條件。

十七、曹沖①智救庫吏

晉　陳壽

時軍國多事，用刑嚴重。太祖馬鞍在庫，而爲鼠所齧②。庫吏懼必死，議欲面縛首罪③，猶懼不免。沖謂曰：「待三日中，然後自歸④。」

沖於是以刀穿單衣，如鼠齧者，謬爲失意⑤，貌有愁色。太祖問之，沖對曰：「世俗以爲鼠齧衣者，其主不吉。今單衣見齧，是以憂戚。」太祖曰：「此妄言耳，無所苦也。」俄而庫吏以齧鞍聞⑥，太祖笑曰：「兒衣在側，尚齧，況鞍縣柱⑦乎？」一無所問。

注釋

① 曹沖：曹操之子。
② 齧：音ㄋㄧㄝˋ，咬。
③ 面縛首罪：把自己捆綁起來，自首請罪。
④ 自歸：自首。
⑤ 謬為失意：欺騙父親內心有不快活的事。謬，謊稱，假裝。
⑥ 聞：上報。
⑦ 縣柱：掛在柱子上。縣，同「懸」。

翻譯

曹操的馬鞍在馬庫裡，可是被老鼠咬了。庫吏害怕自己一定會被處死，他決意自首請罪，但害怕曹操不赦免他。曹沖對他說：「你在家裡等待三天，然後自首。」

曹沖於是用刀刺穿單衣，就像被老鼠咬過一樣，謊稱內心有不快活的事，臉上表現出愁眉苦臉的神色。曹操問他原因，曹沖回答說：「世俗認為被老鼠咬過衣服的人，他的主人不吉祥。現在我的單衣被老鼠咬破了，因此而悲傷。」曹操說：「這只不過是一派胡言，你不必為此煩惱。」不多時，倉庫的官吏就把馬鞍被咬這件事向曹操報告，曹操笑著說：「我兒的衣服穿在身上，都被咬破了，何況馬鞍是掛在柱子上呢？」對這件事，他絲毫不加追究。

知識要點

● 敘述脈絡：太祖馬鞍為鼠所齧→庫吏懼欲自首認罪→曹沖謊稱衣服被老鼠咬破→庫吏報告馬鞍被咬，太祖笑，一無所問。

● 知識重點：

1.「曹沖稱象」的故事可見他從小聰明，與眾不同，這篇文章更顯出他仁愛的個性，無怪乎深受曹操喜愛，有讓他繼嗣之意，惜年僅十三歲病逝。

2.文章反映出面對馬鞍被鼠所齧的事件，三人的反應與處理態度。庫吏是職務負責人，有失職之過，因此「懼必死，議欲面縛首罪」，可見他是盡心負責之人。曹沖之所以先安慰之，除個性純良，應該基於庫吏有心承擔錯失，又恐太祖一時之怒而重罰，於是自導自演了「衣服被鼠咬，傷心不吉」的戲碼。終於讓曹操「笑」而「一無所問」，既成全父親仁慈待人，明通事理之德，又挽救庫吏之罰，由中更可見曹沖處事冷靜而具智謀，洞悉人心而樂於助人。

練習題

1.下列字詞的意思，兩兩相同的是：
(A)令單衣「見」齧／百聞不如一「見」
(B)待三日中，然後「自歸」／約其「自歸」而就死
(C)「俄而」庫吏以齧鞍聞／謝太傅內集「俄而」雪驟
(D)尚齧，況鞍「縣」柱乎／今募天下入粟「縣」官，得以拜爵

2.從太祖怎樣安慰曹沖「此妄言耳，無所苦也」，可推太祖的行事態度是：
(A)實事求是
(B)樂觀積極
(C)剛正不阿
(D)公正嚴明

3.太祖不追究庫吏過錯的原因是：
(A)曹沖懺悔求情

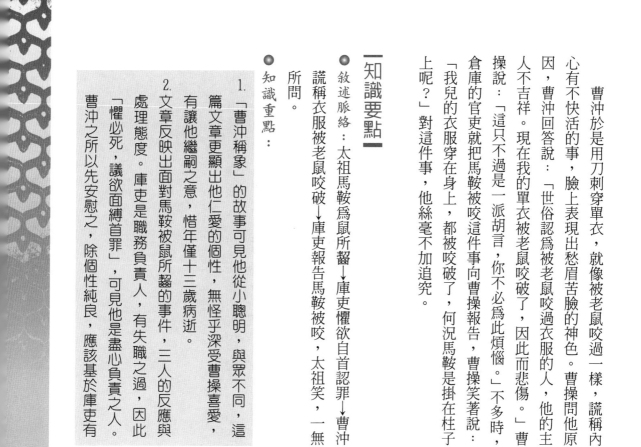

(B)此事在所難免
(C)處事態度溫良寬厚
(D)做大事的人不計小過

【大考演練】

1.依據甲、乙二文，最符合文意的解說是：

甲、楊德祖爲魏武主簿，時作相國門，始搆榱桷，魏武自出看，使人題門作「活」字便去。楊見，即令壞之。既竟，曰：「門中『活』，『闊』字，王正嫌門大也。」（《世說新語・捷悟》）

乙、梁蕭琛醉伏於御筵，武帝以棗投之，琛取栗擲上，正中面。帝動色，琛曰：「陛下投臣以赤心，臣敢不報以戰慄。」上大悅。（《續世說・捷悟》）

(A)楊德祖透過文字部件的組合方式，察覺魏武諷其好大喜功
(B)蕭琛運用諧音雙關，將宴會上失禮的行爲解釋爲恭敬之舉
(C)楊德祖與蕭琛皆善於揣摩逢迎、洞悉主上言行背後的暗示
(D)楊德祖急中生智未讓主上失望，蕭琛大智若愚令主上激賞 【108學測】

2.依據下文，關於曹操的想法，敘述最適當的是：

早有人報到許昌，言劉備有諸葛亮、龐統爲謀士，招軍買馬，積草屯糧，連結東吳，早晚必興兵北伐。曹操聞之，遂聚眾謀士商議南征。荀攸進曰：「周瑜新死，可先取孫權，次攻劉備。」操曰：「我若遠征，恐馬騰來襲許都。前在赤壁之時，軍中有訛言，亦傳西涼入寇之事，今不可不防也。」荀攸曰：「以愚所見，不若降詔，加馬騰爲征南將軍，使討孫權，誘入京師，先除此人，則南征無患矣。」操大喜。（《三國演義》第五十七回）

(A)欲採荀攸建議，趁孫權陣營發生變故時南征
(B)知馬騰有反意，防他趁曹軍南征時攻取西涼
(C)有意自孫權陣營招降馬騰，再使之討伐孫權
(D)同意荀攸之計，誘馬騰與孫權互鬥進而兩傷 【107指考】

【跨領域觀看】：人工智慧PK人腦

曹沖的智慧除了表現在引動曹操將心比心救庫吏之外，還巧妙運用水的浮力秤出象的體重。《三國志》記載：「置象大船之上，而刻其水痕所至，稱物以載之，則校可知矣。」方法是將大象放在船上，依據船排開水的重力等於大象加上船的重力；之後再放入石頭。假設大象受重力爲A，

船受重力爲B，石頭重力爲C。根據阿基米德原理：物體在水中受到的浮力等於排開水的重力，即A＋B＝C＋B，所以C＝A，即石頭的重量與大象的相等。

不過，年幼的曹沖自然不認識約西元前二一二年誕生的物理學家，也不知道這原理，只能說他天賦異稟，且心地仁厚。

人的資質固然有先天性，但透過人類文明所累積的書籍、教育、環境及個人經驗「學而知之」、「困而知之」，也能擁有知識所提煉出的智慧。但隨著Google的圍棋電腦AlphaGo以四比一徹底打敗世界圍棋冠軍李世乭，宣告智慧化時代的開始。「智慧化」就是用數據取代個人的判斷，更精準且更有效率地解決問題，也就是透過科學方法找出資料應用的價值。

根據吳軍《超級智能時代：智慧革命中，前百分之二的人掌握世界，其餘百分之九十八將被淘汰》這本書分析電腦之所以能戰勝人類，是因爲機器獲得智慧的方式和人類不同，它不是靠邏輯推理，而是靠大數據和智慧演算法。Google使用了幾十萬盤圍棋高手之間對弈的數據來訓練AlphaGo，這是它獲得所謂智慧的原因。

可想見現有產業加上人工智慧，會產生哪些意想不到的新產業？繼無人駕駛、無人商店之後，我們的生活、學習、製造生產、解決問題的方式將會因爲大數據的催化，脫胎換骨成什麼面貌，這是令人期待而又惶然的未來。

十八、荀巨伯遠看友人疾

南朝　世說新語　德行

荀巨伯[1]遠看友人疾，值胡賊攻郡，友人語巨伯曰：「吾今死矣，子可去！」巨伯曰：「遠來相視，子令吾去；敗義以求生，豈荀巨伯所行邪？」賊既至，謂巨伯曰：「大軍至，一郡盡空，汝何男子，而敢獨止②？」巨伯曰：「友人有疾，不忍委③之，寧以我身代友人命！」賊相謂④曰：「我輩無義之人，而入有義之國！」遂班軍⑤而還，一郡並獲全。

注釋

①荀巨伯：東漢桓帝時潁川（今河南省中部及南部一帶）人，生平不詳。

②止：停留不走。

③委：拋棄。

④相謂：相互議論。

⑤班軍：調出征的軍隊回去。

翻譯

荀巨伯到遠方探望生病的朋友，正好遇上胡人來攻城。友人對巨伯說：「我是快死的人了，你快點離開吧！」荀巨伯說：「我遠道而來探望你，你卻要我離開，這種棄義求生敗壞道義的行徑，哪裡是我荀巨伯所能做得出來的嗎？」

胡人攻進城內，問荀巨伯說：「大軍來到，全城的人都逃走了，你是什麼人，竟敢獨自一個人留下來？」荀巨伯回答說：「我朋友有病，我不忍心拋下他，寧願用我的生命換取朋友的生命！」賊兵聽了相互說道：「我們這些無義的人，竟然攻入這個講究道義的國家！」於是整個軍隊撤離小城，這座城因而得以保全。

知識要點

● 故事背景：東漢桓帝時宦官專權，知識分子批評朝政，導致黨錮之禍，被捕下獄。羌族頻繁爲禍於關西地區，董卓擁兵坐鎮。

● 敘述脈絡：荀巨伯遠看友人疾，遇胡賊攻郡城→友人語巨伯離去→荀巨伯不願敗義以求生→賊感其義，班軍而還。

● 知識重點：

1. 荀巨伯篤於友情、重義輕生的精神，充分表現東漢末年面對宦官打壓、政治腐敗社會不安的情況下，士大夫在生死關頭仍堅持道德並身體力行的情操。

2. 這篇文章表現友情的敘述是：「遠看」友人疾，見荀巨伯不辭千里雪中送炭的真情；「吾今死矣，子可去！」則表現友人不忍荀巨伯遭賊難，憂其安危之情；「友人有疾，不忍委之，寧以我身代友人命！」以捨生代友受難，將朋友之情提升為做人道義。這種建立於道義基礎上的友誼，是君子之交：不因禍福而改變立場與做法，是義氣；主動願意替別人承擔危險，甚至不惜捨棄自我，成全他人的氣度，是真誠的體現。

3. 故事敘述中表現道義的方式是：以側面烘托的手法，讓賊人提出質疑：「大軍至，一郡盡空，汝何男子，而敢獨止？」以帶出巨伯堅持義行之壯烈與果決，不但對比出賊人之無義，更激發其自省自慚，感動其班師而還，保全全城，這結果襯托出巨伯大義凜然感召的力量與精神的偉大。

4. 本文語言明快，敘述簡潔。作者採用對話呈現人物內心想法，情節上則在探病友的生活常態上，加入胡人入侵的特定因素，以突顯人物性格特徵，樹立寧以「義」死不苟幸生的觀點。

練習題

1. 下列有關人物行爲的說明，錯誤的是：
(A)荀巨伯捨身取義，不屈於賊
(B)荀巨伯之友見利，思義勸友
(C)賊人知錯而能改，推己及人
(D)一郡之人盡逃離，迫於危難

2. 下列有關本文寫作手法的說明，正確的是：
(A)「荀巨伯遠看友人疾，值胡賊攻郡」，以特殊情況製造緊張氣氛
(B)「友人有疾，不忍委之，寧以我身代友人命！」以摹寫方式呈現內心
(C)「大軍至，一郡盡空，汝何男子，而敢獨止？」以對比反映烘托荀巨伯的行爲
(D)「我輩無義之人，而入有義之國！」透過排比轉化形成自慚的深刻性

3. 下列文章均出自《世說新語．德行篇》，最貼近「友人有疾，不忍委之，寧以我身代友人命！」所表現的行爲與觀念是：
(A)華歆、王朗俱乘船避難，有一人欲依附，歆輒難之。朗曰：「幸尚寬，何爲不可？」
(B)嘗同席讀書，有乘軒冕過門者，（管）寧讀如故，（華）歆廢書出看。寧割席分坐曰：「子非吾友也。」
(C)庾公乘馬有的盧，或語令賣去。庾云：「賣之必有買者，即復害其主。寧可不安己而移於他人哉？」
(D)殷仲堪既爲荊州，值水儉，食常五碗盤，外無餘肴，飯粒脫落盤席間，輒拾以啖之。雖欲率物，亦緣其性眞素。

大考演練

1. 依以下蘇先生的看法，滁州瑯琊山可能是「瑯琊閣」的發想來源，其所持的理由是：

滁州瑯琊山之得名，或謂司馬伷曾暫駐於此，或謂司馬睿曾避亂於此。司馬伷是司馬懿之子，封瑯琊王，率兵平吳時接受吳主孫皓的投降。司馬睿是司馬伷之孫，十五歲襲瑯琊王爵位，西元三一八年在江東重建晉朝。二人皆與六朝都城金陵關係密切。電視劇《瑯琊榜》中，則有個與此山同名的組織「瑯琊閣」，攪動了大梁帝都金陵的風雲。因此，

若要說劇中「瑯琊閣」的發想可能來自瑯琊山，是有跡可循的。

(A)曾有兩位瑯琊王對金陵政局產生影響
(B)滁州瑯琊山上有晉代所興建之瑯琊閣
(C)瑯琊山是西晉伐吳與東晉重建的據點
(D)「瑯琊閣」藉瑯琊王之名在金陵爲亂

【106學測】

【跨領域觀看】：沙特的價值論

價值來自人對某件事物、狀態或人的評論，如具慧眼的人能看出是千載難逢的寶玉，一般人卻視它是不起眼的石頭。仁人志士捨生取「義」是因認定義是至高無上的價值，而願意以生命守護之；荀巨伯認爲對朋友的道義價值大過生命，所以無畏無懼，不逃避也不離開。同樣地，一個人如果認爲享樂的價值多於付出，便不會爲了公益而犧牲。

另一種說法是價值來自價值本身的存在，不因個人決定，如眞善美、道德、倫常、人權、自由、平等、國家等。個人、團體與國家因爲尊重價值而致力於發揮之，反之當政府不重視人民、不在意公理正義便會濫權瀆職，暴虐無道。

法國的沙特說：「我們自己要決定我們自己的價值，價值不是別人替你定的。如果價值是別人替你定的，那個人也是人，他是一個自私自利的人，一定只顧自己不顧你，所以他定價值的時候，不會把你定了太高的價值。每一個人就看自己很重要，看自己很尊貴，看別人很卑賤，看別人很沒有價值，每一個人要定自己的價值。」因此他拒絕領諾貝爾文學獎，因爲「人的價值是自己決定的，不是別人替我決定。」

不過人決定自己的價值並不是空泛、不切實際的，而必須基於內在價值的高尚及尊貴。蘇格拉底曾責備雅典人：「你們挖盡這裡所有的泥土，要得這一切的寶藏，卻因爲如此失去你的孩子們，這樣做有什麼用呢？」找到自己覺得生命中最重要的目標，努力創造實踐，誠如知名奇幻小說家J．K．羅琳說：「人的價值，不在於你有多富有，而在於找出你最擅長的事。」

人生倏忽即逝，若不能投入最有價值的理想中，如何能創造有價值的生命？價值觀決定人的成就，孟子說：「雞鳴而起，孳孳爲善者，舜之徒也；雞鳴而起，孳孳爲利者，蹠之徒也。欲知舜與蹠之分，無他，利與義。」這段話以及價值論的種種討論，提醒我們必須發現自己的長處與興趣，找到值得努力的價值。

十九、新亭對泣

南朝　世說新語　言語

過江諸人①，每至美日，輒相邀新亭②，藉卉③飲宴。周侯④中坐⑤而歎曰：「風景不殊，正自有山河之異！」皆相視流淚。唯王丞相⑥愀然⑦變色曰：「當共勠力王室，克復神州⑧，何至作楚囚相對⑨！」

【注釋】

①過江諸人：指晉室渡長江南下的達官名士。
②新亭：故址在今江蘇南京市南，三國吳所築。地近江濱，依山為城壘，為軍事及交通重地。
③藉卉：坐在草地上。卉，草類植物的總稱。
④周侯：周顗（音ㄧˇ），少有重名，官至尚書左僕射，後為亂臣王敦所害。
⑤中坐：筵席至半。一說坐在席位正中。
⑥王丞相：王導，出身世家大族，晉朝名臣，輔元帝、明帝、成帝，晉朝中興，功勞居多，官至太傅。
⑦愀然：容色驟變的樣子。愀，音ㄑㄧㄠˇ。
⑧神州：戰國時騶衍稱中國為赤縣神州，後世因稱中原（黃河流域一帶）為神州。
⑨楚囚相對：比喻陷於困境時如囚犯相對哭泣，無計可施。楚囚，

泛指囚犯、戰俘。《左傳．成公九年》載春秋時楚人鍾儀為晉所囚，仍不忘故國衣冠，戴著故鄉南國的帽子。

翻譯

晉南下渡江避難的中原賢達名士，每逢天氣晴朗的日子，常常相互邀約到新亭，坐在草地上飲酒聚會。武城侯周侯顗在席間喟然歎息說：「江南風景跟中原洛陽沒什麼不同，只是眼前的山河與中原不一樣！」在座的人相互對視，淚眼相對。只有王導臉色驟變嚴肅地說：「大家應當同心協力，效忠朝廷，收復中原，怎麼會像被俘在晉國的楚囚那樣，一味相對悲泣不圖振作呢？」

知識要點

● 故事背景：晉愍帝建興四年（西元八一六年），匈奴攻陷長安，愍帝出降被殺，西晉亡。第二年，元帝即位於建康（今江蘇南京），建立東晉。當時長江以北被外族占領，中原士族渡長江南下。

● 敘述脈絡：過江諸人新亭飲宴→周侯歎山河之異→皆相視流淚→王丞相曰何至作楚囚相對！

● 知識重點：

1. 新亭對泣，是敘述東晉顯貴舉目望見山河，而感慨國土淪亡，相與對泣之事，後比喻懷念故國或感時憂國的悲憤心情。泣，小聲哭，表示痛心國難而無可奈何的心情。
2. 文中藉周顗、王導表現出面對國破家亡，消沉悲觀和奮發圖強的兩種情緒與態度，由中也可見二人個性。
3. 「風景不殊，正自有山河之異」是事實，也是在座每個人與國家當下的處境，周侯的歎，是國亂偏安之沉痛，是天下蒼生流離之痛，關注在情緒上的周侯顯然是重情而具仁心之人。「當共勠力王室，克復神州」是積極地向前看，相較於前者消極地往後看的角度，呈現高亢勃發的氣勢，也是提醒在座顯達之士對家國的責任與應有的作為。「何至作楚囚相對」帶著責備口氣，足見王導魄力與自期、遇事承擔的自負。因為這個性，無怪乎他能知天下將亂而建議司馬睿遷建康，而輔佐其建立東晉。具前瞻行動力以拉攏北方世族、安撫南方世族、收服江南民心，致力於穩定東晉在南方的政權。也有日後任丞相的氣識。

練習題

1. 下列與「東晉風景不殊，正自有山河之異」，政治背景相近的是：

(A)易姓之間
(B)改隸之際
(C)革故鼎新
(D)播遷之後

2.根據上文，最接近主旨的敘述是：
(A)心動不如行動
(B)與其愁苦不如奮發
(C)宴飲貪歡及時行樂
(D)困坐愁城無計可施

3.根據本文，下列最合乎周侯、王導個性的敘述是：
(A)皆知書達禮，引經據典
(B)皆睿智謙恭，處事端正
(C)前者雨悲晴喜，後者先憂後樂
(D)前者懷才不遇，沉鬱憂鬱；後者位高權重，兼善天下

【大考演練】

1.下列成語，何者最符合劃底線處虞、芮之君的表現？

虞、芮二國爭田而訟，連年不決。乃相謂曰：「西伯，仁人也。盍往質之？」入其境，則耕者讓畔，行者讓路；入其邑，男女異路，斑白不提挈；入其朝，士讓為大夫，大夫讓為卿。虞、芮之君曰：「嘻！吾儕小人也，不可以履君子之庭。」遂自相與而退，咸以所爭之田為閑田矣。

（《孔子家語・好生》）

(A)不自量力
(B)妄自菲薄
(C)畫地自限
(D)反躬自責。

【106統測】

2.下列甲、乙兩首題畫詩，表達出何種處世哲理？

甲、咬定青山不放鬆，立根原在破岩中。千磨萬擊還堅勁，任爾東南西北風。（鄭燮〈竹石〉）

乙、畫工何事好離奇？一竿掀天去不知。若使循循牆下立，拂雲擎日待何時。（鄭燮〈出紙一竿〉）

(A)甲：追根究柢；乙：循序漸進
(B)甲：追根究柢；乙：勇於突破
(C)甲：堅毅不撓；乙：循序漸進
(D)甲：堅毅不撓；乙：勇於突破。

【106統測】

【跨領域觀看】：社會行動意義與管理學

「朱雀橋邊野草花，烏衣巷裡夕陽斜。舊時王謝堂前燕，飛入尋常百姓家。」劉禹錫這首詩說

的正是曾經在此居住的東晉高門士族，尤其是王導、謝安。

王導出生魏晉名門琅琊王氏，歷仕晉元帝、明帝和成帝三代，是東晉政權的奠基者。司馬睿最初受封琅琊王，得到王氏一族的鼎力支持。晉末喪亂，永嘉元年（三〇七年），司馬睿聽從王導建議，出鎮建業（後改建康）。王導與王敦率家族隨晉元帝南渡，積極連結南方士族以支持晉室，又團結北方來的士族，使晉元帝在南方確立穩固的政權，並在西晉亡後建立東晉。司馬睿在登基典禮上，讓王導與他一同坐在龍椅上，而有「王與馬，共天下」之說。陳寅恪認爲他是民族英雄，因爲：「王導籠絡江東士族，統一內部，結合南人、北人兩種實力以抵抗外侮，民族因得以獨立，文化因得以續延。」

書聖王羲之、王獻之、王徽之是王導的侄子。在整個六朝時代，山東琊琊王氏家族，五品以上一百六十一人，達一品官有十五人，可謂顯赫之極。

德國著名的社會學家，政治學家馬克斯・韋伯提出從政者不應僅關注自己的良好動機與偉大信念（意圖倫理），更重要的是考慮自己行爲可能對民眾產生的後果（責任倫理）。他認爲人需要依據意義而生存，透過賦予事物意義，而產生社會行動，因此人的社會行動是有意義的。

王導賦予眾人「當共勠力王室，克復神州」的意義，讓那些還留戀於東晉，陷於思念故土情緒的官員，脫離感情軟弱無力狀態，轉而追求理性的、價值的行動意義。

以當時王導在朝廷中的地位，其領導具有表率啓發的作用，此言也符合「管理者透過某種組織與工作程序的整合，來完成特定的任務與目的」的管理學。

二十、謝太傅臨危不亂

南朝 世說新語 雅量

謝太傅①盤桓②東山③時，與孫興公④諸人泛海戲。風起浪湧，孫、王⑤諸人色並遽⑥，便唱⑦使還。太傅神情方王⑧，吟嘯⑨不言。舟人以公貌閒意說，猶去不止。既風轉急，浪猛，諸人皆喧動不坐。公徐云：「如此，將無⑩歸？」眾人即承響⑪而回。於是審其量，足以鎮安朝野。

注釋

①謝太傅：謝安，出身名門大族，祖父謝衡以儒學知名，官至國子祭酒；父親謝裒，官至太常卿。是東晉政治家、軍事家。
②盤桓：徘徊，逗留。
③東山：浙江會稽郡的東山。
④孫興公：孫綽字興公，東晉書法家。
⑤王：指王羲之。
⑥遽：驚慌，惶恐。
⑦唱：高叫，呼喊；又解為同「倡」，提議。
⑧神情方王：精神興致。王，通「旺」，指興致高。
⑨吟嘯：同「嘯詠」。嘯是吹口哨，詠是歌詠，即吹出曲調。嘯詠是當時文士的一種習俗，更是放誕不羈、傲世的人表現其名士風流的一種姿態。
⑩將無：莫非，恐怕，難道。
⑪承響：應聲。

翻譯

謝太傅在東山隱居的時候，曾經跟孫興公等人一同泛海遊玩。突然大風興起，大浪湧起，孫綽及王羲之等人驚嚇得臉色大變，大聲叫要船夫快將船划回去。只有謝安興致正濃，神情自若，吟詠歌嘯，沒有作聲。船夫看謝太傅神態安閒自若，便繼續向前划去。不一會兒，風轉得更急，浪高更猛，大家都喧鬧叫喊再也坐不住了。謝公這才開口緩緩地說：「看這個樣子，莫非是該回去了？」大家立刻順著他的話應和回航。由此審度謝安的氣量足以安定朝野。

知識要點

● 故事背景：謝安是魏晉名士的典範，年少時即思想敏銳深刻，舉止沉著鎮定，風度優雅流暢，能寫一手漂亮的行書。東晉初年的不少名士如王導、桓彝都很器重他，少年時就有重名。然而謝安並不想憑藉出身、名望獵取高官厚祿，以病推辭徵召，隱居於浙江會稽的東山，與孫興公、王羲之、許詢、支道林等名士名僧頻繁交遊，出則漁弋山水，入則吟詠屬文。

《世說新語》主要記述士人的生活和思想，及統治階級的情況，反映了魏晉時期文人的思想言行，和上層社會的生活面貌，記載頗爲豐富眞實，這篇描寫有助讀者瞭解當時士人所處的時代狀況及政治社會環境，看到所謂「魏晉清談」的風貌。

●敘述脈絡：謝太傅與孫興公諸人泛海戲→風起浪湧，諸人驚欲返，太傅神情自若，吟嘯不言→風轉急，公云歸→審其量，足以鎮安朝野。

●故事後續：東晉穆帝昇平四年（西元三六〇年），謝萬兵敗，被廢爲庶人，陳郡謝氏一族再無重要人物在朝。謝安不得不「東山再起」，入桓溫幕府爲司馬。東晉孝武帝太元八年（西元三八三年）東晉與苻堅的淝水之戰，因爲謝安從戰前的「圍棋賭墅」到戰後的「小兒輩大破賊」，自始至終一直採取極爲冷靜的態度，對於穩定當時建康的人心有關鍵的影響，也使謝家的聲望達到頂峰，但因此遭當權懷疑，重病回建康溘然病逝，重回東山的心願未能實現。

●知識重點：

1. 故事分「風浪初起」時，謝安「臨危不亂」；「風急浪猛」時，謝安仍「沉著應變」兩部分。「臨危不亂」與「沉著應變」正是領導人所必須具備的特質，因此最後以謝安「足以鎮安朝野」的評論作結。

2. 故事中的三類角色，不但顯現個人風範與行事態度，也可作為象徵：處變不驚從容不迫的「謝安」，既勇於體驗險境，泰然樂之，又能遇事變時穩定全局，是眾人所仰望的領導者，亂世中能宰輔國家社稷之才。「孫興公諸人」是當時名士，代表知識分子遇突發事變而無法沉著冷靜者。「舟人」受雇於人，能察言觀色見機行事，卻未發揮專業經驗掌舵安人心。

3. 「既風轉急」是全文轉折點，讓前段變得危險性陡然升高，眾人的反應由「色遽唱還」，到「喧動不坐」，情勢轉危，安定人心的方式已非「吟嘯不言」、「貌閒意說」表面態度所能應付，而是必須做出明確決定。「公徐云」中的「徐」字，顯現沉著，「如此，將無歸！」這輕描淡寫的回答，有種興盡而返的安然，表現出高雅的風範。

4. 文中運用日常生活細節描寫與對比方式，映襯出謝安的器量，如「孫興公諸人」面對危險時的慌亂害怕，與謝太傅的鎮定如常作為對比；謝安「徐云」的從容不迫，與諸人「承響而回」的緊張倉皇對比，襯托出謝太傅不凡的氣度和與眾不同的膽識。

練習題

1. 根據上文，最符合文意的敘述是：
(A)謝安任職東山時，與王羲之等人泛舟出海
(B)謝安處事淡定，無視於眾人反應而堅持立場
(C)孫綽遇風起浪湧，與舟子同慌張失措急於回航
(D)孫興公、舟子等眾人察言觀色，唯謝安馬首是瞻

2. 這篇故事的轉折點是：
(A)風起浪湧，孫、王諸人色並遽
(B)太傅神情方王，吟嘯不言
(C)舟人以公貌閑意說，猶去不止
(D)既風轉急，浪猛，諸人皆喧動不坐

3. 閱讀下文，與本文主旨相同的是：
謝公與人圍棋，俄而謝玄淮上信至，看書竟，默然無言，徐向局。客問：「淮上利害？」答曰：「小兒大破賊。」意色舉止不異於常。
(A)處變喜怒憂懼，不形於色
(B)君子風度優雅，個性豪邁
(C)處事態度從容，氣勢雄渾
(D)待人廉潔正直，言語簡潔

大考演練

1. 依據下文，符合全文旨意的選項是：
或北陸初結，或東風始興。睹之也知其脆易破，涉之也恐其任不勝。由是屏氣而行，虛心而進。在陽敢思乎不冶，通陰庶懷乎克慎。
(A)安步當車
(B)臨深履薄
(C)盈科後進
(D)危言危行

2. 閱讀下文，選出正確的選項：【106指考】
左慈字元放，廬江人也。少有神道。嘗在司空曹操坐，操從容顧眾賓曰：「今日高會，珍羞略備，所少吳松江鱸魚耳。」慈於下坐應曰：「此可得也。」因求銅盤貯水，以竹竿餌釣於盤中，須臾引一鱸魚出。操拊掌大笑，會者皆驚。操曰：「一魚不周坐席，可更得乎？」慈乃更餌鉤沉之，須臾復引出，皆長三寸餘，生鮮可愛。操使目前鱠之，周浹會者。操又謂曰：「既已得魚，恨無蜀中生薑耳。」慈曰：「亦可得也。」操恐其近即所取，因曰：「吾前遣人到蜀買錦，可過敕使者，增市二端。」語頃，即得薑還，并獲操使報命。後操使自蜀反，驗問增錦之狀及時日早晚，若符契焉。
（《後漢書．方術列傳》）

註：端，古代量詞，帛類的長度單位。

(A)「操拊掌大笑，會者皆驚」是說左慈的表現讓曹操拍案叫絕，讓與會者相當訝異

(B)「一魚不周坐席」是指魚的分量太少，不夠在場的賓主食用

(C)「操使目前鱠之」是要求左慈當下變出魚羹，以防他作弊

(D)「語頃，即得薑還，并獲操使報命」是指話講完不久，曹操的使者已經買回生薑

(E)「若符契焉」是指曹操派去蜀地的使者，好像被施過符咒一般

【105指考】

【跨領域觀看】：練習比賽獲勝的關鍵心理素質

臨危不亂是沉著的修養、寬大的氣度，更是智慧的展現。這篇短文以眾人之慌張襯托謝安之所以能安邦鎮國的氣勢。無論是空城計、孔明借箭、諾曼地登陸、搶救雷恩大兵等戰略，或是國際企業間的收購投資、折衝樽俎的外交談判，乃至參加大型比賽、升學考試，無一不賴冷靜鎮定以發揮實力。

《紐約時報》專欄作家保羅．蘇利文在《爲什麼練習一百分，結果五十分》以採訪過無數成功人士的經驗，觀察這些「比賽型」工作者能在關鍵時刻獲勝的因素，歸納出五項可以練習的心理素質：

一、聚焦：一個簡化、單純的目標。

二、自制：把大目標細分成小目標，全力以赴，有所不爲。不做不該做的、不說不該說的。

三、應變：突發狀況時，想著目標，別想著計畫，然後不帶情緒地處理突發狀況。

四、進入當下：反覆練習到不假思索、平常心以對的程度。

五、恐懼加上欲望：兩種心態缺一不可。

以渡船遇浪這件事而言，謝安掌握心理素質中最核心的基礎，也就是先觀察再判斷的「基本原

則」。基於風起浪湧是出海必然會遇見的狀態，不能因此壞了出海遊覽的興致，也不該因此放棄，畢竟冒險與經歷變化是海遊的樂趣之一，故即使眾人慌亂唱歸的高度壓力下，焦點也不會動搖。直到「既風轉急，浪猛」，狀況緊急時，立即戒慎以待，重新調整行動，這是高能力的心理機制，也是智慧與個性圓融的表現。

二十一、嵇康風姿特秀　南朝　世說新語　容止

嵇康①身長七尺八寸，風姿特秀。見者歎曰：「蕭蕭肅肅②，爽朗清舉③。」或云：「肅肅④如松下風，高而徐引⑤。」山公⑥曰：「嵇叔夜之爲人也，岩岩⑦若孤松之獨立；其醉也，傀俄⑧若玉山之將崩。」

【注釋】

①嵇康：字叔夜，三國魏譙郡（今安徽省亳縣）人。博學有奇才，不與世俗同流。官至中散大夫，故世稱「嵇中散」。好老、莊之學，擅四言詩。與山濤、阮籍等人為友，世稱「竹林七賢」。後為司馬昭所害死。著有〈養生論〉、〈聲無哀樂論〉、〈琴賦〉等。

②蕭蕭肅肅：形容舉止瀟灑脫俗。

③清舉：清逸挺拔。

④肅肅：狀聲詞，形容風聲。

⑤徐引：舒緩悠長。

⑥山公：即山濤。

⑦岩岩：形容高峻挺拔。

⑧傀俄：同「巍峨」，形容高大雄偉。

【翻譯】

嵇康身高七尺八寸，風度姿態秀美出眾。見到他的人都讚歎說：「舉止瀟脫俗灑，氣質豪爽清逸。」有人說：「像松樹間沙沙作響的風聲，高遠而舒緩悠長。」山濤評論道：「嵇叔夜的爲人，高峻挺拔得像孤松傲然獨立；他的醉態，像高大的玉山快要傾倒。」

知識要點

● 敘述背景：本文選自《世說新語．容止篇》，蒐集魏晉時代評論名士容貌、態度、舉止的故事。嵇康是「竹林七賢」中具才情者，英俊瀟灑。一次到森林採藥，樵夫誤以爲仙人下凡，足見其風姿飄逸。

● 敘述脈絡：嵇康身長風姿特秀→見者歎曰爽朗清舉→或云如松下風高而徐引→山公曰「若孤松之獨立，若玉山之將崩」。

● 故事後續：嵇康個性剛烈，鍾會仰慕嵇康，但嵇康不屑與之交談，即使知道後果仍不妥協。山濤欲推薦嵇康當官，嵇康拒不接受，寫〈與山巨源絕交書〉，展現出魏晉名士處世的選擇和風貌。嵇康傲世不羈的個性導致被陷入罪的命運。大學生三千人聯名上書，爲嵇康喊冤求情而不被許。嵇康臨刑東市，神氣不變泰然自若，索琴彈之，奏〈廣陵散〉。彈完歎說：「〈廣陵散〉於今絕矣！」

● 知識重點：

1.《世說新語》這段描述勾勒出嵇康的完整形象，也詮釋了名士的風采。開頭的兩句即以身高、氣質總括嵇康的外型出眾，繼而透過不同人的評論，從各角度具象化「風姿特秀」。表面上看似只寫其外貌，實則透過神韻、風姿、精神表現內在的情性。

2.魏晉人習於藉自然景物寫人的精神氣度，頗富想像空間與美感，如：用「松下風」形容超世絕俗的瀟灑、輕靈舒朗的襟懷，「玉山將崩」形容嵇康的醉態，「孤松之獨立」形容遠邁不群、高傲自負的個性美。

3.嵇康提出的做人原則是「真」、「任實」、「任自然」，即按照自己的自然本性行事。《晉書．嵇康傳》：「美詞氣，有風儀，而土木形骸，不自藻飾，人以為龍章鳳姿，天質自然。」正是「松」之骨氣、「玉」之清透、「山」之桀驁不群，超越世俗。

練習題

1.下列文意詮釋，正確的是：
(A)「嵇康身長七尺八寸」：形容面容姣好
(B)「肅肅如松下風」形容個性嚴肅
(C)「岩岩若孤松之獨立」：形容風姿特秀
(D)「傀俄若玉山之將崩」：形容脾氣固執

2.下列有關本文寫作手法的敘述，正確的是：
(A)大量運用比喻描寫人物外型
(B)透過對比觀點呈現人物多樣面貌
(C)藉由悲歎語氣突顯出人物困阨命運
(D)透過「見者」加強評論的真實性、好友「山公」的見解深

化其爲人

3.以下篇章均選自〈容止〉篇，以形象化的方式描述內在精神與氣質的是：

(A)時人目王右軍：飄如遊雲，矯若驚龍

(B)庾子嵩長不滿七尺，腰帶十圍，頽然自放

(C)王敬豫有美形。問訊王公，王公撫其肩曰：「阿奴恨才不稱。」又云：「敬豫事事似王公。」

(D)何平叔美姿儀，面至白。魏明帝疑其傅粉，正夏月，與熱湯餅。既啖，大汗出，以朱衣自拭，色轉皎然

大考演練

1-2為題組。閱讀下文，回答1-2題。

社會上所發生的事件，古今是有其絕相類似之處的。生活經驗豐富、瞭解當代社會最深的史學家，是最能瞭解過去社會的史學家。社會上有些事件是可能發生的，有些事件是必不可能發生的。可能發生的事件，史學家在文獻足徵的情況下，可以確定其可信。必不可能發生的事件，史學家可以不顧前人言之鑿鑿，而斷然予以否認。所以鬼神怪誕之事，在原則上講，不入於史。現實生活經驗中所見不到的鬼神，如何能相信其出現於千百年以前呢？詩人詞客所幻想的離奇故事，如西王母住在為日月隱藏之所的崑崙山上，如何能是實錄呢？史學家一般認為「妖異止於怪誕，談諧止於取笑」，可以直删不妨；而對於誦經獲報、符咒靈驗等等，不可盡以為誣妄，採取將信將疑的態度則差可，深信之不疑則必不可。（改寫自杜維運〈歷史想像與歷史真理〉）

1.下列敘述，不符合上文意旨的選項是：

(A)以合乎情理與否來評斷往事是否可信，是從事歷史研究的重要原則

(B)古今社會有所差異，史學家不能以當代社會為依據去瞭解古代社會

(C)史學家對里俗間流傳的果報與符咒等記載，不能不抱持存疑的態度

(D)即使有文獻記載，史學家仍可對不符現實生活經驗的內容予以否認

【105指考】

2.下列文句，最符合上文「直删不妨」的選項是：

(A)又一客曰：「今宵最樂，然不勝酒力矣。其餞我於月宮可乎？」三人移席，漸入月中。眾視三人，坐月中飲，鬚眉畢見，如影之在鏡中

(B)更進半里，草木不生，地熱如炙。左右兩山多巨石，為硫氣所觸，剝蝕如粉。白氣五十餘道，皆從地底騰激而出，沸珠噴濺，出地尺許

(C)村中聞有此人，咸來問訊。自云：「先世避秦時亂，率妻子邑人來此絕境，不復出焉，遂與外人間隔。」問今是何

世？乃不知有漢，無論魏、晉

(D)（張陵）其書多有禁祕，非其徒也，不得輒觀。至於化金銷玉，行符敕水，奇方妙術，萬等千條，上云羽化飛天，次稱消災滅禍。故好異者往往而尊【105指考】

【跨領域觀看】：《世說新語》中魏晉文人的生命選擇

九品中正制保障世族政治特權，合法地占有大量土地，不僅造成「上品無寒門，下品無世族」，也依靠這些制度壟斷政治、經濟以至文化特權，加深階級鴻溝，形成寒門和世族的尖銳矛盾。司馬氏利用「名教」進行黑暗殘暴的統治，魏晉王朝更迭之下，原本傾向親魏的「竹林七賢」，在司馬氏奪權後，以老莊之學處世。

嵇康出身寒門，與魏宗室通婚，故對司馬氏採取不合作的態度，加之「非湯武而薄周孔」、「越名教而任自然」，厭棄教條禮法、官場仕途，因此藉〈與山巨源絕交書〉表明對黑暗時局的不滿，以顯現「循性而動，各附所安」的處世原則，放縱情性，表現「志氣所托，不可奪也」的傲岸個性。

余秋雨在〈遙遠的絕響〉對魏晉文人下了這樣的註腳：「這些在生命的邊界線上艱難跋涉的人物似乎爲整部中國文化史作了某種悲劇性的人格奠基。他們追慕寧靜而渾身焦灼，他們力求圓通而處處分裂，他們以昂貴的生命代價，第一次標誌出一種自覺的文化人格。」

魏晉南北朝中，選擇仕宦的如王導、王敦、華歆、周顗、石崇、王愷、殷仲堪、陸機兄弟。嵇康、劉伶、王羲之、王子猷則先仕後隱；戴安道、支道林終身隱居；謝安、阮籍、王戎、山濤、向秀、阮咸先隱後仕。但更多的是在殘虐之下化爲冤魂，「何晏，玄學的創始人、哲學家、詩人、謀士，被殺；張華，政治家、詩人、《博物志》的作者，被殺；潘岳，與陸機齊名的詩人，中國古代最著名的美男子，被殺；謝靈運，中國古代山水詩的鼻祖，直到今天還有很多名句活在人們口邊的橫跨千年的第一流詩人，被殺；范曄，寫成了皇皇史學巨著《後漢書》的傑出歷史學家，被殺。」

嵇康被殺，〈廣陵〉之聲絕，但傲骨留天地，果如山濤所歎：「岩岩若孤松之獨立」，「傀俄若玉山之將崩」。

二十二、山濤妻識賢

南朝 世說新語

山公①與嵇、阮一面，契若金蘭②。山妻韓氏，覺公與二人異於常交，問公，公曰：「我當年可以爲友者，唯此二生耳。」妻曰：「負羈之妻亦親觀狐、趙③，意欲窺之，可乎？」他日，二人來，妻勸公止之宿，具酒肉。夜穿墉④以視之，達旦忘反。公入曰：「二人何如？」妻曰：「君才致殊不如，正當以識度相友耳。」公曰：「伊輩⑤亦常以我度爲勝。」

注釋

①山公：即山濤，字巨源，魏晉人。性好老莊，為竹林七賢之一。

②契若金蘭：形容朋友情意相投合，如兄弟一般。

③負羈之妻亦親觀狐、趙：春秋時，晉公子重耳流亡曹國，曹國大夫僖負羈之妻觀重耳身邊的孤偃、趙衰。

④墉：音ㄩㄥ，高牆。

⑤伊輩：他們，此指阮籍、嵇康。

翻譯

山濤和嵇康、阮籍一見面，就情投意合。山濤的妻子覺得丈夫和這兩個人的交往非比尋常，就問他怎麼回事，山公說：「當下可以作爲我的朋友的，只有這兩人了。」妻子說：「從前春秋時，晉公子重耳流亡曹國，曹國大夫僖負羈的妻子也曾親自觀察過重耳身邊的狐偃、趙衰，我也想看看他們，可以嗎？」有一天，二人來了，妻子勸山公留他們過夜，爲他們準備了酒肉。晚上，她越過牆去觀察這兩個人，直到天都亮仍流連忘返。山公過來問道：「你覺得這二人怎麼樣？」妻子說：「你的才智情趣比他們差得太遠了，只能以你的見識氣度和他們交朋友。」山公說：「他們也總認爲我的氣度勝過他們。」

知識要點

● 敘述脈絡：山濤與嵇康、阮籍契若金蘭→山濤妻自墉以視之，達旦忘反↓曰：「君才致殊不如，正當以識度相友耳。」↓公曰：「伊輩亦常以我度爲勝。」

● **知識重點**：

1. 山濤一生以禮自守，度量弘遠，超然事外，曾被察舉為孝廉。在當時環境壓迫和玄學影響下，山濤兼容儒家的價值標準作為行為準則，又能有名士清逸之氣，因此比起嵇康、阮籍憤世嫉俗，「以度為勝」。
2. 這篇短文寫出山濤妻子「覺公與二人異於常交」之察言觀色、「問公」之追究、「負羈之妻亦親觀狐、趙，意欲窺之，可乎？」帶著好奇與驗證心態的引例、為爭取觀察時間而「勸公止之宿，具酒肉」的動作、「夜穿墉以視之，達旦忘反」的忘我，這一連串的情節都是為了鋪陳山濤妻後段評論的可信度。直至「君才致殊不如，正當以識度相友耳」的評論與建言，才真正現出山濤妻之所以被列為賢媛的原因：公允而有智慧，既肯定三人契若金蘭的氣質性情，也在提出忠告的同時肯定丈夫。

【練習題】

1. 根據本文，山濤妻「夜穿墉以視之，達旦忘反」的原因是
(A) 性好品評人物
(B) 山濤無識人之明
(C) 覺公與二人異於常交
(D) 嵇康、阮籍才貌雙全

【大考演練】

1-2 爲題組，閱讀下列短文，回答下列問題

1. 下列關於山濤及其妻的敘述，正確的選項是
(A) 山濤之妻有識人之明
(B) 山濤之妻善妒而好猜忌
(C) 山濤自認才能不輸嵇、阮
(D) 山濤之才極受嵇、阮肯定 【96學測】

2. 文中畫框線的「契」、「覺」、「以」、「勝」四個字，各與下列選項「」內相同的字比較，意義相同的選項是
(A) 《戰國策．馮諼客孟嘗君》：馮諼曰：願之。於是約車治裝，載券「契」而行
(B) 柳宗元〈始得西山宴遊記〉：意有所極，夢亦同趣，「覺」而起，起而歸
(C) 連橫《臺灣通史．序》：苟欲「以」二三陳編而知臺灣大勢
(D) 蘇軾〈留侯論〉：其平居無罪夷滅者，不可「勝」數 【96學測】

「視而不見，聽而不聞」常被用以責備不專心，其實，這是每個人都可能發生的狀況，因此有所謂「不要相信你眼睛看到的，也不要相信你耳朵聽見的」之說，因爲人的眼睛、耳朵會失靈——，在你以爲自己在現場，親身經歷，眞的目睹一切時。

最有名的是二〇〇四年心理學搞笑諾貝爾獎，伊利諾大學學者席曼斯（Daniel Simons）「看不見大猩猩」實驗：兩組分別穿著白色與黑色上衣的人在一個小空間裡玩籃球，當你仔細計算他們交互傳兩顆球的移動，忽然有一隻大猩猩走進這群人之間，大捶胸膛一番後離開，你看見牠的存在嗎？

實驗中，有百分之五十的受試者並未看到大猩猩，甚至根本沒注意到任何不對勁。這個效應稱爲「不注意視盲」。也就是當我們專注於某件事或某一點的時候，從我們眼前經過的其他諸多事物，如不合理的狀況，卻仍渾然不覺，視而不見。

我們往往在感知上過度自信，但事實並非如此。席曼斯告訴我們：「一般人誤以爲重要的事件自然會引起注意，這就是爲什麼我們的發現格外令人吃驚，也是許多實際案例背後的原因。人們總認爲自己看得到意料之外的事件，因而在用心注意便能看到的情況下，卻往往不夠警覺。」

哈佛大學克里斯．查布利斯、丹尼爾．西蒙斯所著《爲什麼你沒看見大猩猩？：教你擺脫六大錯覺的操縱》這本書裡，舉出日常生活中時而可見，但人們卻完全沒有意識到的錯覺與邏輯謬誤，證明人可能會「有看沒有到」。我們只看見我們想看見、所預期看到的一面，而遺漏了許多就出現在眼前、卻未進入意識層面的眞相。

《觀察的力量》這本書提及「觀察力是有意識、有目的、有組織的知覺能力」。山濤妻子以才智情趣、見識氣度評斷嵇康、阮籍，展現出看穿事物表層，發現事物本質的慧見，正合乎「所謂天才，不過是一種以非習慣性的方式觀察事物的能力」。

原來我們必須先破除自以爲是的「看見」，培養見人所未見的能力，才能有機會可以洞燭先機，增加判斷力的準確度。

二十三、寒花葬志①

明　歸有光

婢，魏孺人②媵③也。嘉靖丁酉五月四日死，葬虛丘④。事我而不卒，命也夫！

婢初媵時，年十歲，垂雙鬟，曳深綠布裳。一日天寒，爇⑤火煮荸薺熟，婢削之盈甌⑥，余入自外，取食之，婢持去不與。魏孺人笑之。孺人每令婢倚几旁飯，即飯，目眶冉冉動，孺人又指予以爲笑。

回思是時，奄忽⑦便已十年⑧。吁，可悲也已！

【注釋】

① 葬志：墓誌。是墓誌銘的一種。

② 魏孺人：作者的妻子魏氏。孺人，明清七品官的母親或妻子的封號。

③ 媵：音 ㄧㄥˋ，古代諸侯的女兒出嫁，隨同出嫁的妹妹和姪女就稱為媵。後常用以指陪嫁的婢女。

④ 虛丘：土山，指墓地。虛，同「墟」。

⑤ 爇：音 ㄖㄨㄛˋ，又音 ㄖㄜˋ，點燃，燒。

⑥ 甌：音 ㄡ，盆、盂等瓦器。

⑦ 奄忽：形容時間極快。奄，音 ㄧㄢˇ。

⑧ 十年：世宗嘉靖七年（西元一五二八年）歸有光和魏孺人結婚，〈寒花葬志〉寫於嘉靖十六（丁酉）年（西元一五三七年），歷時正好十年。

【翻譯】

婢女名寒花，是妻子魏孺人的陪嫁丫環。死於嘉靖十六年五月四日，葬在土山之上。她侍奉我而不能到老，這是命啊！

寒花初來我家的時候，年僅十歲，垂著兩個髮髻，穿著深綠色的布裙。有一天，天氣很寒冷，她點火煮熟了荸薺，寒花將已煮熟的荸薺一個個削好皮盛滿一小瓦盆。我從外面進屋，要拿荸薺來吃，寒花立即端著荸薺離開，不肯給我吃。妻子見了笑了起來。妻總是叫寒花靠在小矮桌旁邊吃飯，她吃飯時，兩個眼珠慢慢地轉動著，妻子又指著她那樣子給我看，覺得好笑。

回想當時的情景，轉眼已經過了十年。唉，眞令人悲傷啊！

寒花，是魏孺人的陪嫁丫鬟，嘉靖十六年五月四日死去，葬在土山上。她沒能侍奉我到底，這是命運的安排啊！

知識要點

● 故事背景：

1. 歸有光二十三歲娶魏氏，二十八歲魏氏卒，三十三歲寫〈寒花葬志〉。
2. 歸有光屢試不第，魏孺人不以生活爲苦，時時勉之：「吾日觀君，殆非今世人。丈夫當自立，何憂目前貧困乎？」（〈請敕命事略〉）

● 敘述脈絡：葬魏孺人媵寒花→追憶初來家時模樣，欲吃削煮熟荸薺而不與，魏孺人笑之→吃飯時目眶冉冉動，孺人指而笑→回思是時，可悲也已。

● 故事後續：歸有光三十五歲左右所作〈項脊軒志〉補記中敘及魏孺人「時至軒中，從余問古事，或憑几學書」。墨淡意濃文章在家庭瑣事，小軒情景中細緻親切的著墨中，見小閣子在夫妻生活中所營造的浪漫情事，譜就的恩愛歡愉。「吾妻死，室壞不修。」「庭有枇杷樹，吾妻死之年所手植也，今已亭亭如蓋矣。」等敘述昔日夫妻曾經無限甜蜜的氣息，如今不堪回首的傷悲悼念。

● 歷代評論：

1. 黃宗羲〈張節母葉孺人墓誌銘〉肯定歸有光抒情古文，取材於家庭瑣事，描述親人故舊的生死聚散，隨筆點染散發出歡樂或傷懷的深情，具有強烈的感染力：「予讀震川之爲女婦者，一往情深，每以一二細事見之，使人欲涕。蓋古往今來事無巨細，唯此可歌可泣之精神，長留天根。」
2. 明代王錫爵〈明太僕寺寺丞歸公墓誌銘〉：「無意於感人，而歡愉慘惻之思，溢於言表。」
3. 清代方苞〈書《歸震川文集》後〉：「不事修飾而情辭並得，使覽者惻然有隱。」

● 知識重點：

1. 〈寒花葬志〉是歸有光為夫人魏氏的陪嫁婢女作的葬志，時魏氏已卒五年。士大夫為婢女作葬志，這是異乎尋常的事，本文尤為珍貴，一方面可見歸有光取材於生活場景的平實風格，其人慈善。但在追憶的敘述中處處有夫人同在的畫面，足見作者明寫寒花，暗寫魏孺人，藉著追憶寒花的生前種種情節，實是表達對妻子深切的思念之情。

2. 首段先簡介寒花身分，再依葬志的格式寫逝世時間、下葬地點，最後以「不卒」歎其早亡，「命也夫」吐露深深的無奈，這也是作者對自我處境與亡妻生死兩茫茫的悲憾。

3. 歸有光的散文不事雕琢而自有風味，以「至情」著稱，次段中輕輕帶出三個畫面：寒花十歲時初見的裝扮：「垂雙鬟，曳深綠布裳」：天寒時想吃熱騰騰的荸薺，寒花卻「持去不與」：桌邊吃飯時，「目眶冉冉動」天真活潑而靈秀的神情。這些隨意捕捉的日常情節樸素而單純，卻點染出最真實的家庭生活，這些尋常而不可再得的往事像心靈地圖，銘刻著揮之不去的情傷。尤其是「魏孺人笑之」、「孺人又指予以為笑」，這些影像擴展成可以重返過去生活痕跡、最有紀念性的點滴。

4. 全文以短句蘊藏深刻內斂的懷想之意，借事抒情，筆觸疏淡自然，風韻悠遠。末段，以「可悲」兩字總結情緒，「回想是時，奄忽便已十年」，在刻意的淡化與壓抑之中，敘寫時間讓一切都已成為追憶，「吁！」、「也已」的歎詞裡流露綿綿沉痛的低迴與留戀。

練習題

1. 下列有關文意的敘述，正確的是：
(A)外貌靈秀的寒花不幸於十歲時過世
(B)淘氣的寒花恃魏孺人寵愛而兇悍刁蠻
(C)寒花性情天真，作者夫妻常取笑其笨拙愚昧
(D)寒花魏孺人的歡樂往事，襯托出今日妻亡婢死的悲傷

2. 下列關於本文寫作技巧的敘述，正確的是：
(A)篇幅短小，言簡意賅
(B)注重細節，筆調濃烈
(C)浪漫想像，摹寫靈動
(D)借物抒情，沉鬱渾厚

3. 評家多認爲此文明寫寒花，暗寫魏孺人，下列可作爲支持的根據的是：
(A)婢，魏孺人媵也
(B)事我而不卒，命也夫
(C)取食之，婢持去不與。魏孺人笑之
(D)回思是時，奄忽便已十年。吁，可悲也已

大考演練

1. 依據下文，下列關於「十三鄰」的敘述，何者正確？

小孩一個個遠離家鄉奮鬥，十三鄰的經濟狀況也一日日地好轉，當然，十三鄰的男人女人也逐漸年老，帶孫子、看家，為人生盡最後的職責。這一生，他們沒有大富大貴、沒有大紅大紫過，但是認真地當一介農夫農婦、稱職的父母、阿公阿媽，把子女送上樓梯，讓他們往上爬。雖然，他們的子女也不是什麼大人物，或知名人士，仍是循著父母親的路子盡責地當個社會螺絲釘，一如蔥薑蒜，不是主菜，卻一味也不能少。（方梓〈小卒過河〉）

(A)年輕人不斷出走，景氣日益蕭條
(B)老一輩克勤克儉，推動農村轉型
(C)平凡而墨守本分，生活恬淡自適
(D)世代皆安土重遷，盡責種植莊稼

【106統測】

2. 閱讀下文，選出依序最適合填入□內的選項：

甲、我緩緩睜開眼，茫然站在騎樓下，眼裡藏著□□的淚水。世上所有的車子都停了下來，人潮湧向馬路中央（渡也〈永遠的蝴蝶〉）

乙、如果鏡子是無心的相機，所以□□，那麼相機就是多情的鏡子，所以留影。這世界，對鏡子只是過眼雲煙，但是對相機卻是過目不忘（余光中〈誰能叫世界停止三秒〉）

丙、時時想著吃，吃罷上頓盼下頓。肚裡老是□□，那可真是飢火如焚；老是咕咕叫，那可真是飢腸轆轆；不管飯菜好壞都想吃，那可真是飢不擇食（周同賓〈飢餓中的事情〉）

(A)滾燙／縹渺／匱乏
(B)滾燙／健忘／發燒
(C)潸潸／縹渺／發燒
(D)潸潸／健忘／匱乏

【106指考】

【跨領域觀看】：在世人面前焚燒的巴黎聖母院

歸有光為一個小小的婢女寫的這篇短文，觸動每個閱讀者脆弱的情感與巨大的悲痛，無常，是這麼真實而又頻繁地在生活裡撞擊。「吁，可悲也已」的浩歎不僅帶著歸有光自身的際遇處境，也像符咒一般諭示無法對抗或改變的命運，即便是神祇也如是。

巴黎聖母院與艾菲爾鐵塔，對法國人而言是八百五十多年的舊城與現代象徵，是榮耀歷史藝術與信仰變遷的建築。每個到法國觀光的人都會走向這裡，仰望這繁複雕刻的哥德式教堂，感覺這在羅馬時期便是宗教聖地的空間上，多少王朝更迭，在這裡揚起的灰塵、刻鏤的神像、鋪設的階梯，都浸漬了對它的想像與禮敬。

殿堂前，在聖母的凝視下，正義與和平以莊重的儀式、天使的歌聲被讚美。聖女貞德在這裡獲得平反。教堂東北角「紅門」的弧形頂上屈膝跪地人像，被認爲是象徵聖路易七世與皇后；路易十四在此舉行加冕典禮、拿破崙在此拿起皇冠戴到頭上，爲跪在地上的約瑟芬加冕爲皇后；法國軍隊離家打仗，大主教在淚如雨下的雙親和眷屬面前，祈神賜福戰旗。這是帝王將相的教堂，也是平民的教堂，更是自各地朝聖者的殿堂。

所有的美麗都與哀愁相伴，卻又得神祇的祝福，走過滄桑。穿梭高挑的廊柱間，既低迴它曾經歷法國大革命的洗劫，又慶幸德軍指揮官迪特里希．馮．肖爾鐵茨上將一念之間而躲過希特勒焦土政策的密令；慶幸那放射如星斗般的玫瑰之窗還在，基督受難時十字架上的一枚釘子和一座荊棘造型的聖冠，還在。

順著螺旋形樓梯而上便是鐘樓，但撼動人們目光的不是可以俯瞰整個巴黎的視野，而是浮現雨果《鐘樓怪人》裡的那個身世不明、面貌醜陋的卡西莫多。聖母院庇佑了他，他把自己嵌在教堂裡面，變成這主教堂的一部分。「在他心目中，聖母院就是整個天地，鐘樓喚醒他的靈魂，使他感到歡樂。」

雨果曾在序言裡說，他在參觀時，於尖頂鐘樓的陰暗角落裡發現牆上手刻的字：ANARKH（意爲命運）。這幾個歷經歲月侵蝕深深嵌進石頭的希臘文字母，浮現一種蘊藏的宿命和悲慘的意義，深深震撼了他的心靈，於是他寫下這本象徵苦難靈魂的小說。今天這災難的烙印隨著粉刷和刮磨，消失了，但這本小說所揭露中世紀政教合一的殘忍統治，被壓迫者的哀號與追求自由、美、愛情的渴望所照亮的力道和感動，永恆地鐫刻於巴黎聖母院與文學長河之中。

二〇一九年四月十五日這天，透過螢幕，尖塔在世人的眼前被熊熊烈火折斷，玫瑰花窗灰飛煙滅，法國人手搭著彼此的肩膀禱告或吟唱詩歌，跪地痛哭，宛如看著愛人逝去。這是巴黎之心，全球最美建築之一，我們卻看著它「被燒毀讓靈魂支離破碎」，而束手無策。

這是難逃的天數？這樣的文明竟因爲修復工程而崩毀？讓人凜然心驚。

二十四、春在堂隨筆

清 俞樾

余居西湖寓樓，樓多鼠，每夕跳踉①几案，若行康莊，燭有餘燼，無不見跋②。始甚惡之，繼而念鼠亦飢耳，至於余衣服書籍一無所損，又何惡焉。適有饋餅餌者，夜則置一枚於案頭以飼之，鼠得餅，不復嚼蠟矣。一夕，余自食餅，覺不佳，復吐出之，遂並以飼鼠。次日視之，餅盡，而余所吐棄者故在。乃笑曰：「鼠子亦狷介乃爾。」是夕，置二餅以謝之。次日，止食③其一。余歎曰：「不惟狷介，乃亦有禮。」

注釋

① 跳踉：音ㄊㄧㄠˋ ㄌㄧㄤˊ，跳動，跳起。

② 跋：踐踏。

③ 止食：只吃。

翻譯

我客居在西湖邊一座樓房，樓房中有許多老鼠，每晚在桌子茶几上跳來跳去就像在走康莊大道一樣，蠟燭燒剩餘的殘蠟，沒有不被牠們爬過。

剛開始我很厭惡這些老鼠，接著轉念一想，老鼠也是因爲飢餓難耐要吃東西，對於我的衣服、書籍都沒有任何破壞，牠們又有什麼可厭惡的呢。剛好有人送來餅乾，晚上我就放一塊在桌上來餵老鼠，老鼠有餅可吃，就不再啃食燭蠟了。有一晚，我在吃餅，覺得味道不好，便吐了出來，和餵鼠的餅一起留在桌上給老鼠吃。隔天一看，新放的餅已完全吃完，而我吐掉的那塊餅卻還在。我因而笑說：「老鼠也是有所不爲的。」當天晚上，我放了兩塊餅來向牠陪罪。第二天，看到老鼠只吃了一塊餅。我感歎地說：「老鼠不僅是有所不爲，而且也還很有禮節。」

知識要點

● 敘述背景：俞樾是清代經史學家，精通小說、戲曲等，在西湖詁經精舍主持講學達三十年之久，培養出章太炎、吳昌碩等著名學者。此文選自當時所著《春在堂隨筆》。

● 敘述脈絡：西湖寓樓多鼠食蠟餘燼→置餅餌於案頭飼之→僅食一片，不食吐棄者→歎鼠知狷介有禮。

● 知識重點：

1.《詩經．魏風．碩鼠》裡有「碩鼠碩鼠，無食我黍」之句，藉以表達對剝削者的憎惡斥責，足見老鼠因爲啃咬東西而被人厭惡，但這篇短文卻從另一個角度寫有所取捨的生活原則，在讚美的同時似乎也針砭世人切不可不如鼠。

2.文章以先敘後議的方式呈現，符合寓言文體的普遍結構。敘事上除觀察、試驗，還加上作者的反思與情緒，使故事生動有趣。敘述中又以「衣服書籍一無所損，又何惡焉」、「鼠得餅，不復嚙蠟矣」、「餅盡，而余所吐棄者故在」、「止食其一」等事實強化結論的「狷介」與「有禮」。

練習題

1.作者讚歎老鼠「狷介、有禮」的原因是：

(A)取之有節
(B)食之不盡
(C)取之有方
(D)食之甘味

2.下列有關作者情緒轉變原因的分析，正確的是：

(A)因爲老鼠吃盡衣物而憤怒
(B)基於恐懼而原諒老鼠作爲
(C)瞭解老鼠僅求生存而體諒
(D)發現助人快樂而提供食物

大考演練

1-2爲題組。閱讀下文（即本文）後，回答1-2題。

1.依據文意，依序選出□□內最適合填入的選項：

(A)已而／不亦

(B)我而／不失

(C)從而／不無

(D)繼而／不惟

2.依據文意，選出敘述錯誤的選項：【102學測】

(A)「跳踉几案，若行康莊」，意謂：老鼠橫行無忌，毫不畏懼人

(B)「燭有餘燼，無不見跋」，意謂：老鼠飢不擇食，連蠟燭都吃

(C)「余所吐棄者故在」，意謂：老鼠取捨不苟，有所爲有所不爲

(D)「置二餅以謝之」，意謂：老鼠無損衣物，故得到主人的酬謝

3.依據下文，最能與文旨呼應的是：【102學測】

豚澤之人養蜀雞，有文而赤翁。有群雛周周鳴。忽晨風過其上，雞遽翼諸雛，晨風不得捕，去。已而有烏來，與雛同啄。雞視之兄弟也，與之下上，甚馴。烏忽銜其雛飛去。雞仰視悵然，似悔爲其所賣也。（宋濂《燕書》）

(A)螳螂捕蟬，黃雀在後

(B)鳥盡弓藏，兔死狗烹

(C)福生於畏，禍起於忽

(D)失之東隅，收之桑榆 【107學測】

【跨領域觀看】：從成語俗諺、生物學看老鼠

對於老鼠，除了鼠年行大運和迪士尼的米老鼠，其餘一概從長相、動作被批評得一蹋糊塗。譬如形容人相貌鄙陋令人生厭是「獐頭鼠目」，目光短淺、識見狹小則是「目光如鼠、鼠目寸光」，憑藉權勢而肆意爲惡被喻爲「城狐社鼠」，技能雖多而不精是「梧鼠技窮」，倉皇而逃的狼狽相是「抱頭鼠竄」。於是「老鼠過街，人人喊打」，自家人反毀損自己人的利益、恩將仇報的行爲被說成「養老鼠咬布袋」，盜伐林木的人是「山老鼠」。

這篇文章可說爲老鼠翻了身，其實動物的智商與群體生存法則不容小覷。美國知名排行權威網站《Ranker》在二〇一七年列出「地球上最聰明的十五種動物／昆蟲」排行：依序是人猿、海豚、黑猩猩、大象、烏鴉、鸚鵡、豬、老鼠、松鼠、浣熊、章魚、鴿子、狗、蜘蛛、螞蟻。

被象徵勤奮的螞蟻是全世界最聰明的昆蟲，因爲牠擁有昆蟲中最大質量的腦。眾所周知螞蟻階級分工井然有序，牠們還是築窩高手，每個蟻窩都有食物儲藏房間、照顧蟻卵或幼蟲的房間、蟻后產卵的房間，還有堆放垃圾的房間。至於狗的忠心、鸚鵡學人話、鴿子識別方向都是我們熟悉的，意外的是被罵成笨的豬，據研究聽得懂音樂，記性非常好，能清楚知道食物正確的位置。至於老鼠具有人類與靈長類動物才有的心理認知能力，也就是會有興奮、沮喪、生氣等情緒，這是爲何牠常被應用在實驗室的緣故之一。

二十五、王風・黍離

春秋　詩經

彼黍離離①，彼稷之苗。行邁靡靡，中心搖搖②。知我者謂我心憂，不知我者謂我何求。悠悠蒼天！此何人哉？

彼黍離離，彼稷之穗。行邁靡靡③，中心如醉。知我者謂我心憂，不知我者謂我何求。悠悠蒼天！此何人哉④？

彼黍離離，彼稷之實。行邁靡靡，中心如噎⑤。知我者謂我心憂，不知我者謂我何求。悠悠蒼天！此何人哉？

注釋

①彼黍離離：黍，俗稱「小米」。離離，茂盛而披垂下的樣子。

②中心搖搖：心神不寧。搖搖，憂苦不安。

③行邁靡靡：行邁，此指遠行。靡，遲遲，行走緩慢。

④此何人哉：造成這個後果（指故國淪亡的淒涼景象）的到底是誰呢？

⑤噎：食物塞住咽喉，此指壓抑哽咽。

翻譯

眼前黍米生長得眞繁茂，高粱生出苗來。遠行的我緩慢地走著，心中憂苦不安。瞭解我的人說我憂思沉痛，不瞭解我的人認爲我有所追求。遙遠的蒼天啊，（故國淪亡的淒涼景象）是誰造成的呢？

眼前黍米生長得眞繁茂，高粱已抽出穗來。遠行的我緩慢地走著，心如酒醉般昏昏沉沉。瞭解我的人說我憂思沉痛，不瞭解我的人認爲我有所追求。遙遠的蒼天啊，如此境地究竟是誰造成的呢？

眼前黍米生長得眞繁茂，高粱已結實一片。遠行的我緩慢地走著，心中難過哽咽難言。瞭解我的人說我憂思沉痛，不瞭解我的人還以爲我在追求什麼。遙遠的蒼天啊，這一切都是誰造成的呢？

知識要點

● 敘述背景：〈黍離〉是《詩經．王風》首篇。「王」指王城雒邑方圓六百里之地，即周天子直接統轄的地區。《詩序》言：「黍離，閔宗周也。周大夫行役，至于宗周，過故宗廟宮室，盡爲禾黍，閔周室之顚覆，彷徨不忍去，而作是詩也。」說明這首詩的背景是周幽王時犬戎入侵，王城化爲灰燼，周室東遷，詩人感傷時局，慨歎故國而作。

● 敘述脈絡：黍離稷苗→行邁靡靡，中心搖搖→我心憂→此何人（造成）哉？

● 知識重點：

1. 這首詩抒發對西周滅亡的沉痛，透過黍稷繁茂生長原本該雀躍的畫面，引出行邁意遲的心緒，在這反差背後突顯「昔日宗廟公室，而今夷為平地作物叢生，滄海桑田」的巨大變化。撫今追昔，氣憤凝噎，不由得質問蒼天是誰造成的？誰來承擔西周滅亡的歷史責任？「知我者謂我心憂，不知我者謂我何求」憂國憂民、傷時憫亂的忠心又有誰知？這一聲聲「黍離之悲」後遂成為描述亡國之痛的成語。
2. 全篇分三章，三章複疊，僅起首二、四句做字詞替換，在反覆吟詠中顯現情感，這是《詩經》典型的結構。起筆以路旁黍稷起興，以由「苗」而為「穗」，進而成「實」，層遞方式表現黍稷生長的變化，襯托出行役者奔波久滯，不能歸家。行人內心之憂思也由「搖搖」而變為「如醉」，進而「如噎」的層層遞強間。

練習題

1. 根據詩中敘述，推想詩人「行邁靡靡，中心搖搖」的原因是：
(A)彼黍離離，但苛稅沉重
(B)知我者謂我心憂
(C)悠悠蒼天，何人亡國？
(D)悠悠蒼天，誰是知音？

2. 這首詩作於西周滅亡後，作者路過舊都，見昔日宮殿夷為平地。下列最能表現出此情此景感慨的是：
(A)春蠶到死絲方盡，蠟炬成灰淚始乾
(B)舊時王謝堂前燕，飛入尋常百姓家
(C)群燕辭歸鵠南翔，念君客遊多思腸
(D)春風又綠江南岸，明月何時照我還？

3. 下列關於這首詩寫作手法與目的的說明，錯誤的是：
(A)以重複的句型，表現昔日的情感
(B)以層遞的方式，突顯來自各方人民的悲傷
(C)以映襯的對比，顯現心事無人知的無奈與無悔
(D)以質問的語氣，表現國亡城荒沉痛而憤恨的心情

【大考演練】

1. 閱讀下文，推斷□□□□內最適合填入的詞語依序為何？
大多數的鳥鳴都很好聽。有的好似滿山滾動的玻璃珠子，□□□□，四處滑動撞擊，帶點孩子似的俏皮輕快。有的音質簡直像絲綢，那樣□□□□而且有種亮麗的色彩。當然，也有的鳥叫起來像什麼東西摩擦鍋底似的，要不就猛然「呱」一聲刺你一劍，特別是□□□□的時候，教人不能提防。（杏林子〈聽聽那鳥聲〉）
(A)浮光掠影／渙然冰釋／萬籟俱寂
(B)浮光掠影／柔滑光潔／寂寂無聞
(C)圓潤清脆／渙然冰釋／寂寂無聞
(D)圓潤清脆／柔滑光潔／萬籟俱寂
【105統測】

2. 綜括右圖訊息，最適合的標題為何？
(A)搶救看不見的浪費，把剩食減到最低量
(B)落實廚餘回收，讓有機資源循環再利用
(C)省下一個便當的錢，捐助世界飢餓貧童
(D)穩定市場供需，改善農作生產過剩問題
【108統測】

【跨領域觀看】：我們為什麼需要國家？國家如何形成？

一七七六年頒布的美國〈獨立宣言〉在前言中，說明生命權、自由權和追求幸福的權利是上帝賦予不可剝奪的權利。為了保障這些權利，人們才在他們之間建立政府，而政府之正當權力，則來

自被統治者的同意。任何形式的政府，只要破壞上述目的，人民就有權利改變或廢除它，並建立新政府；新政府賴以奠基的原則，得以組織權力的方式，都要最大可能地增進民眾的安全和幸福。

這與孟子民貴的道理相同，人民爲保障權益所以有政府的存在，國家之起源也正出於必須共同對抗外侮，團結保護生命財產之安全，故賦予至高無上的權威性與地位。這是人類由個體走向群體、從部落到國家、自小我趨近大我，也是從巫文化邁向禮樂制度的理性思考的結果。爲鞏固人民對國家的責任與義務，政府會透過語言、文化、種族、宗教、血統、領土、政權、歷史強化民族精神與國家意識；同時如馬克斯．韋伯的定義，國家擁有合法使用暴力的壟斷權，因此國家擁有軍隊、警察、官員、法院等機構。

國家是否強大足以保障生存，關乎所有百姓的命運，因此國家領導者必須有強大的武力、睿智的洞察力與果斷的決策力、聚合民心志士的號召力與行政組織力。如李斯〈諫逐客書〉所言：「臣聞地廣者粟多，國大者人眾，兵強者士勇。是以泰山不讓土壤，故能成其大；河海不擇細流，故能就其深；王者不卻眾庶，故能明其德。是以地無四方，民無異國，四時充美，鬼神降福。此五帝、三王之所以無敵也。」

占據疆土、擁有分配資源利益的權力、種族間的優越感形成許多國家的成立。而戰爭是改朝換代最直接而有效率的方式，也是確立國家、取得政權合法性、正當性的形式。武王伐紂，滅商立周便是透過武力；而後爲了對抗戎狄，除朝廷之中央政府，並分封血親，於各地建立諸侯國，合力對抗外族，這是百姓賦予國家政府權力建立正當性且擁有權威的公共組織。政府必須盡可能地滿足百姓需要、統合分配各方利益，否則將造成貴族欺壓，民不聊生。

這首詩描述幽王時犬戎入侵，王城化爲灰燼，宮室、田野荒蕪。但作者最大的悲哀在於「知我者謂我心憂，不知我者謂我何求」，心憂是因爲亂象早已出現，因爲勸誡無門。所謂「冰凍三尺，非一日之寒」，犬戎入侵，國力耗損，民貧受剝削是外患引發內憂；關中地區發生地震、山崩和河水枯竭是天災。關鍵在幽王寵褒姒決意殺掉太子，立褒姒之子，才造成王后的父親申侯聯合西方部族犬戎，舉兵攻打周幽王，在驪山下殺之。關中遭受兵火洗劫，殘破不堪，犬戎時而騷擾，周平王只得將都城遷到雒邑，史稱「平王東遷」，西周滅亡。

甘迺迪總統有句名言是這樣說的：「不要問國家能爲你做什麼，要問你能爲國家做什麼。」掩上這段君王誤國的歷史，浮現的是「行邁靡靡，中心如噎」的沉痛。

二十六、鹿鳴

詩經 小雅

呦呦①鹿鳴，食野之蘋②。我有嘉賓，鼓瑟吹笙。吹笙鼓簧③，承筐是將④。人之好我，示我周行⑤。

呦呦鹿鳴，食野之蒿。我有嘉賓，德音孔昭⑥。視民不恌⑦，君子是則是效⑧。我有旨酒，嘉賓式燕以敖⑨。

呦呦鹿鳴，食野之芩⑩。我有嘉賓，鼓瑟鼓琴。鼓瑟鼓琴，和樂且湛⑪。我有旨酒，以燕樂嘉賓之心。

注釋

①呦呦：狀聲詞。形容鹿鳴聲。

②蘋：藾蕭，一種古書上的植物，屬白蒿類。

③簧：笙、竽等樂器中振動發聲的薄片，用竹、金屬或其他材料製成。此指笙。

④承筐是將：即「將承筐」，獻上竹筐所盛的禮物。筐，盛物的方形竹器。將，進獻。

⑤周行：正道，大路也。

⑥德音孔昭：嘉賓教我都是有德之言。德音，美言，善言。

⑦視民不恌：作為人的榜樣不輕浮，視，古「示」字。恌，音ㄊㄧㄠ，輕薄放縱。

⑧是則是效：效法。是，助詞。

⑨式燕以敖：燕，通宴。敖，同「遨」，遊也。

⑩芩：音ㄑㄧㄣˊ，一種蔓生草類。
⑪湛：音ㄉㄢ，快樂。

【翻譯】

一群鹿兒呦呦鳴叫，在原野吃蘋草。我有一批賓客，彈琴吹笙奏樂招待他們。吹笙管振動簧片，捧著方形竹筐獻禮殷勤周到。承蒙諸位光臨待我真友善，指示我大道遵行。

一群鹿兒呦呦鳴叫，在原野吃蒿草。我有一批賓客，品德高尚又顯耀。作為人的榜樣不輕薄放縱，君子賢人紛紛來效法。我有美酒香而醇，宴請嘉賓開心愉悅快樂又逍遙。

一群鹿兒呦呦叫，在原野吃芩草。我有一批賓客，彈瑟彈琴奏樂。彈瑟彈琴奏樂，和諧而快樂。我有美酒香而醇，宴請嘉賓心中樂陶陶。

【知識要點】

●敘述脈絡：呦呦鹿鳴，食野之蘋→我有嘉賓，鼓瑟吹笙→示我周行，德音孔昭→我有旨酒，以燕樂嘉賓之心。

●知識重點：

1. 這是一首宴飲詩，全詩共三章，開頭皆以鹿鳴起興，營造出一個熱烈而和諧的氛圍，以「鼓瑟吹笙」、「吹笙鼓簧」，奏出歡快的節奏、和悅的旋律為宴會助興；「承筐是將」、「我有旨酒」則具體呈現宴會之豐盛，主人招待之熱情。
2. 首章與末章的前六句都是寫自己熱情待客，不同的是首章後兩句「人之好我，示我周行」，轉到寫客人對我的教益，次章「德音孔昭。視民不恌，君子是則是效」，承此讚美客人德高望重。
3. 自始至終洋溢歡快的氣氛，呈現殿堂上嘉賓的琴瑟歌詠、賓主之間的互敬和樂融融的情景。東漢末年曹操作〈短歌行〉，引用此詩首章前四句，表示渴求賢才的願望。唐代州縣長官為考中的舉人而設宴席，其中必須奏〈鹿鳴〉之曲，誦〈鹿鳴〉之歌，而稱為「鹿鳴宴」。

【練習題】

1. 下列可見主人待客殷勤周到的敘述是：
(A)吹笙鼓簧，承筐是將
(B)人之好我，示我周行
(C)我有嘉賓，德音孔昭
(D)視民不恌，君子是則是效

2. 下列語意，兩兩不相同的是：
(A)「承筐是將」：將承筐

(B)「示我周行」：周示我行
(C)「君子是則是效」：君子效則
(D)「嘉賓式燕以敖」：嘉賓宴遨

3.下列關於本詩運用賦比興寫作手法的說明，正確的是：
(A)「呦呦鹿鳴，食野之蘋」：興
(B)「我有嘉賓，德音孔昭」：比
(C)「鼓瑟鼓琴，和樂且湛」：賦
(D)「我有旨酒，以燕樂嘉賓之心」：賦

大考演練

閱讀下文，回答第1-3題。

甲、中西飲食的主要差異，大致有三：一是用餐形態，有合菜共食與持盤分食之別。二是菜餚呈現，有鍋子和盤子之分——中餐藏寶於一鍋，以「味」爲重心；西餐聚珍於一盤，以「悅目」爲主旨。三是進食工具，分別是用筷子與刀叉。嚴格來說，中餐必備的餐具爲箸與匕（餐匙），兩者均起源於新石器時代。先秦時期，用餐兼用匕和箸，兩者分工明確，箸專用於取羹中之菜，而吃飯一定得用匕。後因筷子的實用性益高，可以夾、挑、戳、扒，漸取代餐匙的部分功能。但今日正規餐會，食客仍是每人一套餐匙與筷子。

（改寫自朱振藩〈飲食上的分與合〉）

乙、《三國志》裡，曹操有一次對劉備說：「今天下英雄，惟使君與操耳。」那時劉備正在進食，聽這話一驚，「失匕箸」（匕箸落地）。又《北史》提到：有位姓裴的御史趁崔贍用餐時來訪，崔贍「不與言交，又不命匕箸」。隔天，姓裴的御史「自攜匕箸，恣情飲噉」。這些文獻應可證明古人用餐是匕、箸並用，但還不是用匕吃飯的直接記載。後來找到唐代薛令之的詩句：「飯澀匙難滑，羹稀箸易寬」，飯用匙，羹用箸，恰與現在相反。其實吃羹用箸是古法，《禮記》：「羹之有菜者用梜（箸），其無菜者不用梜。」唐詩中像「飯細滑流匙」、「數匙粱飯冷」、「藥銷日晏三匙飯」、「匙抄爛飯穩送之」等，都是用匙吃飯的描寫。而用匙吃飯的原因，大概與做飯的材料有關。古代用來做飯的稷、粱（小米）缺乏黏性，故適合用匙取食。從詩句看，古人似乎也偏好飯不黏於匙的爽滑感。

（改寫自青木正兒《中華名物考》）

1.依據甲文，右圖呈現何種「中式飲食」特色？

(A)持盤分食
(B)藏寶於一鍋
(C)以匕箸進食
(D)以悅目爲主旨

2. 乙文徵引唐詩，目的是爲了說明：【105統測】
(A)唐代用餐是匕箸並用
(B)用匙吃飯大約始於唐代
(C)用匙吃飯在唐代頗爲常見
(D)唐代做飯的材料與今日不同 【105統測】

3. 若僅依據上文進行①、②兩項推論，其成立的可能性是：
①刀叉在古代中國不屬於餐具。
②魏晉南北朝人並用匕箸進食。
(A)①、②皆正確
(B)①、②皆錯誤
(C)①正確，②無法判斷
(D)①無法判斷，②正確
【105統測】

【跨領域觀看】：談談平民百姓和皇帝請客這件事

「柴米油鹽醬醋茶」是開門七件事，而這些大事都爲了吃，爲了生存，更爲了交際應酬。請吃飯是日常生活中時常發生的事，它的名稱隨季節、目的、請客者、對象而變化，讓請客吃飯這件事大有學問。

以季節而言，元旦親友間往來聚餐的春酒又稱「春卮」（卮，酒器）、「屠蘇」、「酴酥」。明代屠隆《遵生八箋》及李時珍《本草綱目》都詳記屠蘇酒的藥方子和釀造方法，和飲用時間、禮儀。「元旦取出置酒中，煎數沸，舉家東向，從少至長，次第飲之。藥滓還投井中，歲飲此水，一世無病。」宋朝年夜飯配屠蘇酒，由長輩向晚輩敬酒，敬酒順序自幼至長。王安石〈元日〉詩：「爆竹聲中一歲除，春風送暖入屠蘇。千門萬户曈曈日，總把新桃換舊符。」足見屠蘇酒寓有一年之始祝福大家平安長壽之意。

端午節喝菖蒲酒以袪除瘟疫之氣，是謂「蒲觴」；八月桂花香，中秋節喝的「桂漿」就是桂花酒；古俗農曆九月九日重陽節，佩茱萸能祛邪辟惡，因此重陽喝的酒是「萸觴」。王維〈九月九日憶山東兄弟〉：「獨在異鄉爲異客，每逢佳節倍思親。遙知兄弟登高處，遍插茱萸少一人。」所敘的便是此俗。

宴請目的也形成應酬禮儀、送禮之異，如壽禮稱「桃儀」，宴席稱「壽宴」，多是爲老人長輩祝壽而大宴賓客。餐桌上會鋪紅布，大廳周圍張燈結綵，牆壁上貼「壽」字圖案，顯示壽堂的喜慶熱烈氣氛。婚宴是喜酒，新人喝合巹酒，婚宴上有棗子、花生、蓮子、桂圓諧音「早生貴子」的祝福，以及炸紅、白湯圓的「百年好合」等充滿象徵意涵的美詞佳語。小孩生下三天後，請客人來吃「湯餅」宴會，即湯煮的麵食，取長壽之意。娘家必須置辦嬰兒用的圍兜、衣褲、帽子、搖籃和坐月子用的食物，表示祝賀；接受報喜的親友要回贈雞、蛋和麵線。嬰兒滿月，辦的是「彌月宴」，一歲生日儀式是「度晬」，當天要準備牲禮和紅龜祭拜神明和祖先，並以職業有關的物品，如算盤、毛筆、字典、尺、印章……，放在竹篩「抓周」，用來斷定小孩的未來職業與成就。

請客又叫「作東」，這詞來自於《左傳．燭之武退秦師》中，爲逃過晉秦圍鄭之禍，許諾秦穆公「若舍鄭以爲東道主，行李之往來，共其乏困，君亦無所害。」歷史上不乏宴無好宴之事，最有名的是鴻門宴：席間范增屢次以玉玦示意項羽快刀斬亂麻，並安排項莊舞劍，意在沛公。豈料當樊噲闖入，項羽竟然「與一生彘肩」，樊噲二話不說，把生的豬腳放在地上的盾上，拔劍切而啖之。項王看得驚讚道：「壯士！」

至於項羽爲何賜的是生豬腳，爲何樊噲吃生豬腳，項羽如此大讚？這得說到另一場宴會。根據《漢書．張陳王周傳》，漢初開國功臣周勃之子周亞夫，統率漢軍，三個月平定七國之亂的叛軍，任爲丞相。後失寵，漢景帝召周亞夫入宮賜宴，席上不但放的是一大塊沒有切開的肉，也沒有餐具。周亞夫心中不高興，就叫人去取餐具。景帝視而笑說：「此非不足君所乎？」周亞夫才急忙脫去官帽謝罪。事後，景帝評說：「這個人如此憤憤不平，可不是少主（即後來的漢武帝劉徹）的臣子啊！」不久之後，周亞夫因兒子私購兵器，以「謀反罪」牽連下獄而死。

相較之下，宋太祖「杯酒釋兵權」之宴就風光得意多了，黃袍加身，將軍自動稱病，請求辭職。

康熙六旬大壽時，四海昇平，民生富庶，各地耆老有感於君王的恩澤，新春紛紛進京慶賀皇帝「萬壽」，皇帝於是宴請年六十五歲以上老者，名爲「千叟宴」。

司馬光〈訓儉示康〉中提到皇帝賜請進士的酒席叫「聞喜宴」。以清代而言，皇上請考生吃飯，有鹿鳴宴和恩榮宴兩次大宴，目的在彰顯國家對於讀書人的重視，以鼓勵天下人讀書。鹿鳴宴，又名鄉試宴，秋闈揭榜後，皇上宴請主考官和金榜高中的舉人；恩榮宴，是春闈揭榜後，皇上在禮部衙門請殿試選拔出來的狀元、進士們的宴席。

在《百分之九十九的人都不知道的歷史常識》一書中，提到皇帝宴請百官稱爲「大宴儀」，多在立春、元宵、端午、重陽、臘八等節日，或者在宗廟、宮殿建成之際才會舉行。席間奏樂、鳴炮之後，皇族依次上殿列位，文武官員入殿，席間遠方珍異，觥籌交錯，歌舞樂並陳，極其華奢榮貴，既顯國泰民安盛世洪福，也犒勞百官聯絡情感。近乎現代的年終聚餐、尾牙之俗，一方面表現董事對員工的感謝，另則以娛樂節目、抽獎、分紅來增添向心力。

二十七、上山採蘼蕪

漢　樂府

上山採蘼蕪①，下山逢故夫。長跪②問故夫，「新人復何如？」

「新人雖言好，未若故人姝③。顏色④類相似，手爪⑤不相如。」

「新人從門入，故人從閤⑥去。」「新人工織縑⑦，故人工織素。織縑日一匹，織素五丈餘。將縑來比素，新人不如故。」

注釋

① 蘼蕪：音ㄇㄧˊ ㄨˊ，植物名，葉子風乾可以做香料。古人相信蘼蕪可使婦人多子，亦稱為「江蘺」。

② 長跪：直身屈膝成直角的跪禮。古人席地而坐時，兩膝著地，臀部壓在腳後跟上。長跪時，則將腰股伸直，以示莊重。

③ 姝：音ㄕㄨ，容貌美麗。《詩經．邶風．靜女》：「靜女其姝，俟我於城隅。」

④ 顏色：此指容貌。

⑤ 手爪：手指，指甲，借代為手藝，此指紡織的技巧。

⑥ 閤：邊門，大門旁的小門。

⑦ 縑：音ㄐㄧㄢ，細緻的絲絹。

翻譯

上山去採蘼蕪，下山時偶遇前夫。我屈膝長跪問前夫：「新婚的妻子怎麼樣？」前夫說：「新婚的妻子雖好，卻比不上你好。容貌之美雖然相近，但織布的手藝差多了。」（我說）「新人風風光光地從大門被迎娶進來，我這舊人只能落寞地從小門離開。」（前夫說）「新婦善於織黃色絲絹，故人你工於織白色絲絹。新人每天織黃絹一匹，你卻能每天織潔白的絲絹五丈多。拿黃絹白素來相比，新人不如你。」

知識要點

● 故事背景：從《詩經》到漢樂府可見許多反映棄婦生活與情思的篇章，比起前朝，兩漢時代婦女具有一定的自主意識和對自我行爲的決策權，然而就如樂府〈古豔歌〉所云：「衣不如新，人不如故」，婚姻中被拋棄的恐懼，仍是內心深沉的暗影。這首詩可見反映時代、抒發民情的樂府詩寫作精神，如何將棄婦的心境、前夫的情感，以及兩位女子如何被觀看的角度透過對話呈現故事情節。

● 敘述脈絡：上山採蘼蕪→下山逢故夫→新人未若故人姝→新人（手爪）不如故。

● 知識重點：

1. 漢代詩歌可分為樂府詩及古詩，樂府詩之性質多屬民間歌謠，古詩大多為文人作品，都反映當時社會現象。〈上山採蘼蕪〉作者不詳，徐陵《玉臺新詠》列為古詩，《太平御覽》則歸之於古樂府，詩題乃後人取首句而定名。
2. 這是一首以對話展開的敘事詩，鎖定偶然相遇之場景，在上山與下山間擦身而過之際，寥寥數語卻流露出溫柔敦厚的情意。棄婦沒有激烈的怨懟情仇，前夫沒有喜新厭舊的現實寡情，在一問一訴，充滿戲劇張力與動人的寬容、體貼。

3. 在人物形象的刻畫上，以樂府乾淨的淡筆輕描數語，就在「上山採蘼蕪」的動作裡呈顯女子雖被棄卻堅強獨立，積極勤勞地謀生。「長跪」動作中的尊重禮敬、輕聲問前夫：「新人復何如？」平靜地關切，都顯現其教養與溫婉的個性。而前夫善解人意的表現、體恤撫慰舊情的善良，也讓重逢變得情切依依。

4. 作者一方面藉「蘼蕪」之香草，「顏色」比擬女子容貌與德性之美好，另方面透過女子才藝突顯其能力，這甚至是為丈夫評斷妻子的標準，先以織縑、織素比較，故人織的素色絹絲潔白如其人，新婦織的縑色帶黃，二相比較顯現素貴縑賤。儘管前夫一而再、再而三地肯定「未若故人姝」、讚美「手爪不相如」，但仍不免以「織縑日一匹，織素五丈餘」，實際生產量來說明「新人不如故」的功用性。

5. 雖然前夫話意裡、語氣中都含蘊深深的依戀，但仍不能改變「新人從門入，故人從閤去」無辜無助的命運，透露出女性在婚姻中被動、屈從的處境，與〈孔雀東南飛〉同呈現出女性在社會三從四德的要求下無法被公平對待的境遇。

練習題

1. 根據本文，故夫評斷女子的條件不是：
(A)容貌
(B)手藝
(C)生產力
(D)交際手腕

2. 下列與「顏色類相似的顏色」之意相同的是：
(A)暮去朝來「顏色」故
(B)不敢犯人「顏色」，不敢議論時事
(C)我對不甘示弱，馬上還以「顏色」
(D)離了靛缸，染不著「顏色」

3. 推想「新人從門入，故人從閤去」所流露的情緒，與下列最接近的是：
(A)靜女其姝，俟我於城隅。愛而不見，搔首踟躕。
(B)雲母屏風燭影深，長河漸落曉星沉。嫦娥應悔偷靈藥，碧海青天夜夜心。
(C)蛾兒雪柳黃金縷，笑語盈盈暗香去。眾裡尋他千百度，驀然回首，那人卻在燈火闌珊處。
(D)裁為合歡扇，團團似月明，出入君懷袖，動搖微風發。常恐秋節至，涼飆奪炎熱，棄捐篋笥中，恩情中道絕。

【大考演練】

1.黃庭堅〈寄黃幾復〉：「桃李春風一杯酒，江湖夜雨十年燈。」兩句所描繪的情景形成對比，突顯其思念之情。下列文句同樣採用對比手法的是：

(A)那河畔的金柳／是夕陽中的新娘／波光裡的豔影／在我的心頭蕩漾

(B)我們仍然活著。仍然要飛行／在無邊際的天空／地平線長久在遠處退縮地引逗著我們

(C)一個小和尚坐在大廟裡，門突然打開的時候，看見外邊的花、草地和姑娘，門再關上的時候，心關不住了

(D)蟬聲是一陣襲人的浪，不小心掉進小孩子的心湖，於是湖心拋出千萬圈漣漪如千萬條繩子，要逮捕那陣浪

【107指考】

【跨領域觀看】：男性中心社會的女性觀

女性之所以成爲女性並非天生，而是後天的形成，是人類文化的整體促使女性成了介於男性與無性中的「第二性」。於是女人被迫放棄了人皆生而有之的平等權，退居到男性身後，成了性別的附庸，從此生命的視線只剩下等待。——西蒙．波娃

「女子無才便是德」、「女人是弱者」……這些來自男性社會的言說，讓女性不但承載男性世界對於「賢妻良母」的期待，「四德兼全」、「三從四德」的規範，「淑愼寬柔」、「謙和汎愛鄰」的選婦標準，還必須擔起傳宗接代、紡績經絡、職掌中饋、效事舅姑、乳養子女的責任。像緊箍咒層層鎖牢女人一生的教條，把人應有的自由意識套入工具性的存在框架，這樣的悲歌從官方到民間，在各個時代不斷地迴響與變奏。而男性則可以「無後、不孝敬家公家婆、講事非、嫉妒」等各種理由休妻，本詩的女子，以及〈孔雀東南飛〉的焦仲卿、〈釵頭鳳〉裡的陸游與唐琬都是這社會的犧牲品。

女性進入歷史的最低錄取標準是烈女，以節烈贏得的貞節牌坊讓公婆驕其鄰居，自己依然只是

李氏、王氏的無名者。歷史事件英雄事蹟背後是女性血肉的痛苦，男性爲生民立命、讀萬卷書，而女性被小腳限制，被家庭禁錮，這一段段孤寂都是令人驚心動魄的歷史。

吳爾芙說：「戰爭不是女人發動的，女人每天都在危急存亡之秋度過，不是戰爭期間才如此。女人沒有國家，女人就是整個世界。」顯示無論東西方，然女人都是被歧視、壓抑的、孤立者。

受男尊女卑的影響，即使是擁才的女性也不免由男性的眼光來審視自己，或弱化與物化女身，對於命運逆來順受，或自貶的方式譴責自己，堅持從一而終；或秋扇見捐的本然接受被男性移情別戀，而成爲教條無形的幫兇。無怪乎西蒙．波娃云：「限制女性角色的，不是天性，而是一些成見、習俗和過時的法律，而女性對於這些成見、習俗和法律的形成多少是難辭其咎的。」以男性爲中心的權力構架禁錮女性，女性又重複並強化一種以男性爲中心的既定語言來界定女性，導致臣服傳統的女性觀而無法活出自己。

二十八、駕出郭門行

魏　阮瑀

駕出北郭門①，馬樊②不肯馳。下車步踟躕③，仰折枯楊枝。顧聞丘林中，噭④噭有悲啼。借問啼者出：「何爲乃入斯？」「親母捨我歿，後母憎孤兒。飢寒無衣食，舉動鞭捶施⑤。骨消肌肉盡，體若枯樹皮。藏我空室中，父還不能知。上塚察故處⑥，存亡永別離。親母何可見？淚下聲正嘶。棄我於此間，窮厄豈有貲⑦？」傳告後代人，以此爲明規⑧。

注釋

① 北郭門：城的北門。郭，外城。古代墳墓多在城北郊。
② 樊：樊籬，引申為羈絆，又指馬止步不前。
③ 踟躕：遲疑不前貌。
④ 噭：音ㄐㄧㄠˋ，哭聲。
⑤ 舉動鞭捶施：動輒用鞭子、木棍抽打。捶，木棍。施，此指加

於身上。

⑥上塚察故處：到墓地察看母親的墳墓。塚，墓地。故處，此指孤兒母親的墳。

⑦貲：計量，估量。

⑧明規：明顯的前車之鑑。

【翻譯】

駕車出了北郭門，馬兒止步不肯前行。我下車緩行慢步走，抬頭折取枯楊柳。回頭聽見山林中傳來哇哇的哭泣聲。我正要打聽誰在哭，忽見哭者走出來。（我問：）「爲什麼如此傷心？」（哭者回答說：）「親娘捨棄我而死去，後媽嫌棄我是孤兒而欺負我。我又餓又凍沒有衣服可穿，沒有食物可吃，後媽動不動就用鞭子抽打，用棍杖捶。我瘦骨嶙峋沒有一點肉，渾身就像枯樹皮。後媽把我藏在空房中，父親回家不知情。我到墳地來看看我娘的葬身地，悲慟於生死相隔永離別。親娘哪能看得見我的苦況？我淚水淋漓嚎啕哭泣。我愁苦親娘把我拋在這裡，我所受的困苦哪能估量？」我將所見寫成詩轉告後代人，希望以此爲教訓。

【知識要點】

● 敘述脈絡：駕車北郭門→聞丘林中悲啼→母歿受飢寒鞭捶，思母淚下聲嘶→傳告後代人，以此爲明規。

● 知識重點：

1. 阮瑀（約西元一六五—二一二年），字元瑜，是漢魏「建安七子」之一，以章表書記著名。其子阮籍、孫子阮咸皆列於「竹林七賢」，妙於音律。
2. 〈駕出北郭門行〉屬雜曲歌辭，敘寫孤兒受後母虐待的苦難遭遇，除表現了詩人對下層社會問題的關切和深厚的人道精神，更寄託警示告誡後世之意。
3. 作者以樸素的語言，透過孤兒受後母虐待，到生母墓前哭訴的情節反映社會問題。詩分三小節，前段以「馬樊不肯馳。下車步踟躕」為故事發生的背景。「北郭」、「丘林」是相遇的場景，也正是孤兒上墳之處，作者雖未鋪陳周遭氣氛，淒涼之情已在不言中。作者以「啼者」稱孤兒，道破最沉痛的情感，也讓底下孤兒敘說受虐的處境、欲訴親無法聞見的絕望、想到未來無窮盡的哀歎控訴，圍繞在酸楚的情緒中。

【練習題】

1. 根據本詩，下列因果關係的說明，正確的是：
(A)作者騎馬車出了北城門，下馬步行是因爲馬兒受苦不堪
(B)孤兒的父親回家時，後母表現極爲熱絡，不讓孤兒的親父

發現

(C)饑荒之年，生活窮愁苦困，故後母不給吃穿，並常鞭子和木棒打他

(D)孤兒想在亡母的墳地尋求慰藉，但親母在九泉之下無法聽到而更傷心欲絕

2.下列將抽象狀態形象化的敘述是：

(A)嗷嗷有悲啼

(B)舉動鞭捶施

(C)體若枯樹皮

(D)窮厄豈有貲

3.試推想作者在詩末寫道：「傳告後代人，以此為明規」的目的是勸世人：

(A)愛屋及烏

(B)惡有惡報

(C)有施有得

(D)死者無辜

【大考演練】

1.閱讀下文，最適合詮釋此文題旨的選項是：

昔人有癢，令其子索之，三索而三弗中。令其妻索之，五索而五弗中也。其人怒曰：「妻子內我者，而胡難我？」乃自引手一搔而癢絕。何則？癢者，人之所自知也。自知而搔，寧弗中乎！（劉元卿《應諧錄》）

(A)人應無事不學，無時不學

(B)人應反求諸己，才能切中要點

(C)人應忍人所不能忍，為人所不能為

(D)人應以齊家為本，家和自能萬事皆興　【108二技】

2.閱讀下詩，與劃線處句子意義最接近的選項是：

車塵馬足貴者趣，酒盞花枝貧者緣。若將富貴比貧者，一在平地一在天。若將貧賤比車馬，他得驅馳我得閒。別人笑我忒瘋癲，我笑他人看不穿。不見五陵豪傑墓，無花無酒鋤作田。（唐寅〈桃花庵歌〉）

(A)眾人皆醉，何不餔其糟而啜其醨

(B)大江東去，浪淘盡，千古風流人物

(C)莊生曉夢迷蝴蝶，望帝春心託杜鵑

(D)以儉立名，以侈自敗者多矣，不可遍數　【108二技】

【跨領域觀看】：當後母問：誰是世界上最美的女人

「誰是世界上最美的女人」，是白雪公主與後母較量的爭端。問話的後母希望答案是自己，但爲何有此問？是女人共同的恐懼，青春無常的傷感——紅顏易老？是續弦的悲哀，秋扇見捐的危機感？還是與正室女兒爭寵的後宮對峙？

無論原因是巨大的宿命，還是存在的競爭，後母採取毒殺的行動，爲千百年後的後母雕刻上一個無法改變的無情滅殺、嫉妒刻薄的形象。

後母迫害前妻子女的故事處處可見，如《史記》中記載：「舜父瞽叟盲，而舜母死，瞽叟更娶妻而生象，象傲」，「舜父瞽叟頑，母嚚，弟象傲，皆欲殺舜」。父親、繼母和同父異母弟弟象聯手置舜於死地；〈駕出郭門行〉裡「親母捨我歿，後母憎孤兒」的控訴，究其因不外乎霸占丈夫的關愛與爭奪物質分配、財產占有的心理。

王文興之《家變》一書中，演繹男性透過「弒父」的象徵宣示成長，女性與母親的關係卻一直是難以切斷的經驗共同體。母親是生命中最親密的「他者」，也是模仿、學習的對象，因此民間娶媳婦會先看丈母娘的行事、才情推判；女兒也會在生活處事、婚後持家育子，甚至飲食烹調習慣上傳承母親的作爲。彼此的關係也往往顯露於中，如林文月〈白髮與臍帶〉文中敘述：「二十歲那年夏天，我把披散於肩頭的髮絲攏合到頸後，去參加親戚的宴會。幾乎所有的長輩都異口同聲驚歎，説我簡直是母親年少時的再現。我記得那時在羞赧的氛圍中瞥見母親滿足的眼色。大概通過臍帶，母親所給予我的，不僅是滋養與愛情，另有她身上各種有形無形的像貌與脾性吧。」

琦君、林海音筆下的母親總是溫和有禮、寬厚包容；張愛玲小説裡的母親卻是邪惡狠毒母親，自私冷漠、現實勢利，或者是黯淡庸俗的，顯示疏離的母女關係。

齋藤環在《弑母情結：互相控制與依存的母女戰爭》中，提及日本母親藉對女兒付出的服務，讓女兒心生愧疚以控制之。男性則視女性的服務爲理所當然，因此無愧疚之意，故不會有弑母之情。臨床心理學家高石浩一以梅蘭妮．克萊因的「投射性認同」概念解釋：「母親試圖將自己內裡女兒的部分與母親的部分，置換爲實際上的母女關係，得到滿足。此時，母親會把自己的脆弱顯露給女兒看，藉此束縛女兒。到頭來，女兒便很難掙脫對母親的罪惡感，作爲一個主體而活。」

在男主外、女主內的傳統結構下，女性完全參與了子女教養、成長的過程，滲透自我想法與權力，並以子女的服從、成就、合乎期待來滿足自我價值與依附情感。由此觀之，「誰是世界上最美的女人」，如果不放在白雪公主的劇情，是否也可解釋爲母親希望女兒青出於藍更勝於藍，但同時隱含女兒以母親爲典範，視母親爲最美偶像的期待，以完成自我價值。

厄勒克特拉情結（戀父情結）源自於希臘神話厄勒克特拉（Electra）怨恨母親與情人謀殺父親，與弟弟合謀弑母，後解爲女孩戀父仇母的複合情緒，是女孩性心理發展第二階段的特點。以佛洛伊德心理分析角度來觀想，「誰是世界上最美的女人」，鏡子的回答是白雪公主，是否意味著將展開一場弑後母的情節？

二十九、詠懷詩

魏　阮籍

夜中不能寐[1]，起坐彈鳴琴。薄帷[2]鑑明月[3]，清風吹我襟。孤鴻號外野，翔鳥鳴北林。徘徊將何見？憂思獨傷心。

注釋

① 不能寐：睡不著。
② 薄帷：簾子與帳幔等障隔內外的東西。薄，簾子。
③ 薄帷鑑明月：此句是倒裝句，意思是「明月鑑薄帷」。鑑，照。

【翻譯】

晚上睡不著覺，於是我起床坐著彈琴。窗外的月亮照在我的簾子與帳幔上，清風吹拂過我的衣襟。野外，孤獨的大雁正在大聲號叫，飛翔的鳥兒也在北方的樹林間悲鳴。我在屋內來回張望，究竟能看到什麼呢？也只能獨自因心中的愁思而默默傷心了。

【知識要點】

● 敘述背景：阮籍生處在後漢獻帝建安到魏元帝動盪不安的時代，司馬懿擅權，大肆屠殺異己。懷抱激昂濟世之志的他深感世事不可為，於是閉門讀書，或登山臨水，或酣醉不醒，或緘口不言。但迫於司馬氏權威，而不得不接受官職，只能將孤獨焦慮的痛苦和生命難保、處境險惡的哀傷寄託於作品中。

● 敘述脈絡：夜中不能寐，起坐彈鳴琴→明月清風吹我襟→孤鴻號翔鳥鳴→憂思獨傷心。

● 知識重點：

1. 漢樂府五言詩以敘事為主，《古詩十九首》以抒情為主，建安諸位詩人則敘事、抒情、言志並行，阮籍開始在五言詩參進玄理。這是因為面對險惡的現實環境，知識分子人人自危，阮籍因此大量用典、比興、象徵的文字中，藉古諷今，寄寓情懷反映時代，形成「悲憤哀怨、隱晦曲折」的詩風，代表作為八十二首五言〈詠懷詩〉。
2. 全詩以「憂思獨傷心」為基調來書懷，「明月」、「清風」本是良辰美景，所聞卻是「孤鴻號」、「翔鳥鳴」，襯托孤寂蕭條的氣氛。「將何見？」的自問，以及「夜中不能寐，起坐彈鳴琴」、「徘徊」的動作更將無言的悲傷推入淒清、有志難伸的絕望中。
3. 阮籍詩中的意象往往寄託情志，如「明月」、「清風」隱喻高潔的人格，夜半「彈琴」是為尋知音，「孤鴻」、「翔鳥」之號叫鳴聲正是他心中所願所想的渴望，但終究無法表露的情思與無奈，至於「北林」引用《詩經．秦風．晨風》的典故，表達遭逢亂世，賢德見棄的憂思，更加深了「徘徊」、「憂思獨傷心」的愁苦。

【練習題】

1. 根據本詩，作者夜中不能寐的原因是：
(A)起坐彈鳴琴
(B)薄帷鑑明月
(C)孤鴻號外野
(D)憂思獨傷心

2.這首詩的詩眼是：

(A)獨

(B)鑑

(C)翔

(D)見

3.下列有關本詩的說明，正確的是：

(A)夜半「彈琴」是因爲揚才露己

(B)「明月」、「清風」隱喻作者高潔的人格

(C)「孤鴻號」、「翔鳥鳴」回憶往昔所聞，襯孤寂蕭條的氣氛

(D)「徘徊將何見？」的自我叩問，表達遭逢亂世，賢德求仕的渴望

【大考演練】

1.依據下文，作者對於歷史書寫「覺得恐懼」，最可能的原因是：

血管賁張的想像，都在史料閱讀之際平息下來，過多的熱情也被迫必須冷卻。歷史的想像，在古典顏色的紙頁之間穿梭，以求得假想中的一個事實。但是，在千錘百鍊的考據下獲得的事實，果眞是屬於事實？頹然坐在浩瀚的史書之前，忽然覺悟所謂事實不都是解釋出來的？史料與史料的銜接，如果需要人工著手構築，如何證明事實值得信賴？歷史想像求得的事實，如何不是想像的延伸？內心自我提問的過程，一旦陷入之後，時間之旅便無窮無盡。對於歷史書寫，越來越覺得恐懼。

（陳芳明〈書寫就是旅行〉）

(A)史料龐雜因而無法盡讀

(B)想像延伸因而血脈賁張

(C)事實因解釋而無窮無盡

(D)熱情因閱讀而頹然冷卻

【107學測】

【跨領域觀看】：美學上的移情與心理學上的投射

朱光潛的《文藝心理學》提到移情作用：「意指觀者把自身的情感移注到物裡去分享物的生命。」將情感轉移於自然景物，藉以突顯是常見的文學表現。阮籍將悲憤之情轉移至明月、孤鴻、翔鳥，李白將鄉愁、寂寞移情於月。另如：「羈鳥戀舊林，池魚思故淵」（陶淵明〈歸園田居〉）；

「感時花濺淚、恨別鳥驚心」（杜甫〈春望〉）；「秋陰不散霜飛晚，留得枯荷聽雨聲」（李商隱〈宿駱氏亭寄懷崔雍崔袞〉）；「忽見陌頭楊柳色，悔教夫婿覓封侯」（王昌齡〈閨怨〉）；……處處可見豐富而具畫面感的移情。

心理學中的「投射」是潛意識的一種防禦機制，因爲某些特質和情感受壓抑，於是訴諸其他人和外物之上，藉以掩飾自己，防衛自己，作爲解決挫折衝突及維護自尊之手段。如此審視竹林七賢相濡以沫，是在人際關係的認知歷程中，傾向於認爲別人的想法、喜好、個性等和自己差不多，因此，投射效應會使人們以自己的主觀看待他人。嵇康面對權貴鍾會來而視若無睹，自顧打鐵，以及劉伶、阮籍飲酒佯狂都是投射心理所致。

三十、買花

唐 白居易 秦中吟

帝城①春欲暮，喧喧車馬度②。共道牡丹時，相隨買花去。貴賤無常價，酬直③看花數：灼灼④百朵紅，戔戔⑤五束素。上張幄幕庇，旁織笆籬護。水灑復泥封，移來色如故。家家習爲俗，人人迷不悟。有一田舍翁，偶來買花處。低頭獨長歎，此歎無人諭：一叢深色花，十戶中人賦！

【注釋】

①帝城：此指唐京城長安。

②度：來來往往。

③酬直：所付的價錢。直，即「值」。

④灼灼：形容花茂盛鮮豔。灼，音ㄓㄨㄛˊ。

⑤戔戔：淺小，此處可引申為「少數」。

【翻譯】

京城暮春時節，來來往往的車馬喧鬧不已。人們都說這是牡丹盛開的時節，呼朋引伴一起上街買花去。牡丹花的價格並不固定，完全看花枝多少算價錢。一百朵鮮豔的紅牡丹花的價格，相當於二十五匹錦綢。賣花人在牡丹花上面張設帷幕遮蔽，周圍編起籬笆加以保護。買花的人將牡丹花從賣花處移栽過來後，要爲牡丹花灑水，給花的根部封上泥土，才能使移植後花色依然鮮豔。家家戶戶都以養牡丹花爲習俗，人人執迷不悟。有一位老農夫偶然來到買花的地方。他看著這一切情況，獨自低頭歎息，可是他的歎息無人理解：一叢顏色濃豔的花，價格竟抵得上十戶中等人家的賦稅啊！

知識要點

● 故事背景：

1. 白居易認爲詩歌不應只是吟風弄月的娛樂品，而應該具有「補察時政」、「洩導人情」的社會功能，尤其是諷諭詩更兼濟之志。這一類詩歌多半完成於唐憲宗元和初年（西元八〇六年）位居朝廷諫官時，看到長安種種不公義的社會現象，有感而發，而寫下〈秦中吟〉和〈新樂府〉等詩。

2. 春日賞玩牡丹的流行風尚，尤盛於貞元、元和年間，唐李肇：《唐國史補》記曰：「京城貴遊尚牡丹三十餘年矣。每春暮，車馬若狂，以不耽玩爲恥。執金吾鋪官圍外寺觀，種以求利，一本有值數萬者。」

● 敘述脈絡：長安春暮人人買花去→百朵紅牡丹值二十五匹錦綢→買花人辛勤護花爲俗→老農歎一叢花十戶人稅。

● 歷代評論：胡適肯定白居易以詩歌造成輿論而改善時政的意圖，歸納其基本主張：「可說是爲人生而作文學！文學是救濟社會、改善人生的利器；最上要能『補察時政』，至少也須能『洩導人情』；凡不能這樣的，都『不過嘲諷雪、弄花草而已』。」

● 知識重點：

1. 白居易承繼杜甫寫實風格，提出「文章合為時而著，歌詩合為事而作」的主張，《新樂府》序言：「為君、為臣、為民、為物、為事」而作，可說是白居易詩歌理論最具體的呈現。詩分為諷諭、閒適、感傷和雜律四類，他最重視的是諷諭詩，希望用詩歌補時政之不足。

2. 白居易〈秦中吟序〉中寫到：「貞元、元和之際，予在長安，聞見之間，有足悲者。因直歌其事，命為〈秦中吟〉。」說明〈秦中吟〉十首是在長安的親身見聞，主題都是因為悲而以詩敘事。因此這一套組詩以一事一題、一題一議，反映當時社會問題，呈現白居易對這些議題的看法。

3 〈買花〉是組詩中的第十首，全詩以工整的排偶、鮮明的對比的手法，透過京城貴族買花的情景，具體描繪出當時社會貧富差距，反映剝削與被剝削的不平現象，表現出詩人對窮人的同情、對社會強烈的批判，

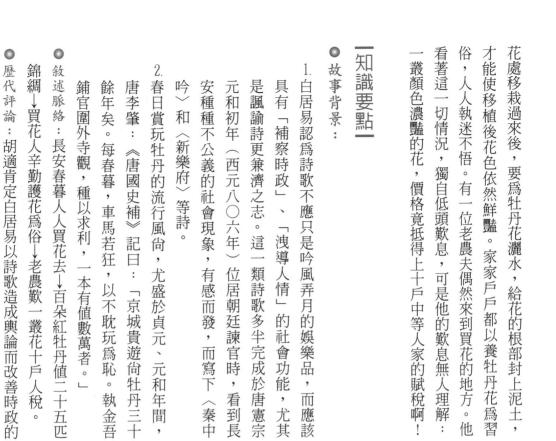

展現白居易諷諭詩的特質。

4. 全詩先敘買花、護花的習俗，屬於客觀描繪，如「春欲暮」點時、「牡丹時」點花、「喧喧車馬度」點買花人、「酬直看花數」點花價、「上張幄幕庇，旁織笆籬護。水灑復泥封，移來色如故」寫對花無微不至的呵護。後藉田舍翁「一叢深色花，十戶中人賦」寫對此狀況的感歎。「低頭獨長歎」，在動作間所表現沉痛的心情，既是對這「灼灼百朵紅，戔戔五束素」的高價震懾之歎，也是對「家家習為俗，人人迷不悟」的情形表示憤慨。「此歎無人諭」小老百姓的心酸，低下階級被壓榨的貧苦，豈是這些奢侈豪華的買花者，坐著車馬炫耀買花的富貴者所能瞭解！

練習題

1. 下列有關本詩的說明，正確的是：
(A)種紅色的花是長安暮春時的習俗
(B)牡丹花在暮春時盛開以致影響花價
(C)移植牡丹花必須呵護備至花才鮮麗
(D)田舍翁因京城富貴不懂養花而歎息

2. 下列最能概括本詩主旨的是：
(A)朱門酒肉臭，路有凍死骨
(B)老僧已死成新塔，壞壁無由見舊題
(C)蝸牛角上爭何事，石火光中寄此身
(D)繁華事散逐香塵，流水無情草自春

3. 由「低頭獨長歎，此歎無人諭」，推知作者寄託的想法是：
(A)買花護花的習俗展現盛唐經濟，歎中唐卻已沒落
(B)歎「灼灼百朵紅，戔戔五束素」，如此高價竟趨之若鶩
(C)從「一叢深色花，十戶中人賦」的現實，歎政府稅制不公平
(D)因為「貴賤無常價，酬直看花數」，憤歎商人趁機哄抬物價

大考演練

1. 依據下文，何者符合作者對「花市」的看法？
花市往往讓我聯想起古代的牛市、馬市，喧喝聲中，頗有一種英雄末路的感慨，美與尊嚴，在這種地方沒有任何意義，這是人間的眞正不堪。所以，我寧願多走些路，到山裡去，感受竹木迎風撫雲的胸襟與氣度，或是路旁一草一瓣的自然搖曳。但有時不免還是在花市裡流連一番，與商賈市香買美，而我也因此想到了每個人原本何嘗不是一株軒昂奇卉，但在這樣的世代裡，誰又不是擠在狹小的攤位

上，卑微地待價而沽？（改寫自徐國能〈花市〉）

(A)花市與牛市馬市相較，稍具美與尊嚴
(B)花木一旦成爲商品，便失去自我價值
(C)迎風撫雲宜往山林，賞花則宜至花市
(D)花市的花唯競爭始得芳香，人才亦然。【107統測】

2.關於下列甲、乙二詩的詩意或作法，敘述適當的是：

甲、臺城六代競豪華，結綺臨春事最奢。萬戶千門成野草，只緣一曲後庭花。（劉禹錫〈臺城〉）

乙、鹿耳潮落吼聲遲，閱盡興亡眼力疲。惆悵騎鯨人去後，江山今又屬阿誰？（謝鯉魚〈鹿耳門懷古〉）

註：臺城：宮禁所在之地。騎鯨人：相傳鄭成功騎乘白鯨轉世。

(A)甲詩譏刺君王耽溺享樂，導致國破家亡
(B)乙詩藉由自然景觀，寄寓歷史滄桑之感
(C)二詩均以景物今昔的變化，強化懷古的感傷
(D)二詩均運用典故，使意象更鮮明、情感更深刻
(E)二詩均透過刻畫景物，具體呈現詩人移動的蹤跡【108學測】

【跨領域觀看】：經濟學供需理論

唐玄宗李隆基崇尚牡丹，推尊爲花中之王，視爲國色。爲彰顯楊貴妃是美人中之美人的尊貴地位，宮中遍植牡丹，李白〈清平調〉以牡丹比之「雲想衣裳花想容」、「一枝紅豔露凝香」、「名花傾國兩相歡」。所謂上有好者，下必有甚焉，京城長安每到春天花季，長約二十日，全城的人都放下工作，簇擁著去西明寺欣賞牡丹。再者，由於唐朝經濟繁榮，栽培牡丹與買賣的情況更爲熱絡。玄宗在洛陽池東方建築沉香亭，賞花幽會，形成牡丹又名「洛陽花」，至今每年四月下旬洛陽牡丹花節，依然是當地的盛事。

白居易以「一叢深色花，十戶中人賦」諷刺王室不顧民不聊生，感慨風氣之奢靡。不過供給法則和需求法則是基本的經濟原理，有需求就有生產，有生產就有鼓勵消費的行銷策略，這連環關係是市場機制，也是創造經濟行爲、活絡市場榮景的模式。

就消費者而言，購買通常出自滿足欲望、生活需求，但決定購買與否的因素會受價格、情緒、環境影響。通常物的價格與需求量呈反向變動關係：在收入所得、其他物價等因素不變下，價格越高，消費者買得越少，便宜就多買，這就是需求法則。

就生產者而言，決定某物生產多少，要考慮到產品本身的價格、成本、技術等因素。如果其他因素不變，則物價格越高，廠商的供給量會越多，這就是供給法則。

經濟學中所說「一隻看不見的手」，就是指「市場機能」或「價格機能」，使供需之間形成一種自然的平衡。以這理論分析唐朝高價購牡丹（消費者）、悉心栽養牡丹（生產者）的風氣，其實單純是供需理論的市場機制。當時人們附會風雅、攀權貴的心理，與甘願一擲千金的行爲，與今日追逐名牌、名車、豪宅以標示身分，全是滿足欲望和市場反應。

三十一、漁翁

唐 柳宗元

漁翁夜傍西巖宿①，曉汲②清湘燃楚燭。煙銷③日出不見人，欸乃④一聲山水綠。迴看天際下中流，巖上無心⑤雲相逐。

注釋

①夜傍西巖宿：晚上在西山旁夜宿。傍，靠近。西巖，此指永州境內的西山。

②汲：取水。

③銷：同「消」，消散。

④欸乃：欸，音ㄞˇ。狀聲詞，一說指搖櫓的槳聲，一說是划船時所唱的歌。

⑤無心：此指物我兩忘的心靈境界。出自陶淵明〈歸去來兮辭〉：「雲無心而出岫。」為趣。

翻譯

傍晚漁翁把船停泊在西山下住宿，一大清早他汲起湘江清水又燃起楚燭。煙銷雲散、旭日初升不見他的人影，聽得欸乃一聲搖槳的聲響和一片山青水綠。回身一看他已駕著船划到至天際中流，山巖頂上只有無心白雲相互追逐。

知識要點

● 敘述背景：柳宗元因永貞革新而被貶永州（今湖南零陵），寄情於異鄉山水，作了著名的《永州八記》，並寫下了許多吟詠永州地區湖光山色的詩篇，此爲其中的一首代表作。

● 敘述脈絡：漁翁夜傍西巖宿→曉汲清湘燃楚燭→欸乃一聲山水綠→巖上無心雲相逐。

● 知識重點：

1. 對柳宗元而言，自然是反映心靈的媒介，因此他以個人生命體驗反映其審美理想的自然，作為內心情志的寫照。這首七言古詩描述自身遭受打擊後尋求超脫的心境，境界奇妙動人，其中「煙銷日出不見人，欸乃一聲山水綠」兩句尤為人所稱道。
2. 全詩圍繞「漁翁」為核心，但不就其形貌描寫，而以「夜宿西巖」、「曉汲清湘」、放流「天際」、槳聲「山水綠」將漁翁與自然渾然融合一體，顯現時間流動，也藉漁翁動作與空間變換表露生活的節奏，和「無心」的內在精神境界。
3. 作者以豐富的色彩和動感構成一幅飄逸的風情畫，「煙銷日出不見人，欸乃一聲山水綠」，一方面寫煙銷日出，山水隨著天色的變化，由暗而明，頓成綠意盎然的自然景色，另方面藉櫓響捕捉漁翁的行蹤，以動襯靜，以槳聲的驟響帶出漁船的速度，生動而活潑。

練習題

1. 下列有關本詩時間流動的脈絡，正確的是：
(A)清晨→日出→晚上
(B)晚上→黃昏→清晨
(C)晚上→清晨→日出
(D)日出→黃昏→晚上

2. 根據本詩，下列有關漁翁的敘述，正確的是：
(A)居於湘楚之間
(B)唱山水綠之民歌
(C)欸乃一聲表示豐收
(D)無心與雲相追逐

3. 下列選項，最能表達「迴看天際下中流，巖上無心雲相逐」超然物外之情境的是：
(A)千山鳥飛絕，萬徑人蹤滅。孤舟蓑笠翁，獨釣寒江雪
(B)欲濟無舟楫，端居恥聖明。坐觀垂釣者，空有羨魚情

(C)遠夢歸侵曉，家書到隔年。滄江好煙月，門繫釣魚船

(D)欲渡黃河冰塞川，將登太行雪暗天。閒來垂釣碧溪上，忽復乘舟夢日邊

【大考演練】

1-2為題組。閱讀下文，回答1-2題。

「淡」必須是我們性格中最主要的特徵，只有「淡」，才能使一個個體同時具備所有能力，並且隨時證明他所擁有的能力。因此，只有平淡的性格才能使對立的質素互不排斥，確保性格的完整多面向，使個人得以毫無阻礙地隨其所處的情境而應變。任何一種才性，都不應當推展到強烈地獨占一個人的整個性格，而應當順著性格來發揮它。最理想的情況，不是英雄主義式的投入，而是保持一種虛待的狀態。如此，他與世界的脈動是協調的，而且能毫無阻礙地接收這些脈動。

中國古代文人都有出仕的懷抱，因此他們只能在當官和辭官退隱之間抉擇。由於文化中重視平淡，他們的人格通常不會特別往哪一個方向突出，而是向所有的可能敞開。聖人既能夠投入政治生活，也能夠以最大的彈性，視當下的需要而退隱。聖人因其本性中的平淡，而能擁有一切的美德，但又不陷溺在任何一種美德裡。通過投入或遠離政治生活，他總是能隨時隨地準備好要面對各種緊急情況。這就是天道，雖然看起來經常變化，卻永遠不偏移。

（改寫自余蓮〈淡之頌〉）

1.依據文意，最符合文中觀點的敘述是：

(A)退隱閒逸，能使人心境平淡，體驗人生百態進而陶鑄美德

(B)保持彈性，抱持英雄主義者能順時而為，與世界脈動同步

(C)不偏不執，成就性格的完整性，能因應變化而不偏離常道

(D)博採眾長，虛心接受不同意見，可有效處理各種緊急情況

【107指考】

2.下列文句，最符合文中「平淡」境界的是：

(A)鉛刀貴一割，夢想騁良圖。左眄澄江湘，右盼定羌胡

(B)新沐者必彈冠，新浴者必振衣，安能以身之察察，受物之汶汶者乎

(C)早歲那知世事艱，中原北望氣如山。樓船夜雪瓜洲渡，鐵馬秋風大散關

(D)當憂則憂，遇喜則喜，忽然憂樂兩忘，則隨所遇而皆適，未嘗有擇於其間

【107指考】

從雲端的朝廷被流落湖南、廣西蠻荒瘴癘之地的柳宗元，少年得志，中年鬱苦，《永州八記》的小石潭、小水流成爲象徵處境與自我情思的標誌，詩文裡每個鏡頭都有他的心情，都是他生命的倒影。就像印象畫派以「讓藝術面向當代生活」的理念，從在畫室畫神話、宗教、歷史與貴族的主流學院派，走向光線變幻的自然原野和鄉村街頭；自鉛筆素描、因襲傳統的寫實的技法脱身，納入日本浮世繪、中國絲織品獨特的裝飾性、透視方法，而以奔放的點、線捕捉冷暖明暗的溫度，強調自己眼睛所看到的、所感覺到的個人化的色彩，如莫內的《蓮池》、竇加《芭蕾舞課》、畢沙羅《巴黎蒙馬特大道》。

這樣的創新以太陽光的七種原色與光學中的補色原理爲基礎，運用數理構圖，將原色小點直接點在畫面上，保持色彩本身的純度和明度，使畫面色調鮮明而活潑，讓人的眼睛自行把色彩混合，如秀拉點描派。另方面立體的自然形象，以單純化的面與色做最有效的描寫，塞尚、高更、梵谷追求景物所帶給他們的「感覺」。在現實生命裡，他們窮困潦倒、孤寂一生，當我們站在美術館畫作前時，竟可感覺當時的陽光在臉上浮動，那時吹動花的微風也輕輕在睫毛打轉。

任何大的轉變在歷史的起點或敘事上的紀錄，看似以某個人爲始，其實是一個時代或演變許久的其他原因所促成。古文運動是對魏晉南北朝盛行八代的駢文提出反動，卻直到中唐柳宗元與韓愈提出才引起明顯的波動，是因爲安祿山之變讓政治社會的瘡疤被攤開，反映現實問題的目的讓文學反映人生、思考對策成爲使命。同樣地，十九世紀後期照相術已經發明，畫得再眞實的寫實也不若相機；其次，文藝復興之後，人的存在與情感比起神的意旨來得更具體而迫切，因此轉而追求希臘時期的道德、理性、莊重、典雅與平衡；再加上管狀顏料上市，不必被局限於畫室裡研磨顏料。

這種種來自光學、社會思想、人文思潮、東西物質的交流，讓印象畫家走向戶外，以色彩、速度勇於畫出自己的味道。

欸乃一聲山水綠，以及無心的雲，亦是如此。

三十二、攤破浣溪沙

南唐　李璟

菡萏①香銷翠葉②殘，西風愁起綠波間。還與韶光③共憔悴，不堪看。細雨夢回雞塞④遠，小樓吹徹⑤玉笙寒。簌簌淚珠多少恨，倚闌干。

注釋

①菡萏：荷花的別名。

②翠葉：指荷葉。

③韶光：美好的時光。

④雞塞：即雞祿塞，漢朝為北邊要塞，東漢和帝永元元年（西元八九年）竇憲北擊匈奴，即出此塞，獲勝後，登燕然山，刻石勒功而還。此泛指邊塞戍遠之地。

⑤吹徹：吹到最後一遍。

翻譯

荷花落盡，香氣消散，翠綠的荷葉殘敗凋零，深秋的西風帶著憂愁從綠波吹來，在池塘裡吹起綠色的波紋。眼見美好的景物凋殘，年華消逝，滿眼蕭瑟的景象憔悴得教人不忍再看。

昨夜下起淅淅瀝瀝的小雨，夢醒時，細雨迷濛、寒意襲人，回想起夢中國家邊塞的戰事似近在咫尺，醒後回味卻遠在天涯。小樓上有人吹奏起哀婉幽怨的玉笙的聲音，讓人感到透心的寒意和無限的淒涼。倚著欄杆遠望，心中多少愁苦怨恨，化為流不盡的淚。

知識要點

● 故事背景：李璟是南唐烈祖李昇長子，南唐後主李煜的父親，為南唐中主。在位十九年，因受北周的威脅，遷都南昌，抑鬱而死。這闕詞通過秋景寫出身為一國之君，在國家面臨滅亡危險的時候卻無能為力的無限哀愁。

● 敘述脈絡：西風中荷花已謝→時光消逝景物無常→昨夜夢醒聞笙寒→淚落欄杆。

● 知識重點：

1. 「攤破」是兼文字和音樂而言，如果單從文字方面說，「攤破」就是添字。詞調名加「攤破」二字的，意謂將某一個曲調，攤破一二句，增字衍聲，另外變成一個新的曲調，但仍用原有調名。

2. 上片先寫景，作者以「荷花」、「翠」、「香」充滿姿態與色香的形象顯現韶光之盛美，但一個「殘」字，便瞬間將所有美景化為蕭條。代表春天、青春的「韶光」對比的「西風」使得菡萏「香銷」、翠葉「殘」，景中含有無窮悲秋之感。接下來寫人物觸景傷情：「還與韶光共憔悴，不堪看」，「憔悴」、「不堪」都集中於內心傷感之痛而寫，尤其是「不堪看」既收前述憔悴之景，也帶出下片深重的悲慨。

3. 下半闋交代「愁」的原因並具體描寫思念之情。「細雨夢回雞塞遠，小樓吹徹玉笙寒」，是對上闋的呼應，寫夢境之幻與現實之夢碎，小樓吹笙心卻更寒、情更淒。秋雨綿綿、夢境緲遠、玉笙嗚咽，構成悲涼淒清的意境，使全詞惆悵的氣氛越發濃烈。「簌簌淚珠多少恨」與上片「不堪看」之「憔悴」呼應，使全詞籠罩在低沉的悲傷之中。

練習題

1. 下列詩句，依春夏秋冬四季順序排列，正確的選項是：
甲、燕草如碧絲，秦桑低綠枝
乙、不知庭霰今朝落，疑是林花昨夜開
丙、木槿花開畏日長，時搖輕扇倚繩牀
丁、菡萏香銷翠葉殘，西風愁起綠波間
(A)乙甲丙丁
(B)乙丙甲丁
(C)甲丙丁乙
(D)甲丁丙乙

大考演練

1-2為題組。閱讀下列二詞後，回答1-2題。

甲、菡萏香銷翠葉殘，西風愁起綠波間。還與韶光共憔悴，不堪看。細雨夢回雞塞遠，小樓吹徹玉笙寒。簌簌淚珠多少恨，倚闌干。（李璟〈攤破浣溪沙〉）

乙、一曲新詞酒一杯，去年天氣舊亭臺，夕陽西下幾時回。無可奈何花落去，似曾相識燕歸來，小園香徑獨徘徊。（晏殊〈浣溪沙〉）

1.下列「」內文句意涵的敘述，正確的選項是：

(A)「西風愁起綠波間」意指秋天荷花凋殘，並寄寓愁緒

(B)「不堪看」意謂不勝看，指眼前所見，令人目不暇給

(C)「去年天氣舊亭臺」意謂受到去年天氣影響，亭臺老舊斑駁

(D)「小園香徑獨徘徊」描寫歸燕在庭園小路上，孤獨穿梭往來　【103指考】

2.下列關於主題、題材的分析，正確的選項是：

(A)甲乙皆描寫迷離的夢中世界，以呈顯惆悵思緒

(B)甲乙皆以悲秋爲主題，表現出強烈的哀傷情感

(C)甲藉荷花形味的消散，感歎眼前歡樂即將結束

(D)乙藉花落燕歸的景象，表達對時光流逝的感思　【103指考】

3-5爲題組。閱讀下文，並回答問題。

兗州張氏期余看菊，去城五里，余至其園，盡其所爲園者而折旋之，又盡其所不盡爲園者而周旋之，絕不見一菊，異之。移時，主人導至一蒼莽空地，有葦廠三間，肅余入，遍觀之，不敢以菊言，眞菊海也。廠三面，砌壇三層，以菊之高下高下之。花大如瓷甌，無不球，無不甲，無不金銀荷花瓣，色鮮豔，異凡本，而翠葉層層，無一葉早脫者。此是天道，是土力，是人工，缺一不可焉。（張岱〈菊海〉）

3.依據上文，關於張府賞菊處所的敘述，何者正確？

(A)占地廣達五里，包含葦廠三間

(B)入園之後幾經打探，始見葦廠

(C)葦廠有圍牆三層，牆以石磚砌成

(D)配合壇分三層，菊株按高低擺放　【107統測】

4.依據上文，作者至張府賞菊時初覺「異之」，主要是因爲：

(A)吾廬籬下菊，秋來未著花

(B)東籬有佳菊，恨無知音賞

(C)遍尋不知蹤，覓時何處覓

(D)行到水窮處，但聞人語響　【107統測】

5.上文與下面袁宏道〈晚遊六橋待月記〉都敘寫了「花海」。關於兩文劃底線處的解讀，何者錯誤？

余時爲桃花所戀，竟不忍去湖上。由斷橋至蘇堤一帶，綠煙紅霧，瀰漫二十餘里。歌吹爲風，粉汗爲雨，羅紈之盛，多於堤畔之草，豔冶極矣。

(A)張文：描述菊花的形貌色彩

(B)袁文：呈現遊人的綺麗風情

(C)張文：展示近距觀賞的畫面

(D)袁文：運用擬物爲人的手法　【107統測】

【跨領域觀看】：關於蓮的文學與佛教敘述

「江南可採蓮，蓮葉何田田，魚戲蓮葉間。魚戲蓮葉東，魚戲蓮葉西，魚戲蓮葉南，魚戲蓮葉北。」是漢代流行民歌中，描繪江南水澤之間採蓮女子相和的情景。長於汙泥的蓮，因爲周敦頤〈愛蓮說〉投射的君子形象，形成畫家紛紛以筆墨捕捉「濯清漣而不妖；中通外直，不蔓不枝；香遠益清，亭亭淨植，可遠觀而不可褻玩焉」的樣貌，藉以表現生命態度。

蓮的潔淨因此也成爲對女子貞節的讚美，如鄭愁予〈錯誤〉：「那等在季節裡的容顏如蓮花的開落」，蓮花的開落源自等待的期盼與失落，更來自詩人對於獨守小小的寂寞的城，緊掩窗扉背後的女子憐惜之情。

余光中〈蓮的聯想〉以「已經進入中年，還如此迷信／迷信著美／對此蓮池，我欲下跪」寫對蓮的濃厚情緒，也暗示作者自西方現代化的猶疑迷惘，轉入東方傳統與民族文化的依歸。因此余光中在同時期寫〈蓮戀蓮〉敘述對他而言，「蓮是美、愛和神的綜合象徵」。以此觀之，蓮代表東方意象、古典文化以及詩風的選擇：「守小千世界，守住神祕／是以東方甚遠，東方甚近／心中有神／則蓮合爲座，蓮疊如臺／諾，葉何田田，蓮何翩翩／你可能想像／美在其中，神在其上／我在其側，我在其間，我是蜻蜓。」

蓮既是品格與文化的象徵，又是日常之味，全株皆可利用的蓮，可觀可賞，可入藥可飲之。在哲學與宗教上，蓮出自汙泥卻又清新脫俗，寓有跨越凡俗到神聖，跨過汙染到清淨，死亡到再生的意涵；自蓮蓬、蓮子到蓮藕、蓮花，則表現神聖生命的創生或生命的轉化，因此藏傳佛教有蓮花生大士、敦煌淨土壁畫中有許多蓮生童子、《封神演義》、《西遊記》中描述哪吒三太子得太乙眞人

（《西遊記》言佛教的世尊）協助，用蓮花、蓮葉及蓮藕以及金丹起死回生，都藉蓮之朝開夕合，作爲生死循環、創生神聖生命的想像。

三十三、清平樂

南唐　李煜

別來春半，觸目柔腸斷。砌①下落梅如雪亂，拂了一身還滿。雁來音信無憑②，路遙歸夢難成。離恨恰如春草，更行更遠還生。

【注釋】

① 砌：臺階。

② 雁來音信無憑：此指無音信。雁足傳書，用《史記．卷五十四．蘇建傳》之典故，漢蘇武出使匈奴國而遭拘留於北海，相傳其託雁帶書信傳遞至朝廷。後比喻互相聯絡，音信不斷。

【翻譯】

自從離別以來春天已經過去一大半，映入眼裡的景色無不勾起愁腸寸斷。站在臺階上落梅像白雪凌亂飄飛，把它拂去了又飄灑得全身滿是花瓣。鴻雁飛來卻毫無音信依憑，路途遙遠連夢中要回去也難達成。離別的愁恨像春天的野草，越行越遠越是繁生。

【知識要點】

● 敘述脈絡：別來春半→砌下落梅拂了一身還滿→雁來無音信，路遙夢難成→離恨如春草生。

● 歷代評論：王國維《人間詞話》認爲：「李重光（李煜）之詞，神秀也。」並說：「詞至李後主而眼界始大，感慨遂深，遂變伶工之詞而爲士大夫之詞。」

● 知識重點：

1. 全詩以「別」字為核心，「離恨」為主旨，以「觸目」所見，一一敘說別的時間在「春半」，別的心情背景是「愁腸斷」，別恨的動作是「砌下落梅如雪亂，拂了一身還滿」，別的等待是「雁來音信無憑，路遙歸夢難成」，層層疊疊無法消解的別思離苦，最後凝結為「更行更遠還生」的春草，預示這樣的別情離恨將隨時間而越來越深濃沉重，這無法排解纏繞心頭的思念會一直糾結下去。

2.作者以「春半」花開日暖最美好之時襯離別格外悲苦、「音信無憑」與「歸夢難成」，將「離恨」推深一層。另將「愁腸斷」形象化為「砌下落梅如雪亂，拂了一身還滿」、「離恨」喻為春草，將別之苦寫得纏綿動人。

練習題

別來春半，觸目柔腸斷。雁來音信無憑，路遙歸夢難成。離恨恰如春草，更行更遠還生。

1.下列最符合這首詩詩眼的是：
(A)夢
(B)生
(C)別
(D)信

2.下列關於「砌下落梅如雪亂，拂了一身還滿」的說明，正確的是：
(A)「落梅如雪亂」，極言春寒
(B)「拂了一身還滿」，見其人不解風情
(C)傷春念別之情無法排解，又因大雪紛飛以致音信全無
(D)看似寫景，實則以景物暗喻人情，愁恨如落花拂了還滿

3.李後主前期主要是描敘奢靡浪漫的宮廷生活，頗多香豔之作，以清雋婉約見稱；後期的詞，由於國亡家辱，頗多感懷身世，轉爲悲壯悽厲，流露沉痛與哀傷。依據此敘述，下列選項是後期作品的是：
(A)高樓誰與上？長記秋晴望。往事已成空，還如一夢中
(B)綠窗冷靜芳音斷，香印成灰。可奈情懷，欲睡朦朧入夢來
(C)晚妝初了明肌雪，春殿嬪娥魚貫列。風簫吹斷水間，重按霓裳歌遍徹
(D)紅日已高三丈透，金爐次第添香獸，紅錦地衣隨步皺。佳人舞點金釵溜

大考演練

1.閱讀下列兩首宋詞，選出敘述正確的是：
甲、碧雲天，黃葉地，秋色連波，波上寒煙翠。山映斜陽天接水，芳草無情，更在斜陽外。黯鄉魂，追旅思，夜夜除非，好夢留人睡。明月樓高休獨倚，酒入愁腸，化作相思淚。
乙、紅葉黃花秋意晚，千里念行客。看飛雲過盡，歸鴻無信，何處寄書得？淚彈不盡臨窗滴，就硯旋研墨。漸寫到別來，此情深處，紅箋爲無色。
(A)均以避世離俗作爲主題
(B)均表現濃厚的離愁別緒

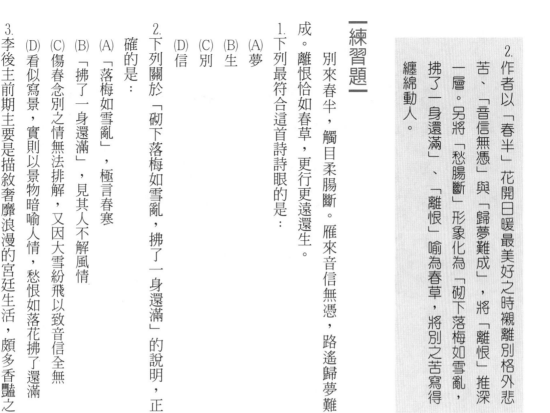

(C)均採用先情後景的寫作手法

(D)均描寫臨別時刻的場景與心情

【101指考】

【跨領域觀看】：從生物與藥用角度看草的存在

在鈴木大衛、偉恩．葛拉帝《樹：一棵花旗松的故事》這本書裡寫道：「生物圈中，各種層次的生物多樣性，是生命永遠存在於地球所不可或缺的東西。」

作爲農人視之如仇，非除之而後快的草，以「春風吹又生」的強悍生命力在地球上廣泛分布。當人類從環境中取得資源運用於改善生活時，發現了無所不在的草不僅是春天的信差，也是非常棒的保持水土者。雜草透過根系可以使土壤養分循環利用，增加土壤有機質含量，還能提供對農田生態系動態平衡有益之昆蟲棲息、明顯降低病源族群、製造有機肥，尤其是具食用、藥用、清潔用品、芳香劑等價值的草帶來龐大的商機。

明李時珍以一生實地考察，採集樣本，參考八百多種書籍寫成《本草綱目》一書，集中國歷史上本草學大成。民間也流傳歷代經驗所得，如艾草中含有特殊的香味能夠殺菌消毒、鎮靜安神、驅趕蚊蟲；咸豐草是一種消暑降火的青草茶，有清熱、解毒、利尿、散瘀、治療腸胃道疾病與細菌感染發炎的功效。

西方盛行的花草茶則用以提高自體免疫力、平衡身心、抗氧化能力，補充礦物質的日常飲品。由エンハーブ/監修《提高免疫力X美容抗氧化力X補充微量元素：花草茶68款》、李愛科主編《圖解中草藥實用速查手冊》便可知「草」的多樣性如何被應用於生活中。

不僅如此，鄭驍鋒《本草春秋：以草藥爲引，爲歷史把脈，用中藥書寫歷史》中敘述蘇東坡以杞菊爲糧的艱苦時光，清熱解毒的魚腥草，竟讓越王勾踐的臣民渡過饑荒，也改變了一段歷史的走向。

在文人眼裡，草是嫵媚的春景：「青青河畔草，鬱鬱園中柳。」（《古詩十九首》之一）；也是孤獨的見證者：「細草微風岸，危檣獨夜舟。」（杜甫〈旅夜書懷〉）「映階碧草自春色，隔葉黃鸝空好音。」（杜甫〈蜀相〉）或是寄託珍惜美好而短暫的晚景之意：「天意憐幽草，人間重晚晴。」（李商隱〈晚晴〉）

最後，回到《樹：一棵花旗松的故事》這本書，從下面的引文可以見到作者以多麼珍惜而溫柔的眼睛，讀草，寫草：「蕨類具有許多相當原始的特性：它們的美，是一種數學美，就像雪花或水晶之美。它們看起來就像是由電腦設計，用來展示混沌理論的植物。……帚狀耳蕨的葉子是兩兩相對而扁平，宛如樹影。是一種帶有蕾絲的優雅植物，每片葉子從其盤繞的維管束組織升起，長到一公尺半，上面有三十公分的淺綠色指狀葉，從軸像刀片似地散開，平均排列在二側，愈上面愈細，這是典型的形狀。帚狀耳蕨的基部就在埋於土中的柄狀根莖之上，上頭覆滿了捲曲的棕色鱗片。」

三十四、思遠人①

宋　晏幾道

紅葉黃花秋意晚，千里念行客。飛雲過盡，歸鴻無信，何處寄書得？淚彈不盡臨窗滴，就硯旋研墨。漸寫到別來，此情深處，紅箋爲無色。

【注釋】

①思遠人：晏幾道自創調。取詞中「千思念行客」之意為調名。

【翻譯】

楓林葉轉紅、菊花黃，已是深秋天意涼，此景引動思念千里外友人之情。飛雲散盡、鴻雁遠卻毫無信箋，想寫信表深情卻不知書信要寄哪邊？臨窗遠望淚流不斷，滴進石硯索性就以這淚水磨墨。漸漸寫到別後令人腸斷處，淚滴到紅箋，紅箋褪色成白信箋。

知識要點

● 敘述脈絡：秋意晚念行客→歸鴻無信→淚就硯墨→紅箋爲無色。

● 知識重點：

1. 這首閨中念遠之詞，以「千里念行客」為主軸，上片點時間、地點和題旨。紅葉黃花、飛雲縹緲、歸鴻無信寫悵惘失落之情。「何處寄書得？」一句加深女子悲傷落寞，下片以淚研墨、淚染紅箋的書寫場景，表現女子思念情之深苦。

2. 在意象運用上，如「紅葉黃花」點時間，也作為烘托思念的愁苦背景。「飛雲」、「歸鴻」寫等待千里行客來信卻失望的企盼之苦。尤其緊扣寫信的畫面：從「淚彈不盡旋研墨」，到「漸寫到別來」，最後「紅箋無色」，不僅情緒變化的歷程越漸悲痛，也使深情慘痛形象化表達得淋漓盡致。

練習題

1. 根據本文女子失望的原因是：
(A)紅葉黃花
(B)歸鴻無信
(C)何處寄書
(D)紅箋爲無色

2. 下列關於本首詞的說明，正確的是：
(A)「晚」，暗示天氣轉涼
(B)「千里」，點明相隔之遠
(C)「過盡」，指出貌合神離
(D)「紅箋爲無色」，顯現別離之久

大考演練

1-2爲題組，閱讀甲、乙二文，回答1-2題。

甲、我一面吸吮咀嚼那金色的甘芳，一面流下淚來。我家，因父親的關係，自民國四十二年至民國一〇四年擁有一棟宿舍，我們在其間生活成長。然後，父母相繼棄世，我們必須還屋。把這棟曾在狂風驟雨之夜與我們相依爲命的房舍繳交回國防部。而這芒果，就是我跑到屏東故宅——那棟不再屬於我的故宅——中去摘來的。

這是故宅院子裡西邊那棵樹上的。從前，母親身體安詳時，芒果季節我們若未回家，她常會打包寄來臺北。「臺北沒芒果賣了嗎？你就不能省點心嗎？」父親咕咕噥噥，然而母親還是照寄。

今朝晨涼中，趁我齒牙猶健，鼻舌尚敏，我來啖我昔日故園中的果實，來重溫我猶暖的對雙親的感念。

（改寫自張曉風〈這些芒果，是偷來的嗎？〉）

乙、余既為此志，後五年，吾妻來歸，時至軒中，從余問古事，或憑几學書。吾妻歸寧，述諸小妹語曰：「聞姊家有閣子，且何謂閣子也？」其後六年，吾妻死，室壞不修。其後二年，余久臥病無聊，乃使人復葺南閣子，其制稍異於前。然自後余多在外，不常居。庭有枇杷樹，吾妻死之年所手植也，今已亭亭如蓋矣。

（歸有光〈項脊軒志〉）

1. 下列有關甲、乙二文中「故居」的敘述，最適當的是：
(A)二文皆是作者離鄉多年後，偶爾回故居暫住的憶往之作
(B)二文皆透過作者與親人昔日在故居中的對話，表達對親人已逝的傷懷
(C)甲文的「重返故居」顯示思親之切，乙文的「室壞不修」暗示作者尚未走出喪妻之痛
(D)甲文直接指出作者與家人曾同住故居六十二年，乙文則以「五年」、「六年」揭示作者與妻曾同住故居十一年
【108學測】

2. 「樹」在甲、乙二文中的意義，最適當的解說是：
(A)甲文的芒果樹象徵父母安康
(B)乙文的枇杷樹象徵思念長存
(C)二文作者皆於親人亡故後「植樹」紀念
(D)二文皆透過「樹在人去」領悟生死有命
【108學測】

【跨領域觀看】：薛濤箋、造紙技術與傳播

詩中的「紅箋」看似只是表達相思的媒介，其實背後有個才女的故事，以及龐大的造紙技術演進，更奇妙的是紙的流傳，帶動西方文明躍升。

就從才女專用紙說起吧，薛濤是唐代四大女詩人之一（其他為劉采春、魚玄機、李冶），家道中落後，十六歲以「容姿既麗」和「通音律，善辯慧，工詩賦」，入樂籍。因緣際會下成了劍南西川節度使韋皋「校書郎」，二十歲脫樂籍後寓居於成都西郊浣花溪畔，認識了才子元稹，兩人欽慕歡愛。不久元稹調離四川，薛濤以信書情，如〈春望詞〉：「花開不同賞，花落不同悲。欲問相思

處，花開花落時。」「攬草結同心，將以遺知音。春愁正斷絕，春鳥復哀吟。」「風花日將老，佳期猶渺渺。不結同心人，空結同心草。」「那堪花滿枝，翻作兩相思。玉箸垂朝鏡，春風知不知？」不僅如此，薛濤取宅旁浣花溪水和木芙蓉製紙，加工成紅色或粉紅色彩箋，特別適合書寫情書，人稱「薛濤箋」。

說到紙，這是中國的驕傲。相傳東漢蔡倫造紙，西漢時，紙就已經傳播到朝鮮。而後朝鮮的「高麗紙」被僧人曇徵獻與日本攝政王聖德太子；西元九、十世紀，造紙術經絲綢之路傳到西域，開啓印度佛教經卷。唐朝與大食（今阿拉伯）一場戰役中，軍隊內的造紙匠被大食軍所擄，送到中東設廠造紙，這是造紙術西傳的開始。從此一路經埃及西傳摩洛哥、西班牙、義大利等歐洲國家，促成聖經等書籍廣為流傳。

紙不僅象徵東西交流對文明躍升的意義，更是一連串改良精進科技化的歷程。明宋應星《天工開物》以圖文的方式清楚地介紹造紙的過程：

斬竹漂塘（砍下竹子置於水塘浸泡百日後加工槌洗，洗去粗殼與青表皮（是名殺青）→煮楻足火（把碎料蒸煮八晝夜，使纖維分散，直到煮成紙漿）→蕩料入簾（用竹簾撈起紙漿，紙的厚薄由人的手法而定，輕蕩則薄，重蕩則厚。過濾水分，成為紙膜）→覆簾壓紙（撈好的紙膜一張張疊好，用木板壓緊，上置重石壓出水分）→透火焙乾（爐火邊上烘乾），即為成品。

這紀錄顯示當時技術成熟，每道工序的專家各司其職，已發展出造紙專用的設備與企業。除此外，今天的回收紙，當時叫「還魂紙」，也就是將廢紙洗去朱墨、汙穢，漂洗、打爛後入槽再行抄造。盛唐時，燒紙錢以代替燒帛，名曰「火紙」。最好的叫「官柬紙」，富貴之家做名片用，紙質厚實而無筋頭，染紅後做辦喜事的吉柬紙，是先以白礬水染過，再染上紅花汁。

在明朝經濟富裕的推波助瀾下，大量製造紙張，間接導致小說等文學作品的傳播。待北宋畢昇發明活字版印刷後，二者結合，豐富了宋元明清的文化生活。西方則因古騰堡發明活字印刷術，在隨後興起的文藝復興、宗教改革、啓蒙時代和科學革命等扮演了至關重要的角色。

三十五、飲湖上初晴後雨

宋　蘇軾

水光瀲灩①晴方好，山色空濛雨亦奇。欲把西湖比西子②，濃妝淡抹總相宜。

【注釋】

①瀲灩：波光閃動的樣子。

②西子：即西施，春秋時代越國著名的美女，姓施，家住浣紗溪村（在今浙江諸暨縣）西，故稱為「西施」。

【翻譯】

水波蕩漾的晴天，西湖碧水蕩漾，波光粼粼，景色正好，煙雨迷茫時，西湖周圍的青山，若有若無，顯出另一番奇妙。如果把西湖比作西施，無論是淡雅的裝束，還是盛裝濃豔的打扮，都是一樣明媚動人，正如西湖無論是晴是雨，它都同樣光彩照人，美不勝收。

【知識要點】

● 故事背景：蘇軾曾兩次在杭州做官。第一次是宋神宗熙寧四年（西元一〇七一年），任杭州通判，初到杭州，便讚歎：「我本無家更安往，故鄉無此好湖山。」揮筆寫了許多與西湖有關的詩，表現其興奮熱愛之情。第二次是哲宗元祐四年（西元一〇八九年），任知州，疏浚整治，以淤泥水草築堤，堤旁遍種花木形成西湖十景之首的「蘇堤春曉」。此爲宋神宗熙寧六年（西元一〇七三年），任杭州通判期間，與朋友在西湖飲酒遊覽，適逢天氣由晴轉雨所作，原詩有兩首，這是第二首。

● 敘述脈絡：水光瀲灩晴方好→山色空濛雨亦奇→欲把西湖比西子→濃妝淡抹總相宜。

● 歷代評論：

1. 這首詩出色的比喻，被宋人稱爲「道盡西湖好處」的佳句，難怪後來的詩人爲之擱筆：「除卻淡妝濃抹句，更將何語比西湖？」（宋人武衍〈正月二日泛舟湖上〉）

2. 林語堂《蘇東坡傳》中說：「西湖的詩情畫意，非蘇東坡的詩思不足以極其妙；蘇東坡的詩思，非遇西湖的詩情畫意不足盡其才……。詩人能在寥寥四行詩句中表現此地的精粹、氣象、美麗，也頗不簡單……公認爲表現西湖最好的詩，就是蘇東坡寫西湖的這一首。」

知識重點：

1.「水光瀲灩晴方好，山色空濛雨亦奇」對仗精工，情景交融，在一起筆便展現蘇東坡對時晴忽雨的天氣、陰晴時光線折射不同水光所泛起的色澤、所流動的線條，顯示出一種對稱美。「水光瀲灩」、「山色空濛」寫姿態、整體情境。天「瀲灩」，波光閃動；天「空濛」，煙雨迷茫，這兩個疊韻詞，增了詩歌語言的音樂性。「晴方好」、「雨亦奇」則是抒情，是評價，是內心的讚歎。

2.「欲把西湖比西子，濃妝淡抹總相宜」，將西湖與西施聯繫，具形象性與傳神的藝術技巧，這跨越人與物界線的比擬，除了二者同在越地，同樣具有婀娜多姿的天然美的姿質，不用借助外物，不必依靠人為的修飾，隨時都能展現美的風致。同時反映蘇東坡對西湖之賞愛，也呈現觀物之者開闊的胸襟與達觀自適的性情。「總相宜」，則總收西湖湖光、山色、晴天、雨中各有一番風韻，所關注的雖以整體概括方式，卻因詩語而讓尋常驚人。

3.這首詩中有別於其他寫景方式，不就鏡頭移動寫空間變化，也不定格西湖的一處之景、一時之景取鏡，細寫所見，僅就西湖夏季時晴時雨的特徵，寫神韻，寫全景，強調晴雨二個角度、濃妝、淡抹的風采，既避免太具體而死板，又不致太虛幻而失真，這正是詩人筆法高妙之處。

4.結構上先分述再總收，「水光瀲灩晴方好，山色空濛雨亦奇」是分寫晴時與雨來的景色，後以西子將西湖合併，「淡妝濃抹總相宜」，歸納對西湖美景的全面評價。

練習題

1.下列選項詩句所描寫或提及的季節，與本詩相同的是：

(A)折梅逢驛使，寄與隴頭人。江南無所有，聊贈一枝春。
(B)散發乘夜涼，開軒臥閒敞。荷風送香氣，竹露滴清響。
(C)蟬鳴桑樹間，八月蕭關道。出塞復入塞，處處黃蘆草。
(D)嶺外音書絕，經冬復歷春。近鄉情更怯，不敢問來人。

2.蘇軾將西湖比爲西施的原因是：

(A)巧奪天工
(B)天縱英才

(C)天命有歸

(D)天生麗質

3. 下列有關寫景手法的說明，正確的是：

(A)從晴天寫到雨天之景，扣緊一地一景

(B)分寫晴天與雨天之全景，藉比喻統攝讚譽

(C)由遠而近，從濃而淡，貼切展現美的風致

(D)總寫西湖概括婀娜多姿的陰柔之美，再分述晴雨

大考演練

1-2為題組。閱讀下文，回答1-2題。

東坡在黃州與蜀客陳季常為友，不過登山玩水、飲酒賦詩，軍務民情，秋毫無涉。光陰迅速，將及一載。時當重九之後，連日大風。一日風息，東坡兀坐書齋，忽想：「定惠院長老曾送我黃菊數種，栽於後園，今日何不去賞玩一番？」足猶未動，恰好陳季常相訪。東坡大喜，便拉陳慥同往後園看菊。到得菊花棚下，只見滿地鋪金，枝上全無一朵，嚇得東坡目瞪口呆。陳慥問道：「子瞻見菊花落瓣，緣何如此驚詫？」東坡道：「季常有所不知。平常見此花只是焦乾枯爛，並不落瓣，去歲在王荊公府中，見他〈詠菊〉詩二句道：『西風昨夜過園林，吹落黃花滿地金。』小弟只道此老錯誤了，續詩二句道：『秋花不比春花落，說與詩人仔細吟。』卻不知黃州菊花果然落瓣！此老左遷小弟到黃州，原來使我看菊花也。」陳慥笑道：「古人說得好：廣知世事休開口，縱會人前只點頭。假若連頭俱不點，一生無惱亦無愁。」東坡道：「小弟初然被謫，只道荊公恨我摘其短處，公報私仇。誰知他倒不錯，我倒錯了。真知灼見者，尚且有誤，何況其他！吾輩切記，不可輕易說人笑人，正所謂＿＿＿＿耳。」

（改寫自《警世通言・王安石三難蘇學士》）

1. 依據上文，關於東坡在黃州的情況，敘述正確的是：【107學測】

(A)時就陳慥共議軍務民情

(B)季常贈菊數種以供賞玩

(C)驚見定惠院中菊瓣遍地

(D)領會荊公詠菊所言不虛

2. 依據上文，最適合填入＿＿＿＿內的是：【107學測】

(A)經一事長一智

(B)人不可以貌相

(C)五十步笑百步

(D)聰明被聰明誤

3. 依據甲、乙兩首談論蘇軾詞的詩作，下列何者不符合論者對蘇軾詞的看法？

甲、雪堂繞枕大江東，入夢蛟龍氣未平。千載才流學豪放，心頭莊釋筆風霆。

乙、捋青擣麨俗偏好，曲港圓荷儷亦工。莫道先生疏格律，行雲流水見高風。

註：麨：米、麥炒熟後磨粉製成的乾糧。

(A)流露佛道思想 (B)淺俗工麗兼具 (C)多寫山水隱逸 (D)開啓豪放詞風 【108統測】

【跨領域觀看】：張藝謀的印象系列

導演張藝謀、舞臺劇導演王潮歌及舞臺美術設計師樊躍在中國山水實景之上，結合當地人文歷史、民俗地理，編導出集聲光的華麗藝術創作。大自然山水在不同季節、不同的氣候，所展現的多變樣貌，讓這一場場露天演出呈現有難以預期的氣氛而又獨一無二的情境。

二○○四年《印象劉三姐》在廣西省桂林市陽朔登場，以灕江爲舞臺，融合桂林當地傳說劉三姐、廣西少數民族的風情，營造出大開大闔的磅礴，穿越時空的奇幻劇。二○○六年《印象麗江》，將麗江當地少數民族納西族的東巴文化帶入表演中。二○○七年推出《印象西湖》，二○一六年更名爲《最憶是杭州）》，將西湖十景與「白蛇傳」傳說、喜多郎先生配樂結合。

武夷山「大紅袍」素有茶王之王的美名，唐宋時已盛名遠播，其傳統製作技藝是中國非物質文化遺產之一，二○一○年推出的《印象大紅袍》，便是以福建省武夷山爲背景，融合自然景觀與茶文化、民俗，突顯和諧生活理念的表演。

普陀山是中國四大佛教名山之一，更是觀音道場發祥地。二○一○年底登場的《印象普陀》以佛教文化爲主題，結合舟山島海洋意象，闡釋放下煩惱的生活哲學。

重慶武隆仙女山桃園大峽谷是典型的喀斯特地形，峽谷四周是陡峭懸崖。二○一二年推出的《印象武隆》是第七部印象系列作品，以重慶當地瀕臨消失的文化爲主軸，豪邁的「川江號子」——

拉船的船夫高亢地唱起在懸崖絕壁間戰勝險灘惡水所唱的歌，與熱情激昂的「滑竿」，在靈山秀水中迴盪，也在每個朝聖者的心中留下難忘的感動。

三十六、聲聲慢

宋 李清照

尋尋覓覓，冷冷清清，淒淒慘慘戚戚。乍暖還寒①時候，最難將息②。三杯兩盞淡酒，怎敵他、晚來風急？雁過也，正傷心，卻是舊時相識。滿地黃花堆積。憔悴損，如今有誰堪摘③？守著窗兒，獨自怎生④得黑？梧桐更兼細雨，到黃昏、點點滴滴。這次第⑤，怎一個愁字了得⑥！

【注釋】

①乍暖還寒：謂天氣忽冷忽暖。乍，初，剛剛。

②將息：調養休息，保養安寧之意。

③有誰堪摘：有誰能與我共摘。

④怎生：怎樣，怎麼。

⑤這次第：宋人口語，即這情形，這光景。次第，光景。

⑥了得：了卻，完結。

【翻譯】

若有所失地到處尋尋覓覓找了又找，眼前只有冷冷清清的景象，令人感到淒涼慘痛而悲戚。秋季忽熱忽冷的時候，最難調養。飲進愁腸的幾杯薄酒，根本不能抵禦入夜後的寒風來襲。大雁掠過，惹起心頭傷心，這是多熟悉的影子啊。

秋菊開始凋落，黃花堆積滿地。憔悴枯損，如今有誰能與我共摘？我獨自坐在窗前，怎麼捱到天黑？淅瀝的雨點打在梧桐樹葉上，到了黃昏還滴滴答答地響著。這樣的光景，怎能用一個「愁」字說得盡！

【知識要點】

- 敘述背景：歷經宋朝南渡、趙明誠病逝，李清照的生活頓陷入轉徙流離，後依附弟弟於金華。此闋詞寫於國亡家破、身世飄零的處境，代表她後期蒼涼詞風。
- 敘述脈絡：尋尋覓覓，慘慘戚戚→雁過也，正傷心，卻是舊時相識→滿地黃花堆積，守著窗兒，梧桐雨點點滴滴→怎一個愁字了得！

● 知識重點：

1.這闋詞以起頭用了十四個疊字，聲聲是難以釋懷的寂寞悲戚，字字有國破家亡無依無靠的冷清辛酸以及尋覓無著的動作、感覺和心境。雖是白描眼前之景，卻能「以故為新，以俗為雅」（黃山谷言），如泣如訴地道盡內心愁苦惆悵。

2.上片藉庭院中「尋覓」、「乍暖還寒」的天氣、「三杯兩盞淡酒」的排遣烘托出愁苦的心情，當眼見從北方故國南飛的「雁」，睹物思往昔之情，雁是舊相識，但往昔甜蜜已成空，家國淪陷，心緒頓時掀起波瀾，凝聚為「傷心」二字。

3.下片仍緊緊圍繞一個「愁」字展開，景物從雁轉為「菊」，並進一步以菊擬人，黃花堆積滿地，無人摘取，無人憐惜，正如自己「憔悴損」。同時點明冷冷清清是因為：「有誰堪摘？」「獨自怎生得黑？」從白日到黃昏滴不盡的梧桐雨「怎一個愁字了得」！句句叩問是愁怨，是苦悶，更是無盡的淒清。

【練習題】

1.下列有關文意的敘述，正確的是：
(A)全詩以尋尋覓覓爲核心，抒發亡國之痛
(B)滿地黃花、舊時相識之雁是引動傷心的關鍵
(C)以小窗光線、梧桐雨景說情，呈現往日美好
(D)透過天氣、溫度、空間、時間、景物寫閒情逸致

2.下列有關文意的說明，錯誤的是：
(A)冷冷清清，是「尋尋覓覓」的結果
(B)喝酒，是因爲「乍暖還寒時候，最難將息」
(C)「晚來風急雁過也，卻是舊時相識」，因此傷心
(D)「梧桐更兼細雨」，導致天黑地暗

【大考演練】

1.關於下引詞作文意的敘述，正確的選項是：

常記溪亭日暮，沉醉不知歸路。興盡晚回舟，誤入藕花深處。爭渡，爭渡，驚起一灘鷗鷺。

（李清照〈如夢令・常記溪亭日暮〉）

(A)隱含日暮花殘的感傷
(B)記述醉酒迷航的驚惶
(C)敘寫忘情遊賞的愉悅
(D)描繪天真無邪的童趣

【97指考參考卷】

2.詩歌常運用意象傳達情思。關於下列詩句「意象」運用的說明，最適當的是：

(A)「我打江南走過/那等在季節裡的容顏如蓮花的開落」，

透過「蓮花」的開落呈現年華與心境變化，隱含詩人對女子的愛憐

(B)「門前冷落車馬稀，老大嫁作商人婦。商人重利輕別離，前月浮梁買茶去。去來江口守空船，遶船月明江水寒」，以「月」的恆在比喻無盡的等待

(C)「花自飄零水自流，一種相思，兩處閒愁。此情無計可消除，才下眉頭，卻上心頭」，以「花」、「水」各自飄流，傳達落花有意、流水無情的哀怨

(D)「（曠野裡獨來獨往的一匹狼）恆以數聲悽厲已極之長嘷／搖撼彼空無一物之天地／使天地戰慄如同發了瘧疾」，藉「長嘷」暗示外在批評聲浪令人恐懼

【107指考】

【跨領域觀看】：七情六慾之大腦風暴

有道是太上忘情，其下不及情，情之所鍾正在吾輩，顯示情是與生俱來的心理反應，人因此而歡樂，因此而痛苦。喜、怒、憂、懼（恐、驚）、愛、憎（惡、瞋）、欲是七情。其中欲望是最複雜而多類型的情感，由眼、耳、鼻、舌、身、意開展出感官的欲望。佛教則把六欲解釋爲俗人對異性天生的「色欲、形貌欲、威儀姿態欲、言語聲音欲、細滑欲、人相欲」，這六種欲望統稱爲「情欲」。

情感如水，可以載舟也能覆舟，是以馴服情感使之和諧地表達，是禮義教化、法律規範產生的背景。巴比倫的《漢摩拉比法典》、希伯來人的十誡、古印度阿育王的律法、中國的禮……都是用以支配、壓抑和馴服情感的規則。

人類的大腦善於改變，卻不善於接納突發或衝突所產生的情緒，因此當緊張、焦慮時會大量分泌腎上腺素，導致頭痛、脈搏加速、心神不寧、血壓飆升、憤怒地找對象發洩，即使理智明白那是不恰當的遷怒。

情感駕馭我們的力道與速度遠比思想來得快，李清照清楚夫喪家破國亡寄人籬下的現實，大

腦卻不願接受，而採取逃避的方式，於是眼前的景物、聲音都成爲啓動神經元的刺激，內心惶惶不安、以致讓失落沮喪黑暗的絕望埋葬了自己；於是儲存在海馬迴裡，標記強烈情感的記憶排山倒海而來，她遂像抓起浮木般載沉載浮，張皇失措地尋尋覓覓。

神經學者瑞斯塔克（Dr. Richard Restak）描述大腦結合了舊的想法和記憶、新的學習和記憶，和借來的技巧，形成如「皺巴巴的舊拳擊手套」的形狀。身體感官存在頂葉，枕葉掌管記憶，顳葉掌控聽覺，額葉則負責肌肉運動。人在事件中所牽動的想法、經驗、策略……運用到每一部分的腦葉。一次又一次的反應所產生的結果會強化或刺激轉變，這是演化的機制，當我們被七情六欲所困時，大腦會捲起風暴般的連結來應變、調節。每一次都是困惑與改造的契機，正如李清照的舊皮層逃避於記憶取暖，痛苦讓她將情緒投射於外在的視聽，但同時促使她寫下這些思想而獲得新皮層的學習，而達到昇華。

三十七、西江月．夜行黃沙①道中

宋　辛棄疾

明月別枝②驚鵲，清風半夜鳴蟬，稻花香裡說豐年，聽取蛙聲一片。

七八箇星天外，兩三點雨山前。舊時茅店社林邊，路轉溪橋忽見。

【注釋】

①黃沙：黃沙嶺，在江西上饒西。

②別枝：斜枝。

【翻譯】

明月初升，山林頓時明亮起來，月光驚動了棲息的山鵲和蟬，離開枝頭飛走了。在清風吹拂的深夜，蟬兒的叫聲隨風傳送到夜行人的耳中。田野間瀰漫著稻花的香氣，水中的青蛙不斷地鳴叫，好像在訴說今年的豐收。

不一會，烏雲驟起遮住月亮，只有遠方的天邊還有幾顆黯淡的星星閃爍，山前落下幾點雨，心知驟雨將至不覺心慌。以前土地廟樹叢旁邊有個茅店可以避雨，現在怎麼不見了？急急從小橋過溪，拐了個彎，忽然看見茅店出現在眼前。

知識要點

故事背景：宋孝宗淳熙八年（西元一一八一年）辛棄疾被朝廷罷免，閒居上饒郡營，建帶湖新居，學習同於四十多歲壯年退隱的陶淵明描寫農村田園生活，並言「人生在勤，當以力田爲先」，築書堂於上饒西之黃沙嶺，往來其間，作此詞。

敘述脈絡：明月驚鵲鳴蟬→稻花香裡說豐年→星天外雨落山前→忽見溪橋茅店。

歷代評論：夏承燾讚美辛棄疾，內在燃有創作之火，形式上又保有詞的形式之美：「辛詞可稱肝腸似火，色貌如花。」

知識重點：

1. 辛棄疾的作品以沉鬱、豪邁著稱，但也有些抒情寫景之作，這闋詞便是他貶官閒居江西時的作品。簡單勾勒月、鳥、蟬、蛙、星、雨、店、橋，既有畫面的色彩氣味與聲音的動感，也有時間與情感的變化，可見其豪放之外的清新風格。
2. 這闋詞藉由夜行黃沙道中的具體感受，描繪出黃沙嶺農村夏夜明月清風、疏星稀雨、蟬聲蛙聲、稻花飄香所呈現的景色，在恬靜的氣氛中蘊含著一片生機，形象生動逼真，筆觸靈活輕快，反映出作者恬適心情，對農村生活的熱愛。
3. 上半闋寫晴，描繪景象時，用的是「明月」、「清風」靜態的畫面，並透過「別枝驚鵲」和「半夜鳴蟬」，以有聲襯托夜行的寂靜，透過鳥鵲因月色明亮而驚醒飛離樹枝、夏夜清風傳來的蟬鳴構成靜中有動的意境。在視角移動上由長空之月明→驚鵲→枝動到豐年之喜。下半闋筆鋒一轉，由晴進入寫雨，但寫的不是雨中，而是雨前，以及天外疏星、山前雨點、溪邊社林茅舍的景象，到遇雨的擔心，乃至避雨驚喜的情緒變化。「七八個星天外，兩三點雨山前」，以天與地拉寬了視野，連接成無盡遼闊的空間，卻僅有寥落星辰，山前細雨飄向山前，即將落向山後，點明時間推移，為夜行遇雨進而惶急避雨的心情，做了伏筆。「舊時茅店社林邊，路轉溪橋忽見」，「路轉」所顯露的尋覓，讓「忽」字所點出欣喜之情格外鮮活。

4.本詞除從視覺、聽覺和嗅覺三方面抒寫夏夜的山村風光。為協韻而倒裝，如明月別枝驚鵲→明月驚鵲別枝、清風半夜鳴蟬→半夜清風鳴蟬、聽取蛙聲一片→聽取一片蛙聲、七八個星天外→天外七八個星、兩三點雨山前→山前兩三點雨、舊時茆店社林邊，路轉溪橋忽見→路轉溪橋忽見，社林邊舊時茆店

【練習題】

1.「明月別枝驚鵲，清風半夜鳴蟬」所營造的氣氛與下列何者最接近？
(A)竹喧歸浣女，蓮動下漁舟
(B)風暖鳥聲碎，日高花影重
(C)海上生明月，天涯共此時
(D)蟬噪林逾靜，鳥鳴山更幽

2.下列有關此詞的敘述，何者錯誤？
(A)上片寫以鵲、蟬、蛙來寫晴，各有詳略、主次之分
(B)下片寫雨，透過嗅覺和聽覺捕捉山雨即將來臨的氣氛
(C)「聽取蛙聲一片」極言天晴，並為下片寫雨做伏筆
(D)「稻花香裡說豐年」、「路轉溪橋忽見」都寫歡愉之情

3.下列有關本詞寫作技巧的說明，何者正確？
(A)運用因果：明月別枝驚鵲，清風半夜鳴蟬
(B)運用映襯：稻花香裡說豐年，聽取蛙聲一片
(C)運用視聽：舊時茅店社林邊，路轉溪橋忽見
(D)運用轉化：七八箇星天外，兩三點雨山前

【大考演練】

1.依據下文，何者最符合內文「狗」的想法？
許多狗喜歡追貓，人們以為牠是要欺凌弱小。不然。狗是很羨慕貓的，羨慕牠們可以爬到那麼高的地方，因為爬得高，看到的世界就越寬廣。牠每次想跟貓討教，性子急了點，邊吼邊跑地衝上去，讓人誤以為牠要去傷害貓。其實，牠只是很心急地想要追問：千古以來，何以你們可以飛簷走壁，而身為狗兒的我們，再怎麼努力跳躍，始終跨不過圍牆，上不了屋頂？（杜白《動物生死書》）
(A)我完全不討厭你們，我只是多疑又心虛
(B)我完全不討厭你們，我只是不解與嫉妒
(C)我真的好討厭你們，竟然看輕我的專長
(D)我真的好討厭你們，竟然敷衍只教幾招
【106統測】

2.下列文句皆敘寫蟬聲，關於劃底線處的解說，何者正確？
甲、好風緩緩吹過，知了乍停而續，又停了。我聽見四處鳥聲，細碎嚶嚀，短暫卻似永恆，知了復起，把亭午的太陽光吵得更烈了。（楊牧〈十一月的白芒花〉）乙、就像

一條繩子，蟬聲把我的心紮捆得緊緊地，突然在毫無警告的情況下鬆了綁；於是我的一顆心就毫無準備地散了開來。（簡媜〈夏之絕句〉）

(A)甲試圖以聽覺的感受「吵」，來強化溫度上感受的「烈」
(B)乙將「蟬聲」用「繩子」來形容，結合聽覺與視覺感受
(C)甲用「陽光」、乙用「繩子」，皆突顯蟬聲溫和悠長
(D)甲用「烈」、乙用「紮捆」，皆強調蟬聲令人陶醉

【108統測】

【跨領域觀看】：稻花香裡說阿美族的豐年祭

辛棄疾在這首詞裡，寫出夜行黃沙道中所見所感，那是中國土地上難得的太平，是北宋偏安江左樸實而又眞誠的平民心願。那個晚上，沒有〈破陣子〉裡的激昂憤慨，沒有矢志北伐興復國土的英雄寂寞的苦悶：「醉裡挑燈看劍，夢回吹角連營。八百里分麾下炙，五十弦翻塞外聲。」而是看似平凡卻掩不住華髮早生、壯志轉眼成空的無奈。

對抗人世間的不幸，竟只能回到珍惜眼前。「稻花香裡說豐年」，這是一年辛苦的歡呼，是風調雨順老天的祝福與庇佑，是小老百姓仰事父母、俯蓄妻子的依靠。也因此，人們對豐年有了種種祭祀活動以感謝上蒼，有許多禁忌禮儀以表示禮敬虔誠。

臺灣原住民保存了相對完整的豐年祭，對阿美族而言，它具有政治、軍事、經濟、教育、訓練等功能，是一年中最神聖隆重的祭典，也是族人命脈延續根源。

小米收割之後，各部落分別舉行盛大的慶典活動，以感謝神靈的恩惠是豐年祭的起源。阿美族耆老認爲小米具有人性，是有靈眼、靈耳、靈覺的精靈，從而有許多禁忌，如講話要小心、動作不得粗暴，否則會招來禍患。

以歌舞貫穿整個祭典的豐年祭，除具有感恩祈福五穀豐收及解除厄運之意，傳統也視之爲除舊布新，舊的一年已過去，以迎接新的開始。未婚男女青年藉此機會認識心儀的異性，女子將檳榔放

入心儀男孩的情人袋裡，男孩則將情人袋贈予女孩配戴。豐年祭同時是透過階級組織的功能與力量來約束與強化教養，增進部落團結意志，尤其是讓男子負起部落文化傳承使命的活動。

三十八、四塊玉．閑適

元 關漢卿

之一

適意行，安心坐。渴時飲飢時餐醉時歌，困來時就向莎茵①臥。日月長，天地闊，閑快活。

之二

舊酒投②，新醅潑③，老瓦盆④邊笑呵呵。共山僧野叟閑吟和，他出一對雞，我出一箇鵝，閑快活！

之三

意馬收，心猿鎖⑤。跳出紅塵惡風波，槐蔭午夢⑥誰驚破。離了利名場，鑽入安樂窩，閑快活！

之四

南畝耕，東山臥⑦。世態人情經歷多，閑將往事思量過，賢的是他，愚的是我，爭甚麼？

注釋

① 莎茵：草坪。茵，墊褥的通稱。

② 投：指再釀之酒。

③ 新醅潑：新酒也釀出來了。醅，沒有過濾的酒。潑，即「醱」，指釀酒。

④ 老瓦盆：粗陋的盛酒器。

⑤ 意馬收，心猿鎖：把像奔騰馬的名利心拴住，將如煩躁的猿之心思鎖著，此指靜下心來。

⑥ 槐陰午夢：即南柯夢。據唐人傳奇《南柯太守傳》，書生淳于棼醉臥槐蔭下，夢為大槐安國附馬，任南柯郡太守，榮華富貴顯赫一時；醒來發現大槐安國就是槐樹上的大螞蟻洞，南柯郡就是槐樹最南枝上的小螞蟻洞。

⑦ 東山臥：指隱居。用晉謝安隱居東山不肯出任官職的典故，形容那些高潔之士的隱居生活。

翻譯

之一

隨意輕輕鬆鬆地走，安安靜靜地坐。渴了就喝，餓了就吃，酒喝醉了就唱歌，想睡倒就在草地上躺。日月漫長，天地寬廣，悠閒的日子好快活。

之二

老酒喝光了，新酒也釀出來了，老瓦盆邊幾個好友開心地呵呵笑。和山野中的和尚、田野老者一起吟詩唱和。他拿來一對雞，我帶來一頭鵝，大家在這裡自在享受，悠閒而快活。

之三

把像奔騰馬的名利心拴住，將如煩躁的猿之心思鎖著，跳出那人心險惡的紅塵風波，大白天南柯夢有多少人驚醒過。離開了名利爭奪的場所，鑽入安樂窩，休閒的日子好快活。

之四

在南邊地裡耕種，在東邊山上仰臥。經歷的世間人情那麼多，閒暇時把往事一件件回想。聰明的是他，愚蠢的是我，有什麼可爭的呢？

知識要點

● 敘述背景：蒙古人入主中國的元代政府實行種族歧視政策、歧視文人、廢行科舉，導致文人才情無所依託。關漢卿以雜劇爲工具，抒發鬱悶不得志的情感，表達對現實的反抗和灑脫的生活觀。

● 敘述脈絡：適意生活，天地闊→共山僧野叟閑吟和→離了利名場，鑽入安樂窩→賢的是他，愚的是我，爭什麼？

● 歷代評論：後世稱關漢卿爲「曲聖」，與白樸、馬致遠、鄭光祖並稱爲「元曲四大家」，以雜劇的成就最大。劉大杰在《中國文學發展史》，曾將關漢卿在中國戲曲史上的地位，媲美英國的劇作家莎士比亞。

● 知識重點：

1. 這是由四首小令組成的組曲，以「閒適」為核心，敘寫看破紅塵、放下名利、參透榮辱、與世無爭的想法，但其情感背後實則隱藏作者對黑暗官場的不滿，在這看似輕鬆瀟灑的筆調之下，其實是沉痛的心情以及不屈服的個性。
2. 前三首都以「閑快活！」作為結語，既是讚歎也是結論，強化內心對所描述「適意行，安心坐」的自在、「舊酒投，新醅潑」的豐足、「意馬收，心猿鎖」的平靜，所得到的幸福感極為滿意。
3. 前二首掌握閒適生活素材，無論獨處的飲食歌臥，與山僧野叟共吟和，都捕捉初鮮明生動的形象與狀態。後二首重分析要達安樂之境必須「離了利名場」，明白：「賢的是他，愚的是我，爭甚麼？」

(D)四首結構皆爲先敘事後說理

【練習題】

1.根據曲文，下列何者不屬於作者「閑快活」的原因

(A)生活無憂無慮

(B)能力適材適用

(C)經濟不虞匱乏

(D)朋友來自四方

2.下列文意何者兩兩相同？

(A)「日月長，天地闊」：天長地久

(B)「槐蔭午夢誰驚破」：黃粱一夢

(C)「他出一對雞，我出一箇鵝」：己飢己溺

(D)「南畝耕，東山臥」：餐風露宿

3.下列有關此曲寫作手法與風格的敘述，何者正確？

(A)所用比喻，形象生動

(B)白描手法，偏重寫景

(C)樸實自然，毫無雕琢痕跡

【大考演練】

1.依據下文，關於王闓運的敘述，正確的選項是：

王闓運，字壬秋，又字壬父。生時，父夢神榜其門曰：「天開文運」，因以闓運爲名。顧天性愚魯，幼讀書，日誦不及百言，又不能盡解，同塾者皆嗤之。師曰：「學而嗤於人，是可羞也。嗤於人而不奮，無寧已。」闓運聞而泣，退益刻勵，昕所習者，不成誦不食；夕所誦者，不得解不寢。年十五，始明訓故。 （錢基博《現代中國文學史》）

(A)出身書香世家，嘗夢來日必登金榜

(B)塾師見其困學，斥以自餒不如放棄

(C)讀書不求甚解，疏於考究典籍訓故

(D)重理解捨記誦，能自樂至廢寢忘食

【106指考】

【跨領域觀看】：不直接說出悲傷寂寞的關漢卿與是枝裕和

活在蒙古人統治的漢人是不幸的，作爲被輕賤的讀書人更加不幸，關漢卿的一生正是處在士人不再能憑才學晉身於領導階級，而是被打壓爲社會邊緣人。在戲劇裡放蕩不羈、發牢騷洩苦悶之後，何以能寫出〈四塊玉〉這樣雲淡風輕的閒適？

或許，因爲大悲，所以能淡然處名與利；因爲大痛，所以在最簡單的生活裡安頓身心。這令人想到是枝裕和的電影——《橫山家之味》、《無人知曉的夏日清晨》，那樣不直接說出悲傷或寂寞，而又深刻表現悲傷或寂寞方式。

二〇一八年以《小偷家族》獲得坎城影展最佳影片金棕櫚獎，是枝裕和成爲繼衣笠貞之助、黑澤明、今村昌平之後第四位榮獲這個獎項的日本導演。

電影敘述東京以偷竊爲生的家族，在貧困中相互慰藉，因爲一位來路不明的小女孩出現而讓全家不可告人的祕密一件件浮上檯面。劇本靈感其實來自一則社會新聞，是枝裕和自言：「我最初看到『小偷家族』原型的這則新聞，吸引我的一個細節是釣魚竿。新聞裡面，這個小偷家族偷的物品有釣竿，而釣魚是他們的業餘愛好。這個細節讓我覺得既悲哀又美好。生活就是這樣，千瘡百孔之中也會有美麗的瞬間，我想捕捉的正是這些瞬間。」

「世間也需要沒用的東西，如果一切事物都必須有其意義，會讓人喘不過氣來。如果說愛你，還打你，那一定是說謊；如果愛你，就會像我這樣緊緊抱住你。」這是《小偷家族》裡的一段話，平靜底下的波濤洶湧就在瞬間的鏡頭裡，在每個專注的眼神底下。

三十九、雙調．題西湖（節選） 元 馬致遠

新水令

四時湖水鏡無瑕，布①江山自然如畫。雄宴賞，聚奢華。人不奢華，山景本無價。

慶東原

暖日宜乘轎，春風堪信馬②，恰寒食③有二百處秋千架。向人嬌杏花，撲人衣柳花，迎人笑桃花。來往畫船遊，招颭④青旗⑤掛。

棗鄉詞

納涼時，波漲沙，滿湖香芰荷⑥蒹葭⑦。瑩玉杯，青玉斝⑧，恁般⑨樓臺正宜夏，都輸他沉李浮瓜⑩。

掛玉鉤

曲岸經霜落葉滑，誰道是秋瀟灑。最好西湖賣酒家，黃菊綻東籬下。自立冬⑪，將殘臘⑫，雪片似江梅。血點般山茶。

注釋

①布：布置，陳列。

②堪信馬：可以隨意騎馬。堪，可以。信，隨意。

③寒食：約當農曆每年冬至後一百零五日，約在清明節前一二日。晉文公時為求介之推出仕而焚林，之推抱木而死，全國哀悼，於是乃定是日禁火寒食。

④招颭：飄揚，搖擺。颭，音ㄓㄢˇ，吹動。

⑤青旗：青色之酒旗，酒家的標誌。

⑥芰荷：芰，音ㄐㄧˋ。此指荷花。

⑦蒹葭：音ㄐㄧㄢ ㄐㄧㄚ，荻草與蘆葦。蒹，荻。葭，蘆。

⑧斝：音ㄐㄧㄚˇ，古代酒器，借指酒杯。

⑨恁般：這樣。恁，音ㄖㄣˋ。

⑩沉李浮瓜：形容消暑之樂，有涼透的瓜、李可嘗。《文選・魏文帝與朝歌令吳質書》：「浮甘瓜於清泉，沉朱李於寒水。」

⑪立冬：二十四節氣之一。國曆十一月七日或八日，是進入冬季的開始。

⑫殘臘：歲盡。農曆十二月稱「臘月」，殘臘即歲盡。

翻譯

新水令

一年四季西湖的湖水像明鏡般澄澈，爲這江山大地布置出一片如畫般的自然美景。觀賞這秀麗風景，有如享受盛大美宴，又彷彿聚集了人世間的奢侈豪華。其實並不是人使這裡奢侈豪華，而是山水美景本來就是無價之寶。

慶東原

暖和的陽光裡最適合乘坐轎子四處觀賞，春風吹起時可以騎馬隨意遊走，如果恰巧遇到寒食節，這裡約有二百多處的鞦韆架，到處都可見玩鞦韆女子的倩影。還有那向人撒嬌的杏花，撲向人衣的柳花，迎著人笑的桃花。來來往往的畫船在這裡遊湖，酒家高高懸掛的青旗隨風飄揚。

棗鄉詞

夏天在湖畔乘涼的時候，水波漲滿沙灘，滿湖飄浮荷花和蘆葦的香氣。持著晶瑩的青玉酒杯，這樣的樓臺上正適合消磨炎熱的長夏，即使像古人以浸水涼透的瓜、李來消暑，也比不上這裡的快樂。

掛玉鉤

曲折的湖岸經過秋霜落葉之後變得滑溜，誰說秋天蕭瑟淒涼。最好的去處是西湖賣酒的酒家，還有欣賞東邊籬笆下正盛開的黃菊。立冬過後，接著歲暮時分，江邊的梅花像雪般一片白茫茫，點綴著山茶花像血點般的紅。

知識要點

● 敘述脈絡：四時湖水如畫，山景無價→春暖花嬌，畫船遊酒旗招→夏日納涼，滿湖荷香→秋霜葉落，冬雪紅山茶

● 知識重點：

1. 馬致遠以寫景著名，此套曲共十二支曲子，寫西湖景色之美，抒發隱居西湖之樂，此僅選錄四支。〈新水令〉、〈慶東原〉、〈棗鄉詞〉、〈掛玉鉤〉都是曲牌名，內容分別是總括西湖景色、春景花開時浪漫盪鞦韆遊湖飲酒之樂、夏日湖邊賞荷納涼的清趣、秋冬寂靜裡的氣氛與色彩。

2. 在取材上與寫作技巧各有輕重：「四時湖水鏡無瑕，布江山自然如畫」，以開闊的視角展開西湖全景，作為整體性的禮讚，接著以世間豪奢比較，襯托出「山景本無價」。春日以活動為主，無論是乘轎、信馬、盪鞦韆、遊畫船以及那青旗招颭、百花迎人都充滿活潑躍動的熱鬧感。秋冬則取橘黃、雪白、山茶紅，來反駁蕭瑟的誤解，回應西湖四時皆如畫。

3. 譬喻貼切：「四時湖水鏡無瑕」，以無瑕的明鏡，譬喻湖水澄清、「布江山自然如畫」，以畫喻江山、「雪片似江梅」，以雪片喻梅之白、「血點般山茶」，以血點喻山茶之紅。

對比映襯：「人不奢華，山景本無價」，是人為與自然相襯；「恁般樓臺正宜夏，都輸他沉李浮瓜」，是樓臺與瓜李相襯。

倒裝、轉化、類疊、排比：「向人嬌杏花，撲人衣柳花，迎人笑桃花」，表現出春花萬種風情。

練習題

1. 下列有關四首曲的敘述，正確的是：
(A)分寫春夏秋冬四季
(B)以「四時湖水鏡無瑕」爲總綱
(C)曲牌不同，但押同一個韻
(D)皆屬客觀寫景，並不含作者情感

2. 下列有關文意的說明，正確的是：

(A)「雄宴賞，聚奢華。人不奢華，山景本無價」：西湖山景不及人間富貴
(B)「暖日宜乘轎，春風堪信馬，恰寒食有二百處秋千架」：料峭春寒期待踏青
(C)「恁般樓臺正宜夏，都輸他沉李浮瓜」：沉李浮瓜勝過西湖樓臺乘涼
(D)「曲岸經霜落葉滑，誰道是秋瀟灑」：秋之西湖葉落山空依然淨美

3. 下列有關本曲寫作技巧的說明，正確的是：
(A)「納涼時，波漲沙」：以觸覺寫清涼之感
(B)「滿湖香芰荷蒹葭」：從嗅覺落筆，視覺鋪陳其廣闊豐富
(C)「瑩玉杯，青玉斝」：以用典增加西湖聚奢華的場面
(D)「沉李浮瓜」：透過比喻、味覺與轉化的方式突顯夏天遊樂的趣味

【大考演練】

1-2 為題組。閱讀下詩，回答 1-2 題。

慶全庵桃花　謝枋得
尋得桃源好避秦，桃紅又見一年春。
花飛莫遣隨流水，怕有漁郎來問津。

桃花　徐孚遠
海山春色等閒來，朵朵還如人面開。
千載避秦真此地，問君何必武陵回。

謝枋得，宋末元初人。1276 年率兵抗元，無援而敗。南宋滅亡後，隱居於福建，元朝曾數度徵聘，始終堅辭不應。1289 年，遭福建省參政強制送往京，乃絕食五日而死。

徐孚遠，明末清初人。明朝亡後，曾參與抗清之舉。1661 年隨鄭成功入臺，不久徙居廈門。1663 年，清軍攻陷廈門，徐孚遠擬攜眷返家鄉江蘇未果，滯留廣東，1665 年病故。

1. 下列關於謝、徐二人詩中「桃花源」的敘述，正確的選項是：
(A)謝枋得希望所居的「桃花源」不受外界打擾
(B)徐孚遠認為「桃花源」之地不適合安居久留
(C)二人都因傾慕陶淵明而四處尋訪「桃花源」
(D)二人皆自認已找到陶淵明的「桃花源」遺址
【106 指考】

2.若謝詩作於福建，徐詩作於臺灣，下列敘述正確的選項是：
(A)徐詩「問君何必武陵回」的「武陵」，是暗指臺灣
(B)謝詩「怕有漁郎來問津」的「漁郎」，是暗指作者自己
(C)二詩運用「避秦」典故時，皆將原本避亂之地引申爲不受異族統治之地
(D)二詩的「花飛莫遣隨流水」、「朵朵還如人面開」，皆流露避世而居的喜悅
【106指考】

【跨領域觀看】：時間．節氣．個人化的感覺

你可知道多少種計算時間的方法？

植物因爲季節的天氣、溫度而輪番綻放，如這首曲以春花、夏荷、秋楓、冬梅標誌四季。人們更由中提煉出栽種植物時間的智慧，二〇一六年，聯合國教科文組織將「二十四節氣——中國人通過觀察太陽周年運動而形成的時間知識體系及其實踐」列入人類非物質文化遺產。

西元前四二四一年埃及人開始的曆法，源自爲精準預測每年尼羅河氾濫的時間，以天文學和數學發展爲前提，將一年分十二個月，每個月三十天，年末留五天除舊布新、宴樂尋歡，就這樣沿用三千年。東方的中國按月亮盈虛周期安排出陰曆之法，又以二十四個節氣作爲寒暑氣候變化、安排農事、生活起居的參考。

由於節氣與天氣、農業播種收割等息息相關，人們遂發展出一套作業流程、民俗活動或防患對策，如象徵春天開始的「立春」，農民開始準備春耕，而有「鞭打春牛」的活動。「立春落雨透清明」這個諺語則以立春下雨，預測直到清明前都會多雨。另如驚蟄之後，蟄伏於地下的蟲類出土活動，古人爲了防害蟲，聽到第一聲春雷響起，趕緊將衣服抖一抖，據說這樣就可以不受蝨子、跳蚤侵擾；此外傳說驚蟄日要取石灰灑在門外，可以使蟲蟻整年不敢上門。這時候吃「潤餅」（春捲）

含有祈求「年年春」之意。

陳芳明〈時間長巷〉裡，以文人浪漫而又悲傷的語調敘述：「時間是巷子裡的一家咖啡室，玻璃窗內坐著一對輕輕啜飲的情人。隔窗觀望，猶似探視我的前生，恁般遙遠，又何等貼近。窗內的容顏看來特別模糊，那是我與我的情人永恆地坐在那裡嗎？仔細去辨識時，竟發覺室內燈光傾瀉出來的些許溫暖，溼了滿地，碎裂了滿地。時間是什麼？時間是咖啡室內牆角另一張空蕩的木桌，兩隻寂寞的椅子也陪伴著空空張望。那或許是缺席的我，或許是一場未遂的約會，或許是永遠無法實現的許諾。」

時間帶走了過去，無常的變化，記得再清楚都將如鏡花水月總成空。但能停下來懷念時間，思考時間意義的人有多少？尤其是工業文明以時間來計算生產量與效率、商業以時間算計工資與報酬率。《默默 MOMO》這本書敘述名叫 Momo 的小女孩，發現有一群穿灰色衣服的人在偷取時間，以致人們非常忙碌，靈魂變得麻木，整個生活都失去了意義。這故事暗示生命物質化。要對抗時間小偷的力量是內心，當願意坐下來跟小孩、愛人、朋友好好吃一頓飯、聊聊天或與自己對話，時間就不會被偷走。

時間就是生命，生命該享受時間帶來的禮物——那來自季節的色彩、人事之間互動的情感，而不該成爲賺錢花錢的工具，讓自己成爲物欲的產品。

四十、殿前歡

元 貫雲石

隔簾聽，幾番風送賣花聲。夜來微雨天階①淨。小院閑庭，輕寒翠袖生；穿芳徑，十二闌干②憑。杏花疏影，楊柳新晴。

【注釋】

①天階：此處指「三臺星」，泛指天空。

②十二闌干：十二是虛指，意謂欄杆。

【翻譯】

隔著簾子，一次又一次聽到風送來賣花聲。走出閨房才發現夜來下過一場小雨，天空澄淨。在安閒幽靜的庭院裡，翠袖下的身體微感寒冷。穿過花間小徑，靠著欄杆。只見盛開的杏花稀疏的影子，與青翠的柳枝在雨後初晴的陽光下相互輝映。

心有靈犀一點通

【知識要點】

● 敘述脈絡：風送賣花聲→夜來微雨，輕寒翠袖生→穿芳徑，憑闌干→杏花楊柳新晴。

● 知識重點：

1. 這支散曲描繪暮春時節清晨，依憑欄杆欣賞明淨的天空，雨後天晴的陽光灑在杏花楊柳上的小小院落之景。看似未寫情，卻筆筆是閒情幽趣

2. 曲從「隔簾聽」風送賣花聲入筆，想像那院外的賣花女、那籃裡爛漫的春花、那少女賣花的叫聲便是一幅聲色浪漫的圖景。或許是因為賣花聲而緩步至室外，抬頭見天淨閒庭，感覺涼意「輕寒翠袖生」。但春光引逗，腳步不由得「穿芳徑」，此處以香氣概括春意正濃，可想見盛開花容，於是停下腳步「十二闌干憑」，將眼光聚結在「杏花疏影，楊柳新晴」充滿光與色的熱度之中。

練習題

1.下例有關此曲內容說明，何者正確？
(A)描寫雨後初晴之春景
(B)敘說群芳落盡無人賞的寂寞
(C)寫憑欄遠望，卻望不見良人的閨怨
(D)以賣花聲與小院閑庭的生活對比，顯現際遇難料

2.下列有關曲文的說明，何者正確？
(A)所敘寫的時間脈絡是從昨晚→今晨
(B)所敘寫的時間脈絡是從今晨→昨晚→今晨
(C)所描述的空間是室內→院落→牆外
(D)所描述的空間是院落→牆外→室內

3.下列有關二首元曲寫作特色的比較，敘述正確的選項是：（多選）

甲、風飄飄，雨瀟瀟，便做陳摶也睡不著。懊惱傷懷抱，撲簌簌淚點拋。秋蟬兒噪罷寒蛩兒叫，淅零零細雨打芭蕉。（關漢卿〈大德歌．秋〉）

乙、隔簾聽，幾番風送賣花聲。夜來微雨天階淨。小院閑庭，輕寒翠袖生；穿芳徑，十二闌干憑。杏花疏影，楊柳新晴。（貫雲石〈殿前歡〉）

(A)甲曲善用疊字渲染自然界的聲響，烘托人物的情懷
(B)乙曲巧用比擬，化人爲蝶，穿梭庭院花徑，側寫春光之爛漫
(C)甲乙二曲均利用自然物象的摹寫，如蟬噪、杏花等，呈現季節的特色
(D)甲乙二曲均寫閨情，甲曲直言「懊惱」、「淚拋」，較爲直率；乙曲寄情於景物與動作，較爲幽微
(E)甲乙二曲均書寫室內外空間，甲曲寫人居室內而耳聞室外秋聲；乙曲則由室內走出室外，親見春景 【97指考參考卷】

大考演練

1.盧摯〈沉醉東風〉：「恰離了綠水青山那搭，早來到竹籬茅舍人家」，就事件發生先後而言，「來到竹籬茅舍」實際上晚於「離了綠水青山」，卻加上「早」字把時間刻意提前，使文意靈動有味。下列文句，「早」字具有相同作用的選項是：
(A)小荷才露尖尖角，早有蜻蜓立上頭
(B)午夢任隨鳩喚覺，早朝又聽鹿催班
(C)回羨耕夫閒勝我，早收雞犬閉柴扉
(D)定有奸謀陰禍起，早須排備莫惶驚 【105指考】

【跨領域觀看】：聽見賣花聲，與改變賣花女命運的蕭伯納

「隔簾聽，幾番風送賣花聲」，如此輕柔地傾聽，對賣花女而言是多麼珍貴的看重。爲了生計奔走的花販，提供的不是民生必用品，而是懷有閒情逸致而又有錢享受者的美麗。富與貧、貴與賤在社會分配上殘酷地劃出難以跨越的界線，白居易〈賣炭翁〉「可憐身上衣正單，心憂炭價願天寒」、秦韜玉〈貧女〉裡「苦恨年年壓金線，爲他人作嫁衣裳」，都如李紳〈憫農〉「鋤禾日當午，汗滴禾下土。誰知盤中餐，粒粒皆辛苦」所質問箇中辛苦有誰知？

元朝的貫雲石因爲賣花聲而走入庭院，看得一朝春；十九世紀愛爾蘭劇作家蕭伯納則以雕塑家皮格馬利翁的羅馬神話爲藍本，寫下戲劇《賣花女》（後改編爲音樂劇、電影《窈窕淑女》），讓作者同時獲得諾貝爾文學獎（西元一九二五年）和奧斯卡金像獎（西元一九三八年））。

這齣舞臺劇描述窮苦又帶有鄉音的賣花女，遇上一名語言學教授，教授改正賣花女的發音和教導她各種禮儀，讓她成爲一名淑女。故事中賣花女的職業、口音和出身突顯英國社會鮮明的階級意識，幸而有「具有理想主義和人道主義」的蕭伯納看見了，而以戲劇改變了她的命運，帶給無數期盼麻雀變鳳凰的人希望與可能實踐的熱情。

四十一、蹇叔[1]哭師

春秋 左傳

冬，晉文公卒。庚辰，將殯[2]於曲沃[3]。出絳[4]，柩有聲如牛。卜偃[5]使大夫拜，曰：「君命大事[6]：將有西師過軼[7]我，擊之，必大捷焉。」

杞子[8]自鄭使告於秦曰：「鄭人使我掌其北門之管[9]，若潛師[10]以來，國[11]可得也。」穆公訪諸蹇叔。蹇叔曰：「勞師以襲遠，非所聞也。師勞力竭，遠主[12]備之，無乃不可乎？師之所爲，

鄭必知之，勤而無所，必有悖心。且行千里，其誰不知？」

公辭焉。召孟明⑬、西乞⑭、白乙⑮，使出師於東門之外。蹇叔哭之曰：「孟子！吾見師之出而不見其入也！」公使謂之曰：「爾何知！中壽⑯，爾墓之木拱⑰矣。」

蹇叔之子與師，哭而送之曰：「晉人禦師必於殽，殽⑱有二陵焉。其南陵，夏后皋⑲之墓也；其北陵，文王之所避風雨也。必死是間，余收爾骨焉！」秦師遂東。

注釋

①蹇叔：宋國人，為百里奚所推薦，秦穆公任為上大夫。
②殯：停喪。
③曲沃：按照晉國的傳統禮制，去世的國君一律都安葬在曲沃的太廟，該地是晉國舊都，晉國祖廟所在地，在今山西聞喜。
④絳：音ㄐㄧㄤˋ，晉國國都，在今山西翼城東南。
⑤卜偃：掌管晉國卜筮的官員，姓郭，名偃。
⑥大事：指戰爭。古時戰爭和祭祀是大事。
⑦西師過軼：西方的軍隊（指秦軍）越過。
⑧杞子：秦國大夫。
⑨管：鑰匙。
⑩潛師：祕密行軍。
⑪國：國都。
⑫遠主：指鄭君。
⑬孟明：秦國大夫，名視，百里奚之子。
⑭西乞：秦國大夫，名術，蹇叔之子。
⑮白乙：秦國大夫，名丙，蹇叔之子。
⑯中壽：歷來說法不一，《左傳．僖公三十二年》，孔穎達《正義》：「上壽百二十歲，中壽百，下壽八十。」
⑰墓之木拱：墓地上所種植的樹木已有一抱粗大。指人已死去多時。
⑱崤：音ㄧㄠˊ，山名，在今河南洛寧西北。
⑲夏后皋：夏代君主，名皋，夏桀的祖父。後，國君。

翻譯

冬天，晉文公去世了。十二月十二日，要送往曲沃停放待葬。剛走出國都絳城，棺材裡發出了像牛叫的聲音。卜官郭偃讓大夫們向棺材下拜，並說：「國君要發布軍事命令，將有西方的軍隊越過我們的國境，我們襲擊他們，一定會獲得全勝。」

杞子派使者回來向秦穆公報告：「鄭國人派我們管理北門，如果暗中夾擊便可取得勝利。」秦穆公去問蹇叔的意見。蹇叔說：「勞動軍隊去攻打遠方的國家，沒聽過這種事。軍隊遠征一路辛勞，力量必然衰竭，遠方的國家（鄭國）又有防備，這樣恐怕不大好吧？軍隊（秦）所作所為，鄭國一定知道，軍隊辛苦而沒有收穫，士兵一定會起背叛之心。況且軍隊走千里之遠，誰會不知道呢？」

秦穆公辭蹇叔而回，召集百里孟明視、西乞術、白乙丙準備要攻打鄭國。蹇叔哭著去送軍隊，說：「孟將軍啊，我只看到軍隊出去，看不到軍隊回來啊！」秦穆公派人對他說：「你知道什麼呢？如果活到六十歲就死了，墳上的樹已經長到雙手合抱這麼粗了。」蹇叔的兩個兒子也參加了出征的隊伍，他哭著送兒子說：「晉國人必定在崤山抗擊我軍，崤有兩座山頭。南面的山頭是夏王皋的墳墓，北面的山頭是周文王避過風雨的地方。你們一定會戰死在這兩座山之間，我到那裡收拾你們的屍骨吧！」秦國軍隊於是向東出發。

知識要點

● 故事背景：《春秋》有四則敘述與秦晉殽之戰有關的記載，文字簡略：僖公三十年：「晉人秦人圍鄭。」《左傳》述其本事為〈燭之武退秦師〉。僖公三十二年：「冬十有月，晉侯重耳卒。」僖公三十三年：「春王二月，秦人入滑。」「夏四月辛巳，晉人與姜戎敗秦於崤。」《左傳》推演其事為本文。

● 故事脈絡：晉文公卒，卜偃言擊秦，必大捷→杞子掌其北門之管，言秦潛師以來，可得鄭國都，蹇叔勸公不可→秦穆公出師，蹇叔哭而送之→秦師遂東。

● 故事後續：魯僖公三十三年春，秦國到了滑國，鄭國商人弦高一方面用四張熟牛皮、十二頭牛來慰勞秦軍，一方面派遣使者向鄭國報告。秦國知道鄭國有所防備，僅滅了滑國而回。晉襄公召集姜戎的軍隊，染黑喪服，掛上麻帶在夏季辛巳的那一天，敗秦軍於殽山，晉襄公把染黑的喪服拿去下葬晉文公，從此晉國的喪服改用黑色的。秦穆公穿著白色的衣服來到郊外迎接軍隊，向軍隊哭著說道：「我違背了蹇叔的勸告，讓你們受到侮辱，這全都是我的責任。」

● 知識重點：

1. 《左傳》以論說經義、敘事解經兩種方式解經，是先秦歷史散文佳構，兼具經學、史學及文學價值。
2. 蹇叔的論述分為兩層，第一層推理：若晉國攻打秦師，則必選擇險峻的地點；殽是險峻的地點（從「夏后皋之墓」及「文王之所避風雨」可知），所以晉人禦師必於殽。第二層推理：若晉人在險峻的地點攻打秦師，則秦師必死該地點；晉人於殽禦師，所以秦師必死於殽。

3. 本文記敘秦國老臣蹇叔在大軍出征鄭國之前，勸阻的一篇哭諫，旨在說明輕敵者敗。蹇叔掌握說服的三技巧，分別是：

(1)說之以理：a.勞師以襲遠，非所聞也。b.師勞力竭，遠主備之。c.秦師行軍千里，鄭必知之。d.勤而無所必有悖心。

(2)動之以情：先哭師、後哭其子與師，哭其子，企圖以情感打動秦穆公。

(3)喻之以弊：a.吾見師之出而不見其入也。b.晉人禦師必於殽。c.秦師必死於殽。

4. 相較於燭之武成功地說服了秦君，化解鄭國危機，但蹇叔卻無力勸阻秦穆公出師，其原因是哭師非但不吉利，詛咒部隊死在外面，更犯了戰爭大忌。其次，未針對問題核心去解決，秦穆公的盲點在於利，卻不能先誘之利，引起注意，再喻之以弊，以致雖得秦穆公重用，主動詢問，仍無法挽回君心。

練習題

1. 蹇叔哭師的原因是：
(A)晉文公死而不葬
(B)秦穆公貪而不智
(C)孟明勇而不仁
(D)杞子忠而不信

2. 下列關於本文內容的敘述，正確的是：
(A)晉人依文公遺詔，以報當年圍鄭，秦國卻退兵之恨
(B)蹇叔不願乘虛而入，亂而取晉，有失做人的道義
(C)秦穆公急欲擴張自己勢力，違反知己知彼的基本前提
(D)杞子密掌晉國城門鑰匙，促使鄭與秦通力對抗晉

3. 下列有關蹇叔說服技巧與內容的說明，正確的是：
(A)分析地勢，預料晉人禦師必於殽
(B)說明利益，勞師襲遠，鄭必知之
(C)動之以情，見師之出而不見其入也
(D)諫之以史，勤而無所必有悖心，秦師必死於殽

大考演練

1-2為題組。閱讀下文，回答1-2題。

上蔡先生云：「透得名利關，方是小歇處。今之士大夫何足道，眞能言之鸚鵡也。」朱文公曰：「今時秀才，教他說廉，直是會說廉；教他說義，直是會說義。及到做來，只是不廉不義。」此即能言鸚鵡也。夫下以言語爲學，上以言語爲治，世道之所以日降也。而或者見能言之鸚鵡，乃指爲

鳳凰、鸑鷟，唯恐其不在靈囿間，不亦異乎！（羅大經〈能言鸚鵡〉）

1.依據上文，今日世風之弊在於：
(A)豢養珍禽，玩物喪志
(B)模仿剽竊，寡廉鮮恥
(C)蔽於表象，不辨虛實不務踐履
(D)器識褊狹，唯學鸚鵡不慕鳳凰
【108學測】

2.下列文句，最能呼應上文觀點的是：
(A)君子欲訥於言而敏於行
(B)寡言者可以杜忌，寡行者可以藏拙
(C)言行，君子之樞機，樞機之發，榮辱之主也
(D)聽言觀行，不以功用爲之的彀，言雖至察，行雖至堅，則妄發之說也
【108學測】

【跨領域觀看】：領導人的盲點

西元前六三〇年，晉文公與秦穆公圍鄭。〈燭之武退秦師〉中燭之武用動之以情（秦、晉圍鄭，鄭既知亡矣）、說之以理（越國以鄙遠，焉用亡鄭以陪鄰？夫晉，何厭之有？既東封鄭，又欲肆其西封；若不闕秦，將焉取之？）、誘之以利（捨鄭以爲東道主，行李之往來，共其乏困）等方式成功說服秦穆公。

然而一件事的結束，往往是另一個問題的開始，表面上鄭國承諾爲「東道主」是國際禮儀，豈料老謀深算的秦穆公立即「與鄭人盟。使杞子、逢孫、楊孫戍之，乃還」，也因此埋下了兩年後的這場戰役。

西元前六二八年冬，晉文公重耳病逝，公子驩即位，杞子建議趁晉防備肯定鬆懈時，出兵越過晉國來攻打鄭國，一定能將鄭國拿下，藉以爲秦國立下大功，可加官進爵。蹇叔和百里奚堅決表示反對，理由是：「秦國去鄭數千餘里，消息閉塞，情況難以掌握，如果遭到晉、鄭兩國前後夾擊，必敗無疑。況且單憑杞子一封書信就要引軍犯險，未免草率，如果眞有出兵打算就該到晉國和鄭國

仔細瞭解情況，等確定有可趁之機時，才可用兵。」

秦穆公獲得百里奚、蹇叔、丕豹及公孫支等賢臣的輔佐，爲四百年後秦統一中國奠定了基礎，是具雄才大略的國君，在《史記》中被認定爲春秋五霸之一。但就像人沒有鏡子無法看到自己的背面，越是自負的人越容易陷入自以爲是的盲點。因爲立下東出爲天下主的遠程計畫，急於成的焦慮感，和霸主的優越感，讓秦穆公放大杞子得鄭國城門鑰匙、晉國新君剛立政權不穩的機率，而無視於賢臣蹇叔的分析。正如管理顧問布魯斯蕭（Robert Bruce Shaw）所言，領導人出錯或無法解決問題的原因，常在於受困自身盲點卻不自知、高估自己的策略能力而剛愎自用。

四十二、召公諫厲王止謗

國語　周語上

厲王虐，國人①謗王，召公②告曰：「民不堪命矣！」王怒，得衛巫，使監謗者。以告，則殺之。國人莫敢言，道路以目③。

王喜，告召公曰：「吾能弭謗矣，乃不敢言。」

召公曰：「是障④之也，防民之口，甚於防川。川壅而潰⑤，傷人必多，民亦如之。是故爲川者決⑥之使導；爲民者宣之使言。故天子聽政，使公卿至於列士獻詩；瞽⑦獻曲；史獻書；師箴⑧；瞍⑨賦；矇⑩誦；百工諫；庶人傳語；近臣盡規；親戚補察；瞽史教誨；耆艾⑪修之；而後王斟酌焉，是以事行而不悖。

民之有口，猶土之有山川也，財用於是乎出；猶其原隰⑫之有衍沃⑬也，衣食於是乎生；口之宣言也，善敗於是乎興。行善而備敗，其所以阜⑭財用衣食者也。夫民慮之於心，而宣之於口，成而行之，胡可壅也。若壅其口，其與能幾何？」

王弗聽，於是國人莫敢出言。三年，乃流王於彘⑮。

注釋

①國人：居住在國都的人。

②召公：名虎，周厲王時執政大臣。召，音ㄕㄠˋ。

③道路以目：指國人路上相遇，不敢說話，只是彼此對視，以目示意。

④障：阻擋。

⑤川壅（堵塞）而潰（決口）：壅，音ㄩㄥ，堵住，阻塞不通。潰，音ㄎㄨㄟˋ，大水沖破堤岸，四處奔流。

⑥決：疏通水道，除去堵塞物。

⑦瞽：音ㄍㄨˇ，盲人。

⑧師箴：樂官勸諫。箴，音ㄓㄣ，文體名，用以勸諫。

⑨瞍：音ㄙㄡˇ，盲人。眼睛無瞳仁。

⑩矇：音ㄇㄥˊ，盲人。有眼珠而看不見。

⑪耆艾：老人的通稱。耆，音ㄑㄧˊ，本指六十歲的老人，後為對老人的通稱。

⑫原隰：廣大平坦和低窪潮溼的地方。隰，音ㄒㄧˊ，低溼之地。

⑬衍沃：指平坦肥沃之地。衍，音ㄧㄢˇ，延伸，展開。沃，灌溉。

⑭阜：財用。阜，音ㄈㄨˋ，豐厚。

⑮彘：音ㄓˋ，地名，今山西霍縣東北。

翻譯

周厲王殘暴無道，老百姓紛紛指責他。召公對厲王說：「老百姓已經無法忍受如此暴虐的政令！」厲王聽了勃然大怒，找到一位衛國的巫師，派他暗中監視指責自己的人，誰被巫者告發，就會加以殺戮。於是人們不敢隨便說話，在路上相遇，也只能以眼神表達內心的憤恨。

厲王很得意，告訴召公說：「我可以制止誹謗指責，老百姓再也不敢說話了。」

召公說：「你這樣做只能堵住人們的嘴，這樣是壓抑他們啊，為防範而堵住老百姓的嘴，比防河水氾濫後果更嚴重。河川堵塞造成潰堤，傷害的人必定很多，堵住老百姓的口，後果也將如此。如果治水者排除壅塞讓水疏通，治民者善於開導而讓百姓的言論可以宣泄。所以君王處理政事，讓三公九卿以至各級官吏進獻詩諷喻，樂師進獻民間樂曲，史官進獻記載古王事蹟的史籍，少師誦讀箴言，無眸子的盲人吟詠詩篇，有眸子的盲人誦讀諷諫之言，掌管營建事務的百工紛紛進諫，平民則將自己的意見轉達給君王，近侍之臣盡規勸之責，君王的內親外戚都能補其過失，察其是非，樂師和史官以歌曲、史籍諄諄教導，年長的師傅再進一步修飾整理，然後由君王斟酌取捨，分析決策付之實施，這樣，國家的政事因此能夠實行而不違背事理。」

老百姓有嘴巴，就像大地有高山河流一樣，物資財富全從那裡出來，如同它繁衍出肥沃的低溼原野，財物的使用都是從這裡出來的。人們用嘴巴發表議論，由中能顯現出政事的成敗得失。人們以爲好的政策就盡力實行，認爲失誤的就設法預防，這是社會的衣食財富日益豐富不斷增加的原因。百姓心中所想，藉由嘴巴表達出來，朝廷以爲行得通的就照著實行，怎麼可以堵塞呢？如果硬是堵住老百姓的嘴，又能堵多久呢？」

厲王不聽，當時百姓再也不敢公開發表言論指斥他，三年後，百姓終於把厲王流放到彘。

【知識要點】

- 故事背景：周厲王對外夷採取行動，建立事功，挽救了西周王朝政治經濟和軍事危機後，爲解決經濟問題，他一方面對內實施山林川澤專利，不讓百姓採樵漁獵，另則出售爵位官職、取締平民開墾私田，導致怨聲四起，遂進一步弭謗的高壓政策。

  西元前八四一年，都城四郊百姓以木棍、農具爲武器，撲向王宮。厲王命調兵鎮壓，但周朝寓兵於農，農民暴動，厲王狼狽逃到汾水流域的彘，史稱「國人暴動」。

- 敘事脈絡：厲王虐，國人謗王→召公告民不堪命，王怒，使監謗者→國人莫敢言，道路以目，王喜，不聽召公勸→三年，被流放。

- 論述結構：

  論點：君王應廣開言路，聽民意民心。

  論證：夫民慮之於心，而宣之於口，成而行之胡可壅也。

  （正）

  口之宣言也，善敗於是乎興。行善而備敗，其所以阜財用衣食者也。

  防民之口，甚於防川。川壅而潰，傷人必多，民亦如之。

  （反）

  論據：天子聽政，使公卿至於列士獻詩……耆艾修之；而後王斟酌焉，是以事行而不悖。

- 故事後續：周公、召公平都城民怨後，被貴族推舉代理政事，稱爲「共和」。《史記》由共和元年開始繫年記事，因此共和行政（西元前八四一年）被視爲中國歷史有確切年代記載的開始。

- 知識重點：

  1. 《國語》以記言為主，記事為輔。此文表面上敘述周厲王止謗而致流放事件的因果，實則諫為核心，詳載召公所勸傾聽民意廣納眾言的議論。
  2. 厲，是諡號，表示暴厲，暴慢無親、殺戮無辜，這是後人對其一生概括性的評價。全文透過二條敘述線：厲王「虐」、「怒」、「喜」、「弗聽」，與人民「謗王」、「莫敢言」、「道路以目」和「流王於彘」，形成對比，簡潔而生動記述始末，強化周厲王「厲」的形象與事件脈絡。

3.周厲王處於「王室微缺，諸侯不朝」的情勢，以強烈而粗暴的方面改革，惹起民怨眾怒，「民不堪命」，這是故事的起點。史書直陳召公的勸言：統治者必須以民為本，為民興利，若是與民徵利，集權集利，罔顧百姓生活，如河川被壅堵，禍不可測。

4.召公以四個層次展開論述：

a.以「防川」為喻，從反面說明「防民之口，甚於防川」的道理。

b.列舉古代帝王納諫求治的做法，正面論述天子廣聽民意，才能「事行而不悖」。

c.以「財用從山川出」為喻，說明民意的好處，「善敗於是乎興」的道理。

d.以設問作結，強調「防民之口」必將造成後患。從正面、反面，舉實例、設比喻地講了一番通俗易懂的道理，但「王弗聽」。可見厲王的昏瞶、驕矜。

主旨：說明民口不可壅，為政不可虐。

練習題

1.根據文章敘述，厲王被流放的原因是
(A)無管理能力，縱容暴民作亂
(B)無軍事能力，導致民不聊生
(C)無溝通能力，造成民憤抗爭
(D)無控制能力，因此國貧民變

2.「天子聽政，使百工諫；庶人傳語；近臣盡規」的原因是：
(A)民意紛紛，將擾亂君心
(B)斟酌損益，必能補闕漏
(C)行善備敗，令眾人側目
(D)廣徵民意，建立威權勢

3.下列文意兩兩相近的是：
(A)瞽獻曲；史獻書；師箴；瞍賦；矇誦／巫、醫、樂師、百工之人不恥相師
(B)民之有口，猶土之有山川也，財用於是乎出／口之宣言也，善敗於是乎興
(C)民慮之於心，而宣之於口，成而行之胡可壅也／苟爲後義而先利，不奪不饜
(D)猶其原隰之有衍沃也，衣食於是乎生／百姓足，君孰與不足？百姓不足，君孰與足？

【大考演練】

1-3為題。閱讀下文，回答1-3題。

甲、

（宓子賤為單父宰）
有釣道二焉，請以送子。
釣道奈何？
陽晝
宓子賤
迎而吸之者，「陽橋」也，其為魚，薄而不美。若食若不食者，「魴」也，其為魚，博而厚味。
善。
陽橋者至矣。
（未至單父，冠蓋迎之者交接於道）
請耆老尊賢者共治單父。
耆老尊賢者

乙、宓子賤治單父，彈鳴琴，身不下堂而單父治。巫馬期亦治單父，以星出，以入，日夜不處，以身親之，而單父亦治。巫馬期問其故於宓子賤，宓子賤曰：「我之謂任人，子之謂任力。任力者固勞，任人者固佚。」

（劉向《說苑・政理》）

1. 依據甲圖、乙文，下列敘述何者正確？
(A)宓子賤因治理單父頗有窒礙，遂向陽晝請益
(B)宓子賤得陽晝建議，先往陽橋學習釣魚之道
(C)巫馬期樂於以自身的經驗，傳授宓子賤治理訣竅
(D)就發生時間而言，乙文的對話應晚於甲圖的對話 【107統測】

2. 乙文所述宓子賤的「任人」，最可能是甲圖的何者？
(A)陽晝
(B)陽橋
(C)冠蓋迎之者
(D)耆老尊賢者 【107統測】

3. 下列文句，何者最接近宓子賤治理單父的方式？
(A)居廟堂之高，則憂其民；處江湖之遠，則憂其君
(B)不懈於內，忘身於外，夙夜憂勤，報之於陛下，恐託付不效
(C)不以謫為患，自放山水之間，蓬戶甕牖無所不快，窮耳目之勝以自適

(D)簡能而任之，擇善而從之，文武爭馳，君臣無事，可以盡——豫遊之樂，可以養松喬之壽　【107統測】

【跨領域觀看】：歐洲行遊詩人與中國采風

吟遊詩人原指在凱爾特人中寫作頌詞的人，被視爲傳説與文化的守護者，而後的歐洲吟遊是指遊走在世界各地中，吟唱，唱頌詩歌或是創作之人，四處傳述英雄史詩或鄉野傳奇。西元一世紀，拉丁作家盧卡努斯把吟遊詩人説成是高盧或不列顛的民族詩人或歌手，至今僅在愛爾蘭、威爾斯仍保存詠唱頌詩的傳統，每年舉行全國詩人和音樂家的賽會。

中國樂府、民歌是反映眞實生活的韻文，語言質樸白話，內容多屬日常事件與情感，因此深宮之中的帝王將相若要瞭解民情，往往會派采詩官走訪蒐集。隋王通《中説．問易》：「諸侯不貢詩，天子不采風，樂官不達雅，國史不明變，嗚呼，斯則久矣，《詩》可以不續乎！」足見由采詩呈納可斷定朝廷行政是否傾聽民聲，政策是否滿足民之所需。

正因爲採集表露民情風俗的地方民歌是天子聽政的管道之一，故召公認爲使「公卿至於列士獻詩；瞽獻曲；史獻書；師箴；瞍賦；矇誦；百工諫；庶人傳語」，可以傾聽民聲、瞭解問題、廣納對策，如劉若愚《酌中志．大內規制紀略》所敘：「世之君子，當不諱之朝，思采風之義，史失而求諸野，閑中一寓目焉，未必不興發其致君澤民之念也。」

四十三、鄒忌諷齊王納諫

戰國策　齊策一

鄒忌脩八尺有餘，而形貌昳麗[1]。朝服衣冠，窺鏡[2]，謂其妻曰：「我孰與城北徐公美？」其妻曰：「君美甚，徐公何能及君也！」城北徐公，齊國之美麗者也。忌不自信，而復問其妾曰：「吾孰與徐公美？」妾曰：「徐公何能及君也！」旦日，客從外來，與坐談，問之客曰：「吾與徐公孰美？」客曰：「徐公不若君之美也。」

明日，徐公來，熟視③之，自以爲不如；窺鏡而自視，又弗如遠甚。暮寢而思之，曰：「吾妻之美我者，私我也；妾之美我者，畏我也；客之美我者，欲有求於我也。」

於是入朝，見威王曰：「臣誠不如徐公美，臣之妻私臣，臣之妾畏臣，臣之客欲有求於臣，皆以美於徐公。今齊地方千里，百二十城；宮婦左右莫不私王，朝廷之臣莫不畏王，四境之內莫不有求於王；由此觀之，王之蔽甚矣！」

王曰：「善！」乃下令：「群臣吏民，能面刺④寡人之過者，受上賞；上書諫寡人者，受中賞；能謗譏於市朝⑤，聞寡人之耳者，受下賞。」令初下，群臣進諫，門庭若市；數月之後，時時而間⑥進；期年之後，雖欲言，無可進者。

燕、趙、韓、魏聞之，皆朝於齊，此所謂戰勝於朝廷。

注釋

① 昳麗：光鮮亮麗的樣子。昳，音ㄧˋ。
② 窺鏡：暗自照鏡子。
③ 熟視：仔仔細細、認認真真地端詳。
④ 面刺：當面指摘過失。
⑤ 市朝：市是民間貿易的場所，朝是政府辦事的地方，市朝泛指人口聚集的公共場所。
⑥ 間：音ㄐㄧㄢˋ，偶爾。

翻譯

鄒忌身高八尺多，體形容貌美麗。有一天早上，他穿好衣服，戴上帽子，暗自照著鏡子，對他的妻子說：「我跟城北的徐公比，誰漂亮？」他的妻子說：「您漂亮極了，徐公哪裡比得上您呀！」城北的徐公，是齊國的美男子。鄒忌不信自己能超過徐公，就又問他的妾說：「我跟徐公誰漂亮？」妾說：「徐公哪裡比得上您呢！」第二天，有位客人從外邊來，鄒忌跟他坐著聊天，問他道：「我和徐公誰漂亮？」客人說：「徐公不如你漂亮啊。」

又過了一天，徐公來了，鄒忌仔細地看他，自認爲不如他漂亮；再照著鏡子看自己，更覺得差遠了。晚上躺在床上反覆思考這件事，終於明白：「我的妻子讚美我，是因爲偏愛我；妾讚美我，是因爲害怕我；客人讚美我，是有求於我。」

於是，鄒忌上朝廷去見威王，說：「我確實知道自己不如徐公漂亮。可是，我的妻子偏愛我，我的妾怕我，我的客人有事想求我，都說我比徐公漂亮。如今齊國國土方圓一千多里，城池有一百二十座，王后、王妃和左右的侍從沒有不偏愛大王，朝廷上的臣子沒有不害怕大王，全國的人沒有不想求得大王的（恩惠）：由此看來，您受的蒙蔽一定非常嚴重。」

威王說：「好！」於是就下了一道命令：「各級大小官員和老百姓能夠當面指責我的過錯的，得頭等獎賞；書面規勸我的，得二等獎賞；能夠在公共場所評論（我的過錯）讓我聽到的，得三等獎賞。」命令剛下達時，許多大臣都來進言規勸，官門口和院子裡像個市集般熱鬧；幾個月後，偶爾才有人進言規勸；一年以後，有人即使想規勸，也沒有什麼說的了。

燕國、趙國、韓國、魏國聽說這件事，都到齊國來朝拜。這就是人們說的在朝廷上征服別國。

知識要點

● 故事背景：《戰國策》是一部偏重記言的歷史散文，爲西漢劉向所輯錄，共三十三卷，所記大多是戰國時策士遊說之詞，非一人一時所作。《戰國策》文辭宏俊豪放，辯說縱橫詭奇，對後世散文影響很大，三蘇之文都以《國策》的文章爲法。

● 敘述脈絡：鄒忌身材修長，儀表堂皇，妻妾和客讚其美（進諫緣起）→見徐公弗如遠甚，省思眾人讚美的原因→見齊王言其蔽甚矣（進諫內容）→齊王下令賞能諫者，諸國皆朝於齊（進諫結果）。

● 故事後續：齊威王時鄒忌爲相，封於下邳（今江蘇邳縣西南），號成侯，後又事齊宣王。

● 歷代評論：劉大杰《中國文學發展史》：蘇秦合從，張儀連橫，范雎相秦，魯連解紛，鄒忌的幽默，淳于髡的諷刺，眞可謂盡鼓舌搖脣之能事，極縱橫辯說。

● 知識重點：

① 「諷」是委婉勸諫，關鍵在於不直指其事，因此鄒忌藉自身生活體悟啓發、開導齊威王。「齊王納諫」是諷的對象與目的，諷的內容廣開言路，改革弊政，興利除弊以振國。

② 以「孰美」的問答開啓，繼寫鄒忌暮寢自思，尋找妻、妾、客人讚美自己的原因，由生活小事悟國家大事；由自己的「蔽」，類比於「王之蔽甚」，充分顯示戰

國策士諷諫藝術與嫻熟的謀略。

③「窺鏡」、「自視」刻畫鄒忌自得的神情與對外貌的自信，與「孰視」齊國美男子徐公，「弗如遠甚」的自慚心理形成鮮明的對比。以波瀾起伏的情節，個性化的言行，寫鄒忌看見徐公時「孰視之，自以為不如，窺鏡而自視，又弗如遠甚」，不僅表現鄒忌內心的自覺，也促使下段省思後的體悟。

④首段三問三答，句式相同，語氣上卻有明顯變化，顯示人物關係的親疏與各自的心態。喻齊王所蔽甚矣的原因、齊王行賞納諫的方式、官民進諫的情況都以三組層遞表現，排偶句式誇張渲染，使得敘述緊湊生動，形成文章戲劇性與說服力。

練習題

1.「令初下，群臣進諫，門庭若市；數月之後，時時而間進；期年之後，雖欲言，無可進者。」下列關於此變化的推論，正確的是：

(A)齊王已納諫
(B)齊王不納諫
(C)齊人不願納諫
(D)齊人不滿意賞金

2.文學作品中人物說話的「語氣」，可呈現其性格、情緒與心情。下列關於說話者「語氣」的解釋，不正確的是：

(A)「君美甚，徐公何能及君也！」表現妻子鄒忌由衷的喜愛，愛戀之情溢於言表
(B)「徐公何能及君也！」妾因地位低下，不能不順從，故回答有些勉強而拘謹
(C)「徐公不若君之美也。」客人的回答明顯地流露出奉承的意味
(D)三人都顯現嘲諷心態與顧全大局的個性

3.下列有關本文章法與內容的敘述，正確的是：

(A)以切身經歷設喻說理，說明美有其絕對客觀的標準
(B)鄒忌以國事類比家事，得出妻、妾、客「私臣」、「畏臣」、「有求於臣」的結論
(C)以說理的方式顯現鄒忌實事求是，善諫樂思的個性
(D)分國內、國外兩個方面寫出齊王納諫後所得的巨大成效

【大考演練】

1-2爲題組。閱讀下表，回答1-2題。

甲、西方文化常見的領袖			乙、西方文化常見的副手		

《南方四賤客》的阿ㄆㄧㄚ	《星艦迷航記》的寇克船長	《哈利波特》的哈利波特	《南方四賤客》的凱子	《星艦迷航記》的史巴克大副	《哈利波特》的妙麗
性格偏激，但能運用議智機巧，出奇制勝。	富冒險精神，用駭客手法雞皮疙瘩解通關陷阱。	會視狀況打破規則，常靠幸運和機敏破解難題。	有較高的道德標準，靠邏輯解決問題。	穩健忠實，不冒進，認為規矩不應違反。	學科成績優秀，靠知識與理性解決問題。
在華人文化較受質疑			在華人文化較受肯定		

1. 下列推論，何者最符合上表的訊息？
(A)甲型人物嚴守「惟仁惟孝，義勇奉公，以發揚種性」的信念
(B)乙型人物常給人「爲機變之巧者，無所用恥焉」的印象
(C)西方文化的領袖較缺乏華人文化普遍接受的性格特質
(D)西方文化強調領袖獨尊，華人文化重視副手輔佐
【107統測】

2. 某位老師從《西遊記》找出「孫悟空、沙僧」作爲「概略形象上最接近甲、乙兩型」的一組人物，並提供下列(1)、(2)、(3)、(4)引導同學深入探究。依據選項表上端的提問，哪個選項是最恰當的研判？
(1)孫悟空從水簾洞返回，想先洗浴，豬八戒不解，孫悟空說：「這幾日弄得身上有些妖精氣了。師父是個愛乾淨的，恐怕嫌我。」
(2)唐僧想讓人復生，孫悟空乾脆找太上老君：「既然曉得老孫的手段，快把金丹拿出來，與我四六分分，

還是你的造化哩！不然，就送你個皮笊籬，一撈個罄盡！」

(3)唐僧被捉，孫悟空、豬八戒提議散夥，沙僧說：「今日到此，一旦俱休，說出這等各尋頭路的話來，可不違了菩薩的善果，壞了自己的德行。」

(4)唐僧思鄉，孫悟空勸他勿憂，沙僧也對抱怨路遠的豬八戒說：「莫胡談！只管跟著大哥走，只把工夫捱他，終須有個到之日。」【107統測】

	能支持「孫悟空屬於甲型人物」嗎？		能支持「沙僧屬於乙型人物」	
	(1)孫悟空說	(2)孫悟空說	(3)沙僧說	(4)沙僧說
(A)	√	×	√	×
(B)	√	√	×	√
(C)	×	√	√	√
(D)	×	√	×	√

【跨領域觀看】：解決問題、爭取機會的說服與談判

談判，其實並不單發生在國際經濟貿易桌上，也不限於外交關係的會議中，自與家人說話、購物、人際關係……之間的談判，到與職場層層權力結構間的談判，可說日常生活，無處不是說服，無事不是某種程度的談判。

所謂談判，顧名思義是透過談話來判定該如何改變、調整、選擇面對某個狀況，也就是解決各式各樣的問題，找出最大化的雙贏。

被學生稱爲「學術界的搖滾巨星」的史都華．戴蒙，是世界級的談判專家，將課程精華寫成《華頓商學院最受歡迎的談判課》一書。其中提到憑藉談判技巧、化險爲夷的事例，如因爲超速被警察攔下了，談判技巧的關鍵是「道歉、肯定對方的職權，以及爲對方著想」，而免掉罰單，得到警察「開車小心」的溫柔叮嚀。在裁員潮中，能屹立不搖的關鍵是「找出能幫自己的『第三方』，建立扎實人脈」。讓孩子願意刷牙的方法竟然只是「提供孩子做決策的權力（例如自己選擇什麼時

間刷、用哪支牙刷），可以滿足孩子想要更多掌控權的欲望」。

自古以來析之以勢、説之以理、動之以情是説服的定理，權宜輕重比率，拿捏分寸的評估，則存於各説服者運籌的心中。這篇文章中，鄒忌以現身説法的角度，成功地包裹了情、理、道，讓齊威王頓悟身邊無盡循環的諂媚者。

《華頓商學院最受歡迎的談判課》敘述的談判原則之一是：「你覺得你説了什麼，遠不及對方覺得他們聽到什麼來得重要。」「交換評價不相等的東西：當你把焦點放在對方的需求上，就不會認爲金錢是最重要的東西。金錢以外對對方很重要的東西，可以用來取代高價的要求。」幸好鄒忌心目中最重要的不是美貌而是尊貴的自我，所以妻妾和客人都無法蒙騙他。鄒忌知道齊威王想聽的是正言，深知國君的責任是正身黜惡積德義、察納雅言治國家，因此願以此交換不聽阿諛奉承的甜言蜜語，懸賞廣徵建言，而形成雙贏局面。

四十四、非攻中

戰國 墨子

飾攻戰者[1]言曰：「南則荊、吳之王，北則齊、晉之君，始封於天下之時，其土城之方[2]，未至有數百里也；人徒之眾，未至有數十萬人也。以攻戰之故，土地之博，至有數千里也，人徒之眾，至有數百萬人，故當攻戰而不可爲也。」

子墨子言曰：「雖四五國則得利焉，猶謂之非行道也，譬若醫之藥人之有病者然。今有醫於此，和合[3]其祝藥[4]之於天下之有病者而藥之，萬人食此，若醫四五人得利焉，猶謂之非行藥[5]也，故孝子不以食其親，忠臣不以食其君。古者封國於天下，尚者以耳之所聞，近者以目之所見，以攻戰亡者，不可勝數。何以知其然也？東方自莒之國者，其爲國甚小，閒[6]於大國之間，不敬事於大，大國亦弗之從而愛利。是以東者越人夾削其壤地，西者齊人兼而有之。計莒之所以亡於齊越之間者，以是攻戰也。雖南者陳、蔡，其所以亡於吳越之閒者，亦以攻戰。雖北者且不一著何，其所以亡於燕、代、胡、貊之間者，亦以攻戰也。」是故子墨子言曰：「古者王公大人，情欲得而惡失，欲安而惡危，故當攻戰而不可不非。」

注釋

①飾攻戰者：為攻戰辯飾、誇張戰爭的人。
②方：方圓，即幅員，面積。
③和合：混合。
④祝藥：治瘍病和金創的藥。
⑤行藥：可行的藥。
⑥閒：同「間」，夾處其間。

翻譯

爲攻戰辯飾的人說：「南方的楚、吳國君，北方的齊、晉國君，最初受封有天下的時候，他們擁有的土地城郭面積，還不到數百里；人民的總數，還不到數十萬。因爲攻戰的緣故，土地擴充到數千里，人口增多到數百萬。所以攻戰是不可以不進行的。」

墨子說：「即使有四五個國家因攻戰而得到利益，還不能說它是正道，好像醫生給有病的人開藥方一樣。現在有個醫生在這裡，他拌好藥給天下有病的人服藥。一萬個人服了藥，若其中有四五個人的病治好了，還不能說這是可通用的藥，所以孝子不拿它給父母服用，忠臣不拿它給君主服用。古時在天下封國，年代久遠的可由耳目所聞，年代近的可由親眼所見，由於攻戰而亡國的，多得數都數不清。」從何知道如此呢？東方有個莒國，這國家很小，而處於（齊、越）兩個大國之間，不敬事大國，也不聽從大國而唯利是好，結果東面的越國來侵削他的疆土，西面的齊國兼併占有了它。估算思索莒國被齊、越兩國所滅亡的原因，是因爲攻戰。即使是南方的陳國、蔡國，被吳、越兩國滅亡的原因，也是攻戰的緣故。北方的租國、不屠何國，被燕、代、胡、貉滅亡的原因，也是攻戰的緣故。所以墨子說道：「現在的王公大人如果確實想獲得利益而憎惡損失，想安定而憎惡危險，所以對於攻戰，是不可不責難的。」

知識要點

● 故事背景：墨子主張兼愛，以「興天下大利，除天下之害」爲己任。基於言論行動皆以國家人民之利爲目標，提出「非攻」的主張，批判戰爭的殘酷性、掠奪性與欺騙性。

● 敘述脈絡：荊、吳、齊、晉因攻戰而地廣人眾↓少數國家得利，不可斷定攻戰是可行之道↓以攻戰亡者，不可勝數↓若想遠損避險，當責難攻戰。

● 知識重點：

1. 墨子從愛百姓、利百姓的高度出發，極力反對強凌弱的攻伐之戰，企圖維護人間的和平生活。
2. 主張攻戰的人選擇吳、楚、齊、晉四國武力擴張成功，有利的案例鞏固主張，墨子採取的對策有二：少數例證不足以成立原則性論點、因攻戰亡國者歷歷可數，藉統計學的數字對比形成有利的證據，因此後段不厭其煩地就東方之莒、南方之陳蔡，居於戰爭帶來毀滅之國家角度，戳破辯飾者以偏概全的盲點，和欺凌小國的惡行。
3. 墨子是中國邏輯學的奠基者，他稱邏輯學為「辯」學，視之為「別同異，明是非」的思維法則，提出了辯、類、故等邏輯概念，如本文運用類推的方法揭露論敵的矛盾，將攻戰成功的例子比擬為醫生的處方，將看似實證的事例以「若醫四五人得利焉，猶謂之非行藥也，故孝子不以食其親，忠臣不以食其君」的危險性、不確定性輕易推翻，表現出墨家思辨的技巧。

練習題

1. 根據上文，推斷文意，選出最適切的選項：
(A)飾攻戰者認爲攻戰是拓疆闢土的捷徑，其實是以暴制暴的手段
(B)墨子主張兼相愛、交相利，攻戰對國家百姓皆不利，因此抱持反對看法
(C)莒國好戰，不敬事大國，反而連連發動攻戰，導致東者越人、西者齊人兼併之
(D)新藥之所以無法推廣，是因爲取樣的試驗者不夠多，正如墨子非攻是因攻戰失敗的比例不高

2. 子墨子言曰：「古者王公大人，情欲得而惡失，欲安而惡危，故當攻戰而不可不非」的原因是攻戰
(A)帶來慘重損失
(B)開啟時局的亂源
(C)違反人性與公理
(D)被冠不仁不義的惡名

3. 閱讀下文，根據墨子的看法，飾攻戰者所犯錯誤最可能是：
(A)以偏概全
(B)損人利己
(C)貪得無厭

(D)顧此失彼

【大考演練】

1-2為題組。閱讀下文，回答1-2題。【102指考】

越甲至齊，雍門子狄請死之。齊王曰：「鼓鐸之聲未聞，矢石未交，長兵未接，子何務死之？為人臣之禮邪？」雍門子狄對曰：「臣聞之：昔者王田於囿，左轂鳴，車右請死之，而王曰：『子何為死？』車右對曰：『為其鳴吾君也。』王曰：『左轂鳴者，工師之罪也，子何事之有焉？』車右曰：『臣不見工師之乘，而見其鳴吾君也。』遂刎頸而死。知有之乎？」齊王曰：「有之。」雍門子狄曰：「今越甲至，其鳴吾君也，豈左轂之下哉？車右可以死左轂，而臣獨不可以死越甲也？」遂刎頸而死。是日，越人引甲而退七十里，曰：「齊王有臣鈞如雍門子狄，擬使越社稷不血食。」遂引甲而歸。（《說苑．立節》）

註：(1)越甲：越國軍隊。(2)車右：駕者右邊的武士。(3)鈞：同「均」。(4)血食：殺牲取血以祭天地祖先。保有政權方能血食祭祀。

1. 依據上文，敘述正確的選項是：
(A)齊王指責雍門子狄臨陣脫逃，未善盡人臣之責
(B)雍門子狄認為使君王陷於危殆，實為臣子之罪
(C)齊王對於雍門子狄有所誤解，致使他自刎明志
(D)車右為無力督導工匠製車而自責，故刎頸而死

2. 關於越人「引甲而歸」的原因，敘述正確的選項是：【105指考】
(A)見齊國兵車眾多、軍容盛大，自忖無法與之為敵
(B)車右預知越甲將至，以死勸告齊王務必提前戒備
(C)認為齊人忠君愛國，若執意攻伐將招致亡國之禍
(D)敬佩雍門子狄敢為死士，畏懼其不惜犧牲的氣勢

3. 閱讀下文，合乎該段文字內容的選項是：【105指考】

殺一人謂之不義，必有一死罪矣，若以此說往，殺十人十重不義，必有十死罪矣；殺百人百重不義，必有百死罪矣。當此，天下之君子皆知而非之，謂之不義。今至大為不義攻國，則弗知非，從而譽之，謂之義，情不知其不義也，故書其言以遺後世。若知其不義也，夫奚說書其不義以遺後世哉？今有人於此，少見黑曰黑，多見黑曰白，則以此人不知白黑之辯矣。（墨子〈非攻上〉）

(A)殺害他人性命與發動戰爭攻打他國罪惡相同，應加以指責
(B)非常特殊的情況下，發動戰爭也是實現正義的不得已作為
(C)「少見黑曰黑，多見黑曰白」指人應增廣見聞以正確判斷
(D)所謂不義，和殺害他人數目成正比關係，故量刑亦應倍增【108二技】

【跨領域觀看】：非攻論點中看不見的手與操縱體系

經濟學鼻祖亞當・斯密（Adam Smith），西元一七七六年年《國富論》提出，市場「猶如被一隻看不見的手操縱……人人都在追求自己的利益」。這說明在自由開放競爭的市場中，每個人都有很多選擇的自由。

這理想的經濟理論似乎也可以用來解釋非攻論述，以「兼相愛，交相利」的互惠爲基礎的墨家，正如市場上達成經濟均衡，人人都能獲得最大利益的期待，而建立互信、互諒、互助的和諧社會。但自私自利的人性、因爲欲望失調的判斷往往是不理性的，我們選擇的，不一定是自己眞正想要的東西。

喬治・艾克羅夫、羅伯・席勒二位諾貝爾經濟學獎得主在《釣愚：操縱與欺騙的經濟學》這本書裡說道：「自由市場的一個副作用，就是用各種五花八門、琳瑯滿目的商品來誘惑我們，讓我們掏錢出來購買。只要商家覺得有利可圖，就會引誘我們購買，甚至不惜販售有害的東西給我們。」「經濟體系也會利用我們的弱點，對我們的生活造成不良影響。」

在這篇文章中，飾攻戰者舉出強國是因爲攻伐而拓疆闢土，符合經濟學裡市場競爭以私利去操縱別人，編織出各種冠冕堂皇的理由，讓侵略合理化、正當化，繼而以富國強兵造成人們心理與認知的偏差。墨子則穿透這愚化的說詞，舉無端生事，攻伐殺戮反而增加被擊的機率，加速被滅亡的結果。

四十五、非樂

戰國 墨子

子墨子言曰：「仁之事者，必務求興天下之利，除天下之害，將以爲法乎天下。利人乎，即爲；不利人乎，即止。且夫仁者之爲天下度也，非為其目之所美，耳之所樂，口之所甘，身體之所安，以此虧奪民衣食之財，仁者弗為也。」

是故子墨子之所以非樂者，非以大鐘、鳴鼓、琴瑟、竽笙之聲，以為不樂也；非以刻鏤華文章之色，以為不美也；非以芻豢①煎炙之味，以為不甘也；非以高臺厚榭邃野②之居，以為不安也。雖身知其安也，口知其甘也，目知其美也，耳知其樂也，然上考之不中聖王之事，下度之不中萬民之利，是故子墨子曰：「為樂非也。」

注釋

① 芻豢：音ㄔㄨˊ ㄏㄨㄢˋ，飼養的牲畜。

② 邃野：深遠幽深的房屋。邃，音ㄙㄨㄟˋ，深遠。

翻譯

墨子說道：「仁人所做的事，必定講求為天下人謀求福利，為天下人除去禍害，並以此作為天下的法則。對天下人有利的，就做；不利於人的，就停止不做。而且仁人做事是為天下所考慮的，絕不是為了眼睛能看見美麗的東西，耳朵能聽到快樂的聲音，嘴巴能嚐到美味，身體覺得安適，因此巧奪人民的衣食之財，損害百姓的利益，仁者是不做這些事的。」因此墨子反對音樂的原因，並不是認為大鐘、鳴鼓、琴瑟、竽笙的聲音不好聽，不是因為紋飾的雕刻不美麗，不是認為煎炙的、豢養的牛羊豬肉味道不鮮美，也不是認為高臺亭榭、深遠幽深的房屋居住得不舒服。雖然明知這樣的享受使身體因此安逸，嘴巴能飽足甘美的口味，眼睛可以賞心悅目，耳朵聽得很快樂，但是向上考察，這不符合聖王行事的原則，向下考慮，這不符合人民的利益，所以墨子說：「從事音樂是錯誤的。」

知識要點

● 敘述背景：春秋戰國時代，禮制疲敝，崇尚浮華無實的文飾之美，忽略內在的實質，儒、道、墨諸子都提出「以質救文」的觀點。墨子「非樂」的出發點目的在譴責王公大人的奢侈享受，超越人民所能負擔的程度，以致天下凍餒凶餓，無以自處。

● 論理結構：仁之事者，必務求興天下之利，除天下之害（正，原則）→非為其目之所美，耳之所樂，口之所甘，身體之所安（反，盲點）→是故墨子之所以非樂者（結論，主張）→非以大鐘、鳴鼓、琴瑟、竽笙之聲，以為不樂也，是因不中聖王之事，不中萬民之利（解說，原因）。

● 歷代評論：荀子：「墨子之非樂也，則使天下亂；墨子之節用也，則使天下貧。」

莊子批評墨家非樂、節用太苛刻，脫離實際生活，違反人的本性，與聖王之道遠：「其生也勤，其死也薄，其道大觳。使人憂，使人悲，其行難爲也。恐其不可以爲聖人之道，反天下之心，天下不堪。」

● 知識要點：

1. 基於「務求興天下之利，除天下之害」的使命感，所以墨子推崇古代聖王節用治世，力主節用儉約，以求天下公利進而兼愛安治，「非樂」的動機正是如此。

2. 墨子以實用功利主義哲學為基礎，以行天下之義與利為目標，提出非樂、節用、節葬為其思想的基本內容。因為在戰亂民貧的社會背景之下，追求感官享受而奢華的行為是「奪民衣食之財，仁者弗為也」，反對儒家繁瑣的「禮樂」，何況是能享受聲光色樂的人盡是富貴顯達的上位者，而百姓衣食不足，情何以堪，更非「仁者」作為。

3. 墨子言利乃指「公利」、「義利」，是站在平民百姓的立場發言，為天下人解除痛苦，謀取安治。文章先建立「仁者為天下興利除害」的原則，以「非以……以為」排比句型逐一說明非樂、否定口耳享受的理由。「上考之不中聖王之事，下度之不中萬民之利」以聖王作為回應首句，強調仁者當以天下公利為目標，突顯墨家以百姓為本的觀點。

練習題

1. 下列政治作風最接近「利人乎，即爲；不利人乎，即止」的是：

(A)民之所好好之，所惡勿施爾

(B)明明德，親民止於至善

(C)無欲速，則不達；見小利，則大事不成

(D)可以取，可以無取；取，傷廉。可以與，可以無與；與，傷惠

2. 「且夫仁者之爲天下度也，非爲其目之所美，耳之所樂，口之所甘，身體之所安，以此虧奪民衣食之財，仁者弗爲也。」從這段敘述，可推知墨子的觀點是：

(A)士志於道，而恥惡衣惡食者，未足與議也

(B)昔者，仲尼與於蜡賓，事畢，出遊於觀之上，喟然而歎

(C)使天下之人不敢自私，不敢自利；以我之大私，爲天下之公

(D)有人者出，不以一己之利爲利，而使天下受其利；不以一己之害爲害，而使天下釋其害

3. 下列與墨子非樂主張相同的是：
(A)揖讓而治天下者，禮樂之謂也
(B)夫樂者、樂也，人情之所必不免也
(C)樂在宗廟之中，君臣上下同聽之，則莫不和敬
(D)今王公大人惟毋為樂，虧奪民之衣食之財，以拊樂如此多也

【大考演練】

1-3為題組。閱讀下文，回答第1-3題。

「姑蘇城外寒山寺，夜半鐘聲到客船」，報時的鐘聲是後世人們常聽到的，但鐘在古代曾是重要的樂器。鐘樂在商代，可能只是節奏性的配樂；到了西周，一來是改用懸掛的方式，二來大概是較瞭解鐘體與音調的關係，所以可鑄造一系列音調各異的編鐘，足以演奏主旋律。中國古時演奏用的鐘，筒體一開始就鑄成扁橢圓狀，不同於其他民族鑄成渾圓狀。一九七八年在湖北發掘的一個戰國初期墓葬出土一座木鐘架，上有四十六件甬鐘和十九件鈕鐘，每一鐘在敲打部位的隧部和鼓部都刻有定音銘文，證實把鐘鑄成扁橢圓狀，是為了使每一個鐘都能敲出不同的兩個音階。一鐘兩音既可節省演出場地，也不會讓樂工手腳疾忙。

西周雖有弦樂，但因聲響不宏亮，不適合在著重肅穆效果的廟堂上演奏，故發展較遲。弦樂器的名稱，春秋以來大致以敲擊的叫筑，撥彈的叫箏、琴、瑟。但弦樂器發明之初可能多以敲擊方式演奏，故即使後來有所變革，舊有技法還是保留在行文敘寫中。琴與瑟的主要分別在弦數——琴一般十弦上下，瑟以二十五弦為常見。相較於不便移動的鐘，琴瑟可隨處即興演奏，遂成為士人必修的技藝。又弦樂也較悅耳，魏文侯喜鄭衛之聲而不好古樂，鄭衛之聲即是竽笙之管與琴瑟之弦合奏的樂曲。（改寫自許進雄《古事雜談》）

1. 上文引述「一九七八年出土戰國墓葬」，主要是為了說明：
(A)西周編鐘已可演奏主旋律
(B)編鐘適合廟堂上集體演奏
(C)鐘樂的形制蘊含古人智慧
(D)鐘在戰國由渾圓變為橢圓 【106統測】

2. 上文敘述「鐘樂」與「弦樂」的差異之處，沒有提及哪個方面？
(A)演奏的場合
(B)聽者的感受
(C)攜帶的方便性
(D)最流行的時代 【106統測】

3. 下列文句「」內的詞，何者最適合作為文中劃底線處的引證？

(A)擊甕叩缶，「彈箏」搏髀
(B)伯牙「鼓珗」而六馬仰秣
(C)「拂珗」開素匣，何事獨顰眉
(D)後來知是「調箏」手，窈窕傍聽曾誤否

【106統測】

【跨領域觀看】：以機會成本計算思考非樂的理論

周公制禮作樂，使周代遠離商朝凡事占卜、事奉鬼神之俗，而建立一套完善的社會禮制和音樂教育。禮，既是維護統治者等級制度的政治準則，又是重建構社會秩序，以維繫道德人心的典章規範。

樂則是貴族禮儀活動而製作的舞樂，「興於詩，立於禮，成於樂」，這是孔子提出的禮樂教化，藉以陶養性情，平和心緒，發揮純然至善的德性光輝，形塑完美的人格。《荀子．樂論》進一步將樂擴大至社會功能：「移風易俗，天下皆寧，莫善於樂。」《禮記．樂記》更建立樂的理論，認爲樂對人意志和性格的影響甚大，而提出以樂治天下的概念，強調樂的道德教化功能。

儘管如此，春秋後期隨著商業興起人口移動頻繁，鬆動原本貴族、平民的階級分野。新興地主興起，奴隸擺脫地主束縛，擁有以往所沒有的自由和發展性。墨翟及他所創立的墨者集團就屬於剛脫離人身束縛的「農與工肆之人」階層，墨子非樂主張是基於統治者「厚措斂於百姓」，動輒數百人的官學爲追求耳目享受，不僅耽誤百姓生產，也消耗民財。

經濟學所謂「機會成本」，是指在面臨多方案擇一決策時，被捨棄的選項中的最高價值者是本次決策的機會成本，意即完成某事所需的代價。也就是當我們選擇做某件事，勢必要放棄其他機會，以站在生產者、勞動者立場的墨子而言，官府徵召百姓演奏樂器，百姓無法耕作，民生窘困，這就是官樂所付的代價，亦即機會成本。除此之外，樂器、訓練百姓會彈奏樂器的時間、金錢、樂工穿戴的衣服飾品是外顯的物力成本，這便是墨子非樂的考量。

四十六、曾子易簀①

禮記　檀弓

曾子寢疾②，病。樂正子春坐於床下，曾元、曾申坐於足，童子隅坐③而執燭。童子曰：「華而睆④，大夫之簀與？」子春曰：「止！」曾子聞之，瞿然⑤曰：「呼！」曰：「華而睆，大夫之簀與？」曾子曰：「然。斯季孫之賜也，我未之能易也。元，起，易簀。」曾元曰：「夫子之病革⑥矣！不可以變。幸而至於旦，請敬易之。」曾子曰：「爾之愛我也不如彼。君子之愛人也以德，細人⑦之愛人也以姑息。吾何求哉？吾得正而斃焉，斯已矣。」舉扶而易之，反席未安而沒。

注釋

①易簀：換席子。簀，音ㄗㄜˊ。
②寢疾：生病，多指重病。寢，病臥。
③隅坐：坐在角落。
④華而睆：華麗而明亮。睆，音ㄏㄨㄢˇ，明亮。
⑤瞿然：驚慌、恐懼的樣子。瞿，音ㄐㄩˋ。
⑥病革：指病情危急。革，音ㄐㄧˊ。
⑦細人：見識淺陋、器量狹小的人。

翻譯

曾子臥病在床，病情很沉重。他的學生樂正子春坐在腳下，他的兒子曾元、曾申坐在他的腳旁，有個小孩子坐在角落裡，端著燭火照明。小孩子說：「好漂亮、好光滑，是大夫用的席子嗎？」子春說：「不要作聲！」曾子聽到了，驚慌醒過來，呼了口氣，孩子又重複地說了一次：「好漂亮，那是大夫用的席子吧？」曾子回答道：「是的，這是季孫大夫賞賜給我的，我生病以來，一直在這上面休息睡覺，沒力氣來換掉它。曾元，起來把席子撤換掉。」曾元說：「您的病情危急，不能輕易移動，等到天亮，您病情好些，我再幫您更換。」曾子說：「你愛我的心，不及那小孩子。有才有德的君子是以德行來愛人，而小人卻是以得過且過的態度來愛人。我現在還有什麼可求的呢？我只希望能夠死得規規矩矩，照著我的身分死在我應該睡的席子之上罷了」於是，大家合力將曾子攙扶起來，把席子換了，再放回席子上，還來不及放得平穩，曾子就過世了。

知識要點

● 敘述脈絡：曾子病重→童子指席華而睆，問是大夫之簀嗎，弟子止之→曾子要曾元易簀→舉扶而易之，反席未安而沒。

歷代評論：明成祖文皇帝讚曾子孝道：「夫人子之事親，非惟豐衣食以養其口體而已。貴能委曲承順，以悅其心志也；若曾參之養，豈非欲以承順父母之心意者哉。觀其臨終而啓手足，以著其全歸之難；則其平日之孝信，非人所能及，豈但能養與能悅其心意而已哉。嗚呼！欲盡事親之道者，當審於斯。」並作〈養志詩〉：「養親唯在悅親心，親悅心安孝足欽。自古幾多為孝者，當時誰復似曾參？」

知識重點：

1.《禮記》是秦漢之際和漢代初期儒家學者的著述，記載禮制、禮意的論述，涉及秦漢以前的社會習俗、道德規範，反映了儒家的政治哲學、倫理思想。題材或內容除詮釋《儀禮》、考證古禮和理論性論述，另為記載孔門弟子言行，反映儒家的禮的生活實踐，如本文。

2.曾子修身嚴謹，不但一日三省：「為人謀而不忠乎？與朋友交而不信乎？傳不習乎？」更言：「士不可以不弘毅，任重而道遠。」此外曾子有疾，召門弟子曰：「啓予足！啓予手！詩云『戰戰兢兢，如臨深淵，如履薄冰。』而今而後，吾知免夫！小子！」（《論語・泰伯第三》）由此曾子守綱紀倫常戒慎恐懼之心，可與本章堅持守禮相映。

3.本文是敘事小品，以簡練的文字，傳達出人物空間位置與心理，由中可見人物關係，與如何解釋魯季康子所贈的席子。古人衣食住行都有禮制，童子因久侍而知禮，見曾子死於不合身分的席子，而問：「這是大夫席嗎？」樂正子春呵斥童子，怕被曾子聽悉。曾子聽聞而懼，深恐守禮一生，敗在臨終之頃，故堅持換席。曾元體貼父親病重不堪移動，但曾子至死還是不失禮，可謂以身告誡後輩一切須依禮行事，守本分，不妄作。

4.「爾之愛我也不如彼。君子之愛人也以德，細人之愛人也以姑息。吾何求哉？吾得正而斃焉，斯已矣。」這句話中，曾子以君子與細人說明提出什麼是愛人之道？同時表明自己一生奉守，死前仍堅持追求的是「正」，正者則心安理得。

練習題

1.下列有關本文人物分析，何者正確？

(A)曾子謹慎尊禮
(B)曾元剛愎自用
(C)樂正子春懦弱無能
(D)童子愚昧無知

2.下列何者，最符合曾子期待曾元的行事之道？
(A)慎終追遠，民德歸厚矣
(B)禮云，禮云！玉帛云乎哉！
(C)生，事之以禮；死，葬之以禮，祭之以禮
(D)禮，與其奢也，寧儉；喪，與其易也，寧戚

【大考演練】

1.根據上文，選出敘述正確的選項：（多選）
(A)樂正子春擔心曾子睡不著，故要童子勿執燭火
(B)曾元希望曾子換席子，以不負季孫賜簀的美意
(C)曾子責怪曾元不懂得變通，不如季孫善體人意
(D)曾子認為不宜逾矩，故堅持要曾元為他換席子
(E)曾子以為：因愛而姑息對方，反可能傷害對方【105統測】

2.依據下文，作者認為文學語言之美主要在於：
任何人的語言都是這樣，每句話都是警句，那是會教人受不了的。語言不是一句一句寫出來的，「加」在一起的。語言不能像蓋房子一樣，一塊磚一塊磚，壘起來，那樣就會成為「堆砌」。語言的美不在一句一句的話，而在話與話之間的關係。包世臣論王羲之的字，說單看一個一個的字，並不怎麼好看，但是字的各部分，字與字之間「如老翁攜帶幼孫，顧盼有情，痛癢相關」。
（汪曾祺〈中國文學的語言問題〉）
(A)疏密相間，氣脈連屬
(B)自然平易，不事雕琢
(C)去蕪存菁，造語凝練
(D)內容豐富，層次嚴謹【105統測】

【跨領域觀看】：有禮走遍天下，無禮寸步難行

禮的本字「豊」，甲骨文（像許多打著繩結的玉串）＋（壴，有腳架的建鼓），表示擊鼓獻玉，敬奉神靈。「豊」字獨立後，有的金文再加「示」為禮，強調祭祀含義；有的金文加「酉」為醴，表示以美玉、美酒敬神。籀文簡化字形，以「水」代替「酉」（酒），表擊鼓奏樂，並用美玉美酒敬拜祖先和神靈為禮。足見「禮」始於精緻慎重，具有聲與色的畫面，張鼓奏樂鼓，繩線交錯成長長的一串，綴上透明而象徵高貴的玉片。在萬物皆有靈的上古時期，人們準備世上最華麗的

器物來感謝神靈。

《說文解字》上的解釋強調了實踐、履行的意涵：「禮，履也。所以事神致福也。從示從豊，豊亦聲。」《說文解字注》補充「禮」，引申爲做人處事的依歸：「履、足所依也。引伸之凡所依皆曰履。此假借之法。」並進一步說明列爲「示」部的原因是祭祀：「禮有五經，莫重於祭。故禮字從示。豊者行禮之器。豊亦聲。」

《教育部字典》對「禮」的解釋是：人類的行爲規範。《禮記．曲禮上》：「夫禮者，所以定親疏，決嫌疑，別同異，明是非也。」由此衍生出人際關係中對於尊長者、有學問道德者、有官位者規矩恭敬的態度或行爲是禮，推及日常生活婚喪儀式、成年禮、歲時節慶祭祀天神、地祇的活動是禮，這期間彼此表達敬意的贈品就是禮物。

禮者理也，禮的外在儀節是禮樂制度與風俗系統，透過食衣住行育樂、言行舉止分別貴賤親疏、性別年齡的差異、倫常關係，形成社會階級的差異化。這就是曾子何以病危都要易簀，因爲對讀書人而言守禮是一輩子的事，也是修身的表現。

隨著禮樂表徵的差異而來的是權力以及社會資源的差異，使得禮樂制度從日常規範走向政治意義。禮的內在本質是道理、事理、天理，這讓禮樂制度具有客觀必然性，也樹立其合法性。《禮記》一書敘述落實在日常生活規範之中的儒家理想和政治哲學。

禮與法在一線之隔，約定俗成的傳統文化是禮，人們在教育及社會風氣薰陶影響而行禮，那是他律而後形成自律的教養。但當禮義崩壞，人性的自私橫溢，如《荀子．性惡》所言：「今人之性，生而有好利焉，順是，故爭奪生而辭讓亡焉；生而有疾惡焉，順是，故殘賊生而忠信亡焉。」具強制性的法，便被提出成爲整頓社會秩序，建立行爲規範，讓公理正義得以在賞罰之間被伸張的方式。

希臘哲學家亞里斯多德於西元前三五〇年寫道：「法治比任何一個人的統治來得更好。」這樣的概念在西方隨著西元前五世紀羅馬人的早期法典《十二銅表法》、西元六世紀的《查士丁尼法典》，到認同民主是法治原則確立前提的主張，法制遂成爲民主政治的保障。各項國家、國際法，讓民主政治的法律化和制度化，生活其間的我們也必然依禮而得以享受自由，以禮表示對社會秩序的尊重。

四十七、杜蕢揚觶

禮記　檀弓

知悼子①卒，未葬。平公飲酒，師曠②、李調侍，鼓鐘。

杜蕢自外來，聞鐘聲，曰：「安在？」曰：「在寢。」杜蕢入寢，歷階而升③，酌，曰：「曠飲④斯。」又酌，曰：「調飲斯。」又酌，堂上北面坐飲之。降，趨而出。

平公呼而進之，曰：「蕢，曩者爾心或開予，是以不與爾言。爾飲曠，何也？」曰：「子卯不樂⑤；知悼子在堂，斯其爲子卯也大矣！曠也，太師⑥也，不以詔，是以飲之也。」「爾飲調，何也？」曰：「調也，君之褻臣⑦也，爲一飲一食，亡君之疾⑧，是以飲之也。」「爾飲，何也？」曰：「蕢也，宰夫⑨也，非刀匕是共⑩，又敢與知防⑪，是以飲之也。」平公曰：「寡人亦有過焉。酌而飲寡人！」杜蕢洗而揚觶⑫。公謂侍者曰：「如我死，則必無廢是爵也！」至於今，既畢獻，斯揚觶，謂之「杜舉」。

【注釋】

①知悼子：春秋時晉國大夫，卒於魯昭公九年（西元前五三三年），諡「悼」。

②師曠：春秋時晉國樂師。

③歷階而升：快速登梯而上。

④飲：音ㄧㄣˋ，喝罰酒。

⑤子卯不樂：指忌日不奏樂。子，是周武王伐紂，商紂亡的日子，卯是夏桀亡國的日子。二人都不得善終，因此古時

君王認為這兩個日子對國君不吉利，稱作忌日，不奏樂，以警惕自己。

⑥太師：古代樂官之長。
⑦褻臣：親近得寵的臣子。褻，音ㄒㄧㄝˋ。
⑧亡君之疾：忘記國君所犯的錯誤。亡，失。
⑨宰夫：烹調食物的僕役。
⑩非刀匕是共：「非共刀匕」的倒裝。匕，音ㄅㄧˇ，羹匙。
⑪與知防：參與規諫禁防的事。
⑫揚觶：舉起酒杯。觶，音ㄓˋ，是古代青銅製成的飲酒器。圓腹，侈口，圈足，或有蓋。

翻譯

春秋晉國的大臣知悼子剛過世，還沒有下葬。晉平公卻喝起酒來，並讓樂師師曠、寵臣李調陪侍，敲鐘擊鼓奏樂。

杜蕢從外面進來，聽見鐘鼓聲，問道：「國君在哪裡？」有人回答說：「在寢宮。」於是快步登上臺階，斟了一杯酒，說：「師曠，把這杯酒喝了。」再斟滿一杯酒，說：「李調，把這杯酒喝下去！」又斟滿一杯酒，坐在堂上朝北將之一飲而盡。然後走下臺階，快步走出內堂匆匆而去。

晉平公叫進宮來，說：「杜蕢！我剛以爲你有什麼意見要開導我，所以沒開口和你說話。爲什麼要師曠喝酒？」杜蕢說：「甲子日和乙卯日是忌諱的日子，不得飲酒奏樂。何況知悼子的靈柩還放在堂上，作爲忌日，這比甲子、乙卯日還嚴重。師曠是掌樂的太師，不會不知此理，卻不把這種禮節告訴君王，所以罰他喝酒。」平公又問：「你爲什麼讓李調飲酒？」杜蕢說：「李調是國君的寵臣，卻貪吃貪喝，忘記了君主違禮的過失，所以也罰他喝酒。」平公再問：「你自己也喝了一杯，又是爲什麼？」杜蕢說：「我是管膳食的官，沒有盡到提供刀、匙的職責，竟膽敢參與規諫禁止違禮的事，所以罰自己飲酒。」平公說：「我也有過失，斟上酒來，罰我飲一杯吧！」杜蕢於是將酒杯洗淨，倒上酒舉起獻上。平公飲畢向侍者說：「如果我死後，一定不要廢棄舉杯獻酒的禮儀！」直到現在，凡是向國君和賓客獻酒過後，一定要舉起酒杯，這叫做「杜舉」。

知識要點

● 故事背景：〈檀弓篇〉是《禮記》的第三篇章，首段記與子游同時代的檀弓參加喪禮的事，雜記時人行禮得失的事蹟或言行，所以稱作〈檀弓篇〉。〈檀弓篇〉分上下兩篇，都是記錄喪事的禮節和故事，與孔子和門人對辦喪事的禮節的見解。

● 敘述脈絡：知悼子卒而未葬，平公飲酒，師曠、李調侍→杜蕢要師曠、李調喝罰酒→杜蕢向晉平公解釋罰酒的原因→平公自認有罪，喝罰酒並命保留揚觶的訓誡。

故事後續：「洗而揚觶」、「杜蕢揚觶」、「杜舉」後用爲國君受諫停樂的典故。

知識重點：

1. 古人盛酒的有尊、彝、卣、觥、壺，溫酒的有爵、角、斝，調酒用盉，飲酒用觚、觥、觴。
2. 古時有曆書頒行，每月都有忌日，逢本朝皇帝死的日子，都不許奏樂作樂，喜事也不在這一日舉行。知悼子是晉大夫，職位甚高。大夫死，依禮節，國家不許奏樂，因為大夫有功於國的緣故。
3. 孔子以詩書禮樂教授弟子，尤著重禮，如：「不學禮，無以立。」「克己復禮為仁。」其實踐方式是「非禮勿視，非禮勿聽，非禮勿言，非禮勿動」。這章中杜蕢所堅持的正是非禮勿動的行為規範。杜蕢表面上罰師曠、李調既失職違禮之過，其實是藉以勸諫平公守禮。
4. 人物形象描述上，本文刻意忽略師曠與李調的反應，而極力強化杜蕢一連串罰酒的動作，既快速又直接地越階而上與下。在座者都靜觀其行，彷彿默許這些行為，最後才透過平公之問，闡釋原由，突顯禮的內涵與知禮守禮的必要。晉平公當下認錯，自請罰，並保留杜舉以警惕，可見其從善如流的修為。

練習題

1. 下列最符合杜蕢自我處罰原因的成語是：
(A)越俎代庖
(B)成人之美
(C)推波助瀾
(D)兔死狐悲

2. 下列有關本文人物的說明，正確的是：
(A)師曠知音樂，體貼平公煩憂而未告知失禮
(B)李調貪圖享樂，深知平公習性，而刻意輕忽
(C)杜蕢個性急躁，行事魯莽，不畏權貴忠心直諫
(D)晉平公雖聞義知服，卻貪圖享樂，置國事不顧

3. 下列有關禮的敘述，正確的是：
(A)子卯不樂是因爲知悼子在堂
(B)罰酒是因爲臣子不得與君王共飲
(C)堂上北面坐飲之是因爲身分低賤
(D)爲禮敬大夫，卒而未葬不得鼓樂

大考演練

1-3爲題組。閱讀下文，回答第1-3題。

「江戶壽司」是澳洲布里斯本的一家平價日本餐廳，產品有自取的迴轉壽司、服務人員提供的生魚片、手捲、麵類

等。老闆 Johnny 是韓國人，在沒有財團的支持下，四年內開了六家店。

Johnny 開店前曾到雪梨走訪幾家迴轉壽司，除了掌握市場走向，也學習餐廳的軟硬體規劃。Johnny 明白，要讓日本料理展現傳統風味，必須靠道地的食材。但道地食材在澳洲取得不易，若從日本進口則成本太高；加上澳洲是一個民族大熔爐，單是英國人與澳洲人就有不同喜好；而亞洲人如日本、韓國、越南、中國人等，口味也不同。

爲了迎合大眾，他選擇在地化，例如將當地盛產的酪梨放進壽司，也調整日本握壽司中含有芥末的做法，因爲澳洲人大多怕芥末的味道。此外，菜單上也看得到越南春捲，或義式油漬番茄壽司。

Johnny 也根據餐廳所在地來調整菜單內容，例如黑鮪魚壽司雖然深得亞洲人喜愛，卻不受白人青睞，因此多屬白人消費的北區分店便不販售。又當主廚推日式串燒雞肉，北區分店便改供應炸物，以迎合顧客喜歡酥脆食物的口味。同樣地，拉麵也只出現在亞洲人較多的南區分店菜單中。

雖然有許多人捧著鈔票想尋求加盟，但 Johnny 說，他喜歡走進「自己的」餐廳，而非「自己品牌的」餐廳，因此目前只允許一家加盟。（改寫自《料理．臺灣》第三十一期）

1. 依據上文，「江戶壽司」廣受歡迎的主要原因爲何？
(A)以在地人爲目標客群
(B)平價卻能自助吃到飽
(C)忠於異國料理的原味
(D)隨季節推出當令菜色
【106統測】

2. 依據上文，「江戶壽司」若擬推出「炸豬排花壽司套餐」、「味噌烏龍湯麵」兩樣新菜色，最能兼顧消費者口味與經營效益的供餐方式爲何？
【106統測】

	炸豬排花壽司套餐		味噌烏龍湯麵	
	南部供應分店	北部供應分店	南部供應分店	北部供應分店
(A)	*		*	
(B)		*		*
(C)	*	*	*	
(D)	*		*	*

3. 上文作者的寫作目的，應是爲了探討哪個議題？
(A)跨國餐飲事業如何尋地集資
(B)傳統餐飲如何時尚化年輕化
(C)餐飲業者如何吸引合作加盟
(D)海外餐飲市場如何開拓客源
【106統測】

企業競爭或個人面對危機困境時，常以SWOT分析自身的條件與難處，來找到最有利的做法。這套市場行銷的基礎分析方法，透過評價自身的優勢（Strengths）、劣勢（Weaknesses）、外部競爭上的機會（Opportunities）和威脅（Threats），深入思考，沙盤推演，以發展戰略。

以此可想見杜蕢在勸誡前勢必仔細推敲説服策略，才能達到所願，依SWOT，或許可如此解讀：知悼子卒，未葬乃失禮，自己所要伸張的道理合乎事理是「優勢」。自己的身分不該僭越屬「劣勢」；身居管膳食的官，可以出入國君寢宮是「機會」；晉平公的立場情緒個性，可能受到的責罰，師曠、李調一味討好平公而讒言是「威脅」。

SWOT分析之後，杜蕢以單刀直入法，斬釘截鐵要求師曠、李調喝罰酒，然後不言不語快速離開，構成故弄玄虛，出奇不意的效果。這招成功引起平公好奇之探問，合乎「提升優勢」、「降低劣勢」、「把握可利用的機會」與「消除潛在威脅」策略，而留下這段佳話。

另一位屢被稱揚謀略者當屬諸葛亮，在〈孔明借箭〉中，扭轉不利的情勢爲有利的條件，步步涉險，卻關關過。分析此計之奇與成，正在於假意誇張周瑜設計陷害之後果，善用魯肅愧疚心理、利用重霧與夜晚，加上擂鼓振聲勢，導致曹操以爲對方有備而來，而慌亂行事，孔明方得以趁機取得勝利。其次，善用天時地利，夜晚起霧迷茫，視線不清，長江非曹軍所熟悉的環境，面對突發狀況，措手不及，無法依經驗克服，以致曹營決策失誤，孔明計才能如願。

總而言之，醞釀計謀必須具備智慧、知識、情報、資源，同時要透徹瞭解施計對象的弱點及需求的渴望，掌握特定事物的一般規律及其行爲慣性。二人所具慎謀能斷之膽識、主導之自信、處心積慮之布局，令人折服。

四十八、人間訓

漢　淮南子

夫禍之來也，人自生之；福之來也，人自成之。禍與福同門①，利與害爲鄰，非神聖人，莫之能分。

凡人之舉事，莫不先以其知規慮揣度，而後敢以定謀。其或利或害，此愚智之所以異也。曉然②自以爲智知存亡之樞機③，禍福之門戶，舉而用之，陷溺於難者，不可勝計也。使知所爲是者，事必可行，則天下無不達之塗矣。是故知慮者，禍福之門戶也；動靜者，利害之樞機也。百事之變化，國家之治亂，待而後成，是故不可不慎也。

注釋

①同門：禍福都由人而成，故言同門。

②曉然：明白的樣子。

③樞機：比喻事物的關鍵部分。樞，音ㄕㄨ，戶樞，主開。機，門閫，主關。

翻譯

禍患到來，是人自己使它產生的；幸福到來，是人自己使它形成的。禍患和幸福出於同門戶，利益和害處相鄰，如果不是神明睿智的聖人，沒有誰能清楚地分辨是禍是福。

凡是人做事情，沒有誰不先運用他的智慧謀畫思慮、估量，然後才敢確定計畫。計畫有的有利，有的有害，這是愚蠢和聰明不同的地方。自認爲明白存亡的關鍵，知道禍患和幸福所出的門戶，運用到行動中，最後陷於困難處境中的人，多得數不清。假使他知道所做的事是正確的，事情就必然可做，那天下就沒有不能達到目的地的道路了。因此人的智慧思慮，是禍患和幸福的門戶；動靜，是帶來利益或損害的關鍵。各種事情的變化，國家的亂治，都要有所等待然後才能成功，因此不能不謹慎。

知識要點

● 寫作背景：西漢淮南王劉安及其門下客以道家爲主，兼採先秦各家言論編成《淮南子》，《漢書．藝文志》將之列爲雜家類。寫作目的在反對初登基帝位的漢武帝推行政治改革，強調道家無爲思想。

● 敘述脈絡：論點：知慮者，禍福之門戶也；動靜者，利害之樞機也。

論證：（反）自以爲智，舉而用之，陷溺於難者（正）知所爲是者，事必可行。

結論：百事之變化，國家之治亂，待而後成，是故不可不愼也。

●歷代評論：胡適說：「道家集古代思想的大成，而淮南書又集道家的大成。」

●知識重點：

1. 文章以「禍與福同門，利與害為鄰」作為客觀前提，成自道家禍福相倚的概念，認為禍與福常相因而至，往往福因禍生，而禍中藏福。接著分析禍福產生的根源來自人為，由此歸結出不可不慎重以待。

2. 「凡人之舉事，莫不先以其知規慮揣度，而後敢以定謀」，是人們面對問題時，尋找解決之道的過程。

3. 在結構上採取總分總的方式，以對比呈現人自以為有規慮揣度的智慧，懂得「存亡之樞機，禍福之門戶」仍不免陷於難。「百事之變化，國家之治亂，待而後成」的結論，可見作者有意以此行事通則說明為政之道，一方面寄託無為的政治觀點，另方面暗喻漢武帝好大喜功之不當。

練習題

1. 下列何者最符合「凡人之舉事，莫不先以其知規慮揣度，而後敢以定謀」步驟的是：
(A)觀察→思考→想像→行動
(B)觀察→思考→行動→想像
(C)思考→觀察→想像→行動
(D)想像→行動→思考→觀察

2. 根據本文，作者認爲陷於困境的原因是：
(A)由天註定
(B)變化莫測
(C)因智而異
(D)個性使然

3. 由「使知所爲是者，事必可行，則天下無不達之塗矣」，可推知作者的意旨是：
(A)智者千慮，必有一失，無須勞神苦思
(B)懂得塞翁失馬，焉知非福而能順應天命
(C)禍兮福所倚，福兮禍所伏，凡事淡然處之
(D)敬小愼微，動不失時，待人處事非常謹愼

大考演練

1-3為題組。閱讀下文，回答第1-3題。

甲、愛其子，擇師而教之，於其身也則恥師焉，惑矣！彼童子之師，授之書而習其句讀者也，非吾所謂傳其道、解其惑者也。句讀之不知，惑之不解，或師焉，或不焉，小學而大遺，吾未見其明也。巫、醫、樂師、百工之人，不恥相師；士大夫之族，曰師、曰弟子云者，則群聚而笑之。問之，則曰：「彼與彼年相若也，道相似也。」位卑則足羞，官盛則近諛。嗚呼！師道之不復可知矣。（韓愈〈師說〉）

乙、夫學者，豈徒受章句而已，蓋必求所以化人，日日新，又日新，以至乎終身。夫教者，豈徒博文字而已，蓋必本之以忠孝，申之以禮義，敦之以信讓，激之以廉恥，過則匡之，失則更之，如切如磋，如琢如磨，以至乎無瑕。故兩漢多名臣，諫諍之風，同乎三代，蓋由其身受師保之教誨，朋友之箴誡，既知己之損益，不忍觀人之成敗也。魏晉之後，其風大壞，學者皆以不師為天縱，獨學為生知，……以諷誦章句為精，以穿鑿文字為奧，至於聖賢之微旨，教化之大本，人倫之紀律，王道之根源，則蕩然莫知所措矣。其先進者，亦以教授為鄙，公卿大夫，恥為人師，至使鄉校之老人，呼以先生，則勃然動色。痛乎風俗之移人也如是！是以今之君子，事君者不諫諍，與人交者無切磋，蓋由其身不受師保之教誨，朋友之箴規，既不知己之損益，惡肯顧人之成敗乎？（〔唐〕呂溫〈與族兄皋請學春秋書〉）

1. 甲文所敘述的情形，何者可於乙文得到最明顯的印證？【105統測】
(A)小學而大遺
(B)群聚而笑之
(C)位卑則足羞
(D)官盛則近諛

2. 下列敘述，何者符合甲、乙二文的觀點？【105統測】
(A)唐代普遍不重師道，實承襲兩漢魏晉之風
(B)唐代士大夫不屑與百工為伍，故拒為其師
(C)士大夫自認天縱英明，視章句為淺薄之學
(D)士大夫恥於相師，遂使彼此失去反省能力

3. 下列關於甲、乙二文運用對比寫作技巧的敘述，何者錯誤？【105統測】
(A)甲文：以「為子擇師的意願」與「自己從師的意願」對比
(B)甲文：以「士大夫的態度」與「技藝工人的態度」對比
(C)乙文：以「公卿大夫的態度」與「鄉校老人的態度」對比
(D)乙文：以「兩漢的風氣」與「魏晉以後的風氣」對比

交通大學班榮超教授〈淺談動力系統中的禍福相倚——由阿維拉的工作談起〉這篇論文的結論寫道：「葛林（Ben Green）與陶哲軒在二〇〇四年，證明了質數具有任意長度的等差數列（算術數列）！這定理所代表的深刻內涵在於，若你將質數看作是相當混亂無序的數列，但事實上它裡面又藏著無窮多有序的等差數列，葛林陶定理同時也透露一個訊息，你或許不喜歡混亂無序，但混亂無序裡其實可能隱藏著相當程度的有序性，這正和阿維拉的研究互相呼應——混亂與有序是密不可分的。」

其實不僅在數學數列中看見有序、無序同時存在的現象，生物界裡的共生、人生禍福都如此。中國人信仰「善有善報，惡有惡報」、「天道無親，常與善人」的天道觀。但生活裡卻未必如《墨子．法儀》所言：「愛人利人者，天必福之；惡人賊人者，天必禍之」，善人不一定好命，惡人未必過得不快活。因此司馬遷在《史記．伯夷列傳》中感歎伯夷、叔齊積仁絜行卻餓死，顏淵爲人好學卻活得簞瓢屢空而卒蚤夭；盜蹠殺人無數竟以壽終。因此王充《論衡．命義》提出：「禍福吉凶者，命也。」

這是道家的自然主義的宇宙觀和人生觀。老子言：「禍兮福之所倚，福兮禍之所伏」，禍與福常相因而至，往往福因禍生，而禍中藏福。《舊唐書．魏徵傳》則主張變化莫測的禍福都是人自己造成的：「禍福相倚，吉凶同域，唯人所召，安不可思？」與《淮南子》這段話不謀而合：「夫禍之來也，人自生之；福之來也，人自成之。」

「塞翁失馬，焉知非福」，蘇秦學縱橫之術，遊說秦王而不得用，回到家裡妻子、嫂嫂、父母都鄙視他，於是發憤讀書，終至佩六國相印；李斯的秦王之賞而爲丞相，最後想牽黃犬逐狡兔已不可得。正如陳繼儒的《小窗幽記》所言：「過分求福，適以速禍；安分適禍，將自得福。」俗話說：「積善之家，必有餘慶；積不善之家，必有餘殃。」我們無法料到禍福何時來，但積善養德，那麼即使有禍也能問心無愧，有福也能安然處之。

四十九、項羽本紀

漢 司馬遷 史記

於是項王乃欲東渡烏江①。烏江亭長檥②船待，謂項王曰：「江東雖小，地方千里，眾數十萬人，亦足王也。願大王急渡。今獨臣有船，漢軍至，無以渡。」項王笑曰：「天之亡我，我何渡爲③！且籍與江東子弟八千人渡江而西，今無一人還，縱江東父兄憐而王我，我何面目見之？縱彼不言，籍獨不愧於心乎？」乃謂亭長曰：「吾知公長者。吾騎此馬五歲，所當無敵，嘗一日行千里，不忍殺之，以賜公。」乃令騎皆下馬步行，持短兵④接戰。獨籍所殺漢軍數百人。項王身亦被十餘創。

顧見漢騎司馬呂馬童，曰：「若⑤非吾故人乎？」馬童面之⑥，指王翳曰：「此項王也。」項王乃曰：「吾聞漢購我頭千金，邑萬户，吾爲若德⑦。」乃自刎而死。

王翳取其頭，餘騎相蹂踐爭項王，相殺者數十人。最其後，郎中騎楊喜，騎司馬呂馬童，郎中呂勝、楊武各得其一體。五人共會其體，皆是。故分其地爲五：封呂馬童爲中水侯，封王翳爲杜衍侯，封楊喜爲赤泉侯，封楊武爲吳防侯，封呂勝爲涅陽侯。

注釋

① 烏江：河川名，源自貴州高原上的河流，流至四川涪陵縣東注入長江。
② 檥：音 ㄧˇ 同「艤」，停船靠岸。
③ 我何渡為：還渡江幹什麼。
④ 短兵：指刀、劍、斧、鉞等較短的兵器。
⑤ 若：你。
⑥ 面之：跟項王面對面。呂馬童原在後面追趕項王，項王回過頭

來看見他，二人才正面相對。

⑦吾為若德：把這份好處送你。德，恩德。

【翻譯】

這時候，項王想要向東渡過烏江。烏江亭長正停船靠岸等在那裡，對項王說：「江東雖然小，但土地縱橫各有一千里，民眾有幾十萬，也足夠稱王啦。希望大王快快渡江。現在只有我這兒有船，漢軍到了，沒法渡過去。」項王笑了笑說：「上天要滅亡我，我還渡烏江干什麼！再說我和江東子弟八千人渡江西征，如今沒有一個人回來，縱使江東父老兄弟憐愛我讓我做王，我又有什麼臉面去見他們？縱使他們不說什麼，我項籍難道心中沒有愧嗎？」於是對亭長說：「我知道您是位忠厚長者，我騎著這匹馬征戰了五年，所向無敵，曾經日行千里，我不忍心殺掉牠，把牠送給您吧。」命令騎兵都下馬步行，手持短兵器與追兵交戰。光項籍一個人就殺掉漢軍幾百人。項王身上也有十幾處負傷。項王回頭看見漢軍騎司馬呂馬童，說：「你不是我的老相識嗎？」馬童這時跟項王面對面相望，於是指給王翳說：「這就是項王。」項王說：「我聽說漢王用黃金千斤、封邑萬戶懸賞徵求我的腦袋，我就把這份好處送你吧！」說完，自刎而死。王翳拿下項王的頭，其他騎兵互相踐踏爭搶項王的軀體，由於相爭而被殺死的有幾十人。最後，郎中騎將楊喜，騎司馬呂馬童，郎中呂勝、楊武各爭得一個肢體。五人一起把肢體拼合，正好都對。因此。把項羽的土地分成五塊：封呂馬童爲中水侯，封王翳爲杜衍侯，封楊喜爲赤泉侯，封楊武爲吳防侯，封呂勝爲涅陽侯。

【知識要點】

●故事背景：項羽出身於楚將之家，二十四歲隨項梁在會稽起兵，時劉邦四十八歲。身長八尺餘，力能扛鼎，才氣過人的項羽認爲學書只要能記名姓就行了，學劍只能對抗一個人，要學就學能戰勝萬人的兵法。項梁教他兵法，他略知其意，又不肯竟學。江東起義時，擊殺數十百人，氣雄威震，「一府中皆懾伏，莫敢起」。秦二世三年（西元前二〇七年）十一月，項羽斬宋義，遂爲楚上將軍，統率楚軍。但在略定秦地後，項羽屠殺章邯統率的秦卒二十餘萬、燒夷齊城郭室屋並坑殺田榮降卒、放火殺害咸陽城中的秦國遺民，以及分封遭怨、逼遷義帝等錯失，再加上他輕敵，於鴻門宴放走劉邦，造成諸侯叛離。項羽自江東起兵，歷八年大興大落，死時三十二歲。

●敘述脈絡：項王欲東渡烏江→烏江亭長爲其擺渡，項羽自覺無顏見江東父，贈之以馬→力戰受創，自刎而死→王翳取其頭，其餘四人各得其一體而封侯。

歷代評論：

1. 司馬遷在評論中盛讚項羽在短短三年中，就率領五諸侯滅秦，封王封侯，號爲「霸王」，他的勢位雖然沒能保持長久，但他的崛起是近古以來未嘗有也。但也指責他：「自矜功伐，奮其私智而不師古，謂霸王之業，欲以力征經營天下。五年卒亡其國，身死東城，尚不覺寤而不自責，過矣。」（自誇戰功，竭力施展個人的聰明，卻不肯師法古人，認爲霸王的功業，要靠武力征伐諸侯治理天下，結果五年之間終於丟了國家，身死東城，仍不覺悟，也不自責，實在是太錯誤了。）
2. 唐代杜牧〈題烏江亭〉認爲項羽應過江東，定有東山再起的機會：「勝敗由來不可期，包羞忍恥是男兒。江東子弟多才俊，捲土重來未可知。」（譯：勝敗是兵家常事，從古到今用兵作戰是沒有辦法預測戰爭結果的，能夠忍受一時的恥辱承擔重任，才是男子漢大丈夫。何況江東人才輩出，個個傑出，只要努力振作，怎麼知道不能夠捲土重來東山再起呢？）
3. 王安石〈烏江亭〉，語帶有貶意，對於杜牧的主張不以爲然地說：「百戰疲勞壯士哀，中原一敗勢難回。江東子弟今雖在，肯爲君王捲土來？」（譯：經過無數戰爭最後卻徒勞無功，壯士都感到悲傷，垓下之戰慘敗，大勢已去無法挽回。即使江東還有很多有才能的年輕子弟，但誰肯和項王捲土重來呢？）這首詩無異是，作者認爲垓下一戰已註定項羽是不可能勝過劉邦，即使讓項羽順利從烏江回到江東又能如何？
4. 李清照〈烏江〉則藉以諷南宋偏安江左，盛讚項羽活得神氣，死得英雄：「生當作人傑，死亦爲鬼雄。至今思項羽，不肯過江東。」（譯：活著的應該成爲人中豪傑，死了也應是鬼中的英雄。人們如今還思念項羽，只因他不肯偷生回江東。）

知識重點

1. 歷史往往以成敗論英雄，但太史公〈項羽本紀〉透過以項羽「成敗興壞之理」，為主線的結構，說明項羽快速崛起，千古無人可及，而將他列於〈本紀〉。可見太史公不以成敗論英雄而看重項羽的豪氣與才氣，認為項羽雖然最後終未能登九五之尊，但他能夠在短時間之內號令天下，就已代表他是當時天下的共主。
2. 項羽在歷史的舞臺上，充分表現自己的性情、英勇風采，活出動人心魄的個人秀。即使垓下之戰，項羽所演出的死亡，依然令人動容。那「天之亡我」的不平！那「深愧於心」的不忍、悲劇英雄的自毀、人頭送故人領賞的「勘破生死」，為項羽下了「失去江山，卻贏回了自己」的定論。

3. 儘管後世對項羽渡過烏江與江東捲土重來的這個假設性議題提出不同看法，但《史記》以「項羽欲渡烏江」作為敘事起點，既然有烏江亭長停船以待，東山再起以勸，為何項羽卻不渡江？原來司馬遷是為了突顯「項王笑曰：『天之亡我，我何渡為！』」這一句在大起大落、大喜大悲之後的了悟。原來英雄也必須臣服於命運，叱吒風雲的項羽在橫掃千軍之後，面對灰飛煙滅的末路，也只能無奈！

4. 馳騁沙場、傲視群倫固然是英雄，面對失敗、死亡能坦然以對才是真英雄。司馬遷以最溫柔之筆寫項羽的孤獨、死前的依戀，以及愧歉：「我何面目見之？」「獨不愧於心乎？」一聲聲自問裡，盡是憾恨！

5. 這段敘述詳寫贈馬，「不忍殺之，以賜公」之語既情深意長，又充滿悲悽。力戰到底的動作卻僅輕輕帶過，反倒以「若非吾故人乎？」之問，並以頭贈之，再次顯現項羽重情的性格側面。歷史紀實中虛構的目的是想讓所要表達的真實更具真實性，在項羽傳說所渲染出的傳奇裡，沒有異兆，沒有祥瑞，有的全然是他自己迷人的光彩！

練習題

1. 下列關於文意的敘述，正確的是：
(A)項羽以馬贈故人馬童
(B)烏江亭長無意再渡江
(C)劉邦以千金買項羽頭
(D)項羽被五馬分屍而死

2. 下列「」中的字義前後兩兩相同的是：
(A)「若」非吾故人乎／吾爲「若」德
(B)我何渡「爲」／「爲」人謀而不忠乎
(C)「顧」見漢騎司馬呂馬童／三「顧」茅廬
(D)無「以」渡／「以」約失之者鮮矣

3. 下列有關這兩首詩的說明，正確的是：
甲、杜牧〈題烏江亭〉：「勝敗兵家不可期，包羞忍辱是男兒。江東子弟多才俊，捲土重來未可知。」
乙、王安石〈烏江亭〉曰：「百戰疲勞壯士哀，中原一敗勢難回。江東子弟今雖在，肯與君王捲土來？」
(A)前者提出「勝敗兵家不可期」、「包羞忍辱是男兒」、「江

東子弟多才俊」作爲捲土重來行動的支持點

(B)後詩以「百戰疲勞壯士哀」、說明「中原一敗勢難回」的現實環境，而斷下「江東子弟今雖在，肯與君王捲土來？」的結論，認爲勇氣是挑戰現實的必要條件

(C)前者認爲項羽該回江東的理由是其才無人可比，後者認爲項羽已窮途末路，不具號召力

(D)二詩反映出作者對時代的看法，前者強調奮力出擊，後者看清現況，不做無謂之鬥

【大考演練】

1.下列是一段古文，依據文意，甲、乙、丙、丁排列順序最適當的是：夫秦失其政，陳涉首難，豪傑蜂起，

甲、三年，遂將五諸侯滅秦

乙、分裂天下而封王侯，政由羽出

丙、相與並爭，不可勝數

丁、然羽非有尺寸，乘勢起隴畝之中號爲霸王。

（《史記・項羽本紀》）

【108學測】

(A)甲丙丁乙

(B)乙丁丙甲

(C)丙丁甲乙

(D)丁乙丙甲

2-3爲題組。閱讀下文，回答2-3題。

西方對於悲劇的定義，大多談到人的局限性——主角最終發現自己只不過是受更大的意志所支配的對象，但在必然性的驅使之下，仍無可奈何地走向毀滅。我們不必指望在中國的傳統裡發現西方意義上的悲劇，這種悲劇的結構是受文化限制的。不同的文明有各自不同的典型，我們可以在非道德的必然性與人的道德秩序的衝突中，發現中國的典型。中國傳統中非道德的必然性，通常是指周而復始的自然，是一種非人格的力量，人們稱之爲「命」。相對於西方悲劇的必然性來說，最引人注目的對比，是這種必然性完全能夠爲人所理解，而且每當不可避免的事情快要發生時，會出現許多徵兆，「命」往往通過這些徵兆顯示它的存在。西方的悲劇英雄總有一個從懵然無知到恍然大悟的過程；在中國，與悲劇英雄對應的人物常在既定的不幸結局來臨前，早就認識到這種結局是不可避免的。主角在這裡沒有抗爭，而是在註定要遭受不幸的情況下「知其不可而爲之」，令人崇敬地克服絕望情緒。

（改寫自宇文所安《中國古典文學中的往事再現》）

2.下列敘述，符合作者看法的選項是：

(A)西方的悲劇英雄雖然早已預知難逃毀滅，仍堅持抗爭不懈

(B)中國傳統中的「命」具有非人格的神祕性，人們無從窺知

(C)中國缺乏西方意義的悲劇，乃因人們習於順「命」而遠遁

(D)無論西方或中國的傳統，皆有人們無法超越必然性的思維【106指考】

3.下列人物，符合作者所謂「與悲劇英雄對應的人物」的選項是：

(A)「鼎鑊甘如飴，求之不可得」的文天祥

(B)「故國夢重歸，覺來雙淚垂」的李後主

(C)「三年謫宦此棲遲，萬古惟留楚客悲」的賈誼

(D)「扁舟去作鴟夷子，回首河山意黯然」的丘逢甲【106指考】

【跨領域觀看】：英雄的社會學想像

每個人心目中都有一個英雄形象，可能是影片、動漫裡具神力、俠義的偶像，也可能是身邊的小人物，或是排難解紛、拔刀相助的朋友、家人。但以社會學、人類學及文化研究角度而言：「英雄，不只是一個特殊的人格、時代的風格、文化的符號以及歷史的主角，他也體現相對的自然世界觀，或者特殊的社會形態。」

從希臘羅馬神話裡的宙斯、阿波羅，到凱薩大帝，中國的黃帝、荊軻、項羽、曹操（蘇軾在〈赤壁賦〉中言「固一世之雄也」）、關羽、成吉思汗、岳飛……歷代英雄各展現出他們獨領風騷的恢弘大度，解民倒懸影響時局的事功成就。

深究英雄之所以爲英雄，有其社會文化因素。社會形成高度的凝聚力渴望改變，追求平安秩序，而容許英雄意志的自由創造，以及他的狂狷性格，這也就是爲何英雄多出自戰爭或者紛亂的時代。

在西方，出現在法律尚未制定的時代英雄，就是國家的創造者。正義和秩序、法律和道德都是由他們制定出來，因此希臘英雄多半被神化，崇尚絕對武力和個人英雄主義，如《木馬屠城記》中的特洛伊王子帕里斯。中世紀時代，標榜「忠君、護教、行俠」信條的騎士成爲英雄形象，如亞瑟

王。

總之，英雄必須有他的特殊性格與意志，以及讓這個特殊性格與意志之所以可能的歷史環節或者社會形態。三國劉邵〈人物志：英雄篇〉爲英雄下定義是：「夫草之精秀者爲英，獸之特群者爲雄，故人之文武茂異，取名於此。是故聰明秀出謂之英，膽力過人謂之雄。」可知成爲英雄的條件是「聰能謀始，明能見機，力能服眾，勇能排難」。

這是三國時的英雄標準，每個時代都衍生出不同的定義，今天的時代如何界定英雄？還是英雄不再？不妨思之。

五十、孟嘗君[1]傳

漢　司馬遷　史記

自齊王毀廢孟嘗君，諸客皆去，後召而復之，馮驩[2]迎之。未到，孟嘗君太息歎曰：「文常好客，遇客無所敢失，食客三千有餘人，先生所知也。客見文一日廢，皆背文而去，莫顧文者。今賴先生得復其位，客亦有何面目復見文乎？如復見文者，必唾其面而大辱之。」馮驩結轡[3]下拜。孟嘗君下車接之，曰：「先生爲客謝乎？」馮驩曰：「非爲客謝也，爲君之言失。夫物有必至，事有固然，君知之乎？」孟嘗君曰：「愚不知所謂也。」曰：「生者必有死，物之必至也；富貴多士，貧賤寡友，事之固然也。君獨不見夫朝趣市[4]者乎？明旦，側肩爭門而入；日暮之後，過市朝者掉臂而不顧[5]。非好朝而惡暮，所期物忘其中。今君失位，賓客皆去，不足以怨士而徒絕賓客之路。願君遇客如故。」孟嘗君再拜曰：「敬從命矣。聞先生之言，敢不奉教焉。」

注釋

①孟嘗君：姓田，名文，戰國時齊國靖郭君田嬰之子，襲父封地於薛（今山東滕縣東南），號孟嘗君。齊湣王時為相，以禮賢下士，才智超群聞名。

② 馮驩：亦作「馮諼」，戰國時人，孟嘗君門下食客。驩，音ㄏㄨㄢ。
③ 結轡：收住韁繩。轡，音ㄆㄟˋ。
④ 趣市：奔向市集。趣，同「趨」。
⑤ 掉臂而不顧：手臂一揮，連頭也不回。形容毫無眷顧。

翻譯

自從齊王因受誹謗之言的蠱惑而罷免孟嘗君，那些賓客們都離開了他。後來齊王召回並恢復孟嘗君的官位，馮驩去迎接他。還沒到京城的時候，孟嘗君深深感歎說：「我一向喜好賓客，樂於養士，接待賓客時從不敢有任何失禮之處，門下有食客三千人，這是先生您所瞭解的。然而賓客們看到我被罷官，都背離我而離去，沒有一個顧念我的。如今靠著先生得以恢復我的宰相官位，那些離去的賓客還有什麼臉面再見我呢？如果有再來見我的，我一定以口水吐他的臉，狠狠地羞辱他。」聽了這番話後，馮驩收住韁繩，下車而行拜禮。孟嘗君也立即下車還禮，說：「先生是替那些賓客道歉嗎？」馮驩說：「我並不是替賓客道歉，而是因爲您的話說錯了。萬物都有其必然的終結，世事都有其常規常理，您明白這句話的意思嗎？」孟嘗君說：「我不明白說的是什麼意思。」馮驩說：「在這世界上，有生命的東西必定會死亡，這是生物都會歷經到的。富貴的人多賓客，貧賤的人少朋友，事情本來就是如此。您難道沒看到人們奔向市集的情況嗎？天剛亮，人們側著肩膀爭奪進入市集，日落之後，經過市集的人甩著手臂連頭也不回。不是人們喜歡早晨而厭惡傍晚，而是由於所期望得到的東西市中已經沒有了。如今您失去了官位，賓客都離去，不能因此怨恨賓客而平白截斷他們奔向您的通路。希望您對待賓客像過去一樣。」孟嘗君連續兩次下拜說：「我恭敬地聽從您的指教了。聽先生的話，敢不恭敬地接受教導嗎？」

知識要點

● 故事背景：孟嘗君在齊國爲相多年，任用賢能，努力治理，一再擊秦伐燕，聲名大振，因此有人散布謠言說：「齊人只知有孟嘗君，不知有齊王。」並言其有意自立爲王。齊王惑於秦、楚之毀，以爲孟嘗君名高其主而擅齊國之權，遂廢孟嘗君。馮驩西說秦王假外力，齊王召孟嘗君恢復其相位，與其故邑薛之地，又增采邑千戶。

● 敘述脈絡：齊王毀廢孟嘗君，諸客皆去，後召而復之→歎諸客皆去→馮驩舉市朝人聚、暮散說明言物有必至，事有固然→孟嘗君拜謝奉教。

● 故事後續：齊湣王滅掉宋國，越加驕傲，打算除掉孟嘗君。孟嘗君恐懼至魏國，昭王任用他爲宰相，聯合秦國、趙國，助燕國敗齊國。齊湣王逃到莒，死於該地，齊襄王即位，與孟嘗君修好。

● 歷代評論：賈誼：當此之時，齊有孟嘗，趙有平原，楚有春申，魏有信陵。此四君者，皆明智而忠信，寬厚而愛人，尊賢而重士。

王安石〈讀孟嘗君傳〉：世皆稱孟嘗君能得士，士以故歸之，而卒賴其力以脫於虎豹之秦。嗟呼！孟嘗君特雞鳴狗盜之雄耳，豈足以言得士？不然，擅齊之強，得一士焉，宜可以南面而制秦，尚何取雞鳴狗盜之力哉？夫雞鳴狗盜之出其門，此士之所以不至也。

● 知識重點：

1. 素來禮賢下士，慷慨大度的孟嘗君身遭陷溺，親身體會世態炎涼，憤慨食客勢利絕情，一方面質問：「客亦有何面目復見文乎？」另方面決心付諸行動：「必唾其面，而大辱之。」這是相當合乎人情的反應。
2. 策士扮演的不僅是化險為夷的謀略者，更是參透人性剖析現象的清明者，馮驩先以「夫物有必至，事有固然」說明事理，繼而舉「富貴多士，貧賤寡友」點化孟嘗君心頭的悲憤，最後再藉「朝趨市」，「日暮之後，過市朝者掉臂而不顧」對比出「所期物忘其中」的心態，一層層突顯出盛衰消長之理對映孟嘗君所經歷的廢位與復召，以及食客散盡的必然。
3. 「側肩爭門而入」、「掉臂而不顧」，形象化地呈現趨利的心態與動作。
4. 《戰國策》的特色在人物描寫，文中孟嘗君雖有其情緒，但欣然受教，而馮驩既以理點化孟嘗君心裡的憤恨，又提醒孟嘗君「不足以怨士而徒絕賓客之路」，進而叮囑「願君遇客如故」，言詞委婉而得當，態度真誠而忠實。

練習題

1. 根據本文，下列有關孟嘗君與馮驩的個性分析，不正確的是：
(A)孟嘗君禮賢下士，察納雅言
(B)馮驩見縫插針，針砭事理
(C)孟嘗君冷靜沉著，不慍不怒
(D)馮驩見風轉舵，伺機而動
2. 寫作常使用「借事說理」的技巧，以提高道理的可信度。文中所述「君獨不見夫趣市朝者乎？明旦，側肩爭門而入；日暮之後，過市朝者掉臂而不顧。非好朝而惡暮，所期物忘其中」市集人潮聚散這事例，最適合用來證明的道理是：

(A)富貴多士，貧賤寡友，事之固然也
(B)彼眾昏之日，固未嘗無獨醒之人也
(C)君子寡欲，則不役於物，可以直道而行
(D)諺曰：「千金之子，不死於市」，此非空言也　【97學測】

大考演練

1-5為題組。閱讀甲、乙二文，回答1-5題。

甲、田常欲作亂於齊，憚高、國、鮑、晏，故移其兵，欲以伐魯。孔子聞之，謂門弟子曰：「夫魯，墳墓所處，父母之國，國危如此，二三子何為莫出？」子路請出，孔子止之。子張、子石請行，孔子弗許。子貢請行，孔子許之。遂行，至齊，說田常曰：「君之伐魯過矣。夫魯，難伐之國，其城薄以卑，其地狹以泄，其君愚而不仁，大臣偽而無用，其士民又惡甲兵之事，此不可與戰。君不如伐吳。夫吳，城高以厚，地廣以深，甲堅以新，士選以飽，重器精兵盡在其中，又使明大夫守之，此易伐也。」田常忿然作色曰：「子之所難，人之所易；子之所易，人之所難；而以教常，何也？」子貢曰：「臣聞之，憂在內者攻強，憂在外者攻弱。今君憂在內。吾聞君三封而三不成者，大臣有不聽者也。今君破魯以廣齊，戰勝以驕主，破國以尊臣，而君之功不與焉，則交日疏於主。是君上驕主心，下恣群臣，求以成大事，難矣。夫上驕則恣，臣驕則爭，是君上與主有郤，下與大臣交爭也。如此，則君之立於齊危矣。故曰不如伐吳。伐吳不勝，民人外死，大臣內空，是君上無強臣之敵，下無民人之過，孤主制齊者唯君也。」田常曰：「善。」

（《史記・仲尼弟子列傳》）

乙、《史記》曰：「齊伐魯，孔子聞之，曰：『魯，墳墓之國。國危如此，二三子何為莫出？』子貢因行，說齊以伐吳，說吳以救魯，復說越，復說晉，五國由是交兵。或強，或破，或亂，或霸，卒以存魯。」觀其言，迹其事，儀、秦、軫、代，無以異也。嗟乎！孔子曰：「＿＿＿＿」，己以墳墓之國而欲全之，則齊、吳之人豈無是心哉？奈何使之亂歟？吾所以知傳者之妄。

（王安石〈子貢論〉）

註：儀、秦、軫、代：指張儀、蘇秦、陳軫、蘇代，皆戰國知名說客

1.甲文中，田常聽完子貢的陳述「忿然作色」，是因為子貢：
(A)斥責齊國不仁不義
(B)諷刺田常短視狹隘
(C)論調荒謬悖於常理
(D)分析戰情淺薄空泛　【107指考】

2. 甲文中，「戰勝以驕主，破國以尊臣」的意思是：【107指考】
(A)田常戰功彪炳，故國君引以爲傲，群臣亦相推尊
(B)田常開疆闢土，令國君自覺驕豪、大臣更加尊貴
(C)倘若田常恃功而驕，雖一時尊榮但終致身敗國亡
(D)倘若田常欲掌大權，當建功沙場以傲視國君群臣

3. 甲文中，田常願意接受子貢的建議，乃因伐吳能讓他：【107指考】
(A)擺脫強臣掣肘
(B)擺脫齊君脅迫
(C)獲得百姓擁戴
(D)獲得魯國支援

4. 乙文______內最適合填入的是：【107指考】
(A)不在其位，不謀其政
(B)己所不欲，勿施於人
(C)用之則行，捨之則藏
(D)道之以德，齊之以禮

5. 綜合甲、乙二文，王安石質疑甲文對子貢作爲的描述，主要基於子貢：【107指考】
(A)以利爲餌，誘使田常接受建議
(B)降志辱身，爲達目的貶抑魯國
(C)以鄰爲壑，不符孔子儒學精神
(D)能言善道，刻意離間齊國君臣

【跨領域觀看】：趨利避害的社會交換論

孟嘗君怨怒門下食客勢利求去，其實這是人性，也是生存法則。社會交換論創始人霍曼斯在《社會行爲：他的基本形式》一書中，提出追求報酬的交換是人類生活中最基本的動機和社會得以形成的基礎，每個人都想在交換中獲得最大利益，使交換本身成爲相對的得與失。

是以，衡量各種選擇代價，評估代價與物質利益，以確定如何付出最少成本、得到最多利益是一種理性思考。馮驩以這角度透視「富貴多士，貧賤寡友」是常理，食客的離去以及日後孟嘗君榮貴後的回籠，其實都出於權衡得失，生存本能的理性啊！

五十一、說苑．政理

西漢　劉向

衛靈公問於史鰌①曰：「政孰爲務？」對曰：「大理②爲務！聽獄不中③，死者不可生也，斷者不可屬也④，故曰：大理爲務。」少焉，子路見公，公以史鰌言告之。子路曰：「司馬爲務！兩國有難，兩軍相當，司馬⑤執枹⑥以行之，一鬥不當，死者數萬。以殺人爲非也，此其爲殺人亦衆矣。故曰：司馬爲務。」少焉，子貢入見，公以二子言告之。子貢曰：「不識哉！昔禹與有扈氏戰，三陳⑦而不服，禹於是修教一年，而有扈氏⑧請服。故曰：去民之所事，奚獄之所聽？兵革之不陳，奚鼓之所鳴？故曰：教爲務也。」

【注釋】

①史鰌：字子魚，又稱「史魚」。鰌，音ㄑㄧㄡ。

②大理：職官名，掌刑法。秦為「廷尉」，漢景帝時更名「大理」。

③聽獄不中：審理訴訟不恰當。聽，音ㄊㄧㄥ。中，音ㄓㄨㄥˋ，合理。

④斷者不可屬也：被砍斷的肢體也無法再連綴起來，此指肉刑之人不可復原。屬，音ㄓㄨˇ，連綴。

⑤司馬：職官名。周代為主掌武事之官，漢代則為三公之一，後以「大司馬」稱兵部尚書。

⑥枹：音ㄈㄨ，鼓槌。

⑦陳：同「陣」。軍隊作戰時布置的隊伍行列。

⑧有扈氏：夏初部落名，居於今陝西鄠縣附近。

【翻譯】

衛靈公問史鰌：「國家政務哪件事是最主要的？」史鰌答：「掌管刑法的大理院最應該致力從事！判案不正確，那麼枉死的之人無法復生，肉刑之人不可復原，所以說：案件審理最重要。」不久，子路拜見衛靈公，衛靈公把史鰌的話告訴子路。子路說：「軍旅之事是最重要的。兩國敵對，兵戎相見，實力相當，統帥拿著鼓槌發號施令，擊鼓應戰，一旦軍令不恰當，將導致好幾萬人死亡。如果認爲殺人是犯了大錯，那麼在戰場上失誤所殺死的人就更多了。所以我才說：軍隊統帥是最重要的。」過一會兒，子貢晉見衛靈公，衛靈公將史鰌和子路的話告訴子貢。子貢說：「眞是見識不足啊！以前大禹與有扈氏作戰，三次戰勝而有扈氏仍不服從，禹於是施行教化一年，有扈氏就歸順了。所以說：人民若不興訟，哪裡還有案子可判呢？不陳列兵器、不征戰，哪裡還需要將領擊鼓應戰呢？所以我說：教化才是最應該致力從事的政務。」

知識要點

● 故事背景：為春秋諸侯國衛國君主之一，在位四十二年，曾問陳於孔子。孔子對曰：「俎豆之事，則嘗聞之矣；軍旅之事，未之學也。」明日遂行。

● 敘述脈絡：衛靈公問：「政孰為務？」→史鰌對曰：「大理為務」→子路曰：「司馬為務」→子貢曰：「教為務也。」

● 故事後續：史鰌死前，遺言：「我既不能使蘧伯玉被提拔，也不能使彌子瑕被辭。我活著不能匡正國君（糾正國君的錯誤），死了又不成禮節，把我的屍體放在北堂就足夠了。」後世稱之為「屍諫」，衛靈公接受此議，衛國因此而進入治世。

● 歷代評論：子曰：「直哉，史魚！邦有道，如矢。邦無道，如矢。」

孔子《孔子家語．六本》）：「史鰌有男子之道三焉，不仕而敬上，不祀而敬鬼，直己而曲人。」

● 知識重點：

1.「故事性」是《說苑》明顯的文學特色，劉向透過書中歷史人物的言論事例談治國之術、修身之道，闡述儒家選賢尊賢的治國理念，以求國家長治久安。

2.故事藉衛靈公所提出的問題展開，史鰌、子路、子貢各自以自己所關注的方向回答，字裡行間不但反映出其個性、才能，更可見他們都以天下蒼生為重的襟懷。

3.審理刑案切忌「聽獄不中」，兩兵作戰「司馬為務」，但要國內百姓不再興訟、沒有戰爭而能感化他國，則必須「教為務」，這才是為政的根本之道。

練習題

1.下列有關本文的說明，何者正確？

(A)史鰌認為大理為務的原因是，德政在於減刑

(B)「一鬥不當，死者數萬。以殺人為非也，此其為殺人亦眾矣。」子路以比較法突顯錯誤的政令為害甚於戰爭

(C)「昔禹與有扈氏戰，三陳而不服，禹於是修教一年，而有扈氏請服」，這段史事說明為政之道在教化

(D)三人都主張統治者應尊賢納諫，以推動政務

2.依文中所示，下列文句與子貢的主張最接近的選項是：

(A)攻城為下，心戰為上

(B)故遠人不服，則脩文德以來之

(C)俎豆之事，則嘗聞之矣；軍旅之事，未之學也

(D)不教而殺謂之虐，不戒視成謂之暴，慢令致期謂之賊

【100指考】

【大考演練】

1.下列政府單位中，最接近「大理」的選項是：【100指考】

(A)法院
(B)監獄
(C)調查局
(D)警察局

2-3為題組。閱讀下文，回答2-3題。

世人論司馬遷、班固，多以固爲勝，余以爲失。遷之著述，辭約而事舉，敘三千年事，唯五十萬言。班固敘二百年事，乃八十萬言，煩省不敵，固之不如遷一也。良史述事，善足以獎勸，惡足以監誡。人道之常，中流小事，亦無取焉，而班皆書之，不如二也。毀貶晁錯，傷忠臣之道，不如三也。遷既造創，固又因循，難易益不同矣。又遷爲蘇秦、張儀、范睢、蔡澤作傳，逞詞流離，亦足以明其大才。故述辯士則辭藻華靡，敘實錄則隱核名檢，此所以稱遷良史也。（張輔〈名士優劣論〉）

2.依據上文的看法，《漢書》不如《史記》之處在於：【107指考】

(A)取材雜蕪，有失精審
(B)抄撮眾說，有失創新
(C)隱惡揚善，有失客觀
(D)用詞典麗，有失質樸

3.上文述及「蘇秦、張儀、范睢、蔡澤」的用意，是爲了說明司馬遷撰作《史記》：【107指考】

(A)能依所敘人物選用最合宜的筆法
(B)能發掘不被其他史家注意的史料
(C)善透過所敘人物寄寓其落拓之悲
(D)善學縱橫家言詞以充實史家才識

【跨領域觀看】：領導者的權力

一九五九年，法蘭屈和雷文（French & Raven）提出領導者的權力基礎來自五種力量：

1.合法權力：由組織正式任命領導部屬的權力，亦即所謂的「職權」。
2.強制權力：領導者有強制部屬服從命令的權力。
3.獎賞權力：領導者擁有控制或管理金錢、晉升等等報酬的權力。

4.專家權力：領導者本身擁有專門知識和技術，足以領導他人，而產生領導作用的權力。

5.參考權力：指屬下對領導者的領導心悅誠服，願意遵從他的意見。

史鰌、子路、子貢分別以合法地位、專家權力提出對於行政的看法，這是君王賦予的組織權力，也是擁有專門知識和能力所致，足見無論古今中外，權力與解決問題的能力息息相關。

「弱肉強食，優勝劣汰」的叢林法則中，無論動物或人類唯有具有更強壯的身體、猛烈的攻擊力、卓越的智慧才能因爲「專家權力」或民意，脱穎而出成爲「合法權力」、「強制權力」的統治者，具分配食物的「獎賞權力」。研究者曾拍攝到一頭老虎捕食的情形，先捕殺一頭母鹿，吃飽後竟沒有放過那一頭小鹿，説明老虎捕食不僅爲了吃飽，而是顯示牠是森林中最強的猛獸，也是最無情的獵手，以鞏固至高無上的地位。

不過狐假虎威這故事，讓我們見識到狐狸以「專家權力」，假天之威，成功地破解其自信，誘使老虎隨之行，而獲得「強制權力」。

五十二、論貴粟疏

漢　晁錯

方今之務，莫若使民務農[1]而已矣。欲民務農，在於貴粟。貴粟之道，在於使民以粟爲賞罰。今募天下入粟縣官[2]，得以拜爵，得以除罪。如此，富人有爵，農民有錢，粟有所渫[3]。夫能入粟以受爵，皆有餘者也。取於有餘，以供上用，則貧民之賦可損，所謂損有餘，補不足，令出而民利者也。順於民心，所補者三：一曰主用足，二曰民賦少，三曰勸[4]農功。

今令民有車騎馬一匹者，復卒[5]三人。車騎者，天下武備也，故爲復卒。神農之教曰：「有石城十仞，湯池百步，帶甲百萬，而亡粟，弗能守也。」以是觀之，粟者，王者大用，政之本務。令民入粟受爵至五大夫[6]以上，乃復一人耳。此其與騎馬之功相去遠矣。

爵者，上之所擅，出於口而無窮。粟者，民之所種，生於地而不乏。夫得高爵與免罪，人之所甚欲也。使天下人入粟於邊，以受爵免罪，不過三歲，塞下之粟必多矣。

注釋

①務農：專心致力於農事。
②縣官：漢代對官府的通稱。
③渫：音ㄒㄧㄝˋ，分散，發散。
④勸：鼓勵，獎勵。
⑤復卒：免除徭役。
⑥五大夫：漢代爵位之一。凡納粟四千石，即可封賜。

翻譯

當前最爲緊要的事情，莫過於讓老百姓專心務農。要老百姓安心務農生產，關鍵在於國家要重視糧食生產。重視糧食生產的辦法，就是要讓老百姓知道糧食可以作爲獎賞和懲罰的手段。現在如果在普天下勸募百姓把糧食交給官府，以此就能得到爵位，可以免去罪刑，這樣，富人有了爵位，農民有了錢，糧食也分散到需要的地方去了。能夠獻出糧食得到爵位的人，都是家有餘糧的，從有餘糧的人手中得到一些糧食，供政府使用，那麼貧窮農民的賦稅就可以減少，這就是所謂減損有餘的資源，補不足處所需，發布這個命令就對人民有利啊。這樣的做法符合人民的心願，增加的好處有三點：一是朝廷的財用充足，二是人民交納的賦稅減少，三是鼓勵人們從事農業生產。

現在法令規定：百姓如果能出戰馬一匹，就可以免除三人的兵役。戰車和騎兵，是國家的軍備裝備，所以用免除兵役的辦法來鼓勵百姓上交戰馬。神農氏留下的教導說：「即使有十仞高的石頭城牆，數百尺寬的護城河，百萬披盔帶甲的武裝部隊，可是沒有糧食，還是不能守住。」由此看來，糧食是君王最需要的物資，是政事最根本的要務。現在發布法令讓人民以獻納糧食受到封爵，爵位到了五大夫以上才能免除一個人的兵役，出糧食和出戰馬所得到的優待相比眞是相差太遠了。

爵位，是君主專有的，只要皇帝一開口就可以無窮無盡地封爵位給大家。糧食，是百姓種出來的，在地裡生長也沒有窮盡。況且得到高的爵位和免除罪刑，是人人都特別樂意的事。讓天下的人將糧食送到邊地，以此得到爵位、免除罪刑，不超過三年，邊疆的糧食一定會多起來。

知識要點

故事背景：

1.漢文帝十二年（西元前一六八年），鼂錯上書漢文帝，說明守衛邊塞、勸農務本是當前急迫的兩件事，本文爲其中論「勸農力本」的部分。

2.文帝實行「與民休息」的政策，但隨著社會安定，商人勢力日益膨脹，囤積居奇，牟取暴利，操縱市場價格，兼併侵奪農民土地，以致農業凋敝，貧富差距擴大。鼂錯於是向文帝上了這一封奏疏，提出「重農抑商」的主張和「入粟受爵」的建議。

敘述脈絡：欲民務農，在於貴粟。貴粟之道，在於使民以粟爲賞罰。（論點）→入粟縣官，得以拜爵，得以除罪。損有餘，補不足，令出而民利者也（論述）→令民有車騎馬一匹者，復卒三人，但金城湯池而亡粟，弗能守也（反論）→使天下人入粟於邊，以受爵免罪，不過三歲，塞下之粟必多矣（結論）。

故事後續：文帝採納了鼂錯的建議，制定一系列獎勵糧食生產以促進農業發展、打擊商人投機牟利，緩和階級矛盾的政策。經文、景兩朝施行，漢初的農業生產逐漸恢復，武帝時更出現太倉之粟盡滿的富庶狀況。

歷代評論：鼂錯文章說理嚴謹，說服力強，與賈誼的政論文並稱「西漢鴻文」。

知識重點：

1.表、奏、疏、議、上書、封事，名雖異，實則同是向天子進呈的奏疏。

2.農為立國之根本，因此社會階級中農人僅次於士，歷代聖王也以農為開其資財之道，孟子提出「五畝之宅，樹之以桑，使養生喪死無憾」的民本思想，也以農為民生根本，為王道之始。「重本抑末」是先秦法家思想，也是漢初基本國策，然由於「急政暴虐，賦斂不時，朝令而暮改」的政策失誤，造成趁機兼併農地，農人逃亡在外無法務農，國難富、法難立的情況。

3.本文針砭時弊，有其現實性，在寫作上透過提出問題、分析問題、解決問題的層次，在傳統重農思想之上，闡釋貴粟的主張，提出入粟受爵具體可行的措施。其目的近是為解決財產過於集中、穀賤傷農的社會問題，遠為解決邊防力量不足，故在成效上除表示「富人有爵，農民有錢，粟有所渫」的實際成效，並預設刺激農民生產糧食的積極性，帶來「主用足，民賦少，勸農功、塞下之粟必多」三大好處，使觀點鮮明，深具說服與意義力道。

4.本文所選為文章末段，立論方法上緊扣論點，環環緊扣，論證嚴密，具有極強的說服力，既體現了政治家的高瞻遠矚之謀，又表現了政論家的能言善辯之才。起筆直接切入「方今之務」表明所提出的策略是當今迫不急待的措施，「莫若」二字進一步強調「務農」的必要性，接著再進一步集中於「貴粟」，而貴粟之道在「使民以粟為賞罰」，以及「入粟縣官，得以拜爵，得以除罪」。作者之所以不厭其煩地以層遞揭示論點，除加強觀點，更確立此方式之絕對性，表現出語言簡練峻急，氣勢逼人的風格。

練習題

1.下列何者是晁錯提出「入粟授爵」之利？

(A)農民有爵，富人有錢

(B)取有餘之財，濟朝廷開支

(C)降低貧民賦稅，提升商人地位

(D)國家財力充沛，天下版圖擴張

2.推想爲百姓願接受「以粟爲賞罰」的心理因素是：

(A)取於有餘，以供上用

(B)得以拜爵，得以除罪

(C)粟者，王者大用，政之本務

(D)入粟於邊，以受爵免罪，不過三歲，塞下之粟必多矣

3.下列選項中的成語，何者最足以說明國君接受「爵者，上之所擅，出於口而無窮」的理由？

(A)惠而不費

(B)招賢納士

(C)睥睨群雄

(D)民胞物與

大考演練

1-3爲題組。閱讀下文，回答第1-3題。

荷蘭第一大企業飛利浦集團在二〇一一年推出「Pay per Lux」的創新服務，不賣燈泡而賣照明時數。荷蘭最大的史基浦機場和飛利浦簽了一份十五年的合約，機場裡三千七百個LED燈具的管理和維修全由飛利浦包辦，機場只需要每月支付定額服務費。

「當產品所有權回到廠商身上，很多行爲會跟著改變」，協助設計這項服務的歐洲循環經濟先驅勞爾（Thomas Rau）指出，因爲服務費是固定的，飛利浦便會希望維修或汰換次數越少越好。爲了達到這個目的，飛利浦重新設計了LED燈泡，把容易故障的驅動器移到燈泡外側，壞了，只要更換驅動器，不必丟掉整個燈泡。此外也對廢品回收更爲

積極，因為回收再利用可以降低成本。機場方面，則因為有飛利浦代為維護照明設備，電力消耗只有過去的一半，既省錢又減少碳排放。

不同於以往「開採原物料→加工製成產品→使用後丟棄」的「搖籃到墳墓」線性經濟，循環經濟透過資源再生，讓整個系統盡可能不產生廢棄物，實踐「搖籃到搖籃」（Cradle to Cradle）的理念。例如臺積電的清洗製程，一年會產生六點二萬噸的廢硫酸，但與另一道製程產生的含氨氮廢水一起處理，便產生硫酸銨，再送到化工廠製成工業用氨水，供應給需要的業者。未來，臺積電希望將廢硫酸全部純化，回收到晶圓廠製程使用（改寫自辜樹仁〈不賣燈泡，改賣「那道光」〉、〈荷蘭奇蹟，循環經濟〉）

1. 依據上文，何者是飛利浦與臺積電實踐循環經濟的共同點？
(A)以互補或互利方式達成產業合作
(B)選用生物可分解的原料製成產品
(C)推動「不賣產品，改賣服務」的新模式
(D)縮短產品的壽命以利盡速回歸生態循環 【107統測】

2. 依據上文，何者符合「搖籃到搖籃」的核心理念？
(A)家庭所需的智慧科技
(B)物欲最低的生活開銷
(C)零廢棄物的產業模式
(D)無垃圾桶的街道景觀 【107統測】

3. 下列文句，何者顯現古人對資源循環利用的重視？
(A)善畜養者，必有愛重之心；有愛重之心，必無慢易之意
(B)為農者，必儲糞朽以糞之，則地力常新壯，而收穫不減
(C)泰山不讓土壤，故能成其大；河海不擇細流，故能就其深
(D)惟江上之清風，與山間之明月，耳得之而為聲，目遇之而成色，取之無禁，用之不竭 【107統測】

【跨領域觀看】：中國商人地位與代表作為

晁錯〈論貴粟疏〉之前，同時代的賈誼也以〈論積貯疏〉呼籲皇帝重視農業，既能固守民生根本，安定社會，又能作為國防抵禦外患的基石：「夫積貯者，天下之大命也。苟粟多而財有餘，何為而不成？以攻則取，以守則固，以戰則勝。懷敵附遠，何招而不至！今毆民而歸之農，皆著於本；使天下各食其力，末技遊食之民，轉而緣南畝，則畜積足而人樂其所矣。」

這樣的觀念在唐韓愈〈進士策問之十〉也論述強調：「人之仰而生者穀帛，穀帛豐，無飢寒之患，然後可以行之於仁義之途，措之於安平之地，此愚智所同識也。今天下穀越多，而帛越賤，人越困者，何也？耕者不多而穀有餘，蠶者不多而帛有餘。有餘宜足，而反不足，此其故又何也？將以救之，其說如何？」

在長期「重農桑，抑賈人」的主流觀點下，商人一直被視爲重利輕義、蠅營狗苟之人。其來源竟牽扯亡國悲哀與政權主體的權力。原來武王伐紂，滅了商朝；周公東征平叛後，殷朝遺民被迫集中到洛陽，周朝人叫他們爲頑民，時時在監控之中。殷人無土無權，只好東奔西跑做買賣，久之，便成爲殷朝遺民的主要行業，「商人」這名稱就是這樣來的。

春秋時期的商賈，被列爲四民之一，但還是在官府直接控制之下，韓非子認爲工商之民無益於耕戰，就像蛀蟲是有害於社會之人。

話雖如此，但仍不可否認中國各地代表性的商人，堅持誠信，踏實做事的敬業與待人態度，尤其是號稱中國三大商幫的山西晉商、安徽徽商、廣東潮商。

「商路遙遠，匯通天下」這句話形容的是晉商在清初即創建中國最早的銀行——票號，執中國金融界之牛耳。因近北京地利之便，與官方來往密切，稱雄五百餘年，創造了亙古未有的世紀性繁榮。

晉商是中國最早的商人，其歷史可遠溯到春秋戰國時期。明、清兩代是晉商的鼎盛時期，他們秉持的理念是：「夫商與士，異術而同心。故善商者，處財貨之場，而修高潔之行，是故雖利而不汙；善士者，引先王之經，而絕貨利之徑，是故必名而有成。故利以義制，名以清修，恪守其業，天之鑑也。」（王現言）今天在山西平遙古城還能見到昔日各地貨號往來的繁盛景象。喬家大院、王家大院中，石、木精雕的門庭院柱、聯語家規，隱然透露詩禮傳家、忠信待人儒教精神，用以德服人的方式去處理經商人際與家族內外關係，鞏固群體團結的意志。

徽商多出自貧困山區，無以爲繼而四處營生。《徽州府志》載：「徽州保界山谷，山地依原麓，田瘠确，所產至薄，大都一歲所入，不能支什一。小民多執技藝，或販負就食他郡者，常十九。」顧炎武說：徽州「中家以下皆無田可業。徽人多商賈，蓋勢其然也」。也因此宗族鄉黨情誼，致富之後，可爲子孫棄賈爲儒奠定經濟基礎；或藉由捐納如鹽商捐輸軍需、賑災、河工所需，成爲官員，影響其他商人。

隨著宋明政治中心南移，安徽在楚國和東吳交界，連接江浙地區和中原，這交通樞紐的地理位置，加上江浙地區人口密集，歌舞昇平，商品繁複，使得徽商在清乾隆年間達到鼎盛。

潮商是以廣東潮汕地區爲主的商人群體，因爲靠海，故從唐朝至今，粵商不斷向東南亞甚至世界各地拓展貿易空間。其特質是勇於冒險的作風，精明的眼光，香港首富李嘉誠即爲代表。

五十三、誡子書

三國　諸葛亮

夫君子之行，靜以修身，儉以養德。非淡泊無以明志，非寧靜無以致遠。夫學須靜也，才須學也，非學無以廣才，非志無以成學。慆慢①則不能研精，險躁②則不能理性。年與時馳，意與歲去，遂成枯落，多不接世③。悲歎窮廬，將復何及！

【注釋】

①慆慢：怠慢。慆，音ㄊㄠ。
②險躁：冒險、急躁。
③接世：接觸社會，承擔責任。

【翻譯】

君子，依靠內心安靜集中精神來修養身心，依靠儉樸的作風來培養品德。

不能看輕眼前的名利就無法確立自己明確的志向，不能保持身心寧靜全神貫注地學習就無法實現遠大的目標。學習必須凝心專一，培養才能必須刻苦學習，不努力學習就不能增長才智，不確立志向就不能在學習上獲得成就。過度享樂和怠惰散漫就不能振奮精神，輕浮急躁就不能理智地處世。

年華隨著時間流逝，意志隨著歲月消磨，最後就像枯枝敗葉那樣凋落，對社會毫無貢獻。守在破房子裡悲傷歎息，又怎麼來得及呢？

知識要點

- 故事背景：蜀漢後主建興十二年（西元二三四年），五十四歲的諸葛亮最後一次北伐曹魏時，擔心兒子不能成材，寫信給兄長諸葛瑾時言：「瞻今已八歲，聰慧可愛，嫌其早成，恐不為重器耳。」臨終前，更寫了〈戒子書〉總結其一生感悟，寄託對兒子的殷切叮嚀與告誡。
- 敘述脈絡：靜以修身，儉以養德（總綱）→非淡泊無以明志，非寧靜無以致遠（正論）→慆慢則不能研精，險躁則不能理性（反論）→人生有限悲歎莫及（結論）
- 故事後續：諸葛瞻後任將軍，鄧艾遣書誘之：「若降者，必表為琅邪王。」瞻怒，斬艾使。遂戰，大敗，臨陣死，時年三十七。

- 歷代評論：《三國志・蜀書・諸葛亮傳》評諸葛亮用心公平，勸誡分明：盡忠益時者雖仇必賞，犯法怠慢者雖親必罰，服罪輸情者雖重必釋，遊辭巧飾者雖輕必戮（譯：竭盡忠心，有益於世的人雖仇必賞；違犯法令，怠慢職事的人雖親必罰）。

  《三國志》裴松之注，引袁子之言曰：「亮之行軍，安靜而堅重；安靜則易動，堅重則可以進退。」
- 知識重點：

1. 傳家集、誡子書、家書等是家族長輩對後代子孫的教導指引，內容多為做人處事的經驗之談和訓勉行為規範的道德要求。
2. 文章以君子之行為定下基調，提出「靜以修身，儉以養德」為行事標準。下段分述「澹泊明志」之儉，「寧靜致遠」之「靜」，二者看似近道家修行養性之法，實則作為涵養儒家「窮，則獨善其身；達，則兼善天下」的基礎。
3. 結構依內容而或正反或因果，為「養德」實現「高遠」之志，為「廣才」、「成學」達到「研精」、「理性」必須靜，而靜來自於淡泊，淡泊是修身養德之根，也是因為懷抱遠志所致，更寄託諸葛亮自身奉行與對子的期許。

4.「非淡泊無以明志，非寧靜無以致遠」，以雙重否定句型強化淡泊與寧靜的必要性，讓文氣陡然升高，果決的力道飽含父親對兒子的訓誡之意。末段「年與時馳」，「遂成枯落」，與本文名為誡子，實為遺書的寫作情境，格外唏噓。

練習題

1. 企業培訓班上，老師引〈誡子書〉勉管理學員，最恰當的是：
(A)非淡泊無以明志：速度的力量
(B)非寧靜無以致遠：增值的力量
(C)慆慢則不能研精：性格的力量
(D)年與時馳，意與歲去：學習的力量

2. 下列有關「夫學須靜也，才須學也，非學無以廣才，非志無以成學」這段話結構與內容的說明，正確的是：
(A)「夫學須靜也」爲主要意旨
(B)「才須學也」從正面闡釋靜的必要
(C)「非學無以廣才」從反面強調學的條件在於志
(D)「非學無以廣才，非志無以成學」，爲舉例說明學的目的爲廣才

3. 下列最貼近〈誡子書〉中靜之意涵的文句是：（多選）
(A)靜者，養動之根，動者所以行其靜
(B)知止而後有定，定而後能靜，靜而後能安
(C)人生而靜，天之性也；感於物而動，性之欲也。
(D)先儒皆以靜爲見天地之心，蓋不知動之端乃天地之心也
(E)人心譬如槃水，正錯而勿動，則湛濁在下，而清明在上，則足以見鬚眉而察理矣

大考演練

1-3爲題組。閱讀下文，回答第1-3題。

甲、先帝知臣謹慎，故臨崩寄臣以大事也。受命以來，夙夜憂勤，恐託付不效，以傷先帝之明。故五月渡瀘，深入不毛。今南方已定，兵甲已足，當獎率三軍，北定中原，庶竭駑鈍，攘除姦凶，興復漢室，還於舊都，此臣所以報先帝而忠陛下之職分也。至於斟酌損益，進盡忠言，則攸之、禕、允之任也。願陛下託臣以討賊興復之效；不效，則治臣之罪，以告先帝之靈。若無興德之言，則責攸之、禕、允等之慢，以彰其咎。

（諸葛亮〈出師表〉）

乙、蜀漢建興四年，諸葛亮持續投入準備北伐的忙碌中。五月，曹丕病逝，經驗告訴他，新皇舊主交替之際經常引爆朝中積壓已久的矛盾，正是發動征伐的好機會。還好

去年親自領兵，不到一年便平定南中。「思惟北伐，先宜入南」是既定戰略，但若南征陷入久戰，激起民族仇恨，專力北伐就只是夢想，遑論「出其金銀、丹漆、耕牛、戰馬給軍國之用」，「移南中勁卒青羌萬餘家於蜀，爲五部，所當無前，號爲飛軍」。

爲了爭取孫吳支持，諸葛亮於建興五年（西元二二七年）約孫權東線出兵：「曹賊篡逆，蔓延及今，皆思巢滅，未遂同盟。亮受昭烈皇帝寄託之重，敢不竭力盡忠。今大兵已會於祁山，狂寇將亡於渭水，伏望執事以同盟之義，命將北征，共靖中原，同匡漢室。」此次出征，既不同於韓信，也不同於周武王。他是蜀漢最高決策者，不只要考慮戰場因素，更要顧及國家全局；他面對的也不是商紂，而是國力強盛的曹魏。再者，劉禪平庸，剛培養的人才未曾獨挑大樑，他也不可能像當年劉備入蜀般，對後方毫無牽掛。於是他妥善安排人事，在〈出師表〉提醒：「　」，期望劉禪能因律臣以賢而勵己親賢，發揮人謀的作用。

（改寫自朱大渭、梁滿倉《一代軍師諸葛亮》）

1. 據甲、乙二文，「五月渡瀘」的主要目的爲何？
(A)打探曹丕逝後魏國敵情
(B)引進水源改良貧瘠土地
(C)運用焦土政策滅絕南中
(D)取南中資源爲北伐後盾　【108統測】

2. 比較甲文與乙文「諸葛亮約孫權出兵的信」，下列敘述何者正確？
(A)二者均對蜀、吳長期未能結盟深表惋惜
(B)二者均提及不負寄託的使命感與匡復漢室的目標
(C)信寫於劉備在位時，故稱劉備「昭烈皇帝」而非「先帝」
(D)甲文的「駑鈍」表示謙抑；信中的「執事」則有要對方讓步之意　【108統測】

3. 乙文「　」內，最適合填入的甲文文句爲何？
(A)當獎率三軍，北定中原
(B)先帝知臣謹慎，故臨崩寄臣以大事也
(C)若無興德之言，則責攸之、禕、允等之慢
(D)願陛下託臣以討賊興復之效；不效，則治臣之罪　【108統測】

【跨領域觀看】：父親給兒子什麼話？英雄帶什麼書出征？

書，承載文明發展歷程的智慧，也是浮動未來的想像。而既定立場、角色、意圖與受話者的

誡子書或家訓，在眾多書中顯得親近而又嚴肅。如劉備敕後主：「勿以惡小而為之，勿以善小而不為。」朱柏廬《朱子家訓》：「一粥一飯，當思來處不易；半絲半縷，恆念物力維艱」，言簡意賅，重在日常修行。顏之推《顏氏家訓》既批判南朝士大夫虛浮柔弱、煉丹服藥追求長生之風；又強調學當留意農工商之學，學貴能行。曾國藩的《曾文正公家書》以每天晚上睡前的日記，期勉後代：「蓋士人讀書，第一要有志，第二要有識，第三要有恆。」

如果家書是傳家精神的規範，那麼隨身攜帶的書籍往往對主人具有針砭、策勵的意義。《筆尖上的世界史：形塑民族、歷史和文明的故事力量》這本書裡，敘述亞歷山大統一希臘城邦、打敗強大的波斯軍隊，創造出橫跨到印度之帝國。十三年軍旅生涯隨身攜帶，而且每晚放在枕頭下的三件物品是避免遭暗殺的匕首、從波斯對手大流士奪來的匣子，和他心愛的《伊里亞德》。因為亞歷山大從故事中看出他所嚮往的理想，他將延續這個史詩故事的任務視為己任，以激勵進軍亞洲的動機——為了重新體驗特洛伊戰爭的故事。

亞歷山大視伊里亞德為精神偶像，以生命和武略實踐帝國所向無敵的企圖；蘇軾晚年被貶海南島，帶的是《莊子》，那是「回首向來蕭瑟處，也無風雨也無晴」的淡然；我們生命中必然有不同的書陪伴，或許那時候的書，已是密友，也是影子。

五十四、南匈奴傳

後漢書

昭君[1]字嬙，南郡人也。初，元帝時，以良家子選入掖庭[2]。時呼韓邪來朝。帝敕[3]以宮女五人賜。昭君入宮數歲，不得見御[4]，積悲怨，乃請掖庭令求行。呼韓邪臨辭大會，帝召五女以示之。昭君豐容靚飾[5]，光明漢宮，顧景裴回[6]，竦動左右[7]。帝見大驚，意欲留之，而難於失信，遂與匈奴。生二子。及呼韓邪死，其閼氏子代立，欲妻之，昭君上書求歸，成帝敕令從胡俗，遂復爲單于閼氏焉⑧。

注釋

① 王昭君：齊國王穰之女，南郡（今湖北秭歸）人，名嬙，字昭君。「明妃」之稱始於江淹〈恨賦〉，西晉時因避司馬昭諱，改其名為明君。年十七，儀容雅麗，國中長者求之，其父皆不許，於漢元帝時期以良家子的身分被選入宮為宮女。

② 掖庭：宮殿中的旁舍，妃嬪的住所。掖，音ㄧㄝˋ。

③ 敕：音ㄔˋ，命令。

④ 見御：被御，此指被皇帝寵幸。御，侍奉。

⑤ 豐容靚飾：面容豐潤，妝飾美麗。靚飾，以脂粉妝飾。靚，音ㄐㄧㄥˋ，漂亮，美麗。

⑥ 顧景裴回：即顧影徘徊。景，同「影」。裴回，音ㄆㄟˊ ㄏㄨㄟˊ，來回走動。

⑦ 竦動左右：左右驚動。左右，跟從的侍者。

⑧ 閼氏：音ㄧㄢ ㄓ，漢時匈奴君長的嫡妻稱為「閼氏」。

翻譯

昭君字嬙，南郡地方的人。漢元帝時，最初因以家世清白而被選入後宮。當時南匈奴呼韓邪單于來漢朝廷求親。漢元帝命令賞賜給他五位宮女。王昭君進宮已好幾年，一直沒受到皇帝寵幸，不得見御，心裡累積的悲傷與怨恨，使她自願請求離開後宮跟著隨行。在呼韓邪單于告辭大會上，漢元帝召五位宮女展示給單于看。王昭君面容豐潤，妝飾美麗，明豔動人的光彩照亮了漢宮，她顧影回眸緩步移動的姿勢，讓當場的侍衛們都爲之驚動。漢元帝看了如此明豔的昭君大吃一驚，心裡很想把昭君留下來，但因爲無法失信於單于，只好贈與匈奴。昭君到了南匈奴生了二個兒子。等到呼韓邪單于死，他的嫡妻之子繼位，想要娶昭君爲妻，昭君上書給漢皇帝請求歸鄉，漢成帝命令她隨胡人習俗（夫死改嫁其子），因此又成爲單于的妻子。

知識要點

- 故事背景：元帝竟寧元年（西元前三三年），呼韓邪單于來朝請求和親。昭君和親事初見諸班固《漢書．元帝本紀》，說明以昭君和親，純爲邊疆安寧，而此事乃漢皇帝基於外交上對朝賀番邦的某種恩惠與嘉勉而主導。
- 敘事脈絡：王昭君被選入宮→呼韓邪單于來朝，昭君求行→辭別會上昭君美貌驚豔，皇帝後悔不及→昭君至胡地生二子，夫死從胡俗，復爲單于閼氏。
- 故事後續：呼韓邪單于封王昭君爲「寧胡閼氏」，育有一子，後為右日逐王。呼韓邪死後，王昭君欲歸漢，漢成帝命她從胡俗，再嫁呼韓邪單于的兒子，育有二女。死後，葬於青塚（今內蒙古呼和浩特城南）。

●歷代評論：白居易〈昭君怨〉指陳國君無情：「自是君恩薄如紙（一作命卑如紙薄），不須一向恨丹青。」（譯：自古以來君王的恩惠像紙一樣薄，不需要一直怨恨畫工毛延壽。）

王安石〈明妃曲〉將箭頭指向漢元帝，指出：「意態由來畫不成，當時枉殺毛延壽。」不得志是人生的必然：「君不見咫尺長門閉阿嬌，人生失意無南北。」「漢恩自淺胡自深，人生樂在相知心。」以昭君的遭遇為喻，「人生樂在相知心」突顯對知己的渴求，同時又能超脫其上，以俯瞰人生的角度，寫出人生共相，形象與議論有機地組合。

●知識重點：

1. 昭君和親，事見《漢書．元帝本紀》、《漢書．匈奴傳》，敘述和親是基於「虖韓邪單于不忘恩德，鄉慕禮義，復修朝賀之禮，願保塞傳之無窮，邊垂長無兵革之事」的承諾，方賜年號，賜妃。由此可見漢胡邊塞無事，顯然是單于得到利益後的回報。關於昭君僅寥寥數筆道：「元帝以後宮良家子王嬙字昭君賜單于。」直到《後漢書．南匈奴傳》才轉而寫昭君主動出擊，伸張己意的行動。其身分從青春正盛的美女到為人之妻與母，其命運從主動出走，捍衛邊疆和平到被漢家棄絕，被迫從胡人「夫子嫁子」習俗，留下悲涼一生的孤獨影像。
2. 這段敘述以鮮豔的文字描繪出昭君年輕的形象，勃然的女性意識：其一，昭君因入宮不被重視，怨恨不平，請行自願請求嫁於匈奴。其二，臨行宴會上盛裝打扮，光彩射人，讓左右震驚，讓元帝後悔莫及。其三，為拒絕隨胡俗嫁單于之子而上書請歸，都可見昭君從容地、驕傲地解釋自我，以出走抗議所遭受的冷漠、拒絕無止盡的等待、否定女性只能被安排，而壯烈地走向陌生的他鄉。
3. 以書寫角度而言，《後漢書》不僅敘述昭君主動選擇出塞的原因，突顯出其和番個人的情緒意願，如：「不得見御，積悲怨，乃請掖庭令求行。」還更進一步描繪辭行場面中，昭君盛裝巧扮與顧盼生姿的動人風采。一則聚焦於昭君之美，成為後文元帝驚、悔之由；另則顯現昭君有刻意竦動朝廷上下、傲視群鶯以使元帝驚、悔未能及早發現美人之怨。隨後文以近於小說家的筆法寫元帝見昭君後的反應與掙扎：「帝見大驚，意欲留之，而難於失信，遂與匈奴。」通篇記述對於王昭君與元帝舉止、心理都有深刻的描繪，使得昭君不再是平面模糊的影子，而是形象飽滿、有個性有主見的女子，既主動爭取自我生命掌控權，亦即時以亮麗的面貌對元帝無視於其存在做出致命的諷刺與反擊。

4. 元馬致遠《漢宮秋》承襲前人昭君因毛延壽而不得見幸的說法，並藉琵琶聲而得寵於後宮，封為明妃，同時揉合眾家詩詞，渲染鋪陳與虛構。毛延壽因恐元帝降罪，便慫恿單于索要昭君。單于果然動心，發兵南下，漢軍不敵，昭君以國為念，情願和親示好以息刀兵。元帝忍痛割愛，臨行灞橋餞別，昭君留下漢宮衣，過黑水自盡以見節，最後一折戲裡，王昭君魂返，漢王驚秋。

練習題

1. 王昭君自請嫁至匈奴的原因是：
(A)良家子選入掖庭
(B)不得見御，積悲怨
(C)顧景裴回，竦動左右
(D)成帝敕令從胡俗，遂復爲單于閼氏焉

2. 下列最能表現出昭君伸張自我的行動的是：
(A)昭君入宮數歲，不得見御，積悲怨
(B)生二子，及呼韓邪死，其閼氏子代立
(C)呼韓邪臨辭大會，昭君豐容靚飾，光明漢宮
(D)帝見大驚，意欲留之，而難於失信，遂與匈奴

3. 下列有關本文寫作手法的敘述，正確的是：
(A)以內心獨白寫昭君情思
(B)以情景交融寫情節變化
(C)以特寫鏡頭顯人物形象
(D)以譬喻映襯烘托出個性

大考演練

1. 閱讀下文，選出依序最適合填入□□□□內的選項：

甲、船頭破浪高仰，滾白浪花如千軍萬馬在船前□□□□，港口長堤若一道黑線隱隱浮現浪緣。（廖鴻基〈鐵魚〉）

乙、駭浪撞擊小徑邊的礁岩，轟隆隆的海震聲，淹沒了父子奔跑的驚恐脈搏，驟雨狂下，浪沫□□□□，一切的一切，是颱風迅雷不及掩耳的，好似是從島嶼海底倏地拔蔥的不發一丁點的警示的感覺。（夏曼・藍波安《天空的眼睛》）

丙、媽媽去世後，他（爸爸）言語更少，近乎沉默，正似從洶湧的巨流河沖進了啞口海——臺灣極南端鵝鑾鼻

燈塔左側，有小小一泓海灣，名爲啞口海，太平洋奔騰的波濤衝進此灣，彷彿□□□□，發不出怒濤的聲音。

（齊邦媛《巨流河》）

(A)灰飛煙滅／狂飛八方／江河日下
(B)灰飛煙滅／起伏有致／銷聲匿跡
(C)崩裂坍塌／起伏有致／江河日下
(D)崩裂坍塌／狂飛八方／銷聲匿跡

【104學測】

2. 閱讀下文，選出敘述正確的選項：

雷電交加，大雨傾盆而下。芭芭拉來自印第安納的特雷霍特，不知道登記入住時該給門房五元小費，因此門房是不會冒著大雨幫小氣鬼招計程車的。何況，下雨天紐約根本招不到計程車。她只好研究手上的觀光地圖，衡量接下來該怎麼做。

她發現，如果從西八十幾街朝中央公園西路跑，一路跑到五十九街，穿過中央公園南路到公園大道，再往北來到東八十幾街，絕對無法準時出席派對。於是她決定做一件所有人警告她絕對不能做的事。

她用報紙護著頭髮，衝進夜色裡，向死亡挑戰。一道閃電亮起，忽然間，幫派分子包圍了她。他們無論什麼天氣都在這裡混，等著晚上穿越公園的笨蛋。不過芭芭拉空手道不是白學的。她施展腳下功夫大戰幫派，踹裂了這個人的下巴，把另一個人的牙齒踢飛到水泥地上，最後跌跌撞撞跑出公園，保住了小命。

（改寫自羅伯特・麥基《故事的解剖》）

(A)芭芭拉是紐約人，所以不知要給門房小費
(B)芭芭拉爲了趕赴派對，冒險穿過中央公園
(C)芭芭拉研究地圖，表示能夠完全掌控局勢
(D)「衝進夜色」暗示芭芭拉進入未知的險惡
(E)「閃電亮起」暗示芭芭拉的危殆倏然降臨

【104指考】

【跨領域觀看】：終身未婚專注於畫芭蕾舞者的竇加

言語、文字、行動、穿著、繪畫、戲劇……折射出人們對所要記寫之事物的「認識」。但這樣的認識其實有多麼大的成分來自社會既定的成見、誤會或蓄意形塑的歧視偏見，就像王昭君因爲美麗而入公，最後成爲和親的禮物。《後漢書》看似比起《漢書》將視角轉移到昭君身上，但觀看的方式仍不脫男性欲望的投射，正如約翰・伯格《觀看的方式》所言我們看見的，並不是一個單純

而中性的結果，而是由許多人爲因素與意圖相互影響所「建構」出來的過程。

古典畫中，女性的影像是用來取悅男人，帝王貴族的肖像畫總是冷漠而無表情，因爲高高在上的他們不必取悅任何人，而是展示唯我獨尊的威儀，這是被畫者與畫者之間不必言說的觀看與形塑。收藏的畫作的人視之爲財產，「他們看見的不僅是被描繪的事物本身，同時也是作爲一個物質擁有者、富足的自我形象」，於是很多畫家以華麗貴氣的遠方珍異、精緻完美的仕女器皿來烘托這樣的虛榮。

該書上提到：「我們注視的從來不只是事物本身，我們注視的永遠是事物與我們之間的關係。」因此，從畫家關切的素材可以看見他們內心對世界的認識、對藝術價值的界定。

深受古典美學薰陶，摯愛希臘文化的竇加，在義大利臨摹了數百幅古代和文藝復興作品，深深被身體的線條、肌肉的張力所吸引，而在芭蕾舞者身上找到現代與古典希臘的連結。晚年時，人們曾問他何以執著於單一的舞蹈者題材？他的答案很簡單：「因爲芭蕾舞是現存唯一的希臘人體動作總合」，「我只不過想藉由舞者，畫出美麗衣料和人體動作罷了」。

竇加畫出芭蕾舞女孩細膩而幽微的身體動作，從緊繃的肌肉、伸展的筋骨、彎曲的關節到日夜磨練中的挫折、疲憊和恍惚。最特殊的是他看見這些來自貧窮家庭，懷抱成功後能賺錢養家的心情與意志，這是欣賞芭蕾舞的貴族、上流人士所無法觸及的血淚，是竇加鑽研四十年，著迷地不斷在構圖章法和技法配色、明暗質地中試圖捕捉的姿態和神情。

五十五、楚文王少時好獵

南朝宋 劉義慶 幽明錄

楚文王少時好獵，有一人獻一鷹。文王見之，爪短神爽①，殊絕常鷹，故爲獵於雲夢②。罝③網雲布，烟燒漲天，毛群飛旋，爭噬競搏。此鷹軒頸④瞪目，遠視雲際，無搏噬之志，王曰：「吾鷹所獲以百數，汝鷹曾無奮意，將欺余耶？」

獻者曰：「若效於雉兔，臣豈敢獻？」

俄而，雲際有一物凝翔，鮮白不辨其形，鷹便竦翮⑤而升，矗⑥若飛電。須臾，羽墮如雪，血下如雨，有大鳥墮地，度其兩翅，廣數十里，眾莫能識。時有博物君子曰：「此大鵬雛也。」文王乃厚賞之。

注釋

①神爽：猶神俊，多形容猛禽、良馬等姿態雄健。

②雲夢：古地名。楚國的大湖澤，位於湖北省東南部，長江、漢水間一帶地區，為古代雲夢大澤的湖底。

③罝：音ㄐㄩ，泛稱捕捉鳥獸的網子。

④軒頸：此指伸長頭頸。軒，高高昂起。

⑤竦翮：展開翅膀，此指拍起翅膀升空而去。

⑥矗：動詞，迅疾，此指向上高飛。

翻譯

楚文王年少時喜歡打獵，於是有人獻了一隻獵鷹給楚王，楚王看那隻鷹腳爪，姿態雄健神俊，與其他獵鷹大大不同，因此便到雲夢大澤去舉行盛大的狩獵，準備讓這隻鷹大展身手。楚文王在狩獵場上張起網如星羅雲布到處都是，用以驅趕野獸的煙火燃燒熾烈布滿整個天空，獵鷹成群地在天空盤旋，爭先恐後地吞噬搏鬥獵物。這隻神鷹卻只是伸著脖子瞪大眼睛，遠望雲端，一點也沒有去搏鬥吞噬的意思。楚王對獻鷹的人說：「我的其他獵鷹已捕獲了數百隻獵物，而你的獵鷹竟然沒有一點奮發的鬥志，你是在欺騙我嗎？」

獻鷹的人說：「神鷹如果只能抓山雞、野兔而已，我哪敢獻給大王？」

不久，從雲端極遠處飛來一個東西在高空中滑翔，遠望彷彿定住不動一樣，看起來鮮明潔白卻無法分辨形狀，神鷹突然拍起翅膀筆直地往上衝，迅速得像雷電一般。不久，許多羽毛如雪花般從空中飄下，血滴噴濺得像在下雨，一隻大鳥砰然落地，眾人量大鳥兩邊翅膀展開後的長度，竟有數十里長，沒有人知道這是什麼鳥。當時有能通曉各種事物的人說：「這是傳說中的大鵬鳥的幼雛。」楚王於是重重地賞賜了獻鷹的人。

知識要點

● 敘述背景：《幽明錄》，是南朝宋宗室劉義慶集門客所撰，所記都是神鬼怪異故事，與《搜神記》同爲志怪小說的代表作。原書已散佚。魯迅《古小說鉤沉》中輯得二百六十五則。

● 敘述脈絡：楚文王好獵，有人獻鷹→爲獵於雲夢，群鷹爭噬競搏，此鷹毫無奮意→雲際有一物凝翔，鷹竦翮而升→羽墮如雪，大鳥墮地。

● 知識重點：

1. 作者的寫作角度是以平庸來反襯鷹的俊逸非凡，以「大鵬雛」的慘敗烘托鷹的勇猛善鬥。藉以寄託雄鷹志存高遠，樂於長空搏擊，有才者靜待大目標而出招，不屑與一般群鷹只為區區雉兔爭強鬥勝，為政者當人盡其才，尊重人才。

2. 作者寫鷹，筆墨凝練，追求神似，如先以「爪短神爽」寫精神飽滿、姿態雄健，透過「毛群飛旋，爭噬競搏」反襯此鷹意定神閒不為所動，「軒頸瞪目，遠視雲際，無搏噬之志」更表現牠高傲自負的氣勢。在這側面描寫，長篇鋪陳之後，才以「竦翮而升，矗若飛電」快速而震懾的動作與聲響渲染出鷹見獵物激昂的鬥志，再以「羽墮如雪，血下如雨」顯現其兇猛，最後透過博物者之口道出「此大鵬雛也」，揭開如鷹的人才所追逐的是凌霄之志，所挑戰的是宏圖！

練習題

1. 根據本文，楚文王既有的鷹與獻者的鷹不同之處是：
(A)體型巨大
(B)品種高貴
(C)氣質出眾
(D)顏色鮮麗

2. 獻者曰：「若效於雉兔，臣豈敢獻？」這句話背後的含義是：
(A)燕雀安知鴻鵠之志
(B)蠅附驥尾而至千里
(C)狡兔三窟，僅得免其死耳
(D)胡馬依北風，越鳥巢南枝

大考演練

1. 下列是一段古文，請依文意選出排列順序最恰當的選項：
楚文王少時好獵，有一人獻一鷹。
甲、故爲獵於雲夢，置網雲布，烟燒漲天
乙、此鷹軒頸瞪目，遠視雲際，無搏噬之志
丙、王曰：「吾鷹所獲以百數，汝鷹曾無奮意，將欺余耶？」
丁、文王見之，爪短神爽，殊絕常鷹

戊、毛群飛旋，爭噬競搏

獻者曰：「若效於雉兔，臣豈敢獻？」

（劉義慶《幽明錄》）

(A)甲乙戊丙丁
(B)丁甲戊乙丙
(C)戊丁乙甲丙
(D)丁甲丙乙戊。

2-4為題組。閱讀下文，回答2-4題。【100學測】

一九九二年冬天，我和沈振中初次聯絡。這之前，他寄給我三篇觀察老鷹的通訊，讀後不禁大驚，此人的觀鷹功力，早就超乎一般水準。

我們在基隆外木山頂峰碰頭。我問老鷹去了哪裡，他指著森林裡的一棵枯木。北臺灣最後一支族群，二十餘隻，都在那兒過夜。但枯木是空的，他又指向另一處高聳的水塔。那是天亮前，老鷹醒來後整理儀容的地方。水塔也是空的，老鷹呢？他解釋，在水塔開完會後，老鷹們就各自朝四面八方離去。那天若在東北海岸看到任何一隻老鷹巡遊，都可能是這一支族群的夥伴。

在沈振中這番對老鷹生動、□□□的敘述中，我不只驚奇老鷹有此精彩的生活，更訝異臺灣竟有這等觀察奇人——而立之年後，竟然放棄教職，讓老鷹帶著往前走。走向哪兒，沒人知道。三年後，他發下觀鷹二十年的宏願。

那天，我也遇到了生態攝影家梁皆得。寡言的他以敏銳的生態視野，注意到沈振中的特殊。從那時起，他就不計代價跟著沈振中，長期記錄老鷹。我們再怎麼熱愛賞鳥，仍不脫入世，但沈振中觀鷹卻全然出世。不知是老鷹飛入他心中，還是他展翅滑進老鷹的世界，他有顆宗教的慧心悄然孕育。有幾回，他單獨走上外木山，老鷹特地飛來，遊戲似地欺身，彷彿他是老鷹遺落在世間的族人。

《老鷹想飛》可說是臺灣最後兩百多隻老鷹的輓歌。片中直指濫用農藥破壞農田環境，是臺灣老鷹銳減的主因。若不減少殺蟲劑，有朝一日，人們也將遭遇不可測的危險。

（改寫自劉克襄〈一隻鷹，在臺灣的傳奇——觀紀錄片《老鷹想飛》有感〉）

2.依據上文，下列何者最符合作者對觀鷹人的描述？
(A)深入山區，宣導護鷹
(B)聚合同道，擴大研究
(C)傾注心念，物我冥合
(D)入世胸懷，出世智慧

【105統測】

3.第三段□□□內應填入哪個詞語，最能突顯第二段觀鷹人的言語特色？
(A)擬人化
(B)雙關化
(C)跳脫化

(D)抽象化　【105統測】

4.《老鷹想飛》認爲，農藥破壞農田環境，使得臺灣老鷹數量銳減。依據老鷹習性，造成此一結果的原由最可能是：

(A)老鷹找不到可以築巢的草叢
(B)老鷹無法在農田裡養育幼雛
(C)老鷹吃了沾染毒藥的農作物
(D)老鷹吃了被農藥毒殺的動物　【105統測】

【跨領域觀看】：面面觀鷹的文化意象與臺灣消失中的鷹

「老鷹抓小雞」是兒時常玩的遊戲之一，童年時自然不會知道這是出自找尋獵物的肉食性動物，和生存法則的自我保衛。更沒料到自己有天必須在主張和平的鴿派，代表主戰派、強勢而主動出擊者的鷹派之間做出選擇。

鷹，以其兇猛性情、彎曲銳利的嘴、鉤爪和特殊的視力而成爲猛禽的代表。古埃及人相信鷹是法老的守護者荷魯斯的象徵，因此視之爲神聖之物。鷹，更是美國國鳥，以老鷹爲名的如亞特蘭大老鷹隊、漫畫的虛構超級英雄鷹眼（Hawkeye）都將鷹冷靜而傑出的能力投射於團隊或個人精神特質之中。

文學中不乏對老鷹的關注，如泰雅族老鷹的故事，則是出於小孩受不了母親虐待而變成老鷹，顯然老鷹是強者的形象，可以用來保護自我，脫離迫害。但即使如此猛烈的老鷹也不敵人類的獵殺和環境變遷，《老鷹的故事》、《鷹兒要回家》作者沈振中長期投入觀察、記錄老鷹，發現一八五六年，英人郇和（Swiboe）調查臺灣鳥類時，到處可見的老鷹，至今僅剩下兩百隻了。梁皆得拍攝的紀錄片《老鷹想飛》，儼然在敘述兩百多隻臺灣老鷹的最後輓歌。

在維多魚〈牠是我的生命——哈薩克人的馴鷹文化〉這篇文章裡報導哈薩克人在一九九一年從蘇聯獨立之後，歷經了二十幾年利用石油而創造經濟成長的歷程。在急於找回傳統文化與身分時，以鷹獵比賽是他們過去遊牧生活的象徵與凝聚認同方式。下回看見鷹，請以珍愛的眼睛欣賞，並努力保護環境，讓牠們可以同在這塊土地上生存。

五十六、山中與裴秀才迪書

唐 王維

北涉玄灞①，清月映郭②。夜登華子岡，輞水淪漣③，與月上下。寒山遠火，明滅林外。深巷寒犬，吠聲如豹。村墟夜舂④，復與疏鐘⑤相間。此時獨坐，僮僕靜默，多思曩昔，攜手賦詩，步仄徑⑥，臨清流也。

當待春中，草木蔓發，春山可望，輕鯈⑦出水，白鷗矯翼⑧，露濕青皋⑨，麥隴朝雊⑩，斯之不遠，倘能從我遊乎？非子天機清妙者，豈能以此不急之務相邀。然是中有深趣矣！無忽。因馱黃檗⑪人往，不一。山中人王維白。

【注釋】

①玄灞：指灞水，源出陝西省藍田縣藍田谷，北流入渭水。玄，水色深青。

②郭：城牆外再築的一道城牆，即外城，此指城牆。

③淪漣：水波，微波。

④夜舂：夜間舂米的聲音。舂，音ㄔㄨㄥ，用杵臼搗去穀物的皮殼。

⑤疏鐘：稀疏的鐘聲。

⑥仄徑：狹小的路。

⑦鯈：音ㄔㄡˊ，魚名，色白，形狹而長，側扁而薄。

⑧矯翼：舉翅高飛。矯，音ㄐㄧㄠˇ，舉。

⑨皋：音ㄍㄠ，水邊的低地。

⑩麥隴朝雊：麥田傳來清晨野雞的鳴叫聲。隴，音ㄌㄨㄥˇ，通「壟」，田中高地。雊，音ㄍㄡˋ，雄雉鳴叫。

⑪黃檗：藥用植物，亦可做黃色染料。檗，音ㄅㄛˋ。

【翻譯】

向北渡過水色深青的灞水，清朗的月光正映照著城牆。夜裡登上華子岡，看到輞川水面上泛起微波，和水中月影上下蕩漾著。寒山上遠處的燈火，在樹林外忽明忽暗。寒夜裡傳來深巷中的狗吠聲，特別響亮，有如豹吼。村落傳來夜裡舂米的聲音，又和那稀疏的鐘聲互相錯雜。這時候我獨自閒坐，僮僕靜默無聲，我想起許多從前的事：我們曾手牽著手作詩，漫步在狹窄的小路上，在清澈的溪流旁觀賞。

等到春天時候，草木滋生萌發，春天的山色正值得觀賞。輕盈的鰷魚浮出水面，白色的鷗鳥展翅高飛。露水沾溼了水邊的青草地，清晨野雞在麥田裡叫：這樣的時光不遠了，你或許跟我一起去遊賞吧？要不是你的天性清遠超妙，我哪裡會拿這不急的事來邀請您呢？但是遊於山水之間，是有深厚的趣味，請不要忽略呀！

趁著馱運黃蘗的人下山之便捎上這封信，不一一細說。

山中人王維敬上。

知識要點

- 故事背景：王維由唐初詩人宋之問購得輞川別墅，與好友裴迪隱居終南山，潛心修道。王維著名的《輞川集》二十首詩，就是與裴迪浮舟嘯詠、彈琴賦詩相互唱和之作。本文是王維從長安回到輞川別墅後寫給裴迪的一封信。
- 敘述脈絡：冬夜遊山的所見所聞→追憶昔日同遊之樂→預告春中佳景，邀約裴迪明春同遊→說明因託人帶信，所以詞短情長。
- 歷代評論：蘇東坡稱讚王維「詩中有畫，畫中有詩」。

知識重點：

1. 本文描寫山中景物生動自然，詩情畫意。文字以四字句為主，簡練的駢散相間，整齊中有變化。寫冬夜之景，淒清孤寂，寫春景，則輕盈活潑，既像一篇山水小品，又如一幅絕妙的風景畫。表現作者高潔恬淡的情趣。
2. 情景交疊，融詩畫於文：「清月映郭」、「輞水淪漣，與月上下」、「寒山遠火，明滅林外」的視覺效應綰合「吠聲如豹」、「村墟夜舂」、「疏鐘相間」的聽覺效應，呼應出「夜登華子岡」的時間性與空間性，同時藉微小景物構成空間形式，刻繪作者心中細微的心理活動變化，「清月映郭」的大空間與「深巷寒犬」小空間相互襯照，彼此牽連，使整篇文章構成一幅天上地下的立體畫面。
3. 鏡頭的運用：再如寫春景時，王維先以「草木蔓發，春山可望」粗筆簡潔地勾勒出大空間，再以小筆細緻、生動地描繪出「青皋」、「麥隴」等小空間，然後以「輕」、「白鷗」、「朝雊」點皴抹染，以「露溼」水氣的淡彩烘托，暈就成這一幅大小空間的揉合、相映，作為情調的渲染。

練習題

1.下列何句是作者想像中的景物？
(A)深巷寒犬，吠聲如豹
(B)草木蔓發，春山可望
(C)輞水淪漣，與月上下
(D)寒山遠火，明滅林外

2.下列有關本文的說明，錯誤的是：
(A)「斯之不遠，儻能從我遊乎？」作者以商量的口吻邀請朋友，委婉誠懇。「非子天機清妙者，豈能以此不急之務相邀？」隱然透露出對朋友樂於塵俗的失望
(B)「深巷寒犬」、「村墟夜舂」、「疏鐘相間」由聲音所指示景物方位及表現的距離感，增加畫面層次感、動靜感
(C)「草木蔓發」的「蔓」字，寫大自然蓬勃的生機，「輕鯈出水」、「白鷗矯翼」的靈動，則顯出春天的活力
(D)「因馱黃蘗人往，不一」說明此信是託馱藥材黃蘗的人帶去的，署名「山中人」，指出詩人所在的地方，也表明自己是隱士

3.下列有關本文情景交融的說明，正確的是：
(A)「北涉玄灞，清月映郭」是途中的仰視遠看，顯現內心灑脫開闊
(B)「夜登華子岡，輞水淪漣」由高處俯瞰，襯托出胸懷天下的雄心壯志
(C)「寒山遠火，明滅林外」藉實虛相生、明暗對比的筆觸，寫往事不堪回首的落寞之情
(D)「此時獨坐，僮僕靜默，多思曩昔，攜手賦詩，步仄徑，臨清流也」，於回想間透露孤寂

大考演練

1-2爲題組。閱讀下文，回答1-2題。

德國作家赫塞曾把孤獨比喻爲「荒野之狼」，文學家用來形容孤獨的意象無疑都非常有力，只可惜太個人化了，我想尋找更具普遍性的意象。

孤獨的面貌並非只有悲傷，它也可以是欣然而美好的；事實上，孤獨乃是人必然的存在狀態，也是一種回歸和自由，且常存於深刻的互動中。我在中國哲學裡找到一個簡潔有力的「太極圖」，很適合說明孤獨的特質。太極圖由陰陽（黑白）兩個對稱而對立的半部所組成。如果把陰比爲孤獨，把陽比爲交會的話，非常能說明孤獨和交會的關係。首先，陰陽兩個半部裡各自包含著對方顏色的若干細線，這反映出：沒有所謂純粹的孤獨，也沒有所謂純粹的交會。其次，兩個半部間有一灰色的中間地帶，這和兩者互爲對方底景的特質相似。最特別處是在陰的中央位置有個白點，在陽

的中央位置有個黑點，這似乎意味著：在人我交會的極致中，人有可能會突然體驗到最深沉的孤獨，而在孤獨的極致中，人也可能會突然體驗到自我和天地、人際之間最深沉的交會。

用太極圖來象徵孤獨還有一個優點：它可反映出孤獨和群體生活二者對人同等重要，是體驗世界時不可偏廢的兩條路徑。（改寫自菲力浦・科克《孤獨》）

1.下列敘述，符合上文文意的選項是：

(A)文學家每為孤獨所困，但描繪的內容都是個人化的經驗，難以引起讀者共鳴

(B)孤獨和交會的關係就好比陰、陽，二者互滲於對方之中，不可能真正的獨存

(C)要完整體驗世界必須同時過著孤獨和群體生活，讓自己處於灰色的中間地帶

(D)太極圖中的白點象徵在孤獨中能安慰我們的朋友，黑點象徵人心深處的黑暗面 【106學測】

2.下列文字，最能表現上文劃底線處情況的選項是：

(A)臘月既望，館人奔告：「玉山見矣！」時旁午，風靜無塵，四宇清澈

(B)壬戌之秋，七月既望，蘇子與客泛舟遊於赤壁之下。清風徐來，水波不興

(C)日拉顧君偕往，坐莽葛中，命二番兒操楫。緣溪入，溪盡為內北社，呼社人為導

(D)人知從太守遊而樂，而不知太守之樂其樂也。醉能同其樂，醒能述以文者，太守也 【106學測】

【跨領域觀看】：中國的文人畫

以「詩、書、畫三絕」為特色的文人畫，興於元朝。在此之前的唐宋畫家幾乎都是宮廷御用或畫院畫家，因此繪畫主題多以宣揚國威、描繪宮中生活為主，人物或花鳥寫實，色彩華麗。

開始用淡墨作畫的王維被明代董其昌視為「文人畫鼻祖」，引動北宋范寬、郭熙、馬遠、夏圭等開創山水畫技法，形成以山水、墨色、寫意為主，講求意境的文人畫。而後有蘇軾、黃庭堅、米芾父子等以書法入畫，將運筆疾徐輕重的線條波折、點線的疏密節奏，與畫家的氣質和個性、事物的形神結合，呈現出禪宗空無靜定的境界。

元代「九儒十丐」的社會分級，導致讀書人的地位卑賤，既無法也不願意在異族底下卑顏屈膝，於是以筆、墨、紙、詩詞、書法畫物寓意，寄託情趣，形成講究文化修養、人品、才情、學問、思想的藝術形式。藉由山水、花鳥以及梅蘭竹菊等象徵性題材，抒發「性靈」，表現「簡」、「古」、「雅」、「拙」、「淡」之氣韻和平淡天眞、毫無做作，沒有斧鑿痕的筆情墨趣，代表作有黃公望《富春山居圖》、倪瓚《虞山林壑圖》、王蒙《春山讀書圖》等。

五十七、雜說一

唐　韓愈

龍噓氣成雲，雲固弗靈於龍也。然龍乘是氣，茫洋①窮乎玄間②，薄日月，伏光景③，感震電，神變化，水下土④，汩陵谷，雲亦靈怪矣哉。雲，龍之所能使爲靈也。若龍之靈，則非雲之所能使爲靈也。然龍弗得雲，無以神其靈矣。失其所憑依，信不可歟。異哉！其所憑依，乃其所自爲也。《易》曰：「雲從龍。」既曰龍，雲從之矣。

【注釋】

①茫洋：此處通「徜徉」，指自由自在地往來。

②玄間：天空。

③伏光景：遮蔽了日月的光輝。景，影。

④下土：大地。

【翻譯】

龍吐出來的氣成了雲，雲的靈動本來就比不上龍。然而龍卻乘著這雲氣，在茫無際涯的天空裡無所不至，迫近到日月之旁，遮蔽了宇宙萬物的光輝，使雷震電閃，變化神奇，使雨水降落於大地，淹沒山谷。如此看來，雲也眞夠靈動神奇的哪！雲，是龍賦予它靈性。至於龍的靈性，便不是雲所能使牠達到的。然而龍若沒有雲，就無法使牠的靈性如意變化。失掉牠所憑恃的，就眞的不行了。眞奇怪呀！牠所憑恃的，竟然就是牠自身的所創造的能力。《易經》上說：「雲跟從著龍。」既然稱爲龍，就有龍的本事，雲自然就跟定牠了。

知識要點

● 故事背景：雜說四篇大概於貞元十一年至十六年間（西元七九五—八〇〇年）所寫，當時韓愈初登仕途，曾經三次上書宰相求擢用，結果都是「待命」，儘管如此，他仍然聲明自己「有憂天下之心」，不會遁跡山林。後相繼依附一些節度使幕下，鬱鬱不得志。面對奸佞當權，政治黑暗，有才能之士不受重視，而有感而發。

● 敘述脈絡：龍噓氣成雲→龍乘氣縱橫天地→雲、龍相依而靈→龍弗得雲，無以神其靈。

● 歷代評論：宋人李塗〈文章精義〉：「韓（韓愈）如海，柳（柳宗元）如泉，歐（歐陽脩）如瀾，蘇（蘇軾）如潮。

● 知識重點：

1. 「說」是一種文體，用記敘、議論、說明等方式來闡述事理。「雜說」是雜文最早的形態，內容無所不包，韓愈有〈雜說〉四篇，此為首篇。
2. 用「托物寓意」手法，以龍與雲的關係，揭示君臣之間相互依賴的關係，賢臣不可沒有聖君，聖君也須依靠賢臣。
3. 寫作目的在於提醒君主重用賢臣，強調君臣遇合、輔佐扶持、德行教化為帝業、事功能否有建樹之關鍵。

練習題

1. 「水下土，汩陵谷」這句話中，運用轉品寫作技巧的字是：
(A)水 (B)下 (C)汩 (D)陵

2. 下列有關「雲，龍之所能使爲靈也。若龍之靈，則非雲之所能使爲靈也。然龍弗得雲，無以神其靈矣。」的解讀，正確的是：
(A)龍與雲互相利用，各有盤算
(B)龍與雲相互牽制，達到制衡
(C)龍與雲互相倚憑，相得益彰
(D)雲由龍出，青出於藍更勝於藍

大考演練

1. 下列選項最符合這段文章主旨的敘述是：
(A)龍與雲可用以比喻君臣之遇合
(B)雲並非因龍的翻騰才變化靈怪
(C)龍與雲主輔相依的關係不明確
(D)龍須靠雲來主宰才能靈變莫測

【100指考】

2-4為題組。閱讀下文，回答第2-4題。

《品牌物理學》一書不強調消費者或目標族群，而認為品牌會隨著人們的記憶留存或消逝，所以品牌擁有者應該要好好創造每一次與人們的互動記憶。舉例來說，美國智慧羊毛牌子SmartWool是以美麗諾羊毛製成，過去二十年來，沒有做什麼行銷宣傳，產品卻穩定成長。這是因為他們不是把重點放在產品是用哪個品種的羊毛做成，而是把握每一次與潛在顧客接觸的時刻。大家對羊毛襪的直覺是穿起來有點刺癢或不舒服。但SmartWool讓首次穿上智慧羊毛襪的人捨不得脫下，這時，品牌就創造出一個屬於產品與人們的互動記憶。當喜歡品牌的人們到處跟朋友分享產品的使用心得時，體驗、銷售、利潤就會不斷累積，最終形塑成有價值、人人都喜歡的品牌。

《品牌物理學》從物理學的角度，從時間與空間的維度研究品牌。品牌不會以直線方式穩定成長，反而會在不同時間與空間下，隨著運勢一夕爆紅，或者是一落千丈。他們認為，品牌就像一艘承載著意義與信任的船艦，而前進的動力來自體驗。亦即組織應該要持續提供意義與信任感給消費者，讓消費者願意選擇自己。因為一旦人們對品牌產生信任與認同，要購買商品時，就不需要花費太多心力做決定。想讓品牌成為消費者腦中不須思考的第一選擇，必須經過一連串的互動，《品牌物理學》中以「雅各模型」來說明這個過程。品牌從傳遞信號給人們，再透過感官的刺激，讓品牌的形象或內涵融入到消費者的人生時刻，形成記憶，連帶到購買行為（銷售）、創造利潤，最後成為品牌價值。

（改寫自《經理人雜誌》）

2. 依據上列圖文，判斷圖中甲、乙、丙依序應填入哪些階段？

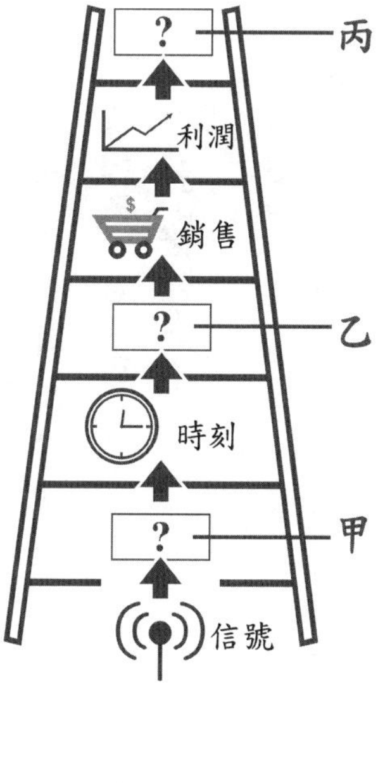

(A)甲：感官，乙：記憶，丙：價值
(B)甲：感官，乙：價值，丙：回饋
(C)甲：記憶，乙：感官，丙：回饋
(D)甲：記憶，乙：品質，丙：價值

3. 依據上文，下列廣告標語何者最符合該智慧羊毛品牌的核心價值？【108二技】
(A)公平交易產地直銷
(B)超值商品買一送一
(C)舒適耐用安心信賴

(D)時尚設計品味不凡　【108二技】

4. 依據上文，下列敘述何者與文中觀點最接近？

(A)品牌的塑造應先定位銷售族群並量身打造

(B)消費者口碑有助於品牌價值的建立與發展

(C)智慧羊毛品牌的成功，羊毛品種最爲重要

(D)顧客永遠是對的，完整售後服務十分重要　【108二技】

【跨領域觀看】：關於龍的種種傳說

恐龍化石、侏儸紀的故事在電影小說與科學研究裡不斷被探討，試圖還原之。近日英國肯特大學的研究團隊表示恐龍與鳥類類似，具有多對染色體，可推測恐龍的 DNA 樣貌，就是飛在空中的鳥類。

六千六百萬年前小行星撞上地球，大約百分之七十五的物種都滅絕了。BBC 近期播放的紀錄片《恐龍滅絕之日》，研究人員假設小行星提早或者延遲，且撞進的不是墨西哥尤卡坦半島，而是太平洋或大西洋的深處。或許會出現二〇一五年迪士尼動畫片《恐龍當家》（*The Good Dinosaur*）所描繪與動物融洽相處——並找到與恐龍共存的方式。

恐龍一直是有其聲影的存在，相較之下，龍更顯得神祕，往往以神聖的象徵、神話的圖騰、傳說的故事、美好的願望牽繫。這源自漢民族最古老圖騰的龍，在敬畏自然而又崇拜神力以對抗環境、庇佑生存的心理下，其形象被賦予所有強大能量的外在特徵：鹿角、牛頭、驢嘴、蝦眼、象耳、魚鱗、人鬚、蛇腹、鳳足，與內在美德：不畏強權驍勇善戰、聰明多智預見未來、爲解人間乾旱，不惜冒犯天條、興雲布雨、鳴雷閃電變化多端。由此傑出之人稱「人中之龍」，如諸葛亮號稱臥龍先生的能力；天子爲龍，居龍位，穿著龍袍，葬龍穴。

唐天寶十年（西元七五一年），唐玄宗爲掌管興雲布雨的四海龍王下詔封號，並舉行盛大加冕

典禮。《西遊記》敘述孫悟空成道之後，大鬧東海龍宮，取走大禹治水留下的定海神針成爲如意金箍棒。《封神演義》中，李靖的兒子哪吒和龍王三太子在東海因玩水而發生衝突，置其於死，東海龍王悲恨交加，興師問罪討公道，哪吒三太子割肉還母、剔骨還父，當場自戕。

另有魏徵夢中斬龍王、龍生九子、民間傳說《柳毅傳書》中，敘述書生遇飽受丈夫涇河小龍虐待的洞庭龍女三娘，慨然爲她跋山涉水向三娘之父洞庭君求救。戲曲《張羽煮海》則描述潮州張羽與東海龍王三女相戀，遭龍王反對，放水淹島，張生得仙女之助，煮沸海水，龍王乃許其婚事。

龍，因爲人的投射，從英雄式的守護神、神奇的偶像、至高無比的天子，化身爲充滿人性情緒，演繹情愛欲望的神怪，在文學情節、民俗風情裡衍生出豐富飽滿的形象。這篇文章藉龍以突顯君王須有將相輔佐的意象，中國人以龍之傳人自居的隱喻；正如《侏羅紀公園》的臺詞：「生命自會找到出路」，的確牠們找到出路，至少飛行類的恐龍如今演化爲鳥類，仍翱翔在地球的天空。

神龍見首不見尾，牠，在生活裡時時可見。

五十八、張中丞傳後序

唐 韓愈

愈嘗從事於汴徐二府，屢道於兩府間，親祭於其所謂雙廟[1]者。其老人往往說巡、遠時事云：南霽雲[2]之乞救於賀蘭[3]也，賀蘭嫉巡、遠之聲威功績出己上，不肯出師救；愛霽雲之勇且壯，不聽其語，強留之，具食與樂，延霽雲坐。霽雲慷慨語曰：「雲來時，睢陽之人，不食月餘日矣！雲雖欲獨食，義不忍；雖食，且不下咽！」因拔所佩刀，斷一指，血淋漓，以示賀蘭。一座大驚，皆感激爲雲泣下。雲知賀蘭終無爲雲出師意，即馳去；將出城，抽矢射佛寺浮圖，矢著其上磚半箭，曰：「吾歸破賊，必滅賀蘭！此矢所以志也。」愈貞元中過泗州，船上人猶指以相語。城陷，賊以刃脅降巡，巡不屈，即牽去，將斬之；又降霽雲，雲未應。巡呼雲曰：「南八④，男兒死耳，不可爲不義屈！」雲笑曰：「欲將以有爲也；公有言，雲敢不死！」即不屈。

注釋

①雙廟：張巡、許遠死後，後人在睢陽立廟祭祀，稱為「雙廟」。

②南霽雲：安祿山反叛時，為張巡部將。

③賀蘭：複姓，指賀蘭進明，時為御史大夫、河南節度使。

④南八：南霽雲排行第八，故稱。

翻譯

我曾經在汴州、徐州任職，多次經過兩州之間，親自到那雙廟祭祀張巡和許遠。那裡的老人常常說起張巡、許遠的事情：南霽雲向賀蘭進明求救的時候，賀蘭進明妒忌張巡、許遠的威望和功勞超過自己，不肯派兵相救；但看中南霽雲的勇敢和壯偉，不採納他求救的話，卻極力挽留他，還準備了酒食和音樂，請南霽雲入座。南霽雲慷慨激昂地說：「我來的時候，睢陽軍民已經一個多月沒有東西吃了！我即使想獨享，在道義不忍這麼做；即使吃了，我也難以下咽！」於是拔出佩刀，砍斷一個手指，鮮血淋漓，拿給賀蘭進明看。在座的人大吃一驚，感動得爲南霽雲流下了眼淚。南霽雲知道賀蘭進明終究不會答應他的請求出兵相助，便騎馬快速離去；將出城時，他抽出箭射寺廟的佛塔，那枝箭射進佛塔磚面半箭之深，說：「我回去打敗叛軍後，一定要回來消滅賀蘭進明！就用這枝箭來作爲標記。」我於貞元年間經過泗州，船上的人還指點著說給我聽。城破後，叛軍拿刀逼張巡投降，張巡堅貞不屈，馬上被綁走，準備殺掉；叛軍又叫南霽雲投降，南霽雲沒有作聲。張巡叫南霽雲道：「南八，男子漢一死而已，不能向不義之人屈服！」南霽雲笑道：「我本想藉投降有所作爲，您既然這樣說，我哪敢不死！」於是誓不投降。

知識要點

●故事背景：安史亂起，張巡、許遠合守睢陽城，城陷殉國。亂平後，有人指其不智，與不力。事隔五十年，韓愈感憤於此，憲宗元和二年（西元八〇七年）四月十三日夜，藉與張籍讀李翰〈張巡傳〉，寫了這後敘篇，以補〈張巡傳〉之不足，並對當時批評許遠守城不利不合理的謬論。

●敘述脈絡：韓愈在雙廟聽老人說故事→南霽雲向賀蘭進明求救兵而未果，斷指離去，抽矢射佛寺浮圖發誓復仇→韓愈貞元間經過泗州，舟人示中箭處→城陷，張巡、南霽雲不屈而死。

知識要點：

1. 全文緊扣南霽雲乞師和就義的軼事，描寫英雄義氣，並以張巡「不可為不義屈」深化二人忠毅精神。
2. 透過賀蘭進明嫉妒張巡、許遠的功績而不肯出兵相助、強留南霽雲突顯賀蘭進明面對安祿山之亂時，擅強兵坐而觀，心胸狹隘、薄情寡義的性格，也反映當時守城者觀望形勢游移不定的心態，與堅守睢陽城的張巡、許遠形成強烈對比。
3. 不忍獨食、斷指、射塔等言語行為既表現南霽雲忠義憤激、慷慨激昂，又與賀蘭進明強烈對比。
4. 在敘述上，透過賀蘭「愛南霽雲之勇且壯」、「一座大驚，皆感激為雲泣下」，以及船上人「指以相語」等側寫強化其臨難不苟且的忠義形象。南霽雲和張巡互相映襯，張巡的忠義嚴肅，南霽雲的臨危不懼、慷慨爽朗，各具個性，相同的是忠義精神的契合。

練習題

1. 下列與「欲將以有爲也」中的「以」意思相同的是：
(A)作師說「以」貽之
(B)「以」約失之者鮮矣
(C)不「以」物喜
(D)乃奮臂「以」指撥眥

2. 本文敘述南霽雲之忠勇，依序是：
甲、慷慨陳詞，拔刀斷一指，明拒賀蘭強留
乙、賀蘭心意已定，不出兵相助
丙、欲詐降有爲，張巡一呼，遂就義
丁、抽矢射塔以爲志，破賊後必滅賀蘭
(A)甲乙丙丁
(B)乙甲丁丙
(C)甲丙乙丁
(D)乙丙甲丁

3. 下列有關本文的敘述，正確的是：
(A)「雖欲獨食，義不忍；雖食，且不下咽」——表現南霽雲和睢陽將士同甘苦共患難的感情
(B)「吾歸破賊，必滅賀蘭！此矢所以志也」——義正詞嚴地斥責，足以使群小震懾，壯烈殉國的悲劇感激蕩於字裡行間
(C)「愛霽雲之勇且壯，不聽其語，強留之，具食與樂」——敘南霽雲，情節緊張，氣氛濃烈，人物形象鮮明，語言激昂。
(D)「將出城，抽矢射佛寺浮圖，矢著其上磚半箭」——高潮轉入迴旋和餘波，悲劇感也化爲悼念緬懷的情緒，文氣隨

之顯得委婉紓徐

【大考演練】

1.下列敘述，何者符合下文對宗教儀式的看法？

從歷史來看，許多傳染病都是從港口由船帶進來的，於是發展出東港迎王平安祭典的「燒王船」儀式，由道士替大家懺悔，請瘟神離開。時至今日，許多瘟疫已受到醫學控制，但曾發生車禍、意外的地點，還是會透過宗教儀式趕走災厄。有人類學家以「社會劇場」和「受難儀式」來解說這類看似迷信的儀式，其實是在回顧當地的悲情，驅逐不平安，或讓民眾面對自己的痛苦。（改寫自林婷嫻〈人們為何在神明面前發誓〉）

(A)當代祭典逐漸以喜慶取代悲情
(B)醫學比宗教更具安定人心之效
(C)是否迷信應依參與者心態而定
(D)有助於人們從創傷記憶中恢復

【108統測】

【跨領域觀看】：一路跟著移民腳步的神明

中國廟宇祭祀的神祇，有許多是人們心目中的英雄典範，他們因以不朽，並成爲宗教信仰、民俗活動所崇敬追懷的精神象徵。除卻全國性的玉皇大帝、觀音菩薩、城隍爺、保生大帝、媽祖、關公、福德正神、文昌帝君，由各地信奉可窺探出移民文化。閩、粵之人渡海來臺時，迎請海神、故鄉地方神祇，分靈事奉。到臺墾殖後，因水土不服，瘟疫四起，再加上因爭奪土地、水源、商業利益而發生爭鬥，神明遂成了同鄉意識認同與心靈寄託的基礎，如海神、潮州府籍移民及客家人鄉土神三山國王、漳州府籍移民的開漳聖王、瘟神（王爺）。

相傳張巡、許遠殉國後，被玉帝封之爲神，專司驅逐禾苗害蟲之責。人們因其忠烈可風，在安溪稱爲尪公，建雙忠廟或集應廟供奉之。在黃巢之亂河南光州一帶時，高、張、林三姓遷往福建安溪，經其指引而保平安，因此形成安溪雙忠信仰，視爲守護神。清康熙年間，三姓移民奉請尪公（保儀尊王）聖像、夫人媽（保儀尊王的配偶）、聖像與香爐，隨行護佑至臺灣，在今景美、木柵、萬隆都有集應廟。

木柵忠順廟，又稱「大夫廟」，廟前以兩匹馬代替石獅子，以彰顯兩位將軍之精神。據說新店十四張地區以前多爲農田，經常遭遇蟲害，農民無以爲計，於是請「尪公」這位農業守護神出巡遶境，而化災解厄。從此每年農曆三月保儀大夫巡茶園和四月的遶境成爲文山區的地方盛事。

五十九、梓人①傳

唐　柳宗元

其後，京兆尹②將飾③官署，余往過焉。委群材，會眾工。或執斧斤，或執刀鋸，皆環立嚮之。梓人左持引④，右執杖，而中處焉。量棟宇之任，視木之能舉，揮其杖曰：「斧！」彼執斧者奔而右。顧而指曰：「鋸！」彼執鋸者趨而左。俄而，斤⑤者斲⑥，刀者削，皆視其色，俟其言，莫敢自斷者。其不勝任者，怒而退之，亦莫敢慍焉。畫宮於堵⑦，盈尺而曲盡其制⑧，計其毫釐而構大廈，無進退⑨焉。既成，書於上棟曰：「某年某月某日某建。」則其姓字也，凡執用之工不在列。余圜⑩視大駭，然後知其術之工大矣。

繼而歎曰：「彼將捨其手藝，專其心智，而能知體要⑪者歟！」吾聞勞心者役人，勞力者役於人；彼其勞心者歟！能者用而智者謀，彼其智者歟！是足爲佐天子，相天下法矣。……」

注釋

① 梓人：木匠，相當於今日的建築師。梓，音ㄗˇ。
② 京兆尹：首都附近的地方。
③ 飾：修建。
④ 引：長尺。
⑤ 斤：斧頭。
⑥ 斲：音ㄓㄨㄛˊ，砍、削木。
⑦ 畫宮於堵：在房屋牆壁上畫施工圖案。
⑧ 制：結構。
⑨ 無進退：此指無誤差。
⑩ 圜：音ㄏㄨㄢˊ，環繞，圍繞。

⑪體要：體制、綱要。

翻譯

某一天，京兆尹修衙門，我從那經過。堆積了大量木料，聚集了許多工匠。有的拿著斧斤，有的拿著刀鋸，大家都圍成一圈，面向他站著。這個木匠，左手拿著長尺，右手拿著手杖，站在中央的地方。他量量房子所需要的木材，看看木料的用處，就用手杖指揮著說：「砍！」那個拿斧頭的就跑到右邊去；他回過頭來指著說：「鋸！」那個拿鋸子的就跑到左邊去。過了一會兒，拿著斧頭的就砍，拿著刀的就劈。大家都看他的臉色，等他的吩咐，沒有一個敢自作主張。那些工作不能勝任的人，被他憤怒地斥退了，也不敢有一點怨恨。他把官署房子的圖樣畫在牆壁上，只有一尺大小的圖樣，卻詳盡地畫出建築構造各部分的規格。依照他圖上細緻精密的尺寸計算，建造起的高樓大廈，沒有一點誤差的地方房子蓋好了，在橫樑上寫上：「某年某月某某建。」寫的就是他的姓名，所有那些執行工作的工人，都不列名。我各方面都看了一下，不覺大吃一驚，這時我才知道他的技術的巧妙和偉大哩！

接著，我讚歎道：「他應該是一個捨棄手藝，專用心智，又能知道工作要領的人吧！」我聽說：勞心的人指使別人，勞力的人被別人指使，他大概是勞心的人吧！有一般技藝的人出力勞動，有智慧的人出謀籌畫，他大概是有智慧的人吧！這可以做輔助天子治理天下的榜樣，再也沒有比這兩件事更相似的了。

知識要點

- 故事背景：這是順宗永貞元年（西元八〇五年）柳宗元於永州時，爲在他的二姊夫裴瑾（裴封叔）家租屋的梓人楊潛所寫的傳記。楊潛的專長是估量材料，根據房屋的制度使其適合高矮、方圓、長短的要求，若沒有楊潛，工人們一間房也造不成。他的工錢比人貴三倍，但他睡覺的床缺一條腿，準備請別的木工修，柳宗元因此認爲他是沒有本領又追求名位貪財之人，直到他親眼見他工作情況才改觀，於是寫此文並書感發。
- 敘述脈絡：京兆尹建官署，建材堆積，工人聚集→梓人拿著工具站在中間指揮→工人依照他在牆上畫的設計圖施工，蓋成建築→梓人是有智慧的籌畫者，足以爲治國的榜樣。
- 知識重點：

1. 柳宗元的傳記散文，繼承《史記》、《漢書》的傳統而有所創新，其類型有英勇正直的上層人物，如〈段太尉逸事狀〉，及書寫下層人物的如〈梓人傳〉、〈種樹郭橐駝傳〉，反映這些人物的才能和遭遇，似寓言又似小說。

2. 傳統傳記的書寫方式多鋪陳其一生，但柳宗元僅抓住具體的事件和情節敘述，使故事集中，主題鮮明，人物對話顯現身分和性格。同時側重議論、抒情、借題寓意，如藉梓人造屋來闡發宰相統掌全局，而由百官專職分工的治國之道，名為傳記，卻如政論，這在柳宗元之前是極其罕見的。

3. 梓人的品德才能，透過京兆尹修建官署時柳宗元親眼所見，無論過程或事蹟都具真實性。文中不僅呈現梓人高超的設計才能，尤能運用工人，指揮若定，讓他由衷讚歎梓人「術之工大矣」！接著引孟子之語，層層反映梓人的才能，歸結於他是勞心的智者，進一步點出主旨：「足為佐天子相天下法矣。」

4. 本文採用先敘後議的結構，細細刻畫梓人實際執行所言之工作內容，如何丈量、選材、指揮人手、峻工，到最後題名的經過，以此為論述的根據。以今日而言，各行各業都須人才組合經營團隊，梓人的設計、規劃、管理的方式可作為經理事業的典範。

【練習題】

1. 根據本文，可推知梓人之道可作為宰相治國之道的原因是：

(A)專業能力
(B)統籌能力
(C)品德氣度
(D)權位氣勢

2. 由作者感歎之言，可推知本文主旨是：

(A)有技藝的人不被社會肯定
(B)善技者用智用心統籌事務
(C)技藝的最高境界是忘心機
(D)善治者勞心但不必勞其力

【大考演練】

1. 依據上文，「梓人」的主要職責為何？【97指考】

甲、運斤執斧　乙、指揮工匠丙、設計藍圖
丁、貯藏建材　戊、匾額題辭

(A)甲丁
(B)乙丙
(C)甲丙丁
(D)乙丙戊

2.下列關於「」內文句的詮釋，正確的選項是：

(A)「委群材，會眾工」意謂梓人精於計算物料和工資，以求降低成本

(B)「皆視其色，俟其言，莫敢自斷者」意謂梓人善於察言觀色，不敢獨斷

(C)「畫宮於堵，盈尺而曲盡其制」意謂梓人所繪設計圖雖小，但精密詳備

(D)「計其毫釐而構大廈，無進退焉」意謂梓人監督嚴格，不容工匠絲毫偷懶【97指考】

3.傳統文人常針對畫作題詠。下列詩句，意在強調畫作逼真的選項是：（多選）

(A)嬋娟不失筠粉態，蕭颯盡得風煙情。舉頭忽看不似畫，低耳靜聽疑有聲

(B)興來寫菊似塗鴉，誤作枯藤纏數花。筆落一時收不住，石棱留得一拳斜

(C)北苑時翻硯池墨，疊起烟雲隱霹靂。短縑尺楮信手揮，若有蛟龍在昏黑

(D)名工繹思揮彩筆，驅山走海置眼前。滿堂空翠如可掃，赤城霞氣蒼梧烟

(E)峰頭黛色晴猶溼，筆底春雲暗不開。墨花淋漓翠微斷，隱几忽聞山雨來【106學測】

【跨領域觀看】：李安《少年Pi》背後的超級團隊

《Pi》講述的是一個男孩和一隻老虎受困於救生艇，漂流在太平洋上的故事。這麼簡單的故事，李安如何帶領團隊在細節處傳遞深厚的情感張力，如何營造力與美兼具的視覺效果，而讓觀眾著迷深思？

李安〈另一個次元：《少年Pi的奇幻漂流》感想〉文中說到：「圓周率π——圓的周長與直徑的比——這個常數是個無理數，小數點後無限延伸且不會循環且不會結束。在小說《Pi》中，作者楊．馬泰爾用π似乎是在比喻生命的未知及不按常理；對我而言，π的概念是與《Pi》的電影製作緊緊相連的。」「藝術，尤其是說故事的藝術，使人們以不同的方式接近無窮盡的未知而非理性。

藝術將無限化爲有開頭、內容和結尾的敘述，但同時也透過影像或譬喻等讓人得以一窺非理性與未知。」

小數點背後無盡的想像正來自於我們所見故事之後的龐大技術合作與分工規劃，結合文化、藝術、科技、經濟、傳播……等複雜的系統。《今周刊》所載〈李安《少年Pi》背後的兩百壯士〉這篇文章裡報導在臺灣拍攝的《少年Pi的奇幻漂流》背後，二百位中華電信工程師雲端團隊，歷時三年完成讓整部電影因爲百分之九十的大量動畫而鮮活的研發合作。

孟加拉虎步步進逼的眼神是強大的視覺特效、栩栩如生的3D重合影像，依靠中華電信串聯起分別在加拿大溫哥華、印度、美國洛杉磯的十五位特效師所致。強．克里斯多夫．卡斯特里《少年Pi的奇幻漂流：幕後製作》書中詳細介紹老虎嘶吼的鏡頭、藍鯨跳躍的畫面、浪漫的夕陽是用盡多少設計概念與討論修改過程才創造出來。特別是巨大的造浪池——專爲電影訂做以模擬狂風暴雨下的深廣海洋，特製的複雜浪潮與風力組合、強有力的機械裝置加上數以萬噸的水，成就了多變的海象。

柳宗元眼裡的梓人，其實一直在我們身邊，藏身於百工百業等待我們發現其職人精神，看重其創造的光彩。

六十、朋黨①論

宋 歐陽脩

臣聞朋黨之說，自古有之，惟幸②人君辨其君子小人而已。大凡君子與君子以同道爲朋，小人與小人以同利爲朋，此自然之理也。

然臣謂小人無朋，惟君子則有之。其故何哉？小人所好者祿利也，所貪者財貨也。當其同利之時，暫相黨引③以爲朋者，僞也；及其見利而爭先，或利盡而交疏，則反相賊害，雖其兄弟親戚，不能自保。故臣謂小人無朋，其暫爲朋者，僞也。君子則不然。所守者道義，所行者忠信，所惜者名節④。以之修身，則同道⑤而相益；以之事國，則同心而共濟，終始如一，此君子之朋也。故爲人君者，但當退小人之僞朋，用君子之眞朋，則天下治矣。

注釋

①朋黨：猶今言黨派。黨，朋也。

②幸：希冀，盼望。

③黨引：結為朋黨，互相援引。

④名節：名譽與節操。

⑤同道：志同道合。

翻譯

臣聽說同類的人相互集結成黨派的情況，自古就有，只是希望君主能分清他們是君子還是小人。一般而言君子與君子因志趣一致結爲朋黨，小人則因利益結合爲朋黨，這是很自然的道理。

但是臣認爲小人並沒有所謂的朋黨，只有君子才有。這是什麼原因呢？小人所貪戀的是錢財。當他們利害相同的時候，暫時互相勾結援引而成朋黨，那是假的；到了他們見到利益便爭先恐後，當利益已盡而交情淡漠之時，就會反過來互相殘害，即使是兄弟親戚也不會相保。所以說小人並無朋黨，他們暫時結爲朋黨，也只是虛假的。君子就不是這樣，他們堅持遵循的是道義，所力行的是忠誠守信，珍惜的是名譽與氣節。憑藉道義、忠信和名節修養自身，那麼君子就有了共同的道德規範，相助而得益；憑藉這些爲國效力，那麼君子就同心協力，始終如一，這就是君子的朋黨。所以做君主的，只要能斥退小人的假朋黨，進用君子的眞朋黨，那麼天下就可以安定太平了。

知識要點

- **創作背景**：仁宗慶曆初年間，韓琦、范仲淹、歐陽脩提出改革，被保守派指爲「朋黨」，歐陽脩被罷職貶官。慶曆四年（西元一〇四四年）歐陽脩任諫官，憤而上此奏章回擊，既批評結黨爲亂之言論，也爲改革同道辯護。
- **論理結構**：朋黨之說，自古有之（起）→君子與君子以同道爲朋，小人與小人以同利爲朋→然臣謂小人無朋，惟君子則有之（承）→小人無朋，其暫爲朋者，僞也；君子所守者道義，所行者忠信，所惜者名節，以修身事國（轉）→人君用君子之眞朋，則天下治矣。

● 故事後續：歐陽脩既上疏論杜富等皆公忠愛國，又上此論以破邪說，仁宗感悟。

● 歷代評論：歐陽脩掃除西崑體的流弊，爲宋代古文運動的領袖，文學理論和文章風格不僅直接影響曾鞏、王安石、三蘇等五家的創作方法，並且開創宋代文風，使古文成爲文章正宗。

歐陽脩學韓，而又不拘於韓，蹊徑獨闢，門戶自立。文章具平易自然，條理暢達，婉含蓄委，偏於陰柔之美。蘇洵評其文：「紆餘委備，往復百折，而條達舒暢，無所間斷。」

清代桐城派作家姚鼐說：「其得於陰與柔之美者，則其文如升初日，如清風、如雲……」

● 知識重點：

1. 首段有三層次，先以「朋黨之說自古有之」揭示全文主旨，一方面明確承認朋黨客觀存在之事實，另則藉「自古有之」讓朋黨名正言順。最重要的是「人君要善於辨別」，君子之朋與小人之朋，其差異在同道與同利。

2. 次段既提出「小人無朋，惟君子則有之」的觀點，又以「其故何哉？」提出問題，又以對比、比較的方法，導出同利的小人之偽朋：「其暫為朋者，偽也」；同道的君子之真朋：「所守者道義，所行者忠信，所惜者名節」，其效果是「同道而相益」、「同心而共濟」為國謀事。

3. 歐陽脩正面指出朋黨的客觀存在，使自己立於不敗之地，並說明君子與小人之朋黨有本質的不同，既駁斥反對者無理指責，更藉君子之朋有利於國，小人之朋有害於國的概念，呼籲人君進君子之真朋，去小人之偽朋。文章除以結構開展論點，以排偶句式的穿插運用，增加文章議論的氣勢，形成批判力道。

練習題

1. 根據上文，君子之朋與小人之朋差異在：
(A)權與位
(B)利與義
(C)名與節
(D)寡與眾

2. 下列敘述與「所守者道義，所行者忠信」觀點最接近的是：
(A)志同道合，以友輔仁
(B)矜而不爭，群而不黨
(C)無黨無偏，黨同伐異

(D)沆瀣一氣，相得益彰

3.由這段敘述，可推知歐陽脩認爲亡國的主要是國君：
(A)怠慢君子，不使結黨
(B)黨多而亂，奪權爭利
(C)彊公室，杜私門
(D)親小人，遠賢臣

【大考演練】

1-2爲題組。閱讀下文，回答第1-2題。

治國譬之於弈，知其用而置得其處者勝，不知其用而置非其處者敗。敗者臨棋注目，終日而勞心；使善弈者視焉，爲之易置其處則勝矣。勝者所用，敗者之棋也；興國所用，亡國之臣也。（歐陽脩《新五代史．周臣傳》）

1.上文「治國譬之於弈」，旨在提醒執政者應：
(A)心無二用
(B)知人善任
(C)恩威並用
(D)樂天知命 【108統測】

2.上文結尾：「勝者所用，敗者之棋也；興國所用，亡國之臣也」，前半以棋局爲比喻，用來說明後半的政治之道。下列文句，何者也是以〔〕爲比喻，用來說明【】的道理？
(A)〔逝者如斯，而未嘗往也〕；【盈虛者如彼，而卒莫消長也】
(B)〔懼滿溢，則思江海而下百川〕；【樂盤游，則思三驅以爲度】
(C)〔滄浪之水清兮，可以濯吾纓〕；【滄浪之水濁兮，可以濯吾足】
(D)〔不臨深谿，不知地之厚也〕；【不聞先王之遺言，不知學問之大也】 【108統測】

【跨領域觀看】：湊在一起的社交心理

志同道合、興趣相投、榮辱與共、教師共備、同學群組、同窗共學、醫藥組織、團隊研發、利益勾結、權力結構、政黨政治……這些群體在一起的背後有種種原因目的，因此形成不同的性質、形式與關係。

不過從個體成爲朋黨，往往須經歷社交動機、知覺與情感探索、交流，才能到穩定交往組織。每個階段都充滿選擇的變數，能夠形成緊密關係必然是相互能找到共同情感、氣質、觀點、價值凝聚爲積極力量和有利的成就感。因此社交心理學與管理心理學、公共關係心理學、倫理學、教育學、文化人類學、法學及美學都有密切的聯繫。

馬克思說：「人的本質，並不是單個人所固有的抽象物，在其現實性上，它是一切社會關係的總和。」人際間的交往是改善知識結構、發展文化、優化智能的重要途徑，也是尋求被社會尊重的需求，實現自我的價值的社會屬性。因此宋初范仲淹、歐陽脩、司馬光、蘇東坡等以經世濟民自期，提出溫和式的改革；王安石等則是激進的經濟改革，形成新舊黨爭。他們之間的書信往來、詩文唱和、奏章論述成爲社會性、政治上的對峙，這是〈朋黨論〉的背景，其中有諸多社交心理可探究之處。

六十一、伶官[1]傳序

宋　歐陽脩

方其繫燕父子以組[2]，函[3]梁君臣之首，入於太廟，還矢先王，而告以成功，其意氣之盛，可謂壯哉！及仇讎已滅，天下已定，一夫夜呼，亂者四應，倉皇東出，未及見賊而士卒離散，君臣相顧，不知所歸，至於誓天斷髮，泣下沾襟，何其衰也！豈得之難而失之易歟？抑本其成敗之跡，而皆自於人歟？《書》曰：「滿招損，謙得益。」憂勞可以興國，逸豫[4]可以亡身，自然之理也。

故方其盛也，舉天下之豪傑，莫能與之爭；及其衰也，數十伶人困之，而身死國滅，爲天下笑。夫禍患常積於忽微，而智勇多困於所溺，豈獨伶人也哉？

注釋

① 伶官：宮庭裡供娛樂表演的人物。伶，戲子，或唱戲雜技演員。
② 組：古時用來繫印信等物的絲帶，這裡指繩索。
③ 函：木匣，盒子，此為動詞，用木盒盛裝，並加以密封。
④ 逸豫：逸樂遊樂，不能居安思危。豫，音ㄩˋ。

翻譯

當莊宗用繩子綁住燕王父子，用木匣裝著梁國君臣的頭，走進祖廟，把箭交還到晉王的靈座前，告訴他生前報仇的志向已經完成時，他的神情氣概，多麼威風！等到仇敵已經消滅，天下已經安定，一人在夜裡發難，作亂的人四面回應，莊宗慌慌張張出兵東進，還沒見到亂賊，底下的兵士就紛紛逃散，君臣們你看著我，我看著你，不知要歸附哪方，到了割下頭髮來對天發誓，眼淚沾溼衣襟的可憐地步，是多麼衰敗！難道取得天下難，而失去天下容易才這樣嗎？還是推究他成功、失敗的原因，都是由於人事呢？《尚書》上說：「自滿會招來損害，謙虛能得到益處。」憂勞可以使國家興盛，安樂可以使自身滅亡，這是自然的道理。

因此，當莊宗興盛時，全天下的豪傑，沒有人能和他相爭；到他衰敗時，數十個樂官就把他困住，最後身死國滅，被天下人恥笑。禍患常常是由極小的錯誤積累而釀成，聰明有才能和英勇果敢的人多半沉溺於某種愛好之中，受其迷惑而陷於困窮，難道僅只是溺愛伶人才會有這種壞結果嗎？於是作《伶官傳》。

知識要點

● 創作背景：後梁開平二年（西元九〇八年），晉王（沙陀族人李克用）臨終前，以三矢交付莊宗（李存勗）告訴他梁、燕、契丹背叛而投靠梁是其遺恨。莊宗謹記父親遺言，建立後唐，初登位時，志在復仇，勵精圖治，任用賢臣，信任不疑，所以群臣悅服，國勢強盛，終於滅後梁等而成大業。但稱帝後沉迷享樂，寵信伶人，疏遠賢臣，不問國事，國政日趨衰敗，動亂接連而生，莊宗也死於伶人之手。歐陽脩借古鑑今，而寫史論《五代史．伶官傳》，此爲序。

● 論理結構：莊宗爲父報三仇，天下已定，可謂壯哉→一夫夜呼，亂者四應，倉皇東出，何其衰也（例）→豈得之難而失之易歟？抑本其成敗之跡，而皆自於人歟？（問，思）→憂勞可以興國，逸豫可以亡身（理，結論）→禍患常積於忽微，而智勇多困於所溺（說明，原因）。

● 歷代評論：戴仁柱馬佳《伶人．武士．獵手：後唐莊宗李存勖傳》：莊宗沉醉於完整的化妝，被演員們簇擁著進行表演，本質上，他就是個演員，而不是觀眾。

莊宗九死一生，承負著家族所有的榮耀、情愛和衝突，他曾經頂天立地，但現在卻形單影隻、孤苦無援。

● 知識重點：

1.以五代後唐莊宗盛衰為例，闡述國家的盛衰、事業的成敗取決於人事而非天命。

2.人事影響成敗的關鍵是「滿招損，謙得益」、「憂勞可以興國，逸豫可以亡身」。

3.全文論述以五代後唐莊宗先盛後衰、先成後敗的歷史事實為根據，在寫法上，並不詳述戰爭與敗亡的過程，而將時間與事件精簡，藉成功時舉天下之豪傑，莫能與之爭，意氣之「壯」，失敗時數十伶人困之，而身死國滅，形勢之「衰」的強烈對比，突出悲劇的根源，在於己！

練習題

1.本文以例說理，下列有關例證與道理的相應關係，正確的是：

(A)方其盛也，舉天下之豪傑，莫能與之爭／禍患常積於忽微

(B)數十伶人困之，而身死國滅，爲天下笑／智勇多困於所溺

(C)繫燕父子以組，函梁君臣之首，入於太廟，還矢先王，而告以成功／逸豫可以亡身

(D)一夫夜呼，亂者四應，倉皇東出／憂勞可以興國

2.下列關於「一夫夜呼，亂者四應，倉皇東出，未及見賊而士卒離散，君臣相顧，不知所歸，至於誓天斷髮，泣下沾襟」，這段敘述的寫作手法與內容的說明，正確的是：

(A)以君臣狀況寫國家處境

(B)以比喻描繪亡國情感

(C)以對比方式寫慌亂逃難的情況

(D)以誇張手法狀寫賊人勇猛的氣勢

3.下列最切合本文意旨的敘述是：

(A)戒奢以儉

(B)知足常樂

(C)居安思危

(D)忠恕仁愛

大考演練

1.下列是一段古文，請依文意選出排列順序最恰當的選項：

古者諫無官，

甲、漢興以來，始置官

乙、使言之，其爲任亦重矣

丙、自公卿大夫，至於工商，無不得諫者

丁、居是官者，當志其大，舍其細，先其急，後其緩

戌、夫以天下之政，四海之眾，得失利病，萃於一官專利國家，而不爲身謀。（司馬光〈諫院題名記〉）

(A)甲乙丁戊丙
(B)甲丁戊乙丙
(C)丙甲戊乙丁
(D)丙戊乙甲丁

【106指考】

2. 依據下文，關於國君治術的敘述，適當的是：

人主之道，靜退以爲寶。不自操事而知拙與巧，不自計慮而知福與咎。是以不言而善應，不約而善增。言已應則執其契，事已增則操其符。符契之所合，賞罰之所生也。故群臣陳其言，君以其言授其事，事以責其功。功當其事，事當其言，則賞；功不當其事，事不當其言，則誅。明君之道，臣不得陳言而不當。是故明君之行賞也，曖乎如時雨，百姓利其澤；其行罰也，畏乎如雷霆，神聖不能解也。故明君無偷賞，無赦罰。賞偷則功臣墮其業，赦罰則奸臣易爲非。是故誠有功則雖疏賤必賞，誠有過則雖近愛必誅。疏賤必賞，近愛必誅，則疏賤者不怠，而近愛者不驕也。（《韓非子．主道》）

(A)不自操事、不自計慮，顯示法家的治術也重虛靜無爲
(B)行時雨之賞、雷霆之罰，根於法家趨利避害的人性論
(C)因臣子之言而授其事、責其功，循名責實以施行賞罰
(D)嚴罰以防奸，偷賞以勵善，建構恩威並施的管理方法
(E)賞疏賤、誅近愛，令疏賤者自戒不驕，近愛勤勉不怠

【107學測】

【跨領域觀看】：坤伶的美麗哀愁與滄桑

伶人稱「官」，最早見於《詩經．邶風．簡兮．序》，用以專稱樂官，後來泛指宮廷藝人。元代以降，包括民間在內的戲班演員，統稱「伶官」。伶官之盛在唐朝和五代。雅好音律的唐玄宗，對優伶寵愛有加，除設梨園，還自作新曲〈霓裳羽衣曲〉等，選伶人三百人在禁院梨園中歌舞表演。後遂稱戲班爲「梨園」，稱戲曲演員爲「梨園子弟」。

《新唐書．禮樂志》記載：「玄宗時，新聲散樂倡優之戲，有諧謔而賜金帛朱紫」，樂工李

龜年、李彭年、李鶴年三兄弟因玄宗厚待，洛陽宅第可比公侯之富麗。杜甫〈江南逢李龜年〉敘述：「岐王宅裡尋常見，崔九堂前幾度聞。正是江南好風景，落花時節又逢君。」岐王是玄宗的弟弟，崔九是玄宗的寵臣，中書令之弟，善歌，擅吹篳篥、奏羯鼓與作曲的李龜年出入其間，風光得意。安史之亂後流落江南，「每逢良辰勝景，爲人歌數闋，座中聞之，莫不掩泣罷酒」，杜甫在這首詩裡寫出這樣今非昔比的滄桑與苦悲。

五代時期，伶官已經形成集團勢力，後唐莊宗爲牽制朝官權力而任用伶官，最終爲伶官弒殺，是以歐陽脩評論：「數十伶人困之，而身死國滅爲天下笑。」

在這些誤國的伶官之外，大多數倡優樂伶都因出身卑微，而以藝謀得青睞。《紅樓夢》中，賈府爲迎接元妃省親買來女孩學戲，其中最特殊的是齡官，不但被元妃讚賞，寶釵過生日時扮小旦而得賈母喝采。齡官癡情於賈薔，正應了「至情至性之人，跡近於癡魔」之語。但這樣的出身，多半如白居易〈琵琶行〉裡的女子，「秋月春風等閒度，老大嫁作商人婦」。

在韓國筆記、野史記載中宗時代藝妓黃眞伊，因文才、舞蹈、詩歌、音樂與智慧、美色而頻頻出現於詩詞中，有「韓國的李清照」之稱，是李朝時期著名的詩人。在以她爲主的電視劇、電影裡，可見她戲劇性的一生和堅強獨立掌握命運的歷程。

六十二、管仲論

宋　蘇洵

管仲相桓公，霸諸侯，攘戎狄，終其身齊國富強，諸侯不叛。管仲死，豎刁、易牙、開方①用。桓公薨②於亂，五公子爭立③，其禍蔓延，訖簡公④，齊無寧歲。

夫功之成，非成於成之日，蓋必有所由起；禍之作，不作於作之日，亦必有所由兆。故齊之治也，吾不曰管仲，而曰鮑叔。及其亂也，吾不曰豎刁、易牙、開方，而曰管仲。何則？豎刁、易牙、開方三子，彼固亂人國者，故其用之者桓公也。夫有舜而後知放四凶⑤，有仲尼而後知去少正卯⑥；彼桓公何人也？故其使桓公得用三子者，管仲也。

注釋

① 豎刁、易牙、開方：三人皆桓公之幸臣。豎刁，為宦官。易牙，善烹調。開方，衛公子。

② 薨：音ㄏㄨㄥ，諸侯死曰「薨」。

③ 五公子爭立：桓公無嫡子，五公子皆庶子，互相爭立，豎刁三人閉門，絕桓公之食，桓公餓死，齊國大亂。五公子，指公子武孟、公子元、公子潘、公子商人、公子雍、公子昭。後昭立，為孝公。

④ 簡公：名壬，後為陳恆所弒。

⑤ 四凶：即共工、驩兜、三苗、鯀。

⑥ 少正卯：魯之聞人，為孔子所誅。

翻譯

管仲作丞相輔佐桓公，稱霸諸侯，排斥打擊戎狄等異族，終其一生一直到死爲止，使齊國富強，諸侯不敢叛離。管仲死後，豎刁、易牙、開方三小人得到桓公重用而專權。桓公死於宮廷內亂，五個兒子爭奪王位，此禍蔓延，到簡公爲止，齊沒有安寧的日子。

功業的完成，不是完成在成功之日，必然有一定的因素而引起；禍亂的發生，並不是發生於發生作亂之時，也必其根源發生的預兆。所以齊國的安定強盛，我不認爲是管仲的功勞，而是鮑叔牙的緣故；至於齊的禍亂，我不說是由於是豎刁、易牙、開方三人，而是因爲管仲。爲什麼呢？豎刁、易牙、開方三人本就是擾亂國家的人，但是重用他們的是齊桓公。有了虞舜才知道放逐四凶，有了仲尼才曉得殺掉少正卯。那桓公是怎麼樣的人呢？（自非舜、孔子之類的聖人）回頭看來，使桓公重用這三人者的是管仲。

知識要點

● 敘述脈絡：管仲相桓公霸諸侯→管仲死，五公子爭立，齊無寧歲→齊之亂曰管仲→桓公用三子者，管仲也。

● 歷代評論：

1. 司馬光〈訓儉示康〉從生活豪奢批評管仲器量褊狹：
「管仲鏤簋朱紘，山楶藻梲，孔子鄙其小器。」

2. 《論語》中子貢對管仲的選擇提出疑問，孔子就他在政治與文化上的貢獻讚美之。子貢曰：「管仲非仁者與？桓公殺公子糾，不能死，又相之。」子曰：「管仲相桓公，霸諸侯，一匡天下，民到於今受其賜。微管仲，吾其被髮左衽矣！豈若匹夫匹婦之爲諒也，自經於溝瀆，而莫之知也！」（子貢說：「管仲不是仁人吧？齊桓公殺了公子糾，管仲不能爲主子而死，反而做了桓公的宰相。」孔子說：「管仲做桓公的宰相，輔佐他稱霸諸侯，匡正天下，老百姓到現在還受到他的恩賜。如果沒有管仲，我們大概也都像落後民族那樣披散著頭髮，衣襟向左邊開了吧。難道眞要像普通男女那樣拘於小節小信，自縊於溝渠之中而沒有人知道才好嗎？」）

知識重點：

1. 蘇洵繼承孟子和韓愈的議論文傳統，以史論政，論點鮮明，論據有力。本文以管仲死而齊國亂為例，論證舉賢任能是國家長治久安的根本。
2. 管仲是法家先驅，《管子》一書中提出治國以民生為根本，「倉廩實則知禮節，衣食足則知榮辱」，故致力於富國強盛。並主張法治，因為「禮義廉恥，國之四維，四維不張，國乃滅亡」，對外政策則是尊周室，攘夷狄，九合諸侯，一匡天下，輔佐齊桓公春秋霸主。管仲死後，易牙等專政，導致齊桓公死前遭遇諸子相攻、死後蟲出於戶、無人收屍的境地。
3. 這篇文章先肯定管仲功業，隨即寫管仲死後齊國立刻陷入內亂的局面，「五公子爭立」、「其禍蔓延」，落實了管仲未及早培養領導人，未安排接班人之過。繼而以事必有因的道理鋪墊，引出結論，推翻世人的觀點，將齊治之功歸於鮑叔牙，其亂之過責管仲。再藉「何則」的提問，展開舉證與引述推論，分析齊國內亂的人為因素，認為表面上是豎刁、易牙、開方三人導致，實為管仲死後，無賢人執政，並批評了管仲臨死前沒有薦賢。
4. 歐陽脩稱讚蘇洵「博辯宏偉」，「縱橫上下，出入馳驟，必造於深微而後止」（〈故霸州文安縣主簿蘇君墓誌銘〉），在這篇文章中可見其見識獨特的論說之道。

- 對比映襯：管仲生、死對比出「齊國富強」、「齊無寧歲」，顯現變化之劇烈。
- 先破後立：先推翻眾人對管仲之功看法，再確立自己的觀點。
- 引用典故：由「夫有舜而後知放四凶，有仲尼而後知去少正卯」，推演智者知革除小人。
- 先演繹後歸納：以「故齊之治也，吾不曰管仲，而曰鮑叔」、「豎刁、易牙、開方三子，彼固亂人國者，故其用之者桓公也」、「故其使桓公得用三子者，管仲也」三個「故」字收納闡釋舉證，形成深具說服力的論述。

● 層層疊進：前述所舉三段論述中，豎刁、易牙、開方亂國，是桓公用之，但用豎刁等人是管仲，所以其國之亂因管仲，析理精細而犀利流暢。

【練習題】

1. 下列敘述，與「故齊之治也，吾不曰管仲，而曰鮑叔」看法相反的是：
(A)天下不多管仲之賢而多鮑叔能知人也
(B)鮑叔既進管仲，以身下之。子孫世祿於齊，有封邑者十餘世，常為名大夫
(C)鮑叔遂進管仲。管仲既用，任政於齊，齊桓公以霸，九合諸侯，一匡天下，管仲之謀也
(D)公子糾敗，召忽死之，吾幽囚受辱，鮑叔不以我為無恥，知我不羞小節，而恥功名不顯於天下也

2. 下列何者最符合本文主旨的敘述是：
(A)一人得道，雞犬升天
(B)一國以一人興，以一人亡
(C)一言九鼎，強於百萬之師
(D)一言足以興邦，一言足以喪邦

3. 下列文句皆與人物評議有關，敘述正確的是：
(A)范仲淹〈嚴先生祠堂記〉：「微先生，不能成光武之大；微光武，不能遂先生之光。」意謂：范仲淹認為沒有嚴光，則漢光武帝無法成就帝業
(B)蘇軾〈賈誼論〉：「非才之難，所以自用者難。惜乎！賈生王者之佐，而不能自用其才。」意謂：蘇軾認為賈誼雖有才能，卻不知如何善用其才
(C)蘇洵〈管仲論〉：「夫有舜而後放四凶，有仲尼而後知去少正卯。彼威公何人也？顧其使威公（齊桓公）得用三子（易牙、開方、豎刁）者，管仲也。」意謂：蘇洵讚許管仲和舜、仲尼一樣，皆能辨姦除惡
(D)王安石〈讀孟嘗君傳〉：「世皆稱孟嘗君能得士，士以故歸之，而卒賴其力，以脫於虎豹之秦。嗟乎！孟嘗君特雞鳴狗盜之雄耳，豈足以言得士？」意謂：王安石認為孟嘗君善養士，雞鳴狗盜之徒皆廣納門下，堪稱戰國四公子之首
【91指考預試卷】

【大考演練】

1-2為題組。閱讀下文，回答第1-2題。

甲、管仲夷吾者，潁上人也。少時常與鮑叔牙遊，鮑叔知其

賢。管仲貧困，常欺鮑叔，鮑叔終善遇之，不以爲言。已而鮑叔事齊公子小白，管仲事公子糾。及小白立爲桓公，公子糾死，管仲囚焉。鮑叔遂進管仲。（《史記・管晏列傳》）

乙、管仲有病，桓公問之，曰：「仲父之病病矣，可不諱云，至於大病，則寡人惡乎屬國而可？」管仲曰：「公誰欲與？」公曰：「鮑叔牙。」曰：「不可。其爲人絜廉善士也，其於不己若者不比之，又一聞人之過，終身不忘。使之治國，上且鉤乎君，下且逆乎民。其得罪於君也，將弗久矣。」（《莊子・徐无鬼》）

1. 依據乙文，管仲不推薦鮑叔牙，是因他認爲鮑叔牙：【108統測】
(A)不喜歡能力比自己差的，又對別人犯錯十分介意
(B)不喜歡能力比自己差的，又對自己犯錯十分介意
(C)不喜歡能力比自己好的，又對別人犯錯十分介意
(D)不喜歡能力比自己好的，又對自己犯錯十分介意

2. 依據甲、乙二文，能否支持下列①、②兩項推論？【108統測】
①齊桓公頗器重鮑叔牙，故聽其言用管仲，也想選他繼管仲爲相
②鮑叔牙與管仲昔日有好交情，但同朝爲官後，兩人便漸行漸遠

	能支持①的推論嗎？	能支持②的推論嗎？
(A)	√	√
(B)	√	×
(C)	×	√
(D)	×	×

【跨領域觀看】：社會學家韋伯的魅力型權威

德國社會學家馬克斯・韋伯在《經濟與社會》中提出統治權威風格有傳統型權威、魅力型權威、法理型權威三種。

傳統型權威：權威具有神聖的品質，並根據傳統的習俗和做法推選出統治者，如國王、教宗，

其合法性是從過去承傳下來的。魅力權威：建立在一個非凡領袖或個人的崇拜上，並且由這個人制定的法則而統治，如先知、軍閥。法理權威：相信現行法規的合法性，並相信通過這些法規獲得權威的人，如民選首長、公務員。

以這些定義來觀看齊桓公與管仲，顯然齊桓公兼具傳統權威（基於家族、世襲、封建）、魅力權威（小白與公子糾爭位成功，即位國君）。管仲本事奉公子糾，齊桓公卻能盡棄前嫌，談論霸王之術，大喜過望，以其爲大夫，委以政事，顯現管仲兼具魅力與法理權威。

魅力型權威建基於領袖「超凡的個人特質、神奇的洞見或成就，並吸引跟隨者盡忠和服從」的權力。以此考察管仲，開啓齊國實行軍政合一、兵民合一的制度，形成完整的中央政權機構。在削弱了世卿的統治權力、增強君主集權之後，實行糧食「平準」的政策，保障了私田農的生產利潤，限制貧富的差距，厚實經濟。這些表現突顯了管仲出類拔萃的行政眼光與超凡的遠大目標和理想、貫徹始終和執著追求的執行力讓齊國逐漸強盛。

其實，管仲的魅力不僅展現在齊國，更在國際。他以當時中原華夏各諸侯苦於戎狄攻擊爲議題，提出「尊王攘夷」的主張，此舉把國家和自己推向國際舞臺，不僅讓齊桓公成爲中原霸主，受到周天子賞賜，更使自己成爲保存中原文化的功臣，得孔子「微管仲，吾其被髮左衽」的讚賞肯定。這是魅力型領導者神奇的洞見或成就激發信心和信仰，以個人特質彰顯出的行爲模式引發追隨者遵從，是他知道自己的力量並善於利用這種力量。

陳劍賢〈政治陷入渾沌催生魅力領袖〉一文指出：「『魅力的權威』常發生在社會動盪渾沌期間，人民望治心切，傳統政治菁英又無法有效解決時，適時出現非典型政治領袖，民眾如大旱望雲霓，熱情擁戴心目中的領袖。」因爲人民對波洛申科政府的無能及貪汙相當反感，烏克蘭諧星澤倫斯基以壓倒性勝利當選總統、高雄市民轉而支持韓國瑜都源於這樣的背景與心理期待。

但是，管仲一死，個人魅力所帶動的追隨者頓然崩解，齊桓公下場淒涼。足見魅力型領導如煙火，在瞬間燃燒出希望的火花，讓壓抑不平的情緒隨之發洩釋放，足見真實世界裡的未來還是必須回到穩固的行政。

六十三、與子由書

宋 蘇軾

惠州市井寥落，然猶日殺一羊，不敢與仕者爭買，時囑屠者買其脊骨耳。骨間亦有微肉，熟煮熱漉①出，漬酒中，點薄鹽炙微燋食之。終日抉剔②，得銖兩③於肯綮④之間，意甚喜之，如食蟹螯；率數日輒一食，甚覺有補。子由三年食堂庖，所食芻豢⑤，沒齒而不得骨，豈復知此味乎？戲書此紙遺之，雖戲語，實可施用也。然此說行，則眾狗不悅矣。

【注釋】

①漉：音ㄌㄨˋ，過濾，濾清。

②抉剔：音ㄐㄩㄝˊ ㄊㄧ，挑抉剔除。

③銖兩：比喻極細微、輕微。

④肯綮：骨頭和筋肉結合的部位。綮，音ㄑㄧㄥˋ。

⑤芻豢：音ㄔㄨˊ ㄏㄨㄢˋ，指牛、羊與犬、豬等。芻，吃草的牲口。豢，食穀的牲口。

【翻譯】

惠州的市集蕭條，但是每日仍宰殺一頭羊，我因待罪之身而不敢跟當地任官的人爭買羊肉，只偶爾囑咐屠夫幫我留下羊的脊椎骨。脊椎骨間也有一些肉，在水裡煮熟了趁熱撈出（不趁熱撈出，那麼肉裡的水分就會太多），泡在酒中，再灑點鹽用火烤到微焦來吃。有時一整天剔骨頭中間的肉，所得不過一點點，但心裡還是非常高興，就像啃螃蟹的螯一樣美味。大概每隔幾天吃一次，覺得對身體相當滋補。子由你這三年公衙的伙食所吃的肉類，大概見不到一根骨頭，哪能知道這樣的滋味呢？隨手寫了這封信給你，雖然是玩笑話，卻是可以實行的。不過這種方法大風行，那些狗恐怕會很不高興。

知識要點

- **故事背景**：哲宗紹聖元年（西元一〇九四年）即將六十歲的蘇東坡以譏刺前朝的罪名，被貶英州後貶惠州（屬嶺南，今廣東省惠陽），陪其左右的是小兒子蘇過和侍候東坡已二十一年的王朝雲。生活比黃州時困窘，無酒待客，無衣過節，借地躬耕，時賴朋友接濟以度日。但生活窘境反而讓蘇東坡坦然以對，安然自得，著書爲樂，時時從父老遊，使自己融入惠州的風土，體察風物，對嶺南產生了深深的熱愛之情，如「日啖荔枝三百顆，不辭長作嶺南人」，以及這篇又名〈與子由尺牘食羊脊骨〉的文章。
- **敘述脈絡**：惠州市井寥落，日殺一羊→買其脊骨耳，熟煮漬酒薄鹽炙食之→意甚喜之，如食蟹螯→子由豈復知此味？戲書此紙遺之。
- **歷代評論**：王水照、朱剛《蘇軾評傳》：蘇軾三貶，貶地越來越遠，生活越來越苦，年齡越來越老，然而這「喜—悲—曠」的三部曲過程越來越短，導向曠的心境越來越快。

知識要點

1. 蘇軾以飲食入詩文的作品甚多，不僅呈現生活細微的美學，更滲透他對一再貶謫處境的哲思，如在黃州有〈食豬肉詩〉：「黃州好豬肉，價賤如泥土；貴人不肯吃，貧人不解煮。早晨起來打兩碗，飽得自家君莫管。」可見苦中作樂中的瀟灑，本文同樣以吃在脊骨間挑羊肉作為他在惠州時期超脫憂患、心靈自由的表徵，正如《宋史》本傳說蘇軾在惠州「居三年，泊然無所蒂介，人無賢愚，皆得其歡心」。
2. 飲食反映民生，據史書記載嶺南養豬的歷史也很早，但由於養豬比養羊成本高、週期長、繁管理，故明代以前嶺南養豬很少，且主要用作祭祀之用，故北宋蘇軾貶居惠州時，在市場上只見羊肉，不見豬肉，也說明北宋惠州居民肉食以羊肉為主。
3. 飲食也反映出階級與處境，如文中言羊肉為「仕者」所買，「不敢與仕者爭買」，其中隱然可見待罪之身的戒慎恐懼之心。不過這更足以突顯順處逆境的智慧，蘇東坡叮嚀肉販從料理做法、品味之法、滋味趣味一一道來，其間有分享經驗的自得，有樂在其中的渾然忘憂。最後還調侃弟弟，幽默地說到這樣的吃法若盛行，狗啃骨頭時便乏然無味，藉以讓子由寬心，可見兄弟間細膩而體貼的情感。
4. 這篇文章不能僅僅看作他在逆境中的無奈和自我寬慰，也可以理解為他獲得認同惠州，自覺追求的精神境界。在寫作的筆法上樸實而自然，隨著事件的發生以及順食物處理方式、烹調做法、吃的動作步驟與時間順序敘述。其間夾雜「如食蟹螯」的形容，既比挑骨間肉的動作，也比那微乎其微的一點點肉的分量，更比其味之鮮與美。「戲書」、「戲語」的再三言之，與「實可施用也」的慎重，「豈復知此味乎」略帶炫耀的得意，正見東坡一派天真的個性與安時處逆的生命態度。

練習題

1. 根據上文，下列有關蘇軾心態的敘述，最接近的是：
(A)愛物惜物
(B)苦中作樂
(C)痌瘝在抱
(D)以退為進

2. 依據上文，下列推論正確的敘述是：
(A)不敢與仕者爭買，表現出個性怯懦，有自知之明
(B)終日抉剔，得銖兩於肯綮之間，意甚喜之，表現出錙銖必較的習性
(C)子由三年食堂庖，所食芻豢，沒齒而不得骨，表現嘲笑子由無法享此樂
(D)戲書此紙遺之，雖戲語，實可施用也，表現自己才學兼備，嬉笑怒罵皆文章

大考演練

1. 依文意推敲，下列敘述正確的選項是：
(A)惠州物產不豐，但地方官規定每天仍然得殺一隻羊
(B)蘇軾買羊脊骨，煮熟微烤料理後再拿去賣，賺得一點小錢
(C)蘇軾不常吃羊脊骨，但每隔幾天就會吃蟹螯，覺得相當滋補
(D)蘇軾說他獨門的羊脊骨料理如果風行，那狗兒們恐怕會大大不高興【93學測】

2. 依文意推敲，下列敘述不正確的選項是：
(A)蘇軾不敢與仕者爭買，可知他因自己乃待罪之身，故頗為謹慎戒懼
(B)蘇軾表面上調侃蘇轍，實則想傳達他並不感到困頓憂苦，以安其心
(C)蘇軾雖津津樂道羊脊骨肉之美味，實際上覺得食之無味，棄之可惜
(D)可看出蘇軾之豁達，即使身處逆境，生活清苦，卻能無往而不自得【93學測】

3-5為題組。閱讀下文，回答第3-5題。

甲、蘇子曰：客亦知夫水與月乎？逝者如斯，而未嘗往也；

盈虛者如彼，而卒莫消長也。蓋將自其變者而觀之，則天地曾不能以一瞬；自其不變者而觀之，則物與我皆無盡也，而又何羨乎？（蘇軾〈赤壁賦〉）

乙、黃州三年，蘇軾從大自然中獲得了更深的體悟。大江滔滔東流，明月缺而復圓，天地間一切現象看似不斷變化，但如以永恆的觀點來看萬物萬化，則江水何嘗流去，明月也無所謂消長。倘若江水、明月無盡，草木之春榮秋落無盡，則我們的生命亦豈有盡時？人，也是大自然的一份子，若人生不被強行分割成過去、現在、將來等片段，造成狹義的時間觀念，就不會被局限在特定的時間框框裡。《莊子．大宗師》的一段話，正可做「自其不變者而觀之」的註解。莊子說：把船藏在山壑裡，把山藏在大水裡，自以為藏得很牢固，但如果半夜來個大力士，將天下背起來跑掉，愚昧的人還不曾知道哩！物按大小做適當的儲藏，仍不免失落，要是能「藏天下於天下」，就根本無從發生「失落」這回事了。

（改寫自李一冰《蘇東坡新傳》）

3.下列關於甲、乙二文的敘述，何者正確？
(A)甲文是乙文的創作基礎，甲文所顯現的儒、道衝突為乙文闡發的重點
(B)甲文的蘇子是蘇軾的化身，乙文中的蘇軾融合了史實與李一冰的闡釋
(C)甲文用蘇子與客對話來敘寫，乙文則用蘇軾閱讀《莊子》來開展故事
(D)甲文強調蘇子深陷人生無常的傷悲，乙文則突顯蘇軾超越生死的智慧　【106統測】

4.乙文認為：莊子「藏天下於天下」可作為甲文「自其不變者而觀之」的註解，應是基於：
(A)蘇軾從「不變」體悟了「萬物與我為一」，其哲理與莊子贊同的「以不藏為藏」相近
(B)蘇軾從「不變」體悟了「萬物與我為一」，其哲理與莊子贊同的「用行而舍藏」相近
(C)蘇軾從「不變」體悟了「世事終有定數」，其哲理與莊子贊同的「以不藏為藏」相近
(D)蘇軾從「不變」體悟了「世事終有定數」，其哲理與莊子贊同的「用行而舍藏」相近。【106統測】

5.乙文所說的「失落」，主要是由什麼原因所造成？
(A)心有拘執
(B)天下無道
(C)藏才隱智
(D)物我無盡　【106統測】

【跨領域觀看】：烏臺案之創傷症候與終日抉剔之自我療癒

蘇東坡身受烏臺詩案的創傷，回頭思索這場因御史舒亶摘取其詩句，指他心懷不軌，譏諷神宗青苗法等政策。神宗下令拘捕，接下來的慌亂，讓一向自信瀟灑的蘇東坡也不免焦慮喪志，他先寫信給蘇轍交代身後之事，長子蘇邁隨途照顧。押解至太湖時，曾意圖自盡，至御史臺獄中，方知這像文字獄的構陷竟牽連七十餘人，他自料必死，暗藏金丹，以防不測時自我了斷。

關進牢獄達一百多天，蘇軾寫〈獄中寄子由〉言道：「夢繞雲山心似鹿，魂飛湯火命如雞」，既擔心家人今後生計，又愧老妻，又眷戀子由，約定「與君世世爲兄弟，再結來生未了因」。

這是巨大的創傷心理狀態失調的狀況，醫學上名之爲創傷後壓力症。當面臨生命遭到威脅、嚴重物理性傷害、身體或心靈上的脅迫時，訊息就不再繞進大腦，而直接由小腦反射處理。於是會產生侵入性思緒、負面情緒、過度敏感、易受驚嚇、對世界與自我極度負面的看法（意圖自盡）、創傷片段的回想、做惡夢、孤立焦躁（夢繞雲山心似鹿，魂飛湯火命如雞）等症狀。

創傷後可能立即發生疏離感、去現實感、去自我感、失憶的解離狀態。通常心理重整是一條漫長的路，必須透過藥物及個人、團體、家族等各種諮商協助。然而蘇東坡卻以認知探討克服壓力，在「終日抉剔，得銖兩於肯綮之間，意甚喜之」中，完滿地化解危機。透過這般戲謔的自我調侃，平衡經歷重殘傷之情緒壓力、對未來之不確定感、無望感、憤怒及否定。

以此觀想「雖戲語，實可施用也」這句話，有著過來人的辛酸與走過之後的清明，同時寄託面對創傷是人生必經歷之境，那時候，這樣在日常中小小的確幸或許能帶來莫大療癒的作用。

六十四、東軒記

宋　蘇轍

余昔少年讀書，竊嘗怪顏子以簞食瓢飲，居於陋巷，人不堪其憂，顏子不改其樂。私以為雖不欲仕，然抱關擊柝①尚可自養，而不害於學，何至困辱貧窶②自苦如此？及來筠州，勤勞鹽米之間，無一日之休，雖欲棄塵垢，解羈縶③，自放於道德之場，而事每劫而留之。然後知顏子之所以甘心貧賤，不肯求斗升之祿④以自給者，良⑤以其害於學故也。

注釋

①抱關擊柝：守門和巡夜的人，泛指位卑祿薄的小官。柝，音ㄊㄨㄛˋ，舊時巡夜人打更所敲擊的木梆。

②窶：音ㄐㄩˋ，貧陋。

③羈縶：音ㄐㄧ　ㄓˊ，捆綁、繫絆。

④斗升之祿：微薄的俸祿，亦作「斗斛之祿」。

⑤良：確實。

翻譯

我以往年少讀書的時候，私底下曾認為顏回過的生活非常奇怪：他飲食粗劣的食物，住在狹窄簡陋的地方，別人無法承受那樣的憂苦，顏回卻不改變安貧樂道的自在。我個人認為：即使不願擔任官職，但是去做守門和巡夜之類的人，還是能夠養活自己，而不會影響學習，何必使使自己到這般困窘、受辱的地步，過得如此困苦？等我因貶官來到筠州（今江西高安市），才發現張羅生活所需，為了鹽米等瑣事勞苦不懈，沒有一天能得空休息。雖然想拋棄凡塵俗事，解脫世間羈絆，從道德禮教的場域中自我放逸出來，但是總有俗事牽絆，只好續留塵俗中而不得脫身。於是我終於知道顏回甘心居於貧賤的生活，不肯任職以微薄俸祿的原因，實在是因為這會對學習是有妨害的啊！

知識要點

- 故事背景：神宗元豐二年（西元一〇七九年），烏臺詩案發生，蘇軾被捕下獄，蘇轍上書營救，請求以自己的官職為兄贖罪，不准，被貶為監筠州鹽酒稅。
- 論理結構：不贊成顏回生活窘困→認為做守門之類低賤的工作就能度日→擔任鹽酒稅官職時忙碌不堪，無暇念書→領悟顏回何以不為生計勞作。
- 故事後續：宦海浮沉的蘇轍，於宋徽宗即位後為大中大夫致仕，在潁川定居，過著田園隱逸生活，自號潁濱遺老，以讀書著述、默坐參禪爲事。

● **歷代評論：**

1. 文章風格高妙：蘇軾在〈書子由超然臺賦後〉：「子由之文，詞理精確，有不及吾；而體氣高妙，吾所不及。」

2. 與兄長蘇軾並駕齊驅：《宋史．蘇轍傳》評論蘇轍的文章「汪洋淡泊，似其爲人」，「秀傑之氣終不可掩，其高處殆與兄軾相迫」。

● **學習重點：**

1. 安於貧困，虔心讀書，或是為生活所需，汲汲營營？沒有人可以逃脫現實，也無法超脫口腹之慾，衣食之需，因此一般人的選擇多是先求溫飽。殊不知為五斗米折腰，非但疲累筋骨，時間也忽焉流逝，正如蘇轍想「棄塵垢，解羈縶」，「自放於道德之場」，卻每有瑣事纏身而不得自由。

2. 曹丕《典論．論文》中：「而人多不強力，貧賤則懾於飢寒，富貴則流於逸樂，遂營目前之務，而遺千載之功。」對於人們不努力，貧賤就畏懼飢寒，富貴就縱情享樂，只圖眼前的事務，卻遺忘了流傳千秋功業的感歎，和這蘇轍的體悟可以相互輝映。

練習題

1. 「顏子以簞食瓢飲，居於陋巷」，試推論「人不堪其憂，顏子不改其樂」的原因是：
(A)生活自在，隨心所欲
(B)物質充裕，不虞匱乏
(C)讀書之樂，陶然忘憂
(D)儉以養廉，勤以積德

2. 下列讓蘇轍領會顏淵不出仕在害於學的敘事，正確的是：
(A)無一日之休
(B)自放於道德之場
(C)無心於官職
(D)讀書如此自苦

大考演練

1. 閱讀上文（〈東軒記〉），選出敘述正確的選項：（多選）
(A)作者來到筠州之後，生活和顏回一樣貧窮艱困
(B)俗世塵垢使作者深受羈絆，因而渴望擺脫俗務干擾
(C)作者年少時認爲：從事抱關擊柝的工作並不妨礙學習
(D)由於親身經驗，作者終於明瞭顏回之所以不仕，是想全心致力爲學
(E)作者從小對顏回「簞食瓢飲，居於陋巷」而「不改其樂」

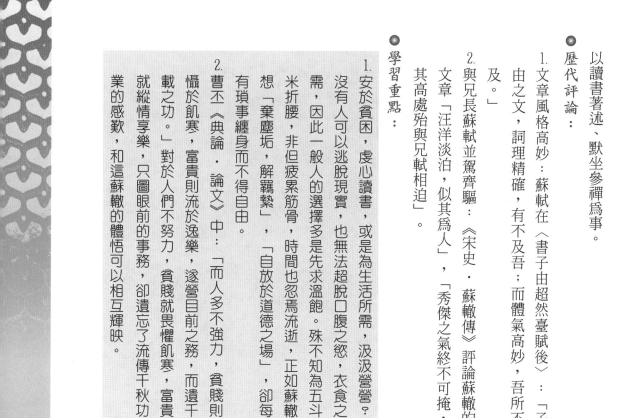

的生活，就頗爲欣賞

2-4爲題組。閱讀韓愈〈師說〉中甲、乙二段，回答2-4題。【101學測】

甲、古之學者必有師。師者，所以傳道、受業、解惑也。人非生而知之者，孰能無惑？惑而不從師，其爲惑也終不解矣！生乎吾前，其聞道也，固先乎吾，吾從而師之；生乎吾後，其聞道也，亦先乎吾，吾從而師之。吾師道也，夫庸知其年之先後生於吾乎？是故無貴、無賤、無長、無少，道之所存，師之所存也。

乙、聖人無常師：孔子師郯子、萇弘、師襄、老聃。郯子之徒，其賢不及孔子。孔子曰：「三人行，則必有我師。」是故弟子不必不如師，師不必賢於弟子。聞道有先後，術業有專攻，如是而已。

2.依據上文，下列闡釋正確的是：

(A)「人非生而知之者，孰能無惑」，謂人皆不免有惑，故須從師以解惑

(B)「吾師道也，夫庸知其年之先後生於吾」，謂無論少長均應學習師道

(C)「聖人無常師」，謂聖人的教育方法異於一般教師，因此能啓迪後進

(D)「郯子之徒，其賢不及孔子」，謂郯子等人的學生不如孔子弟子優秀 【107學測】

3.依據上文，最符合韓愈對「學習」看法的是：

(A)只要有心一定能聞道，學習永遠不嫌遲

(B)智愚之別會影響學習，故聞道有先有後

(C)學無止境，自少至長都應該精進地學習

(D)尊重專業，擇師學習不須計較身分年齡 【107學測】

4.下列文句，與「惑而不從師，其爲惑也終不解矣」同樣強調運用資源以追求成長的是：

(A)君子生非異也，善假於物也

(B)梓匠輪輿，能與人規矩，不能使人巧

(C)君子博學而日參省乎己，則知明而行無過

(D)日知其所亡，月無忘其所能，可謂好學也已矣 【107學測】

【跨領域觀看】：新世代的學習策略與目標

在知識經濟的時代，礦產、土地、人口不再是強國要件，商品不再是資產，而是能力——跨領域的學習力、批判性思考與解決問題應變力、專業發展能力、創新應用能力、有效溝通、團隊共創能力。

中國發表《面向未來：二十一世紀核心素養教育的全球經驗》中提及未來的世界是全球化、知識時代、科技發展與訊息時代。人類面臨的變化不僅難測，而且問題複雜度也非今日可想像，舉凡經濟成長、職業需求、人口結構變化、多元文化，環境變遷……都需要提升教育質量。

要在人工智慧時代不被淘汰，想運用大數據創造新局，就必須養成廣泛閱讀的習慣、分析推理深度思考與應用的能力。坎伯《千面英雄》與心理學啓迪了《星際大戰》的故事架構與理念；臺灣半導體之父張忠謀、輟學的比爾．蓋茲都因爲多元的深度自學而成就事業。

線上教育集團TutorABC CEO楊正大博士曾表示：「根據相關研究，未來，孩子的學習量是我們這一代人的三十倍，但他們的學習時間和資源卻相當有限。而面對當今知識爆炸的時代，我們的孩子要打敗競爭對手，必須大量的學習，如果依舊採用我們這一代的學習方式，集體課堂、培訓班補課，那麼他的學習量是無法超越同年齡的競爭者。」幸而借助數位化科技讓學習更方便也更有趣，如林奇賢《新世代的創新學習模式：互聯網＋PBL理論與實施策略》一書介紹「互聯網＋PBL」的創新學習模式，以及運用學習數據分析，營造適性與深度學習的數位化學習環境。

六十五、河南程氏遺書

宋 程顥、程頤

四凶①之才皆可用。堯之時，聖人在上，皆以其才任大位，而不敢露其不善之心。堯非不知其不善也，伏②則聖人亦不得而誅之。及堯舉舜於匹夫之中而禪之位，則是四人者始懷憤怨不平之心而顯其惡，故舜得以因③其跡而誅竄之也。

注釋

①四凶：相傳為堯舜時代四個惡名昭彰的部族首領。
②伏：隱藏，隱匿。
③因：依循，依憑。

【翻譯】

堯舜時四個惡名昭彰的部族首領，他們的才能都堪任用。當堯在位時，聖王在上，這些人憑藉才能擔任要職，不敢表露他們兇惡不善之心。堯不是不知道四凶的兇惡，但只要他們俯首聽命、安分守己，那麼即使聖王也不能隨意誅殺他們。等到堯從百姓中舉用了舜，禪讓帝位給他，於是四凶開始心懷憤怨不滿流露惡行，所以舜才循著他們的劣蹟，加以論罪流放。

【知識要點】

● 敘述脈絡：聖人在上自凶不敢不善→伏則聖人不得誅之→舉舜而四凶懷憤顯惡→舜因跡而誅竄。

● 知識重點：

1. 河南程氏即北宋理學家程顥、程頤兄弟，其學派因此被稱為「洛學」。引文出自《河南程氏遺書》卷六，該書為二程子門人所記，朱子整理。
2. 《左傳．文公十八年》記載舜流放四凶，四凶指少昊氏的後代「窮奇」、黃帝的後代「渾沌」一族、顓頊的後代「檮杌」一族，以及「饕餮」一族。文章以四凶襯托出堯之寬宏無私，也藉以表現出堯適才適用的政治風範、四凶未流露惡行，所以不誅的容忍，與舜除惡務盡的統治智慧。
3. 中國古代處理人事的原則是有賢德的人居於掌權的地位，有才幹的人就任合適的職務，就是孟子所謂「貴德而尊士，賢者在位，能者在職」。賢者行事公正從義，能關注人民的權益，不偏私，不專權；能者在職的根本原則是專業、忠誠、盡責。四凶仗勢為黃帝等後代而不滿堯禪讓平民舜，而有反叛之意，卻反遭誅竄，一方面樹立法的平等與威信，一方面表現舜安國利民的魄力。

【練習題】

1. 四凶被誅竄的原因是：
(A)貪汙瀆職
(B)濫權傷民
(C)囂張叛逆
(D)勞民利己
2. 根據本文可推知四凶憤怨不平的原因是：
(A)堯讓位平民
(B)堯處處牽制
(C)舜無才無德
(D)內部相爭而引亂

3.根據本文，敘述正確的是：

(A)堯知四凶不善，故意授以大位，使四凶彼此制衡
(B)堯不因人有不善之心，即對其才幹能力全盤否定
(C)舜得位後，四凶遭貶斥而懷恨，心性遂由善轉惡
(D)舜認爲心懷惡念者，縱無惡行表露，仍不可寬貸

【103學測】

【大考演練】

1-2爲題組。閱讀下文，回答第1-2題。

甲、太祖皇帝一日閱遠方驛夫，見一小兒在其中，問之。兒對曰：「臣父當此役，近日死，臣代役耳。」上曰：「你幾歲？」兒對曰：「七歲。」上曰：「能作對麼？」兒對曰：「能。」上曰：「七歲孩兒當馬驛。」即應聲云：「＿＿＿＿。」上大喜，蠲其役。（祝允明《前聞記》）

乙、太祖常微行，遇一監生，同飲於酒家，奈坐已滿，回觀惟有土神之几，太祖遂移神於地曰：「且讓我。」因對飲，問生曰：「何處人？」生曰：「重慶。」帝因出對曰：「千里爲重，重水重山重慶府。」生對：「一人成大，大邦大國大明君。」帝甚喜，散後。酒主復移土神上坐。是夜夢神曰：「皇帝命我不可上坐。」方疑之，則聞朝廷召昨日飲酒監生與官矣，然後知太祖焉。故今天下土地多坐於下。（郎瑛《七修類稿》）

1.依據對聯原則與故事情境，甲文＿＿＿＿內小兒所對的下聯應是：

(A)萬年天子坐龍庭
(B)萬里長征人未還
(C)萬頃江田一鷺飛
(D)萬古惟留楚客悲

【106統測】

2.依據上文，下列敘述何者錯誤？

(A)甲文小兒與乙文監生在應答時，均不知太祖的眞實身分
(B)甲、乙二文的太祖，均因欣賞能對出佳聯者而施予恩典
(C)乙文的對聯巧妙運用合字（千＋里＝重，一＋人＝大）開展句意
(D)乙文的土神敬畏皇帝，故託夢給酒家主人，表示不敢復坐於原處

【106統測】

【跨領域觀看】：富士康的危機與郭台銘轉機策略

白手起家的郭台銘自創鴻海就立下要成爲臺灣第一、亞洲第一、世界第一的宏大目標，數十年

的堅持不僅成就鴻海帝國，也創造了獨特的經營哲學。

郭台銘稱鴻海是「四流人才，三流管理，二流設備，一流客户」，因此他鎖定IBM、英特爾、康柏等國際一流大廠。勤奮地親訪、紀律地管理、就地投資、快速完工的效率，使鴻海由塑膠，往電腦、通訊、消費電子等產品研發製造，遍及數位內容、汽車零組件、通路、雲端運算服務、新能源、新材料開發應用，造成現在全世界每五臺電腦中就有一臺裝有鴻海產品的成果。

富士康在中國大陸各地拓展，儼然是科技帝國，但深圳跳樓事件頻起，一時之間負面報導引發來自各方的撻伐，甚至多年往來的客户蘋果、戴爾、惠普、諾基亞和索尼也著手調查富士康的勞動條件。

這對企業而言是前所未有的考驗，對郭台銘也是重大的轉折點。如同《河南程氏遺書》敘述堯之時，明知四凶各懷鬼胎，卻以任大位來安撫，一方面是初即位無力對抗盤根糾結的惡勢力，二方面是必須仰賴四凶之才，既得寬厚之名，又讓四凶不具正當性爲亂。這與郭台銘明知大陸有其政治環境與盤算，但仍興廠招業於斯，此舉實因雙方各有利，富士康能增加工人收益，又能促進大陸經濟。

依據普瑞特（Pratt）「交會口」概念，開發國家優勢文化與開發中國家弱文化接觸時，並不是不相往來、彼此區隔，或是優勢文化消融掉弱勢文化，而是相互地影響、衝擊。因此殖民關係也不是單純從屬關係下的簡化對立，而是在共生和互動的過程中，發展出一種彼此依賴、共建歷史的相互融通的交流模式。

因此，富士康固然帶給當地管理與生產資訊、文化、經濟模式的刺激，當地在依賴的同時也產生廠房內外，臺幹與在地勞動者之間的跨文化互動、心理上的不平衡。堯舉舜於匹夫之中而禪之位時，四凶露出憤恨之心，富士康的情況也發生在重視臺灣幹部，使大陸員工因離鄉情緒、長期工作單調，以致發生一連串事件。

郭台銘除劍及履及地加裝繩索網，避免跳樓傷亡、延請心理醫師常駐龍華廠區，建立員工心理輔導機制，同時以「大幅加薪」、「扶植工會」、「快速向中西部內遷」三大策略，從深圳向華東、華北以及內地擴張，既回應大陸官方鼓勵企業加薪、擴大內需政策，又因實際的利潤轉移責難，並巧妙地將深圳廠轉型爲員工訓練中心，生產線拉至鄭州等地。

危機就是轉機，關鍵在決策者是否能冷靜覺察端倪，找到轉變的樞紐，並在慎謀之後，當機立斷，果決行事。在堯對四凶的處理方式、富士康事件中，我們看到這樣的危機處理能力和卓越的領導力。

六十六、答司馬諫議[1]書

宋　王安石

蓋儒者所重，尤在於名實[2]；名實已明，而天下之理得矣。今君實所以見教者，以爲侵官[3]、生事、征利、拒諫，以致天下怨謗也。某則以謂：受命於人主，議法度而修之於朝廷，以授之於有司[4]，不爲侵官；舉先王之政，以興利除弊，不爲生事；爲天下理財，不爲征利；闢邪說，難壬人[5]，不爲拒諫。至於怨誹之多，則固前知其如此也。

人習於苟且非一日，士大夫多以不恤國事、同俗自媚於衆爲善。上乃欲變此，而某不量敵之衆寡，欲出力助上以抗之，則衆何爲而不洶洶[6]然？盤庚之遷[7]，胥[8]怨者民也，非特朝廷士大夫而已。盤庚不爲怨者故改其度，度義而後動，是而不見可悔故也。如君實責我以在位久，未能助上大有爲，以膏澤[9]斯民，則某知罪矣，如曰今日當一切不事事，守前所爲而已，則非某之所敢知。

【注釋】

①司馬光：字君實，當時任諫議大夫，故稱「司馬諫議」。
②名實：名義和實際。
③侵官：侵犯職司，逾越職權。
④有司：官員。職有專司，故稱為「有司」。
⑤壬人：奸佞之人。
⑥洶洶：喧鬧，動亂不安。
⑦盤庚之遷：商朝的賢君盤庚因河北都城宮室奢侈，人口擁擠，附近鹼地不宜耕種，於是渡黃河南下，遷往商朝開國君主成湯的舊都亳（今河南地），改國號為殷，中興商朝。詳見《書經．盤庚》。
⑧胥：音ㄒㄩ，皆，都。
⑨膏澤：恩惠，此為動詞，表施恩惠。

【翻譯】

讀書人所重視的，特別是在名義與實際是否相副；名義與實際的關係明確了，那麼天下的道理也就掌握了。現在您所用來教誨我的，是認爲我（推行新法）侵奪了官吏們的職權，製造了事端、爭奪了百姓的財利、拒絕接受不同的意見，因而招致天下的人怨恨和誹謗。我卻認爲從皇帝那裡接受命令，議訂法令制度，又在朝廷上修正、決定，把它交給主管官吏執行，不能算是侵奪官權。實行古代賢明君主的政策，用它來興辦（對天下）有利的事業，消除弊病，這不算是製造事端。替天下整理財政，這不能算與民爭利。抨擊不正確的言論，駁斥巧辯的壞人，這不能算是拒絕接受他人的規勸。至於（社會上對我的）怨恨誹謗很多，那是我本來早就該料到會這樣的。

人們習慣於得過且過的守舊之風已經不是一天的事了，士大夫們大多把不爲國家大事操心，附和世俗、討好群眾以爲能事。皇上因而想改革這種不良風氣，而我不去估量敵對聲勢的多寡，一心只想助皇上一臂之力來抵制這股勢力，如此一來，敵對群眾哪有不吵嚷叫囂之理？盤庚遷都的時候，齊聲埋怨的是人民，還不僅是朝廷士大夫反對而已。盤庚並不因爲埋怨者的緣故就改變自己的計畫，這是因爲他經過深思熟慮，忖度合乎名實義理，然後堅決行動，認爲看不出有什麼可以後悔的緣故啊。如果君實您責備我執政當權很久，卻沒有幫助皇上大有作爲，造福人民，那麼我承認那是我的罪過。但如果說今天應當什麼事也不必做，墨守著過去的陳規舊法就行了，那就不是我所敢領教的了。

知識要點

● 故事背景：

1. 北宋曾有兩次政治改革，一是仁宗慶曆年間范仲淹的政治改革，重點在澄清吏治、強兵富民、厲行法治等方面，因剝奪士人既得利益，群起反對而失敗。二是神宗熙寧年間王安石變法，實施保甲法、青苗法、免役法、均輸法、市易法、方田均等，以開闢財源。

2. 王安石在〈本朝百年無事劄子〉中指出：北宋王朝代代墨守陳規，不思新變，流弊嚴重。神宗皇帝眼見國家財政空虛，政治腐敗，軍事力量不堪一擊，遂於神宗熙寧二年（西元一〇六九年）擢王安石為宰相，立意改革施政，實行新法，以求富國強兵。司馬光向神宗提出「祖宗之法不可變」的主張，然後又接二連三地寫信勸說王安石放棄變法，王安石回此信，針對新法內容理財、整軍、富國、強兵等措施提出辯解，理足氣盛，充分展現王安石勁悍簡潔的文章風格。

● 敘述脈絡：儒者所重，尤在於名實→君實以為侵官、生事、征利、拒諫，以致天下怨謗也→一一辯駁，並分析原因在人習於苟且，士大夫不恤國事、同俗自媚，上欲變此，我欲出力助上以抗之→盤庚遷都，度義而後動，不見可悔。

● 歷代評論：朱熹嘗論安石其人及變法：「以文章節行高一世，而尤以道德經濟為己任。被遇神宗，致位宰相，世方仰其有為，庶幾復見二帝三王之盛。而安石乃汲汲以財利兵革為先務，引用凶邪，排擯忠直，躁迫強戾，使天下之人，囂然喪其樂生之心。卒之群奸嗣虐，流毒四海，至於崇寧、宣和之際，而禍亂極矣。」

● 知識重點：

1. 全文針對司馬光新法之指責侵官、生事、爭利，針對王安石個人之拒諫，以及變法與主事者致天下怨謗進行辯駁，另方面揭露出士大夫保守、腐朽的本質，突顯陳述熙寧變法的原委與性質，表明自己堅決變法的決心。語調上柔中帶剛，禮敬之間，傲岸之氣憤然湧出，既委婉地反駁了怨誹之多的責備，又表明不以流言蜚語而動，是因為「度義而後動」，「不見可悔故也」，表現出政治家的宏偉的韜略與改革魄力。

2. 面對司馬光的指責，王安石一方面以名實相副確立理論基點，進行辯證，另方面分析天下謗怨的心理背景是「人習於苟且非一日」、「士大夫多以不恤國事、同俗自媚於眾為善」將矛頭轉移至反對者心態，形成理直氣壯的強銳力道。最後以「上乃欲變此」、「欲出力助上以抗之」強化這是天子之意，使變法具權威性，而《尚書》所讚之盤更遷殷的史實，此典型性的例證更成為立於不敗之地的支撐點。

3. 本文的論證方式是駁論，所運用的方法有三：一是直接反駁，如為天下理財，不為征利。二是舉出根據反駁，如不為侵官是因為既合法「受命於人主」，又合理「議法度而修之於朝廷，以授之於有司」，依此程序破解個人獨斷斷越權侵職的責難。三是以史實反駁，如「盤庚之遷」，形成明確有力的架構與邏輯辯證。

4. 在結構簡潔而嚴謹，集中司馬光所指責的數點討論，不枝不蔓，言簡意明。寫作手法上先確立批判基點：「蓋儒者所重，尤在於名實；名實已明，而天下之理得矣」，再就新法之「實」與指責之「名」進行提出辯駁。句法上以「不為侵官、不為生事、不為征利、不為拒諫」一連串四個否定排比句讓反駁的氣勢疊疊升高。此外善用反語如「欲出力助上以抗之，則眾何為而不洶洶然？」抬高自我格局，並將眾議民怨輕輕掃除，與前述「至於怨誹之多，則固前知其如此也」相應，消弭民怨的罪名。

練習題

1. 根據本文，可知王安石變法的目的在
(A)確定名實相副的重要
(B)爲國家百姓興利除弊
(C)對抗官員貪婪之陋習
(D)抵制不合法理的權貴

2. 下列關於本文的說明，何者正確？
(A)舉盤庚之遷的目的在表明變法「不爲生事、不爲拒諫」
(B)「名實已明，而天下之理得矣」，表現了王安石變法的立場
(C)由敘述可推知「今日當一切不事事，守前所爲而已」，是司馬光的觀點
(D)由「某不量敵之眾寡，欲出力助上以抗之，則眾何爲而不洶洶然？」看出王安石擁有強大的民意基礎

3. 下列關於本文寫作手法的說明，何者正確？
(A)善用對比：如士大夫苟且與盤更遷都胥怨者民
(B)善用反語：如「不爲侵官、不爲生事、不爲征利、不爲拒諫」
(C)善用證據：如「欲出力助上以抗之，則眾何爲而不洶洶然？」
(D)善用史實：如「議法度而修之於朝廷，以授之於有司」

【大考演練】

1.依據下文，符合全文旨意的選項是：

彊令之笑不樂；彊令之哭不悲；彊令之爲道也，可以成小，而不可以成大。缶醯黃，蚋聚之，有酸，徒水則必不可。以貍致鼠，以冰致蠅，雖工，不能。以茹魚去蠅，蠅愈至，不可禁，以致之之道去之也。桀、紂以去之之道致之也，罰雖重，刑雖嚴，何益？（《呂氏春秋》）

註：茹魚：腐臭的魚。

(A)興衰成敗有數，不可力強而致
(B)治國悖離民心，如同爲淵驅魚
(C)大材不宜小用，割雞焉用牛刀
(D)國君用人之術，務在明賞愼罰

【106指考】

【跨領域觀看】：暈輪效應與被討厭的勇氣

王安石在神宗即位時被召爲翰林學士兼侍講，上〈本朝百年無事劄子〉列舉北宋建國以來各種制度之弊，闡釋改革必要。這與神宗之意契合，神宗熙寧二年（西元一〇六九年）擔任參知政事，設制置三司條例司，頒行農田水利、青苗、均輸、保甲、保馬、免役法等新法。

這些在今日普遍通行的借貸，卻成了司馬光口中「與民征利」。基於富國強兵的動機，和藉以扭轉北宋積貧積弱的企圖心，所展開農業到手工商，軍事到教育的社會改革，在「擾民生事」的指責下慘遭強烈反彈。

社會輿論之撻伐就如暈輪效應，原指月亮被光環籠罩時產生模糊不清的現象，也指評價一個人時，往往會因對方某一特徵的強烈感覺認知，而模糊了其他的特質或因素。當時士大夫眼裡，王安石是空想式的改革家，變法結果將造成農民的負擔和約束，這些既定印象覆蓋了眞正的意圖，模糊了焦點，以致失去基礎民意支持。

不過，這篇回應文章中，可以感覺王安石剛銳嚴謹的個性，對事理深刻領會的透達。在岸見一郎、古賀史健《被討厭的勇氣：自我啓發之父「阿德勒」的教導》這本書裡的哲學家說：「不是『世界』複雜，而是『你』把世界變複雜了。」「現在，你眼中的世界是光怪陸離、複雜而混沌的。可是當你有了改變之後，世界就會回復到單純的樣子。所以，問題不在於世界是什麼樣子，在於你是什麼樣子。」「難道我們爲了別人的認同，就必須在坡道上不斷翻滾嗎？要像滾動的石頭一樣損耗自我，直到失去原來的形狀，變得圓滑爲止嗎？」

我們對世界的看法無論自認爲多麼客觀，其實都是主觀投射，是否有勇氣摘下眼鏡，面對眞實的自我？還是屈服於內心不想改變，畢竟維持現狀還是比較容易控制、比較輕鬆。

以這個角度看王安石變法，和反對者，或許會發現歷史敘述之外更複雜的面相。

六十七、送東陽馬生①序

明 宋濂

余幼時即嗜學。家貧，無從致書以觀，每假借於藏書之家，手自筆錄，計日以還。天大寒，硯冰堅②，手指不可屈伸，弗之怠。錄畢，走送之，不敢稍逾約。以是人多以書借余，余因得徧觀群書。既加冠，益慕聖賢之道；又患無碩師③名人與遊，嘗趨百里外，從鄉之先達執經叩問。先達④德隆望尊，門人弟子塡其室，未嘗稍降辭色。余立侍左右，援疑質理，俯身傾耳以請；或遇其叱咄⑤，色愈恭，禮愈至，不敢出一言以復；俟其忻悅⑥，則又請焉。故余雖愚，卒獲有所聞。

注釋

① 東陽馬生：東陽，浙江今縣。馬生，名則君，太學生。生，長輩對晚輩的稱呼。
② 硯冰堅：指硯池中的墨汁凍成了堅冰。
③ 碩師：學問淵博的學者、大師。碩，大。
④ 先達：有道德學問的前輩。
⑤ 叱咄：音ㄔˋ ㄉㄨㄛˋ，嚴怒聲。
⑥ 俟其忻悅：等到他高興了。俟：音ㄙˋ 等待。忻，同「欣」。

翻譯

我小時就愛好讀書。家裡窮，沒有辦法得到書，就經常向有書的人家去借，親手用筆抄寫，計算著約定的日子按期歸還。天氣特別冷的時候，硯池裡的墨水結成堅冰，手指不能屈伸，也不敢放鬆。抄寫完畢，趕快把書送還，不敢稍稍超過約定的期限。因此，人家多願意把書借給我，我也因此能夠看到各種各樣的書。成年以後，更加仰慕古代聖賢的學說，又擔心沒有與大師、名人交往。曾經跑到百里以外捧著經書向同鄉有道德學問的前輩請教。前輩德高望重，向他求教的學生擠滿了屋子，他從不把言詞和表情放溫和些。我站在旁邊侍候著，提出疑難，詢問道理，彎著身子，側著耳朵，向他請教；有時遇到他斥責，我的表情更加恭順，禮節更加周到，一句話也不敢多說；等到他高興了，就又去請教。所以我雖然愚笨，但終於能夠有所收穫。

知識要點

● 故事背景：序有兩種：一是介紹、評論文章的序；一是臨別贈言的贈序，始於唐朝，文人之間以言相贈，表達離別時的某種思想感情，往往因人立論，闡明某些觀點，相當於議論性散文。

本文屬於贈序，是作者給同鄉後學馬生的臨別贈言。當時宋濂在京城建康（今南京市）做官，他的同鄉、浙江東陽縣青年馬君則也在京城，就讀於太學。馬生回鄉探親，宋濂寫了這篇文章，現身說法，針對時弊以加針砭，勉勵馬生勤苦學習。

● 故事情節：

1. 家貧→借書筆錄→天大寒，手指不可屈伸→弗之怠→說明求師之艱。
2. 嗜學→趨百里外求教→先達未嘗稍降辭色→俯身傾耳以請→遇師叱咄→色愈恭，禮愈至，不敢出一言以復→俟其忻悅，則又請焉→可見求知心誠

● 故事後續：宋濂一生刻苦學習，自少至老，未嘗一日去書卷，於學無所不通。明初朱元璋稱帝，就任江南儒學提舉，爲太子講經，奉命主修《元史》。

● 歷代評論：宋濂與劉基、高啓並列爲明初詩文三大家。

● 知識重點：

1. 本文生動而具體地描述求學之難、嗜學勤習的經歷，說明為學必須心專意堅，始能業精德成。
2. 《孟子．告子下》：「故天將降大任於斯人也，必先苦其心志，勞其筋骨，餓其體膚，空乏其身，行拂亂其所為，所以動心忍性，曾益其所不能。……徵於色，發於聲，而後喻。」說明人因外在的挫折而激勵鬥志，發揮潛能而精進不已。宋濂的學習歷程印證此理：家貧，無從致書以觀——苦其心志；冬日天寒手凍抄書——勞其筋骨；老師嚴峻怒斥——徵於色，發於聲。

【練習題】

1. 根據引文，下列敘述是宋濂幼時求學實況的是：（多選）
(A)客觀條件——家貧
(B)主觀優勢——嗜學
(C)挑戰問題——無書
(D)因應方式——恭敬
(E)堅持態度——欣悅

2. 下列選項所引格言佳句，最能用以評論宋濂的學習狀態是：
(A)教不嚴，師之惰
(B)至樂莫如讀書，至要莫如教子
(C)立身以立學爲先，立學以讀書爲本
(D)立志宜思眞品格，讀書須盡苦功夫

3. 推想作者自述學習艱苦的寫作目的是：
(A)誇耀自己的毅力
(B)期勉後學奮發勵學
(C)感謝前輩提攜教導
(D)警示爲人師者仁愛忠誠

【大考演練】

1-2 爲題組。閱讀下文，並回答問題。

弈秋，通國之善弈者也。使弈秋誨二人弈，其一人專心致志，惟弈秋之爲聽；一人雖聽之，一心以爲有鴻鵠將至，思援弓繳而射之，雖與之俱學，弗若之矣。爲是其智弗若與？曰：非然也。（《孟子．告子上》）

1. 下列文句，何者最接近上文的主旨？【107統測】
(A)常人貴遠賤近，向聲背實
(B)聞道有先後，術業有專攻
(C)目不能兩視而明，耳不能兩聽而聰
(D)安能以皓皓之白，而蒙世俗之塵埃乎

2. 「惟弈秋之爲聽」意謂「惟聽弈秋」，但書寫時將「弈秋」移到動詞「聽」的前面。下列劃底線的文句，何者也有相同的表意方式？【107統測】
(A)百年老屋，塵泥滲漉，雨澤下注
(B)近世寇萊公豪侈冠一時，然以功業大，人莫之非
(C)傾壺而醉，醉則更相枕以臥，臥而夢，意有所極，夢亦同趣
(D)暮春之初，會於會稽山陰之蘭亭，修禊事也，群賢畢至，少長咸集

宋濂在〈送東陽馬生序〉裡自陳鍥而不捨的求學態度，執著於求問而不被老師嚴肅表情震懾，專一於學而不因現實貧苦屈服。正如NBA神射手雷．艾倫所言，他「相信自己擁有的一切，都是苦練得來，毫無僥倖」，「決定成功與否的關鍵，不在天賦高低，而是一個人願意爲成功，付出什麼代價」。

天后蔡依林從滿足旁人眼光而「必須要完美」，到坦然自信「知道自己夠好」的歷程，不是鴕鳥式的自我催眠，也非膨脹的自我感覺良好，而是「不能忍受還沒有學好就放棄」的倔強，是一天花十幾個小時在鍛鍊體力、練習舞蹈動作，要求自己「必須做到一百三十分才能讓別人扣分」的嚴酷自律與自我要求。

最完美呈現的背後是無盡的苦練，《初心》這本書裡，江振誠敘述自己在法國的前兩年的工作，就是洗馬鈴薯、削馬鈴薯、切馬鈴薯、煮馬鈴薯、壓馬鈴薯、炸馬鈴薯，……碰不到別的食材，也做不了其他料理。「吃得苦中苦，方爲人上人」，這句老話卻是千眞萬確的道理，江振誠熬過旁人所無法忍受的冷落與絕望，終於得到《時代》雜誌兩度讚譽爲「印度洋上最偉大的廚師」，讓《紐約時報》譽爲「世界上最値得搭飛機來品嘗的十大餐廳」。這樣的殊遇榮耀，是馬斯洛的需要等級裡最高的自我成就的需要、超越個人或靈性的需要，也是許多人們之所以甘願寂寞孤獨而不放棄、不軟弱的原因。

六十八、說虎

明　劉基

虎之力，於人不啻①倍也。虎利其爪牙，而人無之，又倍其力焉，則人之食於虎也，無怪矣。

然虎之食人不恆見，而虎之皮人常寢處②之，何哉？虎用力，人用智；虎自用其爪牙，而人用物。故力之用一，而智之用百；爪牙之用各一，而物之用百。以一敵百，雖猛必不勝。

故人之爲虎食者，有智與物而不能用者也。是故天下之用力而不用智，與自用而不用人者，皆虎之類也。其爲人獲而寢處其皮也，何足怪哉？

注釋

① 不啻：不止，不僅。啻，音ㄔˋ。

② 寢處：坐臥。

翻譯

老虎的力氣，比人的力氣不止大一倍。老虎有鋒利的爪牙，但是人沒有，牠的力氣又比人大幾倍，那麼人被老虎吃掉，也就不奇怪了。

然而老虎吃人不常見，老虎的皮卻經常被人拿來做坐臥的物品，爲什麼呢？因爲老虎使用力氣，人運用智慧；老虎只能使用牠自身的爪子、牙齒，但是人卻能利用工具。所以力氣的作用是一，但是智慧的作用是百；爪子、牙齒的作用各自是一，但是工具的作用是一百。用一對抗一百，即使再兇猛一定不能取勝。

所以，人被老虎吃掉，是因爲有智慧和工具而不能利用。因此世界上那些只用力氣卻不用智慧，和只發揮自己的作用而不借助別人的人，都跟老虎一樣。他們像老虎被別人捕捉，殺死，而坐臥在他們的皮上，有什麼值得奇怪呢？

知識要點

● **故事背景**：劉基是元末明初軍事家、政治家及詩人，通經史，曉天文，精兵法，輔佐朱元璋開創明朝，定國家制度，著《郁離子》。

● **敘述脈絡**：（事實）虎利其爪牙，又倍其力焉，故人爲虎所食→（質疑）然虎之食人不恆見，而虎之皮人常寢處之→（因）虎用力，人用智，雖猛必不勝→（評論）天下之用力而不用智，與自用而不用人者，皆虎之類也。

● **歷代評論**：

1. 輔佐朱元璋完成帝業、開創明朝。胸懷雄才大略，足智多謀，有卓越的分析判斷能力，故被比爲「渡江策士無雙，開國文臣第一」，和張良、諸葛亮同是中國歷史上傑出的政治家、軍事家和文學家。

2. 朱元璋稱讚他「學貫天人，資兼文武」，說劉伯溫是：「吾之子房也。」尊他爲「帝師」。民間有「上有諸葛孔明，下有劉伯溫」的稱道。

知識重點：

1. 全文重點在辯證：生存之道在「用力」還是「用智」？成功之道是用原始的爪牙與體力？還是善用工具與智慧？事業發展是「閉關自守」？還是「善用外力」？其結果將會是「亡」還是「存」？

2. 有人說寓言是包著糖衣的道理，也就是以故事說理。為發揮前述的論點，作者借虎喻人，根據虎的力氣大、有爪牙之利，卻被捕殺的故事，證明做事不能只憑力氣，還要講方法，講智慧，唯其如此才能有好結果。在今天知識經濟的時代，思考力、創造力是拓展事業與成就的關鍵，言下之意是期勉皇帝運用人才之智，善用外力不要依恃原有的力量一味盲幹，否則將招致失敗。

3. 《郁離子》中的寓言以一事敘一理為準則，本文以虎為例，闡釋徒有先天的能力，不能培養智慧，找到方法，終將落伍。在結構上採層層推因的方式，由肯定虎的威力入筆，隨而以推翻其傷害性，提出「然虎之食人不恆見，而虎之皮人常寢處之」的事實，並以「何哉」質問的口氣振起文勢，導出「用力而不用智，與自用而不用人」對比選擇的思考，而不斷出現的小結論，透過「則」「故」、「是故」等連接詞讓道理明確清晰。

練習題

1. 下列與「虎利其爪牙，而人無之，又倍其力焉」中，「利」的字義相同是：
(A)工欲善其事，必先「利」其器
(B)計「利」當計天下利，求名當求天下名
(C)父「利」其然，不使就學
(D)汝劍「利」，吾劍未嘗不利

2. 下列文句具因果關係的敘述是：
(A)其爲人獲而寢處其皮也，何足怪哉？
(B)虎之食人不恆見，而虎之皮人常寢處之，何哉？
(C)故力之用一，而智之用百；爪牙之用各一，而物之用百
(D)虎利其爪牙，而人無之，又倍其力焉，則人之食於虎也

3. 根據文意，推想「天下之者，皆虎之類也」的原因是：
(A)無爪牙之利
(B)無用物之智
(C)自恃用智與物

(D)自恃位高權重

大考演練

1-4為題組。閱讀下列甲、乙二文，回答1-4題。

甲、利未亞州東北厄日多國產魚，名喇加多，約三丈餘。長尾，堅鱗甲，刀箭不能入。足有利爪，鋸牙滿口，性甚獰惡。色黃，口無舌，唯用上齶食物。入水食魚，登陸每吐涎於地，人畜踐之即仆，因就食之。見人遠則哭，近則噬。冬月則不食物，睡時嘗張口吐氣。

（南懷仁《坤輿圖說》）

乙、莎士比亞的戲劇說：「那公爵如淌著眼淚的鱷魚，把善心的路人騙到嘴裡。」鱷魚眼睛所分泌的液體，有科學家曾經認為應是用來排出身體多餘的鹽分。許多生活在海裡的爬行動物，因為腎功能不如海生哺乳動物，故以鹽腺來恆定喝入海水後的體內離子。例如海龜的鹽腺位於淚腺中，海龜看似流眼淚，其實是讓鹽分藉此排出。海鬣蜥的鹽腺位在鼻腺中，牠們會從鼻孔排出結晶狀的鹽分。海蛇的鹽腺則在後舌下腺中。總之，鹽腺的位置是個別演化的，但功能相似。

目前已無生活於海中的鱷魚，但有些鱷魚仍棲息於河口或淺海。科學家後來發現，牠們的舌頭表面會流出清澈的液體，進而懷疑這才是鹽腺的分泌物。經過蒐集分析，果然其含鹽量比眼睛分泌物來得高。例如亞洲的鹹水鱷與美洲的美洲鱷，鹽腺都位在舌下腺中，牠們舌頭表面的孔洞會分泌出高鹽分的液體。至於同一屬的淡水表親，如澳洲淡水鱷，也有結構相同的舌下鹽腺，但效能就略遜一籌；同一科的西非狹吻鱷和西非矮鱷，情況也大致類似。但生活於淡水地區的短吻鱷科鱷魚，例如美洲短吻鱷和眼鏡凱門鱷，舌頭的孔洞都極小，前者的排鹽效率奇差，後者則完全不會排出鹽分。

鱷魚通常在陸地待了一段時間後，位於瞬膜的哈氏腺便會分泌鹹液潤滑眼睛。瞬膜是一層透明的眼瞼，除了滋潤眼睛外，當鱷魚潛入水中，閉上瞬膜，既能保護眼睛，又能看清水下情況。另有實驗發現，有些鱷魚會邊進食邊流淚，甚至眼睛冒出泡沫，推測可能是咬合時壓迫鼻竇的生理反應。（改寫自《國家地理雜誌》中文網）

註：利未亞州：非洲。厄日多：埃及。喇加多：鱷魚

1.下列關於甲文敘寫「喇加多」的分析，錯誤的是：

(A)先談外形，再寫習性；習性再分「獵食」、「避敵」兩線敘寫

(B)以「利爪」、「鋸牙」襯托「獰惡」，以「刀箭不能入」強化「堅鱗甲」特徵

(C)以「入水」、「登陸」的活動範圍，描述其生活特性，也

寫獵食對象甚廣

(D)藉「吐涎於地」和「遠則哭，近則噬」二事揭露其獵食伎倆　【107學測】

2.甲文「人畜踐之即仆」的鱷魚涎液，若依乙文的看法，最可能的分泌來源是：　【107學測】

(A)哈氏腺　(B)舌下腺　(C)淚腺　(D)鼻腺

3.甲文謂鱷魚「見人遠則哭」，若依乙文的看法，其主要原因應是：　【107學測】

(A)引誘獵物　(B)排除鹽分　(C)哀傷憐憫　(D)潤滑眼睛

4.乙文第二段列舉數種鱷魚，最主要是爲了說明：　【107學測】

(A)不同棲息地的鱷魚，鹽腺的效能也隨之有別

(B)不同種類的鱷魚，鹽腺所在的位置也不相同

(C)鱷魚鹽腺的位置，會隨棲地鹽分多寡而改變

(D)鱷魚鹽腺的退化，係經過長時間的演化歷程

【跨領域觀看】：「借力使力，四兩撥千金」的槓桿效益

希臘哲學家阿基米德說：「給我一根夠長的槓桿和一個支點，我就能轉動世界。」在這篇〈說虎〉中，老虎因爲擁有勇猛的力氣和鋒利的爪牙，而威風凜凜；人雖在本質上不如之，卻能利用工具、技術或裡應外合、設下陷阱……等方式取了老虎的命。在某種程度可以說人善用外部資源而達到目的，這種用假借他人的時間、才能、智慧、成功方法而解決問題，便是借力使力的槓桿原理。

阿基米德曾利用槓桿原理，造過一個機械，讓國王用一隻手輕鬆拉船拉上岸。企業與企業間之「策略聯盟」資源分享，或是在生產地就地取材，使用當地人的跨國投資，不僅是借力使力的實踐，也合乎《孫子兵法．作戰篇》「因糧於敵」、「智將務食於敵」之策。

日常生活中的剪刀、開罐器、吊車都是槓桿原理的運用，歷史上許多謀略戰術也因巧妙融會此

技巧而獲勝，如孔明借東風、孔明借箭、拿破崙順應情勢擴大成功機會、奧地利梅特涅在拿破崙失敗後的維也納協議，藉一連串的歡樂宴會消弭強國宰制，建立歐洲均勢，維持和平。大英圖書館從舊館要搬到新館時，廣告宣傳每個市民可以免費從大英圖書館借十本書，結果市民蜂擁而至，把圖書館的書借光，圖書館也就這麼毫不費力氣地完成搬遷。

有人說：「窮人靠力，富人借力使力不費力。」陳霆遠、韓謹鴿《借力使力不費力：三十六計成功打造雙贏的商機》中敘述「借力使力不費力」的事例，如網上集資、發行創新商品、團隊達到不花一毛錢環遊世界的目標、舉辦五萬人演講會快速推動公司掛牌上市。

借力使力是物理學上的發現，也源自於人想找出簡單的方法，可以有效而又輕鬆地完成工作。這讓懶，成爲發明之母。《懶經濟：不瞎忙、省時間、懂思考，四十則借力使力的聰明「懶人學」》一書，強調懶惰的人重視效率，尋找方法減少自己麻煩。正符合比爾．蓋茲所說：「我讓懶人做困難的工作，因爲懶人能夠找到最簡單的方法完成任務。」

槓桿原理中的支點是金錢、人脈、物質，也可以是抽象的智慧、幽默，善用之往往可以化解尷尬。童話大師的安徒生有一天，跟往常一樣戴著一頂破舊的帽子在街上散步，一位戴著新帽子的富豪嘲笑他說：「你腦袋上面那個玩意兒，算是帽子嗎？」

安徒生笑著回答說：「先生，你帽子下面的東西，算是腦袋嗎？」

小說家馬克．吐溫和一個經常批評他文章的評論家相遇。馬克．吐溫很有禮貌地向他點頭問候：「你好，很高興看到你。」評論家仰著頭神氣地答道：「很遺憾，我可一點都不覺得高興。」

馬克．吐溫笑了笑說：「那你可以學學我呀！說謊嘛！」

六十九、越巫

明　方孝儒

越巫自詭①善驅鬼物。人病，立壇場②，鳴角振鈴，跳擲叫呼，爲胡旋舞③，禳④之。病幸已，饌酒食，持其貲⑤去，死則諉⑥以他故，終不自信其術之妄。恆誇人曰：「我善治鬼，鬼莫敢我抗。」

惡少年慍⑦其誕，瞷⑧其夜歸，分五六人棲道旁木上，相去各里所，候巫過，下砂石擊之。巫以爲眞鬼也，即旋其角⑨，且角且走，心大駭，首岑岑⑩加重，行不知足所在。稍前，駭頗定，木間砂亂下如初。又旋而角，角不能成音，走愈急。復至前，復如初，手慄氣懾⑪，不能角，角墜；振其鈴，既而鈴墜，惟大叫以行。行聞履聲及葉鳴、谷響，亦皆以爲鬼號，求救於人，甚哀。

夜半抵家，大哭叩門，其妻問故，舌縮不能言，唯指床曰：「亟⑫扶我寢，吾遇鬼，今死矣。」扶至床，膽裂，死，膚色如藍。巫至死不知其非鬼。

注釋

① 詭：假稱。
② 壇場：古人祭神的地方。
③ 胡旋舞：舞蹈名，唐代時由西域傳入，是一種在小圓毯子上跳的舞蹈，此指胡亂旋轉舞動。
④ 禳：音 ㄖㄤˊ，祭祀祈求消災。
⑤ 貲：音 ㄗ，通「資」，財貨。
⑥ 諉：音 ㄨㄟˇ，推託。
⑦ 慍：音 ㄩㄣˋ，生氣。
⑧ 瞷：音 ㄐㄧㄢˋ，窺視。
⑨ 旋其角：吹奏號角。
⑩ 岑岑：音 ㄘㄣˊ，同「涔涔」，流汗的樣子，此指煩悶困頓的樣子。
⑪ 手慄氣懾：手發抖、勇氣衰弱。慄，音 ㄌㄧˋ，顫抖。懾，音 ㄓㄜˊ，因畏懼而氣餒。
⑫ 亟：音 ㄐㄧˊ，急。

翻譯

越（廣東省以及附近地區）這個地方有個巫師，謊稱自己擅長驅除鬼怪，有人生病了求助於他，他就會用土築起壇場，站上場中央邊吹號角搖鈴鐺，邊跳胡旋舞，煞有其事地爲人驅鬼治病、消災解難。如果碰巧病好了，就會貪功邀賞大吃病人家請的好酒菜，收人家的錢離去；如果病人作法完了，甚至繼續惡化死了，他總用別的理由來推託責任，始終不承認自己作法荒誕。他還是常常向別人炫耀說：「我最擅於驅鬼，沒有任何鬼敢跟我作對。」

村裡頭有一群喜歡惡作劇的少年，對他老是詐騙別人很不高興，打聽好他夜間回家，決定要好好嚇唬他。約了五六個人分別躲在路旁的樹上，彼此相距一里左右，埋伏在路邊的樹上，等越巫經過就投下砂石擊打他。越巫以為真的是遇到鬼了，立刻拿出身邊的號角搖鈴鐺，邊吹邊跑，心裡非常害怕，頭昏腦脹越來越痛，嚇得根本不知道自己走到哪兒了。往前走了幾步，心情剛平靜下來，樹上又開始落下砂石，他又繼續吹角搖鈴，但吹得已經不能成音，跑得更急了。再往前跑幾步，稍微安定一些，樹上又像剛才那樣丟擲出一大堆砂石，越巫嚇得雙手發軟，他再拿出號角來吹，卻慌張得吹不出聲音，鈴鐺也搖不出聲音掉到地上。他只能夠大叫著往前狂奔，一路上，他聽到跑步的聲音、樹葉搖動、山谷迴響的聲音，聽起來都以為是鬼的聲音，他痛苦地哀嚎向人求救，聲音聽起來悲哀極了。

就這樣折騰到半夜好不容易回到家，他嚎啕大哭敲著門。妻子開門問他原因，越巫舌頭抖得都說不出話來，只是一個勁地指著床上勉強說出：「快，快扶我到床上去，我碰到鬼了，今天活不成了。」妻子把他扶到床上後，他恐懼得膽囊破裂而死，全身皮膚的顏色呈藍色。那個巫師到死都不知道自己遇上的根本就不是鬼。

知識要點

- **故事背景**：〈越巫〉是方孝孺早年遊歷吳（今江蘇南部）越（今浙江北部）時，依據客人的談話而寫成的一篇類似寓言的短文，另方面也因有感於明初「好誕」、「好誇」的不良風尚，而作之以為警世振俗。
- **敘述脈絡**：越巫騙人，誇言作法威力→少年夜戲弄，以石擊之→越巫以為遇鬼，驚慌失措而逃→膽裂而死，終不知所遇非鬼。
- **歷代評論**：幼警敏，十三歲能文，文風類似韓愈，人稱「小韓子」。
- **知識重點**：

1. 文章透過越巫裝神弄鬼，久而久之，連自己「終不自信其術之妄」。如此自欺欺人的下場是「好誕者死於誕」，到死都沒能看清事實，以致那自受其禍，藉以諷刺欺世盜名者，沒有真才實學卻到處招搖撞騙，其結果必然害己。
2. 為加強故事的諷刺性，作者以層遞的方式敘寫越巫遇「鬼」，恐懼的程度越來越劇烈的狀態，反襯其既不善驅鬼物，更無能力識鬼，謊言不攻自破。

3. 自欺欺人（自詭善驅鬼物、「立壇場，鳴角振鈴，跳擲叫呼，為胡旋舞」裝神弄鬼，虛張聲勢、饌酒食持貲），結果自食惡果（即旋其角，且角且走，心大駭；角不能成音，走愈急；手栗氣懾田；角墜、鈴墜、膽裂而死）。

練習題

1. 由文章敘述可知惡少年以石擊越巫幾次？
(A)一次
(B)二次
(C)三次
(D)四次

2. 惡少年以什麼方式對付越巫？
(A)輕描淡寫，四兩撥千斤
(B)揭發事實，聲勢凌人
(C)聲東擊西，冷嘲熱諷
(D)以其人之道，還治其人之身

3. 下列有關本文的敘述，何者正確？
(A)作者利用石頭與鳴角兩個道具，一層層寫實地呈現越巫恐懼情狀
(B)作者側面描寫越巫動作，並以「心大駭」、「首岑岑」正面描寫，突顯其形象
(C)越巫以能鳴角振鈴，跳擲叫呼，爲胡旋舞而自負，惡少年嫉其才能而陷害之
(D)從「死則諉以他故，終不自信其術之妄」，可見越巫的死因是愚昧無知

大考演練

1. 依據上文，對於越巫形象的描寫，最適當的是：
(A)仗恃靈力，脅制鄉里
(B)惡行易改，心魔難除
(C)設壇召魅，作法自斃
(D)無知自是，誤人害己 【108學測】

2. 關於上文的寫作手法與文意，敘述最適當的是：
(A)以「相去各里所」暗示少年們對越巫心存畏怯，彼此守望照應
(B)以「即旋其角」、「角不能成音」、「手慄氣懾不能角」描寫越巫因又懼又急而法力愈加減弱
(C)以「且角且走」、「角墜；振其鈴，既而鈴墜，惟大叫以行」表現越巫從試圖自欺到心神失控的狼狽
(D)以「行聞履聲及葉鳴谷響，亦皆以爲鬼號」突顯越巫仍想藉由周遭聲響研判鬼的行蹤，求得活命機會 【108學測】

越巫之所以能得逞，固然是因為故弄玄虛，但病急亂投醫以及迷信的心理，也是促使他有招搖撞騙的機會。

據薛莫〈迷信是演化來的〉一文，人們會相信光怪陸離的現象，終極原因是源於「在無意義的雜訊中尋求模式的傾向」，所以會以假為眞。而這種傳説、迷信、刻板印象會隨著時間越來越穩定，也漸漸成為某種對事情的解釋。

最常見的是文化宗教上的禁忌，譬如黑澤明電影《夢》中提及見到狐狸娶新娘是很忌諱的行為；西方的宗教信仰與迷信星期五、十三日是不吉利的日子，因為耶穌基督死在星期五，十三是不吉利的數字。至於充滿變數的賽局選手們往往有其固執的習慣，如C羅總是先以右腳踏進草皮、許多棒球投手連勝時會刻意不洗帽子、喬丹會在球褲底下再多套一件大學球褲、納達爾每場比賽都要把水瓶擺在同一個位置……這些無意識或者有意識的行為，據研究是因為「人腦是個信仰引擎，也就是經演化而生成的模式辨認機器，會根據我們的想法，把在自然界看到的點連成線，而創造出有意義的模式來」。「這種模式性代表的意義是：人之所以會相信稀奇古怪之事，是因為我們早已演化出相信非怪異事件的需求。」

弔詭的是把所有事件都賦予因果關係，這樣是行為既是創造神話、科學、哲學、文學、藝術的根源，也是迷信、謬見的土壤。適度地迷信其實有紓壓效果，特別對未來徬徨、生活壓力大時。怪不得報章雜誌、電視節目與捷運站螢幕上，星象命理預測運氣的報導總會穿插其間，根據調查，臺灣大概有百分之三十七的年輕人相信「至今無法被科學檢驗」的星座命理！

七十、深慮論

明　方孝孺

良醫之子，多死於病；良巫之子，多死於鬼；彼豈工於活人而拙於活己之子哉？乃工於謀人而拙於謀天也。

古之聖人，知天下後世之變，非智慮之所能周，非法術之所能制，不敢肆其私謀詭計，而唯積至誠、用大德，以結乎天心，使天眷其德，若慈母之保赤子①而不忍釋。故其子孫，雖有至愚不肖者足以亡國，而天卒不忍遽亡之，此慮之遠者也。夫苟不能自結於天，而欲以區區之智，籠絡②當世之務，而必後世之無危亡，此理之所必無者，而豈天道哉！

注釋

①赤子：初生的嬰兒。

②籠絡：籠與絡皆為羈絆牲畜的工具，引申為駕馭、控制。

翻譯

高明醫生的兒子，大多死於疾病；高明巫醫的兒子，大多死於鬼魅。難道是他們善於救活別人，卻不善於救自己的子女嗎？這是因爲他們善於謀畫人事，而不善於謀畫天道啊。

古代的聖人知道天下的變化，不是人的智慮謀略所能夠考慮周詳的，也不是法術所能夠控制的，所以不敢放縱他們的私謀詭計，只是累積眞誠，用大德來連結上天的意志，感動天心，使上天顧念他對百姓的恩德，好像慈母保育初生嬰兒而不忍心捨棄。所以儘管他的後代子孫愚蠢或並不賢良，足以讓國家被滅亡，但上天仍不忍心迅速滅亡其家國，這就是思慮深遠的結果啊！如果不能夠用大德連結於上天贏得天心，只憑微不足道的智謀企圖包攬天下的事務，希望後代子孫使國家一定沒有危險不會滅亡，這在道理上必然不會有的，何況是天道呢！

知識要點

● 寫作背景：明惠帝即位後，召方孝孺爲翰林院侍講及翰林學士。惠帝喜歡讀書，遇到疑難就請教方孝孺，國家大事也常徵求他的意見，有時還要他協助批答奏章。當時燕王朱棣野心勃勃想篡位，以明王道致太平爲己任的方孝儒提出削藩的方針策略，被燕王朱棣得知並且反對，寫此文或許是爲了給建文帝一個警告或是警惕。

● 説理結構：例證（良醫之子死於疾，良巫之死於鬼）→推因（工於謀人而拙於謀天也）→事實（天下之變非智慮之所能周）→正論觀點（唯積至誠、用大德，以結乎天心）→反論指陳（不能自結於天，後世危亡）→結論（此天理）。

● 故事後續：惠宗建文四年（西元一四〇二年），燕王棣攻陷南京，即帝位，是爲明成祖，方孝孺被捕下獄，成祖派使請他擬寫詔書，方孝孺不從，成祖怒不可遏，令武士用刀抉其口至兩耳，頓時鮮血如注。爲了迫使方孝孺屈從，成祖盡殺方孝孺九族，爲了湊足十族，又殺其朋友、門生。

● 歷代評論：《四庫全書總目》：「孝孺學術醇正，而文章乃縱橫豪放，頗出入於東坡、龍川之間。」

● 知識重點：

1. 方孝孺在〈指喻〉借事說理，以鄭仲辨拇病為例，說明防微杜漸的道理。本文則為論說文，作者緊扣「深慮」二字論述，就君王治國提出「人事計謀不及天道，天道出於智力所不及」的觀點。
2. 做法上，一方面以淺顯的良醫良巫之子死為例，另方面針對君主想仗勢人力智謀控制當代的事務，必將陷於危亡，闡釋「謀天」比「謀人」重要，加強立論說服力。
3. 針對這人為智力智謀不足的狀態，強調「結乎天心」的重要性，說明慮遠保國者「唯積至誠、用大德，以結乎天心」，才不至於亡國。
4. 文章句式整齊而有節奏感使說理具力道，透過自問自答引出觀點、以反問質疑突顯思考，使文章見氣勢。

練習題

1. 「良醫之子，多死於病；良巫之子，多死於鬼」的原因是
(A)技不如人
(B)命不可測
(C)智不及人
(D)力不從心

2. 「使天眷其德，若慈母之保赤子而不忍釋。故其子孫，雖有至愚不肖者足以亡國，而天卒不忍遽亡之。」下列成語何者最能概括句中上天之意旨與行事？
(A)推誠愛物
(B)甘棠遺愛
(C)愛屋及烏
(D)博愛濟群

3. 作者認爲君主如何才能讓國久安？
(A)以誠意待天下人事
(B)以智勇迎接挑戰
(C)以謀略力抗天命

(D)以慈善籠絡民心

4.下列敘述，何者兩兩相應？

(A)唯積至誠、用大德，以結乎天心——胡人不敢南下而牧馬，士不敢彎而報怨

(B)欲以區區之智，籠絡當世之務——良將勁弩，守要害之處；信臣精卒，陳兵而誰何？

(C)至愚不肖者足以亡國，而天卒不忍遽亡之——秦人開關延敵，九國師，逡巡遁逃而不敢進

(D)知天下後世之變，非智慮之所能周，非法術之所能制——斬木為兵，揭竿為旗，天下雲集而響應，贏糧而景從

【大考演練】

1-2為題組。閱讀下文，回答1-2題。

一老儒訓蒙鄉塾，塾側有積柴，狐所居也。鄉人莫敢犯，而學徒頑劣，乃時穢汙之。一日，老儒往會葬，約明日返。諸兒因累几為臺，塗朱墨演劇。老儒突返，各撻之流血，恨恨復去。眾以為諸兒大者十一二，小者七八歲耳，皆怪師太嚴。次日，老儒返，云昨實未歸，乃知狐報怨也。有欲訟諸土神者，有議除積柴者，有欲往詬詈者。中一人曰：「諸兒實無禮，撻不為過，但太毒耳。吾聞勝妖當以德，以力相角，終無勝理。冤冤相報，吾慮禍不止此也。」眾乃已。此人可謂平心，亦可謂遠慮矣。

（紀昀《閱微草堂筆記．狐化老儒》）

1.下列文句的解釋，正確的選項是：

(A)「乃時穢汙之」指學童無理取鬧，常出惡言汙辱老儒

(B)「塗朱墨演劇」指學童趁老師不在時，粉墨登場演戲

(C)「有欲往詬詈者」指有人責怪老儒太嚴厲，想前去痛罵他

(D)「諸兒實無禮，撻不為過」指學童過於無禮，笞打也沒用

【105指考】

2.下列說明，最符合上文主旨的選項是：

(A)對於頑劣的學童，適當的處罰仍有其必要性

(B)老儒以巧計教育學童不可頑劣，不愧為良師

(C)人狐相爭恐生禍害，因此以力爭勝並非良方

(D)狐的行為看似報怨，實乃對世人之教育方式

【105指考】

【跨領域觀看】：人算之白天鵝與不如天算之黑天鵝

白天鵝是指意料之中，卻影響深遠；黑天鵝指過去的經驗讓人不相信其出現的可能，但這意外卻發生了，且造成巨大影響。

納西姆．尼可拉斯．塔雷伯《黑天鵝效應》這本書說明：「所謂黑天鵝，是指看似極不可能發生的事件，它具三大特性：不可預測性；衝擊力強大；以及一旦發生之後，我們會編造出某種解釋，使它看起來不如實際上那麼隨機，而且更易於預測。Google的驚人成就就是一個黑天鵝事件；九一一也是。」

至於爲什麼我們往往忽略罕見的事件？爲何習慣注意特定事件？就像我們在乎政治，風靡流行，卻一而再、再而三忽略可能更重要的教育、文化、規範。又如〈深慮論〉所分析歷代國君以前朝之失爲借鏡，極力防備，仍不免於絕滅，周因諸侯紛爭而亡，秦於是採中央集權，國祚竟短得僅二世；漢捨中央集權與郡縣制，分同姓及異姓諸侯，結果景帝之後有七國之亂。

這印證了我們習慣天鵝是白色的，關注前車之鑑，而忽略智慮有限，將事情簡化，自負能所見所想。因此，無法眞正地評估危機與問題，無法想像「不可能」的黑天鵝出現，這是國君防不勝防，依然會因微乎其微的突發事件，而推倒金城湯池的原因，是起於田畝的陳勝、吳廣竟使鞭笞天下的秦傾頹的關鍵！

七十一、初至西湖記

明　袁宏道

從武林門[1]而西，望保俶塔[2]突兀層崖中，則已心飛湖上也。午刻入昭慶[3]，茶畢，即棹[4]小舟入湖。山色如蛾[5]，花光如頰，溫風如酒，波紋如綾[6]；纔一舉頭，已不覺目酣神醉，此時欲下一語描寫不得，大約如東阿王[7]夢中初遇洛神[8]時也。余遊西湖始此，時萬曆丁酉二月十四日也。晚同子公[9]渡淨寺，覓阿賓[10]舊住僧房。取道由六橋[11]、岳墳、石徑塘[12]而歸。草草領略，未及徧賞。次早得陶石簣[13]帖子，至十九日，石簣兄弟同學佛人王靜虛[14]至，湖山好友，一時湊[15]集矣。

注釋

①武林門：在杭州城北，宋代名餘杭門，俗稱「北關門」。
②保俶塔：在西湖北寶石山上。俶，音ㄔㄨˋ。突兀、高聳貌。
③昭慶：寺名。
④棹：音ㄓㄠˋ，同「櫂」，槳，此指划船、泛舟。
⑤娥：形容眉的美，後借指美女，此處形容山色清麗如女子之黛眉。
⑥綾：音ㄌㄧㄥˊ，比緞細薄、有花紋的絲織品。
⑦東阿王：指三國魏曹植，曾被封為東阿王。
⑧洛神：洛水女神，曹植夢中遇洛神事見其〈洛神賦〉。
⑨子公：方文僎，字子公，袁宏道的門客。
⑩阿賓：袁中道小名，袁宏道的弟弟。
⑪六橋：指蘇堤上的映波、鎖瀾、望山、壓堤、東浦、跨虹六橋。
⑫石徑塘：在西湖北。
⑬陶石簣：陶望齡，字周望，號石簣，是袁宏道好友。
⑭王靜虛：袁宏道友，為學佛居士。
⑮湊：音ㄘㄡˋ，聚攏，聚合。

翻譯

從杭州武林門往西行，遠遠看見保淑塔高高聳立在層巒山崖上，心緒早已飛到西湖之上了。午時進入昭慶寺，喝完茶，就划著小船進入西湖。只見四面的山巒蔥綠，宛若美人的黛眉，岸上春花嫣紅，恰似少女的臉頰鮮豔明麗，湖上溫柔的春風如酒般醉人，湖面掀起輕波如綢緞般起伏，剛一抬頭，已不由得眼花撩亂，如醉如癡。這時想用一個詞語來描寫（眼前美景），卻終不可得，大約好像東阿王曹植夢中初遇洛神時那樣精神迷離恍惚吧。我遊西湖的經歷從這一次開始，萬曆二十五年二月十四日。晚上同方子公一起坐船來到淨慈寺，找到弟弟中道曾經住過的僧房。在歸宿途中，草草領略了六橋、岳墳、石徑塘等景點，沒能一一賞遊。第二天一早收到陶石簣邀約的帖子，到十九日石簣兄弟和佛學居士王靜虛來了，一同遊山玩水的好友一時間都聚齊了。

知識要點

● 敘述背景：袁宏道在神宗萬曆二十五年（西元一五九七年）春辭去江蘇吳縣縣令後，先後三次遊西湖，以組曲的方式寫了十六篇散文，此爲第一篇。

● 敘述脈絡：從武林門而西，午刻入昭慶→棹小舟入湖，山色花光、溫風波紋，目酣神醉→晚同子公取道由六橋、岳墳、石徑塘而歸→次早石簣兄弟、王靜虛湖山好友，一時湊集矣。

● 知識重點：

1. 這篇文章是西湖十六篇雜記之首，有如序般簡要說明遊西湖取道路徑、時間、同伴，與「未及徧賞」只能「草草領略」的西湖美景以及戀戀心情。文分三部分：其一是表達神往之意，以遠望而心「飛」湖上突顯急切的心情。其二是以四句比擬如遇洛神寫初見西湖山色花光、溫風波紋，目酣神醉的強烈感覺。其三是記湖山好友，一時湊集矣，預示即將展開的盛會，也因為兼具天時地利人和而充滿期待。

2. 作者筆墨簡練生動，文字清新流麗，充分表現公安派獨抒性靈的個性化，與不拘格套的創新手法，如「山色如娥，花光如頰，溫風如酒，波紋如綾」四句嫵媚而簡要的比喻，由遠而近，取西湖典型風物描寫，實寫出秀媚的風姿。「才一舉頭，已不覺目酣神醉」，則以情虛寫，襯出西湖之美。「大約如東阿王夢中初遇洛神時也」的聯想進一步烘托風姿神韻，與空靈的境界。

練習題

1. 下列「」中的字義解釋正確的是：
(A)即「棹」小舟入湖：槳
(B)山色如「蛾」：蟬翼
(C)未及「徧」賞：盡
(D)一時「湊」集矣：接近

2. 下列有關文意的解說，正確的是：
(A)作者遊西湖，夢見洛神，歡喜之至
(B)作者划船遊湖，想起昔日情景，不覺黯然神傷
(C)作者遍遊六橋、岳墳、石徑塘，細覽古蹟樓閣
(D)同遊西湖有石簣兄弟和出家僧王靜虛，都是心靈摯友

大考演練

1-3爲題組。閱讀下文，回答第1-3題。

十八世紀以前，英國只有貴族才能旅遊；但十六世紀的晚明，庶民也流行旅遊。庶民的主要旅遊形式爲節慶廟會與進香團。晚明的進香團會在船上掛著「朝山進香」的旗幟，也有專門接待進香客的旅行社「牙家」，協助旅客吃喝玩樂。商業化的旅遊活動製造許多就業機會，也代表民生富裕。

各種精緻工具也因旅遊興盛而產生，例如美觀而具不同功能的畫舫、放食物的提盒、烹茶煮酒的提爐等，還有陪伴出遊的僮僕與歌妓。由於商人在貿易行程中會順便觀光，原本供商人選擇交通參考的「路程書」，如《士商類要》、《天下水陸路程》等，也開始附上旅遊景點介紹。

晚明出版的文集幾乎都有遊記，這個集體書寫現象反

映當時的風氣。景點一經文人敘述，其他文人也會跟著尋訪並書寫，所以，景點是被塑造出來的，透過詩文不斷建構美感。當時的文人多在江南旅遊。江南是晚明的文化中心，文人到此社交、撰文，以爭取更多曝光和認可。有些文人不親自旅遊，而是派僮僕前去察看，再據僮僕見聞杜撰遊記，並以寫了多少遊記來彰顯身分地位。晚明由於商人階層崛起，社會地位提高，引起士大夫內心的焦慮，於是士大夫藉著遊道論述、雅俗之辨等，企圖與商人做出區隔，展現不同凡俗的品味。（改寫自王怡蓁〈晚明古人瘋旅遊，竟還有炫耀文、套裝行程？〉）

1. 依據上文，下列關於晚明文人旅遊的敘述，何者正確？

(A)以發掘奇僻景點爭取同儕肯定
(B)藉發表江南旅遊經驗提高聲望
(C)經營文人導覽行程與庶民區隔
(D)透過與商業旅遊合作拓展生計 【108統測】

2. 下列關於晚明旅遊書寫的敘述，何者符合上文觀點？

(A)庶民、商人、文人有各自的路程書
(B)路程書與文人遊記會併成一冊出版
(C)遊記蔚然成風與文人自我意識有關
(D)有少數文人遊記敘寫的是虛構景點 【108統測】

3. 上文提到：「景點是被塑造出來的，透過詩文不斷建構美感」。下列蘇軾與張岱的詩文，最可能與哪一篇文章共同建構景點美感？

①蘇軾〈飲湖上初晴後雨〉：「水光瀲灩晴方好，山色空濛雨亦奇。欲把西湖比西子，淡妝濃抹總相宜。」
②張岱〈湖心亭看雪〉：「崇禎五年十二月，余住西湖。大雪三日，湖中人鳥聲俱絕。是日更定矣，余拏一小舟，擁毳衣爐火，獨往湖心亭看雪。」

(A)王羲之〈蘭亭集序〉
(B)柳宗元〈始得西山宴遊記〉
(C)范仲淹〈岳陽樓記〉
(D)袁宏道〈晚遊六橋待月記〉 【108統測】

4-6爲題組。閱讀下文，回答第4-6題。

凡遊不能刻期，以江上多惡風也。是日，風日清和，遂同客往。過龔遴甫書舍，呼與同去。時吳生長統，從新安至，亦偕焉。登舟順流而下，頃之抵洲上。予立舟頭語曰：「此舟極有靈驗，往年初春遊此，得佳石者，一年百事皆如意。」於是舟人及稚子輩，皆踴躍而上，至洲覓石，各求奇者。凡得一枚，即以呈予。予大詫曰：「佳！汝今年必有好事。」其人喜，復往覓，以次呈予，爲殿最，仍還之，而取其尤者。已而復謂之曰：「此中小石，止堪澄水，無大用，須得可用者。」復命尋求得數石，皆可作筆格，或可作鎮紙，或可作硯山者。大抵凡僮僕之巧慧者，必得佳石；其餘稍癡，所得者多頑陋無足取。舟人輩不知妍媸，各負數大石堪作砧者登

舟。予大笑。（袁中道《遊居柿錄》）

4.請再次參閱前一題組的〈晚明古人瘋旅遊，竟還有炫耀文、套裝行程？〉，並研判袁中道這篇遊記所敘寫的經驗，符合前文指出的何種情況？【108統測】

(A)庶民以進香團爲主要旅遊形式
(B)士大夫想展現不同凡俗的品味
(C)文人依據僮僕的見聞撰寫遊記
(D)使用美觀畫舫與其他精緻工具

5.下列關於這篇遊記「覓石」的敘述，何者正確？【108統測】

(A)作者認爲虔誠祝禱必覓得佳石
(B)眾人沿江搜羅並暗中私藏美石
(C)眾人爲求好運而棄小石取大石
(D)作者因眾人協尋而得賞玩奇石

6.這篇遊記以「作者大笑」結尾，意在寄託何種想法？【108統測】

(A)石有別趣，慧者方知
(B)石無小大，必有所用
(C)取石爲砧，功虧一簣
(D)點石成金，筆底生花

【跨領域觀看】：靈魂的轉世——袁宏道遇見叔本華

林語堂在〈讀書的藝術〉中敘述人們可從古今中外的作家尋找和自己性情相近者，當想法、感覺在書頁間交融時，稱之爲「靈魂的轉世」。如蘇東坡初讀《莊子》，覺得幼時的思想和見地和這書中所論者完全相同。袁中郎於某夜偶然抽到一本詩集，發現同時代的徐文長時，震驚得從床上跳起來，叫起他的朋友共讀共叫，甚至僮僕都被驚醒。

喬治．艾略特第一次讀盧梭彷彿觸電、尼采初讀叔本華也有同樣的感覺。《叔本華的眼淚》這本書記載尼采自言在萊比錫二手書店買下叔本華的舊書之後，整個人生再也不同以往。

這位康德之後，在十九世紀使哲學轉向的偉大哲學家叔本華，二十幾歲完成《作爲意志和表象的世界》一書，冷酷地呈現人類死亡、孤獨、存在的痛苦，影響佛洛伊德、尼采、哈代、維根斯坦、貝克特等人。他留下許多經典名句：

「人生的幸福有兩個大敵，一是痛苦，二是無聊。此外，可以這樣說，我們在何種程度上成功地遠離了一個敵人，就在同樣程度上接近了另一個。所以，人生其實就是在痛苦與無聊之間像鐘擺一樣擺動，只是擺動的幅度有大有小。」「沒有相當程度的孤獨是不可能有內心的平和。」「一個人只有在獨處時才能成爲自己。一個人只有在獨處時才是眞正自由的。」「眞正偉大的心靈，獨自結廬在高處，恰似蒼鷹築巢在絕壁。」「智慧和聰明是不一樣的，聰明是把事情看懂，但是智慧是把事情看透。人生智慧是一門藝術，是盡量幸福愉快地生活的藝術。而眞正的幸福生活的本質，一定在人們對它的體驗本身，而不在於任何其他外在的要素。」

以這些話來解讀袁宏道似乎更能貼近他辭吳縣知縣，探訪杭州、蘇州、南京湖光山色的心情，以及「獨抒性靈，不拘格套」背後，那份把事情看透的智慧，以孤獨面對朝煙夕嵐，等待月夜的自由與癡戀。

明末昏亂的政治圈、士大夫呼朋引伴的社交旅遊、士商相混亦儒亦商的博遊、城市經濟造就觀光景點遊客如織……這些媚俗的，追逐風潮的，經營感官的，圍繞商業利益的蓬勃遊旅，正如叔本華所言，日子就是在痛苦與無聊之間像鐘擺一樣擺盪。

屬於王陽明提倡心性之學、禪宗哲學，打破了程朱理學的傳統；李贄童心說，引導袁宏道歸趣天眞，委心自然。如果袁宏道遇見叔本華，或許他們什麼都不說，只是靜靜地望著西湖的水，在光線的點染中，在時間的流動與風的吹拂下，化爲內心的愉悅，這就是生活，是對抗死亡、無聊、痛苦的方式。

七十二、柳麻子說書

明　張岱

南京柳麻子，黧黑，滿面疤㾴①，悠悠忽忽，土木形骸②。善說書。一日說書一回，定價一兩。十日前先送書帕③下定，常不得空。南京一時有兩行情人④，王月生⑤、柳麻子是也。

余聽其說《景陽岡武松打虎》白文⑥，與本傳大異。其描寫刻畫，微入毫髮，然又找截⑦乾淨，並不嘮叨。誖夬⑧如巨鐘。說至筋節處⑨，叱吒叫喊，洶洶崩屋。武松到店沽酒，店內無人，謈⑩地一吼，店中空缸空甓⑪，皆甕甕有聲。閒中著色⑫，細微至此。

主人必屏息靜坐，傾耳聽之，彼方掉舌⑬，稍見下人呫嗶⑭耳語，聽者欠伸有倦色，輒不言，故不得強。每至丙夜⑮，拭桌剪燈，素瓷⑯靜遞，款款⑰言之，其疾徐輕重，吞吐抑揚，入情入理，入筋入骨。摘世上說書之耳，而使之諦聽，不怕其齰舌⑱死也。

注釋

① 疤㾴：疤痕疙瘩。㾴，音ㄌㄟˇ，皮膚上起的雞皮疙瘩。
② 土木形骸：指散漫不修邊幅。
③ 書帕：指請柬與定金。
④ 行情人：走紅的人。
⑤ 王月生：秦淮名妓，貌美。《陶庵夢憶》：「不喜與俗子交接，或時對面同坐，起若無睹。」
⑥ 白文：只說不唱的說書。
⑦ 找截：補敘及中斷。找，補充。截，刪略。
⑧ 誖夬：音ㄅㄟˋ　ㄍㄨㄞˋ，形容聲音雄厚而果決。
⑨ 筋節處：關鍵處。
⑩ 謈：音ㄅㄛˊ，大呼。
⑪ 甓：音ㄆㄧˋ，磚。
⑫ 閒中著色：在別人忽略之處加以渲染。
⑬ 掉舌：開口。
⑭ 呫嗶：音ㄔㄜˋ　ㄅㄧˋ，附耳細語。嗶，低聲細語。
⑮ 丙夜：三更時，即夜十一時至一時。
⑯ 瓷：茶盆。
⑰ 款款：緩慢地。
⑱ 齰舌：咬舌。齰，音ㄗㄜˊ。

【翻譯】

南京柳麻子，臉色又黃又黑，滿臉長著凹凹凸凸的小疙瘩，舉止隨隨，不重形貌。他善於說書，每一天說一回書，定價一兩銀子。請他的人在十天前送去請帖、定金，約好時間，經常檔期排滿沒有空閒。南京同時有兩個走紅的人，就是名妓王月生和柳麻子。

我聽他說《景陽岡武松打虎》，與《水滸傳》的描述大不相同。他描寫刻畫，細緻入微，但在該補敘之處，便加以補充，該停止之處，又截然停止，刪略得當，並不嘮嘮叨叨，重複矛盾。他的聲音響如巨鐘，說到關鍵緊要地方，大呼叫喊，聲音如同波濤洶湧，震得房屋像要崩塌一樣。他說武松到酒店買酒那一節，武松走入店內沒有人，猛然大聲一吼，店中空缸空罎都嗡嗡作響，在一般人不經意的情節細微的地方著力渲染，竟也細緻到這個地步。

請他說書，主人必須屏住聲息靜靜坐著，集中注意力傾耳聽他說，他才開口；稍微看到底下有人附著耳朵小聲講話，或聽的人打呵欠伸懶腰、露出疲倦的樣子，他就不再說下去，所以要他說書不能勉強。他常常是到半夜，抹乾淨桌子，剪好燈芯，靜靜地瓷杯沏茶送給他，他就從容地慢慢地說書起來，節奏的快慢、吐字的輕重、聲音的收放、音調的抑揚，不但說得入情入理，而且入筋入骨，如果讓世上其他說書人都來傾耳諦聽柳敬亭說書，恐怕都要羞愧得咬舌自盡。

【知識要點】

● 敘述背景：柳麻子即柳敬亭（西元一五八七—一六七〇年），江蘇泰州人，明末清初著名評話、藝術家。原姓曹，名永昌，十五歲時，因兇悍不講理，觸犯刑法，後改姓柳，到江南以說書爲生。得松江府書生之教，練習勾畫出故事中人物的性格情態，熟悉各地方的風土人情，甚而能還沒有開口，哀傷、歡樂的感情就先表現出來了，使聽眾著迷，後至揚州、杭州、南京等大城市說書，名聲顯揚於達官貴人之中。

● 敘述結構：柳麻子外貌與才藝→柳麻子說武松沽酒氣勢→柳麻子說書習慣→柳麻子說書，眾說書人愧不敢言。

● 知識重點：

晚明小品文字精簡，層次分明。其寫作筆法有以下幾個向度：

1. 由實而虛，集中特色：寫人通常由其籍貫、家世入筆，但本文從介紹外貌切入，後說其性格。實筆之形象以視覺為主，集中焦點於臉部，從皮膚的顏色，到臉部皮膚凹凸小瘤。性格以及行為，則極力表現率直放蕩不羈的特色，「悠悠忽忽」表現其不合流俗的自在，「土木」二字，既取樸素之形也是質樸之神韻，與「悠悠忽忽」相合。至於「武松打虎」的實例，前段說其對材料處理的獨到之處，後段描述說書技巧，著重於習慣以及語調的轉換，充分表現柳麻子說書的功夫。

2. 欲揚先抑，引人入勝：讚揚柳敬亭說書藝術的高超，卻先說他外貌的醜陋，舉止不羈，再以王月生作比來襯托其說書藝術非比尋常，以「入情入理」，「入筋入骨」八個字總括其說書於內容和技巧上出神入化的境界。

3. 細節描寫，繪聲繪影：武松沽酒時，「叱吒叫喊，洶洶崩屋」，「謈地一吼，店中空缸空甓，皆甕甕有聲」的比擬，既寫實有具形象化，寥寥數語便將柳麻子說書時的神態、氣勢與動作，以及武松的氣魄都躍然紙上。

4. 側面烘托，襯托其人：如從「十日前先送書帕下定，常不得空」的時間，與「南京一時有兩行情人，王月生、柳麻子是也」的空間兩個向度說明柳麻子炙手可熱的行情，突顯他在說書界佼佼者的地位。「摘世上說書之耳而使之諦聽，不怕其舌死也」，以其他說書人反襯柳敬亭說書藝術的高超。

練習題

1. 根據本文敘述，下列有關柳麻子的敘述何者正確？
(A)形貌瀟灑，處世平和
(B)堅持藝術，追求完美
(C)開發客戶，眼光獨到
(D)聲名遠播，傲氣逼人

2. 下列有關本文內容的說明，何者正確？
(A)柳麻子說書「找截乾淨，並不嘮叨」，拿捏功夫恰到好處
(B)柳麻子聲如洪鐘，身似武松，午夜時款款言之，「閒中著色，細微至此」
(C)柳麻子說書時精彩絕倫，主人「摘世上說書之耳而使之諦聽」，彼方開始
(D)柳麻子說書的技巧是其他人望塵莫及的，以致世上說書人都「屏息靜坐，傾耳聽之」

3. 下列可作爲張岱評論柳麻子說書「入情入理，入筋入骨」的證據是：
(A)柳麻子行爲放蕩不羈，聽書人必須莊敬自持
(B)柳麻子說書時神態出色，聽書人多羞愧欲絕
(C)柳麻子聲音依文氣起伏，聽書人巧經營氣氛
(D)柳麻子呼吸吐納非比常人，聽書人耳語掉舌

【大考演練】

1-3為題組。閱讀下文，回答第1-3題。

蘇東坡卜居陽羨，士人邵民瞻為公買一宅，緡五百，公傾囊僅能償之。卜吉將入居，夜與邵步月至村落，聞一嫗哭甚哀。公與邵推扉入問故，嫗言：「吾有居，傳百年，子不肖，舉以售人。數世舊居，一旦訣別，所以泣也。」坡愴然問所在，即公以五百緡易者，因再三慰撫曰：「此居乃吾所售，不必深悲，當以還嫗。」即令取屋券對嫗焚之，呼其子迎母還，不索其直。公遂還毘陵，不復買宅。

（鄭瑄《昨非庵日纂》）

1. 依據上文，下列敘述何者正確？
(A)邵民瞻出資為蘇東坡買住宅
(B)老嫗瞞著兒子變賣祖宅牟利
(C)老嫗因祖宅售人而徙居村落
(D)蘇東坡同意老嫗購回其祖宅 【105統測】

2. 下列「」內關於蘇東坡形象的解說，何者正確？
(A)「卜吉」將入居：意謂蘇東坡常為地方祈福
(B)公「傾囊」僅能償之：意謂蘇東坡寬裕慷慨
(C)夜與邵「步月」至村落：意謂蘇東坡步履悠閒
(D)因「再三」慰撫曰：意謂蘇東坡內心多所顧忌 【105統測】

3. 下列各組「」內的詞，何者意義最接近？
(A)舉以「售」人／此居乃吾所「售」
(B)呼其子迎母「還」／公遂「還」毘陵
(C)舉「以」售人／即公「以」五百緡易者
(D)「即」公以五百緡易者／「即」令取屋券對嫗焚之 【105統測】

【跨領域觀看】：明清文人多元的社會身分，與自我認同

張岱喜借用《世說新語》的語言描寫人物，此文以該書評價劉伶「悠悠忽忽，土木形骸」的文句，來描寫柳敬亭悠閒自在、不修邊幅的樣子。有趣的是《世說新語》的人物是所謂高士，張岱的借用似乎藏有士人身分與文化的意涵。

王鴻泰〈明末清初的士人生活與文人文化〉中，分析宋代以來，中國社會由貴族性的社會轉為平民社會，而社會經濟的發達與印刷術的普及，使科舉考試的參與者越來越多。明代中期以後，社

會上逐漸出現一大批積滯在社會底層的士人，他們成爲與「庶民」最爲貼近的一群，造成「士商交雜」的新局面。

於是明清士人的生活有兩個層面或面向：一是經過科舉進入仕宦，追求基本生存或榮華富貴之「俗」；另一是美學生活的經營之「雅」，講究物質的精緻性，形成閒適隱逸的文人文化。這些無法通過層層關卡，或停滯於生員的讀書人開展不同的社會團體關係，以建構一套自我認同，辨識其社會身分和社會價值的方式。如士商文化，致力於書畫創作、古董賞鑑、小說戲曲寫作，或流爲醫卜星相、胥吏幕僚。

〈柳麻子說書〉裡的柳敬亭正是卡在士大夫與販夫走卒間隙裡的讀書人，空有滿懷學問和志氣，無論在精神上或物質生活都充滿不穩定性，而不得不流動於社會各階層與各個社會活動領域，最後以說書來創造自我價值。當他說武松打虎，赫赫聲威的聲氣陣勢時，或許在臺下的眼神與請說書者的鄭重中，感覺強烈的存在感，但有多少人聽得出來他與武松同樣空有一身藝與能，卻無法救國濟蒼生之憾。

七十三、白沙學案上語錄二則　明儒學案①

陳白沙②曰：「三代以降，聖賢乏人，邪說並興，道始爲之不明；七情③交熾，人欲橫流④，道始爲之不行。道不明，雖日誦萬言，博極群書，不害爲未學；道不行，雖普濟群生，一匡天下，不害爲私意。

爲學莫先於爲己、爲人之辨，此是舉足第一步。疑而後問，問而後知，知之眞則信矣。故疑者進道之萌芽也，信則有諸己矣。《論語》曰：「古之學者爲己。」

注釋

①《明儒學案》：黃宗羲著，是研究明代思想史、哲學史、學術史重要書籍。

②陳白沙：本名陳獻章（西元一四二八－一五〇〇年），明代思想家，創江門學派，開創明朝心學先聲，因曾住白沙村（今廣東省江門市），人稱白沙先生。

③七情：喜、怒、哀、懼、愛、惡、欲七種感情。

④人欲橫流：人的嗜好欲望氾濫無窮。形容社會風氣敗壞。橫，音ㄏㄥˋ。

翻譯

陳白沙說：「從夏、商、周三代之後，缺少聖賢之人，邪說大量興起，因此聖賢之道幽暗不明；人們放縱七情六欲，欲望橫流，因此大道無法施行。聖賢之道幽暗不明時，即使每日誦讀萬言詩書，博覽群書，也無法改變沒有學習的事實；當聖賢之道無法實行時，即使是廣泛地救濟人民，匡正天下，也無法改變只是滿足個人欲望，而不是眞正公義無私的事實。」

做學問沒有比分清楚爲人或是爲己來得更重要，這是開始的第一步。有了懷疑後便會爲解惑而不斷追問，追索探問之後才能得到知識，瞭解得透徹眞確學問才能信實。所以疑問是累進道理的開始，對知識深入而踏實地瞭解，才能建立自己的學識。《論語》說：「古時候的學者爲自己求學。」

知識要點

● 敘述背景：

1. 明朝是一個政治乖戾、士氣亦極敗壞的時代，心學之起，欲重整儒風，起八代之衰。明太祖朱元璋以朱熹爲唯一正統的「官學」，獎掖科舉制度，八股文取士，成爲社會追求功名利祿之唯一門徑。陳白沙見讀書人沉溺於利祿，日漸頹廢，「誦其言而忘其味」，遂提倡心學，大力反對官學正統所引發的士風。

2. 明儒學術承宋儒而來。初期由陳白沙（獻章）先生啓其端，中以王陽明（守仁）先生爲中堅，強調力行實踐，晚期以劉蕺山（宗周）先生殿其後。

● 論說脈絡：即下列的批判時弊：其一，聖賢乏人，邪說並興：道不明↓雖日誦萬言，博極群書，亦是未學。其二，七情交熾，人欲橫流：道不行↓雖普濟群生，一匡天下，亦是私意。提出爲學之道：疑而後問↓問而後知↓知之眞則信↓信則有諸己矣。

● 歷代評論：黃宗羲強調古之學者爲己，學主先窮經，而求事實於史，與顧炎武、王夫之、顏元合稱爲明清之際四大儒。

知識重點：

1. 作者直言三代以降，儒學逐漸失去核心思想的仁道，淪為一個空殼，儒者即使學習再勤、讀書再多也一無所得。至於某些儒者傾盡全力做善事，但只是想博取天下人的讚頌，出發點還是為私我，這樣的行善不是儒道。
2. 針對前述缺誤，作者提出「為學莫先於為己為人之辨」，強調博覽群書的前提是必須志在聖賢之道，也就是為濟天下蒼生，為致太平盛世，這是儒者治學的首要目標；因此反對博覽泛觀，認為無益於明道，只增加一己之私意
3. 以「古之學者為己」為結論。一方面總收博覽群書，未必能明道，雖然博覽，也未必是學，必先昌明聖賢之道，博覽群書才有助益，也才能發揮學問的價值；另方面暗批當時為科舉讀書、為名利求學的陋習。
4. 白沙之學主張學的次序是：疑→問→知→信→有諸己，疑、問及知屬問學，由知而信則當在靜中體證，這專注的修養功夫，簡言之就是在靜坐中收斂心性的修養功夫。

練習題

1. 下列文句因果關係的說明，何者不正確？
(A)因爲「三代以降，聖賢乏人，邪說並興」，所以「道始爲之不明」
(B)因爲「七情交熾，人欲橫流」，因此「雖日誦萬言，博極群書，不害爲未學」
(C)因爲「雖普濟群生，一匡天下，不害爲私意」，所以「道不行」
(D)因爲「疑而後問，問而後知，知之眞則信矣」，因此「疑者進道之萌芽也，信則有諸己矣」

2. 由明代學術背景，可推知作者提出「爲學莫先於爲己、爲人之辨，此是舉足第一步」這觀點的目的在提醒讀書人
(A)爲修身齊家治國而治學
(B)爲科舉爲官實踐理想而讀書
(C)爲免於生活流離困頓而求學
(D)爲解決人我之間問題而志學

3. 閱讀下文，陳白沙曰：「三代以降，聖賢乏人，邪說並興，道始爲之不明；七情交熾，人欲橫流，道始爲之不行。道不明，雖日誦萬言，博極群書，不害爲未學；道不行，雖普濟群生，一匡天下，不害爲私意。」選出與陳白沙的觀點不符的選項：

(A)博覽群書，必能明道
(B)做學問的宗旨，在於明道與行道
(C)道之所以不明，原因之一是缺乏聖賢
(D)若志不在道，匡濟天下也只是滿足個人欲望而已 【97指考】（ ）

大考演練

1-3為題組。閱讀下文，回答第1-3題。

我已記不起，從哪天開始才明白，書其實永遠買不完，也讀不完。也忘了又是從哪一朝一夕起，不單單渾不思改弦更轍，反而從之前的「漸悟」翻然「頓悟」：事已如此，何妨繼續任著性子，把書買回家，當它是最特別的「室友」，朝夕相對，而不試圖徹底「消化」那一落落、一排排，往往只讀了梗概，或幾頁幾行不等，即使再花幾輩子也不可能讀完的藏書。

同屬收藏，然以骨董古玩等可把玩的「實物」看待「書之實體」，怕還僅見其表層。書迷們若只從版本到作者題簽，從紙墨到設計裝幀下手，美則美矣，畢竟只停留在愛書人藉以演奏「書之實體」的第一樂章，形同門外漢窺夫子門牆，「尚不得其門而入」，第二樂章始可言「入室登堂」，得見「宗廟之美，百官之富」。歷史是第二樂章的莊嚴動機，掌故則是它輕快、不乏詼諧及奇想的副動機，這也是書友最愛徜徉的「舒適圈」，舉凡時代思潮、文人風尚、大小文史掌故，林林總總，盡入囊中。但第二樂章寓重於輕，除了引領讀者發發思古幽情，自有其冷肅厚重的一面，不管是「悲憤著書」或「怨毒著書」，不管是司馬遷或魯迅，所謂藏之名山，「俟後世聖人君子」，追究起來，豈不正是爲了蕭條異代不同時，那少數心有戚戚焉的讀書人。此時接踵而至的第三樂章，格局豪邁，氣象萬千，合該是千古文化傷心人的一番滄桑與感慨矣。

（改寫自楊澤〈古書比包包耐人玩味〉）

1. 依據上文，何者是作者「頓悟」之事？
(A)舊書不厭百回讀
(B)盡信書，不如無書
(C)雖讀盈寸，無礙擁書數仞
(D)讀書切戒在慌忙，涵泳功夫興味長 【107統測】

2. 依據上文，何者符合作者對收藏書籍的看法？
(A)屬於生活舒適優渥者的享樂
(B)如把玩骨董古玩般偏重實體
(C)能熟悉版本裝幀已算是入門
(D)瞭解背景掌故堪稱登堂入室 【107統測】

3. 依據上文，何者是由第二樂章轉至第三樂章的關鍵？
(A)接觸古籍，典藏珍本

(B)深讀其書，想其爲人

(C)遍覽藏書，不分古今

(D)讀書積學，嘗試著述

【107統測】

【跨領域觀看】：為什麼要上學？

諾貝爾文學獎得主大江健三郎，基於日本近年來基礎教育崩壞，是故重新審視學校以及種種孩子所困惑的人生問題。在他所寫〈爲什麼孩子要上學〉這篇文章裡，敘述十歲那年日本宣布戰敗投降，讓他認知崩解，對老師、對教育甚至對整個國家產生不信任，於是質疑「爲什麼孩子要上學？」這是他對生命思索的第一步。

而後藉由自己的和兒子的經歷找到了答案，肯定孩子必須要上學。大江健三郎的孩子光，出生時腦部異常，後面長著一個大瘤，四五歲還不會講話。但是，他對聲音的高低、音色非常敏感，清楚野鳥的歌聲，有相當好的自學能力與環境，其實無須上學面對可能的嘲笑、僵化體制。

但當光進入特教班，發現自己能「幫助運動能力比自己還弱的朋友去上廁所」，可以和同好「坐在一起聽FM音樂廣播」，然後回家研究分享所得，這些快樂的感覺，讓大江健三郎做出必須上學的結論：「不管是國語也好，理科或算數、體操或是音樂也罷，這些語言都是爲了充分瞭解自己，與其他人聯繫。外語也是一樣。爲了學習這些東西，我想不管在任何時代，這世界上的孩子們，都應該要去上學。」

每個人對於上學都有不同的解讀，而教育本身的內容與目的也因爲傳統時代的價値觀、未來挑戰而改變。

古希臘和中國教育都起源於貴族化傳統，也都重視詩禮樂文化洗禮，但西方更重視藝術、修辭學，數學、自然科學，而斯巴達則偏於嚴格的軍事化教育，並以大量的圖書館、體育競技場來傳播思想，健全體魄。

西元五至十一世紀，以宗教爲文化主流，西歐教育的主體是基督教教育，修道院以哲學爲大學奠定基礎，課程是古希臘、羅馬傳統的七藝：算術、幾何、天文、音樂、文法、修辭、邏輯。

中世紀大學的原型是一一五八年誕生的博洛尼亞大學（義大利），和一二〇〇年誕生的法國巴黎大學，構成大學自治與學術自由，重視教會的國際性，培養到國外冒險的精神。

文藝復興「人文主義」提高個人的尊嚴與價值，開始出現中等教育學校，在人爲本位以及教育不是僅僅是爲個人發展，也是爲社會國家進步而施行的概念下，強調人文博雅教育，學生廣泛的涉獵西方古典名著，領略西方哲人的偉大思想。達文西跨人文、自然的博學便是代表之一。

而後隨著分科，形成學系分流，無論中學、大學、研究所都走向專家之路，造成學術分科太過專門、知識被嚴重割裂。於是十九世紀推行通識教育，目的是培養學生認識不同學科，以融會知識，獨立思考，以成爲完整的人。

一〇八新課綱強調核心素養、跨領域、生活化、情境化的實用觀念和以適性揚才的理念，與黃宗義在百年前所言「爲學莫先於爲己、爲人之辨」，從認識自己到建立互動、自發、共好的學習模式，培養學生能運用知識來解決問題的想法不謀而合。

七十四、大鐵椎傳

清 魏禧

一日，辭宋將軍[1]曰：「吾始聞汝名，以爲豪，然皆不足用。吾去矣！」將軍強留之。乃曰：「吾嘗奪取諸響馬[2]物，不順者，輒擊殺之。眾魁請長其群，吾又不許，是以讎我。久居此，禍必及汝。今夜半，方期我決鬥某所。」宋將軍欣然曰：「吾騎馬挾矢以助戰。」客曰：「止！賊能且眾，吾欲護汝，則不快吾意[3]。」宋將軍故自負，且欲觀客所爲，力請客。客不得已，與偕行。將至鬥處，送將軍登空堡上，曰：「但觀之，愼勿聲，令賊知汝也！」

時雞鳴月落，星光照曠野，百步見人。客馳下，吹觱篥④數聲，頃之，賊二十餘騎四面集，步行負弓矢從者百餘人。一賊提刀縱馬奔客，曰：「奈何殺吾兄？」言未畢，客呼曰：「椎。」賊應聲落馬，馬首盡裂。眾賊環而進，客從容揮椎，人馬四面仆地下，殺三十餘人。宋將軍屏息觀之，股栗欲墮。忽聞客大呼曰：「吾去矣！」地塵且起，黑煙滾滾，東向馳去，後遂不復至。

論曰：「子房得力士，椎秦皇帝博浪沙中，大鐵椎其人與？天生異人，必有所用之。予讀陳同甫⑤《中興遺傳》，豪俊俠烈魁奇之士，泯泯然⑥，不見功名於世者，又何多也？豈天之生才，不必爲人用與？抑用之自有時與？」

注釋

① 宋將軍：青華鎮（在今河南省）人，擅長武術，七省愛好技擊的人都來向他學習武藝，人們因他長得魁梧健壯，所以叫他宋將軍。

② 響馬：結夥攔路搶劫的強盜，搶劫時先打呼哨，或放響箭，故云。

③ 不快吾意：不能讓我痛快搏鬥。

④ 觱篥：音ㄅㄧˋ ㄌㄧˋ，古簧管樂器，本出西域龜茲，又名「羌管」，其聲悲。

⑤ 陳同甫：宋南渡前後大將。著《中興遺傳》，為各類人物立傳。

⑥ 泯泯然：形容紛紛消亡。

翻譯

有一天，俠客向宋將軍告辭說：「我當初聽到你的名聲時，把你當成英雄豪傑，然而現在看來你和你的門徒的武藝全不能委以重任。我走了！」宋將軍竭力挽留他。他就說：「我曾屢次打殺攔路搶劫的強盜，奪取他們的財物，若不順從，我就擊殺他們。首領請我當他們的統帥率領群眾，我不肯答應，因此他們很恨我。我若久留此地，災禍將會牽連到你。今晚半夜，強盜們正和我約定到某個地方決鬥。」宋將軍高興地說：「我騎著馬帶著弓箭來助戰。」俠客說：「不要去，強盜本領強人又多，我想要保護你，就不能殺個痛快。」宋將軍向來自以爲了不起，並且也很想看看俠客的本領，就竭力請求俠客同往。俠客沒辦法，就帶他一起走。將要到達決鬥的地方，俠客送宋將軍登上一座荒廢無人的堡壘，說：「你只許觀看，千萬別發出聲音，以免強盜們發現你。」

這時，雞鳴月落，星光照著空曠的原野，明亮得百步之內能夠看見人。俠客騎馬飛馳而下，吹了幾聲觱篥。一會兒，二十多個騎馬的強盜從四面聚集過來，徒步行走背著弓箭跟在後面的有一百多人。一個強盜提著刀縱馬衝向俠客，說道：「爲何殺我兄長？」話還沒說完，俠客大喊：「看椎。」俠客揮舞起鐵椎，強盜應聲墜落馬下，馬頭都被砸得碎裂。那群強盜圍成環形向前包圍逼進，俠客奮力揮舞鐵椎左右猛擊，強盜們連人帶馬栽倒在地，三十多人被殺死。宋將軍屏住呼吸觀看這場兇狠的決戰，嚇得兩腿發抖，幾乎從堡壘上掉下來。忽然聽到俠客大聲呼喊道：「我走啦！」只見塵埃飛起，黑煙滾滾，朝著東方飛奔而去，之後就再也沒有回來。

魏禧評論說：「張良找到了大力士，在博浪沙用鐵椎捶擊秦始皇，是大鐵椎那種人吧！老天生下有奇異才能的人，一定有用得著他的地方。但我讀陳亮的《中興遺傳》，發現那些俠義剛烈、奇特卓異的人，無聲無息不能在當代顯露功績聲名的，爲什麼這樣多呢？是不是上天降生的人才不一定被人任用呢？還是任用他們自會有一定的時機呢？

知識要點

● **故事背景**：具有強烈的民族氣節的魏禧，因明亡，時刻心思復國，聽聞大鐵椎的事，想起張良椎殺秦始皇的史事，所以作這篇文章。

● **敘述脈絡**：大鐵椎傳辭宋將軍，與響馬賊決鬥→宋將軍觀戰，賊寇四面環進→大鐵椎氣吞群賊，宋將軍屏氣驚恐→作者評其異，惜其不爲世用。

● **歷代評論**：

1. 魏禧與侯朝宗、汪琬合稱「明末清初散文三大家」。
2. 徐起雲：魏禧以寫人物傳記見長，筆下的俠客、高士、君子、烈婦「個個呼之欲出，赫然如立眼前」。

● **知識重點**：

1. 大鐵椎是「異人」，魏禧替他立傳著重於「異」字，文章前半段敘述此人「健啖」是其食量之異，「貌甚寢」見容貌之異，右脅夾鐵椎「飲食拱揖不暫去」見其武器不離身之異，此大鐵椎「重四五十斤」、「柄鐵折疊環複，如鎖上練，引之長丈許」至於他的出身「不知何許人」、「與人罕言語」、「叩其鄉及姓字，皆不答」，充滿神祕色彩。
2. 引文集中於大鐵椎特詭搏鬥場面，透過比襯的方式層層堆疊出大鐵椎，威名遠播的宋將軍，在大鐵椎眼裡是始以為豪，但「不足用」者，顯見其自負與享有所作為的懷抱甚大。「眾賊環而進」，來勢之洶洶從側面反襯大鐵椎「從容揮椎，人馬四面仆地下」，「賊應聲落馬，馬首盡裂」膽識超人、銳不可擋。「宋將軍屏息觀之，股栗欲墮」，而大鐵椎與「地塵且起，黑煙滾滾，東向馳去」，大鐵椎神龍見首不見尾的離去形成強烈對比。

3. 其餘細節如「雞鳴月落，星光照曠野，百步見人」渲染肅殺的氣氛。「吾數擊殺響馬賊，奪其物，故仇我」可見所為是仗義除暴、劫賊濟貧的大事。「久居，禍且及汝」、「送將軍登空堡上」則見不連累他人的大丈夫氣概與體貼之心。

4. 這是魏禧傳記文中獨具特色的一篇，他將自身的追求與感概寄寓其中，在盛讚大鐵椎俠烈，感歎他壯志未成的背後，以及用張良追及秦始皇的史例，其實寄託反清復明之志。

練習題

1. 根據本文，眾人尋仇與大鐵椎決鬥的原因是：
(A)滅門之憤
(B)殺兄之恨
(C)財務分配
(D)搶奪權力

2. 下列有關人物個性與心理的說明，正確的是：
(A)宋將軍強留大鐵椎，是因爲無可辯駁故作姿態，可見個性跋扈狡詐
(B)宋將軍極力爭取觀大鐵椎戰，是基於同袍之誼，足見其個性仁愛重義
(C)賊人想請大鐵椎統率群眾，是因受其正義感召，表現出嫉惡如仇的個性
(D)大鐵鐵椎認爲宋將軍與手下皆不足用，顯現他想尋找眞正英雄幹一番大事，個性自負而坦誠

3. 下列有關本文寫作技巧與內容的說明，正確的是：
(A)「時雞鳴月落，星光照曠野，百步見人」，渲染了戰前的淒涼氣氛
(B)「地塵且起，黑煙滾滾，東向馳去，後遂不復至」，藉畫面寫賊落荒而逃
(C)以宋將軍「屏息觀之，股栗欲墮」，側面襯托大鐵椎身懷絕技，輕捷善戰
(D)「子房得力士，椎秦皇帝博浪沙中」，是作者藉史道今，對大鐵椎提出批判

【大考演練】

1-2爲題組。閱讀下文，回答第1-2題。

甲、顏淵、季路侍。子曰：「盍各言爾志？」子路曰：「願車馬、衣輕裘，與朋友共。敝之而無憾。」顏淵曰：「願無伐善，無施勞。」子路曰：「願聞子之志。」子曰：「老者安之，朋友信之，少者懷之。」

（《論語・公冶長》）

乙、子謂顏淵曰：「用之則行，舍之則藏，唯我與爾有是夫！」子路曰：「子行三軍，則誰與？」子曰：「暴虎馮河，死而無悔者，吾不與也。必也臨事而懼，好謀而成者也。」

（《論語・述而》）

1.依據上文，下列何者含有「亟欲爭勝」的意味？
(A)盍各言爾志
(B)願聞子之志
(C)唯我與爾有是夫
(D)子行三軍，則誰與
【105統測】

2.要通過「《論語》競技場」關卡，小華須挑出一組文句，且文句的意思能和甲、乙兩段文字中的某處句意相符。若他想順利過關，應挑出：
(A)不求完美，不爭功勞
(B)待時而動，能屈能伸
(C)少宜戒鬥，老宜無悔
(D)鍥而不舍，有志竟成
【105統測】

【跨領域觀看】：刺客・義士・俠義之文化

《史記・刺客列傳》敘述曹沫、專諸、聶政、豫讓和荊軻等人，他們都以生命實踐「士爲知己者死」的眞理。

除卻眾所熟知「風蕭蕭兮易水寒，壯士一去兮不復還」的荊軻，在戰國時期乃至後來，許多無法以公權力申訴的仇怨，無法在政治權力宰制下得到伸張的正義，都由所謂的這些名爲刺客、遊俠者替天行道，因此被賦予了各種浪漫和高貴的色彩，甚至因所作所爲還被尊爲「義士」。他們或許沒有〈大鐵椎傳〉裡的主角具有精湛武藝，但都有著一腔豪情與不得不置死生於度外、奮力投報的恩情。

專諸的專業是殺豬，吳國公子光請他刺殺吳王僚。專諸將刀藏在魚肚裡，趁公子光宴請王僚，他端著魚上菜瞬間撕開魚腹，匕首正中咽喉。

聶政是屠夫出身，嚴仲子爲報與相國之仇獻上百鎰，聶政待老母過世喪期滿後，隻身帶劍，「上階刺殺俠累，左右大亂。聶政大呼，所擊殺者數十人，因自皮面決眼，自屠出腸，遂以死」。

西漢劉向《戰國策・趙策一》中記載，豫讓姓姬，是晉國俠客畢陽的孫子。他先爲范氏做事，後在中行氏做家臣，都未受到重用，遂投靠智伯。卿大夫趙襄子聯合魏、韓、趙氏擒殺智伯，三家分割其屬地，趙襄子將智伯的頭蓋骨拿來做飲器。

豫讓改變姓名，冒充罪犯，混進宮廷，企圖刺殺趙襄子未果，趙襄子念及豫讓爲故主報仇是有義之人而釋之。豫讓於是「漆身爲厲，吞炭爲啞，使形狀不可知，行乞於市。其妻不識也」，爲的是伺機報仇。當趙襄子經過時，埋伏橋下的他正準備出擊，馬驚，刺殺失敗。趙襄子感其義烈，脱下衣服讓他刺穿。豫讓拔劍，在趙襄子的衣服上連刺三次，然後自殺。

李白〈俠客行〉中以「十步殺一人，千里不留行。事了拂衣去，深藏身與名」，生動地顯現俠客幾杯酒下肚，豪氣干雲地許下承諾，十步能殺一人，千里來去不留下任何跡象。事情完結了以後，輕輕一拂衣服就走了，隱藏姓名不讓人知曉，最後以「縱死俠骨香，不慚世上英」盛讚之。這是大智慧，也是在時空裡以各種面貌出現的義士俠客。

七十五、盜戶

清　蒲松齡　聊齋誌異

順治間，滕、嶧之區，十人而七盜，官不敢捕。後受撫①，邑宰別②之爲「盜户」。凡值與良民爭，則曲意左袒之，蓋恐其復叛也。後訟者輒冒稱盜户，而怨家則力攻其僞，每兩造③具陳，曲直且置不辨，而先以盜之眞僞，反覆相訐，煩有司稽籍④焉。適官署多狐，宰有女爲所惑，聘術士來，符捉入瓶，將熾以火⑤。狐在瓶内大呼曰：「我盜户也！」聞者無不匿笑⑥。

異史氏曰：「今有明火劫⑦人者，官不以爲盜而以爲奸。逾牆行淫者，每不自認奸而自認盜，世局又一變矣。設今日官署有狐，亦必大呼曰『吾盜』無疑也。」

注釋

① 受撫：接受招撫，即歸順宮府。
② 別：此指另立戶頭。
③ 兩造：訴訟的被告和原告雙方。
④ 稽籍：查看戶籍。
⑤ 熾以火：用火燒死牠。熾，音ㄔˋ，燃燒。
⑥ 匿笑：掩口暗笑。匿，音ㄋㄧˋ，隱藏。
⑦ 明火劫人：公開行劫。明火，手執火把。

翻譯

清順治年間，山東滕、嶧兩縣，十個人就有七人是盜匪，官府不敢捕捉他們。後來他們接受招降，邑宰把他們區別叫做「盜戶」。凡是遇到這些盜戶和良民發生爭奪糾紛，（官府）就曲意偏袒他們，因爲怕他們又再度叛亂。後來打官司興訟的人常常會冒稱自己是盜戶，而他的仇家也會極力反擊他是假盜戶；因此每次原告、被告兩造的狀紙一起陳上來，官府就把誰對誰錯暫且擱在一旁，不加分辨，先辨認盜戶的眞假，他們彼此相互攻訐，最後還得麻煩主管的官員去查看戶籍資料，然後才論理打官司。剛好碰到官署經常鬧妖狐擾亂，縣官的女兒被妖狐迷惑，（縣官）於是請來道士作法，道士用符咒把妖狐捉進法瓶裡，準備用火來燒死牠時，妖狐在法瓶裡大聲叫道：「我是盜戶啊！」在旁聽到的人沒有不掩口暗笑。

異史氏說：「今天有人拿著火把執仗去搶劫，官府不認爲他們是盜戶，而認爲是姦淫之徒。跨過牆爲非作歹的人，常常不認爲自己是姦淫之徒，而自認爲是盜戶，人世的局面就又一次變化了。假如今天在官府裡出現狐狸了，也毫無疑問一定會大呼大叫地說道：『我是盜戶。』」

知識要點

● 故事背景：《聊齋誌異》內容多奇聞、怪異、幽冥、神仙等志怪的寓言異記，合於自古對小說「近取譬喻，以作短書」，以及「街談巷語，道聽塗說」的說法。

● 敘述脈絡：滕、嶧之區多盜→官員偏袒「盜戶」→訟者輒冒稱盜戶→狐狸精也自稱「盜戶」→異史氏評論。

● 歷代評論：王士禛：「數奇其才，謂非尋常流輩所及也。」

魯迅《中國小說史略》把散見於《聊齋志異》中的短小作品，稱爲「小文」，並歸納其特點爲四：事極簡短、不合於傳奇之筆、數行即盡、與六朝之志怪近矣。

● 知識重點：

1. 情節由十人而七盜「官不敢捕」，到官府因恐叛亂而「曲意左袒」，使人人不以盜戶為可恥，反而藉以脫罪，誇張的是連狐狸都企圖以此避禍。
2. 作者巧用曲筆，巧妙借「盜戶」、「狐」二件虛幻故事與傳說，諷刺清廷官員面對地方盜匪蜂起的現象軟弱無能，治政無方。
3. 異史氏的評論一方面指責「官不以為盜而以為姦」，另方面感歎作惡為亂者「不自認姦而自認盜」，批判當時社會是非顛倒、黑白不分，其禍肇於官民狼狽為姦。

練習題

1. 下列有關文意的解讀，正確的是：
(A)「明火劫人者」是膽大妄爲、居心叵測之人
(B)「官不以爲盜而以爲姦」是囂張跋扈、巧立名目的行爲
(C)「逾牆行淫者」是魚目混珠、偷天換日的舉止
(D)「每不自認姦而自認盜」是恬不知恥、欲蓋彌彰的行爲

大考演練

1. 下列敘述，符合文中內涵與旨意的選項是：
(A)對盜戶的招安優撫，實即反映出官府的腐敗昏聵
(B)官府對爭訟的雙方，一定問明是非曲直，以示公正無私
(C)文中以盜戶形容狐爲虎作倀，脅迫官府，魅惑良民的景況
(D)盜戶因爲想取得訴訟勝算，因此在訴訟時，多先陳上戶籍證明 【94指考】

2. 狐被捉後大呼「我盜戶也！」聞者無不匿笑，原因是：
(A)懼損官府威嚴，不敢公然恥笑
(B)狐鋌而走險，淪爲盜戶，令人竊笑
(C)狐想冒用盜戶之名，取得寬恕，令人啼笑皆非
(D)官府聘術士捉狐燒狐，流於怪力亂神，聞者哭笑不得 【94指考】

3. 依據下文，敘述正確的選項是：
這幾年，人類繼續移民入侵此地，索馬利族人也常放牧牛

群大肆啃草，他們的盜獵者更不斷射殺大象與犀牛，換取金錢。亞當森也顧不得肯亞當局的顏面與聲明，盡其一己之力，不斷地追捕盜獵者，甚至搭小飛機，像鷲鷹一樣在天空盤旋、探查；並且撰文向媒體投書，揭露事實。他知道，自己在打一場必輸的戰爭；但他必須打下去，如果八十三歲的他還不做，就沒有人接棒了。

（劉克襄〈誰殺了大貓的守護神〉）

(A)亞當森不畏壓力，向國際媒體揭露肯亞當局非法獵捕大象與犀牛的事實

(B)雖知與盜獵者作對一定會輸，亞當森仍持續聯合索馬利族人追捕盜獵者

(C)因索馬利族入侵與盜獵，使亞當森只好向肯亞當局檢舉並致力將其驅逐

(D)亞當森阻止盜獵，並未獲肯亞當局有力支援，而且也不受肯亞當局歡迎

【106指考】

【跨領域觀看】：科學發現是一連串推理假設實證破關的遊戲

依據英國科學委員會於二〇〇九年下的定義：「科學，是以日常現象爲基礎，用系統的方法對知識的追求、對大自然的理解以及對社會的理解。」也就是通過經驗實證的方法，探究自然現象原因，建構起經得起檢驗的合理解釋。

官府判案講求的循名責實也是科學，透過動機目的、過程、結果以及事後的態度，並依據法條論定是否犯罪。〈盜户〉這篇文章裡，先是官府見盜者多而不敢辦案，這是有虧職守，以致人們假盜户之名爲惡，連妖都自稱盜户以避過，這源頭都出在官府因循苟且、逃避問題。異史氏的評論是放在社會政治上批判，若放在科學態度來思考，顯然是缺乏科學實事求是的精神與追根究柢找出原因的態度。

二〇一八年諾貝爾醫學獎頒給美國免疫學家詹姆士・艾利森（James Allison），和日本免疫學家本庶佑，因爲他們發現透過抑制免疫負調控機制的癌症療法。這條發現之路與其他重大發明或

突破一樣，都在前仆後繼反覆疑惑、推理、假設、實驗、證明歷程的探索研究之下，終於破關。早在一九七〇年左右，科學家已經知道T細胞表面的TCR像照妖鏡一樣，可以辨認是否爲心懷不軌的細胞，然後啓動免疫反應。一九八〇年左右，大家發現T細胞看不見披了隱形斗篷的癌症細胞。一九九〇年，詹姆士．艾利森找到CD28是第二個綠燈，實驗證明如果讓癌症細胞表現大量的B7蛋白質，癌症細胞的隱形斗篷就會立刻失去魔法，而能夠快速地被免疫系統殲滅。但推理實證還是無法解開心頭冒出的懷疑，融入更多的學理，導入生物工程技術，一九九七年，科學家終於成功找到把癌細胞殲滅的有效方式。

本庶佑博士發現許多癌症細胞都會大量表現PD-L1，藉以逃避免疫細胞的追擊。因此他利用抗體阻斷PD-1，T細胞就能對癌症細胞大發威，而且，臨床試驗證明這是更有效又副作用比較小的方式。（改寫自駱宛琳〈【二〇一八諾貝爾生醫獎】癌症免疫療法新突破〉，case報科學，臺大科學發展中心，20181005）

現代化講求簡單迅速確實，科學追求眞理以求善與美好的生活，正因爲人類懷抱解謎、探謎的闖關熱情，我們才得以看見事實發現解決問題的最佳對策。

七十六、原才

清　曾國藩

風俗之厚薄奚自乎？自乎一二人之心之所嚮而已。

民之生，庸弱者戢戢①皆是也。有一二賢且智者，則眾人君之而受命焉；尤智者，所君尤眾焉。此一二人者之心向義，則眾人與之赴義；一二人者之心向利，則眾人與之赴利。眾人所趨，勢之所歸，雖有大力，莫之敢逆②。故曰：「撓③萬物者莫疾乎風。」風俗之於人之心，始乎微而終乎不可禦者也。

先王之治天下，使賢者皆當路在勢④，其風⑤民也皆以義，故道一而俗同。世教既衰，所謂一二人者不盡在位，彼其心之所嚮，勢不能不騰爲口說⑥而播爲聲氣⑦，而眾人者勢不能不聽命而蒸爲習尚⑳，於是乎徒黨蔚起⑨，而一時之人才出焉。有以仁義倡者，其徒黨亦死仁義而不顧；有以功利倡者，其徒黨亦死功利而不返。水流溼，火就燥⑩，無感不讎⑪，所從來久矣。

注釋

① 戢戢：密集、眾多的樣子。戢，音ㄐㄧˊ。

② 莫之敢逆：即「莫敢逆之」，不敢違抗它。之，指趨勢所歸，亦即「風俗」。

③ 撓：音ㄋㄠˊ，搖動，攪動。

④ 當路在勢：掌握政權，身居要職，具有影響力。當路，執政，掌權。

⑤ 風：音ㄈㄥˋ，作動詞用，教化。

⑥ 騰為口說：發表言論。騰，上升，此指傳播。

⑦ 播為聲氣：廣為傳播，形成聲勢。聲氣，聲勢和風氣，此指造成影響。

⑧ 蒸為習尚：漸漸擴大形成風氣。蒸，興起，漸漸形成。

⑨ 徒黨蔚起：志同道合者蓬勃興起。徒黨，同道之人。蔚，盛大的樣子。

⑩ 水流溼，火就燥：比喻同類事物互相感應。就，趨向。

⑪ 無感不讎：受到感召，沒有不回應的。讎，音ㄔㄡˊ，應答，回應。

翻譯

社會風俗的淳厚和浮薄是從哪裡產生的呢？是從一兩個人的思想傾向罷了。

活在世上的百姓，平庸無用的比比皆是。如果有一兩個賢能而又睿智的人，大家就會擁戴他爲領袖並聽從他的教導；特別是賢能睿智的人，尊他爲領袖而接受他的教導的人就更多了。這一兩個領導者的內心趨向仁義，那麼眾人就隨著他追求仁義；這一兩個領導者內心趨向名利，那麼大家也跟著他趨向名利。眾人所奔赴的方向，就形成大勢所趨，即使有巨大的力量，也沒有誰敢違抗它。所以說：「搖動天下萬物沒有比風迅速強勁了。」社會風俗對於個人的思想影響來說，起初力量很微弱，最後將形成一股不可抗拒力量。

古代聖王治理天下，使賢能有智慧的人都掌握政權居於要職，他們都以仁義道德教化人民，所以那時候人民遵循的社會規範一致而習俗相同。社會教化衰微後，前面所說的那一兩個賢能有智慧之人不全然位居要職，但他們的志向主張，勢必不能不發表言論，廣爲傳播而造成聲勢，那麼眾人也勢必不能不聽從他們的號召，而漸漸擴大形成習俗風氣，這樣，他們志同道合的跟隨者就蓬勃聚集，一時的人才就從這裡產生出來了。倡導仁義的人，他的追隨者會爲仁義犧牲生命而絕不回頭；以功利來號召的人，他的追隨者也會爲功利而死，絕不回頭。水向潮溼的地方流，火向乾燥的地方燒，沒有什麼感召是得不到感應的，這種情況由來已經由來很久了。

知識要點

● 故事背景：曾國藩以在家鄉組織民團湘軍，平定太平天國之亂，被封爲一等勇毅侯，成爲清代以文人而封武侯的第一人，後歷任兩江總督、直隸總督，官居一品，死後被諡「文正」。身處乾嘉時期，清王朝腐敗衰落，曾國藩深以爲憂提出「行政之要，首在得人」，作此文強調須用德器兼備之人，倡廉正之風，行禮治之仁政。

● 敘述脈絡：風俗之厚薄來自一二人之心之所嚮（論點）→賢能有智者被尊爲領導，眾人隨之趨向義，領導者趨利則眾人隨之逐利，（論證）因此先王治天下使賢者在位，引領向義的風氣（論據）→人才輩出，向仁義趨功利影響眾人，如水流溼、火就燥。

● 故事後續：

1. 文章後段除責清政府以天下無人才推卸責任，並強調挖掘人才、陶鑄人才之必要：「十室之邑，有好義之士，其智足以移十人者，必能拔十人之尤者而材之。」（十戶人家的小城，其中如果有崇尚仁義的君子，他的智慧足以改變十個人，就一定能選拔十人中的優異者栽培成材。）
2. 譏切時政針對人才的論述，龔自珍所作〈病梅館記〉以解放人才爲訴求並讀。

● 歷代評論：曾國藩一生篤好學問，作文每日不輟，是名副其實的儒家。梁啓超《曾文正公嘉言鈔》序曾國藩：「其一生得力在立志自拔於流俗，而困而知，而勉而行，歷百千艱阻而不挫屈，不求近效，銖積寸累，受之以虛，將之以勤，植之以剛，貞之以恆，帥之以誠，勇猛精進，堅苦卓絕……」

● 知識重點：

1. 原，論說文體之一，從韓愈〈原道〉、黃宗羲〈原君〉到本文，目的都是推究事物本原之義以示人。
2. 陶鑄人才，以移風易俗，這是曾國藩一貫的主張，不但表現於奏疏，也見於日記。本篇論點具體而微，提出社會風氣來自一二人的影響，有才有德者必得眾望所歸，形成巨大的左右風氣之力量，由此突顯人才之重要性。接著就「向義」、「趨利」分述先王以賢者在位，即使世教衰敗依然能藉口說傳言帶動氣勢，眾人推波助瀾蔚為風氣，藉以針砭清政府重視人才的力量，善用人才挽回頹勢。

3. 除卻人才具帶動風氣的作用，作者還關注群眾的力量：「眾人所趨，勢之所歸，雖有大力，莫之敢逆」，此承民貴的理論，強調來源本微弱而令人不察，但當代人民群起逐之所形成社會風潮銳不可擋。這理論不僅應諸政治，由哈韓風、逐日風、偶像粉絲可見一斑。

4. 曾國藩承桐城嚴謹雅潔的義法，講究言之有序，如起筆提綱挈領，各段運用層遞、對襯，如人才「赴義」與「赴利」之影響、先王之治與世教既衰之「治」、「衰」側重反面詳說，以呼應人才應「當路在勢」的主旨。說理有詳略、主賓之分，其間又有鋪敘、轉折，有長、短句變化，使文理井然。

練習題

1. 推想「民之生，庸弱者戢戢皆是也。有一二賢且智者，則眾人君之而受命焉」的原因是：
(A)逐利避禍是人之性也
(B)盲目崇拜會蔚爲風氣
(C)興利除弊是眾望所歸
(D)影響力作用無遠弗屆

2. 下列關於文意的說明，正確的是：
(A)民之所欲，長在我心
(B)世衰道微，人心險惡，人才無用
(C)風俗良窳，如水火之性，銳不可擋
(D)賢者在位，能者在職，聚爲朋黨，巧奪政權

3. 依據上文來看，最切合曾國藩對清政府的建言是：（多選）
(A)舉善而教不能，則勸
(B)舉直措諸枉，則民服
(C)言寡尤，行寡悔，祿在其中矣
(D)夫仁者，己欲立而立人，己欲達而達人
(E)君子之德，風；小人之德草。草上之風，必偃（多選）

【大考演練】

閱讀下文，選出敘述正確的選項：

閱讀古文，尤其是先秦時期的古文，如果完全不依靠古代傳注的幫助，而想讀懂它，那幾乎是不可能的。由語言發展和社會變化造成的隔閡，不同程度地阻礙了後人對古書的理解。周秦時代的作品，西漢人讀起來就已感到困難。漢文帝時，訪求一個能講解《尚書》的，都很不容易。秦丞相李斯編的兒童識字課本〈倉頡篇〉，至漢宣帝時，竟使「俗師失其讀」。漢人閱讀古書，主要依靠師傳，爲了適應越來越多的人讀經的需要，就有人開始把前人傳授的古訓記錄下來，或加上自己對經文的理解，寫成專書。這就是最早的古書傳注。（鮑善淳《怎樣閱讀古文》）

(A)周秦時《尚書》的傳注已亡佚殆盡，漢代僅能口耳相傳解說其義

(B)〈倉頡篇〉爲兒童解說六書的造字原則，在漢代須倚賴師傳才能閱讀

(C)《左傳》採紀傳體，可讓原採編年紀事的《春秋》經減少理解上的隔閡

(D)後人的《詩經》傳注不僅保存前賢的訓解，也呈現作者個人對義理的體會

【105指考】

【跨領域觀看】：知識分子的社會責任與流亡者邊緣形象

學而優則仕，一直是知識分子自認的社會責任。對士人而言，學術領域之研究與社會政治服務，既是知與行的實踐，也是爲解決問題而研究探索的重要課題。

薩依德《知識分子論》探問在媒體資訊氾濫、政治、學術利益團體眾聲喧嘩的當下，所謂知識分子已是一種特殊專業，集編輯、記者、政客及學術中間人於一身。往往在身不由己地成爲各種權力結構中的一員。眞正的知識分子都是拒絕主流，對權力榮耀保持距離，勇於質疑與挑戰體系，表現出不屈不移、卓然特立的風骨。

選擇諾諾之人而富貴，或是成爲諤諤之士而困厄，是面對人性的逐利求安逸與道德的公義求正義之選擇。唯其「不戚戚於貧賤，不汲汲於富貴」者，才能在眾人皆醉時保持獨醒，是以吳敬梓以

《儒林外史》諷刺康雍乾時期科舉制度下讀書人追逐功名的醜態。薩依德認為知識分子應是「局外人、業餘者、攪擾現狀的人」，其所處的情境類似流亡者和邊緣人的狀態，才可以敏銳地看到權力中心所看不到的事務，表現批判的道德勇氣。曾國藩處於外患交加、朝廷權貴壓力之際，雖無法抽身政權之外，但大聲呼籲「風俗之厚薄奚自乎？自乎一二人之心之所嚮而已」，這憂心的洞明世相背後正是知識分子的使命感，和憂國憂民之懇切呼籲。

七十七、渡黑水溝①

清　郁永河

二十二日，平旦，渡黑水溝。臺灣海道，惟黑水溝最險。自北流南，不知源出何所。海水正碧，溝水獨黑如墨，勢又稍窊②，故謂之溝。廣約百里，湍流迅駛，時覺腥穢襲人。又有紅黑間道蛇及兩頭蛇繞船游泳，舟師以楮鏹③投之，屏息惴惴④，懼或順流而南，不知所之耳。紅水溝不甚險，人頗泄視⑤之。然二溝俱在大洋中，風濤鼓盪，而與綠水終古不淆，理亦難明。

渡溝良久，聞鉦⑥鼓作於舷間，舟師⑦來告：「望見澎湖矣。」余登鷁尾⑧高處憑眺，只覺天際微雲，一抹如線，徘徊四顧，天水欲連；一舟蕩漾，若纖埃在明鏡中。

注釋

①黑水溝：早期臺灣海峽因黑潮流過而被稱為「黑水溝」，為澎湖、廈門的分界處，是一個海底斷層，廣約六七十里，險冠諸海，其深無底，水黑如墨，勢又稍窪而得名。

②窊：音ㄩˇ，粗糙、不堅實，此指地勢低窪。

③楮鏹：音ㄔㄨˇ ㄑㄧㄤˇ，紙錢。

④惴惴：音ㄓㄨㄟˋ，憂懼的樣子。

⑤泄視：輕視。泄，音ㄒㄧㄝˋ，懈怠，渙散，引申有隨便之意。

⑥鉦：音ㄓㄥ，銅鑼。

⑦舟師：船員。

⑧鷁尾：船尾。鷁，音ㄧˋ，一種水鳥，能高飛，不怕風，狀似鷺鷥，古時船頭常畫有鷁鳥，故用作船的代稱。

【翻譯】

康熙三十六年二月二十二日，破曉的時候，我們進入了黑水溝。在航向臺灣的水路中，以橫越黑水溝最爲凶險。這道黑水溝自北往南流，不知源頭出自哪裡。一般來說，海水本來是碧綠的，就只有這一段海水深黑如墨，水面又稍微低了一些，所以叫做「溝」。寬度約有百里，水流湍急快速，時時聞到令人難受的腥臭味。在渡過黑水溝時，發現有花紋紅黑相間的海蛇以及兩個頭的蛇繞著船邊游泳，船員認爲是壞的預兆，把紙錢撒入海裡祭拜，緊張得不敢呼吸，深怕如果順著水流向南漂去，不知道將要漂到哪裡去。我們先前曾越過一道紅水溝沒有那麼危險，所以人們不怎麼在意。可是這兩條溝都在大洋中，在風浪不斷的鼓動激盪中，卻能與碧綠的海水永遠不相混淆，實在很難瞭解是什麼道理。

渡過黑水溝一段時間，聽到銅鑼在船邊響起來，船員跑來報告說：「已經看到澎湖了。」於是，我登上船尾的高處眺望遠方，只見天邊有少許雲彩，一抹如線，環顧四周，海水和天邊幾乎接連在一起；我們這艘船在海中隨波盪漾，就好像一粒塵埃置於一個明亮的鏡子中。

【知識要點】

● 故事背景：自稱「探奇攬勝者，毋畏惡趣；遊不險不奇，趣不惡不快」的郁永河，性喜遊歷，因來臺採硫，九個月中留下的日記和遊記，成爲十七世紀末臺灣的地理景觀、人文歷史的文獻。作者於康熙三十六年（西元一六九七年）正月二十四日由福建福州出發，途經廈門、金門、黑水溝、澎湖等地，本篇記述黑水溝所見所感。

● 敘述脈絡：出發渡臺灣海道→黑水溝湍急腥臭，海蛇繞船驚恐不安→黑水溝、紅水溝與海水涇渭分明→遠眺澎湖，海天相連。

● 故事後續：康熙三十六年二月二十五日抵達臺南，經安平城至當時最大城市赤崁城招募工人，一路北行至淡水關渡採硫礦。

● 歷代評論：《裨海紀遊》是十七世紀末期所寫的一本臺灣遊記，是瞭解三百年前臺灣開發狀況的重要文獻。

● 知識重點：

1. 臺灣縣志記載黑水溝：「黑水溝為貔綷廈分界處，廣約六七十里，海流湍急，險冠諸海，水深無底，無法下椗。船須乘風疾行，遲則易致針路差池、迷失方向。先民從廈門登船，越黑水溝後，若不見貔取綷西嶼、花嶼或貓嶼，表示航向已偏，必須折返，否則將迷失大洋之中。」」移民必須勇闖驚濤駭浪、凶險無比的黑水溝才能安抵澎湖，不少人發生海難，故河洛與客家都有民謠〈渡臺悲歌〉稱為「六死三留一回頭」，意即十人當中，有六人會死在臺灣海峽，有三人會留在臺灣，而一人會受不了早期臺灣的蠻荒而重回中國大陸。

2. 敘述以時間為經，空間為緯，透過所經之處標誌路線，摹寫顏色（海水正碧、溝水獨黑如墨）、狀態（勢又稍窳，湍流迅駛、風濤鼓盪）、氣味（腥穢襲人）、長度（廣約百里）表現寫實性與現場感。

3. 「惟黑水溝最險」是總括之語，繼而以「不知源出何所」浮現神祕感，接著特寫經歷時為顯特色，各聚焦於畫面以使記述生動，如簡說黑水溝之得名，詳寫其水流湍急暗示船行其間驚險危殆、以紙錢撒入海中的動作，表面上是水蛇之惡兆，實則與多少行經此船毀人亡的命運相聯繫，而後又以「懼或順流而南，不知所之耳」，不僅加深黑水溝之傳說的恐怖性與真實性，這些奇幻情節也強調出旅程的不平凡。

4. 全文心情由驚惶到平靜，與景色的描述相應相和，對比出過程中的轉折。如「海水正碧」與「溝水獨黑如墨」的色彩映襯、「湍流迅駛」、「風濤鼓盪」的波動與「天際微雲，一抹如線」拉長視野的安然、「腥穢襲人」無可逃匿的攻擊性與「一舟蕩漾，若纖埃在明鏡中」，海天相連的美感，渺小卻釋然的情境，將情緒描摹得淋漓盡致。

練習題

1. 根據上文，黑水溝處處危險的原因是：
(A)險灘埋伏
(B)水流速度
(C)顏色氣味
(D)魚群出沒

2. 下列文意敘述正確的是：
(A)紅水溝危險是因爲比黑水溝長而曲折
(B)船員不諳水性，導致順流而南，迷不得路
(C)船員以紙錢祭祀，是爲哀悼於此發生船難的亡魂
(D)紅水溝與黑水溝因顏色鮮明，而於蔚藍大海中蔚爲奇觀

3. 下列有關文意與寫作手法的敘述，正確的是：
(A)作者透過摹寫故布疑陣，增加過程的漫長與恐懼
(B)作者藉由比喻繪聲繪影，形成旅程的浪漫與趣味
(C)郁永河先經過紅水溝，再有驚無險地渡過黑水溝抵達澎湖
(D)郁永河選擇在吹東北季風的二月，藉著風勢橫渡臺灣海峽時，航向將偏北抵達淡水

【大考演練】

1-3為題組。閱讀下文，回答第1-3題。

英國長老教會派牧師馬雅谷來臺。雅谷精刀圭術，以藥醫人，而傳其教，設教堂於府治（臺南府城）看西街，從者頗多。仇教者肆為蜚語以排擠之。有司慮禍，照會英領事請移口岸。雅谷乃去之旗後，別設教堂於鳳治（鳳山縣城），聚徒傳播，相安無事。始，城中兒每遺失，或言洋人潛殺，剖其腦製藥。雅谷固業醫，縣役貓角命人盜童骸埋之室中，計欲以實其事。翌日，知縣凌定國往勘，觀者如堵。貓角又力言。掘地及室，見白骨，信之。拘長嚴鞫，不服。下之獄，以狀白郡，並照會英領事。領事以為誣，馳稟駐京公使，與總理衙門交涉，各執一辭。乃命興泉永道曾獻德偕廈門英領事吉普理渡臺會辦，驗為貓角所為，定其罪，案始結。

（改寫自連橫《臺灣通史・宗教志・景教》）

註：鞫：審問。

1. 依據上文，下列關於馬雅谷事件的敘述，何者正確？　【108二技】
(A)因醫療糾紛而下獄
(B)透過外交手段平反
(C)勾結縣役製造偽藥
(D)受到廈門領事誣陷

2. 從上文中可知，事件中的馬雅谷曾出現在哪些地方？　【108二技】
（甲）泉州（乙）廈門（丙）臺南（丁）鳳山（戊）旗後
(A)甲、乙、丁
(B)乙、丙、丁
(C)乙、丙、戊
(D)丙、丁、戊

3. 依據上文，下列敘述何者正確？　【108二技】
(A)西醫確實以兒童的腦煉藥物
(B)臺灣社會對於西醫理解有限
(C)牧師經常介入臺灣政治鬥爭
(D)臺灣人對待外國牧師皆和善

【跨領域觀看】：中西海文化與海浪的記憶

中國人對於海的想像多半是仙山、求長生不老之藥，即使明代鄭和下西洋，穿越馬六甲海峽，橫渡印度洋，船隊最遠到達過非洲東海岸和紅海沿岸，但背負的不是探險發現，不是開疆闢土，而是尋找可能流亡海外的建文帝。不同的海洋觀點形成迥異的經濟政治圖景，哥倫布四次橫渡大西洋，成功發現美洲新大陸，將西方文明推向新世界，也造成西班牙、葡萄牙、荷蘭的海上帝國、英法殖民日不落帝國，以及義大利控制了地中海貿易，爲文藝復興思想和藝術提供了重要基礎。

臺灣諺語以「十去，六死，三留，一回頭」形容黑水溝之險象環生。這是從大陸漂流來臺的移民歷經生死的見證，陳明章〈唐山過臺灣〉這首歌中唱道：「一ㄟ小布袋仔講伊帶著神主牌仔／一ㄟ小包袱仔講伊帶著小香爐／講伊賣唐山過臺灣講伊賣唐山過臺灣／一手三枝香枝枝有神明／拜託媽祖婆啊伊著保庇平安到淡水……。」從澎湖群島開始進入漏斗型的狹長通道，形成「管道效應」，瞬間陣風加大造成驚濤駭浪，於是焚香祈禱成了唯一安定的依靠。

這樣的信仰在每個港口、海岸化成一個個媽祖廟、一個個歲時的祭典，如元宵節野柳保安宮舉辦的淨海巡洋、神明淨港、神明過火儀式；農曆三月下旬之後，有九天八夜大甲媽祖繞境活動、北港及通霄沙屯媽祖南巡、東港迎王平安祭典等活動。

萬物皆有靈的信仰是蘭嶼人的宇宙觀，祖靈、船靈、惡靈傳說濃烈地在達悟族代代子孫的思路間穿梭。他們視每年三至六月循黑潮來的飛魚是上天賜予的禮物，飛魚季、新船下水祭在歌舞樂與豐盛的祭品、嚴密的禁忌中隆重而盛大地展開。

「海浪是有記憶的，有生命的，潛水射到大魚是囤積謙虛的鐵證，每一次的大魚就囤積第二回的謙恭。射到大魚不是了不起的事，但海能記得你的人，海神聞得出你的體味，才是重點。」這是〈海浪的記憶〉裡，夏曼．藍波安大伯傳遞的達悟族關於海的文化。

他們在意的不僅是魚獲，而是與海搏鬥的精神。傳承的欣然，屬於達悟族與海之間的默契，在頑強而尊嚴的生命鬥爭間，隨著代代學習並分享經驗世界中的教訓與智慧，進入族人傳統的生存態度與思維。因此夏曼．藍波安宣稱：「大海是我的教堂，也是我的教室、創作的神殿，而海裡的一切生物是我這一生永遠的指導教授。」出海的勇氣和對海的敬畏，是傳統達悟人最動人的性格特質；海浪的記憶，終究是心靈與祖靈的歸宿；海的冷暖、顏色和律動，早已變成他皮膚感應和呼吸節奏的一部分。

相較於西方以征服海作爲偉大超越的證明，而有《老人與海》所謂「人不是爲失敗而生的，一個人可以被毀滅，但不能給打敗」之說。屬於達悟族的海不僅是意志的鍛鍊之所，更是瞭解獵食者和被獵者共同生存的法則和互重互惜，對天地的尊重，對人爲的謙懷。

七十八、獄中雜記

清 方苞

凡殺人，獄詞無謀故者，經秋審入矜疑①，即免死，吏因以巧法②。有郭四者，凡四殺人，復以矜疑減等③，隨遇赦將出，日與其徒置酒，酣歌達曙。或叩以往事，一一詳述之，意色揚揚，若自矜詡④。噫！渫⑤惡吏忍於鬻獄⑥，無責也；而道之不明，良吏亦多以脫人於死爲功，而不求其情⑦。其枉民也，亦甚矣哉！

奸民久於獄，與胥卒表裡⑧，頗有奇羨⑨。山陰李姓以殺人繫獄，每歲致數百金。康熙四十八年，以赦出，居數月，漠然無所事。其鄉人有殺人者，因代承之⑩。蓋以律非故殺，必久繫，終無死法也。五十一年，復援赦減等謫戍⑪，歎曰：「吾不得復入此矣！」故例：謫戍者移順天府⑫羈候⑬。時方冬停遣，李具狀⑭求在獄候春發遣，至再三，不得所請，悵然而出。

注釋

①矜疑：其情可憫、其事可疑的案件。清初刑部秋審，把各種死刑案件分為情實（情真罪當）、緩決（緩期執行）、可矜（情有可原）、可疑（罪名已疑而情節可疑）四類，其中可矜、可疑兩類可減等處理或得到寬免。

②巧法：投機取巧，鑽法律漏洞，玩弄法令。

③減等：減刑。

④矜詡：自誇，炫耀。詡，音ㄒㄩˇ，誇口，說大話。

⑤渫：音ㄒㄧㄝˋ，卑汙，汙濁。

⑥鬻獄：貪贓枉法。鬻，音ㄩˋ。

⑦情：真相，真實情況。

⑧相表裡：相互勾結。

⑨奇羨：贏餘、積存的財物。奇，音ㄐㄧ，殘餘也。羨，饒溢也。

⑩代承之：冒名頂替認罪。

⑪謫戍：根據赦令減刑，遣送至邊地充軍，擔任守衛。

⑫順天府：即今北京。

⑬羈候：拘禁等候。

⑭具狀：備辦詞狀、寫狀子。狀，向上級陳述事實的文書。

翻譯

凡殺了人的，狀詞上不是預謀或故意殺人的話，經秋審歸入矜疑類，就可以免死，獄吏因此趁機利用法令舞弊。有一個叫郭四的犯人，已經四次殺人，又以矜疑罪減一等，隨後又遇大赦。將要出獄時，整天與他的同夥飲酒，狂歌通宵達旦。有人問他過去的事，他一一詳細敘述，神色揚揚得意，就像在自我炫耀似的。唉！行爲汙濁、作惡多端的獄吏忍心於貪贓枉法，那不必去責備了；然而不明白治獄之道，好的官吏也往往把幫別人解脫死罪作爲功德，而不研究具體的案情。他們使百姓蒙受冤枉，也太過分了！

奸詐之徒入監獄久了，就與獄吏內外勾結，撈了不少錢。山陰縣有個姓李的，因殺人下獄，每年可以弄到數百兩銀子。康熙四十八年，因大赦出獄，在外住了幾個月，覺得無聊。他有個同鄉殺了人，就收取酬勞，代替他人承擔殺人罪名入獄。因爲根據法律規定不是故意殺人者，一定要長期蹲獄，但最終是不會被處死的。康熙五十一年，又遇大赦援例減罪充軍，李某歎息說：「我再也不能進這監獄了！」按舊規定，被充軍的犯人要轉到順天府監獄關押起來等候遣送。當時正值冬季，遣送暫停，李某寫了狀子要求留在刑部監獄，等候到春天遣送，他再三請求沒有得到批准，只好失望地離開這裡。

知識要點

● 故事背景：清康熙五十一年（西元一七一二年），方苞因戴名世《南山集》案牽連入獄，在獄中生活一年有餘，親身體驗了監獄的殘酷和腐敗，眞實記錄所見所聞清朝中央刑部司法制度的黑暗，深刻揭露清代監獄中的腐敗。刑部監獄陰森惡劣，百姓橫遭逮捕，冤死獄中：「而繫囚常二百餘」，「矢溺皆閉其中」，獄中囚室全無窗戶，空氣汙濁，「隆冬貧者席地而臥，春氣動起鮮不疫矣」。「生人與死者並踵頂而臥」，以致傳染疾病而死者比比皆是。每天三四人，「多至日十數人」。犯人入獄後所受的苦辱更是慘不忍言，輕則「不問罪之有無，必械手足」，重則木籠、大鐐、重枷交相使用，目的在於威挾索賄，中飽私囊，足見獄吏敲詐勒索、受賄枉法、草菅人命等事實。

● 敘述脈絡：矜疑，即免死，吏因以巧法→郭四脫罪，飲酒狂歡揚揚得意→奸民久於獄，與胥卒勾結撈錢→山陰李某代人頂罪入獄，失望無法留順天府獄中。

● 故事後續：康熙五十二年（西元一七一三年），經李光地營救，清聖祖以「方苞學問，天下莫不聞」，才免於死罪，並命他以白衣平民身分入值南書房，成為康熙、雍正、乾隆三朝皇帝的智囊，後官至禮部侍郎。

● 歷代評論：姚鼐推崇方苞：「望溪先生之古文，為我朝文章之冠。」

劉開評其文：「豐於理而嗇於辭，謹嚴精實則有餘，雄奇變化則不足，亦能醇不能肆之故也。」

● 知識重點：

1. 方苞繼承歸有光的「唐宋派」古文傳統，提出「義法」主張，即言之有物，言有序，如本文先敘事實，再舉例為證，最後是評論。
2. 桐城派對於文章要求的是「雅潔」，在文章選材以及材料取捨詳略上特別講求，如文中實例具典型性，以「日與其徒置酒，酣歌達曙」，「意色揚揚，若自矜詡」寫郭四的囂張，藉以突顯官吏鑽法枉法。此外事例的多樣性也展現於文中一事一例之中，使所言因真實性而具有很強的說服力。
3. 敘事簡潔傳神，說理透徹新穎，語言質樸雅潔，寫人生動形象是方苞散文創作特色。本文以確鑿的事實為線索，插入人物行事，最後提出評價，點明旨意，寓論理於敘事之中。如：「道之不明，良吏亦多以脫人於死為功，而不求其情。其枉民也，亦甚矣哉！」或暗諷時弊，如：「奸民久於獄，與胥卒表裡，頗有奇羨」，末以李生「因代承之」的荒謬，與「不得所請，悵然而出」的神情，強化百姓入獄謀利的心態，獄吏之卑劣行止。

練習題

1. 根據本文，下列有關清吏刑法與實際情況的敘述，正確的是：
(A)凡經秋審有疑慮者，一律免刑
(B)獄吏與犯人勾結，中飽私囊
(C)窮人往往代人頂罪，以求免生存
(D)順天府事少人簡，官吏終日內無所事事
2. 「有郭四者，凡四殺人，復以矜疑減等，隨遇赦將出，日與其徒置酒，酣歌達曙。或叩以往事，一一詳述之，意色揚揚，若自矜詡。」下列選項的描述，何者最貼近方苞舉

此例所寄寓的意旨：

(A)獄吏巧立名目，犯人恬不知恥
(B)官商勾結枉法，百姓苦不堪言
(C)無罪獲釋，表現主上屈法申恩
(D)寬法減刑並能與民同樂，是良吏作爲

3.由「而道之不明，良吏亦多以脫人於死爲功，而不求其情。其枉民也，亦甚矣哉」，可推知方苞認爲良吏應當：

(A)上失其道，民散久矣！如得其情，則哀矜而勿喜
(B)賞疑從與，所以廣恩也；罰疑從去，所以愼刑也
(C)罪疑惟輕，功疑惟重；與其殺不辜，寧失不經
(D)治術之士，必遠見而明察，不明察不能燭私

大考演練

1-2爲題組。閱讀下文，回答第1-2題。

江南一縣郊外古寺，地僻山隩，邑人罕至，僧徒久苦不足。一日，有僧遊方至其寺，告於主僧，且將與之謀所以驚人耳目者。寺有五百羅漢，擇一貌類己，衣其衣，頂其笠，策其杖，入縣削髮。誤爲刀傷其頂，解衣帶，白藥傅之，留杖爲質，約至寺，將遺千錢。削者如期而往，方入寺，閽者毆之曰：「羅漢亡杖已半年，乃爾盜耶！」削者述所以得杖貌，相與見主僧，更異之。共開羅漢堂，門鎖生澀，塵凝坐榻，如久不開者。視亡杖羅漢，衣笠皆所見者，頂有傷處，血漬藥傅如昔。前有一千皆古錢，貫且朽。因共歎異之。傳聞遠近，施者日至，寺因大盛。（《澠水燕談錄》）

註：閽者：守門人。

1.依據上文，削者前往古寺的目的爲何？ 【106統測】

(A)收取剃頭費用
(B)藉機勒索主僧
(C)暗中歸還竊物
(D)打探寺中虛實

2.依據上文，「寺因大盛」的原因爲何？ 【106統測】

(A)迎遊方之僧爲住持
(B)寺中羅漢出現神蹟
(C)羅漢堂內藏有珍寶
(D)懸壺濟世藥方靈驗

3.依據上文，下列「」內的解釋，何者正確？ 【106統測】

(A)且將與之謀「所以驚人耳目者」：令人稱奇之事
(B)「誤爲刀傷其頂」，解衣帶：斗笠被刀子割毀
(C)「羅漢亡杖」已半年：羅漢攜帶禪杖走失
(D)頂有傷處，「血漬藥傅如昔」：藥效持久

【跨領域觀看】：從監獄走出的名人，與無怨裡無言以對的安頓

監獄，在人們的印象裡是黑暗、汙濁、暴力的。文天祥述獄中之苦道：「予囚北庭，坐一土室，深可四尋，單扉低小，白間短窄，汙下而幽暗。」一間間不透氣的牢籠，密密的鐵絲網，「水氣、土氣、日氣、火氣、米氣、人氣、穢氣」雜出，那是被隔絕的另一個世界。那裡的人因為各種理由而被剝奪自由，或是生命。屬於監獄的文學同樣籠罩在悲苦、淒幽的基調下，吐露怨憤、消沉之氣。從賴和、蔣渭水……到楊逵〈綠島家書〉、王拓〈牛肚港的故事〉、柏陽〈在火燒島〉、盧修一〈獄中沉思錄〉、施明德〈囚室之春〉……交織血淚，具體呈現對抗環境或政治犯的特殊情境的所思所感。

除回憶錄寫於出獄之後，比較有組織、有系統，內容較深入，獄中之作，迫於文件可能被檢查，紙張等取得不易或種種因素，其書信、日記多屬零碎紀錄。它們動人處，正如陳萬益〈囚禁的歲月〉所言：「不外乎脆弱人性的苦難經歷，堅毅與懦弱的掙扎，平凡和超聖的努力以及人生信念的省思。」

施明德說：「囚禁只是種失去空間換來時間的生活狀態。」但在這「長期暴露在孤獨、疏離感、恐懼及被監視的壓力下，人格與人性非常容易地在不知不覺中被扭曲了」。不過陳列〈無怨〉既不將「痛苦寫在臉上」，也不「把苦難穿在身上」，而是以強烈的感性，溫柔而冷靜的筆觸，深深地刻畫他人生當中無言以對的時候。文章裡描述了一位射魚手，畫著各種旗魚和鯊魚。「心情愉快的時候，譬如說，收到女兒的來信時，他會把手伸出廁所壁上的鐵條外，開玩笑地對大家說：『來啊，摸一下社會。』」

原來，笑，有時比哭、比怨罵更讓人心痛。

七十九、板橋自敘

清　鄭燮

父立庵先生，以文章、品行爲士先。教授生徒數百輩，皆成就。板橋幼隨其父學，無他師也。幼時，殊無異人處。少長，雖長大，貌寢陋①，人咸易之。又好大言，自負太過，漫罵無擇，諸先輩皆側目②，戒勿與往來。然讀書能自刻苦，自憤激，自豎立③，不苟同俗，深自屈曲委蛇④，由淺入深，由卑及高，由邇達遠，以赴古人之奧區⑤，以自暢其性情才力之所不盡。人咸謂板橋讀書善記，不知非善記，乃善誦耳。板橋每讀一書，必千百遍。舟中、馬上、被底，或當飲忘匕箸⑥，或對客不聽其語，並自忘其所語，皆記書默誦也。書有弗記者乎？

平生不治經學，愛讀史書以及詩文詞集、傳奇載簿之類，靡不覽究。有時說經，亦愛其斑駁陸離，五色炫爛。以文章之法論經，非六經本根也。……

好山水，未能遠跡，其所經歷，亦不盡遊趣。乾隆十三年，大駕⑦東巡，燮爲書畫史，治頓所⑧，臥泰山絕頂四十餘日，亦足豪矣。所刻詩鈔、詞鈔、道情十首，與舍弟十六通，行於世。善書法，自號「六分半書⑨」。又以餘閒作爲蘭竹，凡王公大人、卿士大夫、騷人詞伯、山中老僧、黃冠煉客⑩，得其一片紙隻字書，皆珍惜藏度⑪。然板橋從不借諸人以爲名。板橋康熙秀才，雍正壬子舉人，乾隆丙辰進士。初爲范縣令，繼調濰縣⑫。

注釋

①貌寢陋：容貌醜陋。
②側目：斜眼看人，此指鄙視的目光。
③自豎立：有自己獨到的見解
④屈曲委蛇：指事物的原委本末。委蛇，音ㄨㄟ　ㄧˊ，蜿蜒曲折的樣子。
⑤奧區：深奧隱微之處。
⑥匕筯：進食用的羹匙和筷子。筯，音ㄓㄨˋ，同「箸」。
⑦大駕：古代天子的乘輿，亦為天子的代稱。
⑧頓所：安置的居所。
⑨六分半書：用隸書滲入行書和楷書、草書。正統隸書稱為「八分書」，鄭板橋書法別具一格，開創此新體書法。

⑩黃冠煉客：道士。黃冠，道士所戴的帽子。
⑪藏庋：收藏。庋，音ㄐㄧˇ。
⑫濰縣：縣名，屬山東省。濰，音ㄨㄟˊ。

【翻譯】

父親立庵先生，以文章、品行爲士先。教授學生數百人，都各自有成就。板橋自小跟隨父親學習，並沒有其他老師。小的時候，沒有麼特別和別人不一樣的地方。稍微長大後，雖然個子長高了，但容貌醜陋，人們都看不起我。又喜歡說大話，過於自負，批評人時隨意而不看對方的身分，前輩們都很憎惡，告誡子弟不要跟我來往。但是讀書能夠自覺地刻苦努力，發憤讀書，有自己獨到的見解，不隨便順從流俗，能悟出書中曲折難盡的深意，從淺到深，從低到高，從近到遠，到達古人學問深奧的地方，使自己的性情、才力能得到充分發揮。人們都說板橋讀書善於記憶，他們不知道板橋並非善於記憶，而是善於誦讀罷了。板橋每次讀一本書，一定要讀千百遍。在船上讀書，在馬上讀書，在被窩裡讀書，有時候在吃飯時讀書忘記了拿起勺子、筷子，有時候讀書聽不見客人對他說的話，有時候又忘了自己剛才對客人說過的話，這些都是因爲在默誦書中的話。這樣，書還有不被記住的嗎？

平生不研究儒家經典，喜歡讀史書以及詩文詞集、傳奇小說之類的書籍，沒有不研讀的。有時談經書，也喜愛它的斑駁陸離，五彩斑斕。

喜歡山水，卻沒有遠遊，遊歷經過的地方，也沒能盡興。乾隆十三年，皇帝東巡，鄭燮作爲書畫史，整治住所，在泰山絕頂住了四十多天，也足以自豪的了。印刻詩鈔、詞鈔、道情十首，和給堂弟鄭墨的十六封信，通行於世。善書法，自稱爲「六分半書」。又在閒暇畫畫蘭竹，那些王公大人、卿士大夫、詩人詞人、山中老僧、黃冠道士，得到他小片紙、幾個字，都珍藏起來。但是板橋從不借助他人出名。板橋是康熙秀才，雍正壬子舉人，乾隆丙辰進士。最初擔任范縣縣令，接著調任濰縣。乾隆己巳，時年五十有七。

【知識要點】

● 故事背景：

1. 鄭燮（西元一六九三—一七六五年），字克柔，號板橋、板橋道人。清代書畫家、文學家。爲官清廉愛民如子，任濰縣縣令時，正逢荒年，開倉貸糧，救活一萬多人；還大興土木，修建水池，招收饑民工作就食。當年入秋又歉收，鄭燮把老百姓的借條，一把火燒掉，濰縣老百姓感戴恩德，立祠堂。因老病罷官客居揚州，身無長物，賣畫爲生，揚州八怪之一，詩書畫均曠世獨立，人稱「三絕」。乾隆帝遊山東，封鄭燮爲書畫史，鄭燮自刻印章一枚：「乾隆東封書畫史」。

2. 鄭板橋六十八歲，客寓於豐利文園，終日遊園觀景，賞花玩月，詩酒不斷，回顧一生而作此文。

3. 鄭板橋外祖父是奇才博學、隱居不仕之人，雖自幼隨父親讀書，但自言文學性分，得外家氣居多。其詩文，自出己意。理必歸於聖賢，文必切於日用。

● 敘述脈絡：受學於父，個性自負→無處不讀書，喜好史書、詩文詞集、傳奇→曾隨大駕東巡，爲書畫史→善書畫，受人珍藏，出身進士任官職。

● 故事後續：板橋孤高傲世，不願與權貴同流合汙，在仕途上並不順利，於揚州以賣畫爲生。五十八歲時對讀書以及自己的詩文做了補充。過十年，板橋再續〈自敘〉，〈自敘〉的最後，意猶未盡寫道：「歎老嗟卑，是一身一家之事；憂國憂民，是天地萬物之事。雖聖帝明王在上，無所可憂，而往古來今，何一不在胸次？歎老嗟卑，迷花顧曲，偶一寓意可耳，何諄諄也！燮又記。」

● 歷代評論：

1. 喜歡放言高論，譏評人物，被視爲狂生。

2. 「宦海歸來兩袖空，逢人賣竹畫清風。」六十歲的鄭板橋罷官後重到揚州，以賣畫爲生，李嘯村秀才聞訊贈對聯：「三絕詩書畫，一官歸去來。」此十字足以表其一生。

● 知識重點：

1. 其人：天賦「無異人處」、學歷「幼隨其父學，無他師也」、長相「貌寢陋」、個性「好大言，自負太過，漫罵無擇」、孤高自賞「從不借諸人以為名」，人際關係「諸先輩皆側目，戒勿與往來」。

2. 其事：處處讀書，「舟中、馬上、被底，或當食忘匕筯，或對客不聽其語，並自忘其所語書無不能誦」，讀到忘我，讀到融入其間。

3. 其學：一、讀書重記誦：「皆記書默誦也。」二、以苦學輔助其天才之發揚：「每讀一書，必千百遍」、「自刻苦，自憤激，自豎立」。三、治學循序前進，從根本上著手，讀至幽微之處：「深自屈曲委蛇，由淺入深，由卑及高，由邇達遠，以赴古人之奧區，以自暢其性情才力之所不盡。」四、治學範圍廣泛：「愛讀史書，以及詩文詞集，傳奇說簿之屬，靡不覽究。」

4. 其觀：鄭板橋身處科舉制度積弊至深的時代，不苟同俗尚讀經以求功名，「平生不治經學」，即使說經只愛讀其文字，以文學眼光欣賞文章，而非以經學立場來窮理。對於世認為的史書、詩文集與傳奇等「閒書」，反倒愛之，「靡不覽究」。

5.其才：鄭板橋以詩、書、畫三絕，名重當世，「凡王公大人、卿士大夫、騷人詞伯、山中老僧、黃冠鍊客，得其一片紙隻字書，皆珍惜藏庋」。

6.其成：板橋康熙秀才，雍正壬子舉人，乾隆丙辰進士。

7.其為：初為范縣令，繼調濰縣。

練習題

1.下列對鄭板橋爲學態度與觀點的敘述，正確的是：

(A)讀書不求甚解

(B)讀書僅須記誦

(C)爲學不專於科考

(D)治學不須深究

2.根據鄭板橋〈題畫・竹石〉：「咬定青山不放鬆，立根原在亂崖中。千磨萬擊還堅勁，任爾東西南北風。」下列敘述最符合主旨的是：

(A)不奮苦而求速效，只落得少日浮誇，老來窘隘而已

(B)又好大言，自負太過，漫罵無擇，諸先輩皆側目，戒勿與往來

(C)乾隆十三年，大駕東巡，燮爲書畫史，治頓所，臥泰山絕頂四十餘日，亦足豪矣

(D)聰明難，胡塗難，由聰明而轉入胡塗更難。放一著，退一步，當下心安，非圖後來福報也

3.下列有關鄭板橋詩文與其人個性的敘述，正確的是：

(A)努力爲學，焚膏繼晷——「然讀書能自刻苦，自憤激，自豎立，不苟同俗，深自屈曲委蛇」

(B)獨學而無友，則孤陋而寡聞——「板橋幼隨其父學，無他師也。幼時，殊無異人處」

(C)以才自傲，引人側目——「凡王公大人、卿士大夫、騷人詞伯、山中老僧、黃冠煉客，得其一片紙隻字書，皆珍惜藏庋」

(D)生性豁達，落拓不羈，不追求功名利祿——「茅屋一間，新篁數竿，雪白紙窗，微浸綠色。此時獨坐其中，一盞雨前茶，一方端硯石，一張宣州紙，幾筆折枝花，朋友來至，風聲竹響，愈喧愈靜。」

大考演練

1.依據下文，鄭板橋所「志」的「憒」最可能是：

（鄭板橋）爲秀才時，三至邗江，售書賣畫，無識者，落拓可憐。復舉於鄉，旋登甲榜，聲名大震。再至邗江，則

爭索先生墨妙者，戶外履常滿。先生固寒士，至是益盛自寶重，非重價，不與索。沉凡民先生代鐫小印，文曰「二十年前舊板橋」，志憤也。（宣鼎〈雅賺〉）

(A)世人盲從，唯重聲名
(B)小人當道，懷才不遇
(C)宦海浮沉，身不由己
(D)聲聞過實，浪得虛名

【108學測】

【跨領域觀看】：潤筆費與寫實創新的繪畫觀

鄭板橋有句名言是：「聰明難，糊塗難，由聰明轉入糊塗，更難。」為官清廉的他老病罷官客居揚州，身無長物，以賣畫為生。由於他已名滿天下，求書索畫者絡繹不絕，便明確地寫下潤筆收費：「大幅六兩，中幅四兩，書條對聯一兩，扇子斗方五錢。」「凡送禮物食物，總不如白銀為妙。蓋公之所送，未必弟之所好也。若送現銀，則中心喜樂，書畫皆佳。」同時強調「禮物既屬糾纏，賒欠猶恐賴帳。年老神疲，不能陪諸君子作無益語言也」，也就是銀畫兩訖，無須多言閒語。

鄭板橋不局限於傳統客套的作風，還表現在他的畫論，重視藝術的創新和抒發個人的眞情實感，最忌「拘泥古法」，而追求藝術的自然美，主張寫實、寫生：「風和日暖，凍蠅觸窗紙上，冬冬作小鼓聲。於時一片竹影響零亂，豈非天然圖畫乎！凡吾畫竹，無所師承，多得於紙窗粉壁日光月影中耳。」

在創作方法上，提出觀、想、意三階段論：「江館清秋，晨起看竹，煙光日影露氣，皆浮動於疏枝密葉之間。胸中勃勃遂有畫意。其實胸中之竹，並不是眼中之竹也。因而磨墨展紙，落筆倏作變相，手中之竹又不是胸中之竹也。總之，意在筆先者，定則也；趣在法外者，化機也。獨畫云乎哉！」由以下的畫幅，更可見他注重剪裁，崇尚簡潔，表現眞意，融合詩、書、畫、印的藝術特色。

八十、鏡喻

清　錢大昕

五官莫明於目。面有黑子①，而目不知，烏在其爲明也？目能見物，而不能見吾之面，假於鏡而見焉。鏡之貴，不知目；鏡不求於目，而目轉求於鏡。然世未嘗以鏡之助目，而咎目之失明。鏡何負於目哉？

客有任②目而惡鏡者，曰：「是好苦我。吾自有目，烏用鏡爲？」久之，視世所稱美人，鮮當意者③，而不知已面之黑子，泰然謂：「美莫已若④。」左右匿笑⑤，客終不悟。悲夫！

注釋

①黑子：黑痣。
②任：信任。
③鮮當意也：很少有中意的。
④匿笑：暗地裡笑。

翻譯

五官之中，沒有比眼睛更明察的了。然而臉上有黑痣，眼睛卻看不到，爲何認爲它是最明察的呢？眼睛能看到別的東西，卻看不到自己的臉，要借助於鏡子才能看見。鏡子珍貴的程度不如眼睛，但鏡子不需要借助於眼睛，而眼睛反而要求助於鏡子。可是世人不曾因爲鏡子幫助了眼睛，而怪罪眼睛不能夠明察。鏡子有什麼對不起眼睛的地方呢？

有一位客人，只相信眼睛而討厭鏡子，說：「鏡子害得我好苦，我自己有眼睛，哪裡需要用鏡子呢？」時間一長，看到世人所共認的美人，他很少有滿意的，不知道自己臉上有黑痣，泰然自若地說：「沒有比我美的。」旁邊的人偷偷地笑他，他卻始終弄不明白，眞是可悲啊！

知識要點

● 敘述脈絡：五官莫明於目，能見物而不自見，假於鏡而見焉（論點）→世未嘗以鏡之助目，而咎目之失明（論證）→客有任目而惡鏡者，不願假借鏡而自以爲美（舉反例）→左右匿笑，客終不悟。悲夫！（評論）

● 歷代評論：

1. 與紀昀齊名，有「北紀南錢」之稱。
2. 治學範圍頗廣，精於經史、音韻、訓詁、制度、地理、算學等，清代阮元稱之爲通儒。
3. 以學術爲己任，爲官不忘治學，辭官回鄉後讀書更勤，因此，「不專治一經而無經不通，不專治一史而無史不窺」，乃乾嘉學派集大成者。著《二十二史考異》，民國史學家陳寅恪稱之爲清代史學第一人。

知識重點：

1. 錢大昕認為立言可以不朽，曾說：「人皆可忠義，不皆可儒林。慷慨一時事，著作千秋心。」因此其作品常以寓言方式寄託道理，本篇意旨在強調人應有自知之明，善於借助外力，才能清楚地認知自我。
2. 作者先提出論點，並以「目必須借助鏡」，「鏡無須借助目」便能見物，突顯眼睛雖能明察秋毫，卻無法看見自己，此局限性必須依賴鏡子才得以彌補。
3. 唐太宗三「鏡」之說，將鏡延伸至以史、以人為鏡。此處以鏡作喻，可擴充為他人，因為人只有在與他人的相對關係中，才能看到真實的自我，在客觀比較中，才能明確地為自己定位，是以孔子所說：「見賢思齊，見不賢而內自省。」
4. 本文先說理後敘事，層次分明，文字簡練精幹。特別是描繪只信自己的眼睛而不信鏡子的一個人，以「吾自有目，烏用鏡為」表現其自負，再以他看不上世間美人、認為沒人如他，顯現其自命不凡，自以為是而毫不察覺過失，落得被人恥笑。形象化地呈現人當訪求善道，察納雅言，從善如流，接受批評，才能及時發現缺點而改正。

練習題

1. 根據上文，要有自知之明的方式是：
(A)善假於物
(B)懂得變通
(C)知己知彼
(D)善體人意

2. 下列文句最符合上文主旨的是：
(A)學而不能行謂之病
(B)能見其過而內自訟者
(C)不患人之不己知，患不知人也
(D)學無常師，有一業勝己者，便從學焉

3. 下列有關本文說理方式與用意的敘述，錯誤的是：
(A)「五官莫明於目」與「鏡不求於目，而目轉求於鏡」形成矛盾，藉以強調鏡子的重要性
(B)「面有黑子，而目不知，烏在其爲明也？」透過反問，激使人深思眼睛的有限性
(C)「然世未嘗以鏡之助目，而咎目之失明。鏡何負於目哉？」運用反詰拉起文氣，促人深省鏡子的價值性
(D)客有任目而惡鏡者，曰：「是好苦我。吾自有目，烏用鏡爲？」以例證顯現寧可信鏡而不自信的荒誕性

【大考演練】

1-3 爲組。閱讀下文，回答第 1-3 題。

夏滿不雨，民前後走神所，刳羊豕而跪乞者凡三，而後得請。民大喜，且將報祀，愚獨以爲惑。何者？天以神乳育百苗穀，必時既豐，然後民相率以勞神之勤，於是而祀焉。今始吝其施，以愁疲民，是神怠天之職也。必希民之求而遂應，是神玩天之權也。既應而俾民輸怨於天，歸惠於己，是神攘天之德也。推怨何以爲義？利腥膻之饋，何以爲仁？怠天下之事，何以爲敬？蔑是數者，何以爲神？……噫！天不可終謾，民不可久侮。竊爲神危之，奈何！

（司空圖〈移雨神〉）

1. 依據上文，關於祈雨過程與結果的敘述，何者正確？
(A)百姓多次祈求後，終於天降甘霖
(B)等待到夏天結束之後，自然降雨
(C)太守虔誠祈求降雨，連月行齋戒
(D)天地自有意志，降雨實無關人事
【108 二技】

2. 依據上文，作者對雨神的態度是：
(A)信者恆信
(B)存而不論
(C)質疑挑戰
(D)敬之畏之
【108 二技】

3. 下列何者與作者所認知天、雨神、民之關係最爲符合？
(A)神可自由改變上天意志，任意施爲
(B)雨神之地位雖高，仍須爲百姓造福
(C)天、民、神互相制衡，民不能無天
(D)民需積福造福，敬畏鬼神以合天道
【108 二技】

【跨領域觀看】：鏡像作用與鏡像神經元

錢大昕在這篇文章裡，點出我們以眼睛觀看外在世界，但沒有鏡子便看不見自己，以此突顯要假外在人事來看見自己的盲點，瞭解自我。這與法國新佛洛伊德主義精神分析學家拉康的「鏡像理論」不謀而合，只是後者加入更豐富的理論分析與實證觀察。

拉岡認爲嬰兒十八個月大至幼童六歲以前的鏡像階段是嬰兒生活史的關鍵時期與重要轉折，這是每個人自我認同初步形成的時期。從把分不清自我還是他者，到從鏡中看到自己的影像，但直到能辨認出自己的影像，才區分出自己與母親或其他對象、周遭環境。這時候嬰兒對這個鏡像裡的自己產生了自戀的認同，在想像的層面上認同了自身的影像。但鏡像階段同時是從破碎到想像的認同過程，把鏡像內化成理想自我，並不是眞實的，而是一種鏡中幻象，這時候自我反而成爲客體。

拉岡的理論還包括想像、象徵。他將形塑主體自我形象的他者稱爲「象徵系統」，舉凡生活中可觸及的所有東西、人事言說、社會規範、法律、血緣關係等都包含其中。人藉由象徵系統的「架構」知道如何自我實現、如何待人處事、如何表達情緒，並在人際互動中形成自我形象，尤其是透過社會眼光、他人的態度的鏡子來界定自我，並由此而形成自我概念的印象。

神經科學家維萊亞努爾．拉馬錢德蘭認爲大腦中的「鏡像神經元」在模仿及語言習得中具重要作用，並推測它與理解他人感覺有關。這理論解釋了當同類做出一個行爲時，我們就會被激發，如看見有人行善，我們會效法之；見對方享受美食，會不自覺地吞嚥口水；看到別人打球，就躍躍欲試。推而廣之，遊戲、電影中所見到的暴力，也會刺激鏡像神經元，對這些暴力場景感同身受，而模擬行爲。

社會化的過程與結果奠基於神經科學、心理分析，發展於與他人、群體與社會之間的互動影響，從而成爲合格社會角色；也在同理心與模仿的共振下，而建立內部的行爲表徵。當我們在禮教法度象徵的主流價值鏡像下，建構出循規蹈矩的自我時，最重要的還是能否保持美好的互動與自我，正如我們透過鏡子看見自己在乎的不僅是外貌與服裝端正合宜，更是那份自信陽光的能量。

八十一、國風．邶風．擊鼓

春秋　詩經

擊鼓其鏜①，踴躍②用兵。土③國城漕④，我獨南行。

從孫子仲⑤，平⑥陳與宋。不我以歸，憂心

有忡⑦。

爰⑧居爰處？爰喪其馬？于以求之？于林之下。

死生契闊⑨，與子成說⑩。執子之手，與子偕老。

于嗟⑪闊兮，不我活兮⑫。于嗟洵⑬兮，不我信⑭兮。

注釋

①鏜：音ㄊㄤ，形容擊鼓的聲音。

②踴躍：此指鼓舞。

③土：動詞，修建土木。

④漕：音ㄘㄠˊ，地名。春秋時代衛國有漕邑，約位於河南省滑縣東南。

⑤孫子仲：人名，統兵的主帥。

⑥平：和也，和二國之好。謂救陳以調和陳、宋關係。陳、宋，諸侯國名。

⑦忡：憂慮的樣子

⑧爰：音ㄩㄢˊ，發語詞，無義。

⑨契闊：分離，相隔。此為偏義複詞，偏用「契」。契，合也。闊，離也。

⑩成說：約定，盟約。

⑪于嗟：音ㄒㄩ ㄐㄧㄝ，歎息之詞。

⑫不我活兮：此指不讓我們相聚。活，「佸」的通假字，相聚。

⑬洵：疏遠。

⑭信：動詞，信守諾言。

翻譯

戰鼓敲得咚咚作響，鼓舞士兵上戰場。有人在國都挖土去漕邑築城，唯獨我奉命遠征南方。跟隨將軍公孫子仲，要去消弭陳、宋兩國的戰亂。回家的心願不被允許，整天愁苦憂心忡忡。哪裡是我棲身處？我的馬丟失在哪裡？叫我去哪裡尋找？原來馬在樹林下。不管生死離合，我曾和你立下盟約。握住你的手，願和你白頭到老。唉可歎如今相隔遙遠，我難以回家與你相聚。唉相隔太久，讓我的誓約不能實現。

知識要點

● 敘述背景：毛詩序認爲這首〈擊鼓〉，衛州吁用兵暴亂，使公孫文仲將而平陳與宋，國人怨其勇而無禮也。也有人認爲是衛穆公時宋師伐陳，衛人救陳。故事主角是衛國兵士，遠戍陳、宋，久役不得歸，懷念妻子，回憶臨行與妻子訣別之詞。

● 敘述脈絡：擊鼓用兵→我從孫子仲，平陳與宋→死生契闊，與子成說→于嗟洵兮，不我信兮。

● 知識重點：

1. 內容分三部分：其一是事件與心情背景：「擊鼓其鏜，踴躍用兵」寫戰前；「從孫子仲，平陳與宋」寫出征；「土國城漕，我獨南行」、「不我以歸，憂心有忡」寫心中之憤懣。其二是「爰居爰處？爰喪其馬？于以求之？于林之下」，有兩種說法：一是藉馬性不受羈束、愛好馳騁比擬征人不願久役、想歸家；一是營中有人不還者而亡其馬，透過他人寫自己也不免於危難的處境。其三從征人自敘出征情景轉為夫妻（或情人）別時信誓，誰料到歸期難望，信誓無憑之悲怨。

2. 在寫作上，以「土國城漕」國境以內的勞役日日可返家，對比與「我獨南行」赴戰場的遠離與生死難卜。「執子之手，與子偕老」的動作與畫面示現了當初許下承諾的快樂場景，對比於今日「死生契闊」，身不由己，無能為力的憾恨與無奈，讓整首詩迴盪在死亡的陰影之中，戰爭下百姓命運之逆轉，對用兵之憤懣不言可喻。

練習題

1. 下列字義何者兩兩相同？
(A)「踴躍」用兵／歡欣「踴躍」
(B)于嗟「洵」兮／「洵」屬可貴
(C)死生「契」闊／心靈相「契」
(D)「爰」喪其馬／「爰」整駕而行

2. 根據本詩，下列敘述何者正確？
(A)出征目的是平陳與宋
(B)發動戰爭的是孫子仲
(C)「土國城漕，我獨南行」寫戰爭遭離亂之苦
(D)執子之手是因為「于嗟洵兮，不我信兮」

3. 根據本詩，可推知作者的愛情觀最接近
(A)兩情若是久長時，又豈在朝朝暮暮
(B)問世間，情是何物？直叫人生死相許
(C)不在乎天長地久，只在乎曾經擁有
(D)天涯何處無芳草，何必單戀一枝花

大考演練

1-3 為題組。閱讀下文並回答問題。

明嘉靖中，一樵人朝行，失足墮虎穴，見兩虎子臥穴內，深數丈，不得出，徬徨待死。日將晡，虎來，銜一生麋，

飼其子既，復以餕①予樵，樵懼甚，自度必不免。迨昧爽，虎躍去，斅歸飼子，復以餕與樵。如是月餘，漸與虎狎。一日，虎負子出，樵夫號曰：「大王救我！」須臾，虎復入，俛首就樵，樵遂騎而騰上，置叢箐中。樵復跪告曰：「蒙大王活我，今相失，懼不免他患，幸導我通衢，死不忘報。」虎又引之前至大道旁。樵泣拜曰：「蒙大王厚恩無以報，歸當畜一豚，縣②西郭外郵亭下，以候大王，某日日中當至，無忘也。」虎頷之。至日，虎先期至，不見樵，遂入郭，居民噪逐，生致之，告縣。樵聞之，奔詣縣廳，抱虎痛哭曰：「大王以赴約來耶？」虎點頭。樵曰：「我為大王請命，不得，願以死從大王。」語罷，虎淚下如雨。觀者數千人，莫不歎息。知縣，萊陽人某也，急趣釋之，驅至亭下，投以豚，大嚼，顧樵再三而去。（王士禎《池北偶談》）

註：①餕：剩餘的食物。②縣：通「懸」。

1.依據上文，下列敘述何者正確？
(A)樵夫因逐虎而墮虎穴
(B)樵夫畜豬俟老虎索食
(C)老虎報樵夫飼子之恩
(D)老虎欲救樵夫而遭擒
【106統測】

2.依據上文，老虎「入郭」的原因為何？
(A)為報樵夫恩情
(B)獵取城中牲畜
(C)錯失約定之日
(D)欲尋樵夫履約
【106統測】

3.依據上文，下列「」內的解釋，何者正確？
(A)樵懼甚，「自度必不免」：暗想終將餓死虎穴
(B)樵遂騎而騰上，「置叢箐中」：躲避在草叢裡
(C)今相失，「懼不免他患」：恐迷途山中或遭噬
(D)「急趣釋之」，驅至亭下：識趣的將老虎放生
【106統測】

【跨領域觀看】：張愛玲與《紅樓夢》裡的經典愛情語錄

「於千萬人之中遇見你所要遇見的人，於千萬年之中，時間的無涯的荒野裡，沒有早一步，也沒有晚一步，剛巧趕上了，沒有別的話可說，惟有輕輕地問一聲：『噢，你也在這裡？』」

這是張愛玲小說〈愛〉裡的一段話，極盡樸實的文字描述了還未開始便已凋零的愛情，殘破地流離守在心底的那年春天，輕輕地一問，便是一生一世的承諾。這也是二十四歲的張愛玲愛上了

三十八歲的胡蘭成時的心情：「見了他，她變得很低很低，低到塵埃裡，但她心裡是歡喜的，從塵埃裡開出花來。」那樣的歡喜，讓「女人一旦愛上一個男人，如賜予女人的一杯毒酒，心甘情願地以一種最美的姿勢一飲而盡，一切的心都交了出去，生死度外」！

因此即使胡蘭成有妻室，張愛玲依然愛得義無反顧，因爲「你問我愛你值不值得，其實你應該知道，愛就是不問值得不值得」，最後她等到了一紙簡單至極的婚書：「胡蘭成與張愛玲簽訂終身，結爲夫婦。願使歲月靜好，現世安穩。」面對離別，她天眞而堅定地相信愛情足以對抗時間與距離：「我要你知道，在這個世界上總有一個人是等著你的，不管在什麼時候，不管在什麼地方，反正你知道，總有這麼個人。」

愛情，就是心裡住了一個人，一個比愛自己更愛的人，一個朝思暮想永遠凝望的方向，就如同向日葵死心塌地只朝太陽所在的地方盛開。因此愛情不必然是夜空的煙火絢麗而心醉，它常常表現在尋常生活的細節裡，那是《紅樓夢》裡寶黛之間的愛情，如春草漸生蔓延不休。第十九回〈意綿綿靜日玉生香〉，寶玉勸黛玉不要剛吃了飯就睡覺，而纏著跟她說話解悶，因爲他擔心黛玉晚上會睡不著。第四十五回，寶玉來到瀟湘館，一見黛玉就問：「今兒好些？吃了藥沒有？今兒一日吃了多少飯？」第五十二回，寶玉正要邁步離去時，又回身問：「如今的夜越發長了，你一夜咳嗽幾遍？醒幾次？」這是寶玉的愛，沒有文青式的甜蜜詩語，沒有綾羅綢緞的金玉餽贈，有的就是這樣的擔心、牽掛。

依神話敘述，黛玉此生是爲還神瑛侍者對絳珠草的灌溉而來，因此他對寶玉的愛，不是形影不離，而是以道悟之。第二十二回〈聽曲文寶玉悟禪機〉，寶玉有感而發就做了一個偈語：「你證我證，心證意證。是無有證，斯可云證。無可云證，是立足境。」暗示彼此都期待證明的愛情，結果是自尋煩惱，等到什麼都不需要驗證時，也許才眞的是到了立足之境。這樣告白揭示愛情的高度，一個無須任何世俗形式、語言證明，無須索求的確認就是愛。

黛玉的回應是：「你那偈末云，『無可云證，是立足境』，固然好了，只是據我看，還未盡善。我再續兩句在後。」因念道：「無立足境，是方乾淨。」

黛玉的愛是讓寶玉做自己，做一個不繫之舟，無論是「執子之手，與子偕老」，或是今生錯過，只要對方好好過日子，就心滿意足了。

八十二、西北有高樓

漢　古詩十九首

西北有高樓，上與浮雲齊。交疏①結綺窗②，阿閣③三重階。

上有弦歌聲，音響一何悲！誰能爲此曲，無乃④杞梁妻⑤。

清商⑥隨風發，中曲⑦正徘徊⑧。一彈再三歎，慷慨有餘哀。

不惜歌者苦，但傷知音稀。願爲雙鴻鵠⑨，奮翅起高飛。

注釋

① 交疏：窗上交錯雕刻的花格子。

② 綺窗：雕飾精美的窗子。綺，有花紋的細綾。

③ 阿閣：四面有柱子的樓閣。阿，音ㄜ。

④ 無乃：莫非，大概。

⑤ 杞梁妻：據說齊國大夫杞梁，出征莒國，戰死在莒國城下。其妻臨屍痛哭，一連哭了十天十夜，把城哭塌了。後演變為孟姜女哭倒長城的傳說故事。《琴曲》有〈杞梁妻歎〉，杞植戰死，妻歎曰：「上則無父，中則無夫，下則無子，生人之苦至矣。」乃抗聲長哭，杞都城感之而頹，遂投水而死。其妹悲其姊之貞操，於是作歌，名為〈杞梁妻〉。

⑥ 清商：古代五音中的商音音調淒清悲切，稱為「清商」。又作為樂曲名，聲音清越哀怨。

⑦ 中曲：樂曲的中段。

⑧ 徘徊：此指樂曲旋律回環往復。

⑨ 鴻鵠：即鵠，是天鵝。

【翻譯】

樂曲的演奏，歌者彈完一個填調，再連接奏出三次和聲，把不得志的感情表露無遺。

西北方有一座高樓，堂皇高聳恰似與浮雲齊高。高樓窗上透刻著像細綾花紋一樣的窗格。阿閣建在有三層階梯的高臺上。樓上誰在彈唱如此淒惋的歌曲呢？莫非是像杞梁妻那樣的人嗎？清商曲聲音清切而悲傷，隨風飄盪多淒涼！這悲弦奏到樂曲中段時，迴旋反覆。琴歌頓歇，只聽到聲聲歎息，從高高的樓窗傳出，其中有多少壓抑難伸的慷慨之情，追著消散而逝的琴韻迴旋。我難過的不只是歌者錚錚琴聲傾訴聲的心酸苦痛，更悲痛的是她對知音的深情呼喚。願我們化作一雙心心相印的鴻鵠，從此結伴展翅高飛，自由翱翔於天際。

【知識要點】

● 故事背景：徐陵《玉臺新詠》認爲此篇爲枚乘作，上書極諫卻不被接納，所以託此以寓己志。昭明太子列入《文選》，視爲五言詩之祖。

● 敘述脈絡：西北有高樓↓弦歌聲悲淒↓一彈再三歎↓願雙鴻鵠高飛。

● 歷代評論：吳淇稱《古詩十九首》：「惟此首最爲悲酸。」曾原《古詩十九首旨意》曰：「此詩傷賢者忠言之不用而將隱也。高樓重階，此朝廷之尊嚴；弦歌音響，喻忠言之悲切；杞梁妻念夫而形於聲，此則念君而形於言。徘徊而不忍忘，慷慨而懷不足，其切切於君者至矣。歌者苦而知音稀，惜其言不見用，將高舉而遠去。」

● 知識重點：

1.《古詩十九首》在藝術表現上的一大特點，就是「寄託」。面對宦官當道的漢末，文人空有壯志卻報國無門，期待知音，帝宮之「高樓」氣象巍峨高峻，聳入了飄忽的浮雲中。高樓佳人藉錚錚琴聲傾訴，期望得到知音的理解和共鳴，樓下聽歌的詩人從那寂寂靜夜的淒切琴聲中，理解了佳人不遇，「知音」的傷情強烈地震撼了他，因為他自己也是不遇「知音」，苦苦尋覓「知音」者，這讓詩人和歌者連結，而禁不住發出「願為雙鴻鵠，奮翅起高飛」熱切的呼喚！

2. 全詩依事件進行順敘，詩的第一層次寫空間：「高樓」、「綺窗」、「阿閣三重階」以建築精緻而氣派的形式標誌出權貴人家，從另方面看，這侯門深似海的隔絕狀態，也點出歌者深鎖的處境。第二層次寫音樂：「弦歌聲」將前四句的寫景帶到樂聲，由高樓到高樓上傳出彈琴的聲響、歌者歌唱的聲響，這過渡安排得非常巧妙自然，絲毫不著痕跡。「悲」，是耳聞之聲，是歌者抒發內心悲哀的感情之音，也是聽者心感之聲。「杞梁妻」的比擬為這些聲響潛藏的情緒托出淒美的故事，一個因為摯愛死亡，對生命感到絕滅而自盡，為下文知音埋下伏筆。

3. 第三層次寫情感：「清商隨風發，中曲正徘徊。一彈再三歎，慷慨有餘哀。」這四句不僅著力描摹琴聲樂音、旋律、節奏，也摹寫其人。透過聽者的詮釋，樂曲變化的情節琴韻和歎息聲，隱約可見蹙眉不語、撫琴墮淚的佳人。第四層次寫願想：「不惜歌者苦，但傷知音稀。願為雙鴻鵠，奮翅起高飛。」詩人是歌者的知音，讀懂歌者的心意，因為自己正是那盼知音者，振翅高飛正是自己的心願！

4. 這首詩除前四句寫景，交代詠歎的地點高樓，其餘完全以聽覺描寫事件，時間則聚焦於瞬間，那聆聽閒歌的當下。脫去視覺具體的意象，如何將完全虛的聽覺意象表達出來，讓轉瞬消逝的聲音，抽象的內心感覺可以依賴文字符號存在？作者運用了詩人兼聽者與歌者，歌者與敘述者混合的方式。歌者是詩人，聽歌者也是詩人，這是現實的他與內心的獨白。「一彈再三歎，慷慨有餘哀」的歌者心聲是詩人的詮釋，「不惜歌者苦，但傷知音稀」顯示此詩的獨白是知音對歌者的回應，在獨白的意義上歌者又是他的知音，所以是「願為雙鴻鵠，奮翅起高飛」。

練習題

1. 根據此詩，下列對樂曲歌聲的敘述，正確的是：
(A)是杞梁妻哀其夫的樂曲
(B)內容是「願爲雙鴻鵠，奮翅起高飛」之意
(C)歌者心境與樂曲曲調隱然相契，聞其聲如見其人
(D)高樓之貴者沉溺於自我爲賦新詞強說愁的情緒中

2. 下列最能概括本詩主旨的是：
(A)君子懷其寶，而迷其邦
(B)當路誰假借，知音世所稀
(C)海內存知己，天涯若比鄰
(D)君子韜光養晦，浪跡天涯

大考演練

1. 「浮雲」在中國詩文中，常用爲「奸佞」或「讒邪」者的隱喻，如李白〈登金陵鳳凰臺〉：「總爲浮雲能蔽日，長安不見使人愁」便以「浮雲」比喻讒臣。請參酌文意、題稱、作者經歷等，指出下列詩文中的「浮雲」亦有相近隱喻的選項是：（多選）

(A)《論語・述而》：不義而富且貴，於我如「浮雲」
(B)周詠〈去國吟〉：「浮雲」蔽日龍蛇蟄，眼中時局如棋坪
(C)王安石〈登飛來峰〉：不畏「浮雲」遮望眼，自緣身在最高層
(D)《古詩十九首》：相去日已遠，衣帶日已緩；「浮雲」蔽白日，遊子不顧反
(E)《古詩十九首》：西北有高樓，上與「浮雲」齊；交疏結綺窗，阿閣三重階
【91指考預試卷】

2. 據下文，□□□□內最適合填入的詞語依序為何？
在這個世界上，有什麼所在比舊書店更可愛呢——這是積存人類精神食糧的穀倉，這是晚上不必燈火即可□□□□的殿堂。一些卓越的天才的筆端，迸放出閃閃的火花，像點綴在夏夜藍空上的星辰般，揚光耀彩，那些保留在紙上的，一些作者們□□□□、自鑄的妙句偉詞，實在代表著他們心靈中最精粹的部分。（張秀亞〈小花與茶〉）
(A)柳暗花明／獨抒胸臆
(B)柳暗花明／無獨有偶
(C)輝明如晝／獨抒胸臆
(D)輝明如晝／無獨有偶
【106統測】

【跨領域觀看】：手機裡有多少是常聯絡而可以談心的人？

有個影片敘述人的一生會認識大約二萬七千人，在實驗測試中，先詢問受試者估計手機裡有多少聯絡人，回答的數字從二百至六百不等，但實際檢查手機通訊錄發現竟有上千人。接著刪除不會主動聯絡的人，這時候測試者有點猶豫，但還是刪除了一些很少聯絡或純屬應酬的名單。接下來是不必考慮工作需求往來的名單時，四周螢幕反映出手機聯絡人快速消失，結果一千多個名單，只剩下二至三位。被問到這兩三位朋友最近一次的聯絡是多久前，答案是兩三年，大家這才發現業務上的事導致多年感情就這樣斷了，或者很久，大家都沒時間，平時各忙各的。當被提醒現場打個電話吧，有人深深歎了口氣；有人開心地笑談，有人表情凝重而感傷地撥出號碼，電話接通，對方卻掛斷了，神情更寂寞了。

〈西北有高樓〉這首詩寫的是兩個寂寞的人，住在華宅裡的人必然遭逢痛不堪言的事情，琴音才會如此悲涼淒楚，但再精湛的琴技、再深刻的旋律都難以傾瀉那巨大無邊的情緒，他忍不住一彈再三歎。這樣淒惻已極的弦音，風聽見，樓中的花窗聽見，但飄散於空氣裡的波動能傳到對方心裡嗎？

顯然沒有，否則琴聲不會如此凝重。這尋覓知音卻無法遇見的熱情與苦澀，卻被偶然路過的人聽見了。他聽出聲音背後的情感，那無聲卻有千萬種風情的渴望、等待、思念與落空。只是樓上的人不知道。

這讓人想起伊塔羅．卡爾維諾《如果在冬夜，一個旅人》，故事始於某個火車站，蒸氣瀰漫，燈光昏暗，陰雨的夜晚一切顯得模糊而遙遠。在冬夜來到小車站的旅人，手中提著一只皮箱，受命傳交出去，卻一直無人來接應。夜是如此寂靜，踩在路上的聲音格外清晰，他走過一棟棟公寓，電話鈴一聲聲在這充滿溼氣的空間裡旋轉，在樓間迴繞。沒有人接電話，這城市裡沒有他認識的人，但他是聽見電話的人。

滿懷想傳遞出去的心意，尋尋覓覓沒有接受的人；手機裡的電話，忙裡忙外很久沒聯絡。我們總期待有個懂自己的人，能夠一起走長長的路，即使不言不語，但心裡都明白。這契合之遇是〈蘭亭集序〉裡讓王羲之高興得不知老之將至的境界，也是他沉痛的原因。今後，我們能做的，或許只是打個電話給無法刪除的好友，暢敘幽情。

八十三、七哀①詩

魏　王粲

西京亂無象②，豺虎③方遘患④。復棄中國⑤去，委身適荊蠻⑥。親戚對我悲，朋友相追攀⑦。出門無所見，白骨蔽平原。路有飢婦人，抱子棄草間。顧聞號泣聲，揮涕獨不還。「未知生死處，何能兩相完？」驅馬棄之去，不忍聽此言。南登灞陵岸⑧，回首望長安。悟彼〈下泉人〉⑨，喟然傷心肝。

注釋

①七哀：是表示哀思之多。漢樂府中不見此題，可能為王粲自創。

②西京亂無象：長安紛亂無序。西京，長安。東漢都洛陽，洛陽在東，長安在西，因稱長安為西京。無象，此指無道。象，現象。

③豺虎：指董卓餘黨李傕、郭汜等人。

④方遘患：此指正在製造禍亂。

⑤中國：此指北方中原地區。上古時代，漢族文化發源黃河流域，以為居天下之中，故稱其地為「中國」。

⑥委身適荊蠻：此指前往荊州。委身，託身，寄身。適，往。荊蠻，指荊州。荊州本楚國之地，楚國本叫「荊」，古人稱南方民族為「蠻」，故舊稱荊州為荊蠻。

⑦攀：攀拉車轅，表示戀戀不捨。

⑧南登灞陵岸：向南登上漢文帝的墓地。灞陵：漢文帝劉恆墳墓，地處長安東面。岸，高地。

⑨下泉人：指〈下泉〉詩的作者。〈下泉〉，《詩經．曹風》篇名，《毛詩》序云：「下泉，思治也。曹人……思明王賢伯也。」下泉，指黃泉，地下。

翻譯

長安亂得無法無天，董卓餘黨李傕、郭汜等人像豺狼虎豹趁機製造禍患與災殃。我忍痛離開中原鄉土，寄託生命在即將前往的荊州。親戚對著我悲傷地哭泣，朋友攀住車廂依依惜別。走出門滿目蕭條一無所見，只有白骨遮蔽了郊原。回路上遇到一個飢餓的婦人，把懷中的孩子拋棄在草中。回頭聽到孩子嚎啕的哭聲，孤零零的立在那裡揮淚沒有返身。（婦人自言自語）「連自己都不知道身死何處，孩子大人哪能保全得住？」（不等她說完，）我趕緊策馬離去，不忍再聽這傷心的語言。向南登上灞陵漢文帝的墓地，回過頭遠望西京長安。頓時感悟到〈下泉〉詩作者思念賢明國君的心情，不由得喟然發出傷心痛肝的歎息。

知識要點

● 敘述背景：王粲（西元一七七—二一七年），字仲宣，山陽高平（今山東鄒縣）人。十四歲從洛陽到長安，十七歲因董卓餘黨作亂，大肆燒殺搶掠，南下避難依附荊州刺史劉表（劉表曾學於王粲的祖父王暢，兩家有世交），此為當時親身所歷所見亂離景象。

● 敘述脈絡：西京亂→適荊蠻→見白骨蔽原，飢婦人抱子號→南登灞陵，喟然傷心。

● 歷代評論：張春紅〈論王粲詩之以情取勝〉說：「王粲經歷離亂的身世和他自傷多情的性格氣質與他「才華」的完美結合，使他的詩歌通過多種藝術表現手法的運用和對詩歌的章法結構的著意組織，體現出「以情取勝」、才情並茂的風格特徵。

● 知識重點：

1.《七哀詩》是魏晉樂府的一種詩題，以反映戰亂、瘟疫、死亡、離別、失意為主。王粲的《七哀詩》今存三首，後代都視為最能代表建安詩歌寫實精神的五言古詩。

2.這首詩內容有三：

一是當時「西京亂無象，豺虎方遘患」的局勢與現狀。「亂無象」突顯「豺虎」橫暴所造成的災患，「出門無所見，白骨蔽平原」則更進一步以所見具象化「豺虎」作亂的悲慘景象。婦人捨子哀號的獨白不僅落實白骨的厄運，也表現出慘絕人寰的現實。

二是交代離開長安的原因。「委身」寫被迫遷移，以「荊蠻」代表荊州，顯現偏遠，也因未來難卜，「親戚對我悲，朋友相追攀」，送別場面悲痛。「復棄」字指董卓脅迫漢獻帝遷都長安，驅使吏民八百萬人入關，王粲與家人被迫遷移到長安，而今為了避難，又要離開長安，蘊含無限感慨和哀傷。

三是對時局的感慨與寄望。「南登灞陵高處，回首眺望長安。」慨歎朝政衰敗，回應豺狼為亂，透露出對明君盛世的嚮往。「悟彼下泉人，喟然傷心肝。」面對動亂深深領悟〈下泉〉詩作者思念明王賢君的急切心情，「傷心肝」收束全詩，情緒迴盪於沉痛悲涼之中。

3.這首詩以白描手法描述所見，忠於現實，在敘事上由離京避難的背景、送別場景、途中所見，最後由景到情。「親戚對我悲，朋友相追攀。」以互文寫送別時的表情和動作，「下泉人」用《詩經》典故表達「思治」求安，「思明王賢伯」的心願，寄寓對賢明的漢文帝的懷念。

練習題

1.從敘述中可知詩人從長安至荊州的原因是：

(A)豺虎方遘患

(B)親戚對我悲

(C)路有飢婦人

(D)南登灞陵岸

2.下列有關本詩的解讀，正確的是：

(A)「復棄中國去，委身適荊蠻」，敘說被貶謫而流離偏鄉的無奈

(B)「出門無所見，白骨蔽平原」，極言西京亂無象的狀態

(C)「顧聞號泣聲，揮涕獨不還」，顯現作者喟然傷心肝、沉痛無言之苦

(D)「未知生死處，何能兩相完？」選擇人生短暫，獨善其身的感歎

3.下列有關本詩寫作手法的說明，正確的是：

(A)「西京」亂無象，「豺虎」方遘患：借代

(B)「親戚對我悲，朋友相追攀」：互文

(C)「顧聞號泣聲，揮涕獨不還」：對偶

(D)「悟彼〈下泉人〉，喟然傷心肝」：白描

大考演練

1-3爲題組。閱讀下文，回答第1-3題。

貧富差距、階級或族群不平等，是影響「社會脆弱性」最重要因素。如：中上階級的資訊能力通常較強；富裕的社區，才足以建立災害預警系統或防災避難設施；另外，中上階級通常具有較便利的交通工具、較堅固安全的居住環境……這些因素都影響了受災風險的分布。

社會脆弱性研究，常將脆弱性區分爲大、小兩個層次：小層次爲「個體、家庭」的脆弱性研究，探討個人的階級、族群、性別身分，如何影響受難風險分布；「社區、國家」的大層次研究，則討論社區與國家經濟發展程度、貧富差距、行政能力、醫療與社會福利、住宅政策等因素，如何影響居民的受災風險。每個社會都具有各自特殊的脈絡與文化因素，必須先完成「個體層次」的風險分析，才能梳理特定社會的脆弱性因素及其受影響程度。若貿然進行地理空間或加總層次的推論，易犯以全概偏的區位謬誤。

根據以上社會脆弱性問題的分析，學者提醒，政府、學界可依各鄉鎮的中低收入戶、老年人口、原住民與工農階級人口、不完整家庭的比例、城鄉行政區等特徵，建構臺灣本土的社會脆弱性指標，並結合各種天災的GIS地理資訊，估計臺灣最易受災的鄉鎮社區。以改善高風險社區內的「社會階層不平等」狀況爲長期防災目標，短期則至少要加強這些社區的防災教育與準備。＿＿＿＿＿＿，與其於災後宣揚無私的大愛情懷，不如在災前改善社會不公，更是眞的救人一命。（改寫自〈貧富差距下的社會脆弱性：災難社會學〉）

1.依據上文，判斷下列選項的敘述，何者不符合作者的觀點？

(A)除了城鄉之外，工作階級和貧富差距，也是造成受災風險不均的重要原因

(B)將社會脆弱性指標與地理資訊系統相結合，可有效掌握最

可能的受災區域

(C)個人及家庭脆弱風險的評估應先於社區醫療資源的分析，以避免區位謬誤

(D)各級單位應以建立災害預警系統及災害避難設施，作爲國家長期防災目標

【108二技】

2. 關於本篇文章的脈絡，哪一個選項順序正確？

(A)宣導觀念→實例印證→心得分享

(B)背景說明→界定區分→學理建議

(C)報導時事→反駁評論→歸納感想

(D)突顯問題→正反討論→實驗分析

【108二技】

3. 依據上文，劃線處最適合填入下列哪一個選項？

(A)百聞不如一見

(B)求人不如求己

(C)治標不如治本

(D)天聽自我民聽

【108二技】

【跨領域觀看】：當我們自以為正義時……

挾天子以令諸侯的董卓；虐刑濫罰，睚眥必死，被稱爲前所未有殘虐至極的董卓；羅貫中筆下「董卓遷都漢帝憂，生靈滾滾喪荒丘。狗銜骸骨筋猶動，烏啄骷髏血尚流」的董卓。他也曾經是猛烈有義氣之人，曾自以爲是替天行道的正義之人。

《三國志．魏書．董卓傳》：「性麤猛有謀。少嘗遊羌中，盡與豪帥相結。後歸耕於野，諸豪帥有來從之者，卓爲殺耕牛，與共宴樂，豪帥感其意，歸相斂得雜畜千餘頭以遺之，由是以健俠知名。」這段文字敘述天賦異稟，力大無比，能在馬上左右開弓的董卓，年少時遊歷羌胡聚居地，與豪帥結交。後從事耕作，豪帥來訪時以謀生的耕牛宰殺大宴，羌胡之豪帥也回贈千餘頭畜，因此以健俠知名。而後，董卓因爲作戰粗猛有謀，力建戰功而不斷升官，又因討殺一萬多羌人，並親自斬殺羌人酋長，使羌人絲毫不敢犯。鎮壓黃巾軍起義時，「五軍敗績，卓獨全眾而還」。拜前將軍，封斄鄉侯，徵爲并州牧。

這時候的董卓是保國安邦的英雄，是高舉正義之師的領袖。

不幸的是，權力欲望因爲驕傲得志，因爲擴張的機會，掩於正義羊皮底下的殘暴快速膨脹，讓英雄變形成豺狼虎豹。漢靈帝病逝後，幼主登基，宦官和外戚兩方勢力插手朝政，董卓趁機而入占據京城，立陳留王劉協爲漢獻帝，並挾持號令，干涉朝政，打擊異己，大肆搜刮民財。

這時候的董卓，也自認是正義吧！畢竟任何人都會爲自己找到不得不然的理由、合理化的解說，這是心理防衛機制。近期美國科學家發現：一些人習慣性地欺騙，是因爲人類的一種「不道德健忘症」心理在作祟，我們的大腦更傾向於忘記自己做過的不光彩的事。

諾貝爾經濟學獎得主康納曼認爲，大多數人的決定都受到雙系統認知過程，一道是直觀、透過記憶聯想與習慣來運作的系統；另一道是組織化、採取審慎論證與推理來運作的系統。當人們能遵守倫理規範，執行道德監視，便能有效控制源於直覺的自利行爲。顯然董卓年少時的武略勇猛，是在所謂合乎倫常的義理之下；得志的腐敗，讓他憑直覺、感官、欲望統領認知，於是所謂的正義變成了肆無忌憚的毀滅旗幟。

當我們要求實現正義的時候，首先應該確定什麼是正義，否則便會流於自我中心主義的惡魔。納粹如此，董卓亦然。

八十四、歸田園居（五之一）

東晉 陶淵明

少無適俗韻[1]，性本愛丘山。誤落塵網[2]中，一去三十年。羈鳥戀舊林，池魚思故淵。開荒南野（一作南畝）際，抱拙[3]歸園田。方宅十餘畝，草屋八九間。榆柳蔭後簷，桃李羅堂前。曖曖[4]遠人村，依依墟里煙[5]。狗吠深巷中，雞鳴桑樹顛。戶庭無塵雜，虛室[6]有餘閒。久在樊籠[7]裡，復得返自然。

注釋

① 適俗韻：適應世俗的情調、風度。此指逢迎世俗、周旋應酬、鑽營取巧的本領。

② 塵網：指塵世、仕途。

③ 守拙：守正不阿。

④ 曖曖：黯淡的樣子。

⑤ 依依墟裡煙：村落的炊煙輕柔飄揚。

⑥ 虛室：閒靜的屋子。

⑦ 樊籠：籠中之鳥，比喻受到世俗束縛不得自由。樊，柵欄。

翻譯

從小沒有投合世俗的氣質，性格本來就愛好山野大自然。錯誤地陷落在人世間的羅網中，轉眼就是三十年。關在籠中的鳥兒依戀居住過的樹林，被養在池中的魚兒思念生活過的深潭。到南邊的原野裡去開墾荒地，依著愚拙的本心回家耕種田園。住宅四周有十多畝地，茅草房子有八九間。榆樹、柳樹遮掩著後簷，桃樹、李樹羅列在大堂的前面。遠遠的村落隱約可見，樹上的炊煙隨風輕柔地飄揚。狗在深巷裡吠，雞在桑樹頂鳴。門庭裡沒有世俗瑣雜的事情煩擾，寧靜的生活環境有的是閒暇的時間。過去長久地像困在籠子裡面，而今總算又能夠返回到大自然了。

知識要點

● 故事背景：晉安帝義熙元年（西元四〇五年）陶淵明八月辭江西彭澤縣令，解印歸田，結束時隱時仕、身不由己的生活，與鄉鄰及其妻「相見無雜言，但道桑麻長」。愉快地抒發隱居躬耕的心情作《歸田園居》五首，這是第一首。

● 敘述脈絡：性本愛丘山→誤落塵網三十→抱拙歸園田→復得返自然。

● 知識重點：

1. 前四句敘說個性與現實的衝突。既以「無適俗韻」反襯「本愛丘山」，表明過去三十年在世俗的作為都是「誤」，突顯嚮往自然的真情韻、真個性與精神氣質，作為辭官歸田的理由，並以此為全詩的基調。「羈鳥戀舊林，池魚思故淵」一方面承接「誤入塵網」，另方面開啟下文田園之居。

2. 「守拙」上承「少無適俗韻」，其中含有多次出仕、多次退隱後的領悟與接受，終於選擇「抱守」愚拙天性，從心所好，決心「開荒南野」，「歸園田」，俗世與本性的衝突就此消弭，愉悅的生活就此展開。以下遂以輕快的節奏揭開如畫的圖景：自草屋開始，鏡頭逐步由近而遠移動，屋前後之榆柳、桃李色彩鮮美，再擴至周遭的村莊、炊煙、狗吠、雞鳴的活潑生趣，並以後簷、堂前、深巷、桑樹顛的空間多角度詠唱桃源世界。而這一切都源於「無塵雜」，「有餘閒」，數語之間便總括反自然的暢然自適。

3. 陶淵明的詩在自然平實中蘊含豐美，筆淡意濃，如「羈鳥戀舊林，池魚思故淵」以比喻、對仗句式，強化厭倦舊生活、嚮往新生活的情緒；寫景處也運用對偶：「方宅十餘畝，草屋八九間」、「榆柳蔭後簷，桃李羅堂前」、「曖曖遠人村，依依墟裡煙」靜靜的線條，與「狗吠深巷中，雞鳴桑樹顛」動態的聲響，透露出恬淡安和的自在。

【練習題】

1. 根據本詩，陶淵明選擇歸田園的主要原因是：
(A)開荒南野
(B)抱拙守眞
(C)桃李羅堂
(D)柳蔭後簷

2. 下列文意兩兩相近的是：
(A)少無適俗韻，性本愛丘山：隨俗雅化
(B)羈鳥戀舊林，池魚思故淵：籠鳥檻猿
(C)狗吠深巷中，雞鳴桑樹顛：雞犬相聞
(D)久在樊籠裡，復得返自然：誤落塵網

3. 下列關於本詩寫作手法的說明，錯誤的是：
(A)「方宅十餘畝，草屋八九間」，以簡筆的勾勒，顯出簡樸生活。
(B)「曖曖遠人村，依依墟裡煙」，以炊煙描繪遠景，顯現平靜安詳的氛圍
(C)前半寫景，後段抒情，「戶庭無塵雜，虛室有餘閒」，呈現悠閒自適的心境
(D)「久在樊籠裡，復得返自然」，與「少無適俗韻，性本愛丘山」相呼應，點出主旨

【大考演練】

1-4爲題組。閱讀下文，回答1-4題。

陶醉於田園的陶潛，是否曾爲他決定隱居後悔過？是否有時候也想過另外一種生活？清代以降的批評家已開始質疑陶潛作爲一個隱士的「單純性」- 詩人龔自珍就把陶潛當成有經世抱負的豪傑之士，可與三國時代的諸葛亮相比擬：「陶潛酷似臥龍豪，萬古潯陽松菊高。莫信詩人竟平淡，二分梁甫一分騷。」很顯然，龔自珍並沒有把陶潛當作一個平淡的人。對龔氏及其同時代的人而言，陶潛代表了一個典型

的知識分子，有出仕的凌雲之志卻扼腕而棄之，因為生不逢時。

其實早在唐代，詩人杜甫便已經對陶潛作為一個恬然自樂的隱士形象提出質疑。杜甫在其〈遣興〉一詩中說：「陶潛避俗翁，未必能達道。觀其著詩集，頗亦恨枯槁。」學者李華認為杜甫所要傳遞的訊息是：「陶淵明雖然避俗，卻也未能免俗。何以知之？因為從陶潛詩集來看，其中很有恨自己一生枯槁之意。」李華將杜甫詩中的「枯槁」解作「窮困潦倒」是很有理由的，因為陶潛〈飲酒〉第十一首用了同一個詞來形容孔子得意門生顏回的窘迫：「顏生稱為仁，榮公言有道。屢空不獲年，長飢至於老。雖留後世名，一生亦枯槁……。」我們自然可以聯想到當杜甫試圖揭開清貧隱士陶潛的面具時，實際上也是自我示現。浦起龍在評解杜甫〈遣興〉時，便指出：「嘲淵明，自嘲也。假一淵明為本身象贊。」由此，也就解釋了為什麼杜甫詩作中一再提到陶潛。而實際上，杜甫正是第一個將陶潛提升到文學經典地位的人。

然而在過去的數世紀內，批評家一直誤讀杜甫，或者可以說是對杜甫解讀陶潛的誤讀。由於批評家常將「枯槁」解作「風格上的平淡」，自然而然會認定杜甫以其〈遣興〉一詩來批評陶潛的詩風。這種誤解導致明代學者胡應麟在其《詩藪》中以為「子美之不甚喜陶詩，而恨其枯槁也」。後來朱光潛也沿襲了胡應麟的說法。這一有趣的誤讀實例證實了：經典化的作者總是處於不斷變化的流程中，是讀者反饋的產物。（改寫自孫康宜〈揭開陶潛的面具〉）

1.下列敘述，符合文中龔自珍對陶潛看法的是：

(A)陶潛一生固窮守節，為傳統知識分子的典型

(B)陶潛與屈原、諸葛亮相同，均懷有濟世之志

(C)陶潛才德堪比諸葛亮，竟自甘於平淡，令人惋惜

(D)陶詩風格平淡，實受〈梁甫吟〉、〈離騷〉影響

【107學測】

2.作者認為歷來批評家對杜甫〈遣興〉一詩，所產生的誤讀是：

(A)以為杜甫嘲諷陶潛猶未能達道

(B)以為杜甫批評陶潛的詩風枯槁

(C)認為杜甫質疑陶潛的隱士形象

(D)認為杜甫藉陶潛自嘲窮困潦倒　【107學測】

3.依據上文，作者所不認同的前人論述是：

(A)杜甫對陶潛詩的詮釋

(B)龔自珍對陶潛的評論

(C)浦起龍對杜詩的詮釋

(D)胡應麟對杜甫的評論　【107學測】

4.上文認為「經典化的作者，是讀者反饋的產物」，圖像也是讀者反饋的一種形式。甲、乙二圖皆以陶潛的歸隱生活

爲背景，下列敘述，最無法從圖中獲悉的是：

甲

乙

(A)甲圖藉「採菊東籬」、「見南山」表現陶潛的閒適
(B)乙圖用飢餓難耐、流眼淚顛覆陶潛清貧自守的形象
(C)甲圖描繪陶潛功成不居，乙圖則描繪陶潛樂極生悲
(D)對陶潛形象的詮釋，甲圖重精神面，乙圖重物質面

【107學測】

【跨領域觀看】：綠色經濟與回歸農業的土地認同

歸田園是很多人的退休夢，當假日農夫則是都市居民滿足腳踏土地、栽種植物療癒放鬆心情的方式。

千年前的陶淵明以「田園將蕪，胡不歸」一聲感歎，載欣載奔地乘舟回鄉。這樣的夢，儘管有著「草盛豆苗稀」的生疏，但依然「晨興理荒穢，帶月荷鋤歸」，勤勉於農事，因爲那「復得返自然」的安然自若，是做自己的歡喜。

在個人投入農事的確幸之外，作爲以此養家糊口，或社區經營，乃至環境保育的角度與目標，歸田園承載的是生態平衡、地區經濟文化與發展的課題。尤其當我們生存的環境因氣候變遷劇烈改變，不僅使農作物產期大亂，也造成產量不穩定。

聯合國環境規劃署二〇一一年將綠色經濟定義爲「在環境資源限制條件下，可提高人類福祉和當代及世代公平，同時顯著降低環境風險與生態稀缺的經濟」。以智慧化集團栽培模式，導入物聯網感測器或省力機械等設備，並融入新的農業經營管理思維，將是未來發展趨勢。循環經濟、綠色經濟則是更貼近土地、資源與環境思考。

東華大學自然資源與環境學系李光中〈生物多樣性的維護：歸園田居樂自在〉一文，介紹花蓮豐南村，社區、大學結合鄉土情懷、在地知識和環境行動的計畫下，由耆老傳授青少年學習農事、認識傳統生態知識，擔起守護山林使命、瞭解傳統規範和技藝以傳承文化。這也是二〇一〇年聯合國大學和日本政府共同推動里山倡議夥伴關係網絡，形成「社會—生態—生產地景」，實現人類社會與自然和諧共處的實踐。

兼顧生物多樣性保育、活絡經濟和維護傳統文化的新經濟模式，是每個地球公民與國家努力的方向。唯有走向生態的、永續的、低碳的綠色經濟，才能讓田園自然永遠是人類生存的家，回歸的家。

八十五、把酒問月

唐　李白

青天有月來幾時？我今停杯一問之。人攀明月不可得，月行卻與人相隨。

皎如飛鏡臨丹闕[1]，綠煙[2]灰盡清輝發。但見宵從海上來，寧知[3]曉向雲間沒？

白兔搗藥秋復春，嫦娥孤棲與誰鄰？今人不見古時月，今月曾經照古人。

古人今人若流水，共看明月皆如此。唯願當歌對酒時，月光長照金樽裡。

注釋

① 丹闕：朱紅色的宮殿。

② 綠煙：此指遮蔽月光的雲霧。

③ 寧知：怎知。

翻譯

青天上的明月何時出現，我現在停下酒杯向你探問。人要攀到明月之上是不可實現的，月亮卻跟著人緊緊相隨。皎潔如明鏡的月亮飛升，照在紅色宮殿上，雲氣散盡時散發出清冷的光輝。只見夜晚月亮從海上升起，哪知早晨又隱沒於雲間。白兔搗藥經歷秋去春來搗藥不已，夜夜獨處嫦娥與誰為鄰？現在的人見不到古時之月，今月卻曾經照過古人。古人與今人像流水一樣流逝，所看見的月亮卻都一樣。只願在放歌酣飲遊宴的時候，月光能長照我的酒杯中。

知識要點

● 敘述脈絡：青天有月來幾時？→白兔搗藥，嫦娥孤棲→今人不見古時月，今月曾經照古人→願當歌對酒，月光照金樽。

● 知識重點：

1. 月的恆久、月的隨形令人神往亦迷惑。由起筆二句停杯之問見醉意情態，也見對月存在的羨慕。「人攀月不可得，月行卻與人相隨」，兩相比較顯現人的有限性，人的無力。

2. 李白不僅將月人格化、生命化，寄託對月憧憬之情，更信筆點染出的背景靜態的丹闕、綠煙雲朵，讓皎潔如鏡的月在美麗的烘托下，移轉出沒的景象盡現無遺。「飛」字使靜景中產生靈動之變，也顯現在李白心中對月飛升的嚮往。「但見宵從海上來，寧知曉向雲間沒？」「白兔搗藥秋復春，嫦娥孤棲與誰鄰？」一聲聲問裡有對宇宙的探求，有對嫦娥玉兔千秋萬歲無人相伴孤清的同情，更見李白孤苦中自問如搗藥的白兔，終年碌碌辛勞有什麼結果！

3. 「古人今人若流水，共看明月皆如此。唯願當歌對酒時，月光長照金樽裡。」月的恆久相照下，突顯人事滄桑、生命的無奈。但李白並未落入悲調中，反在由空間寫月的永恆，到時間寫生命無常慨歎之中，轉而在金樽酒裡結合人與月，讓共看明月的永恆記憶使生命常歡，也讓月下對酒歌醉的自得化短暫為永恆。

練習題

1. 下列有關文意的敘述，何者正確？
(A)「人攀明月不可得，月行卻與人相隨」：月不如人自在
(B)「綠煙灰盡清輝發」：撥雲見月柔光嫵媚
(C)「白兔搗藥秋復春」：一勤天下無難事
(D)「古人今人若流水」：車如流水馬如龍

2. 根據本詩，請推想作者寄託於其中的人生觀是

(A)嫦娥不死，懷仙長生
(B)人生若夢，無奈愁苦
(C)對酒當歌，及時行樂
(D)生命短暫，不喜不懼

3.下列何者與「今人不見古時月，今月曾經照古人」，同表現物是人非之感？
(A)移舟泊煙渚，日暮客愁新。野曠天低樹，江清月近人
(B)曲終收撥當心畫，四弦一聲如裂帛。東船西舫悄無言，唯見江心秋月白
(C)可憐樓上月徘徊，應照離人妝鏡臺。玉戶簾中捲不去，搗衣砧上拂還來
(D)青春衣繡共稱宜，白首垂絲恨不遺。江上幾回今夜月，鏡中無復少年時

【大考演練】

1.閱讀下列二文，選出敘述正確的選項：

甲、詩是心聲，不可違心而出，亦不能違心而出。功名之士，絕不能為泉石淡泊之音；輕浮之子，必不能為敦龐大雅之響。故陶潛多素心之語，李白有遺世之句，杜甫興「廣廈萬間」之願，蘇軾師「四海弟昆」之言。凡如此類，皆應聲而出。（葉燮《原詩》）

乙、詩文之所以代變，有不得不變者。一代之文沿襲已久，不容人人皆道此語。今且千數百年矣，而猶取古人之陳言一一而摹仿之，以是為詩，可乎？故不似則失其所以為詩，似則失其所以為我。李、杜之詩所以獨高於唐人者，以其未嘗不似，而未嘗似也。知此者，可與言詩也已矣。（顧亭林《日知錄》）

1.
(A)甲文主張詩歌是作者主體情感的自然流露，不可虛矯造作
(B)乙文主張創作既要接續傳統，又要開創出自我獨特的面貌
(C)甲文著重文學與時代的關聯，乙文留意作品與情志的連結
(D)二文論及李白與杜甫詩作，皆著眼於二人雄渾高遠的詩境
(E)二文皆主張詩文本於心性，故當先涵養心性後再專研詩藝
【106學測】

【跨領域觀看】：李白撈月之後，有人登上月球

自從五代王定保《摭言》：「李白著宮錦袍，遊采石江中，傲然自得，旁若無人，因醉入水中捉月而死」之後，文人墨客便以李白撈月而死為詩，甚至有好事者築捉月臺、繪捉月圖，小說裡也

就此著眼。

或許月亮是洪荒之時，唯一能照亮黑暗與恐懼的光體，因此許多文化的曆法，如古老的希伯來曆（猶太曆）、回曆、中國的陰曆，都以細長眉月形的新月，在日落後的西方地平線上被看見的那一天作爲一個月的開始。初一是朔，十五月圓是望，三十日晦，表示月亮之光盡。其中《說文解字》對望的解釋是「出亡在外，望其還也。」甲骨文＝（臣，向下看）＋（壬，挺立），表示登高遠眺。金文承續甲骨文字形。有的金文加「月」，表示月圓之夜舉目遠眺，寄託對遙遠親友的思念之情。

從造字之初的解讀，月，很早便寄託相思的意涵。童年朗朗上口的是「舉頭望明月，低頭思故鄉」；大一點後明白「舉杯邀明月，對影成三人」的孤獨寂寞和「我歌月徘徊，我舞影零亂」的故作瀟灑；經歷一些人事之後，明白愛情裡的殘缺，「卻下水晶簾，玲瓏望秋月」，和身不由己而又必須置身其間，方才接受把握短暫以實現對個體生命充分肯定的方式，那就是：「古人今人若流水，共看明月皆如此。唯願當歌對酒時，月光長照金樽裡。」

相較於中國充滿愁苦的月下獨白與浪漫的詩意，一九六九年七月二十日，阿波羅十一號成功登陸月球，第一位步下太空艙踏上月球的阿姆斯壯豪氣地說：「我的一小步，是人類的一大步。」

在月球上，阿姆斯壯對指揮中心和整個世界說的第一句話是：「休斯敦，這裡是靜海基地。『鷹』著陸成功。」步下舷梯時，阿姆斯壯轉身對奧爾德林說：「眞壯麗啊！」奧爾德林回道：「壯麗的荒涼。」兩位宇航員的對話後來成了一部影片的片名——《壯麗的荒涼：在月球上行走》。

對於月亮，東西方就這麼清楚地展現文學想像與科學求眞的不同邏輯，以及學術體系！

八十六、贈衛八處士①

唐　杜甫

人生不相見，動如參與商②。今夕是何夕，共此燈燭光！

少壯能幾時？鬢髮各已蒼。訪舊半爲鬼，驚呼熱中腸③。

焉知二十載，重上君子堂。昔別君未婚，兒女忽成行。

怡然敬父執④，問我來何方。問答乃未已⑤，兒女羅酒漿。

夜雨剪春韭，新炊間⑥黃粱。主稱會面難，一舉累十觴；

十觴亦不醉，感子故意長。明日隔山岳，世事兩茫茫。

注釋

① 衛八處士：姓衛，八是排行，生平不詳。處士，隱居不仕的人。

② 參與商：星座名，商星居於東方卯位（上午五點到七點），參星居於西方酉位（下午五點到七點）當一個上升，另一個下沉，故不相見。

③ 驚呼熱中腸：表內心震驚激動。

④ 父執：即父親的執友。

⑤ 乃未已：還未等說完。

⑥ 間：音ㄐㄧㄢˋ，摻合，攙和。

翻譯

人生在世，老友之間無法相見，就像此起彼落的參商二星不會同時出現一樣。今天的夜晚是怎麼樣的日子啊，眞想不到我竟然能與你挑燈共敘衷情！人的少壯年華能有多長，不知不覺間我們的鬢髮都已蒼蒼。打聽故舊好友的下落，才知道多半已經去世，禁不住一再惋惜驚呼，痛徹心腸。沒想到闊別二十年之後，能有機會再度登上您的廳堂拜訪。當年握別時您還沒有結婚，如今兒女已經成行。他們和順熱情地接待父親的摯友，恭敬地問我來自何方。三兩句問答話還沒有說完，你就叫他們張羅酒筵。夜雨剪來的春韭嫩青細長，剛蒸好的一鍋黃米飯香噴噴。你說人生難得重逢，一舉杯就接連地對飲了十來杯。十來杯下肚也沒有醉意，感激你對老朋友的情意深重。明天我們又要被山岳阻隔，別後世事茫然難料。

知識要點

● 故事背景：唐肅宗乾元元年（西元七五八年），杜甫因上疏救房琯，被貶爲華州司功參軍。隔年三月，杜甫自洛陽經潼關回華州，路過奉先縣，拜訪了少年時代的友人衛八處士。分別二十年，一夕相會，又匆匆告別，百感交集而作此詩。

●敘述脈絡：今夕共燭話舊→髮已蒼，舊爲鬼→兒女羅酒漿，一舉累十觴→明日隔山岳，世事兩茫茫。

●歷代評論：清代仇兆鰲《杜詩詳注》分析說：「首敘今昔聚散之情。次言別後老少之狀。末感處士款情（款待之情），因而惜別也。」

明末王嗣《杜臆》評：「信手寫去，意盡而止，空靈婉暢，曲盡其妙。」

清代浦起龍《讀杜心解》：「古趣盎然，少陵別調。一路皆敘事，情眞，景眞，莫乙其處。」

●知識重點：

1. 詩人與衛八重逢時，安史之亂已延續了三年多，兩京雖已經收復，暫時遠離〈春望〉中所述「烽火連三月，城春草木深。感時花濺淚，恨別鳥驚心」的死亡氣息，但叛軍仍猖獗肆虐，局勢動盪不安。
2. 全詩以白描寫實的手法，半敘事半抒情的結構，描繪戰亂中久別重逢的情景。內容分三段落，依次為人生滄桑變化飄忽不定，離多聚少會面難得、故友盛情感動莫名，語詞平易真切，層次井然。
3. 杜甫將漫長的一生聚集於一夜的相守，從參與商的天理為全詩定下基調、昔別君未婚的年少與今日鬢髮蒼蒼，以及訪舊半為鬼的驚愕、到詩末世事兩茫茫的未來，慨歎之中除了暗隱著對這個亂離時代的感受，更說明人生之不可測，命運之難料，以及「無常」的本質。
4. 另則透過這恢恢渺渺的蒼茫感，對比出把酒言歡，欣見彼此的短暫，然而，這夜晚沾著春雨的綠韭、飄散於空氣中的黃粱穀香、孩子們靦腆眉目間流露的熱情與好奇，摯友濃厚的情意深長，正是對抗瞬息萬變的世事與無可掌握的人生唯一的方式。這段敘述中用了大量的動作：重「上」君子堂、怡然「敬」父執、「問」我來何方、「問答乃未已」、兒女「羅」酒漿、夜雨「剪」春韭、新「炊」間黃粱，將一連串急切的、熱絡的場面以快板的行歌表現出來，充滿聲光的亮度與情感的密度，如畫的生活之美生動而浪漫。

練習題

1. 下列選項表現人生滄桑無常的詩句是：

(A)昔別君未婚，兒女忽成行

(B)主稱會面難，一舉累十觴
(C)訪舊半爲鬼，驚呼熱中腸
(D)今夕是何夕，共此燈燭光

2.下列有關本詩表現手法與內容的說明，正確的是：
(A)以「鬢髮」具象化身體虛弱之事實
(B)以「參商」，「山岳」象徵情誼深刻，歷久不變
(C)以「燈燭光」所渲染的溫馨，顯現故友之情長，見面之難能可貴
(D)以「夜雨剪春韭，新炊間黃粱」，說明戰亂時物質缺乏，筵席簡陋

3.下列最接近「明日隔山岳，世事兩茫茫」蒼茫情境的詩句是：
(A)枯藤老樹昏鴉，小橋流水人家，古道西風瘦馬，夕陽西下，斷腸人在天涯
(B)鶯啼燕語報新年，馬邑龍堆路幾千。家住秦城鄰漢苑，心隨明月到胡天
(C)試問夜如何？夜已三更，金波淡，玉繩低轉。但屈指西風幾時來，又不道，流年暗中偷換
(D)碧雲天，黃葉地，秋色連波，波上寒煙翠。山映斜陽天接水，芳草無情，更在斜陽外。黯鄉魂，追旅思，夜夜除非，好夢留人睡。明月樓高休獨倚，酒入愁腸，化作相思淚

大考演練

1.連橫認爲學詩須讀書以立根基，下列選項的閱讀次第，符合文中觀點的是：

詩有別才，不必讀書，此欺人語爾。少陵爲詩中宗匠，猶曰：「讀書破萬卷，下筆如有神」，今人讀過一本《香草箋》，便欲作詩，出而應酬，何其容易！余意欲學詩者，經史雖不能讀破，亦須略知二三，然後取唐人名家全集讀之，沉浸穠郁，含英咀華，俟有所得。乃有所得，乃可旁及，自不至紊亂無序，而下筆可觀矣。

（連橫《雅堂文集．詩薈餘墨》）

(A)香草箋→王右丞集→詩經
(B)詩經→黃山谷詩集→香草箋
(C)杜工部集→左傳→王右丞集
(D)左傳→杜工部集→黃山谷詩集

【107指考】

【跨領域觀看】：文學裡的星象與天文學的星象

中國人常以「上知天文，下知地理」作爲博學的表徵。古人從仰觀天象，辨節氣、時令、預測

天氣，甚至推算國運與局勢發展。如〈鴻門宴〉中范增以「吾令人望其氣，皆爲龍虎，成五彩，此天子氣也。急擊勿失！」警示項羽必須趁快斬除劉邦，以除後患。

《三國演義》五十七回：「卻說孔明在荊州，夜觀天文，見將星墜地，乃笑曰：『周瑜死矣。』」六十三回：「卻說孔明在荊州，當時七夕佳節，大會衆官夜宴，共說收川之事。只見正西上一星，其大如斗，從天墜下，流光四散。孔明失驚，擲杯於地，掩面哭」，這是由星落預測軍師龐統將死。第一百三回：孔明「見三臺星中，客星倍明，主星幽隱，相輔列曜，其光昏暗」，知道自己命已絕。而司馬懿在營中堅守，忽一夜仰觀天文，大喜，謂夏侯霸曰：「吾見將星失位，孔明必然有病，不久便死。」

天上星辰的運行標誌著季節的流動，而節氣曆法正是農民耕種、生活的依據。社會寫實的《詩經》處處可見星座所指涉的時間與人事，如《召南．小星》：「嘒彼小星，三五在東。」三五就是「參宿」（獵户座）和「昴宿」（金牛座），出現在東方的季節正是秋季。《豳風．七月》：「七月流火，九月授衣。」流火就是「天蠍座」，往西移就該開始縫製冬衣了。

《唐風．綢繆》詩云：「綢繆束薪，三星在天。今夕何夕，見此良人；綢繆束芻，三星在隅。今夕何夕，見此邂逅；綢繆束楚，三星在户。今夕何夕，見此粲者。」三星，指參宿三星，始見於東方是十月；「三星在隅」指三星位於天空東南方，時間是十一月、十二月時；「三星在户」，三星位於天空正中，時間爲正月之中。參宿所在的這三個時間段，《毛詩正義》認爲，對應到婚姻的正時。是以女子仰望星空，對著參宿三星祈願，希望能夠遇到美好的良人。新婚房門旁常見「三星在户，五世其昌」的聯語，則是象徵婚姻美滿，五代子孫昌盛。

八十七、白雪歌送武判官①歸京

唐　岑參

北風捲地白草折，胡天八月即飛雪。忽如一夜春風來，千樹萬樹梨花開。散入珠簾溼羅幕，狐裘不暖錦衾②薄。將軍角弓③不得控，都護④鐵甲冷難著。瀚海⑤闌干⑥百丈冰，愁雲慘淡萬里凝。中軍⑦置酒飲歸客，胡琴琵琶與羌笛。紛紛暮雪下轅門⑧，風掣⑨紅旗凍不翻。輪臺⑩東門送君去，去時雪滿天山⑪路。山回路轉不見君，雪上空留馬行處。

注釋

① 判官：唐代節度使手下協助處理公務的幕僚。
② 錦衾：錦緞的被子。
③ 角弓：用獸角裝飾的硬弓。控，引，拉開。
④ 都護：鎮守邊疆的長官。唐代往往尊稱節度使為都護。
⑤ 瀚海：大沙漠。
⑥ 闌干：縱橫交錯。
⑦ 中軍：此借指主帥居住的營帳。
⑧ 轅門：軍營之門。古時駐軍，以兩車的車轅相對交叉作為營門，稱為「轅門」。
⑨ 風掣：軍旗上落雪結冰，風吹不動。掣，牽，此指風吹。
⑩ 輪臺：今新疆烏魯木齊西北，唐時屬庭州，隸北庭都護府。
⑪ 天山：橫貫新疆東西的山脈。

翻譯

北風席捲大地白草被刮得折斷了，塞北的天空八月就開始大雪紛飛。忽然好像一夜春風吹來，千樹萬樹潔白的梨花爭著盛開。雪花飄散進入珠簾沾溼了羅幕，穿上狐裘仍無法溫暖，連織錦做成的被子也覺得單薄。天氣凍得連將軍都拉不開弓，都護都覺得鎧甲鐵衣太寒冷難以穿在身上。在大沙漠上縱橫交錯著百丈厚的堅冰，萬里長空凝聚著黯淡無光的愁雲。在軍中主帥所居的營帳裡擺設酒宴，為將回去的客人餞行，胡琴琵琶與羌笛奏出熱烈歡快的樂曲。傍晚時轅門外大雪紛紛飄落，紅旗被冰雪凍硬即使強勁的北風也不能讓它飄動。在輪臺東門外送您離去，離去的時候大雪鋪滿了天山的道路。山嶺迂迴道路曲折看不見您的身影，雪地上只留下馬走過的蹄印。

知識要點

● 敘述背景：玄宗天寶十三年（西元七五四年）到肅宗至德元年（七五六年）之間，岑參再度出塞，任安西北庭節度判官，爲友人歸京設宴餞所作。

● 敘述脈絡：北風捲地，胡天飛雪→狐裘不暖，角弓不得控→置酒飲歸客，輪臺東門送君→山回路轉不見君，雪上空留馬行處。

● 知識重點：

1. 這首詩透過別前「胡天八月即飛雪」、餞別「瀚海闌干百丈」、臨別「風掣紅旗凍不翻」、別後「雪上空留馬行處」四個不同畫面的雪景，形成既以寒雪為主軸的邊塞詩，同時也是友人歸京表現送友深情的惜別詩。
2. 寫景既從大處落筆，如「瀚海」又從細處勾勒「風掣紅旗凍不翻」、「忽如一夜春風來，千樹萬樹梨花開」，冬天的雪花比作南方春天的梨花，新穎貼切，透露出盎然春意與亮麗的色彩。「忽如」寫胡天天氣變幻無常，也表現出驚喜。大雪紛飛，中軍帳上鮮紅的旗幟在淒寒潔白的畫面中注入溫暖，與胡琴琵琶與羌笛既熱鬧又略帶淒苦的音樂聲，側面烘托送別在這奇寒的荒漠邊地，曾經同甘共苦的深厚情意，傳達出離別時的惆悵心情。
3. 詩句句詠雪，勾出天山奇寒。從帳外寫到帳內，從「將軍角弓不得控，都護鐵甲冷難著」人的感受到「瀚海闌干百丈冰，愁雲慘淡萬里凝」的景象氣氛，再從壯闊的塞外雪景移到帳內送別的場面。寫送出軍門，正是黃昏大雪紛飛之時，大雪封山，依依惜別之情在「山回路轉不見君，雪上空留馬行處」，久久凝望的眼神中表露。

練習題

1. 下列有關詩句的說明，何者錯誤？
(A)「忽如一夜春風來，千樹萬樹梨花開」寫春光爛漫的期待之情
(B)「瀚海闌干百丈冰」，以誇張筆墨，氣勢磅礴地勾出塞外浩瀚的雪景
(C)「輪臺東門送君去，去時雪滿天山路」，點明送別的地點、方向以及天氣
(D)「將軍角弓不得控，都護鐵甲冷難著」，與「狐裘不暖錦衾薄」，同就人的感受寫天寒

2. 詩末山回路轉，不見蹤影所隱含離情別意，與下列選項何者最接近？
(A)細草微風岸，危檣獨夜舟
(B)白雲回望合，青靄入看無
(C)孤帆遠影碧空盡，惟見長江天際流
(D)醉臥沙場君莫笑，古來征戰幾人回

3.下列詩句，何者既寫景亦抒情？

(A)北風捲地白草折

(B)散入珠簾溼羅幕

(C)愁雲慘淡萬里凝

(D)風掣紅旗凍不翻

【大考演練】

1.關於下列甲、乙二詩的解讀，正確的是：

甲、獨有宦遊人，偏驚物候新。雲霞出海曙，梅柳渡江春。淑氣催黃鳥，晴光轉綠蘋。忽聞歌古調，歸思欲霑巾。

（杜審言〈和晉陵陸丞早春遊望〉）

乙、城闕輔三秦，風煙望五津。與君離別意，同是宦遊人。海內存知己，天涯若比鄰。無爲在歧路，兒女共霑巾。

（王勃〈送杜少府之任蜀州〉）

(A)甲詩藉由「淑氣催黃鳥，晴光轉綠蘋」，點出詩題的「早春」

(B)乙詩藉由「城闕輔三秦，風煙望五津」，照應詩題的地理空間

(C)二詩題材不盡相同，甲詩側重自然景物，乙詩則偏向人生際遇

(D)二詩作者均因長期在外宦遊，故離愁別緒觸景而生，哀傷難抑

(E)二詩皆以思鄉作結，且均藉「霑巾」抒寫遊子落葉歸根的期望 【107學測】

2.下列詩句所歌詠的對象，正確的是：

(A)去來固無跡，動息如有情。日落山水靜，爲君起松聲——雨

(B)不是人間種，移從月窟來。廣寒香一點，吹得滿山開——桂

(C)春紅始謝又秋紅，息國亡來入楚宮。應是蜀冤啼不盡，更憑顏色訴西風——楓

(D)史氏只應歸道直，江淹何獨偶靈通。班超握管不成事，投擲翻從萬里戎——筆

(E)千形萬象竟還空，映水藏山片復重。無限旱苗枯欲盡，悠悠閒處作奇峰——雲 【107學測】

【跨領域觀看】：蒙恬與長城建築

「誓掃匈奴不顧身，五千貂錦喪胡塵。可憐無定河邊骨，猶是春閨夢裡人。」陳陶〈隴西行〉

既以雄健的猛勇寫戰魂，又以柔情的傷悲寫絕滅，唐代長期的邊塞戰爭所給人民帶來的痛苦和災難盡在這實與虛之間。

這樣的生之激憤與死之孤寂，在月光下、歲月裡，反覆不絕。自春秋戰國、秦、北魏、明朝不斷建造、修復、延伸、擴張的長城橫跨十五個省，四百零四個縣，總長近一萬公里。登上居庸關，面對「不到長城非好漢」的石碑，行過的一個個烽火臺，從太行山吹來的風在晴空下竟覺蕭颯悲戚。《呂氏春秋》道「天下九塞，居庸其一」，但觸目所見的不是蜿蜒陡峭的石階，而是導遊所言築這段牆的人多是死刑犯，城築好而未死則得以苟且還鄉的故事，事實上，他們都葬身於此，把對世界最後的歎息化爲慘烈的風、辛酸的記憶。

這座號稱人類登上太空時，回望地球最顯著的地標，不僅是建築的里程碑，權力者爭逐野心與宰制的見證，更沾染令人低迴浩歎的壯士與英雄之淚。譬如蒙恬。

身爲一門皆是秦朝名將的他，率三十萬大軍擊退匈奴七百餘里之後，連接了燕、趙、秦五千餘里舊長城，並且修築北起九原、南至雲陽的直道，形成西起臨洮，東至遼東的北方防禦線。全國人口二十分一，近百萬勞動人口投入這無盡工程的結果是鞏固國家安全，「胡人不敢南下而牧馬，士不敢彎弓而報怨」，並保有中原農業安定。同時因蒙恬的屯兵耕種，遷移百姓渡過黃河，促進了邊塞發展。

秦始皇駕崩後，支持太子扶蘇的蒙恬被趙高設計處決。臨死前他並沒有爲此生的戰績軍功不平，沒有爲這鋼鐵意志鍛鍊的帝國興歎而是向天地承認：「恬罪固當死矣。起臨洮屬之遼東，城塹萬餘里，此其中不能無絕地脈哉？此乃恬之罪也。」乃吞藥自殺。三代爲秦建立汗馬功勞，一生效忠甘受邊塞冷寒，最後以築長城、挖壕溝一萬餘里，截斷大地脈絡罪己。

今天佇立於陰山之上的蒙恬塑像，俯瞰著群山，似乎能聽見孤獨背影的低泣。

八十八、菩薩蠻

晚唐　五代　溫庭筠

小山重疊①金明滅②，鬢雲③欲度香腮雪④。懶起畫蛾眉⑤，弄妝梳洗遲。照花前後鏡，花面交相映。新帖繡羅襦⑥，雙雙金鷓鴣⑦。

注釋

① 小山重疊：小山古代婦女的眉型之一。另解為：屏風上的圖案，由於屏風是折疊的，所以說小山重疊。

② 金明滅：形容陽光照在屏風上金光閃閃的樣子。一說描寫女子頭上插戴的飾金小梳子重疊閃爍的樣子，或指女子額上塗成梅花圖案的額黃有所脫落而或明或暗。金，指唐時婦女眉際妝飾之「額黃」。明滅，隱現明滅的樣子。

③ 鬢雲：形容髮鬢蓬鬆如雲。

④ 香腮雪：指雪白的面頰。

⑤ 蛾眉：指女子眉細而長像蠶蛾的觸鬚。

⑥ 羅襦：絲質的短衣。

⑦ 金鷓鴣：貼繡上去的鷓鴣圖。當時的衣飾，用金線繡好花樣，再繡貼在衣服上，謂之「貼金」。

翻譯

陽光透過重重疊疊的屏風，閃動著或明或滅的光影（陽光照在頭上插戴的飾金小梳子，重疊閃爍，額上塗的額黃脫落或明或暗）。鬢旁蓬鬆的髮絲飄過似雪般潔白的香腮。慵懶地起來畫蛾眉，慢吞吞地梳洗打扮。照一照新插的花朵對前鏡又對後鏡，花朵與容顏交相輝映。剛穿上的綾羅裙襦，繡著一雙雙金鷓鴣。

知識要點

● 敘述脈絡：小山重疊金明滅→鬢雲欲度香腮雪→懶起畫蛾眉弄妝→新帖繡羅襦，雙雙金鷓鴣。

● 歷代評論：詞至溫庭筠結束唐詩，下開五代兩宋以詞爲創作主體的局面，著《握蘭集》三卷、《金荃集》十卷，才有眞正的詞家。王國維《人間詞話》評：「畫屏金鷓鴣，飛卿語也，其詞品似之」，顯現他精麗穠纖的詞風。

● 知識重點：

1. 詞之初盛是作為朱門豪富享樂生活的佐料，酒筵上供佳人歌唱助其「嬌饒之態」，以資宴飲之歡的，因而主體內容為色調濃麗的豔詞，流行於青樓舞榭、北里教坊之間。詞在晚唐五代這樣的社會背景和人文環境下，形成詞家著力追求唯美，題材上則多是豔情相思，遣詞則「側豔綺靡，柔婉纖麗」。其中以晚唐溫庭筠為代表。

2. 整首詞並無具體事件，也無特定對象，女子可能是宮廷嬪妃，或是富家千金、青樓女子。敘述圍繞「弄妝梳洗」，從初醒、畫眉、整理鬢髮，到簪花、照鏡、穿衣，透過這一連串緩慢而優雅的動作，無聲無語地烘托出容貌美麗體態嬌柔，卻孤芳自賞的日常情景，使「懶起」、「遲」字所表達的寂寞心緒、「新帖繡羅襦，雙雙金鷓鴣」反襯孤單傷愁的情境突出而深刻。

3. 文字中處處呈現色彩流麗具倩盼之姿，如「小山重疊金明滅」眉端額黃在隱現的明滅色澤、「雙雙金鷓鴣」的華麗。另如將眉喻為山，鬢喻為雲，腮喻為雪，以及先藉鬢雲想一親芳澤，「鬢雲欲度」側寫、「香腮雪」寫肌膚知淨白，再以「照花前後鏡，花面交相映」自我陶醉的動作顯現面貌姣好。

練習題

1. 下列表現出女子孤芳自賞的動作是：
(A)小山重疊金明滅
(B)鬢雲欲度香腮雪
(C)弄妝梳洗遲
(D)照花前後鏡

2. 下列有關寫作技巧的說明，正確的是：
(A)「小山重疊金明滅」：比喻，以小山狀寫心情
(B)「鬢雲欲度香腮雪」：轉化，寫鬢雲想一親芳澤
(C)「照花前後鏡，花面交相映」：互文，描述容貌之美
(D)「新帖繡羅襦，雙雙金鷓鴣」：對偶，以雙反襯孤單

大考演練

1. 桃花因顏色鮮豔美麗，故詩人常藉以比喻美麗的女子。下列詩歌中的桃花，不具此喻意的選項是：
(A)一夜清風動扇愁，背時容色入新秋。桃花眼裡汪汪淚，忍到更深枕上流
(B)每坐臺前見玉容，今朝不與昨朝同。良人一夜出門宿，減卻桃花一半紅
(C)淺色桃花亞短牆，不因風送也聞香。凝情盡日君知否，還似紅兒淡薄妝
(D)暮春三月日重三，春水桃花滿禊潭。廣樂逶迤天上下，仙舟搖衍鏡中酣
【103學測】

2-3為題組

甲、試看，編織秋的晨與夜/像芒草的葉鞸/編織那左與右，製一雙趕路的鞋子/看哪，那穿看晨與夜的，趕路的雁來了/我猜想，那雁的記憶/多是寒了的，與暑了

的追迫（鄭愁予〈編秋草〉）

乙、晨起動征鐸，客行悲故鄉。雞聲茅店月，人跡板橋霜。槲葉落山路，枳花明驛牆。因思杜陵夢，鳧雁滿回塘。

（溫庭筠〈商山早行〉）　註：芒草的葉籜：芒草的莖上包覆的部分，韌性強，常用來編織。

2.甲、乙二詩共同述及的內容為何？
(A)江山如故
(B)旅途奔波
(C)世態炎涼
(D)黃粱一夢　【107統測】

3.下列關於甲、乙詩句的解釋，何者最符合詩意？
(A)甲詩「多是寒了的，與暑了的追迫」意謂回憶冰消瓦解
(B)乙詩「雞聲茅店月，人跡板橋霜」暗指旅人清晨趕路
(C)甲詩的「葉籜」和乙詩的「落葉」皆比喻腸枯思竭
(D)甲、乙二詩的「雁」，詩人皆以之自比籠中之鳥　【107統測】

【跨領域觀看】：頭髮的變化與意涵

這闋詞描述女子晨起慵懶梳妝打扮的情景，關於頭髮，中國人一向慎重待之，因為《孝經》開宗明義起首便言：「身體髮膚受之父母，不敢毀傷，孝之始也。」頭髮是生命血脈的象徵，先秦髡刑便是以剪頭髮作為羞辱的處罰。

髮式更是年齡、身分、種族的標誌。李白〈長干行〉：「妾髮初覆額，弄花門前劇」，指頭髮尚短，僅覆前額是三四歲的小孩。古時童子不束髮，故稱童子為垂髫（頭髮下垂），約五六歲，〈桃花源記〉裡「黃髮垂髫」代表老年與小孩。「總角」是結髮兩辮上聳如兩角之狀，男未冠、女未笄前的髮型，因此借代為兒童，如總角之交。男孩成童時束髮為髻，十五歲「束髮」，女子十五歲「及笄」，把頭髮盤起來戴上髮簪，表示已經成年可以結婚了。《禮記．內則》也記載：「女子十有五年而笄。」鄭玄注：「謂應年許嫁者。女子許嫁，笄而字之。其未許嫁，二十則笄。」《禮記．曲禮上》上記載：「女子許嫁，笄而字。」即女子成年許嫁了才可命字，故女子未有婚前稱「待字

閨中」。

古代婚禮儀式中，在成婚洞房之夜，兩個新人各剪下自己的一綹頭髮，然後再把這兩綹頭髮互綰纏繞起來，作爲兩人永結同心的信物，故稱爲「結髮」。漢朝蘇武《李陵錄別詩》二十一首之五：「結髮爲夫妻，恩愛兩不疑。」

中原文化奉行不敢毀傷之禮，而不剪髮，但南方越人「斷髮紋身」，北方蠻族「被髮左衽」，後藉以形容未開化的民族，如《論語．憲問》：「微管仲！吾其被髮左衽矣！」

歷代女子髮型各有千秋，周公制禮作樂之後，貴族已發展出一套完善的禮儀，包含冠服制度。春秋時期女子梳髻，插上一對笄；戰國女子以垂髻髮式爲主；秦漢是平髻，高髻是貴族的髮式，髻斜於一側的倭墮髻則是當時流行的髮式，〈陌上桑〉中的羅敷便是如此：「頭上倭墮髻，耳中明月珠。」

魏晉南北朝五胡亂華，文化混合交融，頭髮的形式上有了更多的變化，名稱更是充滿想像，如魏的靈蛇髻、反綰髻、百花髻、芙蓉歸雲髻、涵煙髻，晉有纈子髻、墜馬髻、流蘇髻、蛾眉驚鵠髻、芙蓉髻，宋有飛天髻，梁有回心髻、歸真髻，陳有凌雲髻、隨雲髻，北族室韋有叉手髻，北齊有髻等。

唐代因經濟富裕，裝扮上以誇張的高髻，以顯出當時「豐肥濃麗」的體態與流行。《妝樓記》中曾載：「唐武德中，宮中梳半翻髻，又梳反綰髻、樂遊髻。」

中晚唐「城中好高髻，四方高一尺」的時尚，除了壁畫陶俑的「翻荷髻」、周昉《簪花仕女圖》娥髻的風采，元微之《李娃行》敘述：「城中皆一尺，非妾髻鬟高」，李賀之詩道：「峨髻愁暮雲」。爲顯現雍容華貴，女子以假髮梳成髮髻向上高高聳起，甚至高達一尺以上，再戴上釵、簪、步搖、鈿等裝飾品。髮型是女子貞潔和身分的象徵，未婚女子都喜歡梳雙螺鬟，久而久之這種髮型也成爲處女的標誌。閻立本的《步輦圖》中，九位畫中女子都梳雲髻。盛唐流行倭墮髻，今日本婦女穿和服時梳的髮式即沿襲此。許景先的「寶釵新梳倭墮髻」，白居易的「誰家咼墮髻如雲」寫的都是這種髮型。

八十九、山亭柳・贈歌者

宋 晏殊

家住西秦①，賭博藝②隨身。花柳③上，鬥尖新④。偶學念奴聲調⑤，有時高過行雲⑥。蜀錦⑦纏頭⑧無數，不負辛勤。數年來往咸京道⑨，殘杯冷炙⑩漫消魂⑪。衷腸事⑫，托何人？若有知音見採⑬，不辭徧唱〈陽春〉⑭。一曲當筵落淚，重掩羅巾。

注釋

①西秦：指陝西

②賭博藝：和別人比賽各種技藝。賭，比賽競爭。另有版本寫成「賭薄藝」，薄，表示自謙，有點薄技，不敢獻醜。

③花柳：當時歌筵上流行的唱歌多是花、柳、男女情愛之類，故借指一切歌舞才藝技巧。

④鬥尖新：是說挑戰（鬥）最高難度的表演。尖新，新奇，新穎，不落俗套。

⑤偶學念奴聲調：偶然隨便一唱當年念奴曾經唱過的歌。偶，隨便。念奴，唐天寶年間有名的歌女。

⑥高過行雲：形容聲音響亮高妙，能止住行雲。語出《列子・湯問》，說古有歌者秦青「撫節悲歌，聲振林木，響遏行雲」。遏，停止。

⑦蜀錦：原指四川生產的彩錦，圖案繁華、織紋精細，配色典雅，泛指一切名貴的絲織品。

⑧纏頭：古時歌女多以錦纏頭，因借纏頭之名指稱贈與她們的財帛賞賜。

⑨咸京道：從咸陽到北京的道路上。

⑩殘杯冷炙：剩餘的食物，借指淒涼的境遇。出自杜甫〈贈韋左丞〉寫身困長安時遭受的冷落。

⑪漫消魂：意為徒然發愁。

⑫衷腸事：內心的事，此指終生相託的大事。

⑬見採：被選擇，被接納。

⑭陽春：〈陽春白雪〉樂曲名，相對於通俗音樂而言，是較為深

奧難懂的音樂。

【翻譯】

我家住在陝西一帶，練得一身許多藝術技能，敢跟別人比賽競爭。論及任何歌舞才藝我的技巧高超，創新出眾而不落俗套。偶爾隨便唱唱當年念奴所唱的歌曲，聲音響亮高妙得可使天上的流雲停住。獲得眾人的青睞，博得賞賜無限，不辜負我多年的辛勞。

幾年之間，我往來咸陽（西秦）、京城之間的道路上，陪伴身旁的只有冷清的酒杯與失魂落魄的心情。寂寞無奈的心事，能夠終身託付給誰？如果有知我心意的人願意接納我，那麼，我將不辭勞苦，爲他重複獻唱高雅動聽的〈陽春白雪〉歌曲。我想起這些往事，在宴席上唱曲子時，忍不住落淚，拿起巾帕一再擦拭臉上的淚水。

【知識要點】

● 故事背景：晏殊從小以神童入選，陪宋仁宗讀書。義母劉太后奪李妃之子仁宗，仁宗得知此事，挖開母親的墳墓，見是依皇后之禮安葬，故未降罪劉太后，卻將晏殊外放，眾以爲非其罪。晏殊五十四歲知永興（永興，治所在今陝西西安市）時，假借歌者的名義作此闋詞，慨歎自己不平的境遇。

● 敘述脈絡：才藝出眾而創新→紅極一時賞賜豐→來往奔波情託何人→知音難遇落淚掩巾。

● 知識重點：

1. 內容一反詞家寫流歌樓舞榭的情景、相思離別的閒愁，而是敘述一個紅極一時的歌女因年長色衰而遭棄絕的悲劇，不但具有較強的現實意義，也與作者罷相知外郡的境遇有關。風格上，有別於晏殊一向雍容華貴、閒雅圓融之風，因借歌女之酒杯澆自己塊壘的寓意，而充滿激越悲涼之情。
2. 全詞透過「賭博藝隨身」、「花柳上，鬥尖新」、「偶學念奴聲調，有時高遏行雲」，寫才藝獨創與革新，「偶學念奴聲調，有時高遏行雲」更以具體形象呈現歌女的自負自信。然而當這是失意時回憶當年得意情事所言，那麼每一句自負的話後面，其實都是反襯失意的悲慨，自負的得意背後是自負的不平。
3. 雙調的詞分成上片（上半闋）、下片（下半闋），作詞者常藉此外在形式經營內在結構，如上片寫景，下片寫情，或上片寫樂，下片寫愁。這首詞採（昔）樂（今）苦對比結構，由「蜀錦纏頭無數」紅極一時的盛況，與年老色衰「殘杯冷炙」淒涼冷落的境遇鮮明反差呈現歌女悲慘的一生。

4.「若有知音見採」的假設，含著期盼與等待的心情，而事實是無知音者，所以結果只能是「一曲當筵落淚，重掩羅巾」了。「重掩」，是屢次流淚，屢次擦乾，不能讓人見之，加深內心孤獨沉痛之情緒與境遇。而那份「若有知音見采，不辭徧唱〈陽春〉」的等待正如知識分子報國之情，深刻表露作者回首前塵往事，思及當下外放的憤慨與無奈。

【練習題】

1.下列關於這首詞的說明，正確的是：
(A)形式是全篇以敘事爲主，直陳其事
(B)純爲客觀寫實敘述，反映社會悲涼
(C)晏殊作爲歌女的知音，接納其深情
(D)作者與歌女皆才德出眾，昔衰今盛

2.下列文意解讀，正確的是：
(A)「家住西秦，賭博藝隨身」：具有賭博謀生的本領
(B)「花柳上，鬥尖新」：穿著時髦，引領流行
(C)「偶學念奴聲調，有時高遏行雲」：歌聲宛轉，嘹亮動人
(D)「一曲當筵落淚，重掩羅巾」：生離死別，纏綿悱惻

【大考演練】

1.下列文句的解釋，正確的是：
(A)「賭博藝隨身」：擅長賭博，喜歡隨處與人較量
(B)「花柳上，鬥尖新」：歌舞技藝走在流行的尖端
(C)「蜀錦纏頭無數」：嫁入豪門，衣食侈靡，揮霍無度
(D)「殘杯冷炙漫消魂」：回歸平淡，殘羹冷飯也甘之如飴
【93指考】

2.下列與詞中「歌者」的遭遇，最接近的是：
(A)白居易〈琵琶行〉的琵琶女
(B)馬致遠《漢宮秋》的王昭君
(C)曹雪芹《紅樓夢》的林黛玉
(D)劉鶚《老殘遊記》的白妞
【93指考】

【跨領域觀看】：唱出時代的流行歌曲

新聞報導的標題是這樣寫的：「美國傳奇歌手巴布・狄倫（Bob Dylan）榮獲二〇一六年諾貝爾文學獎，爲首位獲頒此獎的歌手和作曲人，跌破專家眼鏡。」出乎專家邏輯之外的是，歌手作曲

竟可以登上全世界最高榮譽的文學獎？

被廣泛認爲是美國新興反叛文化代言人的巴布・狄倫，有許多作品成爲當時民權反戰運動的聖歌。五十多年來他抱著吉他，吹著口琴，唱出對時代的觀察與質問，對於反戰、人權、弱勢與受苦族群提出哲學式的反思。如〈宛如滾石〉（Like a Rolling Stone）這首歌，敘述很久很久以前，一度衣著光鮮，春風得意，扔給乞丐們一枚硬幣的你，習於騎乘金屬馬匹，旁有使者／他肩上馱著一隻暹羅貓」，淪爲流浪漢之後，必須四處張羅下一餐，不再那麼高傲了，「感覺如何／自力更生無依無靠／家在哪裡沒有方向／像個無名小卒／像顆滾石」。

諾貝爾遺囑設定文學獎表彰的是「在文學領域創作出具有理想傾向之最佳作品的人」，巴布・狄倫以傳遞了那個時代最需要的價值觀，這樣的社會意識與關懷讓流行歌不僅是大眾文化，更是時代的表徵。

其實，詩歌本就源於人內心情感。自《詩經》、楚辭、漢樂府、唐詩、宋詞、元曲，到今天的流行歌曲，無一不唱出人們的生活情感、生命處境與時代變遷。

李明璁《時代迴音：記憶中的臺灣流行音樂》一書中認爲流行音樂不是快速且善變、具擴散廣度有餘而深度不足的流行，而是永遠帶著矛盾張力，卻也因此極爲豐富有趣的文化表現，它兼容並蓄或紛雜並陳了流行與反流行、傳統與現代、庶民與菁英、商業與藝術等不同思維和感受的音樂。是以，臺灣的政治環境、社會情緒隨著愛國歌曲到校園民歌、現代民謠、國語流行歌、中國現代民歌……融合了政權轉移、族群文化、經濟民生的光影，唱出對鄉土的依戀、對國家民族的情思、對社會問題的呼籲，也陪伴啓迪每個人成長，成爲記憶裡共同的符號。

〈收酒矸〉、〈燒肉粽〉唱的是底層小市民無奈與對未來樂觀奮鬥的精神；羅大佑的〈鹿港小鎮〉唱出小鎮樸實的信仰，在城市裡彷徨，及北漂族的心聲。西方流行也是創作的元素，如〈一樣的月光〉搖滾臺北意象、高凌風〈冬天的一把火〉搖滾與disco。屬於東方文化的想像與音樂的結合，帶動了方文山的中國風、劉家昌、羅大佑、李泰祥為李白〈將進酒〉、李後主〈相見歡〉、范仲淹〈蘇幕遮〉、秦觀〈桃源憶故人〉、徐志摩〈再別康橋〉、鄭愁予〈錯誤〉、〈情婦〉、〈旅程〉、〈野店〉、〈牧羊女〉……譜上古典弦律，吟誦傳唱成街頭巷尾的優雅。

在歌者地位卑賤的宋代，晏殊看見了她的憔悴落寞，為她寫了這一首詞。對晏殊而言，她是生命裡的偶然，是反照自己際遇的天涯淪落人，但對歌者而言，或許可用巴布．狄倫獲獎感言總結：「我的歌本身，才是讓我努力至今的核心原因。它們在世界不同文化、不同人們的生命中，找到了一席之地，對此我真心感激。」

九十、讀史

宋　王安石

自古功名亦苦辛，行藏①終欲付何人。
當時黮闇②猶承誤，末俗紛紜③更亂眞。
糟粕④所傳非粹美，丹青⑤難寫是精神。
區區豈盡高賢意，獨守千秋紙上塵。

注釋

①行藏：出處、動向。出自《論語．述而》：「用之則行，舍之則藏。」遇有賢能的君主願意重用我的，我就立身行道，兼善天下；如果沒有君主肯用我的話，我就退隱起來。

②黮闇：音ㄊㄢˇ ㄢˋ，不明白的樣子。

③末俗紛紜：晚近的世俗多而混亂。

④糟粕：音ㄗㄠ ㄆㄛˋ，酒糟、米糟或豆糟等渣滓，比喻粗劣的東西。

⑤丹青：丹砂和青雘，是繪畫所用的顏料，借代為繪畫。另有一說是：丹，丹冊，記載功勳。青，青史，記錄史事，泛指史籍。

翻譯

自古以來，取得功名的路是十分辛苦的，他們「用之則行，舍之則藏」，出處進退的事蹟最後究竟該託付給誰來論定呢？即使處身當代，記事評論常常昏暗失誤，難以看清事情的來龍去脈，更不用提後代的人眾說紛紜，各種失當的解說，使得史事更失去真貌。當前所傳的史書只是史事的糟粕，談不上精粹完美，史書最難表現的就是古人的精神。有限的記載怎能把歷代高潔賢德的神韻完整真實地表現出來呢？恐怕只是讓他們空在紙上蒙塵，獨守千年的寂寞。

知識要點

● 故事背景：王安石是北宋政治家、思想家、文學家。神宗時爲宰相，創新法以改革弊政，遭到守舊派極力反對，壯志未酬，失意地退出政治舞臺。這首詩爲晚年辭居罷居江寧時創作。

● 敘述結構：功名之路辛苦→交給誰評論→史書繪畫難以掌握精神→高賢德行被埋沒。

● 歷代評論：嚴羽《滄浪詩話》：「公絕句最高，其得意處，高出蘇（東坡）、黃（庭堅）之上。」嚴羽〈滄浪詩話〉稱其詩爲「王荊公體」。

● 知識重點：

讀史之詩，往往透過閱讀史書抒發自己對於重要史事或歷史人物的見解，既彰顯史的思想，也反映作者情思。這首詩圍繞「辛苦」二字，前四句寫追求功名的路途艱辛、出仕或退隱之間所代表的政治選擇和人生態度裡有外人難解的苦，因此往往被世人誤解，被當代曲解，語中飽含憤慨。後四句轉而以激昂的點出歷史人物的身後評價往往不易準確，繼而質疑史書怎能寫盡有志之士的理想。

王安石詩詩律更嚴謹，用語精警，此詩除為押韻而特意將「辛苦」二字倒反，一方面以「當時黮闇猶承誤，末俗紛紜更亂真」，指責阻其推行新政之人，另方面藉「高賢」隱然置入自我，「獨守千秋紙上塵」中「獨」、「千秋」字所透露的寂寞，「紙上塵」所慨歎知音絕罕，恐後世作史者沒有識力能看見自己心志的憂愁。

練習題

1. 下列選項何者能表達王安石對後世評價的質疑？
(A)自古功名亦苦辛
(B)行藏終欲付何人
(C)區區豈盡高賢意
(D)獨守千秋紙上塵

2. 下列詩句寫作手法的敘述正確的是：
(A)行藏終欲付何人——借代
(B)糟粕所傳非粹美——用典
(C)丹青難寫是精神——摹寫
(D)區區豈盡高賢意——反詰

3. 關於下列兩首王安石詩，敘述正確的是：

沉魄浮魂不可招，遺編一讀想風標。何妨舉世嫌迂闊，故有斯人慰寂寥。（〈詠孟子〉）

自古功名亦苦辛，行藏終欲付何人？當時黮闇猶承誤，末俗紛紜更亂眞。糟粕所傳非粹美，丹青難寫是精神。區區豈盡高賢意？獨守千秋紙上塵。（〈讀史〉）

(A)「何妨舉世嫌迂闊」二句，顯示了王安石自比孟子，目空一切的自傲心理
(B)「遺編一讀想風標」之情懷，與「風簷展書讀，古道照顏色」大抵近似
(C)「行藏」意指進退出處，語出《論語．述而》：「用之則行，舍之則藏」
(D)〈讀史〉表達對史書記載及其論斷功過是否眞切、允當的質疑
(E)二詩都流露出孤寂無奈之情，及理想、信念不被瞭解的感慨（多選）

【大考演練】

1-2爲題組。閱讀下文，回答第1-2題。

甲、沛公，〈大風〉，也得文章用。卻教猛士歎良弓，多了遊雲夢。駕馭英雄，能擒能縱，無人出彀中。後宮、外宗，險把炎劉并。（薛昂夫〈朝天曲〉之一）

乙、假王，氣昂，跨下羞都忘。提牌不過一中郎，漂母曾相餉。蒯徹名言，將軍將強，良弓不早藏。未央，法場，險似壇臺上。（薛昂夫〈朝天曲〉之六）

註：彀：箭的射程範圍。蒯徹：策士，善陳說泯害。

1. 下列關於曲中詞句的解釋，何者正確？
(A)「也得文章用」意謂沛公注重文章濟世；「跨下羞都忘」意謂假王忘卻名利
(B)「無人出彀中」意謂沛公才能平庸；「提牌不過一中郎」意謂假王志向遠大
(C)「卻教猛士歎良弓」意謂沛公讓功臣有兔死狗烹之慨；「良弓不早藏」意謂假王未能急流勇退
(D)「後宮，外宗，險把炎劉并」意謂沛公死於外戚之手；「未央，法場，險似壇臺上」意謂假王死於項羽之手。
【105統測】

2. 若撰寫《從歷史看職場生存之道》一書時，欲以假王與沛公的故事爲素材，則就二人的互動關係而言，下列何者是最恰當的篇名？
(A)假王出身好，上司急結交
(B)從來不當明星的假王哲學
(C)跟假王學八面玲瓏的手腕
(D)小心！別像假王功高震主。
【105統測】

在宋初疑經思潮中，學者多擺脱漢唐儒者的對經文字詞章句之訓詁，而走向「自出議論」，提出新論的翻案文章，如歐陽修〈縱因論〉、蘇軾〈留侯論〉。

王安石創立的學派稱爲荊公新學，簡稱爲「新學」，抨擊漢唐儒者治學方法的弊端：「爲師則有講而無應，爲弟子則有讀而無問。」爲改變過去沉溺於枝微末節的注疏考證的儒學，重新訓釋《詩》、《書》、《禮》，從而期望在以經學來化民成俗之外藉探究性命、情欲、義利，以形塑理想人格。

從歷史與學術現象追探本源，找到最關鍵的原因，並以新的治學方法、新的解讀內容作爲變法的基礎，這是做學問濟世的科學，也是今天每個人都必須養成思辨習慣、論述的能力。

大學生以論文證明自己對專業的領域有足夠認識，是西方數百年的傳統，在中古世紀則是從事教育和神職工作者必經之途。時至今日，大學排名依舊針對各項研究論文、學術聲望進行量化評估，這意謂教授、學生所發表的論文篇數、在世界代表性期刊發表的頻率，是學術評鑑學校能否列前一百大排行的關鍵。

論文是探索問題，鍛鍊思考的方式，過程中歷經整理資料、分析現象、運用理論研究，尋找新的解讀與意義。在體例上，題目是整個論述的重點、動機與研究方法説明研究背景與問題意識、文獻探討是前人研究，藉以強調研究範疇與目的；正文是爬梳、推理、論述，結論是歸納觀點和展望。每篇論述既是對過去成果的觀想反思，也是未來研究者憑藉的基石。王安石在〈讀史〉中感歎：「自古功名亦苦辛，行藏終欲付何人。」幸而無數對歷史發展、人物行事、思想流變的論文彌補了這樣的缺憾，還給被紛亂世俗掩蓋的人一個公道，讓眞實得以顯現。這是論文的價值，也是人類走出混沌邁向清明的見證。

九十一、踏莎行・郴州①旅舍

宋　秦觀

霧失樓臺②，月迷津渡，桃源望斷無尋處。可堪③孤館閉春寒，杜鵑④聲裡斜陽暮。

驛寄梅花⑤，魚傳尺素，砌⑥成此恨無重數。郴江幸自⑦繞郴山，爲誰流下瀟湘去？

注釋

①郴州：音ㄔㄣ，今屬湖南。

②霧失樓臺：暮靄沉沉，樓臺消失在濃霧中。

③可堪：怎堪，受不住。

④杜鵑：鳥名，相傳其鳴叫聲像「不如歸去」，鳴聲淒厲，能動旅客歸思。

⑤驛寄梅花：出自三國時人陸凱〈贈范曄〉：「折梅逢驛使，寄與隴頭人。江南無所有，聊寄一枝春。」作者自比范曄，表示收到來自遠方的問候。

⑥砌：音ㄑㄧˋ，堆積。

⑦幸自：本自，本來是。

翻譯

霧氣迷濛，樓臺消失在霧氣中，月色朦朧，渡口也隱匿不見。望盡天涯，理想中的桃花源無處覓尋。春寒料峭，怎忍受得了獨自在孤寂的客館，杜鵑聲聲迴盪在斜陽西下的黃昏裡，格外哀淒。

收到遠方的友人的音信，寄來溫暖的關懷，這一切堆積我深深的別恨離愁。郴江本來就是圍繞著郴山而流，爲什麼卻要老遠地北流向瀟湘而去呢？

知識要點

● 故事背景：秦觀，字少游、太虛，號淮海居士，文才爲蘇軾所賞識，是蘇門四學士之一。因新舊黨爭先貶杭州通判，再貶監州酒稅，後又謫郴州，削去所有官爵和俸祿，又貶橫州，此詞作於哲宗紹聖四年（西元一〇九七年）春三月離郴州前於旅店所寫。

● 敘述脈絡：寫霧景，桃源無處尋→寫當下，孤館春寒杜鵑斜陽→得尺素，砌恨無重數→彬將爲誰下瀟湘

● 歷代評論：針對「郴江幸自繞郴山，爲誰流下瀟湘去？」有多種解釋：

胡雲翼《宋詞選》：郴江也不耐山城的寂寞，流到遠方去了，可是自己還得待在這裡，得不到自由。

《唐宋詞鑑賞辭典》認爲作者自問，慨歎身世：自己好端端一個讀書人，本想出來爲朝廷做一番事業，正如郴江原本是繞著郴山而轉的呀，誰會想到如今竟被捲入一切政治

鬥爭漩渦中去呢？

明王士禎《花草蒙拾》：「郴江幸自繞郴山，爲誰流下瀟湘去？」千古絕唱。秦歿後坡公常書此於扇云：「少游已矣，雖萬人何贖！」高山流水之悲，千載而下，令人腹痛。

清王國維《人間詞話》：少游詞境，最爲淒婉。至「可堪孤館閉春寒，杜鵑聲裡斜陽暮」，則變而淒厲矣。

葉嘉瑩《唐宋詞十七講》：頭三句的象徵與結尾的發問有類似《天問》的深悲沉恨的問語，寫得這樣沉痛，是他過人的成就，是詞裡的一個進展。

● 知識重點：

1. 這首詞由郴州旅舍展開寫客次的感慨：上片著重於景，寫謫居中寂寞淒冷的環境，下片抒情，寫遠方友人殷勤致意、安慰。筆法委婉曲折，情景交融，淒苦哀怨的失意之情裡，流露現實的落寞與不滿。
2. 上片先以「霧失樓臺，月迷津渡，桃源望斷無尋處」三層之景中寄情。悽楚迷茫的漫天迷霧隱去了樓臺、渡口，「失」、「迷」二字，既勾勒出月下霧景，也烘托寂寞淒冷的情緒。桃源「望斷無尋處」，將失望痛苦拉到極點，與現實之不堪相應。繼而以「可堪」的心境，將鏡頭由室外與遠方帶入謫居遠離家鄉的「孤館」，「杜鵑」之聲加深天涯淪落的狀況，更何況「春寒」、「斜陽」慘澹愁雲的氣氛。「閉」字，道盡困坐愁城、有志難伸、望桃源而被鎖住宅居之旅店的處境。
3. 下片以兩則友人投寄書信的典故，看似欣然，實則因貶謫而身不由己，親友慰安的書信，反而觸動更深的悲傷與絕望。「砌」字將「恨」的情緒形象化，「無重數」更顯現憾恨之沉重堅實。但憂讒畏譏的他，不能明說出心中的恨是什麼，於是化實為虛，問：「郴江幸自繞郴山，為誰流下瀟湘去？」語中既帶著無解的迷惘失望，以及某些人生感悟。
4. 秦觀作品中常帶有感傷身世之作，風格委婉含蓄，清麗雅淡。「霧失樓臺，月迷津渡」，對句工整，互文見義，也不只是狀寫景物，而是情景交融的佳句。其次，虛實相間，上片以虛帶實，下片化實為虛，蘊藉身世語意淒切。

練習題

1. 下列「」中前後的字義，兩兩相同的是：
(A)可「堪」孤館閉春寒／情況「堪」憂
(B)魚傳「尺素」／「尺牘」短而情長
(C)「砌」成此恨無重數／「砌」下落梅如雪亂
(D)郴江「幸自」繞郴山／花自漂零水「自」流
2. 下列運用典故表現出思鄉之情的敘述是：

(A)霧失樓臺，月迷津渡

(B)桃源望斷無尋處

(C)杜鵑聲裡斜陽暮

(D)驛寄梅花，魚傳尺素

3.下列有關這闋詞寫作手法的說明，正確的是：

(A)上片抒情，下片著重於寫景

(B)「失」、「迷」二字既寫景亦寫情

(C)「砌」字既寫旅店建築，也將「恨」的情緒形象化

(D)末句藉疑問顯露出與淪落瀟湘的屈原，同是懷才不遇之歎

大考演練

1-2為題組。閱讀下文，回答1-2題。

少壯時不喜住在固定的地方。當遊覽名山勝水，發現一段絕佳風景時，我定要叫著說：「喔，我們若能在這裡造屋子住多好！」忘記哪位古人有這麼一句好詩，也許是吾家髯公吧？「湖山好處便為家」。行腳僧煙簑雨笠，到處棲遲，我常說他們的生活富有詩意。程垓《書舟詞》中，有我欣賞不已的一首〈滿江紅〉：「葺屋為舟，身便是煙波釣客；況人間原是浮家泛宅。秋晚雨聲篷背穩，夜深月影窗櫺白，滿船詩酒滿船書，隨意索。也不怕雲濤隔，也不怕風帆側，但獨醒還睡，自歌還歇。臥後從教鰍鱔舞，醉來一任乾坤窄。恐有時撐向大江頭，占風色。」詞中的舟並非真舟，不過想像他所居的屋為舟，以遣煙波之興而已。我有時也想假如有造屋的錢，不如拿來造一隻船，三江五湖，隨意遨遊，豈不稱了我「湖山好處便為家」的心願。不過船太小了，那幾本書先就愁沒處安頓；太大了，惹人注目，先就沒膽量開到太湖，不能擘破三萬六千頃青琉璃，周覽七十二峰之勝，就失卻船的意義了。（改寫自蘇雪林〈家〉）

1.下列文句的說明，正確的選項是：

(A)「行腳僧煙簑雨笠，到處棲遲」描述行腳僧失意飄泊而浪跡天涯

(B)「滿船詩酒滿船書，隨意索」說明作者好客，詩、酒及書任人索取

(C)「獨醒還睡，自歌還歇」描寫眾人皆醉我獨醒與漁歌唱和的情景

(D)「擘破三萬六千頃青琉璃」意謂行船於澄碧的太湖之中

【106學測】

2.作者引述髯公詩與程垓詞的用意是：

(A)表達依江山勝景而居的嚮往

(B)流露出無處不可為家的豁達

(C)慨歎屋狹而不能滿室詩酒書

(D)惋惜不能以船為家任意遨遊

【106學測】

【跨領域觀看】：蘇小妹三難新郎，蘇東坡投石點撥

秦觀是北宋詞人，與張耒、晁補之、黃庭堅並稱「蘇門四學士」。在馮夢龍《醒世恆言》中虛構了才女蘇小妹，在王安石兒子求親的文章上評道：「好文字！此必聰明才子所作。但秀氣洩盡，華而不實，恐非久長之器。」於卷面批云：「新奇藻麗，是其所長；含蓄雍容，是其所短。取魏科則有餘，享大年則不足。」王雱十九歲果然中了頭名狀元，但未幾夭亡。王相府求親一事和蘇小妹料事如神的評語，讓小妹才名傳遍京城，慕名者不計其數。

一向自視頗高的秦觀慕蘇東坡小妹之才，又思及聽說蘇小妹「容貌不揚，額顱凸出，眼睛凹進，不知是何等鬼臉」？心想須得見她一面，方才放心。打聽蘇小妹將在三月初一日去嶽廟燒香，於是身穿皂布道袍，腰繫黃絳，足穿淨襪草履，項上掛一串拇指大的數珠，手中托一個金漆缽盂，一早就到東嶽廟前等候。

兩人對答如流，秦觀心喜，擇了吉日，親往求親納幣。蘇小妹看定秦觀文字，必然中選，遂提出中科舉再洞房花燭的要求。是夜，房門緊閉，一番周折後，蘇小妹在庭中桌上排列紙墨筆硯，言明必須答對三個題目方准進洞房。若是一試不中，銀盞內清茶解渴，直待來宵再試。兩試不中，則瓦盞內呷口淡水，罰在外廂讀書三個月。

秦少游心想不過三道題，何懼哉！第一題是絕句一首：「銅鐵投洪冶，螻蟻上粉牆。陰陽無二義，天地我中央。」少游想道：「我曾假扮做雲遊道人，在嶽廟化緣，去相那蘇小姐。此四句乃含著『化緣道人』四字，明明嘲我。」遂於月下取筆寫詩一首於題後云：「化工何意把春催？緣到名園花自開。道是東風原有主，人人不敢上花臺。」

第二封題詩四句：「強爺勝祖有施爲，鑿壁偷光夜讀書。縫線路中常憶母，老翁終日倚門閭。」

少游見了，毫不猶豫一一注明。這四句詩分別寫的是孫權、孔明、子思和太公望。第三題是作對子，花箋內出對云：「閉門推出窗前月」。

秦少游左思右想，到三更鼓響還是想不出對句，越加慌張。這時蘇東坡來打聽妹夫消息，望見少游在庭中團團而步，口裡只管吟哦「閉門推出窗前月」七個字，右手做推窗之勢。東坡心想定是小妹刁難，於是遠遠以磚片投向缸中。水中天光月影，紛紛淆亂。少游當下曉悟，遂援筆對云：「投石沖開水底天。」

交了第三遍試卷，只聽「呀」的一聲，房門大開，蘇小妹獻上美酒對新郎稱：「才子請滿飲三杯，權當花紅賞勞。」少游此時意氣揚揚，連進三盞，丫鬟擁入香房。這一夜，佳人才子，好不稱意。

九十二、青玉案．元夕①

宋 辛棄疾

東風夜放花千樹②，更吹落、星如雨③。寶馬雕車④香滿路。鳳簫⑤聲動，玉壺光轉，一夜魚龍⑥舞。蛾兒雪柳黃金縷⑦，笑語盈盈⑧暗香去。眾裡尋他千百度。驀然⑨回首，那人卻在，燈火闌珊⑩處。

【注釋】

①元夕：舊曆正月十五元宵節。

②花千樹：形容燈火之多，如千樹繁花齊開。

③星如雨：指焰火紛紛，亂落如雨。星，指焰火，形容滿天的煙花。

④寶馬雕車：指觀燈的貴族豪門的華麗車馬。雕車，豪華的馬車。

⑤鳳簫：排簫，簫管排列參差如鳳翼而得名，此泛指音樂。《神仙傳》記載，秦穆公之女弄玉，善吹簫作鳳鳴聲，引來了鳳，故簫又稱鳳簫。玉壺，比喻月亮。

⑥魚龍：指舞動魚形、龍形的彩燈（舞魚舞龍是元宵節的表演節目）。

⑦蛾兒雪柳黃金縷：皆是古代元宵節婦女頭上戴的裝飾物，此指盛裝打扮的女子。

⑧盈盈：聲音輕盈悅耳，亦形容女子儀態嬌美的樣子。黃金縷，金線撚絲做成裝飾品。

⑨驀然：忽然。驀，音ㄇㄛˋ。

⑩闌珊：形容燈光稀落、微暗的樣子。

翻譯

數不清的花燈晃動著，彷彿東風拂過吹開盛開花的千棵樹，焰火紛亂，往下墜落，又像是將空中的繁星被吹落，宛若陣陣星雨。華麗的香車寶馬在路上來來往往，各式各樣的醉人香氣瀰漫著大街。鳳簫悅耳的音樂之聲四處迴盪，月亮在空中發出明亮的螢光，光華流轉飛舞，熱鬧的夜晚，魚龍形的彩燈在翻騰。美人的頭上都戴著亮麗的飾物，身上穿著晶瑩多彩裝扮的女子在人群中晃動。她們面容微笑，帶著淡淡的香氣從人面前經過。我尋找她千百次，都沒看見她，不經意間一回頭，卻看見了她立在燈火零落處。

知識要點

● 敘述脈絡：夜放花燈如星雨→寶馬雕車一夜魚龍舞→笑語盈盈暗香去→眾裡尋人在燈火闌珊處。

● 歷代評論：

1. 梁啓超認爲本詞有寄託：「自憐幽獨，傷心人別有懷抱。」
2. 王國維《人間詞話》：「古今之成大事業、大學問者，必經過三種之境界：『昨夜西風凋碧樹。獨上高樓，望盡天涯路。』此第一境也。『衣帶漸寬終不悔，爲伊消得人憔悴』此第二境也。『眾裡尋他千百度，驀然回首，那人卻在，燈火闌珊處。』此第三境也。」

● 知識重點：

1. 這首詞透過熱鬧歡愉的元宵活動，敘寫那眾裡尋他千百度的執著，寫那在燈火闌珊處不慕繁華、自甘寂寞的意中人，藉以反襯自己不同流俗、不趨炎附勢、自甘寂寞的心情，寄託政治失意後孤高品格。
2. 上半闋寫元宵的熱鬧情景：滿城燈花、滿街遊人、通宵歌舞洋溢節日狂歡的這些畫面，透過巧妙的比擬與形容，如高掛樹梢的花燈被描述成流動如星雨的燦爛煙火，地上五光十色的彩燈綴滿街巷，與天上吹落如雨的煙火相互爭輝，營造出華麗燦爛的夜景。簇擁而來的人潮，以「寶」、「雕」二字突顯其逼人貴氣。地上的「鳳簫聲動」與天上的「玉壺光轉」，再加上穿梭其間的「魚龍舞」，充滿聲色，渲染萬民同歡的氣氛。
3. 下闋專寫人：集中於觀燈女子的盛裝豔服，笑語歡快的情景。鏡頭從頭上霧鬢雲鬟對焦，拉近特寫戴滿元宵特有的裝飾品，這些盛裝的遊女們不僅讓整個空間充滿視覺上飽滿的色彩與多樣款式的熱鬧感，更於行動間，於走後暗中飄散衣香。

4.寫作手法上，以絢麗多彩的熱鬧的元宵節場面，反襯孤高淡泊、超群拔俗、不同於金翠脂粉的女性形象，寄託著作者理想人格。

【練習題】

1.下列臺灣元宵節活動，會出現「東風夜放花千樹，更吹落、星如雨。寶馬雕車香滿路。鳳簫聲動，玉壺光轉，一夜魚龍舞。」這樣場景的是：

(A)鑽燈腳
(B)放天燈
(C)炸寒單
(D)鹽水蜂炮

2.下列最接近「驀然回首，那人卻在，燈火闌珊處」中「那人」的是：

(A)眾人皆醉我獨醒
(B)獨樂不如眾樂樂
(C)樂盤遊三驅爲度
(D)好之者不如樂之者

3.下列有關寫作手法與內容的分析，正確的是：

(A)「寶馬雕車香滿路」，以巧妙的比擬呈現萬民同歡的氣氛
(B)「蛾兒雪柳黃金縷」，以色彩形容富貴人家生活豪奢情況
(C)「東風夜放花千樹」，以襯托那人處境困厄生活貧瘠蕭條
(D)「鳳簫聲動」、「一夜魚龍舞」，以襯托燈火闌珊處的冷落

【大考演練】

1-3爲題組。閱讀下文，回答第1-3題。

蜀賈三人，皆賣藥於市。其一人專取良，計入以爲出，不虛價，亦不過取贏；一人良不良皆取焉，其價之賤貴，惟買者之欲，而隨以其良不良應之；一人不取良，惟其多，賣則賤其價，請益則益之不較，於是爭趨之，其門之限，月一易，歲餘而大富。其兼取者趨稍緩，再期亦富。其專取良者，肆日中如宵，旦食而昏不足。（劉基《郁離子》）

1.依據上文，「惟買者之欲，而隨以其良不良應之」的意思爲何？

(A)讓買家隨意挑選，再依據買家的態度好壞決定價格
(B)由買家隨意喊價，再隨機拿出優劣不一的產品敷衍
(C)看買家願意花多少錢，再提供合乎價格條件的產品
(D)請買家說明產品需求，再看自己能不能接這項訂單

【108統測】

2.依據上文，最符合第三個賣藥者的敘述為何？
(A)耐心回答消費者的各種疑問
(B)掌握群眾愛買便宜貨的心理
(C)高價販售劣質商品牟取暴利
(D)大量進貨壓低上等藥材成本 【108統測】

3.小資現階段想買間低價的房子，屋況較差沒關係，未來存夠了錢，再換購優質好屋。若上文三個賣藥者的銷售形態，依序即是甲、乙、丙三個房仲公司的銷售形態，下列建議，何者最不適合小資？
(A)現階段可從乙、丙兩公司找物件
(B)無論現階段或未來，都可從乙公司找物件
(C)現階段應從甲公司找物件，未來可從乙公司找物件
(D)現階段應從丙公司找物件，未來可從甲公司找物件 【108統測】

【跨領域觀看】：宋代人如何過元宵，元宵串起的文學與活動

你可知宋朝人過的元宵節不是一天，而是放假七天，五天通宵達旦狂歡：「照依東京體例，通宵不禁，十三至十七放燈五夜。」為此，從冬至便搭建牌樓、表演舞臺，開始製作各色花燈；為此，《水滸傳》寫了三次元宵節，呈現宋朝元宵節狂歡的民風民俗、風土人情；為此，宋江拋開理性，冒著被通緝的危險，也要硬逼著柴進、史進、劉唐、李逵等人縱情在五彩閃爍照耀如同白日的燈下開眼界。

元宵的東京城（開封）裡家家戶戶掛燈盞，大戶人家更是四處蒐集遠方珍異賽花燈：「家家門前，紮起燈柵，都要賽掛好燈，巧樣煙火。戶內縛起山棚，擺放五色屏風炮燈，四邊都掛名人畫片，並奇異古董玩器之物。」

元宵的花燈是盛世的象徵，各地州府也藉此展示財力、創意和手藝，一個比一個壯麗恢弘。孟元老《東京夢華錄》有這樣的記載：「彩山左右，以彩結文殊、普賢，跨獅子白象，各於手指出水五道，其手搖動。用轆轤絞水上燈山尖高處，用木櫃貯之，逐時放下，如瀑布狀。」可見這搭成山

一般高的花燈架，由機器上的絞盤轉動鎖鏈，以槓桿轉動，是結合物理、機械、藝術、技巧的作品。梁山劫去萊州進貢的五架燈，其中「玉棚玲瓏九華燈」就是「上下通計九九八十一盞」的組燈。再加上宮廷的燈、開封府高手紮的燈球、燈槃、絹燈、鏡燈、字燈、水燈、龍燈、鳳燈、走馬燈……還有看花燈的女人，個個頭頂上戴著和栗子一般大小的燈球燈籠，晶瑩剔透的蓮花形、色澤繽紛的牡丹形……。這樣聲光琉璃的燈景是集工藝技術、民生經濟和文化習俗的嘉年華會。

宋代的元宵「樓臺上下火照火，車馬往來人看人」，火樹銀花，寶馬香塵不絕可說集人間之華美燦爛。因此，宋元話本往往以元宵節作爲太平盛世的象徵，成爲小說情節、人物故事的發生場景，而民間女子也藉花燈踏出閨門，在花燈的光暈下遇見怦然心動的彼此。

在水鄉烘托下創造出令人迷醉的熱鬧歡樂。辛棄疾〈青玉案．元夕〉看似寫著眼前寶馬雕車、鳳簫聲動、玉壺光轉充滿聲光色彩的臨安太平市朝；「笑語盈盈暗香去。眾裡尋他千百度，驀然回首，那人卻在，燈火闌珊處」，看似圓滿地與那人四目交接，其實背後歎的是這風流豪侈恍若天下太平的盛世，夜裡挑燈看劍北定中原的宏願，卻越來越遠去了。

歷代在萬頭鑽動的人裡面，有我們熟悉的吳月娘、潘金蓮在獅子街李瓶兒新住處登樓賞燈：「當街搭數十座燈架，四下圍列些諸行買賣。玩燈男女，花紅柳綠，車馬轟雷……」（《金瓶梅詞話》第十五回）；《仙劍奇俠傳三》裡紫萱戴著面具逛燈會時初遇長卿，從此有了三生三世割不斷的情緣。《琅琊榜》中在元宵節花燈會想起了對方，遠遠看見了，卻不敢相識……。

《紅樓夢》裡的元宵出現在第十八回元春省親和五十三、五十四回「榮國府元宵開夜宴」。笙歌燕舞開豪奢之宴，晚輩敬酒之天倫、唱戲說書擊鼓傳梅燃放煙火。這自漢代開始的節日因爲蔡倫改良造紙術降低製作花燈的成本，使燈會普及，加上五斗米道燃燈祭斗儀式開啓民間燈會、佛教道教官方與民同樂的推動，一盞盞精緻秀麗的花燈在每年正月十五屬於中國人的地方點亮夜空。隨著不同的原因，燈會、蜂炮、炮炸邯鄲的煙火把臺灣的元宵鬧得更精彩。

九十三、〈沁園春〉將止酒，戒酒杯使勿近

宋　辛棄疾

杯！汝來前。老子今朝，點檢形骸①。甚長年抱渴，咽如焦釜②，於今喜睡，氣似奔雷。汝說：「劉伶③，古今達者，醉後何妨死便埋。」渾如此④，歎汝於知己，眞少恩哉！更憑歌舞爲媒，算合作人間鴆毒⑤猜。況怨無小大，生於所愛；物無美惡，過則爲災。與汝成言⑥：「勿留亟⑦退，吾力猶能肆汝杯。」杯再拜，道：「麾之即去⑧，招亦須來。」

注釋

①點檢形骸：留意身體，好好保養。
②焦釜：燒焦的鐵鍋，比喻情勢危急或人極乾渴。釜，音ㄈㄨˇ。
③劉伶：晉沛國人，性好酒，放情肆志，與嵇康、阮籍等同稱為「竹林七賢」，著有〈酒德頌〉。
④渾如此：反正，不管如何。渾，完全，整個。
⑤鴆毒：毒藥。鴆，音ㄓㄣˋ。
⑥成言：約定，盟約。
⑦亟：音ㄐㄧˊ，緊急，急切。
⑧麾之即去：趕我走，我就離開。麾，音ㄏㄨㄟ，揮動。

翻譯

杯子！你來我跟前。我今天起，要好好愛護身體。比起酗酒，長年來，口渴了就想抱著你急切地喝，喉嚨像燒焦的鐵鍋一樣，除此外還非常貪睡，睡覺時鼾聲如打雷。你說：「竹林七賢劉伶，是古今以來灑脫通達的人，喝酒醉死了當地就地埋葬，多麼地豁達。」無論如何，我把你視為知己，你還引誘我繼續喝酒，眞是寡情啊！

杯子你跟著歌舞一起，引起他人酒興，以致身體受損而不自覺，眞是毒害人間，儘管東西再好，喝多了就有災難。何況人間怨恨無論大小，往往都是因爲貪愛而生；就如同事物本沒有好壞之分，但是超過限度就會成爲災禍。我跟你約定：「不要逗留，盡速離開，我還有力氣把你摔個粉碎。」酒杯再三致禮後，說：「你斥退我離去，我就離開，但哪天你招喚我來，我還會再來。」

知識要點

● 故事背景：

1. 辛棄疾一生最大的悲劇是不被重用，這與南宋國勢衰頹，文人主政，不懂戰爭也不敢戰爭，只求活一天算一天苟安的大環境有關，而辛棄疾北方的個性使他寧鳴而死，不默而生。

2.辛棄疾是從孝宗淳熙八年（西元一一八一年）歸隱江西帶湖，並在這一年自號「稼軒居士」，開始長達二十多年被迫隱居的生活。英雄的寂寞、無奈，與才不為世用的悲哀。唯有借酒澆愁，因此許多詞作談及喝酒、戒酒之事，如〈卜算子〉飲酒成病，「仙飲千杯醉似泥」；〈沁園春〉：「細數從前，不堪餘恨，歲月都將麴櫱埋。」這年來心事無人知，要歡樂唯有喝酒，即使朋友來書信勸止酒，他仍在大醉戲作：「昨夜山公倒載歸，兒童應笑醉如泥。」〈定風波〉他也有〈止酒〉詩：「淵明愛酒得之天，歲晚還吟酒止篇。日醉得非促齡具。只今病渴已三年。」

3.辛棄疾在寧宗慶元二年（西元一一九六年）左右寫此首，書寫已經喝酒成疾的他，想戒酒的戲謔之詞。

● 敘述脈絡：為了身體我要戒酒→劉伶醉死多灑脫→你（酒杯）跟著歌舞危害人間，趕快滾→走就走，你要我（酒杯）來時，我（酒杯）還是會再來。

● 歷代評論：宋劉辰翁《辛稼軒詞．序》說辛棄疾詞靈活可愛：「橫豎爛熳，乃如禪宗棒喝，頭頭皆是；又如悲笳萬鼓，平生不平事並巵酒，但覺賓主酣暢，談不暇顧。詞至此亦足矣。」

● 知識重點：

1.俳諧詞語言形式活潑，強調俳諧功用的喜劇性，因此內容充滿調笑風趣，其作用多在詼諧幽默中或寄興勸喻之深意，或以此寫日常生瑣事純粹取樂。辛棄疾閒居帶湖、瓢泉期間，大量創作俳諧詞，大半是抒發報國無門的鬱悶、諷刺小人、藉以明志、寄託愛國思想，或寫大自然的美感，或嬉笑怒罵，不但拓展俳偕詞的內容，也提升俳諧詞的地位。

2.這首戒酒詞受東方朔〈答客難〉和班固〈賓戲〉影響，以「酒杯」為客，力數其罪狀，言詞激烈，憤形於色，甚至想肆之而後快。構思奇特之處在將酒杯擬為人、設計對話場景的想像、虛擬跟酒杯之間活潑的對答，以及彷彿自問自答借酒杯道出的內心獨白，創新而詼諧生動。

3.這首詞並不像〈西江月．遣興〉直接陳述內心想法自信而瀟灑：「醉裡且貪歡笑，要愁那得工夫？近來始覺古人書，信著全無是處。昨夜松邊醉倒，問松我醉何如？只疑松動要來扶，以手推松曰去！」而是叨叨絮絮地敘說長年喝酒的後遺症：「長年抱渴，咽如焦釜，於今喜睡，氣似奔雷」，企圖以堅定自己借酒的理由和決心，實則充滿矛盾猶豫，因此不責怪自己貪杯，戒酒不力，反怪酒杯纏住自己；明知酒傷身卻仍視之為知己。於是透過酒杯飲劉伶的話爭辯、借對酒杯叱喝警告「勿留亟退，吾力猶能肆汝杯」提高氣勢、藉醉中幻覺呈現理性認知「過則為災」，但儘管口氣多樣，情緒跌宕，但酒「麾之即去，招亦須來」充滿自信，深知辛棄疾離不開它，它也不會被冷落太久，立刻消解了前面氣勢凌人的戒酒心！

4. 辛棄疾筆下，任何生活題材都能成為詞作的材料，無論是感遇的豪放，或田園小品乃至此首以有趣味的眼光、生動的筆來表達的徘諧詞。他不僅風格多樣，更善於運用比興手法和奇特想像，賦予自然界的山、水、風、月、草、木情感和性格，尤其是融入民間口語、用典、用事改造變化出新意，此首更可見其以文為詞的表現。

練習題

1. 下列關於文意的說明，正確的是：
(A)「點檢形骸」：整飭行為
(B)「氣似奔雷」：士氣高昂
(C)「能肆汝杯」：憤而碎之
(D)「怨無小大，生於所愛」：由恨生情

2. 下列最符合本闋詞的主旨是：
(A)不肯飲酒
(B)不擅品酒
(C)不願貪酒
(D)不再戒酒 【93風災補考學測題】

3. 根據上詞，下列敘述不正確的是：
(A)以譬喻的手法，塑造酒杯的形象
(B)「長年抱渴，咽如焦釜」，採用誇飾的修辭法
(C)全詞雖以作者與酒杯對話成篇，實則作者自導自演
(D)「歎汝於知己，眞少恩哉」是埋怨酒杯引誘他繼續喝酒 【93風災補考學測題】

大考演練

1. 國文課堂上，學生想嘗試從「詞」的文學知識解說：「五代之詞，止於嘲風弄月，懷土傷離，節促情殷，辭纖韻美。入宋則由令化慢，由簡化繁，情不囿於燕私，辭不限於綺語，上之可尋聖賢之名理，大之可發忠愛之熱忱。」下列解說，適當的是：
(A)五代詞以私情綺語擅場，宋代詞家不復纖辭美韻，崇尚思理，風格弘闊
(B)五代詞因篇幅短而合音節，宋代詞則因篇幅長而音節漸

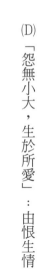

失，難於演唱

(C)李煜詞在亡國前多「嘲風弄月」，亡國後則多「懷土傷離」

(D)蘇軾的詞，可視爲「情不囿於燕私，辭不限於綺語」的代表

(E)在辛棄疾的詞作中，可找到「大之可發忠愛之熱忱」的例子

【108學測】

【跨領域觀看】：酒，來自一場意外

曹操〈短歌行〉云：「慨當以慷，憂思難忘。何以解憂，唯有杜康。」自從黃帝時的宰夫杜康造酒之後，這傳奇人物就成了酒的代稱，製酒業的祖師爺。

不過據研究，酒並不是任何人發明創造，而是偶然中發現的，而且西元前六千年美索布達米亞人就已經使用麥來製造啤酒，西元前六千年左右已有葡萄的栽培，西元前四千年前後埃及開始製造葡萄酒。

如果杜康的傳說屬實，中國四五千年前便開始製酒，《詩經．豳風．七月》以歲時曆事畫出一幅農耕圖，其中敘述十月收割稻穀，用它釀製春酒，以祝賀長壽：「十月獲稻，爲此春酒，以介眉壽。」可見酒在中國是長遠流傳的民生飲食。

一般認爲釀酒是在農耕之後才發展起來的，至於米、麥等穀物爲何會變成香醇美酒，竟是美麗的錯誤，渾然天成的巧合。「在農業出現前後，貯藏穀物的方法粗放。天然穀物受潮後會發黴和發芽，吃剩的熟穀物也會發黴，這些發黴發芽的穀粒，就是上古時期的天然曲蘗，將之浸入水中，便發酵成酒，即天然酒。」漢代劉安在《淮南子》中說：「清盎之美，始於耒耜。」

《改變世界的三十個重要發明：酒、紙、眼鏡、時鐘、鐵路……，扭轉人類食．衣．住．行的關鍵物品》這本書裡提及：「人們也早在文明興盛前，就瞭解酒精發酵的生活智慧：剛腐爛的香甜果實含有酒精，人類早就了解食用後能使心情變好、變興奮的喜悅了；換言之，古代人類飲用

酒精的最大目的，多半是娛樂而非其營養價值。」但顯然酒的滋味太迷人，因此西元前二千年《漢摩拉比法典》上記載：「不販賣使人喝醉的葡萄酒。」大禹鑑於酒味香醇迷人，多喝必誤事而頒布戒酒令，不准釀酒、喝酒：「禹稱而甘之，遂疏儀狄，絕旨酒，曰：『後世必有以酒亡其國者。』」（《戰國策．魏策二》）

從偶然發現，到有意識地栽種穀物、果樹做酒，送往迎來交際禮儀與節慶休閒必備的食物，其間展現的是工業技術改良、科學運用的巧思、經濟行爲的往來，也是商業、文化、民俗共同營造出的結果。正如可口可樂的創造其實是誤打誤撞出來的，據說藥劑師彭勃頓因爲店裡沒有顧客指定的古柯柯拉，臨機一動，將古柯酒和糖漿加蘇打水混合，竟因此變成可口的碳酸飲料，而成爲全球企業，美式文化的代表、年輕人歡樂時必備的飲品。

九十四、雨霖鈴①

宋 柳永

寒蟬淒切，對長亭晚，驟雨②初歇。都門帳飲③無緒，方留戀處，蘭舟④催發。執手相看淚眼，竟無語凝噎⑤。念去去，千里煙波，暮靄沉沉楚天⑥闊。多情自古傷離別，更那堪、冷落清秋節。今宵酒醒何處？楊柳岸，曉風殘月。此去經年⑦，應是良辰好景虛設。便縱有千種風情⑧，更與何人說。

注釋

①雨霖鈴：原為唐教坊曲。相傳唐玄宗避安祿山亂入蜀，時霖雨連日，棧道中聽到鈴聲，為悼念楊貴妃而作此曲。
②驟雨：陣雨。
③都門帳飲：在京都郊外搭起帳幕設宴餞行。
④蘭舟：據《述異記》載，魯班曾刻木蘭樹為舟。後用作船的美稱。
⑤凝噎：悲痛氣塞，說不出話來。
⑥楚天：南天。古時長江下游地區屬楚國，故稱。
⑦經年：一年又一年。
⑧風情：男女戀情。

【翻譯】

秋後寒蟬的鳴聲淒涼悲切，面對著長亭，時間已是傍晚時分，一場急雨剛剛停歇。在汴京城門外餞行的帳篷裡喝著酒，卻毫無心情，正在依依不捨的時候，蘭舟已催著要出發。彼此握著手看著對方的淚眼，竟說不出話來，千言萬語都噎在喉間。想到這回去南方，千里迢遠一片煙波，暮靄沉沉，只看到楚地天空茫茫而廣闊。

自古以來多情的人最傷心的是離別，更何況在這樣這冷落淒涼的秋天。誰知今夜酒醒時身在何處？恐怕是在楊柳岸邊，吹著清晨的風，照著殘月。這一去總有好幾年，此後的良辰美景都形同虛設。縱然有千萬種深情蜜意，又要向誰傾訴呢？

【知識要點】

● 敘述背景：柳永因為寫了一句「忍把浮名換了淺酌低唱」而被摒棄於黃金榜外，於是自嘲是「奉旨填詞」的「白衣卿相」。精通音律，有深厚的文藝修養的他從此流連於花街柳巷，致力於民間通俗文藝的創作。他貼近娼樓酒肆那些歌妓，用欣賞和同情的筆調描繪她們的容貌和悲喜，真切地反映浪子落拓不羈的情欲，也呈現時代的寫實、社會的色彩。慢詞至柳永而大盛，土語、方言無所不用，使詞體恢張有馳騁才情的空間。柳永的詞通俗易懂，優美動聽，以致凡有井水處即能聞柳詞。這是他離開汴京南下，與戀人長亭送別時之作。

● 敘述脈絡：都門帳飲無緒，蘭舟催發→執手相看淚眼傷離別→今宵酒醒何處？楊柳岸，曉風殘月→此去經年，千種風情更與何人說。

● 知識重點：

1. 詞的上片寫臨別時的情景，下片主要寫別後情景。「寒蟬淒切，對長亭晚，驟雨初歇」，三句簡單交代了離別的時間、地點、天氣等環境背景，而以「寒」字氣氛的渲染，點出溫度與內心傷情。「都門帳飲無緒，方留戀處，蘭舟催發」，將鏡頭推進寫送別之人事，「催」字加深留戀不捨與內心掙扎之情，讓特寫「執手相看淚眼，竟無語凝噎」的畫面飽含強烈的情感張力。「念」字引出無語凝噎的原由是因為此去千里，而所到之地只見「暮靄沉沉楚天闊」，不確定的未來讓必須放開的情感更加難捨。

2. 下半片述懷，承「念」字而來，轉而以設想未來，別後歲月來突顯此刻離別迴盪於心底的淒惻。「多情自古傷離別」，以「自古」呈現多情者無可逃脫的傷痛。

接層層遞進以「更那堪」、「冷落清秋節」深化感情。「今宵酒醒何處？」上接「都門帳飲」，「楊柳岸，曉風殘月」，勾勒出離別後孤獨的清涼。然而這樣的不僅明日清晨，未來的歲歲年年，「良辰好景」時，「千種風情」時，都不再有人可以共享，可以傾吐。

3. 在寫作技巧上，作者不僅透過以景襯情、現在與未來的時間，更在許多描述上融合外在與內心。如「念去去」二句的內心獨白，「去去」二字連用顯現離開的動作，與越走越遠所拉開的「千里」距離，「煙波」所泛起對未來的茫茫之感，以及「暮靄沉沉」色彩上的黯淡、「楊柳岸，曉風殘月」的蕭瑟畫面渲染離別冷落。「今宵酒醒何處？」與「多情自古傷離別，更那堪冷落清秋節」相互烘托，不僅在於虛中有實，虛景實寫，更因為以景「染」情、融情入景。「便縱有千種風情，更與何人說」，以疑問句收筆，將離別的絕望心情寫得綿密不已。

練習題

1. 下列屬於未來示現描述的是：
(A)寒蟬淒切，對長亭晚，驟雨初歇
(B)都門帳飲無緒，方留戀處，蘭舟催發
(C)今宵酒醒何處？楊柳岸，曉風殘月
(D)便縱有千種風情，更與何人說

2. 下列關於這首詞內容的說明，正確的是：
(A)暮靄沉沉是因將至北京
(B)離別時的無言是因兩情已淡然
(C)良辰好景虛設是因爲冷落清秋節
(D)黃昏送別留戀不捨，酒醒時已是清晨

3. 下列對本闋詞的分析，錯誤的是：
(A)「寒蟬淒切」、「驟雨初歇」、「蘭舟催發」等敘述，表現離別場景
(B)「多情自古傷離別，更那堪、冷落清秋節」，以層層遞進的方式，強化「無語凝噎」的情感
(C)「念去去，千里煙波，暮靄沉沉楚天闊」，渲染景之蒼茫沉重，藉以寫對未來渺茫之感
(D)「便縱有千種風情，更與何人說？」遙應上片「念去去」；「經年」二字，近應「今宵」，在時間與思緒上均是環環相扣

大考演練

1-2爲題組。閱讀下文，回答1-2題。

煙絡橫林，山沉遠照，邐迤黃昏鐘鼓。燭映簾櫳，蛩催機杼，共苦清秋風露。不眠思婦，齊應和，幾聲砧杵。驚動天涯倦宦，駸駸歲華行暮。當年酒狂自負，謂東君，以春相

付。流浪征驂北道，客檣南浦。幽恨無人晤語，賴明月曾知舊遊處。好伴雲來，還將夢去。（賀鑄〈天香〉）

1.關於本闋詞的敘述，正確的是：

(A)通篇傳達孤老無依、大限將至的悲涼

(B)上片描寫秋夜清冷蕭索和羈旅獨居的悲愁

(C)下片慨歎己身生涯坎坷，自責愧對妻兒子女

(D)以蛩聲、鐘鼓聲、砧杵聲寄寓對家事、國事、天下事的關懷 【107學測】

2.關於本闋詞的理解，不恰當的是：

(A)「煙絡橫林，山沉遠照，邐迤黃昏鐘鼓」爲詞人遠眺所見所聞

(B)「燭映簾櫳，蛩催機杼，共苦清秋風露」描繪詞人與思婦共感淒風寒露之苦

(C)「流浪征驂北道，客檣南浦」對比「當年酒狂自負」，營造失落之感

(D)「明月」象徵國君，「幽恨無人晤語」表達作者懷才不遇的感傷 【107學測】

【跨領域觀看】：我們都在陰溝裡，但有些人在仰望星空

這句話取自王爾德劇作，刻在倫敦市中心的王爾德塑像。

不得志的柳永，以眞情眞性結識煙花巷裡的紅顏、對待青樓女子，並爲她們寫下純美的心情。英國的王爾德也這樣堅持爲生命裡相遇的人，寫下最眞實而感動的詩與戲劇。

王爾德相信在黑暗中有光亮，在光亮處有黑暗，童話《快樂王子》裡的王子其實並不快樂，他的眼睛望見冷酷涼薄的人情與麻木人心，小燕子銜去他劍柄上的紅寶石送給生病的孩子，啄下快樂王子雙眼寶石、身上金葉子送給窮人。最後小燕子凍死，快樂王子的心裂開了，市長把他們扔到了垃圾堆裡。

這似乎正是王爾德自己。倫敦最受矚目暢銷作家的頭銜、維多利亞女王寵愛的榮耀、宴會以他號召必然具吸引力的受寵，如快樂王子一身貴氣，穿戴金玉。他驕傲、自信，肆意揮灑天才，以廣博的知識、豐美的辭藻、音樂性的詞句與絕妙的想像，爲他的作品裝飾珠玉。恃才傲物的他，在

二十八歲出訪美國經過海關時，工作人員問他有什麼需要申報？他留下一句名言：「什麼都沒有，除了我的天才。」

在十九世紀末，英國趨向保守的風氣中，王爾德的奇裝異服與雙性戀等於是與整個社會對抗。致命的愛戀來自侯爵之子波西，侯爵遷怒於王爾德，寫信辱之，王爾德憤而提告。在法庭之上，王爾德一心以爲自己光明磊落的愛情可以扭轉世人的偏見，自己高貴的情操與人格可以得到公平正義的審判，結果他被判兩年徒刑。許多人勸他逃去巴黎，但他認爲只要有情人的愛就足以對抗深淵。柳永也是這麼以爲多情，就能抵抗世俗的。

王爾德像飛蛾撲火般無法遏制的熱情，即使所有擁有美好頓然失去也毫不吝惜，一如《夜鶯與玫瑰》中，夜鶯被年輕人的愛情感動，讓玫瑰的花刺刺進心臟，用鮮血染紅玫瑰。面對指責汙衊的眼光，王爾德自信地辯道：「不敢說出名字的愛，在本世紀，是年長男性對年輕男性的偉大的愛」，「這愛本該如此，而這個世界卻不能理解，這個世界嘲笑它，有時竟然讓這愛中之人成爲眾人的笑柄」。這個論點終於在後世被認同，他成了同性戀社群的文化偶像。

或許正因爲王爾德活得如此坦然而眞實，他的魅力不僅見諸於與作品的翻拍改寫，更見於在巴黎的墳墓及倫敦廣場的雕像上，都被寫滿「我愛你」的字樣，和愛慕者的脣印。那樣的風靡，與「楊柳岸邊，凡有井水飲處，即能歌柳詞」似乎相仿。

電影《王爾德和他的情人》描述他與波西之間的迷戀。爲紀念王爾德一百六十四週年冥誕，二〇一八電影《快樂王子：王爾德》，將快樂王子與王爾德最後五年悽慘落魄無法被拯救的生命連結。一幕幕鏡頭自王爾德鋃鐺入獄，導致妻兒改姓，失去了所有名聲，身心俱疲再也無法創作的他，自我放逐在法國與義大利之間，到最終病死在旅館，竟浮現柳永二百餘首詞在關漢卿、馮夢龍的筆下，化爲動人而心碎的戲劇與筆記小說之哭泣。

九十五、雙調沽美酒帶太平令歎世

元　張養浩

在官時只說閑，得閑也又思官，直到教人做樣看。從前的試觀，那一個不遇災難？楚大夫行吟澤畔①，伍將軍血汙衣冠②，烏江岸消磨了好漢③，咸陽市干休了丞相④。這幾個百般，要安，不安，怎如俺五柳莊逍遙散誕！

【注釋】

①楚大夫行吟澤畔：指屈原被楚懷王放逐，後投汨羅江自盡。

②伍將軍血汙衣冠：指春秋時伍員助闔閭刺殺吳王僚，奪取王位。吳王夫差時，他勸夫差拒絕越國求和，被疏遠，後吳王賜劍命他自殺。

③烏江岸消磨了好漢：指楚霸王項羽推翻秦朝，卻避不開垓下之圍，烏江自刎。

④咸陽市干休了丞相：指秦丞相李斯助秦王統一六國，任丞相，後為趙高誣陷，遭到腰斬。

【翻譯】

當官的時候只想著閒居，閒居時又思量當官，直到故作鎮靜做個樣兒給別人看。試看從前，哪一個當官的不遭災難？楚大夫屈原被放逐行吟在澤畔，伍子胥被害血汙衣冠，烏江岸邊楚霸王項羽自刎，秦丞相李斯在咸陽被斬。這些人千方百計要保平安，卻不平安，怎比得上我過隱居生活這樣逍遙閒散。

【知識要點】

● 敘述背景：張養浩五十二歲後隱居於濟南雲莊別墅，這首小令寫於張養浩剛剛辭官家居的時候。朝廷先後多次召他入仕，皆不赴。

● 敘述脈絡：論點：當官哪一個不遇災難？

論據：屈原被放逐、伍子胥被害、項羽自刎、李斯腰斬。

結論：不如隱居逍遙。

● 知識重點：

1. 這是一首帶過曲，由兩支小令組成，前五句為〈沽美酒〉，後八句是〈太平令〉。題為「歎世」，實為「歸隱」的說明。士大夫於出世之「仕宦」、出世「隱居」間選擇，張養浩三十年宦海沉浮，深知政治的黑暗，故以歷史人物揭露官場危機，表達了毅然隱居的決定，遠禍全身的愉快心情。

2. 作者以內心欲出仕為民服務，卻又厭棄官場的矛盾為敘述起點，繼而借古喻今的手法，透過四個對句，寫四個歷史事件、四個居官得禍的例子，一方面寄予同情，另方面毫不留情地批判官場上「那一個不遇災難？」，絲毫不值得留戀。最後用陶淵明〈五柳先生傳〉的典故，表明安貧樂道，不慕榮利，徹底與官場決裂。

練習題

1.根據這首曲，可推知作者歸隱的原因是：

(A)在官時只說閑
(B)教人做樣看
(C)那一個不遇災難
(D)官員苟安無作為

2.下列曲文的意涵與其他三者不同的是：

(A)贏，都變做了土。輸，都變做了土
(B)休圖官祿，休求金玉，隨緣得過休多欲
(C)爭名利何年是徹。看密匝匝蟻排兵，亂紛紛蜂釀蜜，鬧穰穰蠅爭血
(D)廟不靈狐狸弄瓦，官無事烏鼠當衙。白水黃沙，倚遍闌干，數盡啼鴉

大考演練

1.下列關於文句的解讀，不正確的是：

(A)「伍將軍血汙衣冠」指有功於吳國卻被賜劍自裁的伍子胥
(B)「咸陽市干休了丞相」指受趙高誣陷而被斬於咸陽的李斯
(C)「在官時只說閑，得閑也又思官」寫出無官一身輕的閒適
(D)「怎如俺五柳莊逍遙散誕」反映作者嚮往陶潛的隱居生活

【101指考】

2.下列元曲運用一連串比喻，所要嘲諷的對象是：

奪泥燕口，削鐵鍼頭，刮金佛面細搜求。無中覓有。鵪鶉嗉裡尋豌豆，鷺鷥腿上劈精肉，蚊子腹內刳脂油。虧老先生下手。（佚名〈醉太平〉）

(A)汲汲名利，奔走鑽營者
(B)百般挑剔，吹毛求疵者
(C)貪圖小利，極力刻剝者
(D)興風作浪，無中生有者

【106學測】

【跨領域觀看】：如果你是生在元朝的讀書人

西元一二六〇年，忽必烈稱帝，自立為第五代大蒙古國大汗。一二七一年，取《易經・乾卦》

「大哉乾元，萬物資始」意，定國號爲「大元」，定都大都（今北京）。

鐵木眞於一二〇六年統一漠北諸部族，建立大蒙古國後，被稱爲「成吉思汗」。他像飆風又像猛浪，在短時間之內先滅西夏、金朝，再往西方征服歐亞大陸，一三一〇年元武宗時期達到全盛。國土西到吐魯番，西南包括西藏、雲南及緬甸北部，東到日本海，北至都播南部與北海、鄂畢河東部。

你生在這樣的元朝，世界大得超出家族長輩以及傳統上的認定，流著遊牧民族血液的政府比起書上任何紀錄都來得勇猛不定，你可以當俠客縱橫天下，可以行商坐賈開展國際貿易，也可以組織跨國旅遊公司，透過陸海空看盡異國古蹟風情。

前提是你不能是漢族，因爲朝廷大量使用來自西亞的色目人（西夏人、畏兀兒人），降低契丹人、漢人儒者的地位（漢人指原金統治的漢族、契丹、女眞人），尤其是南人（原南宋統治的漢人和其他各族），你也必須不是想當官的讀書人，因爲沒有科舉選拔人才，但有二萬四千四百所各級官學讓你還能讀讀《論語》。一官、二吏、三僧、四道、五醫、六工、七匠、八娼、九儒、十丐的階級標籤下，你不再因爲讀書人而居高位，反而成爲下品之人，只能憑著讀過的書，學會的詩詞歌賦文才，跟著市井小民和青樓女性唱戲寫曲。

元朝歷時九十八年，沒有戰爭的太平歲月僅二十二年，除了國內此起彼伏的「抗元復宋」起義，還有向日本、安南、緬甸等國的征戰。這個統治者既沒有長治久安的政治理想，又缺乏「休養生息」政策，打到哪破壞到哪的瘋狂戰術，不但百姓陷於繁重賦稅之苦，漢族人的財產與生命隨時被剝奪而無法申訴。朝廷尚武輕文，防範漢族文化滲透搖動統治地位，官員貪汙腐敗、淫樂縱歡，社會道德淪喪、盲目迷信僧侶，再加上頻繁更迭帝位，無形中削弱內部凝聚力。

薩依德《東方主義》裡提及西方殖民國對東方的刻板印象，但被西方化了的東方如何反過來影響、控制、改變眞實的東方。這說明知識並不能被簡單理解爲知識，知識的產生、運作必定與現實社會錯綜複雜的權力關係網絡有著千絲萬縷的聯繫。在元朝的讀書人如關漢卿、馬致遠、白樸、王實甫、鄭光祖以及這首曲作者張養浩，他們懷抱屈原、伍子胥報國的熱忱，自認擁有項羽、李斯的膽識謀略，卻只能退隱苟活。但在「歎世」題目之下，在不同以往雅文化方式，這些文人結合多元文化，以通俗的曲更直接地表達自我，在壓抑頹敗的環境裡，開創出文化文學盎然的光彩。

九十六、西廂記（節選）

元　王實甫

（夫人、長老[1]上云）今日送張生赴京，十里長亭，安排下筵席。我和長老先行，不見張生、小姐來到。

（旦[2]、末、紅同上）（旦云）今日送張生上朝取應[3]，早是離人傷感，況值那暮秋天氣，好煩惱人也呵！悲歡聚散一杯酒，南北東西萬里程。

【正宮】【端正好】碧雲天[4]，黃花地，西風緊。北雁南飛。曉來誰染霜林醉[5]？總是離人淚。

【滾繡球】恨相見得遲，怨歸去得疾。柳絲長玉驄[6]難繫，恨不倩[7]疏林掛住斜暉。馬兒迍迍的[8]行，車兒快快的隨，卻告了相思迴避，破題兒[9]又早別離。聽得道一聲去也，鬆了金釧[10]；遙望見十里長亭[11]，減了玉肌，此恨誰知？

（紅云）姐姐今日怎麼不打扮？

（旦云）你那知我的心裡呵？

【叨叨令】見安排著車兒、馬兒，不由人熬熬煎煎[12]的氣，有甚麼心情花兒、靨兒[13]，打扮得嬌嬌滴滴的媚；準備著被兒、枕兒，只索[14]昏昏沉沉的睡；從今後衫兒、袖兒，都搵[15]做重重疊疊的淚。兀的不悶殺人也麼哥[16]？兀的不悶殺人也麼哥？久以後書兒、信兒，索與我淒淒惶惶[17]的寄。

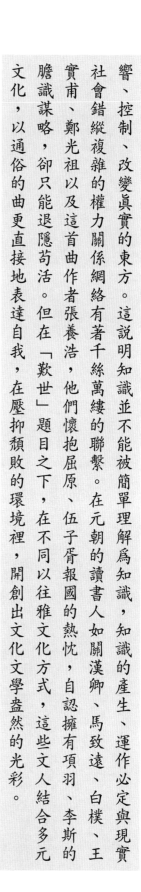

【注釋】

①長老：原指僧人中年長德高者，也作為寺院主持僧人的通稱。此指普救寺的長老。

②旦、末、紅同上：此指鶯鶯、張生、紅娘一起上場。旦，是女性角色的統稱。

③上朝取應：到京城應試。取應，應試，趕考。

④碧雲天，黃花地：出自范仲淹〈蘇幕遮〉詞：「碧雲天，黃葉地。」

⑤霜林醉：形容楓葉經霜變紅，如同人醉後臉紅一樣。霜林，楓林。

⑥玉驄：毛色青白相雜的駿馬，後作為駿馬的通稱，此指張生騎的馬。驄，音ㄘㄨㄥ。

⑦倩：音ㄑㄧㄢˋ，請人代為做事，央求。

⑧迍迍的：形容行動緩慢。迍，音ㄓㄨㄣ。

⑨破題兒：開頭，此指別離又起。

⑩金釧：金鐲子。釧，音ㄔㄨㄢˋ。

⑪十里長亭：秦漢時每隔十里設長亭，五里設短亭，供行旅休息或親友遠行送別。近城的十里長亭常為送別之處，故稱「十里長亭」。

⑫熬熬煎煎：形容愁緒難遣、憂心如焚的痛苦感受，也有一說是形容悲傷難過。

⑬靨兒：原指嘴邊的酒窩，這裡指女子在臉部，額頭、腮邊那樣一種的美容妝飾。

⑭只索：只得。

⑮揾：音ㄨㄣˋ，擦拭。

⑯兀的不悶殺人也麼哥：這怎麼不悶殺人啊。兀的不，這豈不。兀的，指示詞，那個、這個。也麼哥，元曲中常用的句末襯字，也有表示語氣的作用。

⑰淒淒惶惶：匆忙不安的樣子，此指急忙、趕緊。

【翻譯】

（夫人、長老上場說）今天送張生赴京趕考，在這十里長亭，安排了送別筵席。我和佛寺長老先來到長亭，只是還沒看見張生和小姐來到。

（鶯鶯、張生、紅娘一同上場）（鶯鶯說）今天送張生到京城應試，面對離別使人內心傷感，何況又碰上這深秋季節，好讓人心煩意亂啊！悲歡離合都在這一杯酒，從此就要各分東西相隔萬里。

【正宮】【端正好】碧藍的晴空飄著白雲，地上滿是零落的落葉，蕭瑟的秋風一陣比一陣強勁，避寒的大雁結陣飛向南方。清晨，是誰把經霜的楓樹葉染得像喝醉一樣紅啊？總是離別人的眼淚。

【滾繡球】恨跟張生相見得遲，怨情郎離去得太快。柳絲雖長卻難繫住遠行人的駿馬，恨不能請疏林一直把斜陽掛在樹上。張生騎馬在前慢慢地走，我（鶯鶯）的座車在後緊緊地跟隨。剛剛擺脫相思之苦，這麼快又開始分離。聽得張生說一聲要走了，愁得手腕消瘦鐲子鬆落；遠遠望見離別的長亭，肌膚也立刻瘦損，這種悲恨的心情有誰能理解呢？

（丫環紅娘說）姐姐今日怎麼不打扮？

（鶯鶯說）你哪知我的心啊！

（鶯鶯唱）【叨叨令】看見送行的車兒、馬兒準備好了，心裡悲傷難過，還有什麼心情挑選花兒、飾物，打扮得那樣嬌嬌滴滴地媚人；以後準備好被子、枕頭，昏昏沉沉地睡懶得起床；從今往後衣服、袖子，都將用來擦拭層層淚水。這怎麼不悶死人了？這怎麼不悶死人了啊？久別後書信，一定要趕緊寄來。

知識要點

● 敘述背景：雜劇《西廂記》全稱《崔鶯鶯待月西廂記》，故事取材自唐代元稹所作的傳奇《鶯鶯傳》，繼承金代時董解元《西廂記諸宮調》而寫成。劇情敘述書生張珙與相國小姐崔鶯鶯在普救寺一見鍾情，因禮教而無法親近。這時候叛將孫飛虎率兵圍寺，索取鶯鶯，張生在老夫人親口許婚後依靠友人白馬將軍杜確之助，解除危難。沒想到老夫人食言賴婚，以致張生相思成病。在紅娘的幫助下，鶯鶯終於突破禮教，與張生私訂終身。老夫人被迫答應婚事，於是以「三代不招白衣女婿」爲理由，促使張生上京應試。張生最後高中狀元，與鶯鶯團聚終成眷屬。全劇有五本，此爲第四本第三折，內容寫崔、張的分別分赴長亭途中、長亭別宴、長亭分別，所選爲第一段赴長亭途中。

● 敘述脈絡：十里長亭設宴→送別途中所見秋景→敘說內心離別之苦→想別後孤苦情景，叮嚀趕緊寫信

● 知識重點：

1. 長亭送別展現出情景交融的別離心緒，或寓情於景，或直抒胸臆，都生動地表現出鶯鶯被迫接受老夫人提出的條件以後，前往長亭為張生送行時的痛苦壓抑的心情。
2. 內容分三部分：（夫人、長老上云）一段文字是前序，交代出場人物、時間、地點、情節。（旦云）則敘說離別的原因、心情，「南北東西萬里程」以距離加深離別狀態。接下來的三支曲子，是鶯鶯前往長亭途中唱的，是主要部分，敘說心中充滿怨恨而無奈之情。
3. 三支曲子都是鶯鶯內心獨白，反覆寫出鶯鶯的怨恨與依戀。語言由含蓄變為直率，從化用范仲淹的詞所形成典雅含蓄，貼切地反映鶯鶯大家閨秀的教養、性格

與風範。另如「碧雲天，黃花地，西風緊，北雁南飛，曉來誰染霜林醉？」以景物渲染環境氣氛抒發內心深處壓抑的感情、以自問自答的形式：「曉來誰染霜林醉？總是離人淚」，使得客觀景色帶上濃重的主觀感情色彩。「鬆了金釧、減了玉肌」，誇張地憂愁悲傷而消瘦、借助「柳絲兒長玉驄難繫，恨不得倩疏林掛住斜暉」移情於物，形象地從不同側面展現了鶯鶯複雜的內心界。還有寫實地以「馬兒迍迍行，車兒快快隨」正面刻畫了鶯鶯的難以離捨的複雜內心世界、藉紅娘的問話敘說自己無心打扮的原因，繼而設想今後孤單淒涼，昏睡流淚的生活情景，發出了「兀的不悶殺人也麼哥」的無可奈何的悲歎。層次分明，回環往復的濃烈感情。

練習題

1.下列「」前後字義兩兩相同的是：
(A)恨不「倩」疏林掛住斜暉／巧笑「倩」兮
(B)馬兒「迍迍」的行／國難「迍邅」，全民必須團結
(C)都「揾」做重重疊疊的淚／紅巾翠袖，「揾」英雄淚
(D)書兒、信兒，索與我「淒淒惶惶」的寄／一路看著水色山光，悲悼女兒，「悽悽惶惶」

2.下列有關文意的敘述，正確的是：
(A)因爲相思之苦，鶯鶯落寞消瘦以致鐲子鬆落
(B)叮囑張生分別後專心科考，不要惦記寫信，以免影響進京應試
(C)眼見見送行的車馬，從今以後只能用昏睡和哭泣來熬過痛苦時光
(D)因爲擔心張生無法達成老夫人的要求，鶯鶯難過得無心梳妝打扮

3.下列有關這段劇本的賞析，正確的是：
(A)藉由紅娘提出的問題，敘說出內心的悲苦，多處引用詩詞，婉曲古雅，是元曲本色
(B)藉渲染西風、雲、黃花、紅葉、歸雁五種毫不相關，各自孤立的景物，寫相思之愁
(C)透過恨楊柳不牽住馬車的移情，強調張生「馬兒迍迍的行」，樹林留不住夕陽車兒快快的隨
(D)運用口語、排比、反覆等修辭手法，造成音節和韻的回環流轉，與鶯鶯抽泣的心情相合

大考演練

1-3爲題組。閱讀下文，回答1-3題。

西方的傳統戲劇多透過具象而逼真的動作與場景，才能

達成對眞實的模擬與再現。而中國戲曲的舞臺時空，卻是要以抽象化的象徵手法「虛擬」實境，從服裝、道具、舞臺裝置到人物塑造，都是一以貫之的虛實相生，讓「心境」永遠比「物境」重要，「情境」比「環境」重要，「意境」比「實境」重要。故而《牡丹亭》的寫景傳情、依心取境的美學形式，本身就是「虛構」大於「現實」，包括舞臺設計、服飾道具，也包括演員的唱作念打。因此演員的年齡與角色的年齡，就有更爲流動開放的虛擬表現空間，年齡不再是單點直線的眞實數字，反倒是多點如星群散布的生命樣態，「心境」、「情境」與「意境」的交疊組合。

看老演員「虛擬」杜麗娘才眞是難得，老則老矣，神韻動人，比看年輕演員演出的「懷春慕色之情」，更讓人動容。對年輕的演員而言，她們的青春不是夢而是現實，只有對生理年齡不再年輕的演員而言，她們的青春才是夢，是綺夢迷夢春夢，一場虛實難分、惺忪難醒、纏綿難捨的遊園驚夢。杜麗娘的一縷幽魂附在她們身上，像是前世今生的輪迴與翻轉，讓她們的表演具有層次。小兒女的青澀嬌態疊印在成熟風華的唱腔與身段上，她們是女人與女孩的綜合體。時間不再是線性，青春總不曾消逝，只是悄悄折疊進身體的記憶裡，呼之欲出。看她們的表演讓人覺得驚心動魄，不是因爲歲月不饒人，而是深深感念那藏在女人身體中的女孩，從來不曾死去。在《牡丹亭》中生而復死、死而復生的，不僅只是愛情，更是青春。（改寫自張小虹〈我們都是青少年〉）

1. 依據上文，下列甲、乙兩項關於《牡丹亭》演出的推斷，正確的是：

甲、因「心境」比「物境」重要，舞臺不必然出現代表男主角柳夢梅的梅樹。

乙、因「意境」比「實境」重要，杜麗娘的深情不必以服裝和唱作念打表達。

(A)甲、乙皆正確

(B)甲、乙皆錯誤

(C)甲正確，乙錯誤

(D)甲錯誤，乙正確 【108學測】

2. 上文提及「年齡不再是單點直線的眞實數字，反倒是多點如星群散布的生命樣態」，下列關於這句話的解說，最適當的是：

(A)透過象徵化的表演，演員與角色的生命交織，展現歲月與技藝的淬鍊

(B)不同年齡層演員相互切磋，突破生理年齡限制，讓戲劇演出發光發熱

(C)演員實際年齡象徵飽經世事的成熟，由其演出的角色將如星芒般耀眼

(D)演員能揣摩各種表演藝術，跨越年齡侷限，將實境與物境提升至意境 【108學測】

3.上文以「我們都是青少年」作為篇名的理由，最可能是：
(A)老演員逝去的青春因杜麗娘而被喚醒，觀眾內心的青春悸動也甦醒過來
(B)舞臺時空虛實相生的效果，讓觀眾得以一代一代延續杜麗娘的青春綺夢
(C)《牡丹亭》的青春特質不分你我，可藉由戲劇的感染力開拓新的觀眾群
(D)《牡丹亭》藉杜麗娘還魂，召喚演員與觀眾靈魂裡不曾有過的青春情懷
【108學測】

【跨領域觀看】：依附理論的情感分析

提出這個理論的精神分析學家約翰．鮑比認為：兒童一出生就會依賴照顧他的人，以免於自己受到外在的威脅，而所經歷的依附關係會影響終其一生的安全感與情感處理方式，如長大後的戀愛態度、與朋友之間的人際互動。

因此我們常說：「在讚美中長大的孩子，懂得感激；在困苦中長大的孩子，學會堅忍。在激勵中長大的孩子，滿懷信心；在批評中長大的孩子，學會責難；在公平中長大的孩子，充滿正義；在挑剔中長大的孩子，常懷敵意；在和諧中長大的孩子，懂得禮讓；在羞辱中長大的孩子，易於膽怯；在安全中長大的孩子，學會信任；在嘲諷中長大的孩子，畏首畏尾；在溺愛中長大的孩子，狂妄自大；在被愛中長大的孩子，學會關懷；在否定中長大的孩子，自暴自棄；在壓抑中長大的孩子，事事反抗；在讚許中長大的孩子，懂得欣賞。」

十七世紀著名哲學家巴魯赫．史賓諾莎（Baruch Spinoza）曾說：「我們的快樂與悲傷，全看我們所依附的人事物是好是壞。」依附關係中彼此互利的情況下才會形成和諧、甜蜜的狀態，這是出於雙方性格成熟自信，懂得欣賞尊重和信任，而共同創造安全的滿足感。當張生與崔鶯鶯跨越禮教、門第障礙時，他們必然曾經如此。

不過隨著時間、空間所帶來的離別不安，崔鶯鶯腦內的依附系統啟動，促使她心煩意亂，無心打扮。

卷三 游刃有餘

信手拈來俱天成

九十七、秦策一・蘇秦

戰國策

（蘇秦）説秦王書十上而説不行，黑貂之裘弊，黃金百斤盡，資用乏絕，去秦而歸，羸縢履蹻①，負書擔橐②，形容枯槁，面目黧黑，狀有愧色。歸至家，妻不下紝③，嫂不爲炊，父母不與言，蘇秦喟歎曰：「妻不以我爲夫，嫂不以我爲叔，父母不以我爲子，是皆秦之罪也！」

乃夜發書，陳篋④數十，得太公陰符⑤之謀，伏而誦之，簡練⑥以爲揣摩；讀書欲睡，引錐自刺其股，血流至足，曰：「安有説人主不能出其金玉錦繡，取卿相之尊者乎！」期年，揣摩成，曰：「此眞可以説當世之君矣！」

於是乃摩燕烏集⑦闕，見説趙王於華屋之下，抵掌而談⑧，趙王大悅，封爲武安君，受相印。革車百乘，錦繡千純⑨，白璧百雙，黃金萬鎰⑩，以隨其後，約從散橫，以抑強秦，故蘇秦相於趙，而關不通⑪。

當此之時，天下之大，萬民之衆，王侯之威，謀臣之權，皆欲決蘇秦之策。不費斗糧，未煩一兵，未戰一士，未絕一弦，未折一矢，諸侯相親，賢於兄弟。夫賢人在而天下服，一人用而天下從，故曰：「式⑫於政，不式於勇；式於廊廟之內，不式於四境之外。」

當秦之隆，黃金萬鎰爲用，轉轂連騎，炫熿⑬於道。山東之國⑭，從風而服，使趙大重。且夫蘇秦特窮巷，掘門桑户⑮，棬樞⑯之士耳，伏軾撙銜⑰，橫歷天下，庭説諸侯之主，杜左右之口，天下莫之伉。

將説楚王，路過洛陽，父母聞之，清宮除道，張樂設飲，郊迎三十里。妻側目而視⑱，傾耳而聽；嫂蛇行匍伏⑲，四拜自跪而謝。蘇秦曰：「嫂何前倨而後卑也？」嫂曰：「以季子之位尊而多金。」蘇秦曰：「嗟乎！貧窮則父母不子，富貴則親戚畏懼。人生世上，勢位富貴，蓋可忽乎哉！」

【注釋】

①羸縢履蹻：瘦腳纏著布，穿著不牢固的草鞋。羸，音ㄌㄟˊ，纏繞。縢，音ㄊㄥˊ，綁腿布。蹻，音ㄐㄩㄝˊ，草鞋。

②擔橐：音ㄉㄢˋ ㄊㄨㄛˊ，背著袋子。

③紝：音ㄖㄣˋ，織布帛的絲縷，此處當動詞，紡織，或用線穿針孔。

④陳篋：打開箱篋取出書籍。篋，音ㄑㄧㄝˋ，放東西的箱子。

⑤陰符：書名。歷代史志皆以周書陰符入兵家，黃帝陰符入道家。此書本有兩種，今傳題黃帝撰，有太公、范蠡、鬼谷子、張良、諸葛亮、李筌六家注。

⑥簡練：精心研磨，熟練掌握。

⑦燕烏集：宮闕名。

⑧抵掌而談：指談話從容隨便。抵掌，擊掌。

⑨純：絲棉布帛一段為純。

⑩鎰：音ㄧˋ，古重量單位，一鎰為二十兩。

⑪關不通：指秦不敢窺視函谷關。

⑫式：用。

⑬炫熿：光耀。

⑭山東之國：指崤山以東的六國。

⑮掘門桑戶：形容居處簡陋。掘門，鑿牆為門。桑戶，桑條編的門戶。

⑯棬樞：以木條為戶樞。

⑰伏軾撙銜：指乘車駕馭馬匹。伏軾，乘車。撙，節制。銜，馬勒。

⑱側目而視：斜眼看人，形容敬畏或鄙視。

【翻譯】

（蘇秦）多次上書遊說秦王都不成功，他的黑貂皮衣破了，百兩黃金也用光了。錢財一點不剩，不得已只好離開秦國返回家鄉。他纏著綁腿布，穿著草鞋，挑著書箱和行李，憔悴的面容又黑又瘦，一臉羞愧的樣子。回到家裡，妻子不從織機上下來迎接，嫂子不去做飯，父母不跟他說話。蘇秦見此情狀，長歎道：「妻子不把我當丈夫，嫂嫂不把我當小叔，父母不把我當兒子，這都是我蘇秦的錯誤啊！」於是他就在半夜找書，擺開了幾十本書箱，找到鬼谷子的《陰符》，伏案誦讀，選擇其中重要的加以熟讀，研究、探求它的眞諦。讀書睏倦想睡時，就拿起錐子刺自己的大腿，鮮血一直流到腳上，並自言自語說：「哪裡有遊說君主，而不能讓他賞賜金玉錦繡，封個卿相之類高官的人呢？」一年的工夫，衡量自己已鑽研成功，說：「這下眞的可以去遊說當代國君了！」

於是就登上名爲燕烏集華麗的宮闕中，謁見並遊說趙王。親密侃侃而談，趙王大喜，封他爲武安君，並授給相印，隨後賞賜他兵車百輛、錦繡千匹、白璧百對、黃金萬鎰。跟在他的後面，聯合六國締結合縱，瓦解連橫，抑制強秦，所以蘇秦在趙國爲相的時候，函谷關交通斷絕（秦國不敢出兵函谷關）。在這個時候，那麼廣大的天下，那麼眾多的百姓，那麼威嚴的王侯，那麼有權勢的謀臣，都要取決於蘇秦的策略。沒有耗費一斗糧食，不須煩勞一兵一卒上陣打仗，一根弓弦也不斷絕，一枝箭也不彎折，諸侯和睦相處，甚至勝過兄弟。賢能的人得到任用天下人服從，一人被用而天下跟隨，所以說：「應該運用（有效的謀略），不應憑藉勇武之力；應用於朝廷之內，而不應用於國土之外。」

當蘇秦顯赫尊榮的時候，金幣萬兩隨他使用，隨從車騎絡繹不絕，在道路上光彩奪目地炫耀，崤山以東的六國諸侯，聞風服從，使趙國的地位十分顯要。而蘇秦只不過出身於窮門陋巷、貧寒困苦的士人罷了，但他卻坐車騎馬，行遍天下，在宮廷遊說各國諸侯，使國君左右之人杜口不言，天下沒有能與之匹敵的人了！

（蘇秦）將要去遊說楚王，路過洛陽，父母聽到消息，收拾房屋，清掃道路，安排樂隊，設置酒宴，到城郊三十里之外迎接；妻子不敢正眼看他，側著耳朵聽他說話；嫂子匍匐在地像蛇那樣爬行，行四拜大禮跪地謝罪。蘇秦說：「嫂子，爲什麼先前那樣傲慢。如今又這樣的卑賤下作呢？」他嫂子說：「因爲現在你地位尊顯、錢財富裕的緣故。」蘇秦長歎一聲說道：「唉！一個人如果窮困落魄，連父母都不把他當兒子，然而一旦富貴顯赫之後，親戚朋友都感到畏懼。由此可見，一個人活在世界上，權勢和富貴怎麼能忽視不顧呢！」

知識要點

● 故事背景：戰國是所謂「得士則昌，失士則亡」的時代，諸侯網羅策士以自重，以稱霸諸侯；戰國也是打破階級限制，布衣可爲卿相的時代，士追求勢位富貴，逞權謀詭詐、雄辯之才，換取功名利祿。蘇秦出師不利，第一次見秦惠王，就向他提出了「吞併諸侯，稱帝再治」的藍圖，也就是後世秦始皇所走的路線，但秦惠王當時就否決了他的建言。

● 敘述脈絡：蘇秦說秦王不行而回鄉→妻不下紝，嫂不爲炊，父母不與言→發憤讀書，學成說趙，佩相印→約從散橫，六國因此而安→路過洛陽，父母清宮除道，張樂設飲，郊迎三十里；妻側目而視，傾耳而聽；嫂蛇行匍伏，四拜自跪。

● **故事後續**：蘇秦（西元前三三七年－前二八四年），字季子，戰國時期的洛陽（周王室直屬）人。至楚，說服新立的楚王割讓下東國給齊，換取齊人對他的支持。與趙奉陽君共謀，發動韓、趙、燕、魏、齊諸國合縱，迫使秦國廢帝退帝，使強秦不敢出函谷關十五年，佩六國相印，叱吒風雲。

● **歷代評論**：明代鍾惺《周文歸》：敘事在議論中，議論在悲感激憤中，悲感激憤又在摹寫形容不盡中。

清代吳楚材、吳調侯《古文觀止》：前幅寫蘇秦之困頓，後幅寫蘇秦之通顯。正爲後幅寫其通顯，故前幅先寫其困頓。天道之倚伏如此，文章之抑揚亦如此。至其習俗之品，則世所共知，自不必多說。

● **知識重點**：

1. 比喻窮困落魄的「裘弊金盡」、比喻刻苦為學的「懸樑刺股」、比喻待人勢利，態度轉變迅速的「前倨後恭」等成語都出於這篇文章。
2. 塑造「策士」的形象，鮮明個性，栩栩如生。蘇秦說秦王不行時的狼狽之狀，就「羸縢履蹻，負書擔橐，形容枯槁，面目黧黑，狀有愧色」的外貌神情描寫，展現人物的精神面貌，具有一定的典型意義。
3. 藉傳神的形態和細節鋪張渲染，如蘇秦落魄而歸後的刺股和喟歎、榮歸故里時的感慨，家人前倨後恭的言行等，都反映了人物的內心世界和性格特徵。
4. 《戰國策》詳細地記錄了當時縱橫家的言論和事蹟，本文呈現縱橫家強大的影響力：「不費斗糧，未煩一兵，未戰一士，未絕一弦，未折一矢」，卻讓「諸侯相親，賢於兄弟」，「一人用而天下從」等。而戰國崇尚勢利的情況也由家人前後截然不同的態度，蘇秦「人生世上，勢位富貴，蓋可忽乎哉！」的感歎中鮮活展現。
5. 《戰國策》將人物的事蹟有機集中在一篇的文章，為以人物為中心的紀傳體的成立開創了先例，如本文中可見蘇秦從落魄、沉潛、發跡到榮耀，不但是策士成長蛻變的過程，也反映策士如何從逆境中崛起，讓世人刮目相看的歷程。

練習題

1. 下列敘述最能表現世態炎涼之境的是：
(A)羸縢履蹻，負書擔橐，形容枯槁，面目黧黑
(B)妻不下紝，嫂不爲炊，父母不與言

(C)讀書欲睡，引錐自刺其股，血流至足

(D)抵掌而談，趙王大悅，封爲武安君，受相印

2.蘇秦發出「人生世上，勢位富貴，蓋可忽乎哉！」慨歎的原因是：

(A)王侯之威，謀臣之權，皆欲決蘇秦之策

(B)未絕一弦，未折一矢，諸侯相親，賢於兄弟

(C)黃金萬鎰爲用，轉轂連騎，炫熿於道

(D)嫂以其多金蛇行匍伏，四拜自跪而謝

3.下列有關本文的說明，正確的是：

(A)「陳篋數十，得太公陰符之謀，伏而誦之，簡練以爲揣摩」，顯現蘇秦發憤的決心與行動

(B)「安有說人主不能出其金玉錦繡，取卿相之尊者乎！」悲歎人心不古，懷才不遇

(C)「式於政，不式於勇；式於廊廟之內，不式於四境之外」，說明縱橫家叱吒風雲的氣勢與威望

(D)「黃金萬鎰，以隨其後，約從散橫，以抑強秦」，反映蘇秦佩六國相印所受榮寵

【大考演練】

1-3爲題組。閱讀下文，回答第1-3題。

（甲）

晉侯、秦伯圍鄭，以其無禮於晉，且貳於楚也。晉軍函陵，秦軍氾南。佚之狐言於鄭伯曰：「國危矣！若使燭之武見秦君，師必退。」公從之。辭曰：「臣之壯也，猶不如人。今老矣，無能爲也已。」公曰：「吾不能早用子，今急而求子，是寡人之過也。然鄭亡，子亦有不利焉。」許之，夜縋而出。

見秦伯曰：「秦晉圍鄭，鄭既知亡矣。若亡鄭而有益於君，敢以煩執事。越國以鄙遠，君知其難也。焉用亡鄭以陪鄰？鄰之厚，君之薄也。若舍鄭以爲東道主，行李之往來，共其乏困，君亦無所害。且君嘗爲晉君賜矣，許君焦、瑕，朝濟而夕設版焉，君之所知也。夫晉，何厭之有？既東封鄭，又欲肆其西封，若不闕秦，將焉取之？闕秦以利晉，唯君圖之。」秦伯說，與鄭人盟。使杞子、逢孫、楊孫戍之，乃還。（《左傳》）

（乙）

工作中只要是試圖說服他人接受你的提案或建議，都是一種談判。除非是「一次式交易」，大多數人都得長期經營和對方的關係，「殺雞取卵」或是敵對式的談判邏輯，絕不適用。在這前提下，有些人會選擇溫和軟性作風，必要時提出條件，或是讓步以維護關係、避免衝突。然而若是遇上立場強硬的鷹派客戶，軟性談判者註定要吃悶虧。因此，面對談判前，得更有策略地學習「雙贏談判術」。雙贏式談判法，

有四個必須掌握的要點：第一，抽離主觀情緒：人的情緒往往阻礙客觀認知，故切勿因情緒影響理智，或因敵對立場而拒絕接觸。第二，關注利益，而非立場：這樣才能避免兩方聚焦於各自立場，而非滿足彼此眞正利益和需求。第三，找出對彼此有利方案：在時間壓力下，往往很難找出最佳解決方案，談判前，最好預設各種提高雙方共通利益、擺平衝突的點子。第四，堅持用客觀標準：引用法律及專家意見，形成合理的解決方案。

（改寫自李筑音〈不把關係搞砸的雙贏談判術〉）

1. 依據（甲）、（乙）兩文，對（甲）文中的角色進行分析，下列何者完全正確？
(A)鄭伯以認錯讓步的態度來降低燭之武怨恨，並試圖說服燭之武出馬
(B)燭之武回應鄭伯的話，嘗試將人與情緒問題分開，以誠懇求取同情
(C)晉君屬於立場強硬的鷹派客戶，當年殺雞取卵豪奪強取以削弱秦國
(D)佚之狐預期燭之武說秦必能成，實因洞察燭之武與秦伯有深厚交情
【108二技】

2. （甲）文中，燭之武對秦伯所說的一段話，沒有使用（乙）文哪一項雙贏談判要點？
(A)抽離主觀情緒
(B)關注利益，而非立場
(C)找出對彼此有利方案
(D)堅持用客觀標準
【108二技】

3. 若燭之武以簡報的方式站在秦國立場向秦伯提案，文中「舍鄭以爲東道主，行李之往來，共其乏困」應該放在表格中的哪個位子？

	有利點	不利點
秦國內部情勢分析	甲	乙
秦國境外情勢分析	丙	丁

(A)甲
(B)乙
(C)丙
(D)丁
【108二技】

【跨領域觀看】：讓你具有競爭力、挑戰力的賽局理論

賽局理論，又譯爲「對策論」、「博弈論」，是針對遊戲中的個體的預測行爲和實際行爲，研究它們的優化策略、公式化了的激勵結構（遊戲或者博弈）間的相互作用，被認爲是二十世紀經濟學最偉大的成果之一。

《孫子兵法》就是中國最早的博弈論，大自戰國時合縱連橫國外交政治、三國謀略，小到象棋、橋牌、賭博中的勝負，無一不充滿了推測對方心理、環境條件、評估機率，而後做出判斷的思考過程。

博弈要素有局中人（競賽或博弈各組有決策權的參與者）、策略（行動方案）、得失（一局博弈結局時的結果）、次序（決策有先後）、博弈涉及到均衡，也就是競爭各方各自具有不同的目標或利益，爲此必須考慮對手的可能的行動方案，並力圖選取對自己最爲有利或最爲合理的方案。

世事如棋局，人生充滿選擇，是以賽局理論並不僅發生在蘇秦說服秦王，也表現在家人前後的態度；非但可以在張良運籌帷幄決勝千里之外的思謀裡見到，也可以在國際談判、企業往來、軍事戰略、選舉造勢、廣告傳播、家人閒談對話裡見機鋒。

經濟學上賽局理論教我們的正是一套對一定的環境條件，在一定的規則約束下，依靠所掌握的信息，從各自行爲或是策略選擇以實施，並從各自取得相應結果或收益的過程。這是面對劇變未來的挑戰力，也是讓自己生命過得有價値的思辨力，怪不得一九九四、一九九六年諾貝爾經濟學獎都頒給建立博弈論、在應用方面有著重大成就的經濟學家。

九十八、性惡

戰國　荀子

孟子曰：「人之性善。」曰：「是不然！凡古今天下之所謂善者，正理平治①也；所謂惡者，偏險悖亂也。是善惡之分也已。今誠以人之性固正理平治邪？則有惡用聖王②，惡用禮義矣哉！雖有聖王禮義，將曷加於正理平治也哉！今不然，人之性惡，故古者聖人以人之性惡，以爲偏險而不正，悖亂而不治，故立君上之勢以臨之，明禮義以化之，起法正③以治之，重刑罰以禁之，使天下皆出於治，合於善也，是聖王之治而禮義之化也。今當試④去君上之勢，無禮義之化，去法正之治，無刑罰之禁，倚而觀天下民人之相與也；若是，則夫強者害弱而奪之，眾者暴寡而嘩之⑤，天下之悖亂而相亡不待頃⑥矣。用此觀之，然則人之性惡明矣，其善者僞⑦也。」

注釋

① 正理平治：合於正道，規矩守法，指維護封建統治秩序。

② 則有惡用聖王：又哪裡用得聖王。有，通「又」。惡，反問詞，為什麼。

③ 法正：法律政令。

④ 當試：與「嘗試」、「當使」相通，即倘使、如果之意。

⑤ 嘩之：起鬨，搗亂。

⑥ 不待頃：立刻，馬上。

⑦ 偽：人為。

翻譯

孟子說：「人的本性爲善。」我說：「這是不對的。從古到今普天之下所說的『善』，是指端正順理、安定有秩序的禮義法度；所說的「惡」，是指偏邪險惡，違背禮義悖逆作亂，這就是善與惡的分別。現在果眞認爲人的本性本來就是端正順理、安定守秩序的嗎？那麼又哪裡用得聖王？爲什麼還要用禮義呢？即使有聖明的帝王和禮義，又能爲禮義法度、社會秩序增加什麼呢？其實並不是這樣，人的本性是邪惡的。古代聖王就認爲人性本惡，認爲人們是邪險不正、違背事理，而不遵守社會秩序，所以他爲人們樹立了君王的權威來統治人們，彰明禮義來教化人們，建立法度來治理他們，加重刑罰來禁止他們胡作非爲，使天下都遵守秩序，符合『善』的標準，這就是聖王的治理與禮義的教化。倘若嘗試取消君主的權威，沒有禮義的教化，廢棄法治的管理，不再有刑罰的制約，站在一邊觀看去看天下民眾的相互交往，那麼，那些強者就會侵害弱者並掠奪他們，人多的就會欺凌人少的而壓制他們，天下人悖逆作亂而各國互相滅亡的局面就是頃刻之間的事了。由此看來，那麼人的本性是邪惡的就很明顯了，他們那些善良的行爲則是人爲的。」

知識要點

● 故事背景：性善和性惡是當時學者探討的重要主題。本文節選自《荀子．性惡》篇，荀子提出性惡論，認爲「人之性惡，其善者僞也」，任性惡發展，必然天下大亂。

● 敘述脈絡：孟子曰：「人之性善。」→如果性善，何須聖王與禮義教化→人之性惡，故立君之臨之，明禮義以化之，起法正以治之，重刑罰以禁之→若無禮義刑法，強欺弱眾暴寡，天下大亂。

● 歷代評論：蘇軾〈荀卿論〉：「荀卿明王道，述禮樂。」張覺《荀子譯註》：「荀子的思想偏向經驗以及人事方面，是從社會脈絡方面出發，重視社會秩序，反對神祕主義的思想，重視人爲的努力。」

● 知識重點：

1. 孟子所謂的性排除將口眼耳鼻四之的欲求，而以個人良心自覺的仁義理智為性善的根據。荀子認為「性者生也」，針對自然情慾的心理需求而言。同時並非由個人心性道德來定義善與惡，而是由社會倫理的人際互動來論斷，也就是並非由個人內在心理動機，而是由外在客觀行為的結果來論斷善惡，所以能促使國家社會治與亂來界定善惡，因此更強調客觀行事標準的禮義。
2. 荀子思想中的「惡」是放任情欲導致爭奪，因此聖王憑藉勢位，善用禮義、法政、刑罰加以導化，「使天下皆出於治，合於善也」，因此所謂「善」是後天環境和教化學習的結果。
3. 荀子證明「人之性惡」的目的是要突顯「其善者偽也」，強調外在行為的實踐，因為國家要平治久安不能僅靠質樸的自然之性，而須在內聖之後，以維護社會和諧的禮義達到外王，這是荀子身處戰國百家爭鳴、戰爭頻仍時代裡的目標。
4. 寫作手法採取先破後立的論辯方式，於文章起首先反駁孟子「人性本善」的論點，繼而提出「人性本惡」的論點。既直截了當地否定以表明自我立場，也為下面的推演闡釋立下基點。其次以「所謂善者，正理平治也；所謂惡者，偏險悖亂也」為善惡下定義，隨即藉「聖王」和「禮義」作為論據，從反面印證人性本惡以推翻「性善論」。接著一層一層推論，從聖王治國以「君上之勢」、「禮義」、「法政」而使天下安定為例證，取消後天下便大亂，總結出「人之性惡明矣，其善者偽」的論點。

練習題

1. 根據本文，推論荀子觀點中人之善是因爲？
(A)善僞巧言 (B)暴寡嘩之 (C)尊禮行義 (D)本性善良

2. 根據本文，若無聖王之化，會造成什麼樣的結果？
(A)欺善作亂 (B)意見分歧 (C)法律失效 (D)人心渙散

3. 下列關於本文寫作手法的說明，何者正確？
(A)先破後立，對比論辯：藉「聖王」和「禮義」作爲論據，破除孟子對義的主張
(B)結構嚴謹，前後呼應：起首反對孟子「人之性善」的觀點，結尾歸納人性本惡
(C)語言簡潔易明，句式富於變化：善用排比、典故的句式，加強文章的氣勢和感染力
(D)短句錯綜，富節奏感：聖王治國以「君上之勢」、「禮義」、「法政」而使天下安定爲例證，使文章讀來氣勢磅薄

大考演練

1-3爲題組。閱讀下文，回答第**1-3**題。

白羊和黑羊都想走過獨木橋，相遇於橋中的牠們，該怎麼辦？兩個被隔離偵訊的小偷，如果都堅稱沒犯案，可能同時獲釋；如果一方爲求減刑而認罪，不認罪的一方可能刑期加長；他們該如何抉擇？

當對方的做法可能影響自己的利益，我們必然會把對方的做法納入決策考量，這就是「賽局理論」（gametheory）的基本思維。例如：A賣場展開降價促銷，結果刺激對手跟進，A賣場會不會最後反受損失？B公司面臨新的競爭者有意搶奪市場大餅，若擴廠、增產還不能逼退對手，B公司會不會因此虛耗成本？C旅行社開發的新產品與對手相似，究竟是該放棄還是與對手談合作？

爲什麼考慮對手的選擇這麼重要？經濟學家發現，任由市場自然發展、自由競爭的結果，反而無法得到預期的獲利。比如價格戰一旦開打，廠商彼此殺到見骨，最後誰都賺不到錢。既然每個決策個體都不會主動選擇利他，便須事前

評估影響利潤的諸多環節，試著找出對自己最有利的布局。有人質疑，「賽局理論」似乎預設了人們會冷靜理性地研判利弊，然而市場總有許多非理性的選擇，這個理論能有效幫助我們嗎？學者認為，雖然不理性的人始終存在，但理性的人終究勝出率較高，在適者生存的機制下，主導市場的力量仍來自理性的個體。（改寫自劉揚銘〈圖解賽局理論〉）

1.依據上文，下列何者不符合「賽局理論」的思考？
(A)以利己為前提
(B)以不變應萬變
(C)盱衡整體局面
(D)避免惡性競爭 【105統測】

2.依據上文，「賽局理論」通常基於何種假設來推估對手的策略？
(A)人們會理性權衡
(B)人們會急公好義
(C)人們會互信共榮
(D)人們會意氣用事 【105統測】

3.下列何者說的話，意在引導對方用「賽局理論」進行思考？
(A)屈原對漁父說：「安能以身之察察，受物之汶汶者乎！寧赴湘流，葬於江魚之腹中。」
(B)燭之武對秦伯說：「夫晉，何厭之有？既東封鄭，又欲肆其西封，若不闕秦，將焉取之？」
(C)李斯對秦王說：「必秦國之所生然後可，則是夜光之璧，不飾朝廷，犀象之器，不為玩好。」
(D)諸葛亮對後主說：「若有作姦犯科，及為忠善者，宜付有司，論其刑賞，以昭陛下平明之治。」 【105統測】

【跨領域觀看】：我們與惡的距離

有關殺人事件的電影不計其數，《倫敦變態殺人魔開膛手傑克》、《沉默的羔羊》……血腥暴力地呈現荀子性惡的一面。今年公共電視推出《我們與惡的距離》，社會寫實劇，描繪無差別殺人事件中，加害者與被害人、家屬、犯人等的心理狀態，瞬間引起廣大迴響和熱烈討論。正如導演說：「社會發生那麼大的事情的時候，我們每一個人都應該是其中參與的一個角色。」這齣電視劇反映出鄭捷的捷運殺人、小燈泡事件之後，在每個臺灣人心裡所蒙上的不安定陰影。精神異常而殺人比起有動機目的、有特定身分的對象來得恐懼的原因是你無法防禦，你不知道自己何時何地會成爲衝動攻擊的靶的。

荀子看見人性貪婪爭奪的一面而主張性惡，但當我們身邊許多親人朋友，無數你認爲美好的人困於思覺失調症、酒精使用障礙症、酒精戒斷、創傷後壓力症候群、人格疾患、憂鬱症……他們是否會如劇中年輕導演只因爲在社區的幼稚園拍攝，而被誤以爲是附近康復之家的精神病患持槍挾持幼稚園？新聞媒體是否不聽當事人解釋的事實，而誇大的標題強化這樣具傷害性的連結。

這樣的恐懼快速傳染，某些同事、師長、社區，甚至家人開始避之如蛇蠍，他，因爲這樣的「危險」被關進醫院，被隔離人群。

正如《我們與惡的距離》電視臺總監紐世哥說：「我們都是好人，不知道爲什麼事情會變成這樣子。」「那瞬間誰是惡的？」有多少汙名化而造成的惡？有多少自以爲公共安全的正義？這是人性問題，也是認知問題。

或許要剝去恐懼、憎恨的黑紗，唯有「師法」之教，目的不僅在積善化性的修身，更在不膨脹自我的感受，而否定或蔑視對方的情感。那麼或許我們可以在檢討、憐憫受傷者、責怪受害者的同時，明白「部分的總和並不代表全貌」，而拼湊出眞相，體貼每個人所背負的傷痛與付出的代價。

九十九、卜居

戰國　屈原

屈原既放，三年不得復見；竭知盡忠，而蔽鄣[1]於讒，心煩慮亂，不知所從。乃往見太卜[2]鄭詹尹曰：「余有所疑，願因[3]先生決之。」詹尹乃端策[4]拂龜曰：「君將何以教之？」

屈原曰：「吾寧悃悃款款[5]朴[6]以忠乎？將送往勞來[7]斯無窮乎？寧誅鋤草茅以力耕乎？將遊大人[8]以成名乎？寧正言不諱以危身乎？將從

俗富貴以偷生乎？寧超然高舉⑨，以保眞乎？將哫訾⑩栗斯⑪、喔咿⑫儒兒，以事婦人⑬乎？寧廉潔正直以自清乎？將突梯滑稽⑭，如脂如韋⑮以潔楹⑯乎？寧昂昂若千里之駒乎？將泛泛⑰若水中之鳧⑱，與波上下，偷以全吾軀乎？寧與騏驥亢軛⑲乎？將隨駑馬之跡乎？寧與黃鵠⑳比翼乎？將與雞鶩㉑爭食乎？此孰吉孰兇？何去何從？世溷濁㉒而不清，蟬翼爲重，千鈞㉓爲輕；黃鐘㉔毀棄，瓦釜㉕雷鳴；讒人高張，賢士無名。吁嗟默默兮，誰知吾之廉貞！」

詹尹乃釋策而謝㉖曰：「夫尺有所短，寸有所長；物有所不足，智有所不明；數㉗有所不逮，神有所不通。用君之心，行君之意。龜策誠不能知此事。」

注釋

①蔽鄣：阻塞遮蔽。鄣，音ㄓㄤ。
②太卜：掌占卜之官。
③因：憑藉。
④端策：數計占卜用的蓍草。端，數。
⑤悃悃款款：誠實勤懇的樣子。
⑥朴：樸也。
⑦送往勞來：迎往送來。勞，慰勞。
⑧大人：高官權貴。
⑨高舉：遠走高飛。
⑩哫訾：音ㄗㄨˊ ㄗˇ，善於察顏觀色，奉承阿諛。
⑪栗斯：戒慎小心。栗，恭謹，恭敬。斯，語助詞。
⑫喔咿：音ㄨㄛˋ ㄧ，強顏歡笑獻媚的樣子。
⑬婦人：指楚懷王的寵姬鄭袖，與朝中重臣上官大夫等人聯合排擠饞毀屈原。
⑭突梯滑稽：圓滑伶俐。梯，圓滑的樣子。
⑮如脂如韋：像油脂一樣光滑，像熟牛皮一樣柔軟，指善於應付環境。韋，去毛加工製成的柔軟獸皮。
⑯潔楹：比喻圓滑諂媚。楹，廳堂柱子。
⑰泛泛：漂浮不定的樣子。
⑱鳧：音ㄈㄨˊ，水鴨。
⑲亢軛：並駕齊驅。亢，同「伉」，並也。軛，車轅前端的橫木。
⑳黃鵠：天鵝。
㉑鶩：音ㄨˋ，鴨。
㉒溷濁：汙濁。溷，音ㄏㄨㄣˋ。
㉓千鈞：代表最重的東西。古制三十斤為一鈞。
㉔黃鐘：古樂中十二律之一，此指聲調合於黃鐘律的大鐘。
㉕瓦釜：陶製的鍋，此指鄙俗音樂。

㉖謝：辭謝，拒絕。

㉗數：占卜。

【翻譯】

屈原已經被放逐後，三年沒再見君王。他爲了國家，竭盡了自己的忠誠與才智，卻遭受到奸臣讒言誹謗的阻攔，心裡憂慮煩亂，愁悶得不知道該怎麼辦。於是去見太卜鄭詹尹，說：「我心中有疑惑，希望先生爲我推算解惑。」詹尹便把占卦的蓍草莖擺好，擦乾淨龜甲上的灰塵，說：「你有什麼疑難要我占卜？」

屈原說：「我應該要做個誠懇忠樸的老實人？還是做個送往迎來，忙於應酬無休無止的媚俗者？應該剪除野草，努力從事耕作，退居田園？還是巴結權貴，使自己功成名就？我要正言直諫，危及性命也在所不惜呢？還是同流合汙，隨聲附和貪圖富貴而苟且偷生？我是遠離官場現實是非，以保全本性的純眞？還是阿諛逢迎，花言巧語去侍奉宮中寵妃？應該廉潔正直保有清高美好的操守？還是玲瓏圓滑，顛倒是非，像膩人的油脂、柔韌的獸皮，向人諂媚趨附？應該昂然如同千里馬那樣超群出眾？還是像水中野鴨隨波浮沉，只求活命？應該同千里馬並駕齊驅呢？還是跟隨在劣馬的足跡，得過且過呢？應該同天鵝比翼高飛呢？還是與地上雞鶩互相爭食好？——究竟如何才吉，怎樣是凶？哪一樣不能做？什麼方向我可行可從？」

「這個世代呀混濁不清、是非不明：說什麼秋蟬的薄翅很重，三萬斤的重擔反倒極輕；把器大聲宏的黃鐘毀棄了，把土燒的瓦缽敲得像雷鳴；好說讒言的奸人位高權重，眞正賢能有才的志士反而籍籍無名！唉唉！我還說什麼呢？有誰知道我的正直忠貞？」

詹尹放下蓍草辭謝，說：「要知道尺有它的短處，寸有它的長處；物件的功用有時不能全備，人類的智慧有時無法企及；術數也有推算不出的問題，神靈也有無法解決的疑難。我看你還是憑著自己的良心，照著自己的意思去做吧！因爲你所問的這些事情，卜卦實在不能給你一個圓滿的解答。」

【知識要點】

● 敘述背景：卜居的居，指「自處」，卜問爲人處世之道。屈原二十多歲便於楚懷王時擔任左徒（相當於副相），對內商議國事發布命令，對外接待賓客。上官大夫、子蘭心懷嫉妒進讒言，再加上屈原在外交政策上，主張聯齊抗秦，在楚懷王時流放到漢水以北，頃襄王即位後再次被逐出郢都，流放江南。苦悶彷徨的屈原至太卜之家，稽問神明，問答卜居，希望能聞異策，以定嫌疑。

● 敘述脈絡：心煩慮亂，不知所從→問卜何去何從→世溷濁不清，誰知吾之廉貞→詹尹告用君之心，行君之意。

● 歷代評論：

1. 司馬遷《史記．屈賈列傳》推崇屈原「其志潔」、「其行廉」，並評論他「推此志也，雖與日月爭光可也」。
2. 《漢書．揚雄傳》記載，揚雄對屈原的投江自盡，並不以爲然：「君子得時則大行，不得時則龍蛇，遇不遇命也，何必湛身哉！」（翻譯：君子遇到時機就大顯身手，沒有遇到時機就像龍蛇隱藏自己，遇和不遇都是命，所以何必投江自盡呢！）

● 知識重點：

1. 全文採「問—對—答」的對話結構，內容圍繞鄭詹尹的提問、屈原的應對，最後再以鄭詹尹回答之語。
2. 前段交代問卜的原因，放逐的身分、三年不得復見君的等待與失落、竭智盡忠卻被讒害的憤恨，聚結為心煩慮亂，不知所從的困惑與不解。繼而連用八組「寧……，將……？」的問句形式，表現出屈原內心的糾結，表面上是正反對立的價值觀爭戰，其實突顯屈原心中定見，因此他奮力批評「世溷濁而不清」，堅決確立「廉貞」的心跡與志節。太卜對於屈原的問卜，雖然表面似乎沒有給予確切的答案，實則以「用君之心，行君之意」，肯定了屈原自己的看法。
3. 以排比的方式，「一正一反」的八組問句，展現出文章氣勢；以千里良駒、騏驥、黃鵠等動物譬喻君子豪傑，水中之鳧、駑馬、雞鶩代表爭名逐利、凡庸無能之人，另如「蟬翼」與「千鈞」、「黃鐘」與「瓦釜」等象徵，映襯之間既質疑世俗荒謬，也彰顯屈原廉潔忠貞、不與世俗同流合汙的處世態度。

練習題

1. 下列「」內的文意，最不相符的是：
(A)「與黃鵠比翼」：超然高舉
(B)「哫訾栗斯、喔咿儒兒」：戒慎恐懼
(C)「突梯滑稽，如脂如韋」：巧言令色
(D)「寧悃悃款款朴以忠」：溫良恭儉讓
2. 根據本文，下列最符合屈原對世溷濁而不清的選擇是：
(A)將送往勞來斯無窮乎？
(B)將遊大人以成名乎？
(C)安能以皓皓之白，而蒙世俗之塵埃乎？
(D)將泛泛若水中之鳧，與波上下，偷以全吾軀乎
3. 下列世態最接近「蟬翼爲重，千鈞爲輕；黃鐘毀棄，瓦釜

雷鳴」狀況的是：

(A)小人道長，君子道消

(B)君子道長，小人道消

(C)舉直錯諸枉，能使枉者直

(D)大人世及以爲禮，城郭溝池以爲固

【大考演練】

1-3爲題組。閱讀下文，回答第1-3題。

由雙腳到騎乘，自海路到航空，人們的交通時間越來越短，心理的距離也越來越近。大眾媒體普及後，有學者於一九六二年進一步提出「地球村」的概念，驗諸今日，果然訊息透過網路彈指可得，線上聊天或視訊會議無遠弗屆，人際溝通不再受空間距離所限。然而，無阻力、無成本的資訊流通，是否眞能打造地球村？

諾貝爾經濟學獎得主赫伯．西蒙曾提出「有限理性」，意謂人的理性有其無法超越的限制。若人們具有完全的理性，必然會因資訊充分流通而減少不同社群間的誤解和衝突。但當人們以有限的理性去擁抱無限的資訊，會造成什麼結果？千百種人同住一個社區，總有許多接觸機會，時間久了，多少能彼此理解，甚至接受彼此的差異。

但在網路世界裡，志同道合者可以超越空間距離，隨時串聯取暖，無意搭理跟自己唱反調的人，也就更加鞏固既有的想法。又因爲網路世界具有放大遠香近臭的魔力，自然也讓越執著於偏好的人越想逃離現實，退到他覺得舒適自在的社群。

如果雞犬相聞卻老死不相往來，我們所住的又怎會是地球村呢？不過是全球串聯、卻不知有漢無論魏晉的山村罷了。

（改寫自鄭志凱〈地球村，還是全球化山村？〉）

1.依據上文，學者於一九六二年提出的「地球村」，其主要特徵爲何？

(A)地區間的交通因工業革命進入機器時代而更便利

(B)發達的交通工具與傳播媒介讓人們樂於定居鄉村

(C)電子傳媒使世界各地在獲悉公共訊息上幾無落差

(D)不同社群的人們因具備完全理性而沒有觀念衝突

【106統測】

2.依據上文與方框中關於「同溫層」的解釋，下列敘述何者正確？

(A)人們的「有限理性」有助於突破網路「同溫層」

(B)網路「同溫層」勢必形成一個個「全球化山村」

(C)網路「同溫層」的訊息流動能使人認清現實世界

(D)處於網路「同溫層」中的人們心理距離甚爲遙遠

【106統測】

同溫層（stratosphere）：
即大氣層結構中的平流層，位於對流層頂至五十公里高的上空。在平流層裡，氣流非常穩定平靜，且相當乾燥，幾乎沒有垂直方向的流動。因此，近年這個詞也用來借指網路世界「同類相呼」的「一言堂」現象。

3. 依據上文，讓「地球村」不致淪爲「全球化山村」的最好方法爲何？
(A)多到世界各地旅行
(B)避免加入網路社群
(C)增加網路朋友數量
(D)用同理心瞭解他人
【106統測】

【跨領域觀看】：從心理學巴納姆效應解讀我們為何相信算命

捷運螢幕上、電視節目裡，報章雜誌固定欄框長年有星象占卜相關的解說分析，到了選舉更是熱鬧，從提名到當選，自祖先墳地、選舉辦公室風水至命格都成了熱門話題。小市民相信心理測驗的解釋，遇見婚嫁、搬遷、購屋、事業、健康、考試……也常會去廟裡求籤解卦、找人算塔羅牌、譜流年、測字、米卦、看手相，甚而摸骨、水晶球算命。

我們總相信有命，有與生俱來注定影響自己的命盤，因此在困惑難決時，在事事乖違手足無措時，找一個通靈的人指點迷津。這是一種心理現象，但另一個心理現象是我們爲什麼普遍相信算命的人說的話？

巴納姆經實驗證明人們會對於他們認爲是爲自己量身訂做的一些人格描述，給予高度準確的評價，這些描述往往十分模糊及普遍，以致能放諸四海皆準，適用於很多人身上。

這實驗是心理學家佛瑞（Bertram Forer）於一九四八年對學生進行的人格測驗與結果分析。學生認爲所見描述與本身特質的契合度是四點二六（零分最低，五分最高），但事實上，所有學生看到的「個人分析」都是相同的，都是從星座與人格關係的描述中蒐集的描述：

「祈求受到他人喜愛卻對自己吹毛求疵。雖然人格有些缺陷，大體而言你都有辦法彌補。你擁有可觀的未開發潛能，尚未就你的長處發揮。看似強硬、嚴格自律的外在掩蓋著不安與憂慮的內心。許多時候，你嚴重地質疑自己是否做了對的事情或正確的決定。你喜歡一定程度的變動並在受限時感到不滿。你爲自己是獨立思想者自豪並且不會接受沒有充分證據的言論。但你認爲對他人過度坦率是不明智的。有些時候你外向、親和、充滿社會性，有些時候你卻內向、謹慎而沉默。你的一些抱負是不切實際的。」

這說明星象學家、占卜者描述的其實是一般性普通常見的描述，所運用的是籠統的、含糊不清、廣泛空洞的語詞，讓人感覺似乎是說對了，於是自我催眠接受這個原本就相信的神祕力量。「數有所不逮，神有所不通」，屈原遇見的卜者坦承自己無能爲力，可能是個例外；因此有人說卜者正是屈原自己，〈卜居〉是篇內心自我對話、激辯的文章。但無論如何，「用君之心，行君之心」誠實面對自己，傾聽自己內在的聲音，接受你原初單純而堅定的想法才是上策。

一〇〇、逍遙遊（節選）

戰國　莊子

北冥有魚①，其名爲鯤②。鯤之大，不知其幾千里也。化而爲鳥，其名爲鵬。鵬之背，不知其幾千里也；怒③而飛，其翼若垂④天之雲。是鳥也，海運⑤則將徙於南冥。南冥者，天池⑥也。

齊諧⑦者，志怪者也。諧之言曰：「鵬之徙於南冥也，水擊三千里，摶扶搖而上⑧者九萬里，去以六月息者也。」野馬⑨也，塵埃也，生物之以息⑩相吹也。天之蒼蒼，其正色邪？其遠而無所至極邪？其視下也，亦若是則已矣。

注釋

① 北冥：北方的大海。冥：亦作「溟」，意為海。

② 鯤：本指魚卵，此借表大魚之名。

③怒：此指奮起。
④垂：同「陲」，邊遠。一說「遮」，遮天。
⑤海運：在海面上振翅飛行時，使水發生波動。
⑥天池：天然的大池。
⑦齊諧：書名。一說人名。
⑧摶扶搖而上：環繞而上。摶：音ㄊㄨㄢˊ，憑藉。扶搖而上，自下急遽地盤旋而上。扶搖，自下向上的暴風，又行容快速急遽。
⑨野馬：此指太陽光反射的一種投影，浮動狀如奔馬，故名「野馬」。
⑩息：此指有生命的東西呼吸所產生的氣息。

翻譯

北海有一條魚，名字叫做鯤。鯤的體形龐大，不知道有幾千里。牠變化成爲鳥，名字叫「鵬」。鵬的脊背寬闊，不知道幾千里；當牠奮起高飛的時候，雙翅展開就像天邊的雲朵。這隻鵬鳥，在海風大作時，就會隨著海上洶湧的波濤遷徙到南海。南海，是一個天然的大池。

《齊諧》是一本記載怪異事情的書，這本書上說：「當大鵬鳥要往南海遷徙時，奮飛而起雙翼拍打水面激起三千里的波濤，牠拍翅盤旋而上，直衝上九萬里的高空。翼拍起的海面狂風盤旋九萬里高空，牠是乘著六月刮起的大風而離開的。」奔馬般蒸騰浮動太陽光反射的投影，四處飛揚的塵埃，都是活動的生物被大風吹拂所造成的。天色蒼蒼茫茫（一說蔚藍），那是天空眞正的顏色嗎？還是因爲高曠遼遠看不到盡頭的結果？當鵬鳥臨空俯視大地時，視野之遼闊就是這樣的光景吧！

知識要點

● 敘述脈絡：北冥之鯤→化而爲鵬→徙於南冥→野馬也，塵埃也，生物之以息相吹也。

● 知識重點：

1. 〈逍遙遊〉是《莊子．內篇》第一章，提出逍遙自適的生活態度，唯有具備了高遠的見解，人生不被物質的世界、現實的環境所困擾，才可以自在超越，自然會會昇華。大鵬是莊子的自喻，及真人的境界，以此作為人類生命最終應追求的境界目標。另有一說是即使是德大者如騰空高飛的大鵬也仍然「有所待」，只有因循自然而遊於無窮的時空中，也就是消除自我意識，無所作為，無所追求，唯其如此，才能達到悠閒自得的逍遙遊境界，亦即才是「逍遙遊」。
2. 在《莊子》書中，寓言占了十分之九，本文借助一系列虛構的故事和形象，顯現幾個道理：一是變化：鯤化為鵬，魚可以化而為鳥。二是突破與超越，鯤不管多麼巨大，只能游在海中，過的仍是有涯、有限的北冥生活，化為鵬鳥時衝天飛起，上下四方，任其遊走，是境界的提升，向另一個更高遠的目標「南冥」飛去。暗喻人不能自滿於現況，而要跨越限制，追求更高一層境界，以提升生命的層次。三是提出「天之蒼蒼，其正色邪？」「其遠而無所至極邪？」「視下也，亦若是則已矣。」三個問題，將思考從有形拉向無盡的高度，目的在透過這超乎想像的至大之域，使人破除尋常的小知小見。

3.這篇文章充滿了奇特的想像，如莊子以誇張手法極言鯤之大、形象化鵬之「翼若垂天之雲」，「水擊三千里，摶扶搖而上者九萬里」。其次引用《齊諧》等古代言論穿插在寓言中，不但增加可信度，也具有相互印證的藝術效果。

練習題

1.下列何者最接近本文主旨？
(A)等待海運起的大風而飛，故逍遙必須有待
(B)無所依憑，追求精神世界的絕對自由與超脫
(C)客觀現實中的一事一物既對立而又相互依存
(D)事事都在變化之中，必須掌握目標才不致迷失

2.下列有關文意的敘述，何者正確？
(A)「怒而飛，其翼若垂天之雲」：狀寫鵬鳥盛氣凌人
(B)「摶扶搖而上者九萬里」：比喻仕途意氣風發一飛衝天
(C)「野馬也，塵埃也，生物之以息相吹也」：形容奔馬震撼力道之大
(D)「天之蒼蒼，其正色邪」：所見未必是其本色

大考演練

1.以下每個選項皆含前後兩段引文，後文與前文觀點、意涵截然不同的選項是：
(A)《孟子》：民爲貴，社稷次之，君爲輕／黃宗羲〈原君〉：古者以天下爲主，君爲客，凡君之所畢世而經營者，爲天下也
(B)《莊子》：天下莫大於秋毫之末，而大山爲小；莫壽於殤子，而彭祖爲夭／王羲之〈蘭亭集序〉：固知一死生爲虛誕，齊彭殤爲妄作
(C)《老子》：天道無親，常與善人／司馬遷《史記・伯夷列傳》：或擇地而蹈之，時然後出言，行不由徑，非公正不發憤，而遇禍災者，不可勝數也
(D)《論語》：君子博學於文，約之以禮，亦可以弗畔矣夫／《荀子》：木受繩則直，金就礪則利；君子博學而日參省

乎己，則知明而行無過矣

(E)《韓非子》：明主之國，無書簡之文，以法爲教；無先王之語，以吏爲師／劉歆〈移書讓太常博士〉：至於暴秦，焚經書，殺儒士，設挾書之法，行是古之罪 【100指考】

2-3爲題組。閱讀下文，回答2-3題。

惠子謂莊子曰：「人故无情乎？」莊子曰：「然。」惠子曰：「人而无情，何以謂之人？」莊子曰：「道與之貌，天與之形，惡得不謂之人？」惠子曰：「既謂之人，惡得无情？」莊子曰：「是非吾所謂情也。吾所謂无情者，言人之不以好惡內傷其身，常因自然而不益生也。」

（《莊子．德充符》）

1.下列敘述，符合惠子、莊子二人對有情無情看法的是：
(A)惠子：人的形貌乃根源於無情
(B)惠子：人既可無情亦可以有情
(C)莊子：不因情傷天性是謂無情
(D)莊子：順自然而無情不利養生 【107學測】

3.下列文句中的「與」，和上文「道與之貌」的「與」意思相同的是：
(A)選賢「與」能，講信修睦
(B)可「與」言而不與之言，失人
(C)人知之者，其謂「與」埳井之蛙何異
(D)既以爲人，己愈有；既以「與」人，己愈多 【107學測】

【跨領域觀看】：逍遙．想像．真實之奇幻文學

德國浪漫主義文學家席勒說：「只有當人是完全意義上的人，他才遊戲，只有當遊戲時，他才是眞正的人。」這段話與莊子〈逍遙遊〉的概念可以相互對應，強調幻想，遊戲是作爲眞正自主的人之證明與表現。

莊子自比爲水擊三千里、騰飛九萬里的大鵬鳥，奇幻小說正是這樣的想像遊戲，滿足人們追求自由，突破現況的期待。

佛斯特（E. M. Forster, 1879-1970）在《小說面面觀》中指出：「『幻想』指的是一種暗示超自然之物存在的寫作手法，如在日常生活中引入實際上並不存在的生物，將平常人引進一個超常的

境地，不論是過去、未來、地球的內部或第四度空間；深入人格的底層及分割人格；或對另外一種作品作嘲仿（parody）或改編（adaptation）的工作。」

這意謂作者以虛構的故事，把現實中不可能發生的事情逼眞地描繪出來，譬如《愛麗絲夢遊奇境》、《說不完的故事》、《獅子・女巫・魔衣櫥》、《魔戒三部曲》，透過「夢」、「鏡子」、「衣櫥」、「魔法」，和奇妙的路徑到達擺脫現實制度、秩序、時間、邏輯的異世界，找回成長社會化過程中遺失的感覺。

那或許是變大變小、顛倒日常生活的情境；是住著撲克牌、西洋棋子和爭風吃醋的精靈，以及半獸人、侏儒、龍族，讀著讀著，在長大的歲月裡逐漸明白奇幻不僅是躲開困惑而進入的想像，逐漸賦予哲學式的意義而讓它也是眞實世界。如《魔戒》作者J.R.R. 托爾金在〈關於妖精故事〉這篇文章中提出說：「第一世界」是神所創造的宇宙，也就是我們日常生活的那個世界。第二世界，是幻想創造出來的想像世界，反映神創造的第一世界，故它絕非『謊言』，而是另一種『眞實』。所以在《魔戒》裡的中土世界，有自己的風俗習慣、族群歷史，就像〈桃花源記〉。

一〇一、戰城南

漢樂府　無名氏

戰城南①，死郭北，野死不葬烏②可食。
爲我謂烏，且爲客豪③，
野死諒④不葬，腐肉安能去子⑤逃？
水深激激⑥，蒲葦冥冥⑦，
梟騎⑧戰鬥死，駑馬徘徊鳴。
（梁）築室⑨，何以南？何以北？
禾黍不獲君何食？願爲忠臣安可得？
思子⑩良臣，良臣誠可思，
朝行出攻，莫不夜歸。

注釋

①戰城南，死郭北：互文見義，在城南戰死，在郭北也戰死；一說由城南轉戰到郭北，然後死在郭北，也可作為概括性表示死亡慘烈的狀況。郭，外城。

②烏：烏鴉。

③且為客豪：暫且替戰死者哭號，此指替戰死者招魂。客，指戰死者。豪，同「嚎」，號哭。

④諒：信，想必，揣度之詞。

⑤子：你，此指烏鴉。

⑥激激：水清澈貌。

⑦蒲葦冥冥：蒲草和蘆葦長得茂盛，顯得幽暗。蒲、葦，指水草。冥冥，昏暗幽寂貌。

⑧梟騎：指精壯的騎兵。良將良馬衝鋒在前，此可指善戰的良將良馬。梟，音ㄒㄧㄠ，通「驍」，矯健的好馬。

⑨梁築室：梁，橋。築室，蓋房子，或指土木工程之類的勞役。

⑩子：你，指戰士良臣對死者的美稱。

翻譯

戰死在城南、城北的人，死在野外沒有人安葬，讓烏鴉可以飽餐一頓。替我告訴（盤旋在半空中的）烏鴉：「暫且替戰死者哭叫招魂吧，戰死在野地的人想必沒有人埋葬他們，腐敗的屍體怎麼能逃開你們這些烏鴉的啄食呢？」河水深而清澈，蒲葦生長得蓊鬱茂盛，勇猛的良馬戰死了倒在地上，還活著的劣馬徘徊不前地哀鳴。戰事之中，（在橋梁上）建造房子（防禦工事），為什麼也要南征北調呢？（造成交通受阻，東西不通。）（年輕人打仗）田地裡禾黍等穀物沒有人去收成，你們吃什麼？既沒有糧食可吃，人們怎麼忠心當臣民？這些戰死的良臣名將眞令人思念（啊，實在令人可憐），早上出發去打仗，晚上卻沒有一個平安歸來！

知識要點

● 故事背景：樂府本是漢武帝時設立掌管音樂的官署，專司將文人歌功頌德的詩配樂演唱，以及採集民歌，後稱之為「樂府詩」。漢樂府詩的特色是「感於哀樂，緣事而發」，因此內容與主題都具有強烈的針對性，所反映者為日常生活中具體事件及人們所普遍關切的問題。這首大約是西漢時的作品，表現出人們詛咒戰爭、勞役、哀悼陣亡士卒的心聲。

● 敘述脈絡：戰城南郭北不葬，烏食之→梟騎戰鬥死，駑馬徘徊鳴→梁築室者南北，田野無人穫→哀朝行出攻，莫不夜歸。

● 知識重點：

1. 〈戰城南〉屬漢樂府《鼓吹曲辭》。詩的內容既含敘事又有抒情之處。敘事部分有戰爭死亡、田野荒蕪兩個主題；抒情則是哀悼為國犧牲的戰士、對陣亡者的讚美與對良臣君子的渴求。

2. 全篇以幾個畫面呈現狀態、事件、情緒：第一幅是遍於野地白骨的死亡場景，悲壯而哀淒，蠢蠢欲啃食的烏鴉盤旋於天空。第二幅將鏡頭從前方水深激激，蒲葦冥冥，戰士橫屍的沙場，轉到後方禾黍不穫、田野無人耕種的一片悽慘景象。第三幅是受盡苦痛的老百姓雖不敢明白地攻擊朝廷，但也忍不住藉良臣之思念表示出他們的怨憤。

3. 詩題是戰爭，內容卻不就戰爭場面書寫，反而一連以兩個死字——「死郭北，野死不葬烏可食」，以及「城南，郭北」的廣大空間，呈現悲慟的結果。繼而以「水深激激，蒲葦冥冥，梟騎戰鬥死，駑馬徘徊鳴。」側面烘托出哀悼低迴之痛。最後，詩人以「朝行出攻，暮不夜歸」呼應首句，深化死亡是戰爭必然的結果，藉此控訴戰爭死傷之慘烈，對戰爭的不滿、怨憤的主題。

4. 作者一方面實寫悲涼的情境，另方面以虎視眈眈的烏鴉為請託對象，以這種荒謬性來反諷戰爭。同時想像死去戰士開口請求烏鴉為之招魂：「為我謂烏」、「且為客豪」、「野死諒不葬，腐肉安能去子逃？」這三句一句比一句卑微無奈。明知終將逃不過被烏鴉吞噬的結果，仍請烏鴉為自己與逝去戰士哭泣招魂，因為野死無人葬，魂將無所依，無所歸，與「梟騎戰鬥死，駑馬徘徊鳴」的渲染，「禾黍不穫」民不聊生的蕭條狀態，呈現出戰爭不同層次分析戰爭的禍害。

5. 歷來寫戰爭之淒的詩篇甚多，尤以唐李華〈弔古戰場文〉最負盛名，結筆已一連串的質問寫家人的痛楚，懇切動人：「蒼蒼蒸民，誰無父母？提攜捧負，畏其不壽。誰無兄弟？如足如手。誰無夫婦？如賓如友。生也何恩？殺之何咎？其存其歿，家莫聞知。人或有言，將信將疑。悁悁心目，寤寐見之。布奠傾觴，哭望天涯。天地為愁，草木悽悲。弔祭不至，精魂何依？（譯：芸芸眾生，誰沒有父母？從小拉扯帶領抱著背著，唯恐他們夭折。誰沒有親如手足的兄弟？誰沒有相敬如賓友的妻子？他們活著受過什麼恩惠？又犯了什麼罪過而遭殺害？他們是生是死是存是亡？家中無從知道。即使聽到有人傳訊，也是半信半疑。整日憂愁鬱悶，夜間恍惚間夢見他們。不得已陳列祭品倒酒祭奠，望遠痛哭。天地為之憂愁，草木也為之悲傷。這樣的弔祭不能為死者在天之靈所感知，他們的精魂要歸依何方？

練習題

1.下列描述死亡之慘烈的敘述是：
(A)禾黍不穫君何食
(B)野死不葬烏可食
(C)水深激激，蒲葦冥冥
(D)願爲忠臣安可得

2.下列流露出詩人對陣亡戰士讚美的敘述是：
(A)戰城南，死郭北
(B)朝行出攻，莫不夜歸
(C)思子良臣，良臣誠可思
(D)梁築室，何以南？何以北？

3.下列有關本詩寫作手法與內容的說明，錯誤的是：
(A)「戰城南，死郭北」，互文見義，表示死亡慘烈的狀況
(B)「野死諒不葬，腐肉安能去子逃？」中透過比喻，顯現侵略者殘暴不仁
(C)「禾黍不穫君何食？願爲忠臣安可得？」中以激問，顯現戰爭對經濟造成莫大爲害
(D)「梟騎戰鬥死，駑馬徘徊鳴」中以「馬」喻人也喻精銳的兵士壯丁、物資器械也在戰爭中大量喪失，只餘老弱婦孺

大考演練

1.讀下文，合乎該段文字內容的選項是：
人口結構快速轉變的集體長壽現象，這是古人在過去的時空之中難以想像的挑戰。正視人類社會集體長壽的事實，重新修正社會面對老的架構，這是一門社會工程，也是人類永續發展的課題，而當活過「古來稀」的歲數成爲大多數人的必然時，社會角色應該如何調整與自處呢？生命追求的目標與方向應該爲何？已然成爲人生的新課題。（改寫自陳亮恭〈微霞與桑榆〉）
(A)長壽現象普遍，使社會整體發展及個人人生規劃面臨新問題
(B)及早健全家庭財務規劃，才足以確保長壽者的居家生活品質
(C)古人以爲長壽實屬天命，故回歸自然才是人類永續發展正軌
(D)面對高齡社會，世代能否融合將是檢視時代進步的重要指標
【108二技】

【跨領域觀看】：托爾斯泰《戰爭與和平》分析拿破崙侵俄之勝負

戰爭，是人類最原始最殘酷解決問題的方式，也是製造紛亂死亡、分崩離析慘劇的禍首，形成英雄、霸主、帝王的契機。它既是手段、目的，也是過程、結果。戰爭往往開始於一個合法性、正當性的理由，國族存亡與榮辱的口號，於是打著王朝爭霸、王位繼承、種族爭鬥、民族仇恨、宗教征伐、侵略與反侵略、殖民與反殖民、經濟貿易政治人權……各種名義的戰爭，在可歌可泣的歷史、且讚且歎的文學與今日全球議題中持續不斷地上演。

張彩玲《影響世界歷史的50場戰爭說明》一書中歸結：「從古代到現代，從國內到國外，每一場戰爭都是一個時代的濃縮。戰爭不僅是爲了爭而戰，戰爭的意義比它本身更重要、更耐人尋味。戰爭不僅是將士之間力量的較量，還是策劃者之間思想與智慧的較量。」

拿破崙在一連串戰爭勝利中成爲法國人的英雄，也以少勝多的成就被視爲世界軍事史上最優秀的軍事家之一。席捲歐洲建立法國主導地位之後，一八一二年他展開對俄國的侵略，結果因路途遙遠、糧食不濟、氣候嚴酷損失慘重。這被認爲是他由盛而衰轉折點的戰役，歷史課本的說法是法國慘敗，俄國勝利，但俄國大文豪托爾斯泰《戰爭與和平》卻提出不同的分析評論：

> 如果俄國人的目的是切斷和生擒拿破崙和元帥們，那麼，這個目的不僅沒有達到，而且爲達到這個目的的一切企圖，沒有哪一次不遭受可恥的破壞。那麼，法國人認爲，戰爭最後階段是法國人獲得了一連串的勝利是完全對的，而俄國歷史學家說，是俄國人獲得了勝利，這就完全錯了。
>
> 法國人從莫斯科撤退是拿破崙得到一連串的勝利，但這導致了他們徹底滅亡，俄國人的一連串失敗卻導致他們消滅了敵人，把法國人全部趕出國境。這個矛盾的根源在於，一八一二年戰爭最後階段的目的，是要切斷法國軍隊退路，活捉拿破崙及其元帥們和軍隊。

這一目的從來就不曾有過，而且也不可能有，因爲這樣的目的沒有任何意義，因爲拿破崙軍隊竭盡全力潰逃是俄國人所期望的事情；爲了消滅法國軍隊，要損失自己的軍隊。切斷拿破崙的軍隊毫無意義之外，這也是不可能做到的。最主要的，從古至今，沒有任何一次戰爭像一八一二年的戰爭所處的條件那麼可怕，俄國軍隊追擊法國人已經用盡了一切力量，以至於再多做一點事情，必將自取滅亡。

俄國軍隊的作用，就像驅趕跑動的畜牲的鞭子。經驗豐富的放牧人知道，對奔跑中的牲口最好是揚鞭嚇唬牠，而不是迎頭抽打牠——

俄國拉長陣線的策略導致農田荒蕪、村舍燒毀、百姓喪亡，一如這首詩所描述：「出門無所見，白骨蔽平原。」西方列強的打擊下，法國屈服，交出皇帝拿破崙，他被英國軟禁在西非聖赫勒拿島，擁抱那比性命更重要的榮譽拒絕逃亡，最後死於毒害。

有誰是戰爭的勝利者？有誰能永遠勝利？這些因戰爭而死的人要向誰申冤？那因戰爭而響亮的民族精神又何在？

一〇二、伯夷[1]列傳

漢 司馬遷 史記

或曰：「天道無親，常與善人。」[2]若伯夷、叔齊，可謂善人者非邪？積仁絜行[3]如此而餓死！且七十子之徒，仲尼獨薦顏淵爲好學。然回也屢空，糟糠不厭[4]，而卒蚤夭[5]。天之報施善人，其何如哉？盜蹠[6]日殺不辜，肝人之肉，暴戾恣睢[7]，聚黨數千人橫行天下，竟以壽終。是遵何德哉？此其尤大彰明較著者也。若至近世，操行不軌，專犯忌諱，而終身逸樂，富厚累世不絕。或擇地而蹈之，時然後出言，行不由徑[8]，非公正不發憤，而遇禍災者，不可勝數也。余甚惑焉，儻[9]所謂天道，是邪？非邪？

【注釋】

①伯夷：孤竹君的長子。相傳其父遺命要立弟弟叔齊為繼承人，叔齊讓位給伯夷，伯夷不受，叔齊也不願登位，先後都逃到周國。周武王伐紂，二人叩馬諫阻。及殷亡，恥食周粟，隱於首陽山，採薇而食，遂餓死。

②「天道無親，常與善人」：出自老子《道德經》第七十九章，意謂天理大道是沒有遠近親疏之分，而將美好的機遇賜予那些重德行善、符合天理的好人，並也永遠護佑善良賢惠、道德高尚之人。

③積仁絜行：積聚仁義，行為清廉謹慎而不苟且。絜，音ㄐㄧㄝˊ。

④糟糠不厭：形容生活極其困苦。糟糠，酒糟、糠皮等粗劣的食物。厭，滿足。

⑤卒蚤夭：過早死亡。卒，最後。蚤，通「早」。夭，少壯而死。

⑥盜蹠：大盜蹠。

⑦暴戾恣睢：形容兇狠殘暴，任意橫行。暴戾，剛暴狠戾。恣睢，暴橫放縱。

⑧行不由徑：走路不走捷徑。比喻行事光明正大，不投機取巧。

⑨儻：同「倘」，音ㄊㄤˇ，如果，倘若。

【翻譯】

有人說：「天道並不對誰特別偏愛，但通常是幫助善良人的。」像伯夷、叔齊，可以算得上是善良的人，難道不是嗎？他們行善積仁，修養品行，這樣的好人竟然餓死了！再說孔子的七十二位賢弟子，仲尼特別讚揚顏淵好學。但顏回常窮愁潦倒，連酒糟、穀糠一類的食物都吃不飽，最後竟然過早夭亡。認爲上天總是恩賜好人的觀點，該怎麼說呢？盜蹠常常傷害無辜的人，吃人心肝，兇暴殘忍，胡作非爲，聚集黨羽幾千人，橫行天下，後來竟終享天年長壽而終。這又是依據什麼準則？這些都是很典型而明顯的例子。若要說到近代，有些人品行不端，專門違法亂紀，反倒能終身安逸享樂，連子孫也保有豐厚的產業，富貴幾代不絕；有些謹慎的人，講究出處進退，該說話待到合適的時機才開口，連走路不走捷徑小路，不是爲了主持公正，就不表露憤懣，可是他們反倒遭遇災禍，這種情形多得簡直數也數不清。這眞使我感到迷惘不解，如果這就是所謂的天道，那麼這天道究竟合理還是不合理？

【知識要點】

● 故事背景：伯夷、叔齊對武王興兵討紂所抱持的態度是反對，理由爲：「父死不葬，爰及干戈，可謂孝乎？」「以臣弒君，可謂仁乎？」

伯夷、叔齊死前之詞曰：「以暴易暴兮，不知其非矣。」「神農、虞、夏忽焉沒兮，我安適歸矣？」說明他們嚮往神農、虞、夏之世，故爲尋不著如此太平盛世而怨，爲禮樂之邦之不存而怨！激於義憤而抱節餓死首陽山，作爲「道不同，不相爲謀」的宣告。

● 敘述脈絡：疑點：天道無親，常與善人？
古例：伯夷、叔齊積仁絜行而餓死；顏淵好學而蚤夭；盜蹠日殺不辜，竟以壽終。
今例：近世無德之人終身享樂，世代富厚、行不由徑之人遇禍災者，不可勝數。

● 論述後續：先秦原本就是人道不著、天道不彰的世界，司馬遷藉對天道質疑，其實是爲在結論中提出「從無所好」的決定，所支持的理由是孔子所言的三主張。其一是子曰「道不同，不相爲謀」，亦各從其志也。其二：「富貴如可求，雖執鞭之士，吾亦爲之。如不可求，從吾所好。」其三：「歲寒，然後知松柏之後凋。」司馬遷以此說明人的理想不是靠天道保證，而是因人道而實現，生命的安頓是靠內在自信自覺和道德自我的建立，不同的選擇將活出不同的生命人格。司馬遷爲天道崩壞的社會，找到努力的方向，也爲志士仁人找到弘揚人道、契接天道的永生之路。

● 歷代評論：《論語．公冶長》：「伯夷、叔齊不念舊惡，怨是用希。」
《論語．述而》：「（子貢）曰：『伯夷、叔齊何人也？』曰：『古之賢人也。』曰：『怨乎？』（伯夷、叔齊認爲武王之舉表面上是拯救天下蒼生，其實是『以暴易暴』，如此不孝不仁，實與商紂之暴行無異，然天下之大卻無賢君可投奔，人民宗周而不知其非，故子貢認爲二人心中必有怨。）（子）曰：『求仁而得仁，又何怨！』」

● 知識重點：

1. 司馬遷的發憤著書在排解憤懣的同時，更意圖重構文人士大夫的人生價值，最終實現「成一家之言」，將這篇文章冠《史記》列傳之首，自有其深意。有別於其他列傳以記事為主，末加太史公的評論，本文寫作方式名為傳紀，實則傳論。文中，除夾敘伯夷、叔齊的兄弟讓國、叩馬而諫、恥食周粟、采薇而食、作歌明志、餓死在首陽山等簡短事蹟，偏重於含蓄設問，以質疑反駁的例證不露鋒芒地提出尖銳問題，引發諸多感慨。
2. 本文透過伯夷、叔齊善行、好學的顏回，和暴戾兇殘的盜蹠對比、惡者安逸享樂，善者遭禍不絕、行事正義與違法犯禁之人三層對比，由古人實例到近世現象，從善德行到惡行惡狀相對照，以「天之報施善人，其何如哉？」曰「盜蹠……聚黨數千人橫行天下，竟以壽終。是遵何德哉？」兩個反問，對「天道無親，常與善人」正義法則提出懷疑，從而興起人當如何自處的思考。

3. 依天道則應善有善報，惡有惡報，但事實卻非如此，司馬遷為李陵辯誣而遭宮刑，憤慨控訴悲不可抑，在「儻所謂天道，是邪？非邪？」困惑中所發出對天道合理性的懷疑裡，蘊有深層的吶喊與不平！

4. 《史記．伯夷列傳》記叩馬諫武王時左右欲兵之：太公曰：「此義人也。」孔子則認為二人是仁者，其原因在：

a. 伯夷順親、不違父命，孝也，而叔齊恭其兄，弟也，孝弟乃仁之本，故二人足以稱之仁者。

b. 君王縱荒淫暴虐，臣子當諫不當反，因此二人責備武王不當以下犯上、以暴易暴，顯見他們執守「仁」之原則。

c. 二人隱居後，無法忍受武王「名不正，言不順」地取得王位方式，因而恥食周粟寧可餓死，完成生命中實行仁的最後階段。

練習題

1. 下列「」中的字義前後兩兩相異的是：
(A)「蚤」夭／「蚤」起
(B)糟糠不「厭」／貪得無「厭」
(C)積仁「絜」行／度長「絜」大
(D)日殺不「辜」／死有餘「辜」

2. 下列呈現天道與人事相違背的是：
(A)盜蹠，肝人之肉，暴戾恣睢
(B)仲尼獨薦顏淵爲好學，然回也屢空
(C)司馬遷著書究天人之際，通古今之變
(D)伯夷、叔齊以不仁不孝不義責武王之行

3. 下列何者與「天道無親，常與善人」的天道觀最接近的是：
(A)天視自我民視，天聽自我民聽
(B)天行有常，不爲堯存，不爲桀亡
(C)天生蒸民，有物有則，民之秉夷，好是懿德
(D)天生神物，聖人則之。天地變化，聖人效之

大考演練

1-2爲題組。閱讀下文，回答1-2題。

世人論司馬遷、班固，多以固爲勝，余以爲失。遷之著述，辭約而事舉，敘三千年事，唯五十萬言。班固敘二百年事，乃八十萬言，煩省不敵，固之不如遷一也。良史述事，善足以獎勸，惡足以監誡。人道之常，中流小事，亦無取焉，

而班皆書之，不如二也。毀貶晁錯，傷忠臣之道，不如三也。遷既造創，固又因循，難易益不同矣。又遷爲蘇秦、張儀、范雎、蔡澤作傳，逞詞流離，亦足以明其大才。故述辯士則辭藻華靡，敘實錄則隱核名檢，此所以稱遷良史也。（張輔〈名士優劣論〉）

1.依據上文的看法，《漢書》不如《史記》之處在於：

(A)取材雜蕪，有失精審
(B)抄撮眾說，有失創新
(C)隱惡揚善，有失客觀
(D)用詞典麗，有失質樸 【107指考】

2.上文述及「蘇秦、張儀、范雎、蔡澤」的用意，是爲了說明司馬遷撰作《史記》：

(A)能依所敘人物選用最合宜的筆法
(B)能發掘不被其他史家注意的史料
(C)善透過所敘人物寓其落拓之悲
(D)善學縱橫家言詞以充實史家才識 【107指考】

【跨領域觀看】：聽哲學怎麼說「道」

在中國哲學裡，天道是自然（道家），是人事倫理的法則（儒家），是生老病死無常的宿命（佛家）。司馬遷因伯夷、叔齊、顏淵等人的際遇，而感慨天道不庇善人。

德國哲學家康德在墓誌銘上寫著：「有兩件事，充滿我的心思，越常思索，越認眞深思，就永遠常新而更加希奇和敬畏：在我上面的星空，和在我內心的道德律。」康德哲學圍繞著：「我能知道什麼？我應該做什麼？我可以希望什麼？」的追問探思。他認爲一切善的事件皆源於「善的意志」，也就是考察動機（意志）是否善意，否則行爲便不可稱爲善，因此善便是天理，是一切價値的基礎。

此外，他主張道德是普遍有效的，它不只在偶然的條件下才有效，而是對一切理性者都是有效的。道德行爲必須出自義務，才有道德的價値，亦即自善意出發的道德律，排除個人之喜好，才具有絕對的善；若爲了獲得快樂或幸福而行動，這樣有所爲而爲者便不能稱之爲善。

如此看來，遵循具普遍性和必然性道德，無條件地以善的意志奉行，是自律意志形成的一種準則。這種爲道德而道德、爲義務爲義務的本身就是目的，也是結果。正如孔子所言：「（伯夷、叔齊）求仁而得仁，又何怨？」出自義務心的驅使與意志的自律所樹立的道德權威，樹立典範，讓後人敬之，尊之。

一〇三、別賦（節選）

南朝　江淹

黯然銷魂①者，唯別而已矣。況秦吳兮絕國②，復燕宋③兮千里。或春苔兮始生，乍秋風兮蹔起。是以行子腸斷，百感淒惻。風蕭蕭而異響，雲漫漫而奇色。舟凝滯于水濱，車逶遲④於山側，棹容與而詎前⑤，馬寒鳴而不息。掩金觴而誰禦⑥，橫玉柱而沾軾⑦。居人愁臥，怳⑧若有亡。日下壁而沉彩⑨，月上軒而飛光。見紅蘭之受露，望青楸⑩之離⑪霜。巡曾楹⑫而空掩，撫錦幕而虛涼。知離夢之躑躅⑬，意⑭別魂之飛揚。

【注釋】

① 黯然銷魂：心神沮喪好像失去了魂魄。

② 秦吳兮絕國：指秦在今陝西，吳國在今江蘇、浙江一帶，是相隔極遠的邦國。

③ 燕宋：古國名；燕國在今河北一帶，宋國在今河南一帶。

④ 逶遲：徐行的樣子，此指徘徊不行的樣子。逶，音ㄨㄟ。

⑤ 棹容與而詎前：船槳遲緩猶疑，怎能向前划動。棹，船槳，此指代船。容與，徘徊猶疑。詎，音ㄐㄩˋ，豈，何，表示反問的語氣。

⑥ 掩金觴而誰禦：蓋住金杯吧，誰能抵擋這愁苦而有心思喝酒。

⑦ 橫玉柱而沾軾：擱置琴瑟不彈，淚水沾溼了車前橫木。橫，橫持，擱置。玉柱，箏、瑟等樂器上玉質的繫弦柱，此借代為琴。軾，古代車子前面可供憑依的橫木。

⑧ 怳：音ㄏㄨㄤˇ，恍惚，喪神失意的樣子。

⑨ 沉彩：此指陽光西沉。

⑩ 楸：音ㄑㄧㄡ，植物名，落葉喬木，古人多植於道旁。

⑪ 離：即「罹」，遭受。

⑫ 曾楹：高高的樓房。曾，同「層」。楹，屋前的柱子，此指房屋。

⑬ 躑躅：音ㄓˊ ㄓㄨˊ，徘徊不前的樣子。

⑭ 意：同「臆」，料想。

【翻譯】

最使人心神沮喪失魂落魄的，莫過於別離。何況像秦國、吳國這些僻遠隔絕的國，更有燕國、宋國又相隔千里。有時離別在春天的苔痕剛剛滋生的時候，有時離別在秋風驀然吹起蕭瑟的時節。因此遊子悲傷得離腸寸斷，各種感觸淒涼悱惻。風蕭蕭發出與往常不同的聲音，無邊無際的雲變幻出奇異的顏色。小舟在水邊停滯不動，車在山道旁徘徊而不前。船槳遲緩猶疑，怎能向前划動，馬兒淒涼地嘶鳴不息。蓋住金杯吧，誰能抵擋這愁苦而有心思喝酒，擱置琴瑟不彈，淚水沾溼了車前橫木。居留家中的人懷著愁思入睡，恍然若有所失。陽光從牆上漸漸沉沒，月亮升起清輝灑滿了窗子。看到紅蘭含著秋天露水，也看見青楸瀰漫霜氣。巡行層層門楹空掩起房門，輕撫錦綢的帷帳清冷愁悵。想必遊子別離後夢中也徘徊不前，猜想別後的魂魄也在往故鄉飛蕩飄揚。

【知識要點】

● 敘述後續：江淹歷仕宋、齊、梁三朝，晚年養尊處優，才思漸退，「時人皆謂之才盡」（《梁書．江淹傳》），而有成語「江郎才盡」之說。

● 敘述脈絡：黯然銷魂者，唯別而已矣→風蕭蕭雲漫漫，舟凝滯馬寒鳴→居人愁臥，怳若有亡→離夢躑躅，別魂飛揚。

● 知識重點：

1. 江淹少即以文才成名，人們稱為「江郎」，此為其名篇。全文以「別」字為文眼，「黯然銷魂」概括別之神傷愁苦。作法上採環境烘托、情緒渲染、心理刻畫突顯離別之深情。並在文章之後（未節錄於此）敘述了遊子、富豪、俠客、戍人、道士、情侶的離別，反映出齊梁時代戰亂頻繁、社會動亂的側影。

2. 文分五部分：其一，以「淒涼」為全篇感情底層：「黯然銷魂者，唯別而已矣」是總綱。其二是「秦吳兮絕國，復燕宋兮千里」以空間之遠寫離別之遙闊、「春苔兮始生，乍秋風兮蹔起」以時間遞嬗寫離別之久，形塑「行子腸斷，百感淒惻」的沉重。其三透過風雲慘淡之環境、舟凝滯車逶遲之路途、掩金觴橫玉柱之別宴愁緒，寫行者依依不捨留戀難行的心思。其四寫獨守空閨者「居人愁臥，怳若有亡」，為加強形單影隻，不但藉「日下壁而沉彩，月上軒而飛光。

見紅蘭之受露，望青楸之離霜」之景渲染寫情，更以「巡曾楹而空掩，撫錦幕而虛涼」寫遊子離去，居人徘徊空蕩舊屋所感知的淒涼和落寞。其五，以想當然耳的口吻，總結遊子「離夢之躑躅」，居家者「別魂之飛揚」，徘徊傷神。

3. 南北朝盛行典麗的駢文，本文可見以四六為主的句式，以及二句一組的駢偶，形成整齊的對稱美與聲韻之美。辭采方面以色彩雕飾造成抒情之美，如「風蕭蕭而異響，雲漫漫而奇色」、「日下壁而沉彩，月上軒而飛光」等色彩流動的摹寫。「舟凝滯於水濱，車逶遲於山側」，寫出了冷雋蒼涼的情調。

練習題

1. 下列何者是遊子離別依依留戀的原因？
(A)況秦吳兮絕國，復燕宋兮千里
(B)日下壁而沉彩，月上軒而飛光
(C)見紅蘭之受露，望青楸之離霜
(D)巡曾楹而空掩，撫錦幕而虛涼

2. 下列有關本文寫作手法的說明，何者錯誤？
(A)透過時間、空間寫懷才不遇的憤恨之情
(B)運用融情與景的方式，寫蒼涼愁苦之情
(C)以別者、居者兩個角度，狀寫別離之淒涼情境
(D)假借風、雲、舟、馬、車凝滯逶遲，突顯淒惻沉重之情

3. 下列有關本文內容與結構的說明，何者正確？
(A)全文以「黯然」爲核心內容
(B)分述遊子與居人所承受的離別之苦
(C)寫作層次是先記事，再抒情後議論
(D)採正反對比、實虛相映方式寫生命的共相

大考演練

1-2爲題組。閱讀下文，回答1-2題。

達爾文在《人和動物的情緒表達》中指出：人類和較低等動物主要的情緒表達並非經由學習，而是來自天生或遺傳，越是相近的物種，情緒表達就越相似。例如許多動物在面對危險時會毛髮豎立，以使自己看來更威武、兇猛；人類的雞皮疙瘩其實正是汗毛豎立的輕微現象，也是哺乳類親戚表情的遺跡。

稍後的學者繼續探討此議題。多人主張情緒可分基本情緒和非基本情緒：前者如恐懼、快樂、驚訝、憤怒等，爲生物的基礎反應；後者是由基本情緒混合而成的高階情緒，如恐懼和驚訝會混合爲警覺，而恐懼和快樂則易混合爲罪惡感。高階情緒通常被認爲是認知的運作，比基本情緒更能顯

示出物種和個體間的差異。

　臉部表情、肢體動作和言行舉止都是情緒的表達方式，且有其展示規則。學者艾克曼表示：情緒的表達方式會受到學習和文化的影響而變弱、增強或以其他方式加以遮掩。「展示規則」界定了人可以在何時何地對何對象展示何種情緒，以及可以展示的方式和程度，這是社會化的一部分。

（改寫自約瑟夫．李竇《腦中有情》）

1.下列敘述，符合上文文意的選項是：

(A)達爾文認為人和較低等動物的情緒表達完全相同，但稍後的學者修正該主張

(B)達爾文認為人類雞皮疙瘩的反應，乃哺乳類動物面對危險時情緒表現的遺留

(C)人和動物擁有同樣的基本情緒，但動物的認知能力較弱，無法擁有高階情緒

(D)高階情緒來自認知與學習，高階情緒越多的人，說明其表達力和道德感越高

2.下列劃線人物的情緒表達方式基於「展示規則」而進行調整，以致其言行舉止呈現了前後差異的選項是：　【106學測】

(A)到了年關，掌櫃取下粉板說：「孔乙己還欠十九個錢呢！」到第二年端午，又說：「孔乙己還欠十九個錢呢！」

(B)轎夫擡進後堂，月香見了鍾離義，還只道萬福。張婆在旁道：「這就是老爺了，須下箇大禮。」月香只得磕頭

(C)范進因這一個嘴巴，卻也打暈了，昏倒於地。眾鄰居一齊上前，替他抹胸口，捶背心，舞了半日，漸漸喘息過來，眼睛明亮，不瘋了

(D)王戎七歲嘗與諸小兒遊，看道邊李樹多子折枝，諸兒競走取之，唯戎不動。人問之，答曰：「樹在道邊而多子，此必苦李。」取之信然

【跨領域觀看】：依附需求與分離焦慮

　人生中老、病、死的背後都隱藏著別，生活裡無時不刻不帶著別的狀態，與時間別、結束工作與業務、同事環境說別，學業告一段落與同窗、家人、熟悉的空間、朋友道別、斷捨物質之別……這種種放下與轉身離去的狀態牽扯著巨大的傷感無奈，遑論人際關係中，結束情人、婚姻的複雜情感。

因此江淹〈別賦〉裡，走向天涯的時間空間都蒙上濃厚的離情，即使是春光綺麗、秋霜迷濛，曾經編織幸福的魔法棒都成了惡魔的詛咒。離去的背影步履沉重，在家守候的眼眸寂寞，這是自兒童時便哭泣的「焦慮型依附」，與親近或黏附的人分離時，因爲恐懼自己被拋棄而焦慮得出現頭痛、腹痛、噁心、心慌、胸悶、做惡夢，甚至擔心他會無緣無故消失不見而提高警覺。

心理學家、精神病學家John Bowlby提出，這樣的模式影響未來對待戀情的態度，甚至長大後還會有社會適應障礙或人格發展異常的問題，如社交恐懼症與憂鬱症機率高，如不願獨處、如不願單獨外出、拒絕上學，只想和自己依賴黏附的人留在家裡。

貓、狗也會因爲分離產生焦慮，而持續吠叫、亂大小便、破壞傢俱、厭食……。你，聽見牠們因爲主人經常外出，搬家，冷落的心情嗎？

一〇四、與楊德祖①書

魏　曹植

昔尼父之文辭，與人通流；至於制《春秋》，游、夏之徒，乃不能措一辭。過此而言不病者，吾未之見也。蓋有南威②之容，乃可以論於淑媛③；有龍泉④之利，乃可以議於斷割。劉季緒⑤才不能逮於作者，而好詆訶⑥文章，掎摭⑦利病。昔田巴⑧毀五帝，罪三王，呰⑨五霸於稷下⑩，一旦而服千人，魯連⑪一說，使終身杜口。劉生之辯，未若田氏；今之仲連，求之不難，可無息乎？人各有好尚：蘭茝蓀蕙⑫之芳，眾人所好，而海畔有逐臭之夫；〈咸池〉、〈六莖〉⑬之發，眾人所共樂，而墨翟有非之之論：豈可同哉！

注釋

①楊德祖：楊脩，字德祖，謙恭才博，與曹植關係密切，後為曹操所殺。

②南威：即南之威，春秋晉國美女。

③淑媛：嫻雅貞靜的女子。媛，音ㄩㄢˋ。

④龍泉：即龍淵，古代寶劍名稱。唐人避高祖李淵名諱，改「淵」字為「泉」。

⑤劉季緒：即劉修，字季緒，劉表之子。

⑥詆訶：音ㄉㄧˇ ㄏㄜ，斥責，批評。

⑦掎摭：音ㄐㄧˇ ㄓˊ，摘取，此作批評。

⑧田巴：戰國時齊國的辯者。

⑨呰：音ㄗˇ，誹謗，詆毀。

⑩稷下：在今山東省臨淄縣北，為春秋時齊國都城臨淄的稷門。

⑪魯連：戰國時齊人魯仲連。喜替人排難解紛而不肯仕宦任職。後稱替人解紛排難的人為「魯仲連」。

⑫蘭茝蓀蕙：香草。茝，音ㄔㄞˇ，蓀，音ㄙㄨㄣ。

⑬咸池六莖：〈咸池〉，黃帝所作樂名。〈六莖〉，顓頊所作樂名。

【翻譯】

以前孔子談話所用文句，人們可以容易地和他交流，至於他編纂《春秋》的時候，連擅長文學的子游、子夏也不能改動一句話。除《春秋》以外而說文章沒有毛病的，我還沒看過。只有擁有像南威那樣的美貌，才有資格評論什麼是美女；具備龍泉那樣的鋒利，才可以議論如何切斷東西。劉季緒的文采比不上文章的作者，卻喜歡批評別人的文章，指摘人家的缺點。以前田巴在稷下誹謗五帝（黃帝、顓頊、帝嚳、堯、舜），蔑視三王（燧人、伏羲、神農），挑春秋五霸的毛病，一天就可以讓上千人折服，但是遭到魯仲連（戰國末期齊國學者）反駁，便終身閉口不再說話。劉季緒的辯才，還不如田巴，而且如今現在像魯仲連的人並不難找，一個普普通通的人怎可逞能？人各有所好：像蘭茝蓀蕙的香氣，眾人都喜歡，可是海邊卻有喜歡追逐臭味的人；〈咸池〉、〈六莖〉的樂曲演奏，是眾人都喜歡聽的，然而墨翟卻有指責音樂的議論，可見人的好惡愛憎，不能一概而論。

【知識要點】

● 故事背景：東漢獻帝建安二十二年（西元二一七年），曹植為臨淄侯，正當意氣風發時，品評當代文章，抒寫生平抱負，表達對文學價值與批評的想法。

● 敘述脈絡：孔子所作《春秋》，無人可評，除此而言不病者，吾未之見也→評論者必須具相當能力才能論斷（正）→劉季緒才不如人，卻好批評指責（反）→人各有好尚，豈可同哉！

● 歷代評論：南朝宋著名詩人謝靈運稱曹植才高八斗：「天下才共一石，曹子建（植）獨占八斗，我得一斗，天下共分一斗。」《詩品》的作者鍾嶸亦讚曹植：「骨氣奇高，詞彩華茂，情兼雅怨，體被文質，粲溢今古，卓爾不群。」王士禛嘗論漢魏以來二千年間詩家堪稱「仙才」者，曹植、李白、蘇軾三人。

知識重點：

1. 這是一篇極有價值的文學批評文章，提出批評者的條件：必須具有高度的文學修養，足夠的鑑賞力，也就是好的文批家必須就是優秀的創作者，才能看出端倪，適切評論。
2. 曹植在眾多古代典籍中獨獨推崇孔子的《春秋》，似乎隱含勸告世人，若無聖人博大精深的思想，就不要輕易褒貶別人，否則如劉季緒的狂妄和無知，春秋時期的田巴盛氣凌人，只會徒留笑柄。再者，人們的愛好是各不相同，不能憑自己的好惡妄論別人的文章，顯現文學批評之難，與曹丕《典論．論文》所提「審己以度人」的觀點可相互為證。
3. 全文駢散兼行，富於文采，充滿昂揚飛動的氣勢。雖是論說批評之理，卻不以生硬的闡發表現，而是透過「蓋有南威之容，乃可以論於淑媛；有龍泉之利，乃可以議於斷割」雅致地用典，提出觀點，另方面舉田巴「一旦而服千人」與「魯連一說，使終身杜口」之對比高手出招便見不凡，藉以指責「劉季緒才不能逮於作者，而好詆訶文章，掎摭利病」之弊，既符合書信之自在隨性，又顯現曹植辭采華茂的才氣。

練習題

1. 根據「蓋有南威之容，乃可以論其淑媛；有龍淵之利，乃可以議其斷割」，推想文學批評者的必要條件是：
(A)高度的文學修養
(B)卓越的才能德行
(C)良好的家世第位
(D)高貴的血統品味
2. 作者敘述「昔尼父之文辭，與人通流；至於制《春秋》，游、夏之徒，乃不能措一辭」的目的是：
(A)學生不能批評老師的作品
(B)創作能力是無法傳授的
(C)不朽的經典是人人皆必讀者
(D)世上少完美無缺之作
3. 下列有關本文寫作手法與內容的敘述，正確的是：
(A)以「劉季緒才不能逮於作者，而好詆訶文章」為反例，說明擁有創作經驗，才能客觀評論他人之文
(B)「昔田巴毀五帝，罪三王，呰五霸於稷下，一旦而服千人，魯連一說，使終身杜口」以比襯方式，突顯行家出手，便

見不凡

(C)「人各有好尚：蘭茝蓀蕙之芳，眾人所好，而海畔有逐臭之夫」，以對比表現眾人對事物的喜好有相同之處

(D)「〈咸池〉、〈六莖〉之發，眾人所共樂，而墨翟有非之之論」，引用典故，批評墨子不懂藝術，無法評論

大考演練

1. 閱讀下文，選出敘述正確的選項：

不要以為「風格」或「味道」是小事，風格或味道可以說是一種綜合的價值觀念，這種綜合的價值觀念，既不能學，又無處學，而是長時間的空氣培養出來的。大家都知道諾貝爾獎的物理獎第一個得主是倫琴。就是發明X光的那個倫琴。他得獎的論文我從來未讀過，但讚美他這篇文章的人，我卻看過不少。都說他風格迥異，耐人尋味。現在的人寫科學論文，如果像報告他這種重大的發現，一定是如下的次序：先說出一大套理論，繼之以實驗數據，然後是果然成功。也許把自己的名字名為這種射線，立時申請專利；改行開設公司，大賺其錢了事。倫琴並沒有這樣做。他只老老實實地，像說故事似地說明經過，說有一天他把鑰匙忘在抽屜裡等。論文簡單到了家也老實到了家。《倫琴傳》中曾讚不絕口地敘述他人格的完美。科學論文的作風與人格問題距離好像太遠了，但我們不能不說他的風格清高，可是這種清高的風格卻不是一時高興，而是長時間才能培養得出來。

（改寫自陳之藩《一星如月．談風格》）

(A)「風格」不限於文學作品，科學家所寫的論文亦能顯現「風格」

(B)倫琴獲得諾貝爾物理獎的論文別出心裁，以說故事代替建立理論

(C)作者透過倫琴的科學著述和生活雜筆，深刻感受到倫琴「文如其人」

(D)作者認為優秀的科學論文應有理論、實驗數據，具體成果也該申請專利

(E)部分科學家急於表彰個人發明貢獻並尋求獲利途徑，或因缺乏清高風格

【104指考】

2-3為題組。閱讀下文，回答2-3題。

家常話固然親切，聽多了卻讓人生膩。詩人正是意識到這點，因而對習慣的語言形式進行改造。首先是省略，副詞、介詞等在詩中消失，使詩句的結構關係變得鬆散；其次是錯綜，使詩句中的詞彙可以相互易位。詞語的省略與錯綜改變了人們的閱讀習慣，原來直線呈現的詩境轉變為平行疊加，而疊加、組合的方式，全可憑讀者的審美經驗。例如杜甫的「細草微風岸，危檣獨夜舟」，詩人的所思所見，也許是「微風（吹動）岸（上）細草，舟（上的）危檣（在）夜

（中）獨（自矗立）」，或者是「微風（吹動著）細草（之）岸，獨（立）夜（中的）危檣（之）舟」，或者是「岸（上的）細草（在）微風（中擺動），舟（上的）危檣（在）夜（中）獨（立）」。它們省略了「的、在、上、中、吹動、矗立……」，詩境於是「還原」爲物象平列雜陳的視覺印象，並由此產生理解的歧義，爲讀者留下想像的「空白」。然而，倒也不用擔心讀者誤解詩的意脈，歐陽脩《六一詩話》引梅聖俞評「雞鳴茅店月，人迹板橋霜」云：「作者得於心，覽者會以意，殆難指陳以言也。」既然能「會以意」，就不至於誤解；縱然誤解，也是在那幅既定的視境中誤解；視境既有範圍，意義也就有所限制。那麼，能在這個範圍中多出若干理解與體會，恰恰是詩歌所追求的藝術效果。

（改寫自葛兆光《漢字的魔方》）

2.上文引用杜甫詩的目的，主要是爲了說明：

(A)省略和錯綜的靈活運用，使杜詩能別樹一幟
(B)杜詩長於經營視覺意象，豐富讀者審美經驗
(C)儘管讀者嘗試多種想像，仍難理解詩人原意
(D)詩人刻意改造語言形式，提供詩境疊加空間 【105指考】

3.依據上文，詩歌語言的省略與錯綜，對讀者的主要影響是：

(A)透過簡易直白的文句，感悟詩人的情懷
(B)在平列錯雜的詩境中，觸發不同的理解
(C)替換作品原有的視境，開啓無窮的想像
(D)限制閱讀歧義的蔓衍，掌握明確的意脈 【105指考】

【跨領域觀看】：繽紛的文學批評理論與影響

曹丕《典論．論文》揭示「審己度人」的批評態度、「文非一體，鮮能備善」的事實、「奏議宜雅，書論宜理，銘誄尚實，詩賦欲麗」的文體標準，更將文學價值提高至「經國之大業，不朽之盛事」。

這篇文章不但開啓魏晉南北朝的文學自覺時代、文學批評之風，如《文心雕龍》、《詩品》，也影響「文學」抽離傳統的傳統學術，「以情緯文」漸成爲文學的主體，記事性、藝術表現形式被重視，導致追求唯美主義、形式主義的駢文產生。

中國傳統意義的批評近乎「批點評議」，及眉批，總評；其形式有閒談式的詩話、詞話，另爲在詩文、小說行間或書眉上的評點。毛宗崗不僅評點《三國演義》，還修訂改寫、整理回目、削除論贊、增刪瑣事，形成了今日流行的一百二十回本。

正如曹植所言：「有南威之容，乃可以論於淑媛；有龍泉之利，乃可以議於斷割。」作爲批評者必須對文學藝術的美有相當高度理念和眼光，才能提出精準而啓迪後人的觀點。毛宗崗針對歷史小說提出的論點是，歷史小說涉及尊重歷史事實，但只要小說創作家善於觀察體會，且從生活中吸取營養，再把它應用到創作實踐上，就能寫出結構完整統一、井然有序，人物形象鮮明和情節逼眞的藝術作品，這重視小說藝術結構的理論深深影響後世小說創作。

五四以後文學批評分爲鑑賞（包含專業語文知識，如聲音訓詁，以及剖析微言大義）與批評兩類。如《紅樓夢》有脂硯齋評點、蔡元培索隱派、胡適歷史考據派和王國維以哲學和美學雙重理論基礎的文學批評體系。這些文學批評的切點不但開出不同角度的觀看方式，也蔚爲蓬勃的紅學研究。

西方文學批評常以理論爲基礎，嚴謹的方法爲輔，或結合社會批判，使批評成爲有系統、有方法的知識，其中的細讀文本的訓練讓文學超越個人品味的閱讀，而晉升爲學術研究。

每個時代的社會風氣、政治發展都會影響文學藝術創作的狀態，也會帶動文學批評的視野。沙特一九四七年在〈何謂文學？〉把文學定義爲必須介入社會，成爲當時法國文學界著名的主張。泰勒．伊格頓的名句是「一切文學批評都是政治的批評」，認爲：「文學理論一直不可分割地與政治信仰和思想價值有著密切的關係。文學理論並不是一種依靠自身的理性探究的對象，而是用來觀察我們時代歷史的一種特殊觀點。」這說明文學評論除卻深入文學本身，更是觀察時代的一種方式。

隨著形式主義、結構主義、後殖民理論、女性主義……紛至沓來的思潮捲動人們對文學表現與評論的觀點，正如曹植提及「人各有好尚：蘭茝蓀蕙之芳，眾人所好，而海畔有逐臭之夫」這些好惡迥異，角度各殊的理論述折射出作品肌理間豐富而細膩的層次。無論是帶著主觀與理論的建構，還是隨時代風潮捲起的新的角度與思考；不管批評者是再創者，還是誤讀者，都讓作品的生命因爲不斷論述、談說而賦予時代意義和生命。

一〇五、滕王閣①序

唐代 王勃

嗟乎！時運不齊，命途多舛。馮唐易老②，李廣難封③。屈賈誼於長沙④，非無聖主；竄梁鴻⑤於海曲，豈乏明時？所賴君子安貧，達人知命⑥。老當益壯⑦，寧移白首之心；窮且益堅，不墜青雲之志⑧。酌貪泉而覺爽⑨，處涸轍⑩而猶懽。北海雖賒⑪，扶搖可接；東隅已逝⑫，桑榆非晚。孟嘗⑬高潔，空懷報國之情；阮籍⑭猖狂，豈效窮途之哭？

【注釋】

①滕王閣：位於江西南昌西北。貞觀十三年（西元六三九年），唐太宗李世民之弟李元嬰受封為滕王，任洪州都督時所建。

②馮唐易老：馮唐在漢文帝、漢景帝時不被重用，漢武帝時被舉薦，已是九十多歲。

③李廣難封：李廣，漢武帝時名將，多次與匈奴作戰，軍功卓著，卻始終未獲封爵。

④屈賈誼於長沙：賈誼在漢文帝時被貶為長沙王太傅。

⑤梁鴻：東漢文學家，作〈五噫歌〉諷刺朝廷，得罪漢章帝，避居齊魯。

⑥達人知命：通達事理的人安於自己的處境，順應命運的安排。

⑦老當益壯：指年紀雖大而志氣更加豪壯。語出《後漢書．馬援傳》：「大丈夫為志，窮當益堅，老當益壯。」

⑧不墜青雲之志：不捨棄宏圖大志。墜，墜落，引申為「放棄」。青雲之志，遠大的志向。

⑨酌貪泉而覺爽：喝下貪泉之水，操守反而更加堅定。貪泉，在廣州附近的石門，傳說飲此水會貪得無厭。

⑩涸轍：乾涸的車轍，比喻處境困厄。語出《莊子．外物》。

⑪北海雖賒，扶搖可接：旋風盤旋而上。語出《莊子．逍遙遊》。賒，遠。扶搖，強風自下而上。接，靠近，到達。

⑫東隅已逝，桑榆非晚：年輕的時光消逝，如果珍惜時光，發憤圖強，老年並不晚。東隅，日出處，表示早晨，引申為「早年」。桑榆，日落處，表示傍晚，引申為「晚年」。

⑬孟嘗：以廉潔奉公著稱，後因病隱居。東漢桓帝時，雖有人屢次薦舉，但都不被重用。

⑭阮籍：晉代名士。不滿世事，飲酒佯裝狂放，以免被害；常駕車出遊，路不通時就痛哭而返。

翻譯

唉！時運不同，命運艱險。馮唐歷朝二代不被重用而衰老，李廣有功卻難能封侯。委屈賈誼遭貶謫至長沙，並不是因爲沒有聖明的漢文帝；梁鴻逃匿到齊魯海濱隱居，難道不是在政治昌明的漢章帝時代嗎？所幸君子安於貧賤，通達事理的人能順應命運。年紀雖然大了但志氣更旺盛，怎能在白髮蒼蒼時改變心志？處境艱難時節操應該更加堅定，絕不能拋棄當初的凌雲壯志。即便喝了貪泉的水心境依然清爽廉潔，即便身處窮厄的境遇仍舊開朗愉快。北海雖然十分遙遠，乘著旋風還是能夠達到；少年的時光雖然已經消逝，但珍惜未來的歲月仍爲時不晚。孟嘗品行高潔，徒然懷抱滿腔報國的熱情；阮籍爲人放縱不羈，我們怎能學他在無路可走時，便因窮途而哭泣！

知識要點

● 故事背景：

1. 原題〈秋日登洪府滕王閣餞別序〉，文後有四韻八句之詩是王勃在探望父親的路途中，參加了一場聚結東南地區英才的盛會所作。
2. 上元二年（西元六七五年），洪州閻都督重修滕王閣，大宴賓客，本想讓其婿孟學士作序以彰其名，不料在席上王勃提筆立就「落霞與孤鶩齊飛，秋水共長天一色」之句（晚霞與孤雁一起飛翔，秋水和天際連成一片），令閻公大驚道：「此眞天才，當垂不朽矣！」這篇文章遂成爲古今傳誦的駢文名篇。

● 敘述脈絡：

論點：老當益壯，窮且益堅，不移白首之心，不墜青雲之志。

論證：時運不齊，命途多舛。非無聖主，豈乏明時？北海雖賒，扶搖可接；東隅已逝，桑榆非晚。

論據：孟嘗、馮唐、李廣、賈誼、梁鴻、阮籍。

● 故事後續：在此後的途中，王勃渡海溺水，受驚而逝，年約二十六歲。

● 知識重點：

1. 王勃，是初唐四傑之一（其餘三位是楊炯、駱賓王、盧照鄰）。被天下視為神童的王勃寫文章前往往先磨墨數升，然後暢飲酒酣，引被覆面臥，待酒醒時「援筆成篇，不易一字」，時人謂之「腹稿」。

2. 南北朝是駢儷文的全盛時期。駢文因通篇四、六字句，而稱「四六文」。其特點為講求對仗、多用典故、藻飾華麗，本文可印證之。

3. 整段文字的中心點是「際遇」，人生無常，盛衰有時。懷才不遇、報國無路是當時王勃的心境，也是他因才華洋溢、作風不羈，而被時人視為露才揚己、恃才傲物，以致不容的處境。

4. 文章分三層次：首先提出「時運不濟，命運多舛」，如馮唐、李廣、賈誼、梁鴻，但作者雖感歎之，卻不因此陷落憤怨無奈，而以「窮且亦堅，不墜青雲之志」反擊宿命論者。如果馮唐易老、李廣難封是不遇，那麼賈誼、梁鴻是遇，但同樣屈志難伸，由此得出的結論是「見機」、「知命」。其次，從不甘於順應天命，不願陷於懷才不遇為當世所用的自怨自歎，提出積極的人生觀，認為人生任何處境都可以自適。「酌貪泉而覺爽，處涸轍以猶歡」，任何階段都可以有所作為，因為「北海雖賒，扶搖可接；東隅已逝，桑榆非晚」。第三層次是「老當益壯，寧移白首之心？窮且益堅，不墜青雲之志」，強調不因一時困厄而灰心喪志，任何逆境中只要盡己所能都有可為，因此他反對逃避的孟嘗、頹廢的阮籍，主張無論處境如何，都不能因此移心墜志。

5. 整段文字幾乎處處是典故，但作者不明引，而是轉化成自己的語言，可見其文才橫溢。再者，所列舉者皆是具堅持原則、清高節操、懷抱理想、奮力救世的典型人物，透露出作者自命不凡的信心與志趣。

練習題

1. 依據文意，選出敘述正確的選項：
(A)「馮唐易老，李廣難封」，藉以自勉志節不變，壯懷不移
(B)「涸轍」之典故，寫出王勃報國無門處境困頓之境
(C)「北海雖賒，扶搖可接」是期待貴人相助
(D)「東隅已逝，桑榆非晚」表示心志因為困厄而彌堅

2. 下列化用典故，期勉「失意者不要因年華易逝、處境困頓而自暴自棄」的是：
(A)馮唐易老，李廣難封
(B)屈賈誼於長沙，竄梁鴻於海曲
(C)北海雖賒，扶搖可接；東隅已逝，桑榆非晚
(D)老當益壯，寧移白首之心？窮且益堅，不墜青雲之志

3. 試推想「孟嘗高潔，空餘報國之情；阮籍猖狂，豈效窮途

之哭」這句話背後，作者所寄託的意思是：

(A)鉛刀貴一割，夢想騁良圖
(B)小舟從此逝，江海寄餘生
(C)飄飄何所似，天地一沙鷗
(D)人生得意須盡歡，莫使金樽空對月

大考演練

1.下列詩句中，藉由江水表達「物是人非」之慨歎的是：
(A)移舟泊煙渚，日暮客愁新。野曠天低樹，江清月近人
(B)餘霞散成綺，澄江靜如練。喧鳥覆春洲，雜英滿芳甸
(C)閒雲潭影日悠悠，物換星移幾度秋。閣中帝子今何在，檻外長江空自流
(D)曲終收撥當心畫，四弦一聲如裂帛。東船西舫悄無言，唯見江心秋月白
(E)青春衣繡共稱宜，白首垂絲恨不遺。江上幾回今夜月，鏡中無復少年時 【101指考】

2-3為題組。閱讀下文，回答第2-3題。

甲、龍鍾一老翁，徐步謁禪宮。欲問義心義，＿＿＿＿，山河天眼裡，世界法身中。莫怪銷炎熱，能生大地風。

乙、掛流三百丈，噴壑數十里。欻如飛電來，隱若白虹起。初驚河漢落，半灑雲天裡。仰觀勢轉雄，壯哉造化功。海風吹不斷，＿＿＿＿。

丙、蓬生非無根，漂蕩隨高風。天寒落萬里，不復歸本叢。客子念故宅，＿＿＿＿。悵望但烽火，戎車滿關東。生涯能幾何，常在羈旅中。

2.依據詩的內容與情境，三詩內最適合填入的句子依序為何？
(A)遙知空病空／江月照還空／三年門巷空
(B)遙知空病空／三年門巷空／江月照還空
(C)江月照還空／三年門巷空／遙知空病空
(D)江月照還空／遙知空病空／三年門巷空 【105統測】

3.若三詩各自反映作者的生活經歷與寫作風格，則它們最有可能是唐代何人的作品？
(A)甲：王維；乙：李白；丙：杜甫
(B)甲：王維；乙：杜甫；丙：李白
(C)甲：李白；乙：王維；丙：杜甫
(D)甲：李白；乙：杜甫；丙：王維 【105統測】

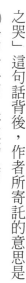

【跨領域觀看】：滕王閣因人而名，王勃因樓而在

滕王閣是滕王李元嬰任洪州都督時所建，址在今江西南昌贛江邊。李元嬰是唐高祖李淵幼子，唐太宗李世民的弟弟，雖毫無政績可言，但富有藝術才情，精通歌舞，善畫蝴蝶，爲了歌舞享樂修建滕王閣。這座樓無論俯視江水或遠望山景，視野開闊，聚合盛唐文人名士雅會，一時之間詩文佳話盡在席間。滕王藉以文會友彰顯皇家器識，原本安插女婿出場，豈料不知天高地厚的王勃路過，拿起筆來準備書寫，滕王憤然離席，聽到「南昌故郡，洪都新府」之句，心想不過是老生常談；接下來的「臺隍枕夷夏之交，賓主盡東南之美」，讓他沉吟不言，及至「落霞與孤鶩齊飛，秋水共長天一色」一句，乃大驚邀約盡歡。

這或許是王勃此生最精彩動人的時刻。

作爲隋煬帝時經學大儒王通的孫子、詩人王績的侄孫，王勃自小被視爲神童，九歲讀顏氏漢書，十歲通六經，十六歲科試及第。集名門家世與才情學問的他心懷豪情，主張文學當追求實用價值，認爲：「君子以立言見志。遺雅背訓，孟子不爲；勸百諷一，揚雄所恥。苟非可以甄明大義，矯正末流，俗化資以興衰，家國由其輕重，古人未嘗留心也。」（〈上吏部裴侍郎啓〉）影響初唐文壇風氣由魏晉南北朝的綺麗轉變爲社會關懷。

恃才傲物的王勃就像被上天寵壞的孩子，只看見自己的光芒，肆意地飛揚才情，得罪人而毫不爲意，被撤職後在巴蜀流浪三年。才剛當職又因私匿罪奴被告發，連累父親被貶官交趾（今越南北部）縣令，二十五歲卻像過了一生一世的坎坷。就是在這樣的一年，王勃在前往交趾省親的路上，在眾人歡宴的場合，他提起飽含墨色的筆，劈頭寫的竟是：「嗟乎！時運不齊，命途多舛。」眼裡看見的歷史上不幸之人，內心讀到的是：「關山難越，誰悲失路之人；萍水相逢，儘是他鄉之客。」

這是自己，是千古才子命運；句句是爲不平而鳴，聲聲爲憤恨而寫。這豈是貴爲皇族的滕王所能瞭解？哪裡是在座賓客攀權富貴之人所能明白？

王勃必然無法料到自己的未來，卻神準地占卜出這座樓閣的未來：「滕王高閣臨江渚，佩玉鳴鸞罷歌舞。畫棟朝飛南浦雲，珠簾暮捲西山雨。閒雲潭影日悠悠，物換星移幾度秋。閣中帝子今何在，檻外長江空自流。」

他竟聰明地在人聚樓燦的當下，看見了人去樓空的無常：滕王的高閣矗立在江邊，鳴鸞佩玉的盛會如今已經停止了歌舞。美麗的雕樑畫棟在晨光之中就像飛往南浦的彩雲，薄暮時收起珠簾彷彿捲著西山的細雨。天上的閒雲映印在碧澄的潭水裡白日悠悠自在，時序流轉不知度過幾個春秋？滕王閣中的王子如今到哪裡去了呢？只見那檻外的江水空自滾滾地長流。

文學史上是這樣敘述：次年（上元三年）秋王勃從交趾返回廣州，渡海溺水而死，一說溺水被救起，不久驚嚇而死，年僅二十六歲。民間記述：「許多從事漁業、航海者悼念王勃，尊稱他爲水仙王，供奉於船上。」

寫下「閣中帝子今何在，檻外長江空自流」的王勃，無法預知自己會比任何人早夭，不過即使滕王閣也無法長存。宋、元、明、清，滕王閣屢毀屢建，先後修葺達二十八次之多，現在的滕王閣是按照梁思成繪製的《重建滕王閣計畫草圖》重建，於一九八九年建成。

王勃沒料到的還有，一生不遇，英年早逝，偶然寫下的「落霞與孤鶩齊飛，秋水共長天一色」，竟是這建築之所以在歷代不斷重建的原因。如今這句詩高高掛在主樓入口處，迎接每個來此感受這段故事與生命的心情。

一〇六、藍田縣①丞廳壁記

唐　韓愈

丞之職，所以貳令②，於一邑無所不當問。其下主簿、尉③，主簿、尉乃有分職。丞位高而偪④，例以嫌不可否事⑤。文書行⑥，吏抱成案⑦詣丞，卷其前，鉗⑧以左手，右手摘紙尾，雁鶩行⑨以進，平立⑩，睨⑪丞曰：「當署。」丞涉筆占位，署惟謹，目吏問可不可。吏曰：「得。」則退；不敢略省，漫⑫不知何事。官雖尊，力勢反出主簿、尉下。諺數慢⑬，必曰丞，至以相訾謷⑭。丞之設，豈端使然哉！

博陵崔斯立⑮，種學績文⑯，以蓄其有，泓涵演迤⑰，日大以肆。貞元初，挾其能，戰藝⑱於京師，再進再屈千人。元和初，以前大理評事言得失黜官，再轉⑲而爲丞茲邑。始至，喟曰：「官無卑，顧材不足塞職⑳。」既噤㉑不得施用，又喟曰：「丞哉！丞哉！余不負丞而丞負余！」則盡枿去牙角㉒，一躡故跡，破崖岸㉓而爲之。

丞廳故有記，壞漏汙不可讀。斯立易桷㉔與瓦，墁㉕治壁，悉書前任人名氏。庭有老槐四行，南牆鉅竹千梃㉖，儼立㉗若相持；水㶁㶁循除鳴㉘，斯立痛掃溉，對樹二松，日哦其間。有問者，輒對曰：「余方有公事，子姑去。」考功郎中知制誥㉙韓愈記。

注釋

①藍田縣：今陝西西安。

②貳令：輔佐縣令。貳：副貳，此處作動詞用，輔佐。令，縣令。唐代制度，京都旁的各縣稱為畿縣（藍田即為畿縣），置令一人，丞一人。

③主簿、尉：主簿負諸司總、尉主地方治安。

④偪：音ㄅㄧ，侵迫。

⑤不可否事：對公事不表示意見。

⑥文書行：在傳布公文的時候。行，傳布。

⑦成案：已成的案卷。公文由主管各司擬稿，經縣令最後判行，成為定案。

⑧鉗：音ㄑㄧㄢˊ，用手指夾住。

⑨雁鶩行：形容走路的姿態像鵝和鴨那樣搖搖擺擺，此處描寫吏對丞的輕蔑態度。

⑩平立：站著。

⑪睨：音ㄋㄧˋ，斜視。

⑫漫：茫然的樣子。

⑬慢：散慢，閒散，多餘的官。

⑭訾謷：音ㄗˇ ㄠˊ，詆毀。

⑮博陵崔斯立：博陵：河北定縣。崔斯立，名立之，字斯立，能詩，有逸句，與韓愈唱和。

⑯種學績文：以耕田織布為比喻，說崔斯立勤學苦練，學有根柢。績，音ㄐㄧ，緝麻。

⑰泓涵演迤：包蘊宏深，境界廣闊。迤，音ㄧˊ，彎曲迴旋的樣子。「泓涵」、「大」指的是學識。「演迤」、「肆」則指文章。

⑱戰藝：以文藝與人較量，此指應試。

⑲再轉：經過兩次遷謫。丞，用作動詞。

⑳塞職：稱職。

㉑噤：閉口不言。

㉒枿去牙角：去掉牙和角。枿，同「蘗」，絕。牙角，喻人正直不阿，敢說敢做。

㉓崖岸：形容人個性孤傲，嚴竣不易親近。

㉔桷：音ㄐㄩㄝˊ，方形的屋椽。

㉕墁：音ㄇㄢˋ，塗刷牆壁的工具，這裡作動詞用。

㉖梃：音ㄊㄧㄥˇ，量詞，古代計算竿狀物的單位。

㉗儼立：昂首挺立。

㉘水虢虢循除鳴：水聲汩汩繞庭階而鳴。虢，音ㄍㄨㄛˊ，水聲。除，庭階。

㉙考功郎中知制誥：官名，屬吏部，考功郎中掌內外文武官吏之考課，知制誥，負責起草皇帝行下的詔敕策命。

翻譯

縣丞的職責是用以輔佐縣令，對於一縣的政事沒有什麼不應過問。其下是主簿、尉，主簿和尉才各有專職。丞的地位高於主薄、尉，逼近縣令，照例爲了避嫌疑而對公事不加可否。在公文發出之前，小吏懷抱已擬妥的案卷公文到丞那去，捲起前面的內容，用左手夾住，右手摘出紙尾簽名處，像鵝和鴨那樣搖搖擺擺地進來，直立斜視，對丞說：「您要簽名。」丞拿筆望著應由自己署名的位置，謹愼地簽上名字。擡頭望著小吏，問這樣可以嗎。小吏說：「可以。」然後退下。縣丞不敢稍稍瞭解一下公文的內容，茫然不知道是什麼事情。官位雖較高，實權和勢力反而在主簿、尉之下。民間諺語列舉閒散多餘的官職，一定說到縣丞，甚至把縣丞當作相互謾罵的話。設立縣丞一職，難道本意就是如此嗎？

博陵人崔斯立，勤學苦練，以積累學問，他的學問包容宏深境界廣闊，每天都有長進。貞元初年，他懷藏本領，在京城與人較量文藝，兩次得中，能力折服千人。元和初年，他任大理評事，因爲上疏論朝政得失而被貶官，經過兩次遷謫，來到這裡做丞。剛到時，他歎息說：「官無大小，只怕自己的能力不能稱職。」在只能閉口無言無所作爲的現實情況中，他又感慨地說：「丞啊，丞啊，我沒有對不起丞，丞卻對不起我！」於是完全抹去個性上的鋒芒棱角，一概按照舊例，平平庸庸地去做這丞。

縣丞的辦公處原本就刻有一篇壁記，因房屋損壞漏水而遭汙損，已無法閱讀。崔斯立換了新的屋椽瓦片，粉刷牆壁，並將前任縣丞的名氏全部寫上。庭院裡有老槐四行，南牆有大竹千株，昂首挺立好像相互較量，不相上下，水聲汩汩繞庭階而鳴，崔斯立把廳屋裡外打掃乾淨，種了兩棵相對的松樹，每日在庭中吟詩。有人問他，他就回答說：「我正有公事，您暫請離開這裡。」考功郎中知制誥韓愈記。

知識要點

● 故事背景：崔斯立於憲宗元和十年（西元八一五年）任藍田縣丞，當時四十八歲的韓愈任考功郎中兼知制誥。一向愛才且堅持不平則鳴的韓愈，見到好友如此委屈、落寞而逐漸消沉，除寫〈贈崔立之評事〉一詩，並藉題發揮，對朝廷埋沒人才與俗世的弊習，提出嚴厲的指控，也為己身之命運悲歎。

自唐朝以後，朝廷各官署的辦公處所，常常有「壁記」，敘述官署的創置、官秩的確定以及官員的遷授始末等，刻在壁間，後來地方官署也起而效法。寫壁記的目的在於使後任瞭解自己的職責和前任的情況，一般都寫得比較平實詳細。韓愈的這篇壁記不同於一般，含有深刻的諷刺意味。

● 敘述脈絡：詳述朝廷設「丞」之原意→丞變成人們眼中所瞧不起的可憐蟲的狀況，輕點題旨，也為最後一段埋下伏筆→介紹崔立之才學、經歷及其就任「藍田縣丞」一職後，心態的轉折→利用場景，敘述崔立之任藍田縣丞的環境與生活態度呼應首段。

● 故事後續：憲宗元和十二年（西元八一七年），韓愈五十歲，隨宰相裴度征討淮西吳元濟叛軍，任行軍司馬，平亂有功，被升任為刑部侍郎。

元和十三年（西元八一八年），崔立之官大理評事，以言事黜官，貶金州西城丞。改西城縣令。西城大旱，餓殍滿道路，多方賑濟之，形消骨立不顧也，故吏民敬愛之。

● 歷代評論：曾國藩評論〈藍田縣丞廳壁記〉：崔斯立之為人必有奇崛之處才，而天趣橫溢。公（韓愈）與相處，必彼此善謔，而又相敦以古意者。……此文純用戲謔，而憐才共命之意，沉痛處自在言外。

● 學習重點：

1. 文章主要描寫的是當時縣丞一職，有職無權，形同虛設，還要受到吏胥的欺凌，只能低首下氣，使有才能有抱負的人居此亦無所作為，目的在引起朝廷重視。
2. 韓愈代崔斯立發出不平之鳴，歷述其種種境遇，生動潑辣，意味深長，尤其自「文書行……漫不知何事」，運用場景的安排與人物動作，將小吏趾高氣昂與縣丞唯唯諾諾的無用描摹得淋漓盡致。

3. 文章既痛惜崔立之懷才不遇、屈服現實，又暗指朝廷當權之用人不當，埋沒人才。道盡崔立之窘態，其實也為自己仕途不得意的遭遇，藉此篇文章而吶喊。曾國藩所謂「憐才共命之意，沉痛處自在言外」，深得此篇要旨。

4. 借景抒情：「鉅竹千梃、老槐四行，儼立若相持」深遠幽靜的縣衙場景，暗示藍田縣丞閒職，埋沒英雄志氣。「水虢虢循除鳴」的水聲，影射時間逝去無盡的落寞與內心消沉的遺憾。居丞之位卻去做「易桷與瓦，墁治壁」的故作忙碌，以及「對樹二松，日哦其間」，看似逍遙，實則暗諷縣丞無所事事，「余方有公事，子姑去」這句話更深刻而殘忍地暴露有才有志之士無處可用的悲痛。

練習題

1. 依據本文所敘，下列最符合以時間排列崔立之生平與心境的選項是：
(A)藍田縣丞無所事事→京師試才出類拔萃→貶官藍田憤慨不平→吟哦讀書落寞悲哀
(B)京師試才出類拔萃→貶官藍田反躬自省從於流俗→唯唯諾諾閒散無事→修繕吟哦故作忙碌
(C)貶官藍田憤慨不平→京師試才出類拔萃→藍田縣丞無所事事→吟哦讀書落寞悲哀
(D)貶官藍田反躬自省從於流俗→唯唯諾諾閒散無事→修繕吟哦故作忙碌→京師試才出類拔萃

2. 依據上文，下列文句敘述正確的是：
(A)「不可否事」是表達事無不可爲的積極態度
(B)「雁鶩行以進，平立」是描寫小吏對縣丞的恭敬
(C)「種學績文」是以耕田織布比喻崔斯立的勤學善寫
(D)「水循除鳴，斯立痛掃溉」是藉水聲反映出崔斯立內心的喜悅與痛快 【101指考】

大考演練

1. 下列文句，前後最不能互相呼應的是：
(A)至以相訾謷／既噤不得施用
(B)其下主簿、尉／力勢反出主簿、尉下
(C)丞之職，所以貳令／丞之設，豈端使然哉
(D)於一邑無所不當問／不敢略省，漫不知何事 【101指考】

2. 韓愈〈師說〉：「孔子師郯子、萇弘、師襄、老聃」，相

傳孔子曾問「禮」於老聃。閱讀下列有關老子、孔子論「禮」以及後學的相關討論，選出解釋適當的敘述：

老子
失道而後德，失德而後仁，失仁而後義，失義而後禮。夫禮者，忠信之薄而亂之首。
孔子
禮云禮云，玉帛云乎哉？樂云樂云，鐘鼓云乎哉？
吳子良（宋代學者）
蓋聃之於禮，尚其意不尚其文，然使文而可廢，則意亦不能獨立矣。此（指「禮者忠信之薄而亂之首」）老子鑑文之弊，而矯枉過正之言也。
朱熹學生
老子云：「夫禮，忠信之薄而亂之首」，孔子又卻問禮於他，不知何故？
朱熹
他曾爲柱下史，故禮自是理會得，所以與孔子說得如此好。只是他又說這箇物事不用得亦可，一似聖人用禮時反若多事，所以如此說。〈禮運〉中「謀用是作，而兵由此起」等語，便自有這箇意思。

(A)依老子的看法，人間若有「道」，便無須用「禮」

(B)孔子「玉帛云乎哉」的看法，即憂心「禮」僅「尚其意不尚其文」

(C)吳子良認爲：「禮」的形式與內在應爲一體，老子有矯枉過正之弊

(D)吳子良和朱熹都認爲：老子對「禮」缺乏深度認知，故評論有失偏頗

(E)朱熹認爲：〈禮運〉所云：「謀用是作，而兵由此起」，與老子對「禮」的看法相似【108學測】

【跨領域觀看】：適者生存的演化與心理防衛機制

達爾文說：「只有服從大自然，才能戰勝大自然。」演化是生物學最重要的大概念，爲了生存，昆蟲和鳥類發展出多樣性適應環境的變化與特徵，如候鳥異地過冬渡夏、繁殖；竹節蟲、枯葉蝶、斑蝶以擬態、保護色或警戒色，躲避掠食者；或以聚集或擴散改變族群的處境。

無論是爲了適應空氣、水、食物與養分，或是物理狀態如溫度、光線與熱、在天敵的威脅下生存，所有生物族群都在歷經天擇演化後，形成適合在特定環境生存的行爲或生理特徵，如長頸鹿的脖子變長了。

古話說：「入境隨俗」，意指一個人來到新環境，適應當地融入習慣、文化的生存法則。但令人糾結難忍的是〈藍田縣丞廳壁記〉一文中的崔斯立，遭遇艱困處境、有志難伸的挫折，他也曾經選擇上疏論朝政得失，結果卻是一再被貶官。於是只能如蒙田所說：「既然不能駕馭外界，我就駕馭自己；如果外界不適應我，那麼我就去適應他們。」

就這樣，我們看見一個潦倒的文人抹去銳氣，以輒對曰：「余方有公事，子姑去」最後的憤慨方式表達抗議。這是「自我」的心理防衛作用，當人遇到不能解決的問題時，自我尊嚴受到貶抑、焦慮時，用來應付挫折與不安的適應機轉，藉以在精神上達成某種妥協的一種心理調整與防禦。

這時候倍覺蕭伯納所言：「明白事理的人使自己適應世界，不明事理的人想使世界適應自己。」這句話背後的明白事理是多麼沉痛。多少英雄豪傑、文人墨客如左思具「弱冠弄柔翰，卓犖觀群書。著論準〈過秦〉，作賦擬〈子虛〉」之才，卻只能寫下「鉛刀貴一割，夢想騁良圖。左眄澄江湘，右盼定羌胡」的抱負，而無緣用世。

一〇七、柳子厚墓誌銘

唐　韓愈

其召至京師而復爲刺史也，中山劉夢得①禹錫，亦在遣中，當詣②播州。子厚泣曰：「播州，非人所居，而夢得親在堂，吾不忍夢得之窮，無辭以白其大人，且萬無母子俱往理。」請於朝，將拜疏，願以柳易播，雖重得罪③，死不恨。遇有以夢得事白上者④，夢得於是改刺連州⑤。嗚呼，士窮乃見節義。今夫平居里巷相慕悅，酒食遊戲相徵逐⑥，詡詡強笑語以相取下⑦，握手出肺肝相示，指天日涕泣，誓生死不相背負，眞若可信。一旦臨小利害，僅如毛髮比，反眼若不相識，落陷阱，不一引手救，反擠之又下石焉者，皆是也。此宜禽獸夷狄所不忍爲，而其人自視以爲得計，聞子厚之風，亦可以少媿矣。

子厚前時少年，勇於爲人，不自貴重顧藉⑧，謂功業可立就，故坐廢退⑨。既退，又無相知有氣力⑩得位者推挽⑪，故卒死於窮裔⑫，材不爲世用，道不行於時也。使子厚在臺省⑬時，自持其身，已能如司馬刺史時，亦自不斥。斥時有人力能舉之，且必復用不窮。然子厚斥不久，窮不極，雖有出於人，其文學辭章必不能自力，以致必傳於後如今，無疑也。雖使子厚得所願，爲將相於一時，以彼易此，孰得孰失，必有能辨之者。

注釋

① 中山劉夢得：劉禹錫，字夢得，祖先在漢時曾封為中山王，故稱「中山劉夢得」。

② 當詣：被判到。當，判。

③ 重得罪：再加一重罪。

④ 有以夢得事白上者：御史中丞裴度、崔群上疏，以劉禹錫母老不能同去為由陳情，建議改貶他地。

⑤ 改刺連州：改擔任連州刺史。刺，此處為動詞，指其被任以刺史之官；另隱喻刺配、貶官之意。連州，今廣東連陽。

⑥ 徵逐：來往，指朋友間互相邀請飲樂。徵，召，此指邀請。逐，追隨。

⑦ 詡詡強笑語以相取下：虛偽地彼此討好，表示謙讓。詡詡，討好取媚的樣子。詡，音ㄒㄩˇ，形容誇大。強，勉強，做作。相取下，彼此採取謙下的態度，表示不如對方。取下，以恭順的態度迎合人。下，謙下，卑下。

⑧顧藉：顧惜，愛惜。

⑨故坐廢退：因他人獲罪而受牽連遠貶荒地。坐，獲罪。廢退，指遠謫邊地，不被朝廷所用。

⑩有氣力：有權勢和力量的人。

⑪推挽：推舉提拔。挽，拉，牽引。

⑫窮裔：窮困的邊遠地方。裔，音ㄧˋ，偏遠之地。

⑬臺省：御史臺和尚書省。

【翻譯】

他被召回京師再次被遣出做刺史時，中山劉夢得禹錫也在被遣之列，判定當去播州（今貴州遵義）。子厚流著淚說：「播州，不是一般人能住的地方，夢得是個孝子，家有老母在堂，我不忍心看到夢得身陷困境，又沒有可以勸慰老母親的話語，況且絕沒有母子一同去播州的道理。」向朝廷請求，並準備呈遞奏章，情願拿柳州換播州，表示即使因此再度獲罪，死也無憾。正好遇上御史中丞裴度、崔群上疏把夢得的情況告知了皇上，夢得因此改任連州（今廣東）刺史。嗚呼！士人到了窮境時才看得出他的節操和義氣。現在有些人平日住在巷里時大家表此表示愛慕友好，吃喝玩樂來往頻繁，討好取媚，強作笑臉，恭順的態度迎合彼此，手握手做出掏肝挖肺之狀給對方看，指著天日流淚，發誓無論生死誰都不背棄朋友，那樣子就像眞的一樣可信。一旦遇到僅僅像頭髮絲般細小的利害衝突，便翻臉不認人，朋友落入困境，也不伸手去救，反而趁其危藉機排擠他，再往下扔石頭陷害他，這樣的人到處都是。這應該是連那些禽獸和野蠻人都不忍心做的事，但那些人卻自以爲做得高明，這些人如果聽到子厚的高尚風度，也應該覺得有點慚愧吧！

子厚從前年輕時，勇於幫助別人，自己不看重和愛惜自己，認爲功名事業可以一蹴而就，所以受到牽連而被貶斥。貶謫後，又沒有熟識而有力量有地位的人推薦與引進，所以最後死在荒僻的邊遠之地，才能不能爲世間所用，抱負不能在當時施展。如果子厚當時在御史臺、尚書省做官時，能謹慎約束自己，已能像在當司馬、刺史時那樣，自然不會被貶官了。貶官後，如果有人能夠推舉他，將一定會再次被任用，不致窮困潦倒。然而若是子厚被貶斥的時間不久，窮困的處境未達到極點，雖然能夠在官場名顯一時，但他的文學辭章一定不能這樣地下功夫，以致像今天這樣一定流傳後世，這是毫無疑問的。即使讓子厚實現他的願望，爲官至將相，拿那個換這個，何者爲得，何者爲失，一定能有辨別它的人。

知識要點

● 故事背景：

1. 柳宗元與劉禹錫同屬以王叔文爲首的政治集團，憲宗元和十年（西元八一五年），柳宗元由禮部員外郎貶爲永州司馬，期滿進京又外任爲柳州刺史。同時，劉禹錫被貶爲播州刺史。

2. 韓愈和柳宗元同是中唐時期著名文學家、思想家和政治家，共同宣導古文運動，友情篤厚。柳宗元於憲宗元和十四年（西元八一九年）卒於柳州，隔年韓愈受劉禹錫所託作此文，概述柳宗元的家世、生平、交友、文章，著重於他治柳州的政績和文學與風範義行。

● 敘述脈絡：柳宗元自願以柳州刺史患劉禹錫的播州↓那些掏肝掏肺故作親暱，一旦碰到小利害就翻臉不認人，或落井下石的人眞該慚愧↓柳宗元年輕氣盛，被貶後無人幫忙以致懷才不遇↓因爲窮而後文工，或如願爲將相，得失之間必有能辨者。

● 歷代評論：明人茅坤稱此文爲「墓誌中千秋絕調」是，昌黎墓誌第一，古今墓誌第一。

● 故事後續：柳宗元一生困頓，死後蕭條，韓愈寫此篇墓誌銘外，另作〈祭柳子厚文〉與〈柳州柳池廟碑〉，表示對故友的悼念。

● 知識重點：

1. 墓誌銘，文體名，誌者記也，銘者名也。通常刻在石碑上，一般是兩塊方石，一蓋一底，蓋刻「題」，底刻「誌銘」，安葬時埋於墓壙中，以備後世陵谷變遷時可作為識別，故又稱「埋銘」、「壙銘」。書寫者必須兼顧墓主傳記與社會成就，形塑出值得傳世的評價，並有其既定兩部分的格式：前一部分是序文，敘述死者的姓氏、爵里、世系和生平事蹟；後一部分是銘文，綴以韻語，表示對死者的悼念和頌讚。

2. 韓愈長於墓誌銘、祭文等文體，〈柳子厚墓誌銘〉是墓誌銘中的「變格」。一般墓誌銘的題目都詳細寫上死者的官爵頭銜，但韓愈卻在這類客觀方式的應用文書寫之外，打破平板的敘述模式，既以記敘之筆敘柳宗元俠義之風，以抒情之語寄託歎惋，並以議論對之肯定。此外二人為至交好友，故〈柳子厚墓誌銘〉不稱官銜，其中更透露出他對柳宗元之懷才不遇的悲憫，以及柳宗元成就不在政治而在文學的觀點。一般墓誌銘的末尾都有一大段銘文，多為四言韻文，辭采華麗而空洞無物，但本文最後的銘文只有三句：「是惟子厚之室，既固既安，以利其嗣人。」期待柳宗元年幼的子女都健康成長。在這簡單的願望裡，流露至情至性，也顯現天不佑柳宗元，將深深的哀思與期望都濃縮在「利其嗣人」這四個字中。

3. 本文側重記述柳宗元「勇於為人，不自貴重顧藉」的人品道德、對朋友捨己為人的美德與文學卓越成就。既對宗元的「材不為世用，道不行於時」的悲劇人生寄予無限的惋惜與同情，也運用了委婉曲折的手法，如柳宗元少年時敢作敢為，卻換來貶黜柳州：「時少年，勇於為人，不自貴重顧藉，謂功業可立就，故坐廢退」，暗示王叔文改革。柳宗元居永州時，曾寫信給許多當權人物請求提拔，終未獲援助，對此韓愈以「今夫平居里巷相慕悅……下石」這段形象化的描述，刻畫世人前倨後恭，指陳世態炎涼，官場勢利的卑劣，暗示宗元的遭遇與勢利者的推波助瀾也有密切關係。甚而「卒死於窮裔，材不為世用，道不行於時」，不但表達韓愈對柳宗元的「道」、「材」的肯定，同時亦藉此表達韓愈對當時世態人情憤慨之心，與對當權者壓抑人才、不行其道的不滿之意。

4. 韓愈總括柳宗元的一生，給予「士窮乃見節義」與「文學辭章必傳於後的」評價，認為柳宗元在政治、現實生活上的困頓、打擊，正是成就他文學的精彩，藉「生前窮愁，死後留名」的觀點，高度肯定宗元的人生價值及其在文學史上的地位，顯示出韓愈異於流俗的價值觀。

5. 全文掌握敘柳宗元一生中若干典型事例，夾敘夾議，如先對朋友之義行，接著議論人之無情；先述被貶窮困，議論富貴榮耀不如文章無窮。此外善於運用對比與映襯：「指天日涕泣，誓生死不相背負」與面對臨小利害便「反眼若不相識」對比；此又與柳宗元不顧再加重罪的危險，慨然仗義伸手助劉禹錫對比；為官顯於一時的榮耀，與窮愁潦倒而成就文章對比，形成嚴謹結構，突顯柳宗元人格風範。

練習題

1. 下列最能概括本文主旨的是：
(A)論述文窮而後工勝於爭名奪利
(B)批評市井之人結黨享樂之無恥
(C)慨歎人才冷落幸其文必傳於後
(D)強調處窮厄困頓導致品格高潔

2. 根據本文，下列有關柳宗元個性，敘述正確的是：
(A)軟弱守分
(B)急功好義
(C)清心寡欲
(D)劍及履及

3.下列運用委曲婉轉寫作手法，表達對世事人情之憤的是：
(A)請於朝，將拜疏，願以柳易播，雖重得罪，死不恨
(B)既退，又無相知有氣力得位者推挽，故卒死於窮裔
(C)子厚斥不久，窮不極，雖有出於人，其文學辭章必不能自力，以致必傳於後如今
(D)一旦臨小利害，僅如毛髮比，反眼若不相識，落陷阱，不一引手救，反擠之又下石焉者

【大考演練】

1-2為題組。閱讀下文，回答第1-2題。

每覽昔人興感之由，若合一契，未嘗不臨文嗟悼，不能喻之於懷。固知一死生爲虛誕，齊彭殤爲妄作。（王羲之〈蘭亭集序〉）

1.「未嘗不臨文嗟悼」使用兩個否定詞（未嘗、不）來表達必然、肯定之意。下列文句，何者沒有使用此種表意方式？
(A)故凡文化之國，未有不重其史者也
(B)目不能兩視而明，耳不能兩聽而聰
(C)蓋不廉則無所不取，不恥則無所不爲
(D)凡百元首，承天景命，莫不殷憂而道著 【105統測】

2.「一死生」和「齊彭殤」意謂「視死和生爲一，視長壽和短命相齊」，「一」和「齊」均活用爲動詞，相當於白話文「把…當成…」之意。下列文句「」內，何者也有相同的用法？
(A)漁樵於江渚之上，「侶」魚蝦而友麋鹿
(B)蓋君子審己以「度」人，故能免於斯累
(C)君家所寡有者以義耳！竊以爲君「市」義
(D)史公「治」兵，往來桐城，必躬造左公第 【105統測】

【跨領域觀看】：捍衛真理的道德勇氣

一個政治家的遠見改變的不僅是國家命運、百姓福祉，更是千年的思想文明，因此他必須深入民間體察民情、洞悉社會問題，必須綜觀歷史興衰，掌握變與不變的原則，必須心懷天下蒼生、擁抱開萬世太平的理想，尤其是力挽狂瀾的執行力和捍衛眞理的勇氣。

西方民主開始於雅典，雅典的民主奠基於梭倫（Solon，西元前六三八年—前五五九年）。他

廢除世襲貴族的壟斷權利、債務奴隸制、德拉古制定的殘酷法律，恢復公民大會作爲最高權力機關，讓所有人民無論貴賤貧富都有權決定城邦大事、選舉行政官。在經濟上，他承認私有財產繼承自由，消除所有制度上的氏族殘餘，均衡每個階層的地位與利益，使雅典頓成爲古希臘繁榮的工商業城市。

梭倫完成法治改革之後便去遠遊，後來赫然發現他的侄子庇西特拉圖爲擴張權力讓國家陷入貴族、商人與平民惡鬥之中。爲獲得警衛團以奪取雅典的最高權力，庇西特拉圖不惜刺傷自己，滿身是血地出現在法庭前，控訴貴族，要求議會給他一支僅屬於自己的私人武力。

梭倫眼見親手建立的民主，一步步走入深淵。在答辯場上，他奮力揭發事實，反對爲庇西特拉圖增設私人武力，呼籲雅典公民：「不要因爲懦弱放棄自己的自由。」

但群眾是盲目的，他們相信眼睛所看到的，他們的心智被同情所控制，被大肆宣揚，刺殺事件把庇西特拉圖刻畫成一個受難者的形象。

「眾人皆醉我獨醒」讓屈原形容憔悴沉吟澤畔，墜江而死；讓蘇格拉底吞下「荼毒青年與不敬拜雅典眾神」的罪名，留給世人「人應該忠於正義的事而無懼死亡」的原則。也讓梭倫黯然離去，因爲「在這群人中，我比一些人聰明，而又比一些人勇敢；我比那些沒辦法識破謊言的人聰明，又比那些雖然識破了謊言，但卻沒有勇氣說出眞相的人勇敢」。

有人問梭倫：「難道你不後悔選擇了帶來死刑危險的道路嗎？」他說：「我的朋友，如果你覺得一個有價值的人應該在生死問題上耗費時間的話，那你就錯了。在做任何事情之前，他只需要考慮一件事：就是他的行爲的對錯。他像是一個壞人還是好人。」

透過韓愈回顧柳宗元的一生，我們似乎也見到他像梭倫一樣抑制藩鎮勢力、貶斥貪官汙吏、整頓稅收的永貞革新；聽見他以〈捕蛇者說〉、〈黔之驢〉清醒辨識的社會問題；體會他只在乎對錯的天眞，只在乎劉禹錫有老母在的困頓，而義氣相挺。

這世界因爲有道德而有正義，因爲有實踐正義的勇氣而有希望。

一〇八、賈誼論

宋 蘇軾

賈生，洛陽之少年，欲使其一朝之間，盡棄其舊而謀其新，亦已難矣。爲賈生者，上得其君，下得其大臣，如絳、灌①之屬，優游②浸漬③而深交之，使天子不疑，大臣不忌。然後舉天下而唯吾之所欲爲，不過十年，可以得志，安有立談之間④，而遽爲人痛哭哉？觀其過湘，爲賦以弔屈原，紆鬱憤悶⑤，趯然⑥有遠舉之志。其後卒以自傷哭泣，至於死絕，是亦不善處窮者也。夫謀之一不見用，則安知終不復用也？不知默默以待其變，而自殘至此。嗚呼！賈生志大而量小，才有餘而識不足也。

古之人有高世之才，必有遺俗⑦之累。是故非聰明睿智不惑之主，則不能全其用。古今稱苻堅得王猛於草茅之中⑧，一朝盡斥去其舊臣，而與之謀；彼其匹夫，略有天下之半，其以此哉！

愚深悲生賈生之志，故備論之；亦使人君得如賈誼之臣，則知其有狷介⑨之操，一不見用，則憂傷病沮⑩，不能復振。而爲賈生者，亦謹其所發哉！

【注釋】

①絳、灌：周勃、灌嬰，同為西漢開國元勳，平呂后之亂而立文帝，前後任丞相。
②優游：從容不迫的樣子。
③浸漬：逐漸感染。
④立談之間：站著說話的一會時間，形容很短的時間。
⑤紆鬱悶憤：心中鬱積著憤懣。紆鬱，愁思旋繞不已。悶憤，鬱結不舒的樣子。
⑥趯然：跳躍，此指明白顯現的樣子。趯，音 ㄩㄝˋ。
⑦遺俗：謂前代遺留之世俗，此指不合時宜。
⑧苻堅得王猛於草茅之中：秦王苻堅因呂婆樓以招王猛，一見大悅，自謂劉玄德之遇諸葛孔明也，乃以國事任之。草茅，謂在野。

⑨狷介：清高廉潔、正直不阿。狷，音ㄐㄩㄢˋ。

⑩病沮：困敗。沮，消極失意。

翻譯

賈誼不過是洛陽的一位少年人，要讓漢文帝在一朝一夕之間，就全部棄舊臣，只和新人商議朝政，也太強人所難了。賈誼這樣的人，應該上取得皇帝的信任，下面取得大臣的支持，對於周勃、灌嬰之類的大臣，要從容地、逐漸感染他們，彼此建立深厚的交情，使得天子不不致有疑慮，大臣也不會妒忌，然後整個國家的政務就會按其主去治理。不過十年，就可以實現自己的理想。哪有在極短的談論政事的時間裡，卻突然就議論值得痛哭的形勢，而能被重用的呢？看他路過湘江時作賦憑弔屈原，心中鬱積著憤懣，高飛遠引的志向躍現紙上。後來終於因經常感傷哭泣，以至於短命早死，這實在是太不善於身處逆境。謀略一次不被採納，怎麼知道就永遠不再被採用呢？不知道默默地等待形勢的轉變，竟然自我摧殘到這樣的地步。唉，賈誼眞是志向遠，器量卻狹小，才學有餘，而識見不足！

古人有出類拔萃的才能，必然會不合時宜而招致困境，所以若非英明智慧、不受蒙蔽的君主，就不能讓他們的才學充分發揮。古今之人都稱道苻堅能從草野平民之中發掘並重用王猛，在很短時間內全部斥去原來的大臣，與王猛商討軍國大事。苻堅那樣一個平常之輩，竟能占據了半個中國，道理就在此吧。

我很惋惜賈誼擁有遠大的抱負卻無法施展，所以對他提出詳盡而嚴格的評論；同時也想使君主明白，如果得到像賈誼這樣的臣子，就應當瞭解這類人有孤高不群的性格，一旦不被重用，就會憂傷頹廢，不能重新振作起來。而像賈誼這種人，也應該有節制地抒發自己的情感啊！

知識要點

● 故事背景：

1. 這是仁宗嘉祐六年（西元一〇六一年）蘇軾應制科考試所獻二十五篇進論之一。

2. 賈誼亦稱賈生，漢洛陽人，年十八，通諸子百家之書，二十二歲召爲博士，深得文帝器重，一年之內提升爲太中大夫。懷抱政治改革的理想，賈誼對國事多有建言，因爲鋒芒畢露而得罪周勃、灌嬰，被指責擾亂朝政，挑撥是非，千萬不可重用。文帝遂將賈誼外放爲長沙王太傅。後又被召爲梁懷王太傅，懷王不幸墜馬身亡，賈誼自慚失職，抑鬱而死，一年之後，竟因悲傷感太過而死，這年他才三十三歲。

3.他是漢初傑出的文學家，也是卓越的政論家，提出的重農業、行仁政、禁侈靡、禮敬大臣、削弱諸侯、制服匈奴等的政治主張，對漢代的內政、外交影響深遠。

●**敘述脈絡**：賈誼力行改革→應與老臣深交，則可得志→過湘江弔屈原，自傷而死→國君應有才者之狷介，如賈生者應量大能忍。

●**知識重點**：

1.北宋外患頻仍，知識分子鑽研歷史，或藉以議論當時政教得失，或探究歷史教訓，一意求有補於世用，故史論之文蓬勃發展。本文是蘇東坡有名的史論之一，流露濃厚的經世思想。

2.這篇文章引證古今，從正反兩方面舉例，分析賈誼才能得不到施展的原因，在於其「悲劇性格」。賈誼「欲使其一朝之間，盡棄其舊而謀其新」之不能忍，「自傷哭泣，至於死絕，是亦不善處窮者也」之不善待，寄託為臣者當堅強面對不遇之挫折，「上得其君，下得其大臣」經營人際關係，便能左右逢源，施展才華。

3.在寫作上，這篇文章運用以下手法：

(1)先破後立：蘇東坡每篇史論散文都各有一個議論中心，抓住一個中心思想做論述，不橫生枝節，使主旨突出而具說服力。如本文的布局結構是先論述賈誼平生悲劇的根源在於「不能自用其才」，不能「忍」和「待」，急於得到君主賞識，一旦不行，就悲痛憂傷，一蹶不振；也不善處窮，「志大量小，才有餘而識不足」。既此破之後，再立「人君得如賈誼之臣，則知其有狷介之操，一不見用，則憂傷病沮，不能復振。而為賈生者，亦謹其所發哉」的觀點，暗示為政者當識才、用才並容才全其用，而有才者也必須理智行事，善處窮時，勿墜於情緒之中。

(2)正反對照：「王猛於草茅之中，一朝盡斥去其舊臣，而與之謀」，與文帝無法有魄力地任用賈誼形成對應，激盪出懾人氣勢。

(3)反詰質問：以此引起思考，並使文氣驟轉，再導入事理剖析，如：「安有立談之間，而遽為人痛哭哉？」「夫謀之一不見用，則安知終不復用也？」讓全文掀起層層波瀾。

練習題

1.下列最符合「如絳、灌之屬，優游浸漬而深交之，使天子不疑，大臣不忌」中，作者對賈誼觀點的敘述是：

(A)行事自負，個性自信
(B)處事剛正，待人謙卑
(C)個性懦弱，態度親和
(D)行爲瀟灑，處事苟且

2.根據本文，下列何者合乎作者對賈誼看法的是：
(A)寂寂江山搖落處，憐君何事到天涯？
(B)漢文疑賈生，謫置湘之陰。是時刑方措，此去難爲心。
(C)扶持一疏滿遺編，漢陛前頭正少年。誰道恃才輕絳灌，卻將惆悵弔湘川。
(D)一漢得孤秦萬弊時，當年丞相要無爲。洛陽年少空流涕，誰謂書生果有知。

3.下列可以作爲「賈生志大而量小，才有餘而識不足也」的論證是：
(A)舉天下而唯吾之所欲爲，不過十年，可以得志
(B)夫君子之所取者遠，則必有所待；所就者大，則必有所忍
(C)古今稱苻堅得王猛於草茅之中，一朝盡斥去其舊臣，而與之謀
(D)上得其君，下得其大臣，如絳、灌之屬，優游浸漬而深交之，使天子不疑，大臣不忌

大考演練

1.某位老師向學生講述下文的用意，最可能是希望學生：

農民問教授：「一個聾啞人到五金行買釘子，他先把左手的兩個指頭放在桌上，然後用右手做鎚釘的樣子。店員拿出鎚子，他搖搖頭，用右手指了指左手的兩個指頭；店員拿出釘子，他點點頭。這時，一個盲人走進來。先生，請您想一下，他會如何買到一把剪刀？」教授從容答道：「簡單。他只要伸出兩個指頭，模仿剪刀的樣子就可以了。」農民笑起來：「先生，他不需要這樣，盲人是會說話的。」（改寫自郭亞維《哈佛校訓給大學生的二十四個啓示》）

(A)勿受既有認知限制
(B)莫因專業蒙蔽眞相
(C)審愼辨析言語歧義
(D)勇於質疑權威觀點

2.閱讀下列二則寓言，選出敘述正確的選項：　【104學測】

甲、夫鵷鶵，發於南海而飛於北海，非梧桐不止，非練實不食，非醴泉不飲。於是鴟得腐鼠，鵷鶵過之，仰而視之曰：「嚇！」（《莊子・秋水》）

乙、梟逢鳩。鳩曰：「子將安之？」梟曰：「我將東徙。」鳩曰：「何故？」梟曰：「鄉人皆惡我鳴，以故東

徙。」鳩曰：「子能更鳴可矣，不能更鳴，東徙猶惡子之聲。」（劉向《說苑．談叢》）

(A)甲用南海、北海、梧桐、練實、醴泉等意象來襯寫鵷鶵的襟懷和堅持

(B)乙的梟將東徙，是因爲曲高和寡，不被濁世所容，所以打算遠離塵網

(C)甲以行爲描述來呈現禽鳥的心理，乙則藉對話內容來表達禽鳥的想法

(D)二寓言皆以禽鳥間的互動爲故事主軸，寄寓作者對人世的觀察及諷諭

(E)鴟和鳩皆目光短淺之徒，不能理解鵷鶵和梟，猶如燕雀難知鴻鵠之志【104學測】

【跨領域觀看】：看透世事卻無法逃過自傷自苦的賈誼

「嗚呼哀哉，逢時不祥！」這是賈誼赴任長沙王太傅路途中，弔屈原時的感慨。生長於漢文帝治世的他，爲何有如此悲涼的嗟歎？

十八歲便以能誦詩屬書聞於郡中，任河南太守門下，甚幸愛；後以諸子百家之書被推薦爲博士。他是滿朝之中最年輕的新秀，詔令議下，諸老先生不能言，只有他侃侃而談，英氣勃發，無人可及。得孝文帝欣賞，一年之中跳級升遷至太中大夫。這樣的才情在一代大儒劉歆眼裡，是「漢朝之儒，唯賈生而已」，蘇軾也盛讚「賈生，王者之佐」，明朝大臣李東陽則稱讚賈誼：「文帝時，可當大臣者，惟賈太傅一人。」

那時候的他像周公，站在治大國立文化的位置，提出改正朔、易服色、法制度、定官名、興禮樂的建議；他更將改革的矛頭徑直地指向逐漸坐大的王卿國族、與劉邦共同打天下的開國功臣、策動諸呂之亂使文帝登基的周勃、灌嬰，因爲他們政治勢力龐大得搖動朝廷。

賈誼的智慧足以照亮影響國家長治久安的政治權謀、軍權結構，甚至商人壓抑農人的經濟問題，但這樣具前瞻性的、趨勢性的、超越時代的眼睛與心靈，卻沒有看清自己的處境，和四周環伺

的反擊陰謀。大臣紛紛上書，向文帝進讒言：「雒陽之人，年少初學，專欲擅權，紛亂諸事。」〈治安策〉讓文帝爲鞏固皇權，決定頒布詔令讓列侯返回封國居住，這樣的賈誼在歷史上已留下不朽之名。因此王安石〈賈生〉感歎古今有多少位居高爵卻不被接納的人：「一時謀議略施行，誰道君王薄賈生？爵位自高言盡廢，古來何啻萬公卿？」羨慕他的論策建言君王聽了，也實施了。

偉人常站在時代之前，卻不被同時代的人所瞭解，賈誼是幸運的，他遇見能欣賞他的漢文帝，李商隱〈賈生〉盛讚文帝召回賈誼問事：「宣室求賢訪逐臣，賈生才調更無倫」，但「可憐夜半虛前席，不問蒼生問鬼神」，這可解爲兩人關係親密卻沒有給賈誼展才的舞臺而遺憾，但另一方面思考文帝根基未穩，不得不將賈誼外派，以遠離政治風暴，何嘗不是愛才、惜才？再者，請賈誼當最愛的小兒子梁王太傅，不就是欣賞信任的託付？文帝以問鬼神代替問蒼生來掩權臣耳目，不也是爲了政權的穩定，保護賈誼？

賈誼只活了三十三歲，在人們心目中，他永遠是年少的賈生。嚴格說起他不像景帝時晁錯死於權臣的毒害，穿著朝衣在東市被斬，他和屈原一樣，死於無法忍受挫折而自責自傷，天眞熱情地燃燒光芒，忘了沒有厚實的支撐點和長久的經營事無法形成保護自己的藩籬，創造新局的利器。

司馬遷將屈賈合傳，顯示他們的際遇、個性、才華、識見相似，連命運都如此令人傷感。我們不覺想像難道是老天憐惜賈誼，讓他生於一個大國崛起的時代，讓他有一番作爲。但，屈原投胎轉世爲賈誼，還是學不會與世推移，堅持獨清獨醒。至此，我們方明白，當年他過湘水嗟歎的是屈原，也是未來的自己：「已矣，國其莫我知，獨堙鬱兮其誰語？鳳漂漂其高逝兮，夫固自縮而遠去。」

一〇九、永遇樂京口北固亭①懷古

宋　辛棄疾

千古江山，英雄無覓，孫仲謀②處。舞榭歌臺③，風流④總被，雨打風吹去。斜陽草樹，尋常巷陌⑤，人道寄奴⑥曾住。想當年，金戈鐵馬，氣吞萬里如虎。元嘉草草⑦，封狼居胥⑧，贏得倉皇北顧⑨。四十三年⑩，望中猶記，烽火揚州路⑪。可堪回首，佛狸祠⑫下，一片神鴉⑬社鼓⑭。憑誰問，廉頗老矣⑮，尚能飯否？

【注釋】

①京口北固亭：京口即今江蘇省鎮江市，城北有北固山，山上有亭名北固亭，也叫北固樓、北顧樓，下臨長江。

②孫仲謀：孫權字仲謀，東漢末，占江東稱帝，國號吳，曾建都於京口，後來遷都建業（今江蘇省南京市）。

③舞榭歌臺：歌舞的亭臺。榭，音ㄒㄧㄝˋ，臺上建的屋子，代指往日的繁華。

④風流：傑出，不平凡。這裡指英雄事蹟之流風餘韻、往日的業績和創業精神。

⑤巷陌：街道。

⑥寄奴：南朝宋武帝劉裕小名寄奴。當時北方中原被少數民族占領，劉裕於京口起兵北伐桓玄，北伐滅南燕、後秦，氣吞胡虜，推翻東晉自立為帝。

⑦元嘉草草：南朝宋文帝劉義隆（劉裕之子）好大喜功，元嘉二十七年（西元四五〇年），用王玄謨諸人之議，出師北伐，以國力未集，致遭挫敗，故曰「草草」。

⑧封狼居胥：此指北伐立功的意思。狼居胥為山名，在今內蒙古自治區北部。漢霍去病打敗匈奴，追到狼居胥山，封山而還，後世因以封狼居胥為驅逐胡虜之意。封山，在山上築土為壇，祭天報功。

⑨贏得倉皇北顧：指元嘉草率北伐大敗，後魏太武帝遂引兵南下，直抵長江，飲馬瓜步，文帝登石頭城，北望敵軍甚盛，頗有懼色，故曰「贏得倉皇北顧」。贏得，落得。倉皇北顧，驚惶失措地向北觀望敵人的追兵。

⑩四十三年，望中猶記，烽火揚州路：宋高宗紹興三十二年（西元一一六二年）辛棄疾投歸南宋，途經揚州路，親見金兵燒殺的戰火。至寫本詞時，恰為四十三年。

⑪望中猶記烽火揚州路：南歸之前，辛棄疾於揚州以北戰火瀰漫的地區與敵周旋。路，宋行政區名，揚州屬淮南東路。望中，登樓向北遠望之際。

⑫佛狸祠：北魏太武帝拓跋燾小名佛狸，擊敗王玄謨的軍隊後，率兵追至長江北岸的瓜步山，在山上建立行宮，後稱「佛狸祠」。

⑬神鴉：指在廟裡吃祭品的烏鴉。

⑭社鼓：祭祀時的鼓聲。

⑮廉頗老矣，尚能飯否：此處稼軒借廉頗自喻，尚祈朝廷能予重任。廉頗是戰國時趙國名將，晚年被罷官。秦兵屢次攻打趙國，趙王想起用廉頗，派使者去探察廉頗。廉頗為此一飯斗米，肉十斤，被甲上馬，以示尚可用。但使者受廉頗仇人郭開的賄賂，在趙王面前說廉頗雖然老了，還很有飯量，只是不一會工夫他就三次上廁所。趙王以為廉頗真老了，就沒再召用。事見《史記．廉頗藺相如列傳》。

翻譯

歷經千古的江山，再也難找到像孫權那樣的英雄。當年的舞榭歌臺還在，英雄人物卻隨著歲月流逝早已不復存在。斜陽照著長滿草樹的普通小巷，人們說那是當年劉裕曾經住過的地方。回想當年，他揮著刀騎著戰馬領軍北伐、收復失地的時候是何等威猛！

然而劉裕的兒子劉義隆好大喜功，倉促北伐，卻反而讓北魏太武帝拓跋燾趁機揮師南下，兵抵長江北岸而返，遭到對手的重創。我回到南方已經有四十三年了，看著中原仍然記得揚州路上烽火連天的戰亂場景。怎麼能回首啊，當年拓跋燾的行宮外竟有百姓在那裡祭祀，烏鴉啄食祭品，人們過著社日，只把他當作一位神祇來供奉，而不知道這裡曾是一個皇帝的行宮。我依靠誰會來問，廉頗老了，飯量還好嗎？

知識要點

● 故事背景：宋寧宗嘉泰三年（西元一二〇三年）主張北伐的韓侂冑啓用時年六十四歲的辛棄疾，任紹興知府兼浙東安撫使。次年（西元一二〇四年）至前線鎮江任知府，努力做北伐的準備，明確斷言金政權必亂必亡。然而韓侂冑自恃抗金大業輕易可爲，又想獨善其功樹立個人威望而排斥辛棄疾等參與。寧宗開禧元年（西元一二〇五年）出守京口，辛棄疾二十三歲從山東起義南來，懷著一腔報國熱情，在南方四十三年，曾遭到投降派的排擠，現在又遭到韓侂冑打擊，爲恢復大業施展雄才大略的願望又落空了。這首詞就在這樣的時代背景處境下創作，表露憂慮之心。

● 敘述脈絡：英雄無覓→尋常巷陌，人道寄奴曾住→想當年氣吞萬里如虎→元嘉草草，烽火揚州路→憑誰問，廉頗老矣，尚能飯否。

● 故事後續：朝廷沒有採納辛棄疾的意見，韓侂冑輕敵冒進，大敗南逃，而失敗的原因竟都是辛棄疾所預言過的。開禧元年（西元一二〇五年）得不到信任的辛棄疾被彈劾解職，開禧三年（西元一二〇七年）含恨辭世。據說他臨終時還大呼：「殺賊！殺賊！」

● 歷代評論：楊慎云：「辛詞當以京口北固亭懷古永遇樂爲第一。」

陳廷焯云：「句句有金石聲音，吾怖其神力。」

《白雨齋詞話》稱辛棄疾為：「詞中之龍也，氣魄極雄大，意境卻極沉鬱。」

劉克莊《辛稼軒集・序》：「橫絕六合，掃空萬古，自有蒼生以來所無。」

● **知識重點：**

1. 這首詞是辛棄疾來到京口北固亭，登高眺望，懷古憶昔，所寫下的千古傳誦之作。內容包含作者抗敵救國的雄圖大志，寫作者對恢復大業的深謀遠慮和為國效勞的忠心兩方面。
2. 上片緬懷古人，感慨江山如舊而歷史興亡，人事已非，對英雄人物孫權、劉裕流露仰慕與崇敬之心。鏡頭由江山到孫仲謀處、由舞榭歌臺荒蕪到尋常巷陌，「想當年」的氣勢與今日「斜陽草樹」對比，顯現出「英雄無覓」的蒼涼與失望，反襯自己有志難伸空有英雄才略與野心，對於渺茫無望的未來，身後寂寞無名的憂心，在「雨打風吹去」的無情裡格外蒼涼。
3. 下片感歎現實，表示對北伐的意見。由氣吞萬里的劉裕，想到其倉促北伐的兒子劉義隆，藉元嘉之敗的歷史教訓，提醒當權者北伐要做充分準備，否則就會重蹈劉義隆的覆轍。接著用四十三年前所見金兵殺掠的事實，說明草率北伐可能帶來同樣的後果。「可堪回首，佛狸祠下，一片神鴉社鼓」三句扣合懷古，歸到自身，以廉頗自比，有心報國，惜不被重用。
4. 這首詞結合寫景、抒情、敘事、議論，形成深厚豐富的內涵，被譽為辛詞第一。其寫作特色有：

運用典故：如孫權、劉裕、劉義隆、拓跋燾、廉頗等人事蹟。

運用對比：劉裕的故居一片荒涼，生前轟轟烈烈的事業與身後的淒涼成為鮮明對照，不僅英雄人物難尋，連英雄業績也蕩然無存。

借古說今：如以劉裕自比。劉裕北伐，先滅山東的南燕，後滅陝西的後秦。辛棄疾所進〈美芹十論〉，也主張先取山東，才能得河北，否則中原不可復。又如借劉義隆元嘉冒險北伐，以致大敗，暗示韓侂胄之行。最後以廉頗自比，歎宋室不能進用人才。這些事例既追懷古人古事，又針對今人今事，使歷史與現實密切結合。

練習題

1. 下列敘述最接近「舞榭歌臺，風流總被，雨打風吹去。斜陽草樹，尋常巷陌，人道寄奴曾住」所隱含空有英雄才略無法伸展的心情是：

(A)對酒當歌，人生幾何？譬如朝露，去日苦多。慨當以慷，憂思難忘

(B)願君裁悲且減思，聽我抵節行路吟。不見柏梁銅雀上，寧聞古時清吹音？

(C)下馬飲君酒，問君何所之？君言不得意，歸臥南山陲。但去莫復問，白雲無盡時

(D)展花箋欲寫幾句知心事，空教我停霜毫半晌無才思。往常得興時，一掃無瑕疵。今日箇病厭厭，剛寫下兩個相思字

2.辛棄疾善於用典，下列關於本首詞典故與人物的配對，正確的是：

(A)金戈鐵馬，氣吞萬里如虎：劉義隆

(B)元嘉草草：劉裕

(C)封狼居胥：拓跋燾

(D)佛狸祠：廉頗

3.推想「憑誰問，廉頗老矣，尚能飯否」這句話，所表露的意思是：

(A)懷才不遇

(B)生活貧困

(C)年華老去

(D)無人可託

大考演練

甲、今大道既隱，天下爲家，各親其親，各子其子，貨力爲己。大人世及以爲禮，城郭溝池以爲固，禮義以爲紀。以正君臣，以篤父子，以睦兄弟，以和夫婦，以設制度，以立田里，以賢勇知，以功爲己。故謀用是作，而兵由此起。禹、湯、文、武、成王、周公，由此其選也。此六君子者，未有不謹於禮者也。以著其義，以考其信，著有過，刑仁講讓，示民有常。如有不由此者，在勢者去，眾以爲殃。是謂小康。（《禮記・禮運》）

乙、柏拉圖設想的理想社會，是由通曉眞理的「哲學家皇帝」統治，人們以職類分工實踐公義。馬克思的理想社會則是提供豐富的技術和物質資源，讓人們可以各自發展。儒家「大同」社會的基礎不同於上述，它預設的不是最佳的外在條件，而是無私的關愛精神：人們不僅照顧家人，也照顧家庭外的其他人；資源開發共享；賢能者被選出來爲「共善」工作；不同年齡層的需求都得到滿足，矜寡孤獨廢疾者也獲得安養。這其中沒有禮或法——即使存在也無須執行。但「小康」時代，無私的關愛精神減弱了，＿＿＿＿＿＿。不過，〈禮運〉並未將小康描述爲與大同相悖的滑落國度。小康的重要特徵在於禮，它不僅遏止不當行爲，也保持並促進大同的理

想。清代《禮記》學者孫希旦曾極具洞見地指出：儘管小康的制度主要是照顧私利，但同時也會提高生產力，最終還是大眾獲益；儘管統治者的權力爲世襲，但仍須按規範行事，否則會被趕下臺，結果還是才德兼備者爲公眾服務。就現實而言，大同已矣，小康並非通往大同的過渡階段，而是改採新做法來處理欠佳環境所面臨的問題。小康是保有大同精神的調節型理想，並部分實現了這個理想。（改寫自陳祖為《儒家致善主義——現代的政治哲學重構》）

1. 下列「大同」與「小康」的關係，何者符合乙文的看法？
(A)由小康進至大同，是社會演變的必然歷程
(B)從大同淪爲小康，人性的美好已蕩然無存
(C)小康固不及大同，仍維持安分有序的形態
(D)大同與小康皆優，均以嚴謹外在制度爲本　【107統測】

2. 依據甲文，乙文內關於「小康」的描述，何者不適合填入？
(A)行事強調家人與他人親疏有別
(B)以禮制儀則引導各種人際關係
(C)視城郭爲彼此隔閡而亟欲拆除
(D)爲維護利益而出現權術與爭鬥　【107統測】

3. 乙文認爲，「大同」的展現來自儒家的一個預設，亦即甲文的「大道」。下列《論語》文句，何者最能說明這個預設？
(A)君子泰而不驕
(B)克己復禮爲仁
(C)名不正則言不順
(D)博施於民而能濟眾　【107統測】

【跨領域觀看】：克勞塞維茲的《戰爭論》與《孫子兵法》

十九世紀普魯士軍事理論家克勞塞維茲（Carl von Clausewitz）的《戰爭論》被奉爲西方兵學經典，並與孫子相提並論。他主張戰爭是迫使敵人服從我方之意志的暴力行爲，也就是以暴力爲手段，達到屈服敵人意志、貫徹我們意志的目標。這種絕對暴力主義下，將暴力推到最大限度。

基於戰爭是國際間競賽的暴力行爲，故政治意圖是左右戰爭目標的主要因素，決定戰爭目標與手段。亦即政治不僅引起戰爭，而且支配戰爭，政治的性質決定戰爭的性質，但戰爭並非最終的目

的，只是政治的道具。

人民、軍隊、政府是戰爭三要素，這三個不同層次形成相互關聯，因此主張「目標集中，兵力集中」、「行動採取最大速度」等戰略原則，如拿破崙迅速使戰爭像一隻脫韁之馬奔馳到敵人屈服爲止。

西方的《戰爭論》認爲戰爭暴力是實踐政治目的的手段，但東方的《孫子兵法》並不主張戰爭，而認爲戰爭藝術不是百戰百勝，而是不戰就能制服對方：「是故百戰百勝，非善之善也；不戰而屈人之兵，善之善者也。」孫子強調以謀略贏得「全勝」，提出「故上兵伐謀，其次伐交，其次伐兵，其下攻城」的主張。《戰爭論》則強調「最大限度地使用暴力」，「用流血的方式解決危機，即消滅敵人軍隊」。

有道是「寧爲太平犬，莫作亂離人」，所有的戰爭都帶來無法預估的犧牲與破壞，像撒旦的詛咒讓同時代的人都陷入死亡、飢餓、流離顛沛的困境。安史之亂中，張巡爲守睢陽以擋安祿山順利過長江，在十三萬大軍重重圍攻下，死守十個月，城中初殺馬食，既盡，又親殺自己的愛妾給將士分食；而及婦人老弱，凡食三萬口。

改朝換代的新王朝，侵略權力擴張多建立於流血漂櫓的殺戮之上，戰國時期諸侯攻伐頻仍，秦採納商鞅的建議，將爵位制定爲二十個等級，戰士靠獻首級立功。據《史記．白起王翦列傳》記載：秦國大將白起率軍在伊闕擊敗韓魏聯軍，斬獲首級二十四萬，與趙國大將賈偃交戰獲勝後，將對方的二萬俘虜投入黃河、進攻韓國斬首五萬、趙長平之役活埋四十萬俘虜。

其實，戰爭的目的是和平，軍事的勝利是達成和平的手段。爲了國家興亡不得不戰，爲了正義必須一戰。辛棄疾面對金人攻占北方國土，徽、欽二帝蒙塵，滿腔熱血卻始終未能得到南宋朝廷的重用，而無法實現北伐的夙願。這是宋高宗稱臣的政治決策所致，雖鞏固了南宋在中國南方的統治，並與金朝形成南北對峙之局面，但畢竟是偏安江左，讓北方百姓陷入被異族統治的黑暗之中。

一一〇、尚節亭記

明 劉基

夫節之時義①，大易備矣②，無庸③外而求也。草木之節，實枝葉之所生，氣之所聚，筋脈所湊④。故得其中和，則暢茂條達，而爲美植；反之，則爲樠⑤爲液，爲癭腫⑥，爲樛屈⑦，而以害其生矣。是故春夏秋冬之分至，謂之節；節者，陰陽寒暑轉移之機⑧也。人道有變，其節乃見；節也者，人之所難處也，於是有中焉⑨。故讓國、大節也，在泰伯⑩則是，在季子⑪則非；守死⑫、大節也，在子思⑬則宜，在曾子⑭則過。必有義焉，不可膠⑮也。擇之不精，處之不當，則不爲暢茂條達，而爲樠液、癭腫、樛屈矣。不亦達哉？

注釋

① 時義：時代意義。

② 大易備矣：《易經》的解釋已很完備。

③ 無庸：無須，無用。

④ 湊：音ㄘㄡˋ，聚攏，聚合。

⑤ 樠：音ㄇㄢˊ，植物名。一種樹木，樹心似松。比喻材質疏鬆。

⑥ 癭腫：樹木上突起的贅瘤。癭，音ㄧㄥˇ。

⑦ 樛屈：彎曲。樛，音ㄐㄧㄡ。

⑧ 機：時機，關鍵。

⑨ 中焉：適中與否。

⑩ 泰伯：周太王長子，有弟仲雍、季歷。泰伯知父親欲立季歷及孫子昌，於是主動把王位讓了出來，自己則以採藥為名與仲雍奔荊蠻，將王位讓季歷，建立吳國。孔子曾經說過：「泰伯其可謂至德也已矣，三以天下讓，民無得而稱焉。」

⑪ 季子：春秋吳王壽夢幼子季札，吳王以其賢而欲立為王，不受，避居於鄉野。兄長繼王位，死後，季札被封延陵，派使者迎季札繼承王位，季札不去，反而逃走。王位最後由壽夢庶長子吳王僚繼承，公子光不服，殺之，即位為吳王闔閭，吳國成為春秋五霸之一。

⑫ 守死：遵守死者的遺命。

⑬ 子思：即孔伋，孔子之孫。居於衛，穿縕袍，二旬而九食。田子方使人送狐白之裘，子思辭而不受。後用以形容君子固窮，

以死守節。

⑭曾子：曾參，春秋魯國人，孔子弟子，事親至孝。曾在除草時失誤斷其根，父怒，援杖擊之，幾乎死亡。不久甦醒，鼓琴而歌。孔子聞之，告門人曰：「參來勿內也。小杖則受，大杖則走。今參陷父不義，安得為孝乎？」參聞之，遂造孔子謝過。

⑮膠：黏合，此指固守、拘泥不知變通。

翻譯

關於「節」字的含義，在《易經》裡，已解釋得十分充分，用不著另外再尋求解釋。花草樹木的節，確實是從枝葉所生的地方，生氣聚集在那裡，筋脈也匯聚在那裡。所以，得到節的中和之道，就可以暢旺茂盛，枝條通達，長成美好的植物；得不到這個中和之道，就變爲流出汁液、生出贅瘤、枝幹彎曲的壞草木，因而戕害了它的生命。因此一年的春分、秋分、夏至、冬至被稱作節氣；所謂節氣，就是陰陽寒暑轉移的時機。在人生旅途中遭到變故，人的節操就會顯露出來；所謂節操，是人很難表現到恰到好處，於是有所謂合乎中庸的標準。所以辭讓繼任國王之位，這件事是大節，在泰伯就做對了，在季子就沒做對；堅持自始不變，防守國土盡忠犧牲，這也是大節，子思這樣做就適宜了，但曾子那樣做就太過了。必定要看看怎樣才能合乎義，不可固執。分辨得不精細、處理得不適當，就不能暢達通順，而變成流出汁液、生出贅瘤、枝幹彎曲的了。這不就差太遠了嗎？

知識要點

● 故事背景：會稽黃中立喜歡種竹子，爲了取它有節的意思，在竹林裡建築了一所亭子，命名爲「尚節亭」，作爲讀書、遊藝的地方，淡泊度日。劉基見之心喜，而作此文推演古人栽種花草樹木有所取義，或比擬美好的德行以自勵，或懲戒私情而警惕，而聚焦於「節」字闡發黃中立命亭之意，抒寫個人懷抱，是臺閣名勝一類的記文。

● 敘述脈絡：草木之節，氣之所聚影響成長→春夏秋冬之分至，是陰陽寒暑轉移的關鍵→人的節操在變故時顯現，如泰伯和子思（正例）、季子和魯子（反例）→選擇精當則生存安適得體。

● 歷代評論：《明史．劉基傳》傳稱：「所爲文章，氣昌而奇，與宋濂並爲一代之宗。」《四庫全書總目提要》：「其詩沉鬱頓挫，自成一家，足與高啓相抗。其文閎深肅括，亦宋濂、王褘之亞。」

● 知識重點：

1. 劉基以寓言聞名，所作說理散文犀利而明確，本文為其代表作。文章先設定範圍，表示不重複既有論釋，而緊扣植物的節是生長美惡的關鍵，由自然之道發展至人生之道，藉層層遞進的方式推之於人臨變故所表現出來的節操，突顯其所欲強調的處世態度。

2. 儒家重視仁義，節操守節是義的表現，也是檢驗人格，辨識是君子或小人的標準。孔子說：「見利思義，見危授命，久要不忘平生之言，亦可以為成人矣。」曾子說：「臨大節而不可奪也。君子人與？君子人也。」面臨生死存亡的緊急關頭而不動搖屈服，絕不屈服，這就是具有君子品格的人。孟子說：「富貴不能淫，貧賤不能移，威武不能屈，此之謂大丈夫。」足見節操是完人、君子、大丈夫的必要條件。

3. 本文特殊處在於不全然讚許合乎中庸之道的節，提出過猶不及的觀念，認為固守節義而不知變通，堅持而不顧大局是「擇之不精，處之不當」，其後果將如流出汁液、生出贅瘤、枝幹彎曲的植物，不可以為美，因此他批判季札讓國、曾子任父親怒打，讚許泰伯、子思守義持節不拘泥於形式，方是通達之行。

4. 季札又稱「延陵季子」，季札掛劍的故事尤為後人稱頌，司馬遷讚美他是「見微而知清濁」的仁德之人。曾子是大孝之人，列為宗聖，但劉基於此文提出不同的論點，提供評人論事不同角度的思考與觀察。

練習題

1. 下列最能概括本段意旨的敘述是：
(A)夫節之時義，大易備矣，無庸外而求也
(B)必有義焉，不可膠也。則不爲暢茂條達
(C)草木之節，實枝葉之所生，氣之所聚，筋脈所湊
(D)春夏秋冬之分至，謂之節；節者，陰陽寒暑轉移之機也

2. 下列有關本文文意的說明，正確的是：
(A)植物有節則暢達蓬勃，人也應有權位財富才是飛黃騰達
(B)在寫作技巧上，從自然到人事，由歸納到正反對比的演繹
(C)援引泰伯、子思，季子、曾子說明守住大節，才能萬古流芳
(D)竹解虛心是我師，但必須選擇精準，處置適當，才能凜然不可奪

3. 下列與「人道有變，其節乃見」無關的是：
(A)不義而富且貴，於我如浮雲
(B)不患人之不己知，患不知人也
(C)人生自古誰無死，留取丹心照汗青
(D)粉骨碎身渾不怕，要留清白在人間

大考演練

1. 閱讀下文，推斷何者最接近作者的想法？

你的書齋也許華貴，而我的則簡樸，但我不愛你的華貴而愛我的簡樸。它因爲是在天底下，光線富足；因爲在山腰，居高臨下，前邊的山川、田園、村莊、雲煙、竹樹、人物，盡收眼底，眺望絕佳。你的書齋把你局限在斗室中，使你和外界隔絕；而我的書齋既無屋頂又無牆壁，它就在空曠偉大的天地中，與浩然之氣相往來，與自然成一整體。（鍾理和〈我的書齋〉）

(A)處林泉之下，須要懷廊廟的經綸
(B)談山林之樂者，未必眞得山林之趣
(C)草際煙光，水心雲影，閒中觀去，見乾坤最上文章
(D)濟世經邦，要段雲水的趣味，若一有貪著，便墮危機

【105統測】

【跨領域觀看】：中國傳統園林中的藝術與哲學

中國園林以山、石、水、植物、建築五大元素爲主，集建築、書畫、雕刻、文學、園藝等精華，形成納天地和諧之意境與對自然山水象徵和想像；合主／客、先／後、上／下、正／奇、柔／剛、陰／陽、動／靜於其中的哲學與倫理觀。

中國古典園林結合崇拜自然思想、君子比德思想、神仙思想。相傳秦始皇、漢武帝都曾登渤海丹崖山求仙，賜名「蓬萊仙境」，此後各朝各地以蓬萊爲名宮樓閣軒不計其數。帝王名苑如秦上林苑、漢建章宮，莫不將名山大川與寓德長生意象嵌入其間。

魏晉南北朝玄學之風下，文人雅士寄情山水，田園詩和山水畫、造園藝術，促使隋、唐、五代、宋各朝園林大興。在亭臺樓閣、軒榭廊舫各類精緻細巧的點綴下，藉池水花柳之景添綺麗嫵媚之姿，取石爲山、白石爲道、小橋曲徑，使園林成爲宜賞春觀月、賦詩吟歌、會友高談的空間。

建築是思想心靈的投射，是哲學內在的延伸，是以亭臺命名的背後是一段生命特殊的際遇，在此處境中的思考與選擇。歐陽脩以「醉翁之意不在酒，在乎山水之間也」，命醉翁亭，寄寓對滁州之情與順處逆境之心；蘇軾超然臺、快哉亭也隱含由此及彼、抒發感情、點化議論之意。

文人雅士故事與作品賦予建築的不僅是風流韻事的美感，更是後人憑弔懷思的追索，如伯牙和鍾子期相遇以「高山流水」而知音之處，有古琴臺。因爲時有鸛雀棲息而名的鸛雀樓，因爲「白日依山盡，黃河入海流。欲窮千里目，更上一層樓」，這首詩使它從軍事瞭望樓復建成現存最大的仿唐建築。滕王閣，因王勃詩句「落霞與孤鶩齊飛，秋水共長天一色」而流芳後世。蘇州拙政園中的與誰同坐軒，取自蘇軾的〈點絳脣．閒倚胡床〉：「與誰同坐？明月清風我。」

在山石自然的外在文化意涵之外，藉由匾、聯、碑、碣等點明主題，突顯內在形象是充滿文學的活動。《紅樓夢》第十七回：「大觀園試才題對額，榮國府歸省慶元宵」中，眾人想借歐陽公〈醉翁亭記〉「有亭翼然」名爲「翼然」，或「瀉於兩峰之間」名爲「瀉玉」，都被賈政否決，直到寶玉道：「用『瀉玉』二字，則不若『沁芳』二字，豈不新雅？」賈政拈鬚點頭不語。眾人都忙迎合，稱讚寶玉才情不凡。接著在賈政要求作一副七言對下，寶玉應口答道：「繞堤柳借三篙翠，隔岸花分一脈香。」賈政聽了，點頭微笑，眾人又稱讚一番。

這是賈政當眾人面前考核寶玉，也讓讀者明白寶玉之才，而非等閒之輩。處於元末亂世的劉基，在〈尚節亭記〉中由植物之節談到做人之節氣，正是以德比附，藉命亭之舉暗諷當局，提出論點。

一一一、騾說

清　劉大櫆

乘騎者[1]皆賤騾而貴馬。夫煦之以恩[2]，任其然而不然，迫之以威使之然，而不得不然者，世之所謂賤者也。煦之以恩，任其然而然，迫之以威使之然，而愈不然；行止[3]出於其心，而堅不可拔者，世之所謂貴者也，然則馬賤而騾貴矣。

雖然，今夫軼④之而不善，檟楚⑤以威之而可以入之善者，非人耶？人豈賤於騾哉？然則騾之剛愎自用⑥，而自以爲不屈也久矣。嗚呼！此騾之所以賤於馬歟？

注釋

①乘騎者：乘坐牲口的人，文中暗指執政者。乘騎，乘坐。
②煦之以恩：即「以恩煦之」的倒裝句，意謂施以恩惠而使他感到溫暖。煦，音ㄒㄩˇ，溫暖。
③行止：指行為舉動，猶言「動靜」、「進退」。
④軼：通「逸」，放任，放縱。
⑤檟楚：用來鞭打人畜的木棍。檟，音ㄐㄧㄚˇ。
⑥剛愎自用：傲慢固執，自以為是。剛，謂個性強。愎，固執。自用，主觀而實行自己的主張。

翻譯

騎乘牲口的人，總是不大看重騾子，而比較重視馬。人類運用施以恩惠使牠感受溫暖，放任牠自由發揮，牠卻偏不這樣；用威勢強迫牠這樣做，命令牠照著做就不得不如此，這就是世俗所認爲低賤的動物。施以恩惠使牠感受溫暖，放任牠自由發揮就會好好地這樣做；用威勢脅迫牠這樣做，越是命令牠照著做，牠就越是唱反調偏不這樣做，一切行爲動靜行止完全隨心所欲，而且意志堅定，不可動搖，這是世俗所謂高貴的動物。如此說來，應該是馬低賤而騾高貴了。

話雖這麼說，現在放縱騾子，牠卻表現不佳，拿木棍鞭打牠威嚇牠，卻可以使牠向善變好，這不就是我們人嗎（要有刑罰，才肯從善）？人難道比騾子低賤嗎？不過，騾的脾氣倔強固執，自行其是，又自認爲永不屈服，這個性由來已久了。唉！這就是爲什麼騾子比馬低賤的原因吧！

知識要點

● 敘述背景：劉大櫆一生懷才不遇，屢試未遂，鬱鬱不得志，因而形成扎在仕進與退隱之間、把持操守、不迎合流俗、堅不可拔的性格，滿腔不平之意，盡融於賤馬貴騾的字裡行間！

● 敘述結構：起——（在上位，指君）乘騎者皆賤騾而貴馬，承——（以世人觀點而論）馬賤而騾貴，轉——說明人之所賤：「今夫軼之而不善，檟楚以威之而可以入之善者，非人耶？」合——說明騾賤馬貴的原因：「騾之剛愎自用，而自以爲不屈也久矣」。

● 歷代評論：劉大櫆主張爲文應當「明義理、適世用」，與方苞、姚鼐合稱「桐城三祖」。

知識要點：

1.「說」，是解釋義理、申述己見的文體。騾說以動物擬人，用以喻說人事，為託物寓意的小品文。

2.人才如何培養、如何發現拔擢、如何有效運用一直是歷代學者關切者。王充提出才學和品德並不是受到賞識和重用的必要條件，韓愈的〈馬說〉、岳飛的〈良馬對〉、龔自珍的〈病梅館記〉、曾國藩的〈原才〉和本文都談論人才問題。

3.作者藉騾來喻說人事，開宗明義揭舉世人論點：「乘騎者皆賤騾而貴馬」，繼而向世俗觀念展開攻勢，提出「騾貴馬賤」的主張，藉何謂貴、何謂賤的對照、辯證，指陳世人盲點並提出個人獨特的見解。

4.作者借題發揮，（藉世人觀點）反襯「騾賤馬貴」之說的謬誤。以馬喻世人，以騾的「剛愎自用，而自以為不屈也久矣」自我評價，認為「騾貴」，是因為騾「行止出於其心」、「堅不可拔」、不肯向威勢屈服的特性；馬賤的理由是「任其然而不然，迫之以威使之然，而不得不然者」，因此不足以為貴。

練習題

1.下列敘述，最符合本文主旨的是：
(A)人才難辨，無法強迫
(B)馴服之難，無法管理
(C)威勢可懼，能安定人心
(D)剛柔並濟，能長治久安

2.下列有關文意的敘述，正確的是：
(A)以「乘騎者」比喻當政者，「馬」比喻世人，「騾」自比
(B)「行止出於其心，而堅不可拔者」一方面指馬，另一方面也是作者寫照
(C)作者以「櫝楚以威之」，暗喻人才當如馬因畏懼而服從管教，才能被尊重
(D)「煦之以恩，任其然而不然者」，說明當政者應善待人才，並給與發揮空間

3.根據本文，下列有關貴賤的說明，正確的是（多選）
(A)就實用價值而言，馬容易被馴服，適合作爲坐騎，因此「乘騎者皆賤騾而貴馬」
(B)就管理者而言，「煦之以恩，任其然而不然」，不如「軼之而不善，櫝楚以威之而可以入之善者」
(C)就自主性而言，難以藉外力馴服、心志不容易改變的騾，反倒彰顯其尊嚴與可貴性，以此論之，則「馬賤而騾貴」
(D)就作者而言，「剛愎自用，而自以爲不屈」，「行止出於其心，而堅不可拔」是人才之所以尊貴的原因
(E)就哲學而言，貴與賤，表面看似相對，實際卻非絕對，世

俗之人往往視桀驁不馴者爲威武不屈；而才智之士卻又每每恃才傲物，以爲事事都應該遷就他，但爲人處世應該要有爲有守，進退有方，才不致流於剛愎自用

【大考演練】

一月底，跟隨無線電訊號來到溪邊的山腰，大約傍晚六點，濃密枝叢中傳來的「嗚呼……」透露令人驚喜的祕密——原來，我們追蹤的母黃魚鴞是有夫之婦！在人們準備迎接農曆新年的同時，黃魚鴞夫婦也爲了新生命而忙碌。

全世界逐水而居的魚鴞只有七種，其中四種住在亞洲。黃魚鴞雖是臺灣體型最大的貓頭鷹，但比起亞洲魚鴞的大哥大——毛腳魚鴞仍矮上一個頭。一個黃魚鴞家庭所需的溪段長達五至八公里，且周邊要有廣大的原始林方能維生。藏身隱密加上分布密度低，無怪乎牠們是臺灣目前最晚被發現的留鳥。

黃魚鴞＿＿＿＿＿＿＿。低沉的「嗚呼……」是最常聽到的叫聲，由公鳥先鳴，母鳥隨即附和。另一種常聽到的叫聲則在巢樹邊。完成配對的母鳥約在二月底產卵，入夜後的低溫使母鳥必須寸步不離地孵卵，甚至長達四十個小時窩在巢中，以確保辛苦誕育的小生命不致失溫死亡。因此，當公鳥在巢位附近「嗚呼……」，母鳥便發出音頻二千至六千赫茲的長哨音「咻……」，似乎在告訴公鳥：「餓啊！」那一年，是我們首次完整觀察黃魚鴞的育雛過程，許多夜裡按牠們的習性日入而作，守在巢樹附近熄燈聽著猶如沖天炮的「咻……」，偷偷記錄牠們的一點一滴。

黃魚鴞位在溪流食物鏈的頂層，故能反映棲地環境的健康與否。日本北海道的毛腳魚鴞被阿依努族奉爲守護神，其實，臺灣的黃魚鴞也一直在每年春節施放沖天炮，默默爲我們的生態環境祈福。（改寫自汪辰寧〈黃魚鴞的新年祈福〉；孫元勳、吳幸如《暗夜謎禽黃魚鴞》）

1. 依據上文，下列關於黃魚鴞的敘述，何者正確？【107統測】
(A)是亞洲最大型的貓頭鷹
(B)每年冬季飛至臺灣棲息
(C)公鳥與母鳥會輪流孵雛
(D)以溪流爲主要獵食場所。

2. 若依上文與下圖，敘寫＿＿＿＿＿＿內的文字，何者最爲貼切？

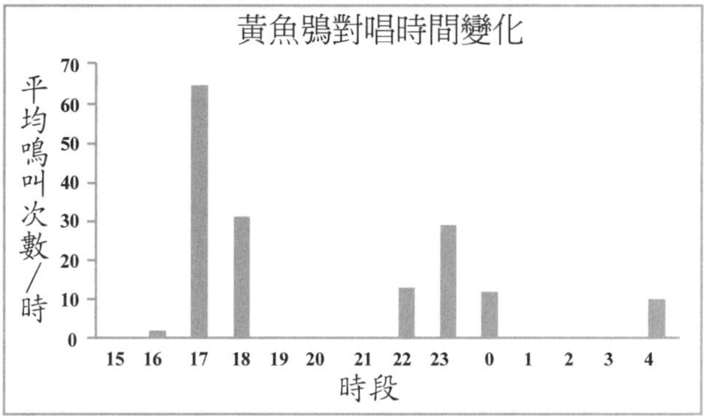

(A)夜晚活動，日出後以頻繁的鳴唱準備進入夢鄉
(B)夜晚安眠，日出時以頻繁的鳴唱揭開活動序幕
(C)白天活動，半夜後以頻繁的鳴唱準備進入夢鄉
(D)白天安眠，黃昏時以頻繁的鳴唱揭開活動序幕 【107統測】

3. 生態寫作中，作者有時會「運用想像，將個人的情感投射於動物身上，讓動物也彷彿對自然環境有所關懷」。在上文中，何者最符合這樣的表現手法？
(A)黃魚鴞在每年春節施放沖天炮爲生態祈福
(B)黃魚鴞家庭需要五至八公里的溪段維持生活
(C)母黃魚鴞的「嗚呼……」透露牠是有夫之婦
(D)母黃魚鴞的「咻……」意在告訴公鳥「餓啊」 【107統測】

【跨領域觀看】：人才心理與用才哲學

你聽過貿易戰、經濟戰、資訊戰，但可能不知道目前最熱門的是人才戰。許多經濟總體指標指出企業、公司成功的關鍵在是否擁有頂尖的人才、培養具使命感的敬業員工。

但你可知人才具有哪些基本特質？心裡期待的是什麼？如何才能招攬人才？

韓愈〈馬說〉：「一食或盡粟一石」，岳飛〈良馬對〉：「日啗芻豆數斗，飲泉一斛，然非精潔即不受」，都以千里馬食量、在乎食物精緻乾淨來顯示其胃口不凡，暗示他以智力交換的待遇、地位、資源必須充裕優渥。

千里馬「介而馳，初不甚疾，比行百里，始奮迅，自午至酉，猶可二百里，褫鞍甲而不息不汗，若無事然」，這段敘述落實千里馬的速度與持久力，這是「受大而不苟取，力裕而不求逞，致遠之材也」，也是人才之所以可貴的原因，他有遠見器識、沉穩的定力和豐厚的學養。

但是人才就像〈騾説〉所指，因爲自負而個性倔強不屈，脾氣孤傲不群，如果在位者「食馬者不知其能千里而食也」、「食不飽，力不足」、「策之不以其道，食之不能盡其材，鳴之而不能通其意」，人才將無法表現其特質，而被困於人力使役之中，抑鬱而終。

優秀人才因爲懷抱「遠大理想、高尚情操、堅強意志、卓越才能、良好的待人接物風度以及強烈的自我意識」，因此深具自我覺察力、自信心和理想。就像諸葛亮等待劉備三顧茅廬，等待認同〈隆中對〉之君主才出仕，人才的心理追求的是馬斯洛最上層的榮譽和成就。如果在位者不能禮賢下士，不能充分授權，提供資源使逞長才，而使人才自尊受挫、行事掣肘，便難以濟世。

人才是企業主要資產，也是國家競爭力的引擎，何以當權者無法用才？劉大櫆歸其因在人才會挑戰權威，難以駕馭「迫之以威使之然，而愈不然」，如此將無法滿足當權者唯我獨尊的虛榮心與驕傲。其次人才創見之高、能力之強在眾人之上，一眼看破當權者的心思、問題而又智在其上，讓當權者自尊心受挫，情感上飽受挫折。

領導的智慧與才幹，主要體現在他用人的能力上，《向唐太宗學管理》一書歸納了唐太宗的用人原則，其中之一就是「要人才，不要奴才」。太宗秉持「爲政之要，惟在得人」，故選賢任能，廣納百川，不論親疏，不避怨仇，不問出身；用人不疑，疑人不用，廣開言路，虛懷納諫。馬雲本身不會寫程式，不懂網路、投資，因爲網羅各方菁英成就了阿里巴巴，足見善用人才如虎添翼。馬雲用人的八招術是：用三種人——用內部超越自己的人、平時用對公司價值觀有認同感的人、關鍵位置用最優秀的人；五招管人術——相信你邊上的人、用人信任人、學會淘汰、要能幹也要聽話、不要經常跳槽的員工。由古今成功之例，足見人才之心在有實現理念的版圖，用人才之道在開張聖聽，從善如流，尊之重之。

一二一、梅花嶺記

清 全祖望

或曰：「城之破也，有親見忠烈青衣烏帽①，乘白馬，出天寧門投江死者，未嘗殞②於城中也。」自有是言，大江南北，遂謂忠烈未死。已而英、霍山師大起③，皆托忠烈之名，彷彿陳涉之稱項燕④。吳中孫公兆奎⑤，以起兵不克⑥，執至白下⑦。經略洪承疇⑧與之有舊，問曰：「先生在兵間，審知故揚州閣部史公果死耶？抑未死耶？」孫公答曰：「經略從北來，審知故松山殉難督師洪公果死耶？抑未死也？」承疇大恚⑨，急呼麾下⑩驅出斬之。

嗚呼！神仙詭誕之說，謂顏太師⑪以兵解⑫，文少保亦以悟大光明法⑬蟬蛻⑭，實未嘗死。不知忠義者聖賢家法⑮，其氣浩然，長留天地之間，何必出世入世⑯之面目？神仙之說，所謂「爲蛇畫足」⑰。即如忠烈遺骸，不可問矣；百年而後，予登嶺上客述忠烈遺言，無不淚下如雨，想見當日圍城光景。此既忠烈之面目宛然⑱可遇，是不必問其果解脫⑲否也，而況冒其未死之名者哉！

注釋

① 青衣烏帽：平民便服。

② 殞：音ㄩㄣˇ，死亡。

③ 英、霍山師大起：英山、霍山，皆安徽省山名。英山和霍山軍隊大義起兵反抗清朝，以史可法未死的名義號召群眾，後為清將吳勝兆所敗。

④ 陳涉之稱項燕：當時傳說燕未死，於是陳涉假稱項燕尚在，藉以號召。陳涉，名勝，秦陽城（今河南省登封縣東南）人。楚、漢之際，陳涉、吳廣「詐稱公子扶蘇、項燕」的策略，掌握人心。項燕乃戰國時楚國名將，為秦將王翦所圍，自殺身死。

⑤ 吳中孫公兆奎：吳中，舊蘇州府署的通稱（今江蘇省蘇州市）。

孫兆奎，明亡後，與同鄉吳日生起兵抗清，號「孫吳軍」，兵敗，為清將吳勝兆所擒。

⑥不克：失敗。克，戰勝。

⑦白下：江寧（今南京市）的別名。

⑧經略洪承疇：明末清初晉江人。與清兵戰於松山，兵敗降清，清初開國制度多由其擬定，官至七省經略、武英殿大學士。在他初被清軍俘獲時，傳說他已經殉難，明朝朝廷曾經祭弔他，所以下文有「故松山殉難督師……」的話。

⑨大恚：大怒。恚，音ㄏㄨㄟˋ。

⑩麾下：將帥的部屬。麾，音ㄏㄨㄟ，用來指揮的旗子。

⑪顏太師：顏真卿，唐代京兆萬年（今陝西省西安市）人。為人方正鯁直，長於書法，筆力醇厚勁拔，號為「顏體」。因倡議平定安祿山之亂有功，封魯國公，唐德宗時，藩鎮李希烈叛亂，顏真卿奉敕往諭，被執不屈，罵賊而死。

⑫兵解：道家稱得道而死為「尸解」，死於兵刃者為「兵解」。兵，兵器。解，捨去軀殼而成仙。據宋代李昉《太平廣記》，顏真卿死後十餘年，其僕在洛陽曾見真卿衣長白衫，在佛殿上坐，因此當時盛傳顏太師已解脫成仙。

⑬文少保悟大光明法：相傳文天祥在獄中遇見靈陽子，授以大光明正法，解脫成佛。佛經裡說，釋迦前世是個國王，稱「大光明」，以頭布施，後世成佛。文天祥在獄中有詩句：「誰知真患難，忽遇大光明。」後人就附會他悟大光明法而成佛。文天祥（西元一二三六—一二八二年），字履善，號文山，宋吉州廬陵（今江西省吉安縣）人。元兵南下，天祥募兵勤王，拜右相，封信國公。後兵敗被擒，獄中作〈正氣歌〉以明志，不屈而死。

⑭蟬蛻：像蟬脫殼一樣遺下了軀殼，喻人脫去軀殼，得道成仙。蛻，音ㄊㄨㄟˋ。

⑮家法：世代相傳的法則。

⑯出世入世：出世指成仙成佛，入世指在俗為常人。

⑰為蛇畫足：比喻多此一舉或無中生有。

⑱宛然：彷彿。

⑲解脫：佛家稱解除一切塵俗之牽累為「解脫」。

翻譯

有人說，當揚州城被攻破時，有人親眼見到史可法穿著青衣，戴著黑帽，騎著白馬，跑出天寧門投江而死，其實不曾死在揚州城內。自從有了這個說法以後，全國各地都傳說史可法並沒有死。不久在英山、霍山一帶起義抗清的軍隊迅猛發展，都假託史可法的名義號召群眾，好像秦朝末年陳涉假託楚國名將項燕的名義來反抗暴秦一樣。吳江縣孫兆奎因起義抗清失敗，被押送到南京。當時擔任經略的洪承疇和他有老交情，問他說：「你在軍隊中，知道前揚州閣部史可法果真死了嗎？還是沒死？」孫兆奎回答說：「你從北邊來，知道在松山戰役殉節的督師洪承疇果眞死了嗎？還是沒死？」洪承疇聽了大怒，急忙命令部下把他拖出去斬首。

唉！這種成神成仙詭異荒誕的說法，如傳說顏眞卿死於兵刃而脫離軀殼成仙，文天祥也由於領悟大光明法而脫離軀殼成仙，其實不曾死亡。殊不知忠義是聖賢世代相傳的法則，忠烈之士的浩然之氣將永遠留存於天地之間，又何必在意他們是成仙成佛或在世俗爲常人的表象呢？這種神仙的傳說眞是所謂「畫蛇添足」，多此一舉。就好像史可法的屍骨雖無法找到，但在百年之後，我登上梅花嶺，與友人談起史可法的遺言，當場沒有一個人不淚如雨下的，想像中彷彿見到當時揚州城被包圍的情景，這時，就彷彿可以看見忠烈公的面貌一樣。因此實在不必要再探究史可法是否眞的死了，更何況是假託史可法未死的名義來號召的事，更是沒必要啊！

知識要點

● 故事背景：

1. 聖祖順治二年（西元一六四五年）乙酉四月，江都圍急。史可法知勢不可爲，集諸將誓言與城同生死。二十五日，城陷，史可法拔刀自裁，諸將爭前抱持之。至小東門，大兵如林而立，被執至南門，和碩豫親王以先生呼之，勸之降，史可法大罵而死。後人找不到其屍骸，而以衣冠葬於江蘇揚州梅花嶺。
2. 全祖望曾七次到揚州調查訪問歷史事蹟，這篇文章寫作時距離史可法殉難（西元一六四五年），剛好一百年。全文以「梅花嶺」爲主軸，將史可法和其他人物的英烈事蹟串連起來，並以「梅花如雪，芳香不染」的特質來象徵其節操。

● 敘述脈絡：城破，有人見史可法出天寧門投江→傳言未死，藉其名起兵，洪承疇疑之→忠義是聖賢家法，浩然正氣自留天地→登梅花嶺想見其事，其人如在目前。

● 故事後續：「那一年梅花似雪全爲你戴孝／烈士血濺過的國土／就種下你身外的衣冠／也迸得出／發得出／噴灑得出／這千樹清香逆風的剛烈／城破時你火燙的頭顱／赤裸裸昂向四面的刃鋒……城破了，國破了，一切，都破了／……說你亂兵裡並未遇難／過了屠城最長的十夜／生還者爭論當日誰見你／一頭白馬騎著，烏帽，青衣／遠出天寧門而去的身影／從英山到霍山你的威靈／每一陣風來都隨旗飄動／不絕的風吹不降的旌旗／不同的旌旗同一個方向／指著北京岌岌的城垛／飄啊，從梅花嶺上到黃花崗上」（節錄余光中〈梅花嶺——遙祭史可法〉）

● 歷代評論：梁啓超曾說：「若問我對於古今人文集最愛讀某家，我必舉《鮚埼亭集》爲第一部了。」胡適說：「謝

山是古文大家，他的文章是不容易仿造的。」（全祖望字紹衣，號謝山，著《鮚埼亭集》）

知識重點：

1. 以「梅花嶺記」為題，藉著憑弔梅花嶺上的史可法墓抒發感慨，否定「蟬蛻未嘗死」的怪誕之說，說明求仁取義本是聖賢名訓，其堅強不屈的民族氣節，浩然正氣自會充塞於天地之間。
2. 此段敘述分三個部分，一是史可法未死的傳聞，反映當時人民的願望，以及假託其名興起地方義師，藉以突顯史可法雖死但其忠義精神的感召力量仍無遠弗屆。另一是孫兆奎與洪承疇的對話，最後是顏真卿、文天祥與史可法類比，明指「神仙詭誕之說」為「為蛇畫足」，多此一舉，進而說明史可法為忠義而死，精神自已不朽，形體是否存在已無影響，並舉登嶺感受輔證。
3. 全文以史可法殉難為線索，結合記敘、抒情、議論。筆法上對比氣勢與意義，如孫兆奎的譏諷嘲謔的質問，與洪承疇惱羞成怒的狼狽，揭示賣國賊的卑劣，反襯史可法的民族氣節。此外史公殉國後的種種傳說，「未嘗殞於城中也」，為後面「神仙詭誕之說」埋下伏筆，讓事理分明，節奏有度。
4. 全祖望的學問，上承黃宗羲而來，主張經世致用之學，博通經史，為清代浙東史學名家。生平服膺黃宗羲，致力於史傳，尤於表章節義，不遺餘力。嘗謂：「史臣不立節烈傳，所當立傳者何人？」此文集中於史可法殉難的忠烈義行，表達追念、崇敬之情，並以洪承疇諷刺當時媚清求榮之人，可與方苞〈左忠毅公軼事〉、顧炎武〈廉恥〉相互印證。

練習題

1. 全祖望認爲神仙詭誕之說是爲蛇添足的原因是：
(A)顏太師以兵解
(B)文少保亦以悟大光明法蟬蛻
(C)出世入世之面目，宛然可遇
(D)忠義之氣浩然，長留天地之間
2. 下列何者與「此既忠烈之面目宛然可遇，是不必問其果解脫否也，而況冒其未死之名者哉！」句型相同的是：
(A)巫醫、樂師、百工之人，君子不齒，今其智乃反不能及，其可怪也歟
(B)況乎視之以至疎之勢，重之以疲敝之餘，吏之戕摩剝削以速其疾者亦甚矣
(C)人恆過，然後能改；困於心，衡於慮，而後作；徵於色，

發於聲，而後喻

(D)然則北通巫峽，南極瀟、湘，遷客騷人，多會於此，覽物之情，得無異乎

3.下列有關本文的說明，正確的是：

(A)「已而英、霍山師大起，皆托忠烈之名」是因為其興兵抗清是忠烈之舉

(B)洪承疇問：「故揚州閣部史公果死耶？抑未死耶？」是因為傳言史可法未死

(C)「承疇大恚，急呼麾下驅出斬之」的原因是孫兆奎乃戰敗之俘虜，理當致死

(D)「城之破也，有親見忠烈青衣烏帽，乘白馬，出天寧門投江死者，未嘗殞於城中也。」此傳說因為市井流行八卦

【大考演練】

1-2為題組。閱讀下列甲、乙二文，回答1-2題。

甲、人面原不如那紙製的面具喲！你看那紅的、黑的、白的、青的、喜笑的、悲哀的、目眦怒得欲裂的面容，無論你怎樣褒獎，怎樣棄嫌，它們一點也不改變。紅的還是紅，白的還是白，目眦欲裂的還是目眦欲裂。人面呢？顏色比那紙製的小玩意兒好而且活動，帶著生氣。可是你褒獎他的時候，他雖是很高興，臉上卻裝出很不願意的樣子；你指摘他的時候，他雖是懊惱，臉上偏要顯出勇於納言的顏色。人面到底是靠不住呀！我們要學面具，但不要戴它，因為面具後頭應當讓它空著才好。

（許地山〈面具〉）

乙、本世紀初的德國大詩人李爾克是一個觀察入微的詩人，他在那本有名的《馬爾特手記》裡，曾經對人的一張臉有著如下的描述。他說：「世界上，有無數的人群，但更無數的是面孔，因為每個人有好幾個。有些人好些年只帶一個面孔，那面孔逐漸舊損，積垢，開裂，起皺，鬆大有如旅行時戴過的手套。他們從來不換面孔，也不清洗。他們想，一個面孔就夠了。」「但有的人卻以驚人的速度在換面孔。他們一個個試用，立刻把它們用壞。他們以為總歸夠用的。那知道剛到四十歲就已經用到最後一個了。不用說，他們沒有習慣慎用面孔。最後一張八天以後就用壞了，有的地方起破洞，薄得像紙。然後，襯裡也露出來，變為『無面孔』，他們也就把它戴著外出。」（向明〈臉〉）

1.下列關於二文的解說，正確的選項是：

(A)甲文「無論你怎樣褒獎，怎樣棄嫌，它們一點也不改變」意謂心如止水，無動於衷

(B)乙文「那知道剛到四十歲就已經用到最後一個了」意謂形跡敗露，無從掩飾

(C)甲文「面具後頭應該讓它空著才好」意同於乙文「變爲『無面孔』」

(D)甲文所云「紙製的面具」相當於乙文所云「薄得像紙」的臉

2.下列關於二文對比手法的敘述，正確的選項是：【104指考】

(A)乙文突顯人性「知足」和「貪婪」的對比

(B)甲文突顯「始終如一」和「表裡不一」的對比

(C)二文均透過形象描寫提出「固執」和「變通」的對比

(D)二文均選擇「受人喜愛」和「令人憎惡」的臉作爲對比【104指考】

【跨領域觀看】：士的形象與知識分子的自覺

孔子應子貢之問，提出士的三種層次：「行已有恥，使於四方，不辱君命」；「宗族稱孝焉，鄉黨稱弟焉」；「言必信，行必果」。《論語》中處處可見對士的品格、作爲、心態的界定：「士不可不弘毅，任重而道遠。」「君子懷德，小人懷土；君子懷刑，小人懷惠。」「君子周而不比，小人比而不周。」「士志於道，而恥惡衣惡食者，未足與議也。」「質直而好義，察言而觀色，慮以下人。」……。

在儒家的雕塑下，士的形象是擁有學識和道德修養、對家國文化社會道德懷抱遠大的理想和強烈的責任心、具有堅定的意志固守理想抱負、無欲無私、公而忘我。而這些知識分子也在能力展現、朝廷官員選拔制度以及政治權力之下，成爲具有一定聲望和地位的知識分子和官吏。在社會上，居於四民之首，是上層文化、藝術等的創造者和傳承者。

這樣的菁英概念、菁英治國思維在宋太祖趙匡胤曾立石碑言：「不得殺士大夫及上書言事人」時達到高點。相較於明朝錦衣衛與廷杖的羞辱，北宋朝重用文臣、崇儒禮士，形成獨特文化和精神風貌，正如余蔚《士大夫的理想時代：宋》書名所示，那是士大夫與天子共同爲政的時代，「政治之純出於士大夫之手者，惟宋爲然」。

范仲淹「先天下之憂而憂，後天下之樂而樂」，更將士的理想與格局提升到天下爲己任，也就是日後顧炎武所言：「天下興亡，匹夫有責。」「歲寒，然後知松柏之後凋。」「風雨如晦，雞鳴不已。」是對士時窮節乃見的歌詠；〈正氣歌〉、〈梅花嶺記〉是以生命捍衛道義與士的精神。「是氣所磅礴，凜烈萬古存」讓這樣的士精神跨越死亡而不朽，「地維賴以立，天柱賴以尊，三綱實繫命，道義爲之根」是這樣的士精神存在與被傳承的意義與價值。

今天的士，是讀書人，是知識分子，是學術研究者，是志工，名稱雖變，但做人應有的態度不變。顏崑陽〈「士」的現代形象〉說道：「不論農、工、商或軍、公、教，或自由業，除了獲取應得的報酬之外，還應該有遠大的理想、沉重的使命感、堅毅的節操。能自覺到任何一項正當的工作，都不僅是個人穿衣吃飯的『職業』而已，而是與時代國家的興衰，文化道德的振靡，社會的安危息息相關的『事業』。將自己的事業做得盡善盡美，間接地便是在政治、文化、道德盡到責任了，便有資格被稱爲『士』了。這就是『士』的現代新形象，也是每個現代知識分子應有的自覺。」

自覺者爲人，這麼說來，士即是做人應有的姿態。

一一三、陶庵夢憶序

明　張岱

雞鳴枕上，夜氣[1]方回。因想余生平，繁華靡麗，過眼皆空，五十年來，總成一夢。今當黍熟黃粱[2]，車旋蟻穴[3]，當作如何消受？遙思往事，憶即書之，持問佛前，一一懺悔。不次歲月，異年譜也；不分門類，別《志林》也。偶拈一則，如遊舊徑，如見故人，城郭人民，翻用[4]自喜，眞所謂癡人前不得說夢矣。

昔有西陵腳夫[5]，爲人擔酒，失足破其甕。念無以償，癡坐佇[6]想曰：「得是夢便好！」一寒士鄉試中試，方赴鹿鳴宴[7]，恍然猶意未眞，自齧[8]其臂曰：「莫是夢否？」一夢耳，惟恐其非夢，又惟恐其是夢，其爲癡人則一也。余今大夢將寤⑨，猶事雕蟲⑩，又是一番夢囈⑪。因歎慧業⑫文人，名心⑬難化，政如邯鄲夢斷，漏盡鐘鳴⑭，盧生遺表⑮，猶思摹榻⑯二王，以流傳後世。則其名根⑰一點，堅固如佛家舍利，劫火⑱猛烈，猶燒之不失也。

注釋

①夜氣：平旦清明之氣。自入夜至於平旦，因人未與外界事物接觸，故而產生清明純淨之氣，此時良知最易呈現，儒家謂晚上靜思所產生的良知善念。

②黍熟黃粱：借用唐代李泌《枕中記》典故，原比喻人生虛幻，後比喻不能實現的夢想。下文「邯鄲夢斷」亦此意。

③車旋蟻穴：借用唐代李公佐《南柯太守傳》典故，泛指夢境，比喻一場空。

④翻用：反而因此。

⑤腳夫：專門為別人搬運物品的人或被人雇用趕牲口的人。

⑥佇：音ㄓㄨˋ，久立，長時間地站著。

⑦鹿鳴宴：唐代開始於鄉試放榜次日，宴請新科舉人和考場內外的考官的科舉宴會，歌《詩經．小雅．鹿鳴之什．鹿鳴》篇，藉以展示禮賢下士之風，明清沿此。

⑧齧：音ㄋㄧㄝˋ，啃，咬。

⑨寤：音ㄨˋ，睡醒。

⑩雕蟲：比喻作辭賦時之雕章琢句。

⑪夢魘：夢中受驚。魘，音ㄧㄢˇ。

⑫慧業：佛教用語，指有智慧的業緣。

⑬名心：求功名之心。

⑭漏盡鐘鳴：指刻漏已盡，曉鐘已響，謂夜盡天將曉。

⑮遺表：古代大臣臨終前所寫的章表，於死後上奏。

⑯榻：同「拓」，音ㄊㄚˋ，摹印。

⑰名根：好名的根性。

⑱劫火：佛經上說，在舊世界崩潰之末壞劫之火災。當火災發生時，七日並出，山崩地裂，海枯石爛，大火從地獄燒到色界的二禪天，世界化為灰燼。

翻譯

在枕上聽到雞的啼聲，純潔清靜的心境剛剛恢復。因而回想我的一生，繁華侈靡的富貴在轉眼之間，已化爲烏有，五十年歲月，而今不過是一場夢幻。現在黃粱都已煮熟，車子已從蟻穴回來，面對世事一場空，這種日子應該怎樣來打發？只能追想遙遠的往事，一想到就寫下來，然後拿到佛前一樁樁懺悔。所寫的事，不按年月先後爲次序，以與年譜相異；也不按門類排比，以與《志林》相差別。偶爾拿出一則來看看，好像是在遊覽以前到過的地方，遇見了以前的朋友，雖說城郭依舊，人民已非，但我卻反而自己高興，我眞可說是不能對之說夢的癡人。

以前西陵地方有一個腳夫，爲人挑酒，不愼跌了一跤，把酒罎子打破了。估計無從賠償，就呆坐站著良久地想道：「這若能是夢多好！」又有一個貧窮的書生考取了舉人，正在參加鹿鳴宴，恍恍惚惚地還以爲這不是眞的，咬著自己的手臂說：「別是做夢吧！」同樣是對於夢，一個唯恐不是夢，一個又唯恐那是夢，但他們作爲癡人則是一樣的。我現在大夢將要醒了，但還在搬弄雕蟲小技，這又是在說夢話了。因而歎息具有智慧的文人，好名之心難改，正如盧生在邯鄲夢已要結束，天就要亮的時候，在其遺表中還想把他摹榻二王的書法流傳後世一樣。如此看來，那一點點好名的根性，實在是像佛家舍利子那樣堅固，雖然用猛烈的劫火來燒它，還是燒毀不掉的。

知識要點

● 敘述背景：

1. 張岱在自作〈墓誌銘〉中說：「少爲紈绔子弟，極愛繁華，好精舍，好美婢，好孌童，好鮮衣，好美食，好駿馬，好華燈，好煙火，好梨園，好鼓吹，好古董，好花鳥，兼以茶淫橘虐（嗜好飲茶，酷愛啖橘），書蠹詩魔（沉浸書本，著迷作詩），勞碌半生，皆成夢幻。」這一切，他在晚年回憶往事的時候，還悔恨有加，自譴不已。
2. 張岱是仕宦世家子弟，前半生過著封建士大夫的風流浪漫生活，四十七歲明亡，披頭散髮隱居浙江山中，生活窘迫常至炊斷，但堅決不事滿清。輾轉避居南方山廟之間飄零流離，今昔對比，現實與夢幻交織，滿腔的亡國之恨、思念之情，便化作《陶庵夢憶》。除深寓故國之思，寄人生浮沉的感慨，更期以書寫對抗遺忘，才能坦然面對、甚或抵抗世事的變遷與生命的無常。
3. 陶庵，張岱別號，追述往昔盛時見聞行事的《陶庵夢憶》爲其傳世作品中最著名的一部，所記大多是作者親身經歷過的閒情逸致、浪漫生活，如茶樓酒肆、說書演戲、鬥雞養鳥、放燈迎神以及山水風景、工藝書畫等社會生活風俗，被視爲研究明代物質文化的重要文獻。

● 敘述脈絡：五十年來，總成一夢→遙思往事，憶即書之→惟恐其非夢，又惟恐其是夢，其爲癡人則一也→以流傳後世。

● 歷代評論：前人說：「吾越有明一代，才人稱徐文長、張陶庵，徐以奇警勝，先生以雄渾勝。」

知識要點：

1. 套入《枕中記》、《南柯太守傳》，強化在明亡家毀，繁華過後，自己從一個一無所有的新角度反省過去，歸於滄桑幻滅的心理。
2. 作者自言陶庵夢憶的書寫是「雕蟲」，是「夢囈」，相對於文中屢屢出現「慧業文人」、「名心」、「名根」、「佛家舍利」等佛家的詞語觀念，以及「持問佛前，一一懺悔」的動作，再再呈現張岱寫文章的主要動力是懺悔，在他人眼裡的隻言片語、自過往生活的微章末節，無一不是證明自己的存在有意義的方式。
3. 文末描摹寫作時「名心難化」、「名根不失」的心理，引邯鄲夢中盧生在遺表中還想把其摹拓二王的書法流傳後世的典故，隱然告白作者希望以此再現故國的期待。
4. 篇章間的結構上，採「即興」式書寫，切合作者回憶時在悲傷基調上的意識流動紀錄：「不次歲月，異年譜也；不分門類，別《志林》也。」表明既不選擇月日直線發展的結構，一個人一生編年大事的年譜。沒有年，則是一個人一生大小事的隨時、同時也不採每一景都在實際的東南西北方位中的《志林》，而是依著寫作時聯想的運作而有機地出現。

練習題

1. 下列「」中詞義兩兩相同的是：
(A)雞鳴枕上，「夜氣」方回／「夜氣」清簫管，曉陣爍郊原
(B)今當「黍熟黃粱」，當作如何消受？／往事如夢，「車旋蟻穴」
(C)余今大夢將「寤」，猶事雕蟲／展轉不「寐」，憂心不已
(D)如見故人，城郭人民，「翻用」自喜／莫辭更坐彈一曲，爲君「翻作」琵琶行
2. 下列有關「偶拈一則，如遊舊徑，如見故人，城郭人民，翻用自喜，眞所謂癡人前不得說夢矣」這段文意的說明，正確的是：
(A)回首依戀，恍如隔世
(B)驀然回首，蕭索無味
(C)回首夢已遠，呆坐佇立
(D)故國不堪回首，無限憾恨
3. 推想作者引「盧生遺表，猶思摹榻二王，以流傳後世」這句話，隱含的寄意是：
(A)希望文章如王羲之父子書法，雋永可觀

(B)期待後人有盧生者崇敬二王般，讚美自己
(C)儘管世事如黃粱一夢，但故事仍會流傳不已
(D)雖然往事飄飛而逝，仍期望後世能傳見

【大考演練】

1. 依據下文，敘述正確的選項是：

《紅樓夢》作者透過神話與寓言的層層架構，創造了一個開天闢地的頑癡情種賈寶玉，以這個踽踽於洪荒的第一畸零人，來傳達他對生命的孤奇領悟。

凡讀《紅樓夢》而眞能爲解人者，必能體味作者徘徊掙扎於傳統文化激流中之無奈與痛楚。作者創造了一個獨步古今的賈寶玉，其靈奇乖僻，完全處於傳統法度之外；其耽情溺色，更使天下視之若魔。這個賈寶玉是被幽禁於傳統文化心靈深處的禁忌與壓抑之大解放，故人亦以「混世魔王」稱之。

《紅樓夢》以情爲心的全盤架構，正契應湯顯祖「因情成夢，因夢成戲」、「世有有情之天下，有有法之天下」之說。在有法之天下中，有情之天下只能成其爲夢，以寄諸於筆墨之間。賈寶玉癡魔怪僻的造型，固然是一種「情」的誇張強調、壓抑與反抗的姿態，然則另一面向，卻也依舊是一個掩飾的面具，一種畸零的姿態。故以之爲魔爲怪，爲病爲痾，正顯示正統禮法之約束力量依然存在。

（改寫自張淑香〈頑石與美玉〉）

(A)「混世魔王」象徵賈寶玉雖不容於世，卻不願受拘束的反抗力量
(B)《紅樓夢》以情爲心，藉由「夢」暗示情不被法所容的現實困境
(C)《紅樓夢》作者創造賈寶玉的畸零姿態，隱含對人生的一種幽獨懷抱
(D)魔怪病痾點出賈寶玉與眾不同的特質，用以暗喻耽情溺色實爲一種病
(E)以神話爲故事架構，是爲了規避《紅樓夢》作者不接受傳統禮法的事實

【106指考】

【跨領域觀看】：追憶似水年華裡的重返、還原與告別

班雅明《柏林童年》中寫道：「在一座城市裡找不到自己的方向，可一點也不有趣，但在城市裡要像在森林中一樣迷路，則需要反覆練習。……直到多年以後，我才學會這門藝術，實現長久以來

的夢想。這個夢想的最初印跡是我塗在練習簿吸墨紙上的迷宮。」

反覆練習，多年後才學會，實現，塗在練習簿上的迷宮，這意味著少時天眞的幻夢總要在重複的朝暮與日常瑣碎生活裡，才化爲眞實，有人稱它爲記憶，或者回憶。

明亡後，張岱杭州的別墅、紹興的家園、豐富的書畫古玩收藏，悉數毀於戰火。年過五十的他還歸龍山，務農爲生，以遺民自居。「繁華靡麗，過眼皆空，五十年來，總成一夢。」曩昔仕宦家庭紈衣食無憂，遊山玩水找茶配泉、玩燈放燈習琴吟詩、鬥雞吃蟹賞雪看花、狩獵追逐養戲班……的點滴追憶，對照於如今國破家亡的蒼涼與知識分子的悲憤。回顧一生的《陶庵夢憶》、志修明史的《石匱書》，他知道的只有明朝的年號，他活在過去，把自己鎖在回憶，以文字裡祭悼那曾經繁華的明朝文化與士大夫的雅趣生活；以追憶一點一滴挽回被灰飛煙滅的時代。

〈湖心亭看雪〉開頭標誌「崇禎五年十二月」，那是張岱唯一承認的王朝，是他堅持的時間。少雪的杭州竟三日落雪，他從看雪到看自己與天地合一的在與不在：「霧淞沆碭，天與雲、與山、與水，上下一白。湖上影子，惟長堤一痕，湖心亭一點，與余舟一芥，舟中人兩三粒而已」；從孑然一人，到遇見金陵來看雪的癡人。

癡是至情，也讓普魯斯特以十四年的時間，書寫十九世紀末、二十世紀初的法國上流社會和文人雅士的生活。普魯斯特認爲人的生活只有在回憶中才形成「眞實的生活」，「回憶中的生活比當時當地的現實生活更爲現實」；安得烈．莫羅亞在序中就提到：「唯一眞實的樂園是人們失去的樂園」，而「幸福的歲月是失去的歲月」。

這種回顧是與遺忘的一種抗爭。

小說《追憶似水年華》中，普魯斯特用整整四頁的篇幅細膩描繪熟悉的氣味，召喚出童年時光，茶與扇貝形小海綿蛋糕瑪德蓮還原了歷歷在目的過去：「我呆呆地舀起一匙剛才浸過瑪德蓮的熱茶到唇邊，溫熱且摻著蛋糕碎屑的茶水一沾染我的上顎，我不禁渾身一顫，停下動作，專心一意感受那一刻在我的體內發生的絕妙變化。一種難以言喻的快感貫穿我的感官，卻是驀然獨立、無牽無掛，不知從何而來。……驀地，記憶甦醒了。那正是那段待在貢布雷期間、每個週日早晨都會嚐到的瑪德蓮蛋糕的滋味。」

或許就如《記憶的風景：我們爲什麼「想起」，又爲什麼「遺忘」？》這本書所敘述「似曾相識感不是前世和今生之間的交會，而是記憶中某個模糊軌跡的短暫對應形式」，一個平凡的小蛋糕散發出神祕的熟悉氣味，讓散落於飄忽遺忘裡的過去聚攏；悠悠蕩蕩於白晝與黑夜之間的夢，一地的碎片在書寫的當下被拼貼呈現，然後慎重地目送前世，離去。

一一四、遊雁宕山①日記

明 徐弘祖

自初九日別臺山，初十日抵黃岩。日已西，出南門三十里，宿於八嶴②。

十一日二十里，登盤山嶺。望雁山諸峰，芙蓉插天，片片撲人眉宇。又二十里，飯大荊驛③。南涉一溪，見西峰上綴圓石，奴輩指爲兩頭陀④，余疑即老僧岩，但不甚肖。五里，過章家樓，始見老僧眞面目：袈衣禿頂，宛然兀立⑤，高可⑥百尺。側又一小童，傴僂⑦於後，向爲老僧所掩耳。自章家樓二里，山半得石樑洞。洞門東向，門口一樑，自頂斜插於地，如飛虹下垂。由樑側隙中層級而上，高敞空豁。坐頃之，下山。由右麓逾謝公嶺⑧，渡一澗，循澗西行，即靈峰道也。一轉山腋，兩壁峭立亙天⑨，危峰亂疊，如削如攢⑩，如駢筍，如挺芝，如筆之卓，如襆⑪之欹。洞有口如捲幕者，潭有碧如澄靛⑫者。雙鸞、五老，接翼聯肩。如此里許，抵靈峰寺。

注釋

①雁宕山：今稱「雁蕩山」，位於浙江溫州。相傳秋天大雁南歸時多宿於此，故稱「雁蕩」。

②八嶴：浙江黃岩縣南地名。浙江、福建沿海人稱山間平地為「嶴」，許多島嶼以嶴為名。嶴，音ㄠˋ。

③驛：音ㄧˋ，驛站，古代為官員信使暫住、換馬而設立的住所。

④頭陀：梵文 Dhūta 的音譯，指赤腳行遊化緣的僧人。

⑤兀立：高聳直立。兀，音ㄨˋ。

⑥可：大約。

⑦傴僂：彎腰駝背。

⑧謝公嶺：南朝宋著名山水詩人謝靈運任永嘉太守，縱情山水，曾在此地遊覽過，因此得名。

⑨亙天：直貫天空。亙，音ㄍㄣˋ。

⑩攢：音ㄘㄨㄢˊ，此指群峰簇擁。

⑪幞：古代的一種頭巾，形制很多，這裡當指高高翹起的那一類。

⑫靛：音ㄉㄧㄢˋ，青藍色的天然染料。

翻譯

四月初九離開天臺山，初十到達浙江黃岩。太陽已偏西，從南門走出三十里，住宿於八嶴的旅舍。

十一日我們走了二十里路登上盤山嶺，遙望雁蕩山的山峰，就像木芙蓉一樣直插藍天，瑰麗的景色像片片花瓣般撲進人的眼裡，讓人目不暇接。又前行二十里路，在大荊驛站吃飯。向南渡過溪水，看見西邊的山峰上點綴著一塊圓石，奴僕們認定是兩頭陀岩，我則懷疑即是老僧岩，但又覺得不很像。走了五里路，經過章家樓，才看清楚老僧岩的真實面目。老僧身穿袈裟，頭上禿頂，形象逼真地直立著，大約有一百尺高。旁邊有一塊岩石像一個小孩彎著腰跟在老和尚的後面，不過平時被老僧所遮掩罷了。從章家樓走出二里路，在山半腰處找到石樑洞。洞門東向，洞門口有一石橋，從洞頂斜插於地上，有如飛虹下垂。由石橋側面的縫隙中一層一層地拾級而上，上面高而寬敞、空闊。坐下休息了好一會兒，才下山而去。由右邊的山麓越過謝公嶺，渡過一條溪澗，順著溪澗岸向西走，就是去靈峰的道路。剛一轉過山腋，就見兩邊的岩壁陡峭筆立，直入雲天，險峰重重疊疊，形態萬千，有的像刀削一樣筆直，有的像群巒疊嶂，有的像並列的竹筍，有的像挺立的靈芝，有的像筆那樣直，有的像頭巾一樣傾斜。山洞洞口有的像捲起的帷帳，水潭有的碧綠得像澄清的藍靛一般。雙鸞峰就像翅膀相連的飛鳥，五老峰酷似五位並肩前行的老翁。走了一里多如此幽奇景致的路，到達靈峰寺。

【知識要點】

● 故事背景：徐弘祖（號霞客）是中國著名的地理學家、自助旅行者，他自二十二歲（西元一六〇七年）新婚那年開始旅遊，直到去世前一年（西元一六四〇年）以探險家不畏艱難的精神，踏遍中國大江南北，並以文學性的日記方式寫下《徐霞客遊記》。

明神宗萬曆四十一年（西元一六一三年）徐霞客離開佛教天臺宗的發源地的五臺山，一路跋山涉水前往東南名勝之一的雁宕山，每天所記依景物特點而各有重心，筆法視角也不同，淋漓盡致，引人入勝。

● 敘述結構：初十日抵黃岩→十一日登盤山嶺→望雁山諸峰，與西峰上綴圓石，過章家樓見老僧岩→從石樑洞過謝公嶺→靈峰道兩壁峭立亙天，奇形異構鬼斧神工→抵靈峰寺。

● 歷代評論：

1. 清代錢謙益贊：「徐霞客遊記是世間眞文字、大文字、奇文字，乃古今遊記之最。」
2. （英）科學家李約瑟《中國科學技術史》：「《徐霞客遊記》讀來並不像是十七世紀的學者所寫的東西，倒像是一位二十世紀的野外勘測家所寫的考察紀錄。……是世界上最早一部記載石灰岩地貌的著作。」
3. 「徐霞客精神」比喻富有冒險精神、探索精神的旅遊愛好者。
4. 《徐霞客遊記》開篇日五月十九日被定爲「中國旅遊日」。

● 知識重點：

徐霞客不但聞奇必探，見險必截，而且善於描繪大自然的奇景異形。這篇文章展現寫景記遊的幾個特色：

1. 寫景記事真實而有序：時間、方位、距離、地點、景致，一步一步地敘寫了遊歷過程與所見，讓讀者彷彿隨之入佳境。
2. 寫景狀物精細而有神：既能以獨具慧眼的概括力，總述風景特色，又能以近鏡頭就亮點細緻入微地描寫，並靈活運用動態、比喻或擬人手法，如狀寫山形：「如削如攢，如駢筍，如挺芝，如筆之卓，如幞之欹」、刻畫洞口狀態「如捲幕」，潭色「如澄靛」，至於山峰則如「接翼聯肩」。
3. 寓情於景交融情與景：這段敘述除以岩石、山峰為主，客觀描繪其形態各異的特徵，更反映出作者陶然其中的性情，如遠望雁蕩山峰如「芙蓉插天，片片撲人眉宇」，頓時堅硬剛強的山化為無限春意，這柔情正是作者內心對大自然的愛戀之情。

【練習題】

1.下列選項何者是本文所述的景物？
(A)山石雲氣
(B)山峰人物
(C)山巒植物
(D)危峰巨石

2.以比擬形容所見，可以讓景物傳神而生動地顯現，下列運用了相同文學技巧的敘述是：
(A)雙鸞、五老，接翼聯肩
(B)危峰亂疊如挺芝，如筆之卓
(C)始見老僧眞面目：袈衣禿頂，宛然兀立
(D)門口一櫟，自頂斜插於地

3.由文中所敘，可見靈峰道上的風景特色是：
(A)山陰道上風景多，目不暇給
(B)山窮水盡疑無路，柳暗花明又一村
(C)山氣日夕佳，飛鳥相與還
(D)橫看成嶺側成峰，遠近高低各不同

【大考演練】

1-3爲題組。閱讀下文，回答1-3題。

文人達士，多喜言遊。遊未易言也，……淺遊不奇，便遊不暢，群遊不久，自非置身物外，棄絕百事，而孤行其意，雖遊猶弗遊也。余覽往昔諸名人遊記，驗諸目覩身經，知其皆嘗一臠，披一節，略涉門庭，鮮窺閫奧。……霞客之遊，在中州者無大過人；其奇絕者，閩粵楚蜀滇黔，百蠻荒徼之區，皆往返再四。其行不從官道，但有名勝，輒迂迴屈曲以尋之；先審視山脈如何去來，水脈如何分合，既得大勢後，一丘一壑，支搜節討。登不必有徑，荒榛密箐，無不穿也。……記文排日編次，直敘情景，未嘗刻畫爲文。……故吾於霞客之遊，不服其闊遠，而服其精詳；於霞客之書，不多其博辨，而多其眞實。……霞客果何所爲？夫惟無所爲而爲，故志專；志專，故行獨；行獨，故去來自如，無所不達。意造物者不欲使山川靈異久祕不宣，故生斯人以揭露之耶？

（潘耒〈徐霞客遊記序〉）

1.依據上文，不符合作者想法的是：
(A)便遊、群遊與淺遊，屬嘗一臠披一節式的遊覽
(B)欣賞徐霞客的邊疆之記，更勝於他的中原之錄
(C)徐霞客按日期先後記錄，眞實與精詳是其優點
(D)徐霞客以華藻曲筆狀寫情景，揭露造物的奇祕 【108學測】

2.下列文句，最符合上文「其行不從官道」、「登不必有徑」的是：
(A)山行六七里，漸聞水聲潺潺，而瀉出於兩峰之間者，釀泉也。峰回路轉，有亭翼然臨於泉上者，醉翁亭也

(B)由斷橋至蘇堤一帶，綠煙紅霧，瀰漫二十餘里。歌吹為風，粉汗為雨，羅紈之盛，多於堤畔之草，豔冶極矣

(C)今年九月二十八日，因坐法華西亭，望西山，始指異之。遂命僕過湘江，緣染溪，斫榛莽，焚茅茷，窮山之高而止

(D)暮春之初，會於會稽山陰之蘭亭，脩禊事也。群賢畢至，少長咸集。此地有崇山峻嶺，茂林脩竹，又有清流激湍，映帶左右【108學測】

3.某旅行社打算推出仿徐霞客行旅的套裝行程，下列文案最接近其行遊精神的是：

(A)一步一腳印走入隱世祕境，在人際交流中發現世界，盡嘗家與人情的味道

(B)沿縣道公路深入風景勝地，登高盡攬海天一色，文青族、背包客一網打盡

(C)世界上不缺少美，只是缺少發現，專業背包客帶您在田園裡與自我心靈對話

(D)專攻高端背包客，不走常規景點，壯遊千里探祕勝，在冒險中尋找自我肯定【108學測】

【跨領域觀看】：關於旅行的種種思考

對於安土重遷的中國人而言，行旅一直是背負著沉重的心情——因為貶謫宦遊遠方，因為罪罰充軍邊塞，因為饑荒流離失所，或因為戰爭而走向生死未卜的他鄉。從《詩經》、楚辭、漢樂府、唐詩宋詞元曲中處處可聽見他們悲苦無奈的哭聲。

高僧玄奘到天竺（印度）取經，就是古今中外知名的壯遊之一，其過程被儒、道、釋三家哲學渲染成魔幻的《西遊記》。張騫通西域的絲路之旅、鄭和數度下西洋的旅程，也如哥倫布所開啓的大航海時代，擴大人們對世界的想像與理解、貿易經濟與文化的交流。

十六世紀末，英國貴族子弟流行在學業結束後，與家庭教師或貼身僕人到歐陸城市的壯遊，是一條人文之旅，也是走向獨立的成年盛宴。沿襲至今成為空檔年（The Gap Year），英國威廉王子在入讀大學之前的空檔年，以十個月的時間，到智利參與當地扶貧的義工服務，扛木頭、劈木柴、

教英語、洗馬桶。哈利王子也曾在他的空檔年前往澳洲及非洲遊歷，期間，他在飽受愛滋病困擾的南非小國賴索托停留八週，以手提攝影機，完成一部紀錄片《被遺忘的國度》。

徐霞客是地理學家、探險家，旅行家和文學家，一生不做官，而以三十多年的歲月，背著行囊，徒步跋涉中國十六個省窮鄉僻壤、人跡罕至的地區。他之所以如此幾經生命險境，堅持投入探險，或許正如楊牧在〈壯遊〉所言：「旅行是一種滌洗，是一種探索」，更是「尋覓自己」。

可想像他在深山峻嶺的感覺：「一個人在陌生的地方顧盼尋覓，說是看風景，其實是在看自己如何在看著風景，那時你的心思最敏銳，精神最飽滿，周圍一點聲響、一片色彩，任何細微的變化都逃不過你急切的捕捉，那麼好奇，那麼準確。」旅行的意義就是親臨現場的存在感，是滌洗心靈，徜徉獨樂的境界。

楊牧認為一個青年詩人的「壯遊」，就是自我追尋，「嘗試去完成那方向的指引，以最大的敏感去體驗所有的色彩和聲音、人的容貌、文化的形跡，和大自然擁有的一切。那是我們積極的投入參與，那是一種挑戰，而不只是奢侈的觀光旅行」。如此方能「觸摩到那其中結實的詩的精魂，文學和藝術的神」。

吳明益〈行書〉追尋蝴蝶飛翔的方向，行走。在騎車環島移動的過程中，與山脈、海浪、居民相遇，以攝影與寫作的方式寄存記憶。

你呢？是否也找到自己的旅行方式與意義？

一一五、登泰山記

清 姚鼐

余始循以入，道少半，越中嶺[1]，復循西谷，遂至其巔。古時登山，循東谷入，道有天門。東谷者，古謂之天門溪水，余所不至也。今所經中嶺及山巔崖限當道者，世皆謂之天門雲。道中迷霧冰滑，磴幾不可登。及既上，蒼山負雪，明燭②天南，望晚日照城廓，汶水③、徂徠如畫，而半山居霧若帶然。

戊申晦，五鼓，與子穎坐日觀亭，待日出。大風揚積雪擊面，亭東，自足下皆雲漫，稍見雲中白若樗蒱④數十立者，山也。極天雲一線異色，須臾成五彩。日上，正赤如丹，下有紅光，動搖承之，或曰：「此東海也。」回視日觀以西峰，或得日，或否，絳皜駁色⑤，而皆若僂⑥。

注釋

①中嶺：中谿山。
②燭：照，照亮。
③汶水、徂徠：山名。
④樗蒱：音ㄕㄨ ㄆㄨˊ，擲色賭博的器具。
⑤絳皜駁色：絳，ㄐㄧㄤˋ，大紅色。皜：ㄏㄠˋ，白色。駁色：雜色。
⑥僂：背向前微傾，以示恭敬；指低於日觀峰。

翻譯

我開始沿著中間這條山谷往裡走。不到半路，翻過中嶺，再沿著西邊的山谷走，就到了泰山頂。古時候登泰山，都是順著東谷進入，路途中有座天門。東谷，古時候稱爲「天門溪水」，我這次沒到那裡。現在所經過的中嶺和山頂，像門檻一樣橫擋在路上的山崖，世上人都稱它爲「天門」。山路上大霧瀰漫、冰凍滑溜，石板石階幾乎無法攀登。等登上山頂，看見深青翠的山峰覆蓋白雪，明亮的雪光照亮南邊的天空。遠望夕陽映照著泰安城，汶水、徂徠山就像是一幅美麗的山水畫，半山腰處停留的雲霧，像是飄帶似地舞動。

戊申日（二十九日）是十二月的最後一天，五更時，我和朱孝純坐在日觀亭上等候日出。這時大風揚起的積雪撲面打來，日觀亭東面從腳底下起一片雲霧迷漫，依稀可見雲中幾十個小白點像骰子似地立著，那是遠山。這時天邊雲彩上出現一線奇異的顏色，霎時間變得五彩繽紛。太陽出來了，像丹砂一樣赤紅，下面有晃動搖盪著的紅光承接著。有人說，那就是東海。回首望日觀峰以西的山峰，有的被日光照射，有的沒有，或紅或白，好像在向日觀峰鞠躬。

知識要點

● 故事背景：乾隆三十九年（西元一七七四年）歲末，桐城派古文大家姚鼐自刑部辭官歸故里，途經泰安。泰安知府朱子穎陪他一同登泰山，觀日出，寫下此記遊之作。

●敘述脈絡：越中嶺，至泰山巔↓蒼山負雪，半山霧如帶↓十二月二十九日，五更與子穎坐日觀亭待日出↓（日將出前）極天雲一線異色，須臾成五彩↓日出，正赤如丹，下有紅光↓，動搖承之↓（日出後）西峰或得日，或否。

●歷代評論：

1. 古代傳統文化認為，東方為萬物交替、初春發生之地，故泰山有「五嶽之長」，孟子：「登泰山而小天下。」
2. 泰山是皇帝設壇祭祀祈求國泰民安和舉行封禪大典之地，漢武帝八登泰山，驚歎：「高矣！極矣！大矣！特矣！壯矣！赫矣！駭矣！惑矣！」
3. 傳說盤古死後，頭部化為泰山，南朝宋裴駰《史記集解》：「天高不可及，於泰山上立封禪而祭之，冀近神靈也。」

●知識重點：

1. 敘述依著作者的遊蹤，描述泰山雪後初晴的瑰麗景色和日出時的雄渾景象。文章的寫法是由路徑之「線」，到天門之「點」，順此寫達山頂後所見的景象，由遠及近、由上而下地寫出了泰山的高峻、雄渾和壯闊。然後集中於天門雪光、日出，脈絡清晰，具有桐城派散文「雅潔」的特點。
2. 次段點出所站的位置最高峰——日觀峰，聚焦於等待日出，作者不著墨於心情、感受，而關注於制高點所觀望的遠山雲霧。然後以「極天雲一線異色，須臾成五彩」將焦點固定於日出天空的色彩，並以「動搖承之」呈現太陽躍升的震撼力道，最後透過「回視」，寫明暗之間山的剪影，尤其巧妙的是「而皆若僂」所表現出對太陽與天地的禮讚。
3. 作者按照時間順序寫日出前、日出時和日出後，太陽、雲海與山峰的顏色、光影，展示出泰山日出迅速變化的畫面。

練習題

1. 下列選項有關本文路線圖的敘述，正確的是：
(A)經中嶺→作日觀亭→至泰山巔
(B)循東谷入→經天門溪水→至泰山巔
(C)越中嶺→循西谷→至泰山巔
(D)循東谷入→至泰山巔→坐日觀亭
2. 下列有關「戊申晦，五鼓」時間敘述，正確的是：
(A)月底，清晨
(B)月中，清晨

(C)月初，半夜

(D)滿月時，晚上

3.下列有關本文的敘述，正確的是：

(A)往泰山路上，夕陽滿山

(B)回望遠山，雲霧如帶

(C)日出之時，山峰若樗蒱

(D)日出之後，天空五彩

【大考演練】

1-2爲題組。閱讀下文，回答第1-2題。

那沉默的樹，暗中伸展它的根，加大它所能蔭庇的土地，一公分一公分的向外。但是，這世界上還有別的東西，別的東西延伸得更快，柏油一里一里鋪過來，高壓線一千碼一千碼架過來，公寓樓房一排一排挨過來。所有原來在地面上自然生長的東西都被剷除，被連根拔起。只有那樹被一重又一重死魚般的灰白色包圍，連根鬚都被壓路機輾進灰色之下，但樹頂仍在雨後滴翠，經過速成的建築物襯托，綠得很深沉。公共汽車在樹旁插下站牌，讓下車的人好在樹下從容撐傘。

入夜，毛毛細雨比貓步還輕，跌進樹葉裡匯成敲響路面的點點滴滴，洩漏了祕密，很溼、也很詩。那樹被工頭和工務局裡的科員端詳過、計算過無數次，任他依然綠著。（王鼎鈞〈那樹〉）

1.依據上文，「那沉默的樹」主要遭受何種威脅？

(A)綠建材不受重視

(B)消費者意識高漲

(C)居民缺乏公德心

(D)都市高密度開發 【108統測】

2.下列關於上文寫作手法的敘述，何者正確？

(A)用「灰白色、灰色」對比「翠、綠」，突顯樹在惡劣環境中依然強韌自守

(B)用「下車的人」對比「工務局裡的科員」，強調路人對城市景觀的漠不關心

(C)用「毛毛細雨比貓步還輕」對比「敲響路面的點點滴滴」，暗指資源浪費如流水

(D)用「一公分一公分」對比「一里一里、一千碼一千碼」，諷刺道路維修工程缺乏妥善規劃 【108統測】

泰山原名岱山，亦名岱宗，一九八七年獲聯合國教科文組織公布爲世界文化與自然雙重遺產。神話傳説盤古死後，頭部化爲泰山，由此《史記集解》記載：「天高不可及，於泰山上立封禪而祭之，冀近神靈也。」泰山這古老地層幾經滄海桑田，從海槽到造山運動縐摺出陸地，再沉入海，億年之後隆起爲荒丘，經太平洋板塊向歐亞大陸板塊的擠壓和俯衝影響、頻繁的地殼運動中快速升高，約三千萬年前形成今天的泰山。

這樣以億萬年沉睡、甦醒、活躍、飛騰歷程，演變爲今日海拔一千五百三十三公尺的高度。相較於臺灣大山，泰山其實並不高，卻因位居東，屬於萬物交替、初春發生之地，故泰山有「五嶽之長」的稱譽，又因山氣勢磅礴有「天下名山第一」的美譽。

中國人向來認爲地靈人傑，壯闊的環境孕育出深厚的文化。據化石與遺跡顯示出入這裡的氏族頻繁，春秋戰國時爲齊魯文化的中心，秦漢之後，泰山逐漸成爲政權的象徵。由主峰呈放射狀分布的三重空間（泰安城、陰曹地府、仙界天府），自一條軸線延直到玉皇頂。這名稱與格局投射了帝王與仙界的想像，也使得泰山成爲皇帝受命於天下的封禪儀式所在。據《史記．封禪書》記載，凡是異姓而起或功高顯德的帝王，要有十五種祥瑞之兆，才能到泰山答謝受命於天之恩。

儀式包含「封」（祭天）和「禪」（祭地）。「封」是在泰山極頂聚土築圓壇祭天帝，增泰山之高以表功於天；「禪」是在山下小山丘積土築方臺壇祭地神，增大地之厚以報福廣恩厚之情。帝王登封泰山即視爲天下太平、國家興旺的標誌，藉以表示得天之命，合乎正統。秦始皇、漢武帝、漢光武帝、唐高宗、唐玄宗、宋眞宗都舉行過封禪，其目的正如班固《白虎通．封禪篇》所說：「王者異姓而起，必升封泰山何？報告之義也。始受命之時，該制應天，天下太平，功成封禪以告太平也。所以必於泰山何？萬物之始，交代之處也。」

相傳漢武帝深信方士之言，希望在泰山之巔與黃帝神仙相見，學習升天成仙之術；漢光武帝遣派役夫一千五百餘人整修山道，騶騎三千餘人在登封臺上壘方石；唐高宗封禪的陣仗從文武大臣、兵士、儀仗隊伍長達數百里，隨行的還有突厥、于闐、波斯、天竺國、高句麗等國的使節和酋長，歷時近乎半年，耗費無數，故帝王封禪泰山，也被視爲國力鼎盛的象徵。

能參與如此具意義的大典是一生的榮耀，身爲史官的司馬談卻因病未能隨漢武帝行封禪，臨終前悲歎：「余不得從行，是命也夫！」〈太史公自序〉），這遺憾也成了司馬遷發憤著史書的動機之一。

一一六、望玉山①記

清 陳夢林

臘月既望②，館人③奔告玉山見矣！時旁午，風靜無塵，四宇清澈。日與山射，晶瑩耀目，如雪，如冰，如飛瀑，如鋪練，如截肪④。顧昔之命名者，弗取玉韞於石，生而素質，美在其中而光輝發越⑤於外？臺北少石，獨萃玆山，山海之精，醞釀而象玉，不欲使人狎而玩之，宜於韜光⑥而自匿也。山莊嚴瑰偉，三峰並列，大可盡護邑後諸山，而高出乎其半。中峰尤聳，旁二峰若翼乎其左右。二峰之凹，微間以青，注目瞪視，依然純白。俄而片雲飛墜中峰之頂，下垂及腰，橫斜入右，峰之三，頓失其二。游絲徐引諸左，自下而上，直與天接。雲薄於紙，三峰勾股⑦摩盪，隱隱如紗籠香篆⑧中。微風忽起，影散雲流，蕩歸烏有，皎潔光鮮，軒豁⑨呈露。蓋瞬息間而變幻不一，開閉者再焉。過午，乃盡封之以去。

注釋

①玉山：《臺灣府志》：「玉山在鳳山縣。山甚高，皆雲霧罩於其上，時或天氣光霽，遙望皆白石，因名為玉山。」

② 臘月既望：農曆十二月一日。古代在農曆十二月間舉行臘祭，故稱農曆十二月為「臘月」。陰曆十五為望，十六為既望。

③ 館人：負責招待賓客食宿的人。

④ 截肪：切開的脂肪，比喻色澤白皙。

⑤ 發越：顯揚。

⑥ 韜光：隱藏才氣。

⑦ 勾股：古代稱三角形為勾股形。

⑧ 籠香篆：篆文狀的盤香，如焚香時煙雲繚繞。香篆，焚香時，煙縷曲折繚繞，有如篆文。篆，音ㄓㄨㄢˋ。

⑨ 軒豁：明朗開闊。

翻譯

農曆十二月十六日，旅館的人跑過來告訴我可以看見玉山了。那是接近正午時後，無風無塵，天地清澈明淨。太陽的光芒照耀山頭，晶瑩燦爛，玉山看起來像雪、像冰、像飛瀑、像一大片白絹，像剖開的脂肪。我想以前爲此山命名的人，難道不是認爲有玉礦隱藏於山峰之中，而這本身素潔的玉石，以它美麗的本質散發出耀人的光輝，所以才命名爲玉山嗎？臺灣北部少有石頭，石頭都聚集在此山，再加上山海的精華，醞釀玉山山峰展現玉石的相貌，使人不敢靠近褻慢，恰也讓這山峰能隱匿自己的光芒。玉山形勢莊嚴奇特而雄偉，三座山峰高聳地並立，遠高於其他山，所以完全遮蔽了後面的山。中峰特別高，另兩峰如翅翼在兩側。二峰之間，混雜些許青色，但若仔細看，山頭還是一片雪白。不久，有雲從天飛到中峰頂端，然後向下延伸至山腰，並且橫向右蔓延，頓時兩座山峰都看不到了。幾抹雲朵緩緩地向左峰游移，接著從下而向上蒸騰，直入天際。雲薄得比紙還薄，在三座山峰之間遊盪漂浮，雲霧繚繞好像薄紗輕籠，又像焚香時煙縷曲折繚繞。突然起了陣微風，吹散了雲影，一切都化爲烏有，皎潔光亮的山峰，明朗開闊地呈現。一下子又變幻，雲霧再度籠罩山頭然後散去。午後，玉山被雲霧完全封蓋後，我才離開。

知識要點

● 故事背景：陳夢林（西元一六七〇—一七四五年），曾來臺纂修《諸羅縣志》，被視爲臺灣地方志的典範。康熙六十年（西元一七二一年）朱一貴事件，留臺五個多月，著有《臺灣遊草》、《臺灣後遊草》、《遊臺詩》等。

● 歷代評論：楊淑惠：「此記文筆流麗、用字精鍊、記錄翔實、生動活潑，實爲臺灣古典散文中佳篇。」

● 知識重點：

1. 清朝從無文人登臨過玉山，因此玉山書寫始終停留在「望」的階段，這篇被認為是第一篇描繪玉山最富文學性的作品也非實地登山經歷。但從清代臺灣遊記史的角度來看，陳夢林〈望玉山記〉以及藍鼎元〈紀虎尾溪〉、〈紀水沙連〉等單篇山水遊記的出現，代表文人開始從地方性、個別性、特殊性的角度來描繪山水，並以「風景」作為文章主軸，將焦點集中在自然風光、地理環境與人文情事。

2. 記的寫作方式必然就人事時地物著墨，本文以玉山為主角，「望」為焦點，寫作先標記時間，隨即將鏡頭拉到玉山。透過整體的場景清澄、無塵、雲散、風靜的長鏡頭，鋪墊絕美畫面中陽光照射在山頂，光彩奪目的主角。然後連用五個比喻：雪、冰、飛瀑、白絹、白脂形容玉山的晶瑩剔透，包含了視覺、觸覺、動態、靜態的呈現，讓氣氛到達最高點。然後推斷前人之所以取名為玉山應是以玉藏於石中，正如此山孕育山海精華卻韜光養晦不欲人知一樣。

3. 雲影的流動變化是本文特寫鏡頭，或遮蔽二峰，或在三峰間優遊晃盪，如焚香時煙雲繚繞；有時風起雲散，可見玉山山峰皎潔光亮，有時隱匿不見景象，為玉山添上幾許神祕色彩，也深化「望」時神往的心情。

4. 這一段描述非常細膩生動地呈現「望」玉山之情景，將玉山的潔白、晶瑩、神聖表現無遺，加上雲影的流動，使靜態的山也具有動態的視覺轉換，因此雖是寫遠觀的感受，卻有層次的分別以及空間的變化，可說寫景自然流暢，不刻意說教又能寓含教化。

練習題

1. 下列選項中的文句，在意境或內容上兩兩相近的是：
(A)不欲使人狎而玩之/知之者不如好之者
(B)韜光而自匿/仰之彌高，鑽之彌堅
(C)雲薄於紙，三峰勾股摩盪，隱隱如紗籠香篆中/山在虛無縹緲間
(D)微風忽起，影散雲流，蕩歸烏有/若非群玉山頭見，會向瑤臺月下逢

大考演練

1. 下列敘述，與本文作者對玉山的認識與觀感最相符的選項是：
(A)玉山終日霧鎖，每日只能在下午才有機會望見
(B)玉山匯聚天地精華，蘊藏豐富玉石，值得開採
(C)玉山終年冰雪，猶如美人冰肌玉骨，嫵媚動人
(D)玉山美而難見，猶如君子沉潛修養，光華內斂 【97學測】

2. 上文自「俄而……」以後，藉由雲的變化，呈現玉山的動態之美。下列關於「雲」的狀態摹寫，最正確的次序是：

(A)雲自天降→濃雲伸展→游雲上移→薄雲朦朧→風吹雲散
(B)雲自天降→游雲上移→薄雲朦朧→濃雲伸展→風吹雲散
(C)濃雲伸展→薄雲朦朧→游雲上移→雲自天降→風吹雲散
(D)濃雲伸展→薄雲朦朧→雲自天降→游雲上移→風吹雲散 【97學測】

3-5為題組。閱讀下文，回答第3-5題。

甲、舊志誤謬，文采不彰，其所記載，僅隸有清一朝，荷人、鄭氏之事，闕而弗錄，竟以島夷、海寇視之。嗚乎！此非舊史氏之罪歟？且府志重修於乾隆二十九年，臺、鳳、彰、淡諸志，雖有續修，侷促一隅，無關全局，而書又已舊。苟欲以二三陳編而知臺灣大勢，是猶以管窺天，以蠡測海，其被囿也亦巨矣。（連橫《臺灣通史‧序》）

乙、《閩海紀要》為清代禁書，而鄭氏之信史也，故余喜而刊之。某君讀後語人曰：「此書所載，多與臺灣府志不同，雅堂校刊時，何不改之？」余曰：「此書之價值正與《臺灣府志》不同。夫府志為清代官書，其載鄭氏辭多誣蔑，而此為私人著作，據事直書，藏之名山，傳之其人，此其所以可寶也。」余謂讀史當多讀野史，考證異同，辨析是非，方不為官書所囿。（連橫《連雅堂文集》）

3.作為《臺灣通史》的「作者自序」，甲文的寫作策略為何？
(A)指出臺灣雖有歷朝「斷代史」卻無「通史」
(B)檢討臺灣舊史書散佚的原因，呼籲保存歷史
(C)回顧歷來的臺灣史書典範，希望能繼承傳統
(D)以臺灣向來缺乏優質史書，突顯該書的必要 【108統測】

4.依據甲、乙二文，何者符合作者的看法？
(A)《閩海紀要》因扭曲鄭成功，遭官方查禁
(B)清代臺灣僅府志數度續修，縣志皆未更新
(C)清代臺灣官史固然立場偏頗，仍有其價值
(D)凡官方正史皆不可信，唯有野史方為信史 【108統測】

5.若撰述者背景必然影響史書敘寫的措詞、口吻，下列文句與「可能撰述者」的配對，何者最不適宜？

	文句	可能撰述者
(A)	五月庚辰，明招討大將軍延平王晉封潮王國姓成功殂於東都	《閩海紀要》作者
(B)	我皇上好生如天，以普天之下皆吾赤子，奚忍獨遺？二十一年，特命靖海將軍施公率師討平，郡縣其地	《臺灣府志》纂修者
(C)	五十一年，林爽文之亂，縣內衙署被毀。五十三年，林逆平，遂移駐鹿仔港焉	《彰化縣志》纂修者
(D)	偽藩鄭克塽遣小船前來接引入港，偽侯劉國軒、偽伯馮錫範率領各文武官員到軍前迎接	《臺灣通史》連橫

【108統測】

對於山，可以如臺灣登山界人選定標高三千公尺以上，擁有奇、險、峻、秀，且山容起伏明顯的一百座臺灣山峰，作爲登山的目標。也可以在自然崇拜下，深信山是神靈棲息的處所，主宰風雨雷電，決定吉凶禍福，帶給人們的勇氣和信念。藏族學者格勒認爲，山神之所以成爲年神，是因爲山是年神附著之地，年神的根基雖在空中和光明之處，但其主要活動場所在高山峽谷之中。因此到處可見祭祀山神的五彩神箭臺和煙霧繚繞的煨桑臺，節日時信眾便會圍山而轉，在經幡與桑煙氤氳間，將刻有六字眞言的牛頭和石塊放到神山崖上，叩頭誦經祈求庇佑。

玉山是臺灣五嶽（其餘依次雪山、秀姑巒山、南湖大山、北大武山），主峰高三千九百五十五公尺，是東北亞第一高峰。陳列〈玉山去來〉一文描述身臨此洪荒初始的高山，見「大幅大幅成匹飛揚的雲，不斷地一邊絞扭著，糾纏著，蒸騰翻滾，噴湧般綿綿不絕從東方冥冥的天色間急速奔馳而至，灰褐乳白相間混，或淡或濃，瞬息萬變，襯著灰藍色的天，像颶風中翻飛的捲絲，像散髮，狂烈呼嘯，衝捲，聲勢赫赫」。及至攀頂，主峰「嶔奇孤絕，冷肅硬毅，睥睨著或遠或近地以絕壑陡崖或瘦稜亂石斷然阻隔或險奇連結著的神貌互異的四周群峰，氣派凜然」。

以「信仰的對象和藝術的泉源」列爲世界文化遺產之一的富士山，是日本幕府時期至今文化的中心，也是日本人心中的聖山。將軍的「御城」必然要面向富士山、日幣千元鈔的背面印製富士山及倒影、浮世繪與日本畫中的女子額頭的髮際線成M型稱的「富士額」，是美女的條件之一；新年第一天晚上夢到富士山，象徵一整年會有好運勢。

對日本人與觀光客而言，富士山是「日常，而神聖」的山。一年四季與朝夕光影渲染出嫵媚之姿，是文人畫家最愛歌詠的景致。從伊豆海邊、東京市區、山梨縣、新倉山淺間公園、靜岡縣富士宮市、甚至是飛機上觀看，這座不死之山化身爲馬克杯、屏風、和服、T恤到便利貼之上。

融合密教、道教與日本神道教的修驗者或山伏修行，爲切斷與俗世之間的連結，遵循一定的方式入山修練。走入山，不再是征服，而是在前輩修行者的帶領下進入靈山的修行；登上山，不爲了仰天長嘯的成就感，而悟道達到身心清淨的洗滌。

臺灣的玉山、日本的富士山、馬來西亞神山，都因爲文化歷史的點染，信仰民俗的滲透而成爲精神的象徵與宗教信仰。

兩百多年前陳夢林在近距離望見玉山在陽光下，如玉般潔淨的山氣、變幻多姿的雲彩，也是帶著崇敬而讚歎的心情吧！

一一七、祭妹文

清 袁枚

乾隆丁亥冬，葬三妹素文於上元之羊山[1]，而奠以文曰：

嗚呼！汝生於浙而葬於斯，離吾鄉七百里矣。當時雖觭夢[2]幻想，寧知此爲歸骨所耶？汝以一念之貞，遇人仳離[3]，致孤危托落。雖命之所存，天實爲之；然而累汝至此者，未嘗非予之過也。予幼從先生受經，汝差肩而坐[4]，愛聽古人節義事，一旦長成，遽躬蹈之。嗚呼！使汝不識詩書，或未必堅貞若是。

余捉蟋蟀，汝奮臂[5]出其間，歲寒蟲僵，同臨其穴。今予殮汝、葬汝，而當日之情形，憬然赴目[6]。予九歲，憩書齋，汝梳雙髻，披單縑[7]來，溫緇衣一章。適先生奓户[8]入，聞兩童子音琅琅[9]然，不覺莞爾，連呼則則[10]。此七月望日事也。汝在九原[11]，當分明記之。予弱冠粵行，汝掎裳[12]悲慟。逾三年，予披宮錦[13]還家，汝從東廂扶案[14]出，一家瞠視[15]而笑；不記語從何起，大概說長安登科，函使報信遲早云爾。凡此瑣瑣，雖爲陳跡，然我一日未死，則一日不能忘。

舊事塡膺⑯，思之淒梗，如影歷歷，逼取便逝。悔當時不將嫛婗⑰情狀，羅縷⑱紀存。然而汝已不在人間，則雖年光倒流，兒時可再，而亦無與爲證印者矣！

注釋

① 羊山：在江蘇上元縣棲霞山東側的丘陵。
② 觭夢：怪異的夢。觭，音ㄐㄧ。
③ 仳離：分離。仳，音ㄆㄧˇ。
④ 差肩而坐：並肩而坐。差，音ㄘ。
⑤ 奮臂：振臂而起。
⑥ 憬然赴目：是說當時情景，歷歷在目。憬然，覺悟的樣子。
⑦ 縑：音ㄐㄧㄢ，細緻的絲絹。緇衣，《詩經．鄭風》的篇名。緇，音ㄗ。
⑧ 奓戶：打開、推開門。奓，音ㄓㄚ。
⑨ 琅琅：音ㄌㄤˊ ㄌㄤˊ，本為金石相擊的聲音，此形容清朗形容清朗的讀書聲。
⑩ 則則：表示讚歎、驚奇。
⑪ 九原：春秋時晉國卿大夫的墓地在九原，後泛指墓地。
⑫ 掎裳：牽著衣裳。掎，音ㄐㄧˇ，從後或從旁拉住。
⑬ 披宮錦：唐朝進士及第披宮袍，後稱中進士為披宮錦。宮錦，宮中特製或仿造宮樣所製的錦緞。
⑭ 案：長方形的桌子。
⑮ 瞠視：睜眼直視。瞠，音ㄔㄥ。
⑯ 塡膺：充滿胸中。膺，音ㄧㄥ，胸，內心。
⑰ 嫛婗：音ㄧ ㄋㄧˊ，「嬰兒」二字的轉音，此指幼小時。
⑱ 羅縷：詳列細述。

翻譯

乾隆丁亥年的冬天，在江蘇上元縣的羊山安葬了三妹素文，寫文章祭奠說：

唉！你出生於浙江杭州卻葬在這裡，遠離故鄉七百里，當年雖然曾經有過奇特的夢幻，怎能料到這裡竟是你安葬的地方？你因爲一心堅守貞節的想法，遇人不合，導致婚姻上的孤獨與不遇。雖說這是命運作弄，實際上是老天爺的安排；然而連累你到這種地步的，不能說不是我的過錯。我從小跟著老師學習儒家的經書，你和我並肩而坐，愛聽古人節義的事；一旦長大成人，就親自去實行。唉！假使你不懂儒家的經文，也許不一定像這樣苦守貞節。

我捉蟋蟀，你在一旁用力舉起胳膊助力；冬天蟲子僵死了，你和我一同到牠的穴邊（憑弔）。今天我爲你入殮下葬，這些往事清清楚楚地浮現在眼前。我九歲的時候，在書房裡休息，你梳著兩個小髻，披著細絹單衣進來，和我一起溫習

《詩經．緇衣》那一首詩。恰好老師開門進來，聽見兩個童子清脆響亮的讀書聲，不覺笑了，連聲讚歎。這是那年七月十五日的事，你在墓地，應當清楚地記得吧。我二十歲左右去廣西，你拉著我的衣服悲傷地大哭。過了三年，我考中進士回家，你從東邊廂房扶著書桌走出來，一家人瞪著眼直笑，記不得話從哪裡說起，大概說些長安中進士以後，家信報知時間的早晚罷了。這些瑣事雖然是陳跡，可是我一天沒死，就一天忘不了。往事塡滿心胸，想起來就悲淒地哭不出聲來，每件事情都如影子般那麼清楚，可是走近追尋便消逝了。我眞悔恨當時沒有把幼年時期天眞爛漫的情態，詳細記錄下來。可是你已經不在人世了，那麼，即使歲月倒轉，兒童時代還能再來，也沒有能和我一起證實當年情況的人了。

知識要點

● 敘述背景：

1. 袁素文是袁枚的三妹，名機，字素文。素文未出生時，其父母曾與高氏指腹爲婚，高氏子成人後，卻是市井無賴，行多劣跡。高氏提出了解除婚約，但袁素文囿於封建禮教，竟執意不肯。婚後，素文備受凌辱，終因不堪肆虐而返居娘家，後悽楚離世，著有《素文女子遺稿》等。
2. 乾隆二十四年（西元一七五九年），袁枚四十四歲，素文四十歲，病歿。乾隆三十二年（西元一七六七年），袁枚五十二歲，葬素文於羊山，作〈祭妹文〉。

● 敘述脈絡：汝生於浙而葬於斯，離吾鄉七百里矣→汝以一念之貞，遇人仳離，致孤危托落→舊事塡膺，思之淒梗，如影歷歷，逼取便逝→雖年光倒流，兒時可再，而亦無與爲證印者矣！

● 歷代評論：

1. 袁枚（西元一七一六—一七九七年），字子才，號簡齋，別號隨園老人，浙江錢塘人。倡導「性靈說」，繼承晚明袁宏道「獨抒性靈，不拘格套」，反對清初以來擬古和形式主義的流弊，主張爲文要表現個性有「眞情」，不泥於古人之法，使詩壇風氣爲之一新，於乾隆年間詩名頗盛，與趙翼、蔣士銓並稱「江左三大家」；與北方紀昀（紀曉嵐）齊名，有「南袁北紀」之稱。
2. 本文與韓愈的〈祭十二郎文〉、歐陽脩的〈瀧岡阡表〉，並稱爲古代哀祭文的三絕。

● 知識要點：

1. 依祭文格式而陳述：文章起筆交代亡妹所葬之地、祭奠時間，祭者身分，隨而「嗚呼」一轉，為全文奠定了淒切哀婉的悲愴基調。

2.依時間倒敘並順敘：從素文墓地入筆到病根禍源的交代，但在倒敘至成長中的往事時以事件先後順序，歷敘兄妹童年趣事與情深之景象。

3.依實與虛而今昔相應：「汝奮臂出其間，歲寒蟲僵，同臨其穴」的當日之情形，與「今予殮汝、葬汝」，同是臨穴之死亡，同是葬的儀式。

4.依在與不在對比寄情：「凡此瑣瑣，雖為陳跡」，與「我一日未死，則一日不能忘」加深往事永存於心。「舊事填膺，思之淒梗，如影歷歷」，「逼取便逝」對比之間，悵然若失。「雖年光倒流，兒時可再」，「然而汝已不在人間，……而亦無與為證印者矣！」總結記憶再清晰，都敵不過逝世的殘酷事實。

練習題

1.下列有關本文的說明，正確的是：

(A)袁枚認爲妹妹婚姻悲劇始於不識詩書，卻「一念之貞，遇人仳離，致孤危托落」

(B)先生連呼則則，是因爲見九歲的袁枚與梳雙髻的素文，聽見「兩童子音琅琅然」讀《詩經．緇衣》

(C)袁枚中舉回家，素文從「東廂扶案出，一家瞠視而笑」，大概說長安登科，函使報信遲早

(D)「悔當時不將嫛婗情狀，羅縷紀存」，是因爲年光可以倒流，兒時可再時足以相印證

2.下列有關感情敘述，正確的是：

(A)「當時雖觭夢幻想，寧知此爲歸骨所耶？」——譴責，憤慨不已

(B)「然而累汝至此者，未嘗非予之過也」——自責，悔恨內疚

(C)「歲寒蟲僵，同臨其穴。今予殮汝、葬汝，而當日之情形，憬然赴目」——懷想，時不我予

(D)「此七月望日事也。汝在九原，當分明記之」——懷疑，確認再三

3.下列有關本文內容結構的分析，正確的是：

(A)全文依時間爲經，以事爲緯，交織出情深意摯的敘述

(B)「嗚呼」二字，呼應開頭「奠以文」的悲歎，顯現素文對兄長一往情深

(C)取材選擇生命中重大事件，貫串兄妹間的親密關係與哀悼亡妹之情

(D)寫景動人，寓情於景，充分抒發作者對妹妹的強烈感情

大考演練

1-2爲題組。閱讀甲、乙二文，回答1-2題。

甲、鬥草是古代的一種遊戲，又稱「鬥百草」。據南朝文獻記載，民眾通常在五月五日鬥百草，這大概與古人的藥草觀念有關。唐代以後鬥草的方式大概有兩種：一種是「武鬥」，比試草莖的韌性，方法是草莖相交結，兩人各持己端向後拉扯，以斷者爲輸；另一種則是「文鬥」，就採摘花草的種類數量或殊異一較高下。從明代〈秦淮鬥草篇〉「蘭皋藉作爭衡地，蕙畹翻爲角敵場。分行花隊逐，對壘葉旗張。花花非一色，葉葉兩相當」、「君有合歡枝，妾有相思子」中，可以看出「文鬥」除了採摘花草，還加入了「花草名對仗」的要求。從唐宋人的詩句：李白「禁庭春晝，鶯羽披新繡，百草巧求花下鬥，只賭珠璣滿斗」、王建「水中芹葉土中花，拾得還將避眾家。總待別人般數盡，袖中拈出鬱金芽」、白居易「弄塵復鬥草，盡日樂嬉嬉」、柳永「春困厭厭，拋擲鬥草工夫，冷落踏青心緒」、范成大「青枝滿地花狼藉，知是兒孫鬥草來」，均可見鬥草在唐宋十分盛行，白、范二詩或許就是當時「武鬥」的有趣畫面。而《紅樓夢》第六十二回則是現代人認識文鬥規則的寶貴材料，其中記載香菱與眾姐妹採摘花草後，準備鬥草，某人擺出「觀音柳」時，另一人則擺出「羅漢松」，其靈感可能得源於〈秦淮鬥草篇〉。到了現代，由於社會形態不同，人與自然的關係變得疏遠，鬥草就逐漸式微了。

乙、紫芝道：「這鬥草之戲，雖是我們閨閣一件韻事，但今日姐妹如許之多，必須脫了舊套，另出新奇鬥法，才覺有趣。」竇耕煙道：「能脫舊套，那敢妙了。何不就請姐姐發個號令？」紫芝道：「若依妹子鬥法，不在草之多寡，並且也不折草。況此地藥苗都是數千里外移來的，甚至還有外國之種，若一齊亂折，亦甚可惜。莫若大家隨便說一花草名或果木名，依著字面對去，倒覺生動。」畢全貞道：「不知怎樣對法？請姐姐說個樣子。」紫芝道：「古人有一對句對的最好：『風吹不響鈴兒草，雨打無聲鼓子花。』假如耕煙姐姐說了『鈴兒草』，有人對了『鼓子花』，字面合式，並無牽強。接著再說一個，或寫出亦可。如此對去，比舊日鬥草豈不好玩？」鄴芳春道：「雖覺好玩，但眼前俗名字面易對的甚少。即如當歸一名『文無』，芍藥一名『將離』，諸如此類，可准借用麼？」……紫芝道：「即如鈴兒草原名沙參，鼓子花本名旋花，何嘗不是借用。……只要見之於書，就可用得，何必定要俗名？」（《鏡花緣》第七十六～七十七回）

1. 依據甲文，關於「鬥草」的敘述，適當的是：

(A)唐代玩此遊戲，有時會以物品當賭注
(B)透過此遊戲，有機會可以認識各種藥草名稱
(C)王建詩中所述，應以持有花草與眾不同者勝出
(D)此遊戲源自端午習俗，歷來只在過節當日進行
(E)武鬥致勝關鍵，在於熟記植物名稱與玩家力氣大小 【107指考】

2.依據甲、乙二文，關於「文鬥」的敘述，適當的是：

(A)甲文所述《紅樓夢》的玩法，即乙文所謂的舊套
(B)決定勝負的條件，由辨識植物種類擴及語文素養
(C)因花草珍貴，故紫芝提議的新玩法可以自創植物名
(D)依據花草名對仗的要求，「鼠姑心」能對「龍鬚柏」
(E)兩部小說的相關記載，提供古代婦女辭采展現與人際交流的資訊 【107指考】

【跨領域觀看】：佛洛伊德的人格發展理論與分析

精神分析學的創始人佛洛伊德（Sigmund Freud）認爲所有的人都有「潛意識衝突」的經驗，這個潛意識的衝突源自於童年的經驗。

他認爲人類男性天生具有弒父娶母的欲望和戀母情結（即伊底帕斯情結），女性天生具有弒母嫁父的欲望和戀父情結（又叫厄勒克特拉情結）。此外在他的心理防禦機制理論之一的壓抑中，提出：「當一個人的某種觀念、情感或衝動不能被超我接受時，就被潛抑到無意識中去，以使個體不再因之而產生焦慮、痛苦，這是一種不自覺的主動遺忘和抑制。」

人的發展是一個衝突的過程，佛洛伊德認爲一個人的人格在五歲時就已形成了。這種早期經驗塑造了人格的觀點解釋了童年無法滿足的欲望，將造成日後不斷追逐的行爲和負面情緒、個性。

達文西手札童年回憶敘述道：「看起來，我似乎是命中注定要徹底地研究一番禿鷲了，因爲我憶起了一件很早的往事：當我躺在搖籃裡時，一隻禿鷲向我飛來，牠用牠的尾巴打開了我的嘴，並多次用牠的尾巴撞擊我的嘴脣。」佛洛伊德在《達文西的童年記憶》的解讀是：「有位女神 Mut

的頭就是禿鷲，發音跟母親 Mutter 相近。達文西是個私生子，沒有父親，只有母親，這說明了他一生中最關鍵的時光就是在貧窮的生母旁邊度過的，而不是後來被接到父親處所過的富裕生活。」童年的戀母情結，加上父親缺席所強化依附之情，似乎造成達文西終生未婚，沒有任何親近的女性朋友。母親將爲彌補丈夫缺席與身分的自卑之遺憾，投射於達文西身上，導致他早熟，個性溫和慈善。佛洛伊德因此猜測，蒙娜麗莎的微笑就是她母親的微笑。

〈祭妹文〉裡的袁素文與哥哥袁枚一起捉蟋蟀、埋葬蟋蟀，洋溢著溫暖的愛物之情；梳雙髻，披單縑與哥哥朗朗讀書的情景，顯現家庭與老師對男女一視同仁，也給予受教權利。難道是和諧尊重肯定的疼愛，讓素文相信所有人都如此美善，以致明知對方乖惡時依然深信自己能改變，當發現世界並不如想像單純安全，自己信仰的價值觀崩裂，所以早夭？

一一八、隨園記

清　袁枚

康熙時，織造①隋公當山之北巔，構堂皇，繚垣墉②，樹之荻千章，桂千畦③，都人游者，翕然④盛一時，號曰隋園，因其姓也。

後三十年，余宰江寧，園傾且頹弛⑤，其室爲酒肆，輿臺嚾呶⑥，禽鳥厭之不肯嫗伏⑦；百卉蕪謝，春風不能花。余惻然而悲，問其直⑧，曰三百金，購以月俸。茨⑨牆剪園，易簷改途。隨其高，爲置江樓；隨其下，爲置溪亭；隨其夾澗，爲之橋；隨其湍流，爲之舟。隨其地之隆中而欹側⑩也，爲綴峰岫；隨其蓊鬱而曠也，爲設宧窔⑪。或扶而起之，或擠而止之，皆隨其豐殺繁瘠，就勢取景，而莫之夭閼⑫者，故仍名曰隨園，同其音，易其義。

落成歎曰：「使吾官於此，則月一至焉；使吾居於此，則日日至焉。二者不可得兼，捨官而取園者也。」遂乞病，率弟香亭、甥湄君⑬移書史居隨園。聞之蘇子曰：「君子不必仕，不必不仕。」然則余之仕與不仕，與居茲園之久與不久，亦隨之而已。夫兩物之能相易者，其一物之足以勝之也。余竟以一官易此園，園之奇，可以見矣。

注釋

①織造：職官名，明清時設於江寧、蘇州、杭州，掌理織造皇室各項衣料等事。

②垣墉：音 ㄩㄢˊ ㄩㄥ，牆。

③畦：音 ㄒㄧ，古代計算面積的單位。五十畝為一畦。

④翕然：和順的樣子。翕，音 ㄒㄧˋ。

⑤頹弛：倒塌敗壞。弛，音 ㄔˇ。

⑥讙呶：音 ㄏㄨㄢ ㄋㄠˊ，大聲喧鬧。

⑦嫗伏：音 ㄩˋ ㄈㄨˊ，鳥用體溫孵卵，引申為棲息。

⑧直：同「值」，售價。

⑨茨：音 ㄘˊ，積土填滿。

⑩欹側：中間隆起，兩側歪斜的地形。欹，音 ㄧ，傾斜不正。

⑪宦窔：房屋的東北角與東南角。古代建房，多在東南角設廁所，東北角設廚房；此代指這些設施。窔，音 ㄧㄠˇ，屋室的東南角。

⑫夭閼：受阻折而中斷，此指沒有改變山原來的形勢。閼，音 ㄜˋ。

⑬湄君：袁枚外甥陸建，字湄君。

翻譯

康熙年間，織造隋大人在小倉山的北邊山頂，建起殿堂，砌上圍牆，種了上千株荻草，上千畦桂花，讓人隨意遊覽，城裡人來遊玩的，盛極一時，人們把這座園林叫做隋園，是因爲主人姓隋的緣故。

三十年後，我主持江寧政事，隋園園林傾圮倒塌且荒蕪，裡面的房屋被改成酒館，樓臺處處熱鬧喧囂，連禽鳥都討厭這個地方而不來棲息，百花荒蕪凋零，即使春天來了也不開花。我感到悲涼淒愴，詢問這園林值多少錢，說值三百兩銀子，我拿薪水買下來。我修補圍牆修剪花草，更換房簷，改變用途。高的地方，建成臨江樓閣；低的地方，修建溪旁亭子；有溪水的地方，修了橋；水深流急的地方，造了舟船；突起險峻的地方，點綴它的氣勢；平坦而且草木旺盛的地方，設置了觀賞設施。有的風景加強，有的風景抑制，都隨著它園裡植物的豐盛蕭殺繁茂貧瘠情況而定，因勢取景，沒有改變山原來的形勢，仍叫做隨園，和隋園同音，但意思變了。

園子建成以後感歎說：「假使我在這裡做官，那麼一個月來一次，若是居住在這裡，每天都可來。兩者不可兼得，所以辭官而要園子。」於是託病辭官，帶著弟弟袁香亭、外甥湄君搬著書籍居住在隨園裡。聽蘇軾說過：「君子不必刻意求官，也不必刻意不去當官。」然而我做不做官，就像這座園子能否長久留存，都是順隨自然而已。兩個事物能夠交換，肯定其中的一個足以勝過另一個。我竟拿官職換這個園子，這個園子的奇妙，可想而知了。

知識要點

● 故事背景：隋園在南京北小倉山，清初南京著名園林之一，原是江寧織造曹後任、隋赫德的「隋織造園」。乾隆十年，袁枚三十歲任職江寧知縣，政績卓著。十二年以月俸購得，依原地形整修，便改名爲「隨園」。此名乃源自《易經．隨卦》「隨時之宜」的卦義而來，園中半仿西湖，築園師法自然，二十四景，袁枚皆各以詩吟詠之，惜此園於太平天國之亂後因無人照料而漸圮毀。

● 敘述脈絡：織造隋園→購得整修→就勢取景→捨官取園

● 故事後續：乾隆十三年（西元一七四八年），袁枚失意於仕途，又逢其母病重，乃辭官歸隱於江寧小倉山隨園，撫今追昔，天地風雲盡收眼底，全力馳騁於詩壇，成爲當時詩壇的泰斗。乾隆十七年（西元一七五二年）回官場，至陝西任職，當年秋父亡，辭官歸隱終老於隨園，與賓客宴遊，收弟子傳學。

南京曾有兩座名園，一東南一西北，南者李漁芥子園，北者隨園。除園主爲江南名士，更分別發展出文化活動：前者刻印並發行圖書《芥子園畫傳》（又名《芥子園畫譜》），後者袁枚形容自己的生活：「不做高官，非無福命只緣懶；難成仙佛，愛讀詩書又戀花。」以《隨園食單》、《隨園詩話》傳世。

● 歷代評論：江左三大家之一趙翼讚袁枚：「八扇天門鐵蕩開，行間字字走風雷。子才果是眞才子，我要分他一斗來。」

● 知識重點：

1. 造園因地制宜，隨勢取景：「隨其高，為置江樓；隨其下，為置溪亭；隨其夾澗，為之橋；隨其湍流，為之舟；……」，連用了十次「隨」次，突顯本文文眼「隨」字。
2. 生活隨遇而安，隨興自得：袁枚於〈所好軒記〉言自己與張岱同趣：「好味，好色，好葺屋，好遊，好友，好花竹泉石。」由此文所述捨官取園可見他崇尚率真自然，反道學，不避一般流俗眼光收授女弟子，追求自我適志的人生。
3. 從「隋園」到「隨園」，各有自在瀟灑的生活觀，前者除音其姓隋，另有開放園林隨人遊覽，見主人胸襟寬厚樂於分享之意，後者「隨」緣得此園、「隨」地形取景，於三十八歲年壯之時捨官就園，更寓有「人生貴適志，追求真我，嚮往園林之樂」的性情與志趣之意。

4. 末段表面上以捨官來突顯園之殊勝令人嚮往，其實意在表明不願屈就於仕宦官場之意。引蘇軾「君子不必仕，不必不仕」之言，說明自己仕與不仕、隨園之久與不久，皆隨順自然，充分表現袁枚以隨緣自在的態度看待出仕，只願吟詩作文、讀書會友，享盡園林之樂的曠達個性，隨順自然，隨時之宜的審美理想與人格象徵。

5. 全文詳略得宜，對於舊隋園，著力描寫其荒蕪景象，新隨園則詳其造景與心志。寫景由外而內，繼而由園及人，由寫景而記事而議論，由外在自然景觀，到作者心靈視角，足見造園美學與袁枚捨官就園緊密不可分。

練習題

1. 下列有關袁枚以「隨園」命名的推論，何者正確？
(A)蕭規曹隨
(B)隨心所欲
(C)入境隨俗
(D)追隨驥尾

2. 下列關於本文寫作手法的說明，正確的是：
(A)寫景記事抒情，兼而有之
(B)昔今對比，萬念俱灰而歸隱園林
(C)集中於人事遷變，寄寓個人境遇之歎
(D)寫景由外而內，歷述寫隨園外在景觀及作者遊園之樂

3. 中國園林藝術集建築、書畫、雕刻、文學、園藝等藝術於一身，是中國美學楷模，反映出中國人深邃的哲理思辨及對生活的追求。下列選項關於園林景致都透露出順任自然的人生態度？（多選）
(A)前闢四窗，垣牆周庭，以當南日。日影反照，室始洞然。又雜植蘭、桂、竹、木於庭，舊時欄楯，亦遂增勝
(B)茨牆剪闔，易簷改塗，隨其高，爲置江樓；隨其下，爲置溪亭；隨其夾澗，爲之橋；隨湍流，爲之舟
(C)前有喬松十數株，修竹千餘竿；青蘿爲牆垣，白石爲橋道；流水周於舍下，飛泉落於簷間
(D)自余爲僇人，居是州，恆惴慄。其隙也，則施施而行，漫漫而遊，日與其徒上高山，入深林，窮迴溪，幽泉怪石，無遠不到
(E)既得斯泉於山谷之間，乃日與滁人仰而望山，俯而聽泉，掇幽芳而蔭喬木。風霜冰雪，刻露清秀，四時之景，無不可愛

註：(A)歸有光〈項脊軒志〉 (B)袁枚〈隨園記〉 (C)白居易〈與元微之書〉 (D)柳宗元〈始得西山宴遊記〉 (E)歐陽脩〈豐樂亭記〉

【大考演練】

1-2為題組。閱讀下文，回答第1-2題。

友人見而謂之曰：四時之花，君能兼之；四季之樂，君能享之；此地不可以不名也。謂之「聚芳園」，可乎？然君究何修而得此樂也？夫人惟不滯於境之內者，斯可超於象之外。嘗見夫權門貴客，日坐錦堂，玩好滿前，氍毹鋪地，以視君之茅舍柴扉，紙窗竹屋，不啻霄壤也；猶自營營於紛華靡麗之場，而戚戚於蘭麝帷帳之內，寤寐不釋，飲食不寧，究不知何時而樂也！（翟灝〈聚芳園記〉）

註：氍毹：毛織的地毯。

1.依據上文，友人認為作者能享庭園之樂，主要原因在於：

(A)怡然自得，不役於物
(B)花開四季，群賢畢至
(C)簞食瓢飲，有志於學
(D)遠離紅塵，遺世獨立
【106統測】

2.文中「猶自營營於紛華靡麗之場」，主語「權門貴客」因數句之前已出現，故省去不提。下列劃底線的文句，何者使用相同的表意方式？

(A)項王、項伯東嚮坐；<u>亞父南嚮坐，亞父者，范增也</u>
(B)工之僑以歸，謀諸漆工，作斷紋焉；<u>又謀諸篆工，作古窾焉</u>
(C)貨惡其棄於地也，不必藏於己；<u>力惡其不出於身也，不必為己</u>
(D)觥籌交錯，起坐而諠譁者，眾賓懽也；<u>蒼顏白髮，頹然乎其間者，太守醉也</u>
【106統測】

【跨領域觀看】：隨的生命哲學與隨經濟思維模式

隋，是「墮」的省略，表示墜崖。「隨」本義是追尋墜崖者，追蹤。如今本義消失，只剩下跟從、相伴，以及相依而來的順從、聽從、順應、任由之意，最後尺度越來越寬，發展出「隨手一拿」的順便，任意地、不加約束地的隨筆、隨興，「隨即」「隨時」的立刻。

袁枚以「隨」自命園名，表面看似因地制宜，合乎生態保育及地理環境；實則寓含個人的處世與生命哲學、美學文化學術思想、對時代政局的反諷。如此明暗兼具的隨思想正是今天當紅的思維模型，善用大數據、人工智慧、互聯網時代充滿靈活彈性而又切中現實問題的「隨經濟」。

隨經濟是面對現實隨機變化，要解決少子化導致人力降低、高齡化所需的服務與資源等問題，運用AI將交易成本降爲零、互聯網降低交易成本，牽動產業「隨時、隨地、隨緣、隨處、隨支付、隨渠道」，有樣式地折解合併，並跟著客戶與開發潛在需求。

盧希鵬《隨經濟：第二曲線的七十七個思維模型》這本書還提及：「工業時代是加法級的經濟量體，你要做N個，才能賺N個；數位時代則是乘法級的經濟量體，你做一個，能賺N個；然而，隨經濟時代卻是指數級的經濟量體，你做N個，就能賺N2個！」

隨經濟強調要與不確定性共處，共處需要感知器與多元跨界。過去我們預測機器何時故障，隨經濟在機器上裝了感知器，快故障時讓機器自己告訴我們，以及時調整。這樣的改變除卻引進新科技、思考新經營模式，更需要思維的改變。如賈伯斯看見了個人化、弱連結化的需求，於是一反慣性的概念推出黑色標準化iPhone手機，打敗了一年生產六千種手機大量客製化的諾基亞手機。

無人商店、影音串流平臺、支付寶、淘寶網、共享經濟如Airbnb、Uber……都是隨時代需求、科技發展而生的商業形式。網路開放課程、打破學校和職場疆界的實習學習、打破年齡強調問題解決、社群學習，學生也必須是目標設定過程中的一分子。全世界各地隨未來變化的創新型學校正不斷開始、實驗與拓展中。

一一九、聊齋誌異．畫皮

清　蒲松齡

至齋門[1]，門內杜，不得入。心疑所作，乃踰垝垣[2]。則室門亦閉。躡跡而窗窺之，見一獰鬼[3]，面翠色，齒巉巉[4]如鋸。鋪人皮於榻上，執采筆而繪之；已而擲筆，舉皮，如振衣狀，披於身，遂化爲女子。睹此狀，大懼，獸伏⑤而出。急追道士，不知所往。遍跡之，遇於野，長跪乞救。道士曰：「請遣除之。此物亦良苦，甫能覓代者，予亦不忍傷其生。」乃以蠅拂⑥授生，令掛寢門。臨別，約會於青帝廟。

生歸，不敢入齋，乃寢內室，懸拂焉。一更許，聞門外戢戢⑦有聲。自不敢窺也，使妻窺之。但見女子來，望拂子不敢進；立而切齒，良久乃去。少時，復來，罵曰：「道士嚇我。終不然，寧入口而吐之耶！」取拂碎之，壞寢門而入，徑登生床，裂生腹，掬⑧生心而去。妻號，婢入燭之，生已死，腔血狼藉。陳駭涕不敢聲。

明日，使弟二郎奔告道士。道士怒曰：「我固憐之，鬼子乃敢爾！」即從生弟來。女子已失所在。既而仰首四望，曰：「幸遁未遠。」問：「南院誰家？」二郎曰：「小生所舍也。」道士曰：「現在君所。」二郎愕然，以爲未有。道士問曰：「曾否有不識者一人來？」答曰：「僕早赴青帝廟，良不知，當歸問之。」去，少頃而返，曰：「果有之。晨間一嫗來，欲傭爲僕家操作，室人止之，尚在也。」道士曰：「即是物矣。」遂與俱往。仗木劍，立庭心，呼曰：「孽魅！償我拂子來！」嫗在室，惶遽無色，出門欲遁。道士逐擊之。嫗仆，人皮劃然而脫；化爲厲鬼，臥嗥如豬。道士以木劍梟⑨其首；身變作濃煙，匝地⑩作堆。道士出一葫蘆，拔其塞，置煙中，飀飀然⑪如口吸氣，瞬息煙盡。道士塞口入囊。共視人皮，眉目手足，無不備具。道士卷之，如卷畫軸聲，亦囊之，乃別欲去。……

異史氏曰：「愚哉世人！明明妖也，而以爲美。迷哉愚人！明明忠也，而以爲妄。然愛人之色而漁之，妻亦將食人之唾而甘之矣。天道好還⑫，但愚而迷者不寤耳。可哀也夫！」

注釋

① 齋門：書房門。
② 垝垣：音ㄍㄨㄟˇ ㄩㄢˊ，高牆。
③ 獰鬼：兇惡的鬼。獰，音ㄋㄧㄥˊ，兇惡，兇暴。
④ 巉巉：音ㄔㄢˊ，山勢高險，此指尖銳。

⑤獸伏：趴在地上。
⑥蠅拂：驅蠅的器具。
⑦戢戢：音ㄐㄧˊ，形容細小的聲音。
⑧掬：音ㄐㄩˊ，用兩手捧取。
⑨梟：音ㄒㄧㄠ，斬首懸頭於木上。如：「梟首示眾」。
⑩匝地：充滿於地面。匝，音ㄗㄚ，環繞。
⑪飀飀然：狀聲詞，形容風聲。飀，音ㄌㄧㄡˊ。
⑫天道好還：因果循環的天理，後多指惡有惡報。

翻譯

沒過多久，王生就回到自家書院門前，但門緊緊地被關住根本進不去。這時，王生頓起疑心，便翻牆進去，見房門也緊關著，就悄悄地走到窗邊往裡看，只見一個面目猙獰的惡鬼，臉色翠綠、長牙如鋸，正在把一張人皮往床上鋪，然後拿彩筆在人皮上畫，畫完之後便將筆扔掉，舉起人皮，像抖衣服那樣抖了抖，隨即披在身上，就立即變成了個女子。王生親眼看見這些情景，王生的魂都嚇掉了，像狗一樣悄悄地爬了出來，急忙追尋道士，但道士已不知去向。王生到處找尋，最後在野外找到了，王生跪在地上，求道士搭救。道士說：「我幫你趕走它就是了。這個東西也很可憐，一直沒能找到替身，所以我也不忍心傷害它的性命。」於是，道士就給王生一柄拂塵，讓王生掛在臥室的門上。臨分手時，兩人約好在青帝廟會面。

王生回到家以後，不敢到書房去，就睡在臥室裡，把道士給的拂塵掛在門口。一更時分，聽到門外窸窣作響，他嚇得連頭都不敢抬，而讓妻子陳氏去看看動靜。只見那惡鬼望著拂塵不敢越雷池一步，站在那裡咬牙切齒，猶豫了很久才走開。不久，它又來了，破口痛罵道：「道士嚇唬我。難道到口的食物還要吐出來不成？」只見那惡鬼扯下拂塵撕得稀爛，破門而入，直奔王生的睡床，撕裂王生的胸腹，掏出他的心就揚長而去。王生的妻子大聲哭號，丫頭舉著蠟燭進來一看，王生已斷氣，胸腔到處見滿鮮血。陳氏嚇得哭不出聲來。

第二天一早，陳氏叫弟弟二郎跑去告訴道士。道士非常生氣地說：「我本來可憐你，誰知你這鬼竟敢如此倡狂！」他馬上跟著二郎來到王家，那個女子已不見了。道士抬頭四處張望，說：「幸虧它還沒有跑遠。」他問二郎：「南院是誰的家？」二郎說：「是我家。」道士說：「鬼正在你家。」二郎很驚異，認爲不可能會在他家。道士又問：「是否有不認識的一個人到你家？」二郎說：「我一大早就去青帝廟了，實在不知道，我這就回去問一問。」他去後不久回來說：「眞有這麼一個人在我家。今早一個老太婆跑到我家，說是想給我家當傭人，我妻子沒答應她，她現在還沒離開呢。」道士說，「她就是惡鬼。」於是，道士與二郎一起到了南院。道士手持木劍，站在院子中央，大聲呵斥：「鬼妖，還我拂塵！」那老太婆在屋裡，嚇得面無血色，奪門衝出想逃脫。道士追上前去一劍砍去，老太婆倒在地上，身上的人皮「嘩」的一聲脫落下來，變成了一個惡鬼，躺在地上像豬一樣地嚎叫。道士用木劍砍下鬼的頭，鬼的身子化成一股濃煙，在地上旋成一堆。道士取出一個葫蘆，拔掉塞子，放在煙中，只聽嗖嗖地像吸氣一樣，眨眼間濃煙便都被吸進葫蘆裡去了。道士把葫蘆口塞緊，裝進口袋裡。大家看那張人皮，眉眼手腳，一樣不缺。道士捲起人皮，發出像捲畫軸一樣的聲音，也裝在口袋裡，便告辭要走。……

異史氏說：「世上的人眞是愚蠢啊！明明是妖怪，卻認爲是美人。愚蠢的人眞是沉迷不悟啊！明明是忠言，卻認爲是胡說。不過，貪戀別人的美貌而千方百計把她弄到手，那麼他的妻子也會吃別人的痰唾而認爲是很甜美的了。天理是善於報應的，只是愚蠢而又沉迷不悟的人不覺醒罷了。眞是可悲呀！」

知識要點

● 故事背景：王生遇一位被賣至富人家的女子，不忍大老婆嫉妒的打罵而逃亡，王生藏之於書房，其妻勸王生逐之。王生不聽，遇道士言其邪氣縈繞，王生心生懷疑。

● 敘述脈絡：王生見女子畫皮，乞道士捉妖→女鬼撕蠅拂，取王生心而去→道士木劍刺妖，收入囊中→異史氏評論。

● 故事後續：王生的妻子哭求道士救活丈夫，道士告之至市集找一位瘋子，苦苦哀求他。陳氏如言忍受乞丐以木杖鞭打，甚至吞下乞丐忽然吐出的一口濃痰等種種羞辱，一個人抱著丈夫的屍體邊料理邊哭號，哭到嗓音完全嘶啞，忽然嘔吐出一塊東西落入丈夫的胸腔裡。她驚奇地發現，原來是顆人心，丈夫就這麼活了過來。

● 歷代評論：

1. 王士禎對《聊齋志異》甚爲喜愛，「數奇其才，謂非尋常流輩所及也」，並爲其做評點。
2. 郭沫若爲蒲松齡故居題對聯：「寫鬼寫妖高人一等，刺貪刺虐入骨三分。」
3. 魯迅《中國小說史略》：「《聊齋志異》雖亦如當時同類之書，不外記神仙狐鬼精魅故事，然描寫委曲，敘次井然，用傳奇法，而以志怪。變幻之狀，如在目前……，偶敘瑣聞，亦多簡潔，故讀者耳目，爲之一新。」

● 知識重點：

1. 前段敘述以王生為主軸，寫豔遇見女鬼，遇道士，進而被鬼，由中表現王生從癡迷到懷疑，而後被鬼挖心，隱然寓有女鬼傷人，好色者之戒。後段以道士捉妖為主軸，鋪陳道士如何收服厲鬼，透過觀察、驗證、叫陣、追擊、脫皮、化鬼、割頭、變煙、吸煙、捲皮等一連串收妖的動作呈現過程，顯現人鬼不兩立的對立世界，邪不勝正的天道。

2.《聊齋》的特色之一是「一書二體」，指兼具筆記與傳奇兩種形式。六朝志怪鮮少描寫鬼的模樣，此篇不但特寫女鬼「面翠色，齒巉巉如鋸」，並以其剝下臉皮彩繪而化為女子的過程，同時細寫道士捉鬼、鬼化為煙、被收囊中等動作。

3.以聲音鋪陳出情節的層次：如「門外戢戢有聲」、「立而切齒」、「罵曰道士嚇我」、「取拂碎之」、「壞寢門而入」、「裂生腹」、「妻號」、「陳駭涕不敢聲」，藉各種狀態與情緒的聲音帶出現場感。

4.以動作帶出惡鬼的情緒：由「女子來，望拂子不敢進」的不安，「立而切齒，良久乃去」的猶豫不決，到「少時，復來，罵曰」的憤怒，以至「取拂碎之，壞寢門而入，徑登生床，裂生腹，掬生心而去」的決定行動。

5.《聊齋》有作品四百多篇，透過人鬼怪異、鬼魅妖狐等奇幻故事，刻畫出社會上黑暗的層面以及人心醜惡，寄託蒲松齡內心的「孤憤」。此篇可視為高度寓言化小說，妖已修行至「眉目手足，無不備具」，但終因「道士嚇我。終不然，寧入口而吐之耶！」的惡心腸以及挖心的行為而道行全失，合乎惡有惡報的天理。至於王生不聽妻言，耽於女色、愚昧不明都具警世之意。

練習題

1.下列有關本文情節的敘述，何者正確？
(A)王生因愛生恨，導致惡鬼復仇
(B)女鬼尋無替身，道士心生悲憫
(C)陳氏悲夫橫死，誓以爲殉
(D)道士毀皮銷骨，女鬼不得復生

2.根據上文，選出最切合這段故事核心觀點的選項：
(A)多行不義，必自斃
(B)禍兮福所倚，禍兮福所伏
(C)假作眞時眞亦假，眞作假時假亦眞
(D)曾經滄海難爲水，糟糠之妻不下堂

3.下列選項，何者最適合說明王生「不敢入齋，乃寢內室，懸拂焉」的心理狀態：
(A)心猿意馬
(B)心蕩神馳

(C)心旌搖曳
(D)杯弓蛇影

【大考演練】

1-3為題組。閱讀下文，回答第1-3題。

滄洲劉士玉孝廉，有書室，為狐所據。白晝與人對語，擲瓦石擊人，但不睹其形耳。知州平原董思任，良吏也。聞其事，自往驅之。方盛陳人妖異路之理，忽簷際朗言曰：「公為官，頗愛民，亦不取錢，故我不敢擊公。然公愛民乃好名，不取錢乃畏後患耳，故我亦不避公。公休矣，毋多言取困。」董狼狽而歸，咄咄不怡者數日。劉一僕婦，甚粗蠢，獨不畏狐，狐亦不擊之。或於對語時，舉以問狐。狐曰：「彼雖下役，乃真孝婦也。鬼神見之猶斂避，況我曹乎？」劉乃令僕婦居此室，狐是日即去。（紀昀《閱微草堂筆記》）

1.下列關於故事中狐仙的敘述，何者正確？ 【105統測】
(A)化為人形以瓦石傷人
(B)對人進行選擇性襲擊
(C)藉劉家僕婦求見良吏
(D)嘲弄劉家僕婦後離去

2.依據上文，董思任「咄咄不怡」的原因為何？ 【105統測】
(A)狐仙揚言揭穿他不廉不義
(B)遭狐仙惡作劇而被迫辭官
(C)害怕報應而不敢強驅狐仙
(D)無力驅逐狐仙又受其譏評

3.依據上文，狐仙避畏哪一種人？ 【105統測】
(A)德性端醇者
(B)膽識過人者
(C)寒微愚拙者
(D)潔己奉公者

【跨領域觀看】：小說與電影之間的改造與新視角

改編暢銷小說一直是電影劇本的創意來源之一，自愛情、校園生活、科幻、奇幻到驚悚懸疑，有許多風靡一時之作。如改編自美國作家瑞克．楊西的青少年小說《第五波》的電影《第5毀滅》、大衛．埃博雪夫《丹麥女孩》、喬喬．莫伊絲的《遇見你之前》、羅德．達爾《吹夢巨人》、羅琳《哈利波特》、《怪獸與牠們的產地》的同名電影等，至於《哈利波特》、《暮光之城》和《飢餓遊戲》、《分歧者》、《復仇者聯盟》更是以席捲全球的超級票房造成無限商機與文創產業。

紙上的小說被搬上銀幕的過程，是一段改造、編寫、試鏡、定裝、分鏡、排演、拍攝的過程。其間編劇轉化的敘事觀點、導演置入自我與時代詮釋的思維、攝影運鏡呈現文字敘述的技巧等，都是嚴謹而聚結想法的再創造。李安的《色戒》原自張愛玲，卻不囿限於其間；黃春明的小說與電影因爲作者參與其中，拉近了小說與電影間的距離，但也削減了另一種可能。

加入現代觀點、科技的電影，讓一再翻拍的古典文學、武俠、歷史小說有機會重新被審視，如《傲慢與偏見》、《亂世佳人》、《教父》、《戰爭與和平》、《戰地春夢》、《殺死一隻知更鳥》、《流浪者之歌》。加入現代觀點的新視角，則讓這些經典被賦予現代意義，如二〇〇八年《畫皮》。電影將原著王生從書生轉爲武將、發現狐妖者不是王生而是王妻，但最關鍵的改變是猙獰的鬼變成披人皮的「九霄美狐」，她不再全然是反派角色，而是共同進退、有情有義犧牲自我的盟友。這讓電影所突顯的主題不限於狐妖吃人、王生貪色受害、王妻受辱救夫、道士捉妖，而是狐妖渴望愛情飛蛾撲火，選擇成全尊重所達到的高度，王生守夫妻之義始終不背叛妻子的掙扎與反思。

一二〇、閱微草堂筆記卷二一 灤陽消夏錄二一妾再嫁

清 紀昀

有遊士以書畫自給，在京師納一妾，甚愛之。或遇讌會，必袖果餌以貽，妾亦甚相得。無何病革①，語妾曰：「吾無家，汝無歸；吾無親屬，汝無依。吾以筆墨爲活，吾死汝琵琶別抱②，勢也，亦理也。吾無遺債累汝，汝亦無父母兄弟掣肘③，得行己志，可勿受錙銖聘金，但與約歲時許汝祭我墓，則吾無恨矣。」

妾泣受教，納之者亦如約，又甚愛之，然妾恆鬱鬱憶舊恩，夜必夢故夫同枕席，睡中或妮妮囈語。夫覺之，密延術士鎮以符籙④，夢語止而

病漸作，尋至綿惙⑤。臨歿，以額叩枕曰：「故人情重實不能忘，君所深知，妾亦不諱。昨夜又見夢曰：『久被驅遣，今得再來，汝病如是，何不同歸？』已諾之矣，能邀格外之惠，還妾屍於彼墓，當生生世世，結草銜環⑥，不情之請，惟君圖之。」語訖奄然⑦。夫豪士，慨然曰：「魂已往矣，留此遺蛻⑧何爲？楊越公能合樂昌之鏡⑨，吾不能合之泉下乎？」竟如所請。

此雍正甲寅乙卯間事，余時年十一二，聞人述之，而忘其姓名。余謂再嫁，負故夫也；嫁而有二心，負後夫也，此婦進退無據⑩焉。何子山先生亦曰：憶而死，何如殉而死乎？何勵庵先生則曰：春秋責備賢者，未可以士大夫之義，律兒女子，哀其遇可也，憫其志可也。

注釋

①病革：病情危急。革，音ㄐㄧˊ，急。
②琵琶別抱：婦女改嫁。
③掣肘：音ㄔㄜˋ ㄓㄡˇ，比喻為難、牽制。
④符籙：一種道家用來役使鬼神的神祕文字。
⑤綿惙：音ㄇㄧㄢˊ ㄔㄨㄛˋ，病勢垂危。
⑥結草銜環：比喻生前受恩死後圖報。
⑦奄然：忽然逝世。
⑧遺蛻：遺體。蛻：音ㄊㄨㄟˋ，動物所脫下的皮膚或外殼。
⑨楊越公能合樂昌之鏡：指隋朝越國公楊素，允其侍妾前朝樂昌公主與其夫徐德言破鏡重圓的故事。
⑩進退無據：前進和後退都失去了依據，形容無處容身。

翻譯

有一個遠遊在外的讀書人，靠書畫爲生。在京都納了一個妾，非常愛她。如果有人請他赴宴，他一定會在袖子裡藏水果美食帶回來給愛妾吃。愛妾也和他情投意合。可是沒有多久，遊士病危，臨終之際對愛妾說：「我沒有家，你沒有去處；我又沒有親屬，你也沒有依靠。我以筆墨爲生，我死以後，你另尋佳婿嫁人，這是情勢所迫，也是理所當然。我沒有留下債務牽累你，你也沒有父母兄弟牽連阻撓，可以按自己的意志行事，如果遇到順心的男人，不要接受他的成婚聘金，但一定與他約定，每年祭祀時節要答應你爲我上墳祭祀。能夠這樣，我就死無遺憾了。」

愛妾流著淚點頭答應，愛妾嫁的豪士也如約答應她祭祀前夫，而且非常愛她。但是愛妾卻常鬱鬱寡歡，不忘遊士舊恩，每夜都夢見與前夫同席共枕，睡夢中有時發出呢呢夢話。豪士察覺後，私下請了術士書寫符咒鎮鬼，愛妾停止說夢語，卻生起病來，不久病情日益沉重，漸至命危。臨終時，用前額叩枕對豪士說：「舊人情意重，實在不能忘懷，這是你很瞭解的，也是我從來沒有隱諱的。昨夜又夢見他來對我說：『我被趕走很長時間，今天才能來。你病到這種地步，何不隨我歸去？』我已經答應他。如果能得到你的格外恩惠，把我的屍葬於前夫墳墓，我會生生世世報答您深重的恩德。這個不合情理的請求，懇請您能考慮。」說罷就氣息奄奄地過世。豪士本來就是豪爽之士，感慨地說：「魂魄都已經走了，留著這個遺體又有什麼用呢？楊越公能慷慨地讓樂昌公主和徐德言破鏡重圓，我就不能使泉下有情人重結眷屬嗎？」最後按妾的請求，把她的遺體合葬於遊士墓中。

這是雍正十二三年間發生的事情。我當時十一二歲，聽人講述，忘記了他們的姓名。在我看來，這個女人再嫁，是背棄了原來的丈夫；嫁了以後又有不忠之心，是背棄了後來的丈夫，可說是進退無據，都不符合禮教。何子山先生也說：「與其懷念故夫而死，不如當時殉節而死。」何勵庵先生卻說：「《春秋》之義責備賢人，不可用士大夫的觀念標準來規範普通男女。對於這位妾，哀傷她的遭遇，同情她的心志是可以的。」

知識要點

● **故事背景**：

1. 紀昀爲清乾隆重臣，主持編纂《四庫全書》，自言年老來消磨時光，靠著追錄舊聞或搜誌一些奇聞而寫《閱微草堂筆記》。其實書中除了談鬼神狐怪，呈現科舉飽受時文摧殘的文士形象、舉止，可見其情感思想與時代面貌。
2. 紀昀重實學輕空談、重視先王神道設教的鬼神觀，反對理學無鬼神之論、以禮法節制情欲，反對苛刻的禮教等觀念。主持修纂的《四庫全書總目》卷首的〈凡例〉中，提出「理」是建立在「事」的基礎上，以及兼採不同論點的原則：「儒者著書，往往各明一義。或相反而適相成，可相攻而實相救，所謂言豈一端，各有當也。」

● **敘述脈絡**：遊士納妾，情投意合→遊士病逝，遺言祭悼→愛妾改嫁，夢會前夫→妾允黃泉，後夫成全→眾人議論，評說此事。

● **故事後續**：紀昀晚年看待這類守節態度趨向通達寬容，《槐西雜志》卷四：「婦再嫁常事，娶再嫁婦亦常事。」《槐西雜志》卷二：「哀其遇，悲其志，惜其用情之誤，則可矣。必執《春秋》大義，責不讀書之兒女，豈與人爲善之道哉？」

●歷代評論：紀昀晚年所作的《閱微草堂筆記》與《聊齋誌異》齊名，是一部「寓勸懲、廣見聞、資考證」的小說，魯迅《中國小說史略》稱其：「凡測鬼神之情狀，發人間之幽微，託狐鬼以抒己見者，雋思妙語，足以解頤；間雜考辨，亦有灼見。敘述複雜雍容淡雅，天趣盎然，故後來無人能奪其席。」

●知識重點：

1. 這篇短文故事主角均無名姓，而以「遊士」表身分，「豪士」表個性行事，「愛妾」表為人妻與被寵愛的境遇。相對的是一一指出評論者的姓名，除表示言有可徵有憑有據，也代表不同立場觀點各有對此事的看法。
2. 以先敘後議、依事件發展的時間為敘述結構，詳說遊士死前的愛妾的叮嚀，以及愛妾夢會前夫、共生死的情節，略敘遊士與愛妾相處，與愛妾改嫁情況，以突顯遊士與愛妾的感情、豪士的俠義。
3. 本文以對話彰顯人物個性與情感，為情節之所以發展鋪墊，如遊士死前言：「吾無家，汝無歸；吾無親屬，汝無依。吾以筆墨為活，吾死汝琵琶別抱，勢也，亦理也。吾無遺債累汝，汝亦無父母兄弟掣肘，得行己志，可勿受錙銖聘金，但與約歲時許汝祭我墓，則吾無恨矣。」這段話表面上以生活面敘說自己無親無故，死後愛妾無所依靠，實際是強調愛妾另擇人而嫁無須守寡，由不以禮法拘限中可見對愛妾的深情。其次交代不收聘禮，但求祭祀，一方面導致愛妾既改嫁他人，又不忘亡夫，在情感矛盾中，抑鬱而死，另方面讓接納愛妾的豪士坦然接受葬前夫墓的要求。
4. 敘事與議論相結合的文體，最初見於史傳之中。唐代傳奇受史傳影響，議論的成分明顯增加，宋代文言小說中才逐漸定型，至《聊齋志異》以「異氏史」揭示主旨，使小說敘事、議論相得益彰。《閱微草堂筆記》則開創議論的非作者化（權威化）和多元化，如本文有紀昀的評論此女子兩負丈夫，進退無據的看法、何子山所提出應殉死前夫的觀點，以及何勵庵悲憫的看法。前兩種看法從倫理著眼，站在現實面所提出的寬容觀點，作者將其置於最後，顯然有意以此總結。

練習題

1. 下列對本文所提及人物個性的說明，何者正確？

(A)遊士個性貪婪，所求無厭

(B)愛妾移情別戀，終至於死

(C)豪士揮霍無盡，揮劍斬情
(D)楊素慷慨大度，成人之美

2. 下列敘述，何者可見愛情深重之意？
(A)或遇譏會，必袖果餌以貽
(B)生生世世，結草銜環
(C)妾泣受教，納之者亦如約
(D)夫覺之，密延術士鎭以符籙，夢語止而病漸作

3. 下列有關文末三人評論的推論，何者不正確？
(A)紀昀認爲女子應從一而終
(B)何子山主張重情則忘義
(C)何勵庵宅心仁厚而不拘流俗
(D)思想立場影響對事情的看法

【大考演練】

1. 人情狙詐，無過於京師。余□買羅小華墨十六鋌，漆匣黯敝，眞舊物也。試之，乃摶泥而染以黑色，其上白霜，亦盦於濕地所生。又丁卯鄉試，在小寓買燭，爇之不燃，乃泥質而冪以羊脂。又燈下有唱賣爐鴨者，從兄萬周買之。乃盡食其肉，而完其全骨，內傅以泥，外糊以紙，染爲炙之色，塗以油，□兩掌頭頸爲眞。又奴子趙平以二千錢買得皮靴，甚自喜。一日驟雨，著以出，徒跣而歸，□鞹則烏油高麗紙揉作皺紋，底則糊黏敗絮，緣之以布。（紀昀《閱微草堂筆記・姑妄聽之》）
(A)初／果／蓋
(B)初／惟／殆
(C)嘗／果／殆
(D)嘗／惟／蓋
【104學測】

2. 下列與文中「黑心商品」相關的敘述，正確的選項是：
(A)賣家藉舊盒及白霜將墨僞成古物
(B)買主吃完鴨肉才發現鴨骨爲泥製
(C)商人先藉眞品取信以利銷售贗品
(D)購買者皆因一時貪圖廉價而受騙
【104學測】

【跨領域觀看】：文學、物理、電影的預言眞實

時間的遺憾總帶著失落的藍調，畢飛宇《推拿》這本書裡寫一群盲人的生存的衝突，憂傷的愛，其中敘述小馬對時間的敏感度與認知方式：「小馬不用手錶，沒有時鐘。輪到他上鐘了，小馬會踩著幽靜的步伐走向推拿房。一個小時之後，小馬對客人說一聲『好了』，然後，踩著幽靜的步伐離

開，不會多出一分鐘，也不會少掉一分鐘。小馬有一絕，小馬對時間的判斷有著驚人的稟賦，對他來說，時間有它的物質性，具體，具象，有它的周長，有它的面積，有它的體積，還有它的質地和重量。」

如此物理學性的說解，也正是科學家們的思維。對於時間，人類總有無限的想像，尤其是回到過去或是飛到未來，企圖改變、留戀、重溫，以打破線性而又不可逆的流逝。因爲科學界和哲學界，都有人懷疑時間是眞實存在的東西。麥塔格特〈時間的非實在性〉裡認爲過去、現在及未來是關於事件的特性，任何未來的事件都「將是」現在的，任何過去的事件都「曾是」現在。

許多科幻小說、電影滿足了這樣的期待，如《星際效應》大玩時間相對性及逆時因果的點子，以「在這個星球上的一小時，等於地球上的七年」創造神話式的可能。雖然蟲洞至今仍是一種假設。因爲從沒有人見過，所以電影中常被描述成時間旅行的通道，例如《星際奇兵》、《時光大盜》。霍金〈時間旅行是可能的嗎？〉裡，對通向未來的時間旅行深信不疑，認爲：「時間像河流一樣流動，我們每一個人無奈地順著時間的流水而下；但時間又是另外一種河，它以不同的速度在不同地方流動，這是進入未來的關鍵。」許多電影讓時光成爲可以旅行的河，人可以穿梭於其間。

《時光倒流70年》成名的劇作家在麥克金納島下榻的Grand Hotel看見牆上一幅年輕女子的相片，似曾相識地追尋，讓他在自我催眠進入夢鄉中回到過去，彌補了那段被斬斷的情緣。但口袋裡掏出一枚一九七九年的硬幣，瞬間把他帶回現代，在絕食彌留之際，眼前的幻覺裡相隔近七十年，二人終於再次團聚。

《時空戀旅人》回到那年夏天，試圖改變和暗戀對象的關係，卻發現穿越時空也無法讓不愛你的人愛上自己。

《蝴蝶效應》通過記事本回到過去，解開自己童年充滿不堪回憶的往事，其實源自自己做過的許多錯事，但一次又一次穿越時空的改變彌補，卻如蝴蝶效應，牽一髮而動全身，導致現實越來越糟糕。

電影看似實現了人們想回到過去扭轉現在，或到未來看見自己的可能，但多半無法改變什麼，這難道是命運？

〈妾再嫁〉故事中的女子遇見兩個丈夫都愛她、寵她，小説家以想像讓前夫無須穿越時空的任何工具，便能夜夜來與她同席共枕；也讓後夫藉由道士參破陰陽，表現慷慨成全。相較於物理對現實界的探索，文學的想像是有趣而豐富的翅膀，帶領讀者飛向無法預知而又具思辨的世界。

「練習題」、「大考演練」解答

一、子產不毀鄉校

【練習題】

1. 答案：(B)
解析：(A)子產對然明所議，直接提出想法，言詞中並無法看出此特質 (B)由「小人實不才，若果行此，其鄭國賴之」可知 (C)「蔑也今而後知吾子之信事也」，可見然明心悅誠服 (D)孔子讚子產行仁政

2. 答案：(D)
解析：(A)說明以權威壓制民意的效果快速 (B)阻擋民意的後果將如河堤潰決，難以收拾 (C)此爲聽民意行政參考後的效果 (D)以民意爲施政制定、修正之依歸

3. 答案：(A)
解析：(A)以民意爲行政依歸 (B)說明得民心的重要，是行仁政的結果，而非原因 (C)推己及人，本文並未提及 (D)強調在上位者的影響力

【大考演練】

1. 答案：(B)
解析：文章以自然界各生物間有著相互作用、相互影響的關係來設喻說理，強調爲政者應順從「民之所欲」。
翻譯：強制命令的笑不快樂；強制命令的哭不悲哀；強制命令這種做法只可能有短暫的效果，而不能成就大業。瓦器中的醋變黃了，蚊蚋就會聚集，那是因爲有酸味的緣故，如果只是水，就無法招來蚊蚋。用貓招引老鼠，用冰招引蒼蠅，縱然做法再巧妙，也達不到目的。用腐臭的魚驅除蒼蠅，蒼蠅會越來越多，而無法禁止，這是因爲用招引牠們的方法來驅除牠們的緣故。桀、紂企圖用破壞太平安定的暴政求得太平安定的局面，即使懲罰再重、刑法再嚴，又有什麼幫助呢？

2. 答案：(A)
解析：由「善或獨善」可判知 (B)以追求義、利區分君子與小人 (C)強調處處學習 (D)政治便是以身作則，才能帶領百姓行事端正

二、登徒子好色賦

【練習題】

1. 答案：(B)
解析：(A)聲東擊西：喻虛張聲勢，使人產生錯覺，實則集主力擊於不備之處 (C)脣槍舌劍：脣如槍，舌如劍，比喻辯論激烈，言詞犀利。虛張聲勢：故意誇大聲威氣勢，用以嚇阻

他人　(D)爾虞我詐：彼此互相詐騙，形容人際間的勾心鬥角

2. **答案**：(B)

解析：(A)比喻，曹植〈洛神賦〉

翻譯：肩部美麗像是削成一樣，腰部苗條如一束纖細的白絹；脖頸細長，下顎美麗，白嫩的肌膚微微顯露。

(B)摹寫，杜甫〈麗人行〉

翻譯：頭上戴的是什麼呢？薄薄的翡翠片花葉一直貼到鬢角邊。背後綴的是什麼呢？寶珠壓住裙腰多麼穩當合身。

(C)唐寅〈妒花歌〉

翻譯：美人早起走出閨房，摘下幾朵海棠花拿在鏡子前跟自己的紅顏對比起來。問郎花好還是我的容顏好？郎道人不如花窈窕。

(D)詩中並沒有直接描寫，而以見者的反應，烘托羅敷的美麗

翻譯：走路的人看見羅敷，放下擔子捋著鬍子（注視她），年輕人看見羅敷脫掉帽子整理儀容。耕地的人忘了犁地，鋤地的人忘了在鋤地，回來後互相埋怨生氣，只因爲觀看羅敷。

3. **答案**：(A)

解析：(A)蘇東坡〈赤壁賦〉

翻譯：讓深谷中潛伏的蛟龍起舞，讓船上被拋棄的婦女哭泣，形容樂聲的悲傷感人。

(B)龔自珍〈病梅館記〉

翻譯：放開它們的枝幹，讓它們順著自然生長，毀掉那些花盆，把梅全都移栽在地裡，解掉束縛它們的棕繩。

(C)明末清初周容〈小港渡者〉

翻譯：我以爲他是拿我開玩笑，心裡很生氣。快步趕路，走到了一半路程時，書童摔了一跤，捆書的繩子斷了，書也散落了一地。

(D)戰國策・馮諼客孟嘗君

翻譯：我私下思量，您宮中堆滿珍寶，畜舍裡養滿狗馬，又有眾多美女居於後宮。

【大考演練】

1. **答案**：(C)

解析：(A)由「吾不能爲舌，故不能事君」可知　(B)子思言「無死亡焉」是「無徒爲君死亡也」　(C)指「國君不能聽從自己所說的話」，而非「不能爲民眾代言」　(D)由「道不行，言不聽，則亦不能事君」可知

翻譯：子思見老萊子，老萊子聽說魯穆公將任用子思爲相，老萊子說：「如果你事奉魯國國君，將會怎麼做呢？」子思說：「順著我的性情，以正道輔助，不會徒然地爲君王而死。」老萊子說：「不可以順著你的性情來做事，你的性情剛直而傲視品行不端的不肖者，不會想爲君王而死，是無法做國君之臣的人。」子思說：「不肖者因品行不端，所以才被人傲視。事奉國君，依正道而行，國君自會聽從你的話，怎會有死亡之禍呢？正道不能推行，所說的話國君不能聽從，也就不能去事奉國君了，這就是我所說不用爲君王而死。」老萊子說：「你難道沒有見過牙齒嗎？雖堅硬剛強，最後因相互摩擦而消磨殆盡；舌頭非常柔順，最終因此而不會弊敗。」子思說：「我不能像舌頭一樣柔順，所以我知道自己不能事奉國君。」

2. 答案：(B)

解析：老萊子的觀點是柔順勝堅剛。(A)出自《論語．八佾》，強調守禮節不依附權勢、盡忠職守不改變原則，非柔順之道，容易違逆君上，招來危害。

翻譯：君主使喚臣子應合乎禮的要求，臣子事奉君主應盡忠職守。

(B)出自《老子》第七十六章，柔弱勝堅強乃生存之道。

翻譯：堅強的東西屬於死亡的一類，柔弱的東西是屬於生存的一類。

(C)出自《論語．子路》，強調名分次序要合理，非柔順之道。

翻譯：名分不正，那麼言論就不能合理；言論不能合理，事情就不能成功。

(D)出自《孟子．公孫丑》上，孟子主張有所不爲，顯非柔順之道。

翻譯：做一件不正當的事情，枉殺一個無罪之人，而得到天下，這些事都不會去做。

三、晏子春秋橘越淮為枳

【練習題】

1. 答案：(D)

解析：(A)辱／疾病　(B)犯罪／坐著　(C)它們的果實／眞實情況　(D)近旁的人

2. 答案：(A)

解析：(B)楚王羞辱之舉是因晏子善於辭令，並非行義　(C)以智反擊楚國無禮之辱　(D)知錯能省悟

3. 答案：(B)

解析：(A)造成習慣差異　(C)(D)本文無干戈、殺戮之敘述

【大考演練】

1. 答案：(C)

解析：由敘述西螺柑的特質甘美、清涼、芳香可知。(A)由「熱腸之際，燥吻之餘」、「幾回寒味」可知西螺柑性偏寒涼，用以退熱去燥　(B)由「嗽其清津，醉意能醒」、「吮其玉液，夢慵亦舒」等可知清熱醒酒，但未說明其是否能入藥　(C)由「幾回寒味，醰醲流甘之後」、「一座冷香，繚繞擘瓣之初」可知　(D)未提及此

翻譯：圍著爐火喝酒，對著燭光讀書。腸胃燥熱之際，口乾舌燥之餘，喝柑橘清涼的汁液，就算有醉意也能清醒；吸吮柑橘美味的汁液，有慵懶的睡意也能提精振神。幾度在寒涼滋味中，感受醇厚醲郁的甘美流淌；清芬之氣息，繚繞在剝開橘瓣之時。

2. 答案：(D)

解析：(A)離城五里　(B)主人引導，始見葦廠　(C)葦廠有三面牆，堆砌三層花壇

翻譯：兗州張氏邀我賞菊，離城五里，我來到他的園子，在他所經營的園裡來回環繞瀏覽了一遍，又把園子以外的各處走了一遍，一朵菊花都沒看見，我覺得非常奇怪。不久，主人引領我到一塊草木青蒼茂盛的空地，有三間用葦爲屏圍起來的花房。他請我進去，我遍處看了一圈，不能單說是

菊花，眞是一片菊海啊！花房共有三面，每面堆砌三層的花壇，依照菊花的等級上下排列。菊花大如瓷瓶，沒有不成球狀的，沒有不萌發種子的，沒有不長著金銀荷花般的花瓣的，色彩鮮豔，跟一般的花種不同，而且翠葉一層一層緊密生長，沒有任何一片葉子早凋。這是上天的作爲，是土壤肥沃，也靠人工栽植，這三者缺一不可。

3. 答案：(C)
解析：(C)由「絕不見一菊，異之」可知。

四、察今篇楚人過河

【練習題】

1. 答案：(C)
解析：(A)溢／增加 (B)標記／臣子給皇帝的上書 (C)引導 (D)……的緣故

2. 答案：(C)
解析：楚人先量水位是掌握對方情況，能安全渡河，故是(C)

3. 答案：(B)(C)(D)(E)
解析：本文意在觀察當今現象因時制宜(A)強調依先王之法 (B)(C)(D)(E)出自《呂氏春秋．察今篇》。此寓言結論是：「故治國無法則亂，守法而弗變則悖，悖亂不可以持國。世易時移，變法宜矣。譬之若良醫，病萬變，藥亦萬變。病變而藥不變，向之壽民，今爲殤子矣。故凡舉事必循法以動，變法者因時而化。」
翻譯：所以治理國家沒有法令制度就會混亂，死守古老的法令制度而不改變就會造成混亂和不合時宜，都不能治理好國家。社會不同，時代改變，法令制度是應該改變。比如好的醫生，病症千變萬化，下藥也要隨之千變萬化。病症變了藥卻不變，本來可以長壽的人，現在也變成短命鬼了。所以做事情一定要根據法令制度來進行，修訂法令制度要隨時代的變化而變化。

【大考演練】

1. 答案：(D)
解析：黑天鵝事件反知識與經驗，未必離奇 (B)多從與認知與經驗不同角度觀看，有助於防範黑天鵝事件發生 (C)投資致富的關鍵「來自未知事件的報酬非常大」 (D)由「許多學說總在黑天鵝事件後出現」可知

2. 答案：(A)
解析：(A)依經驗法則，冬天吹北風，曹操無法料到赤壁在冬天會吹東南風，合乎「人們從觀察或經驗所學到的事物往往有其局限」 (B)科考必然有中舉與不中舉，只是胡屠户對女婿范進不抱希望與信心，此既非「被看到千萬次所形成的認知失效」，亦非「從觀察或經驗所學到的事物有其局限」 (C)出自〈燭之武退秦師〉秦晉聯軍，鄭伯已知國家危困 (D)出自〈馮諼客孟嘗君〉，封地百姓會列隊歡迎是可能發生的事，因此孟嘗君未料到薛地百姓會夾道相迎，不合乎黑天鵝理論

五、澄子亡緇衣

【練習題】

1. **答案**：(C)

解析：澄子損人以利己 (A)別人怎樣對待你，你用同樣的方式對待他，讓他自嚐苦果 (B)比喻怕人批評而掩飾自己的缺點和錯誤。刻舟以求劍：比喻不懂事物已發展變化而仍靜止地看問題 (D)劣幣逐良幣：比喻條件優良的事物爲條件較差的事物所取代

2. **答案**：(A)

解析：甲文諷刺無法應變的解決問題，鋸斷竿子；乙文諷刺不自食其力，沉淪於乞焉而不知厚；丙文諷刺相狗者是能鑑別狗者，但鄰居無法用其才。

翻譯：甲：魯國有個人拿了根長長的竿子要入城門，起初竿子是拿直的，結果進不去（竿子太高頂到城門）；改橫著拿長竿，也進不去（拿橫的太長卡到城門兩邊），不知道該怎麼辦。不久，有一個老先生經過，說：「我不是聰明的聖人，但是看過很多事。怎不從中間鋸一半這樣就可以進去了。」魯人就依照老人的話把竿子鋸成兩半。

乙：齊國有個貧窮的人，常常在城市裡乞討爲生。城市裡以乞丐多爲患，但人雖眾多卻無人施捨。於是他到田家的馬房跟馬醫做事來換取衣食。外城的人嘲諷他說：跟隨馬醫工作來混口飯吃，不是太屈辱嗎？乞丐說：天下最屈辱的事莫過於向人行乞。當乞丐時都不認爲那是屈辱，怎麼會以跟從馬醫爲恥辱？

3. **答案**：(D)

解析：(A)(B)(C)出自《呂氏春秋．士容篇》，寄寓用人所長的思想，所謂「天生我材必有用」，「良狗」的專長是善於捕捉獐子、駝鹿、野豬和鹿一類的野獸，而非老鼠，若一定要牠捕捉老鼠，那就得把牠的腳夾起來，這樣其實是壓抑人才的不智之舉。

翻譯：丙、齊國有個擅長相狗的人，鄰居委託他買一條捕鼠的狗。他花了整整一年的時間才買到，對鄰居說：「這是一條出色的狗。」他的鄰居餵養了好幾年，狗卻不捕鼠，鄰居就把這種情況告訴了相狗的人。相狗的人說：「這是一條出色的狗，牠志向在獵取獐麋、豬鹿，不在捕鼠，想讓牠捕鼠就要把牠的腳尖夾住。」鄰居夾住了狗的後腿，狗這才捕鼠。

【大考演練】

1. **答案**：(B)

解析：出自唐代賈餗〈履薄冰賦〉，由「戒慎之心，如履冰上」可知 (A)安步當車：慢慢地走當作乘車，形容不著急、不慌忙 (B)臨深履薄：走近深淵，踩在薄冰上，比喻戒慎恐懼，小心翼翼 (C)盈科後進：泉水遇到坑窪，要充滿之後才繼續向前流。比喻學習應步步落實，不能只圖虛名 (D)危言危行：言行舉止均正直不阿

翻譯：或在北方大陸剛結冰的時候，或在東風初起融冰的時候。眼看薄冰就知道它已經脆裂易碎，恐怕無法承受涉履而過的力道。因此屏住氣息，謹慎地前進。在水之北時敢不想著把持心性的後果，在水之南時則期許自己能夠敬慎到底。

六、說符郤雍視盜

【練習題】

1. 答案：(B)

解析：(A)晉侯使視盜，千百無遺一焉，可見非盜賊難以馴服　(C)郤雍能由貌視出誰是盜賊，即是能視其心　(D)風行草偃比喻在上位者以德化民，以郤雍除盜近於以暴制暴

2. 答案：(C)

解析：(A)晉侯非自己除盜，而是得郤雍除患　(B)由「吾得一人，而一國盜爲盡矣」與「奚用多爲」可知晉侯自誇自己精簡成本　(D)此句中並未顯示文子貪欲處

3. 答案：(A)(C)

解析：(A)政治是群眾的事，應當以正道治理，不能偏邪。你若以正道來領導，在下面的部屬人民，誰敢不正？　(B)君子不穩重就不會有威嚴，經常學習就不會固執。另有一說是：君子不莊重，則無威儀，學則不堅固。此意強調君子無論儀態爲學都應莊重自持　(C)舉用正直的人，來指導教化那些枉曲的人，可以使不正直的人也變得正直　(D)名分不正當，就無法說得順理；說話不能順理，做起來就不容易成功　(E)領導者本身正直沒有偏差，就是不下命令事情也能行得通；倘若自己都做不好，就是命令，人民也不肯聽從

【大考演練】

1. 答案：(B)

解析：善相者從一個人交友的好壞來判定其人，故選(B)物以類聚。

翻譯：楚國有一位以能辨別人才聞名國內的能人，他看人從來沒有看錯過，在國內廣受人知，楚莊王召見他來問。此人告訴楚莊王：「我不是會看人，而是懂得觀察這個人所交往的友人。」

2. 答案：(A)

七、內儲說下

【練習題】

1. 答案：(C)

解析：王強問之→王怒曰：「劓之。」夫人先誡御者曰：「王適有言，必可從命。」御者因揄刀而劓美人。由此可知情節是鄭袖先誡御者→楚王強問之→王怒割美人鼻。

2. 答案：(A)

解析：(B)楚王未明察秋毫，問美人了解實情，純是情緒發洩　(C)王適有言，必可從命：表立即執行楚王命令，以免生變　(D)假裝不知

3. 答案：(C)

解析：(A)關鍵不在寵愛，而在鄭袖之設計陷害　(B)未強調修德之重要　(D)並未提及珍惜當下

【大考演練】

1. 答案：(C)

解析：(A)出自《論語・泰伯》／出自《中庸》。「弘毅」、「任重道遠」、「親親」皆屬儒家思想。

翻譯：士人的心志不可不遠大堅毅，因爲所負的使命重大而且路途遙遠。／仁，是做人的法則，以親愛自己的親人最爲重要。

(B)出自《墨子・法儀》／出自《禮記・禮運・大同與小康》。

翻譯：愛護他人、利益眾人，以此能得到福祥，厭惡他人、傷害別人，以此會得到禍殃。人們不只是敬愛自己的親長，不只是慈愛自己的子弟。

(C)「守禮」，爲儒家所重／「視人如己」，乃墨家精神。

翻譯：不合禮的事不要看，不合禮的話不要聽，不合禮的話不要講，不合禮的事不要做（出自《論語・顏淵》）。／看待別人的封國像看待自己的封國，看待別人的封邑像看待自己的封邑，看待別人的身體像看待自己的身體（出自《墨子・兼愛》）。

(D)出自《論語・雍也》／出自《孟子・告子》。

翻譯：自己要立身，也要使他人能立身；自己要通達，也要使他人能通達。／有小大，無以小害大，無以賤害貴。人對於身體，每一個部分都愛護；每一個部分都愛護，便每一個部分都會加以保養。人沒有對任何一尺一寸的肌膚不加以愛護的，便沒有對任何一尺一寸的肌膚不加以保養。

八、晉獻公殺世子申生

【練習題】

1. 答案：(D)
   解析：(A)申生不選擇辯解 (B)伯氏不出是因爲識破驪姬亂國陰謀 (C)因爲「天下豈有無父之國」，而不選擇逃亡
2. 答案：(D)
   解析：(C)此句說明事實而未鋪陳
3. 答案：(A)
   解析：(B)表明申生在臨死前，念念不忘的還是君國，想的還是在自己死後賢士大夫如何幫助君上治國安邦，與節操無關 (C)臨死前清醒認知自我處境之危 (D)未摹寫大臣憤怒與沉痛的表情

【大考演練】

1. 答案：(B)
   解析：甲讓孩子自主，乙詩「我」與「母親」的關係轉換爲「我」與「布」的關係時，經由「剪破」和「再用針線縫我，補我」，以至於「使我成人」的動作，「我」與「布」的關係便開始由對立而融合一體，一方面影射一分深厚潛在的母愛，一方面也暗示「生命是在痛苦中成長的」這一主題。（洛夫〈驚心散文詩序〉）
2. 答案：(D)
   解析：(A)「風箏享受風的安撫」借指孩子享受親情 (B)「風箏將主導權交給小孩」借指讓孩子獨立 (C)「買的布料長度不夠」借指小孩長大了
3. 答案：(B)
   解析：(B)「搖搖欲墜」的它代表風箏、小孩，線代表父母。搖搖欲墜的它說服線——強調被強風襲擊的風箏勇敢獨立。

九、留侯世家

【練習題】

1. 答案：(A)
   解析：由「因長跪履之。父以足受，笑而去」可知。
2. 答案：(C)

解析：由「讀此則爲王者師矣」可知。

3. 答案：(B)

解析：張良忍圯上老人墮鞋，要求撿鞋，爲之撿鞋，三度與老人約見都是忍。

【大考演練】

1. 答案：(C)

解析：甲、由「幽愁發憤」、「著成信史」可知是司馬遷。乙、由「運籌畫計」、「開國文臣第一」的「明」可知爲劉基。丙、袁宏道在公安城南柳浪湖置別業，名曰「柳浪館」，其文學主張爲「獨抒性靈，不拘格套」。

十、說苑正諫

【練習題】

1. 答案：(C)

2. 答案：(B)

解析：(A)請示君王，並無越權 (C)失仁之過 (D)陷君不義之罪

3. 答案：(A)

解析：(A)勸喻齊景公 (C)晏子指責景公不應愛馬而不愛人，並無隱含應「以愛人之心愛馬」之意 (D)故作姿態

【大考演練】

1. 答案：(D)

解析：因「近距離的觀看……大蜘蛛」，故文意上接續大蜘蛛的描繪較爲合理。丙句「植物園裡的牠，習得不動聲色的禪學功夫」，與戊句「大蜘蛛編織著巨網，懸在兩棵大樹之間，優雅的殺手」，兩句相關。「我在」……「當我離開」之後才會「遙想起」整個南方城市的亞熱帶風情，文意脈絡得是如此才通暢，可依此得出甲、乙、丁的次序。

十一、朱買臣傳

【練習題】

1. 答案：(B)

解析：(A)繫在印信上的絲帶 (C)馬舍 (D)拜見

2. 答案：(A)

解析：眾人對朱買臣的態度由不視買臣，到排陳列中庭拜謁

(A)前倨後恭：先前傲慢無禮，後又謙卑恭敬，比喻待人勢利，態度轉變迅速 (B)前仆後繼：作戰時前面的人倒下，後面的繼續往前衝。形容不怕犧牲，奮勇向前 (C)桀驁不恭：兇悍任性，傲慢不恭順 (D)禮賢下士：有地位者能尊禮有才德的人，謙恭待士

3. 答案：(C)(D)(E)

解析：(A)是故意爲之，並非廉潔 (B)非忙於應酬，是因爲朱買臣穿上過去罷免時的衣服

【大考演練】

1. 答案：(B)(D)(E)

解析：(A)由「官僚的名片，時行的是單印名姓，不加官

銜……官銜的名片簡直用不著」，可知對自己的名聲頗有自信，不看重外在的虛名　(B)由「有一般不大不小的人物，印起名片來，深恐自己的姓名太輕太賤，壓不住那薄薄的一張紙」，可知無法自我肯定，只能用許多官銜來證明自己的存在　(C)由「把古往今來的官銜一齊的印在名片上……大石碑」，可見諷刺作繭自縛，而非「任重道遠」　(D)作者嘲諷通洋務者在名片加上英文姓名的描述是崇洋　(E)名片有令人發笑的、……哭不得笑不得的，是從中看到不同的人格表現方式

十二、遊褒禪山記

【練習題】

1. 答案：(B)
解析：由敘述可見志是支撐毅力的先決條件，但有志無力也無法達成，故志＞力；有志與力，仍須物幫助，故志＞力＞物。

2. 答案：(A)
解析：題幹所用修辭技巧屬「層遞—遞升」。(D)排比

3. 答案：(D)
解析：本文重點在成功必須志向堅定。(A)傳說跳過龍門便變化成龍升天而去，比喻中舉、升官飛黃騰達；或喻爲逆流前進，奮發向上　(B)語出《論語》，指過於性急圖快，反而不能達成　(C)語出《孟子》，君子得志的時候，將德澤加在人民身上，與人民共同實行大道；不得志的時候，退而修養自身品德，獨自行道　(D)格言，強調志的重要性

【大考演練】

1. 答案：(C)
解析：由「須地趨走」、「蹂踐至盡」可知。
翻譯：春陵的習俗是不種菊花，前些時我從遠處得到菊花種苗，於是種在庭院前的牆角下。等我再來時，菊花已經不在了。我徘徊在種過菊花的花圃，歎息了很久。誰不知道菊花呢？芳美的花朵可以賞玩，作爲藥品時是很好的藥材，作爲蔬菜可以成爲很好的菜餚。縱然所種的地方是人們出入經過之處，也應該把它移植到別處，怎忍心完全踐踩摧毀掉，毫不愛惜呢？唉！賢人君子立身處世，不能不慎重選擇處所啊。一旦不被人敬重就像這菊花一樣，是多麼悲傷而無可奈何的事啊！於是我另闢了園圃，分畦種植菊花。新選的這個地方靠近主人宴客休息的堂室，府中的官吏或差役不會在此奔走；也靠近可以登高望遠的亭臺，來來往往的車馬旗幟不會在此結群經過。縱然有歌妓閒雜出現，但菊花並非令人憎厭的惡草，應該不會被她們摧毀；即使有飲酒者在此，菊花是可以助興之物，應該會被他們喜愛。我爲這件事作了此篇記，來託囑後人，並且錄下《藥經》，寫在這篇記之後。

2. 答案：(A)
解析：由「賢士君子自植其身，不可不慎擇所處」可知。

十三、讀孟嘗君傳

【練習題】

1. 答案：(B)
解析：(A)此爲承父所致　(C)是當初孟嘗君所招任俠之人，爲

當地帶來的惡風　(D)此為孟嘗君養士，並以此自豪

2. **答案**：(C)

解析：由「擅齊之強，得一士焉，宜可以南面而制秦」可知王安石認為具有經邦濟世的雄才大略者封稱得上士，意即能為天下謀利之人。

3. **答案**：(C)

解析：(A)世皆稱孟嘗君能得士（因），士以故歸之（果）、卒賴其力（因），以脫於虎豹之秦（果）、孟嘗君特雞鳴狗盜之雄耳（因），豈足以言得士？（果）、擅齊之強，得一士焉，宜可以南面而制秦（因），所得非士（果）、夫雞鳴狗盜之出其門（因），此士之所以不至也（果）　(C)得士之證明

【大考演練】

1. **答案**：(B)

解析：「人才日削」接「空國（舉國）無人」；「天下人才有定量，不出於此則出於彼，學問亦然」，接元、明二代在學術、詩文弱，相對下書畫是興盛的才。

翻譯：葉石林《避暑錄話》中有許多精闢分析事理之語。其中討論人才的部分說：「唐朝自從懿宗、僖宗以後，人才日漸削減，到了五代，簡直可說是舉國無人才。但是我看佛門中竟有雲門、臨濟、德山、趙州這數十禪師，具有高遠特立的才幹，是能一起合作來幫助百姓，安定天下，名聲功績足以跟古代名臣相配的人才。我於是知道當時人才流離四散，也有聚於佛門的。」等等。這是說一個時代中，天下人才的數目有一定的數量，不是出現在這裡就是出現在那裡，學問與人才也是同樣的情形。元、明兩代，在學術方面沒什麼特殊點可說，至於詩歌文章，也不能超出唐、宋兩代的範圍，但是在書法、繪畫高明的行家卻接踵出現。本朝（清朝）則是學術興盛而藝術衰微。世上事物往往不能兩全其美，也是自然的形勢如此啊。

十四、書戴嵩畫牛

【練習題】

1. **答案**：(A)

解析：(A)動詞，珍愛／出自〈諫逐客書〉，珍愛。東西雖不產於秦國，但可以珍愛的很多　(B)竟然／才　(C)以之／用　(D)如此／……的樣子

2. **答案**：(B)

解析：由「耕當問奴，織當問婢」可知作者的觀點是重視實相。

【大考演練】

1. **答案**：(A)

解析：牛爭鬥時用盡力氣，故尾緊緊地夾在於兩股間，這是實際觀察所得，也合於生理反應，故為實證法。

2. **答案**：(D)

解析：「耕當問奴，織當問婢」是故事主旨，此與(A)同，韓愈〈師說〉，「術業有專攻」。(B)出自徐幹《中論》。

翻譯：學習是沒有固定的老師，有人在某種領域勝過自己，就要向他學習。

(C)出自《淮南子．主術》。

翻譯：君主對那些言論正確的，即使是役民樵夫，也不能棄之不用、拒之千里。「褐夫芻蕘言之而是，不可棄」，與「耕當問奴，織當問婢」意同。

(D)主旨在「見賢思齊，見不賢而內自省」，偏重道德修養；另外「其不善者而改之」，與本故事無關。

3. **答案**：(D)

解析：(A)畫作成敗的關鍵在「若常理之不當，則舉廢之矣」 (B)由「常形之失，人皆知之。常理之不當，雖曉畫者有不知」，可知常形失誤，較常理失當容易被一般人發現 (C)由「故凡可以欺世而取名者，必託於無常形者也」，可知欺世盜名的畫作，往往以無常形之物掩飾不足 (D)文中並未談及

翻譯：我曾談論繪畫的道理，認爲人物、禽鳥、宮室、生活器用等物都有常態形狀。至於像山巒、石頭、竹木、水波、煙雲等物，雖然沒有常態形狀，但蘊含有一般的事理。常態形狀畫得有誤失人們都會知道。而無常態形狀之物應有的一般事理表現得不恰當，雖然是懂畫的人也有所不知。所以凡是可以欺騙世人來盜取名聲的人，一定假託於沒有常態形狀之物。雖是如此，常態形狀畫得有誤失，只在有錯誤的那個部分，而不會全部有誤失，若是無常態形狀的畫中之物其一般的事理表現得不恰當，那就全部作廢了。因爲其形狀無常態，所以表現的道理不可不謹慎啊。世上的畫工，或許能竭盡所能描摹常見之物的形狀，而至於沒有常態形狀之物的通常道理，不是頂尖的高手、出眾的人才是無法辨別的。

十五、賈人渡河

【練習題】

1. **答案**：(D)

解析：(A)亡失／無，沒有 (B)之於／之乎 (C)昔，剛才／趨向 (D)莫非，豈不是

2. **答案**：(C)

解析：(A)彼此互相詐騙，形容人際間的勾心鬥角。故事中漁人並無詐騙行爲 (B)形容以高傲的態度指使屬下。漁人並非其屬下，且此句中並未指使漁人做事 (C)比喻人的言行前後反覆、自相矛盾 (D)順著事物發展的趨勢加以引導，使達成目標

3. **答案**：(A)

解析：(A)由「艤而觀之，遂沒」可之漁人冷眼旁觀其斃 (B)漁人並未表現貪婪之心或行爲 (C)漁人氣憤商人言而無信，而非斤斤計較 (D)千金之子不死於劫難

【大考演練】

1. **答案**：(C)

解析：(A)指彭利用希望僕人能對他盡心盡力 (B)指僕人不盡責，態度傲慢 (D)彭利用讚歎火勢盛大，認爲火太大，撲滅不了，但未敘及阻止鄰人撲滅

翻譯：南唐彭對家人和奴僕說話時，一定根據古書古史來取代平常的言談，這就是一般人所說「掉書袋」，來自稱彭書袋。他的僕人犯錯時，彭利用就責備他說：「最初我認爲你是守規矩的僕人，願竭盡心力爲我付出，仰賴你跟我同一心

意、同一信念，什麼都能爲我做。現在你竟然把事情做到一半，就停止不做了，實在是輕慢而妄自尊大。如果從今以後，犯了錯卻不改正，就當在眾人聚集的公共場所上鞭打你一頓，再將你驅逐，任由你去其他方逍遙。」鄰居發生火災，彭利用望著火災說：「眞是光明啊！眞是炎熱啊！簡直無法靠近，自從燧人氏鑽木取火以來，沒有出現過這麼大的火，哪能撲滅啊！」

2. 答案：(D)
解析：(A)形容鄰居火災的話語也非盛氣凌人 (B)彭利用因僕人有過而責之，並非誇大不實 (C)彭利用責備僕人若不改進可能將他辭退，並非胡亂吹牛或瞎掰

十六、越車

【練習題】

1. 答案：(A)
解析：遊者誤解是第一步錯，堅持己見、對於旁人的指證不以爲然是步步錯。

2. 答案：(B)
解析：(A)天馬行空：比喻才思敏捷豪放，文筆超逸脫俗。從善如流：比喻樂於接受善意的勸導 (B)知道的就說知道，不知道的就說不知道，說明做學問當實事求是 (C)韋編三絕：喻讀書極勤，書皮屢屢斷脫。懸樑刺股：比喻苦讀 (D)意指看到賢能的人，便效法他；看到不賢的人，就應該自我反省有沒有與他相類似的錯誤，以其爲鑑，避免重蹈覆轍

【大考演練】

1. 答案：(B)
解析：(A)助詞，無義 (B)越國遊者所說的話 (C)從晉國、楚國邊境帶回來的車子 (D)敵寇。

2. 答案：(A)
解析：(B)越國遊者並無「改造」晉、楚戰車，而是越國人自以爲是的仿造 (C)越人以爲戰車本應如此殘破，而且終究導致失敗 (D)越國遊者並無將晉、楚大軍的戰車毀壞，而且最後以戰敗告終

3. 答案：(A)(B)(C)(E)
解析：從「觸者必怒，吏卒多被榜笞」可知，州民、宮人對於舉州、舉宮皆謂燈爲火，是迫於淫威，怒不敢言。
翻譯：甲、田登擔任郡守，很忌諱有人直稱自己的名字，有人觸犯這個忌諱他一定會發怒，底下許多的官吏士卒因此曾受到鞭打處罰，於是全州的人都把「燈」稱爲「火」，以避開他的忌諱。元宵節時依習俗在各處張燈，允許百姓進入州府官署所在地遊玩觀賞，辦事官吏於是書寫公開張貼的文書揭示於市集上，上頭說：「本州依舊例放火三天。」
乙、現在人稱「賤丈夫」爲「漢子」，大概始於五胡亂華的時候。北齊魏愷從散騎常侍被遷調爲青州長史，他堅定地拒絕。文宣帝很生氣地說：「這漢子是什麼東西，給你官做還不接受！」這便是證明。宋太平時期，有名叫宗漢的皇族，厭惡別人冒犯他的名諱，就稱「漢子」爲「兵士」，讓整個宮中都要依此遵守。他的妻子供奉佛教羅漢，他的兒子教授《漢書》，宮中的人傳達事情時這樣說：「今日夫人召請

寺廟裡的僧人供奉十八大阿羅兵士（稱「羅漢」爲「羅兵士」），寺廟裡的廟祝請家裡的官人（公子）教他點看兵士書（稱《漢書》爲「兵士書」）。」都城中的人聽到後都鬨然大笑，互相傳播作爲笑談。

十七、曹沖智救庫吏

【練習題】

1. 答案：(C)
解析：(A)被／看見 (B)自首／自己回來 (C)不久 (D)懸掛／行政區的單位

2. 答案：(A)
解析：由「妄言」可知對於無根據的世俗之言不必相信，更無須因此苦惱，可推知其個性是實事求是者。

3. 答案：(B)
解析：(A)曹沖並未直接求情 (B)太祖認爲穿在身上的衣服都會被老鼠咬破，何況是掛在柱子上的馬鞍，自是難免 (C)曹操個性複雜有狡猾、殘忍的一面，也有直率、灑脫、慷慨、悲壯處，其處事未必都寬厚，實因曹沖之故 (D)文中無此寓意

【大考演練】

1. 答案：(B)
解析：(A)表達感覺，無嘲諷楊脩之意 (B)蕭琛以栗子丟中皇帝的臉，是失禮行爲。「栗」／「慄」，是諧音雙關 (C)「捷悟」是敏捷的反應，與揣摩逢迎上意不同 (D)楊脩善解人意，蕭琛急中生智
翻譯：甲、楊脩擔任丞相曹操的幕僚，職位是主簿，當時修建相國府的大門，正開始要置放屋椽，曹操親自出來看施工，叫人在門板上題「活」字後就離開了。楊脩見了，便令人把門打掉重做。門改好後，楊脩向眾人說明：「門中有一『活』字，便成了『闊』字，魏王正是嫌門太闊了。」
乙、梁朝的蕭琛有一次在皇帝命設的酒席中喝醉趴倒，梁武帝用紅棗丟他，蕭琛便隨手拿起栗子丟向武帝，正中武帝的臉面。武帝臉色一變，蕭琛趕忙說：「陛下投給我赤誠的心（紅色的棗子，像赤紅的心），我怎敢不以戰慄之心回（栗，諧音「慄」）。」武帝聽了很高興。

2. 答案：(A)
解析：(A)荀攸建議趁東吳大將周瑜剛死，發兵南征，曹操有意採納，但擔心馬騰趁機偷襲 (B)曹操乃是擔心馬騰會趁曹軍南征時偷襲許昌，並非擔心他攻取西涼 (C)馬騰不屬孫權陣營，使之討伐孫權是爲藉機除之 (D)曹操同意荀攸之計，誘馬騰入京以除掉他，並非誘使與孫權互鬥

十八、荀巨伯遠看友人疾

【練習題】

1. 答案：(B)
解析：(A)願代友而死是捨身取義 (B)巨伯之友未見利 (C)班師而還是知錯能改，一郡並獲全是推己及人 (D)大軍至，不得不逃

2. 答案：(C)

3. 解析：(A)遠看友人疾是平常事件　(B)並無摹寫　(D)對比

答案：(C)

解析：題幹引文展現荀巨伯爲友設想，寧以義死。　(A)表現面對事情時，華歆深思謹慎，王朗豪氣而未深思。

翻譯：華歆、王朗一起乘船逃難。（途中）有一個人想要搭船，華歆感到很爲難。王朗說：「（船裡）恰好還很寬鬆，爲什麼不同意？」

(B)朋友之間志趣不同，道不同不相爲謀。

翻譯：他們曾經同坐在一張席上讀書，有顯貴人物乘車從門口路過，管寧照舊讀他的書，華歆卻放下書本出去看，管寧就離席另外坐，說：「你不是我的朋友。」

(C)庾亮不願傷及無辜是重義。

翻譯：庾亮的坐騎中，有匹「的盧」兇馬。有人建議他，把馬賣了。庾亮說：「賣掉牠，必定會有個買主，那麼一定會使新主人受害。我豈可因爲對自己不利就把禍害轉移到別人身上去呢？」

(D)強調節儉。

【大考演練】

1. 答案：(A)

解析：(A)由瑯琊王司馬伷（ㄓㄡˋ）曾率兵平吳，其孫司馬睿襲瑯琊王爵位，後在江東重建晉朝，「二人皆與六朝都城金陵關係密切」，可推知對金陵政局產生影響　(B)「瑯琊閣」只出現在電視劇《瑯琊榜》中，現實中並無　(C)「司馬伷曾暫駐於瑯琊山」，並非爲了「西晉伐吳」；「司馬睿曾避亂於瑯琊山」，也非爲「東晉重建」，故瑯琊山非西晉伐吳與東晉重建的據點　(D)「瑯琊閣」非眞實史事，故此敘述錯誤

十九、新亭對泣

【練習題】

1. 答案：(D)

解析：東晉南遷，並非亡國。(A)(B)指改朝換代　(C)革除舊弊，建立新制。多指朝政變革或改朝換代

2. 答案：(B)

解析：由「當共勠力王室，克復神州，何至作楚囚相對！」可判知。

3. 答案：(C)

解析：周侯關注在情緒上，以物喜以己悲；王導氣勢高亢，以家國爲己任。

【大考演練】

1. 答案：(D)

解析：(D)由「遂自相與而退，咸以所爭之田爲閑田矣」可知反躬自責。

翻譯：虞國、芮國爲了爭田而打官司，連續好幾年都沒有結果。於是他們就跟彼此地說：「西伯，是一位仁者，何不前往請教他呢？」進到西伯的境內，看到耕田的人互相謙讓田地的邊界，走路的人互相讓路；進到他的都邑後，看到男女分道而行，白髮長輩不提重物；進到他的朝廷內，士謙讓他人做大夫，大夫謙讓他人做卿。虞國、芮國的國君說：

「唉！我們都是小人，不可以踏上君子的國度。」於是他們互相退讓，都把所爭的田變成了閒田。

2. 答案：(C)

解析：由甲「咬定青山不放鬆，立根原在破岩中」，可知是堅毅不撓的精神；乙「拂雲擎日待何時」，表現寄望有像天際伸長的竹子能勇於突破現況。

翻譯：甲詩：竹子牢牢地咬定青山不放，它的根深深扎在破裂的岩縫之中。儘管遭受千萬種磨難與打擊，還是堅韌挺拔，無論東西南北風，都不能使它有絲毫的動搖。

乙詩：請問畫工，爲什麼喜好離奇的構思和構圖？那竿掀天的長竹，不知道哪裡去了。如果竹子都是循規蹈矩，立在屋簷以下，又低又矮，何時才能拂雲擎日呢？

二十、謝太傅臨危不亂

【練習題】

1. 答案：(D)

解析：(A)謝安時隱居於東山 (B)當風轉急時，謝安並未堅持 (C)文中舟子並未露驚慌之色

2. 答案：(D)

解析：「既風轉急」是全文轉折點，讓前段變的危險性陡然升高，情勢轉危，謝安不得不做出明確決定。

3. 答案：(A)

翻譯：謝公（謝安）和人下棋，不久謝玄從淮水派來的信使到了，謝公看完信，默默無言，緩慢地轉向棋局。客人問勝負如何？謝安平平淡淡地說：「孩子們大破賊寇。」神色舉止和平時沒什麼兩樣。

【大考演練】

1. 答案：(B)

解析：引文出自唐代賈餗〈履薄冰賦〉。(A)安步當車：慢慢地走，當作乘車，形容不著急不慌忙 (B)臨深履薄：走近深淵，踩在薄冰上，比喻戒慎恐懼，十分小心 (C)盈科後進：泉水遇到坑窪，要充滿之後才繼續向前流，比喻學習應腳踏實地 (D)危言危行：言行舉止均正直不阿

翻譯：無論是在北方大陸初結冰之際，或在東風初起融冰之時。看薄冰知道它已脆裂易破碎，恐怕無法承受涉履而過的力道。因此屏住氣息，謹慎地前進。表面的行動要想不能把持心性的後果，暗地裡則期許自己敬慎小心。

2. 答案：(A)(B)

解析：(C)曹操當下讓人切細魚肉，而非「要求左慈當下變出魚羹」 (D)剛說完不久，左慈便帶著蜀地的生薑回來，並且得到曹操所派使者的答覆，而非「曹操的使者已經買回生薑」 (E)像符契一樣可以吻合，而非「好像被施過符咒一般」

翻譯：左慈，字元放，是廬江人。從小擁有神仙道術。曾經在司空曹操那裡作客，曹操看著眾賓客從容地說道：「今天舉行盛大宴會，珍貴食品大致都齊備了，缺少的是吳地松江的鱸魚罷了。」左慈坐於末席，回應說：「這是可以得到的。」接著要來銅盤盛著清水，用竹竿掛上魚餌在銅盤中垂釣，不久便引釣出一條鱸魚。曹操拍掌大笑，與會的人都很

吃驚。曹操說：「一條魚不夠讓在座的人都吃到，可以再得到一條嗎？」左慈於是更換魚餌魚鉤放入盤中，不久又引釣出一條魚，前後釣到的魚都有三寸多長，生猛新鮮令人喜愛。曹操當下讓人切細魚肉，普遍供應所有與會的人。曹操又說：「既然已經得到松江的鱸魚，遺憾的是沒有蜀地所產的生薑來搭配。」左慈說：「這也是可以得到的。」曹操怕他從附近取得，於是說：「我前些時派人到蜀地買錦帛，可以吩咐使者多買兩端錦帛。」話剛說完不久，左慈便帶著蜀地的生薑回來，並且得到曹操所派使者的答覆。之後曹操所派使者從蜀地返回，曹操問他增買錦帛的情形，以及被告知的時間早晚，與左慈那天在宴會中的情狀像符契一樣吻合。

二十一、嵇康風姿特秀

【練習題】

1. **答案**：(C)
解析：(A)身形高大　(B)形容氣質高遠而舒緩悠長　(D)形容醉態

2. **答案**：(D)
解析：(A)寫其氣質　(B)眾人說法皆集中於「風姿特秀」　(C)見者「歎」是讚美，文中不涉及嵇康命運

3. **答案**：(A)
解析：(A)以「遊雲」、「驚龍」形象化王羲之風姿。
翻譯：當時的人評論王羲之說：「像浮雲一樣飄逸，像驚龍一樣矯捷。」
(B)以身高、腰圍數字直寫其外型，以「頹然自放」寫其個性。
翻譯：庾子嵩身高不足五尺，腰帶卻有十圍大小，可是他本性和順，縱情放達。
(C)以像王公比擬。
翻譯：王敬豫形貌很美。有一次向父親王導請安，王導拍著他的肩膀說：「遺憾的是你的才能和形貌不相稱。」有人說：「敬豫樣樣都像王公。」
(D)以事件寫其容色。
翻譯：何平叔相貌很美，臉非常白。魏明帝懷疑他搽了粉，想查看一下，當時正好是夏天，就給他吃熱湯麵。吃完後，大汗淋漓，自己撩起紅衣擦臉，臉色反而更加光潔。

【大考演練】

1. **答案**：(B)
解析：由「瞭解當代社會最深的史學家，是最能瞭解過去社會的史學家」，可知其錯誤。

2. **答案**：(A)
解析：由「史學家一般認爲『妖異止於怪誕，談諧止於取笑』，可以直刪不妨」，可知　(A)出自蒲松齡〈勞山道士〉，道士施的是幻術，屬「怪誕之妖異」　(B)出自郁永河〈北投硫穴記〉，寫接近硫穴的眞實情況　(C)出自陶淵明〈桃花源記〉，是想像故事，但並無「怪誕、妖異」之處　(D)出自北齊時魏收《魏書．釋老志》，描述當時社會宗教信仰，符合引文「符咒靈驗等等，不可盡以爲誣妄」
翻譯：張陵的書大多保密而不展示給別人看，不是他的信徒

不能隨便看到。像熔化金玉、畫符以法水灑淨去穢等奇妙方術，等級與條項成千上萬，沒辦法一一説清楚，最高階的方術可以讓人羽化升天，次一等的也可以消災彌禍。所以好奇的人往往尊敬信奉他。

二十二、山濤妻識賢

【練習題】

1. 答案：(A)(C)

解析：(A)此非觀人動機，文中未提及此個性 (B)由「我當年可以爲友者，唯此二生耳」可見山濤有識人之明 (D)文中並未提及二人之貌

【大考演練】

1. 答案：(A)

解析：(B)山濤之妻可以由「穿墉而視」知道自己的夫婿只有氣度與二人相儔，可知她有識人之明，且全文未提嫉妒 (C)山濤以「伊輩亦常以我度爲勝」表示山濤也有自知之明 (D)嵇、阮肯定的是山濤的「度量」而非「才能」

2. 答案：(C)

解析：(A)投合／合約 (B)感知／睡醒 (C)憑藉 (D)優點／音ㄕㄥ，盡。

二十三、寒花葬志

【練習題】

1. 答案：(D)

解析：(A)寒花十歲時隨爲孺人來歸家 (B)未出現兇悍刁蠻之態 (C)未出現寒花笨拙之舉

2. 答案：(A)

解析：(B)刻畫生動，淡筆濃情 (C)全是寫實，並無想像之筆 (D)借事抒情，沉鬱之情寄於樸素之筆中

3. 答案：(C)

解析：(A)説明寒花身分 (B)歎寒花早亡 (C)既寫寒花淘氣，又寫妻子覺得有趣之樂 (D)悲歎時間飛逝，往事思之悲悽

【大考演練】

1. 答案：(C)

解析：由「雖然，他們的子女……循著父母親的路子盡責的當個社會螺絲釘」可知。

2. 答案：(B)

解析：甲、眼裡藏著□□的淚水，□□應爲描述淚水狀態形容詞，「潸潸」是淚流不止的樣子，顯然「滾燙」更爲適合。乙、「健忘」／「無心」，能貼切表達「鏡子」中的影像轉瞬即逝的「過眼雲煙」意象，與後文用「多情」／「留影」來形容相機的「過目不忘」相應。丙、「飢火如焚」，接「發燒」較爲適合。

二十四、春在堂隨筆

【練習題】

1. 答案：(A)

解析：(B)老鼠將一塊餅完全吃盡 (C)並未強調老鼠取得食物的方法 (D)文中並未提及老鼠是否覺得餅乾味道甘美

2. 答案：(C)

解析：(A)因跳踉几案，若行康莊，燭有餘燼，無不見跋而憤怒 (B)基於佘衣服、書籍一無所損而原諒老鼠作爲 (C)瞭解老鼠鼠得餅，不復嚼蠟矣，僅求生存而體諒 (D)提供食物並非因助人所致

【大考演練】

1. 答案：(D)

解析：(A)已而：不久／不亦：不也 (B)俄而：不久／不失：不喪失、不遺落、不違背 (C)從而：因此、因而。連接下文，用於陳述結果、目的，以做爲對於上文原因、方法等的說明。／不無：不是沒有，表示「有」 (D)繼而：接著。表示緊跟著某一情況或動作之後。／不惟：不只

2. 答案：(D)

解析：(D)因作者認爲老鼠有狷介之士之德——有所爲、有所不爲。

3. 答案：(C)

解析：蜀雞辛勤護雛，擋住空猛禽的兇狠攻擊，卻因不知防備烏鴉，終被烏鴉所出賣，這是輕忽之後果。(A)螳螂捕蟬，黃雀在後：比喻目光短淺，只見眼前利益而不顧後患 (B)鳥盡弓藏，兔死狗烹：飛鳥射盡便藏起了弓，兔子死後，獵狗被烹食。比喻大功告成，功臣受害 (C)福生於畏，禍起於忽：福分產生於敬畏的態度，禍患常因輕忽而發生 (D)失之東隅，收之桑榆：指起初雖有失，而終得補償

翻譯：豚澤這個地方有人養蜀雞，身上有花紋，脖頸上有紅色的毛。蜀雞圍在大雞四周啁啾地叫著。忽然猛禽從雞群上飛過，大蜀雞立刻張開翅膀護住小雞群，猛禽抓不到小雞，就飛走了。不久有烏鴉飛來，和蜀雞群一同啄。大蜀雞把牠視爲兄弟，與牠一起跳躍戲耍，表現得很溫馴。烏鴉突然間用嘴銜住小雞飛走了。大蜀雞仰望天空非常懊惱，好像在後悔被烏鴉欺騙。

二十五、王風黍離

【練習題】

1. 答案：(C)

解析：(A)國亡城破，而今夷爲平地 (B)爲國憂心是士大夫所應爲，不至於行路遲遲神傷 (D)詩中反覆質問：「悠悠蒼天！此何人哉？」不是歎無知音，而是憤恨亡國者

2. 答案：(B)

解析：(A)出自李商隱〈無題〉，寫相思之深。

翻譯：思念如春蠶吐絲到死才停止；不能相聚的痛苦，彷彿蠟淚直到蠟燭燒成了灰方始流盡

(B)出自劉禹錫〈烏衣巷〉，感慨滄海桑田，人生多變。

翻譯：晉代時王導謝安兩家的堂前紫燕，而今築巢卻飛入尋常老百姓之家。

(C)出自曹丕〈燕歌行〉，由「思君客遊」可知是思念丈夫歸來之意。

翻譯：一群群燕子與鵠鳥往南飛，我想你客居在外大概也戀

著故鄉而滿懷愁苦。(D)出自王安石〈泊船瓜州〉，思鄉之作。

翻譯：和暖的春風又吹綠了長江的南岸，什麼時候這皎潔月光能夠照著我再回到鍾山的舊居呢？

3. 答案：(B)

解析：(B)以層遞表現時間的久遠與情緒的深度 (C)「知我者謂我心憂，不知我者謂我何求」以對比表現心事無人知的無奈與無悔 (D)由「悠悠蒼天！此何人哉？」可知

【大考演練】

1. 答案：(D)

解析：由「滿山滾動的玻璃珠子」，可判知接「圓潤清脆」；/有的音質簡直像絲綢，宜接「柔滑光潔」/猛然「呱」一聲刺你一劍，……接「萬籟俱寂」比「寂寂無聞」更具震撼的變化。

2. 答案：(A)

二十六、鹿鳴

【練習題】

1. 答案：(A)

解析：(B)(C)(D)皆爲讚美客人之德與所表現之嘉言美行。

2. 答案：(B)

解析：(A)獻上竹筐所盛的禮物 (C)「君子是則是效」：「君子以之爲是，以之爲效」，即君子、賢人紛紛來效法

3. 答案：(A)

解析：(B)單純描述，未用及比 (C)(D)單純敘述，未用及賦

【大考演練】

1. 答案：(B)

解析：從圖中可以看出是煮火鍋，故(B)最符合。

2. 答案：(C)

解析：文中索引唐詩，要表達「飯用匙，羹用箸」所使用的餐具和現代不同。

3. 答案：(D)

解析：(一)文中並未提其刀叉是否用於中國餐具。(二)從《三國志》、《北史》「這些文獻應可證明古人用餐是匕、箸並用」，可知。

二十七、上山採蘼蕪

【練習題】

1. 答案：(D)

解析：故夫透過「未若故人姝」（容貌）、「手爪不相如」（手藝）、「織縑日一匹，織素五丈餘」（生產力）三方面比較，來說明新人不如故。

2. 答案：(A)

解析：題幹：「顏色」：容貌。(B)蘇舜欽〈答韓持國書〉，尊嚴 (C)以同樣的手段或行動回報對方 (D)離開了靛色的染缸，就沾染不到顏色。比喻脫離了壞環境，就不會受影響、被帶壞

3. 答案：(D)

解析：(A)寫等待焦慮之情，出自《詩經・邶風・靜女》。
翻譯：文雅的姑娘眞美麗，約好在城邊的角落裡等我。卻故意躲藏起來，惹我著急地搔頭又徘徊。
(B)寫悔恨之情，出自李商隱〈嫦娥〉。
翻譯：雲母屏風上可見濃濃的翦燭影子，銀河逐漸斜落星星也已下沉。嫦娥想必悔恨當初偷吃了不死藥，如今才一人獨居在碧海青天裡，夜夜孤寂。
(C)寫百般尋找後發現之情，出自辛棄疾〈青玉案〉。
翻譯：盛裝打扮的美人一路上嬌笑俏語，散發出若有若無的幽香漸行漸遠。夜深了，我在人群裡千百次不斷尋找，（就在充滿疲憊和失落之際），不經意回首，卻發現她在那燈火零落稀疏的地方靜靜地站著。
(D)寫被棄之情，出自班婕妤〈怨歌行〉。
翻譯：剛織成的紈扇質地精美，顏色潔白如同霜雪；「合歡」的圖案圓滿得宛如一輪明月。最美的時光，莫過於在君懷裡、袖裡出出入入，形影不離，輕拂微風徐徐。常常擔心秋天的來臨，涼風吹走了炎熱，團扇也必然被棄置於在竹箱裡，也就此斷絕與主人的恩情。

【大考演練】

1. 答案：(C)
解析：所謂對比指呈現兩種不同的觀念或事物，互相比較對照。(A)出自徐志摩〈再別康橋〉，「金柳、夕陽、波光」，皆是康橋美景，並無對比 (B)出自白荻〈雁〉，「飛行、天空、地平線」，皆代表雁所面對的生存困難與挑戰 (C)「小和尚」／「大廟」，「門再關上」／「心關不住」，對比 (D)出自簡媜〈夏之絕句〉。「蟬聲如浪、在小孩子的心湖如千萬圈漣漪、千萬條繩子」，是比擬

二十八、駕出郭門行

【練習題】

1. 答案：(D)
解析：(A)馬兒不肯前行 (B)將孤兒藏到一間屋子中 (C)因爲憎惡他
2. 答案：(C)
解析：(A)以狀聲表現悲啼 (B)鞭捶施是具象動作，並無抽象狀態 (C)以枯樹枝將瘦弱具象化 (D)以反問訴處境窮厄
3. 答案：(A)
解析：本詩敘述後母因憎惡而虐待孤兒，故詩意是期待後母要將心比心，善待孤兒。

【大考演練】

1. 答案：(B)
解析：(B)由「自知而搔，寧弗中乎」可得知。
翻譯：有個人身上發癢，就叫他的兒子幫忙搔癢，搔了三次都沒搔到癢處。讓他的妻子幫忙搔，搔了五次還不達癢處。那人生氣地說：「妻子、孩子都是我的人，怎麼比我自己搔還難？」於是抬手一搔就不癢了。爲什麼呢？癢這種感覺，只有自己才能感覺到的。自己知道癢處而搔，怎麼會搔不到癢處呢！

2. 答案：(B)

解析：(A)出自屈原〈漁父〉，強調與世沉浮　(B)出自蘇軾〈水調歌頭．赤壁懷古〉，強調英雄如大江之浪，被時間淘盡，難敵生命之無常

(C)出自李商隱〈錦瑟〉。

翻譯：往事如同莊周夢蝶一樣，都成爲消逝了的幻影；自己感傷的情懷，只能像託身杜鵑的望帝那樣，化爲無窮無盡的哀鳴。

(D)出自司馬光〈訓儉示康〉。

翻譯：因爲節儉而成就好名聲，因爲奢侈而自取敗亡的人很多，無法一一道盡。

翻譯：車馬奔波是富貴人的樂趣所在，貧窮的人追尋的是酒盞和花枝。如果將富貴和貧賤相比，一個在地、一個在天簡直是天壤之別。如果將清貧的生活與車馬勞頓的生活相比，他得到的是奔波之苦，我得到的是閒適之樂。世間的人笑我太瘋癲了，我笑他們看不透、想不開。沒見到五陵豪貴之族墓前沒有花也沒有酒，如今都被鋤成田地。

二十九、詠懷詩

【練習題】

1. 答案：(D)

解析：(A)此爲不能寐後的動作　(B)(C)此爲中夜起坐後所見、所聞

2. 答案：(A)

解析：由「憂思獨傷心」、「徘徊將何見？」可判知

3. 答案：(B)

解析：(A)爲尋知音　(B)(C)是當下所聞之聲　(D)見棄的憂思

【大考演練】

1. 答案：(C)

解析：作者質疑的問題是：「歷史的想像……未經考據下獲得的事實嗎？」得到的解釋是「所謂事實不都是解釋出來的？都是想像的延伸」，望不到值得信賴的事實源頭。

三十、買花

【練習題】

1. 答案：(C)

解析：(A)買牡丹花來種是習俗，但不限紅色　(B)花價因數量決定　(C)由「上張幄幕庇，旁織笆籬護。水灑復泥封，移來色如故」可知　(D)因富貴者豪奢而歎

2. 答案：(A)

解析：(A)杜甫的詩〈自京赴奉先縣詠懷五百字〉，富貴人家酒肉多得吃不完而腐臭，窮人門卻在街頭因凍餓而死。形容貧富懸殊的社會現象　(B)蘇軾〈和子由澠池懷舊〉，此詩道出人生漂泊無常的感歎　(C)白居易〈對酒〉　(D)杜牧〈金谷園〉

3. 答案：(B)

解析：(A)此詩作於元和年間，反映中唐實況　(C)對比貧富懸殊　(D)說明牡丹花價計算方式

【大考演練】

1. 答案：(B)

解析：由「頗有一種英雄末路的感慨，……這是人間的眞正不堪」、「每個人原本何嘗不是一株軒昂奇卉，……卑微地待價而沽？」可知花木一旦成爲商品，便失去自我價值。

2. 答案：(A)(B)(D)

解析：甲詩的「只緣一曲後庭花」爲譏刺君王耽溺享樂，導致國破家亡 (B)乙詩的「鹿耳潮落吼聲遲」是寫自然景觀，之後的「閱盡興亡」與「江山今又屬阿誰」是寄寓歷史滄桑之感 (C)甲詩有今昔變化，乙詩則無 (D)甲詩的「後庭花」，乙詩的「騎鯨人」均爲典故 (E)二詩並無呈現詩人移動的蹤跡

翻譯：甲、六朝的皇宮禁城一個朝代比一個朝代豪華，其中就屬陳後主命人建造的結綺、臨春閣最爲豪奢。原來有著千門萬户的富麗樓閣已成了滿布荒煙蔓草的廢墟，只因爲沉迷享樂的陳後主不理政事，一曲傳唱於後宮的〈玉樹後庭花〉正是政權衰亡的象徵啊！

乙、鹿耳門岸邊的潮水漲落，發出有如低緩吼聲的聲響，我看盡漫漫歷史上的朝代興亡，不自覺都眼力疲乏了。想到相傳騎白鯨轉世的鄭成功已經離開世間不免滿心惆悵，不知現在中土江山是屬誰所有了？

三十一、漁翁

【練習題】

1. 答案：(C)

解析：漁翁「夜傍」西巖宿→「曉」汲清湘燃楚燭→煙銷「日出」不見人。

2. 答案：(A)

解析：(A)西巖、湘楚都在湖南永州 (B)一片山青水綠是寫景 (C)欸乃一聲是搖槳聲或唱歌聲 (D)無心白雲相互追逐，而非漁翁與雲追逐

3. 答案：(A)

解析：(A)出自柳宗元〈江雪〉。

翻譯：漫天鋪地的雪地上，萬籟無聲，清冷至極，獨有一個漁翁端坐其間獨自垂釣，這超然物外的情境一如本詩的漁翁，也是柳宗元自我的比擬。

(B)出自孟浩然〈望洞庭湖贈張丞相〉，暗示希望有人引薦做官，遺憾再受聖明的朝代卻而沒有途徑出仕。

翻譯：我想渡水苦於沒有船與槳，聖明時代閒居委實羞愧難容。閒坐觀看別人臨河垂釣，只能空羨慕別人得魚成功。

(C)出自杜牧〈旅宿〉，寫思鄉之情。

翻譯：家鄉太遠歸夢到破曉仍未達，家書寄到旅館已時隔一年。我眞羨慕門外滄江的煙月，漁人船隻就繫在自家門前。

(D)出自李白〈行路難〉其一，寫心理上的失望與希望、抑鬱與追求。詩人用「冰塞川」、「雪滿山」象徵人生道路上的艱難險阻，在心境茫然之中，忽然想到呂尚九十歲在磻溪釣魚遇文王、伊尹夢見自己乘舟繞日月而過，最後終於受商湯聘大有作爲，而重燃信心。

翻譯：想渡黃河但冰雪凍封了河川，要登太行山，但風雪堆積封住了山。當年呂尚閒居，曾在碧溪垂釣。伊尹受聘前夢裡乘舟路過太陽邊。

【大考演練】

1. 答案：(C)

解析：(A)引文敘述聖人既能投入政治生活，也能視時勢退隱，並不一味強調退隱閒逸 (B)由「最理想的情況，不是英雄主義式的投入」可知 (C)由「隨其所處的情境而應變」、「最大的彈性」、「看起來經常變化，卻永遠不偏移」，可見「不偏不執」、「因應變化」 (D)文中所提「虛待」，是不固執拘泥，與世界的脈動協調無礙，而非「虛心」

2. 答案：(D)

解析：「平淡」是「不偏不執」、「因應變化」，但不偏離常道的境界 (A)出自左思〈詠史〉之一，希望能大展長才的志向 (B)出自屈原〈漁父〉，表現堅持理念，不願妥協的執著 (C)出自陸游〈書憤〉，表明收復山河的個人抱負，並隱含對當權者屈辱求和的譴責與感歎 (D)出自胡仔《苕溪漁隱叢話》引蔡寬夫《詩話》之語，指憂樂皆隨順所遇而不執著

三十二、攤破浣溪沙

【練習題】

1. 答案：(C)

解析：甲、「草」之蔓發生機、「桑低綠枝」茂盛的景象可知是春天。出自李白〈春思〉，此兩句以相隔遙遠的燕秦春天景物起興，寫獨處秦地的思婦觸景而生之相思情。

乙、王維〈冬晚對雪憶胡居士家〉。庭霰：落在庭院裡的雪花。

丙、由「木槿花開」的時節、「日長」夏日氣候特徵，「搖輕扇」、「倚繩牀」消暑的動作可知是夏季。出自錢起〈避暑納涼〉，描寫納涼怡然自得之情景。

【大考演練】

1. 答案：(A)

解析：(A)「西風愁起綠波間」意指秋天荷花凋殘，並寄寓愁緒→句中「菡萏香銷」、「翠葉殘」、「西風愁起」之景都含有無窮悲秋之感 (B)「不堪看」意謂不勝看，指眼前所見，令人目不暇給→此句上承「與韶光共憔悴」，因此其意爲「不忍看」之傷感 (C)「去年天氣舊亭臺」意謂受到去年天氣影響，亭臺老舊斑駁→去年天氣，亭臺依舊 (D)「小園香徑獨徘徊」描寫歸燕在庭園小路上，孤獨穿梭往來→作者在庭園小路上，孤獨穿梭往來

乙詞：主題爲傷春惜別，沉思感懷人生。

翻譯：聽著一闋闋新填的詞，喝著一杯杯美酒，想起去年同樣的天氣，同樣的亭臺，同是暮春時夕陽西下，但那逝去的時光，什麼時候可以再回來？花兒都終將凋落，那些翩翩歸來的燕子似曾相識，在瀰漫花香的園中小路上，我孤獨的身影來回徘徊。

2. 答案：(D)

解析：(A)僅甲詞：「夢回雞塞遠」寫夢 (B)僅甲詞：「菡萏香銷翠葉殘」、「西風愁起」是秋時。乙詞：「無可奈何花落去」、「似曾相識燕歸來」寫暮春 (C)感歎「與韶光共憔悴」之年華已逝 (D)乙藉「去年天氣」「亭臺」之舊、「花落去」之無可奈何、「似曾相識燕歸來」之獨徘徊，表達對

時光流逝的感思

3. **答案**：(D)

解析：作者先以懸疑帶出不見菊→見菊屋擺設，遍觀之，不敢言菊，眞菊海也→然後細部寫菊的狀態顏色→歸結至天、地、人之力所致。(A)花園離城五里 (B)作者未打探，而是不見菊覺得異 (D)菊株按品種高下放在不同層

翻譯：兗州張氏約我一起去看菊花，那地方離城五里，我到達他的園子後，他詳盡地介紹園裡曲折盤旋的景致，又在四處環繞走遍整個花園，完全沒見到任何一株菊花，我覺得很奇怪。不久，在主人引路之下來到一塊空闊遼遠的地方，有葦草蓋的花廠三間，邀請我進入，我看了眼前這些菊花，菊種之多，簡直是菊海。花廠三面，砌成三層高高的花壇，按照菊的品種高貴擺放。菊花大的像瓷器小盆，沒有不成球狀的，也沒有不帶孚貫甲的（草木皮種稱甲），沒有不像金銀荷花瓣的，顏色鮮豔，跟普通草木不同，翠綠的葉片一層層，沒有一片葉子提早脫落。這是上天所生，是土地力量所致，是人工用心栽培，缺一不可。

4. **答案**：(C)

解析：由「……絕不見一菊，異之」可知。

5. **答案**：(D)

解析：(D)袁宏道〈晚遊六橋待月記〉描述遊人如織，穿著、遊樂情景綺麗，但並未運用擬物爲人的手法。

翻譯：歌唱吹奏聲如風吹來，仕女的粉汗如雨落下，穿著羅衫紈褲的富貴之人眾多，比河堤邊的草更多，豔麗到了極點。

三十三、清平樂

【練習題】

1. **答案**：(C)

解析：全詩以「別」字爲核心，因別而生「離恨」，因別而「觸目愁腸斷」。

2. **答案**：(D)

解析：(A)形容落梅紛飛 (B)心中離愁驅不散、揮不走的 (C)是落梅如雪而非下雪，也非音信全無的原因

3. **答案**：(A)

解析：(A)出自〈子夜歌〉。

翻譯：誰能與我同上高樓望遠、遙望故國呢？總是忘記以前一起在晴朗的秋日登高望遠的日子。但往事如煙無跡可循，那些快樂的日子，再也不會回來了。往事不過是一場春夢，美好卻難以留住。

(B)出自〈採桑子〉，寫相思之情。

翻譯：獨自在綠紗窗下靜候伊人到來只因芳音斷，香已燃盡了化成灰。無可奈何之中，只有去睡覺不去想他，可是思念偏偏入夢而來，揮之不去。

(C)出自〈玉樓春〉，寫宴樂之景。

翻譯：準備晚上歌舞的宮女已化完豔麗的妝，明豔照人，宮女舞隊整齊而出。樂工們盡自己所能，吹到極致，樂聲上揚，飄蕩於水雲之間，反覆演奏〈霓裳羽衣〉，到處充溢縈繞著美妙的音樂和歡樂的氣氛。

(D)出自〈浣溪紗〉，寫奢華綺麗的享樂生活。

翻譯：太陽升起已有三丈多高，銅製的香爐依次燒起香料所

做成的獸形燃料，紅色錦緞製成的地毯隨舞女的舞步移動而打皺，美女按照音樂的節拍舞完了一支曲調，頭上的金釵滑落。

【大考演練】

1. 答案：(B)

解析：(A)兩者皆未有避世離俗之意 (B)甲詞可由「黯鄉魂」及「相思淚」得知；乙詞可由「千里念行客」及「漸寫到別來，此情深處，紅箋爲無色」得知 (C)均採先景後情的寫作手法 (D)均寫別後的場景與心情

翻譯：甲、范仲淹〈蘇幕遮〉：天空飄著淡青的雲朵，大地鋪滿枯黃的落葉。秋色綿延，一直伸展到水邊；水面清波浩渺，籠罩著一層帶有寒意的蒼翠煙霧。遠處山巒映著斜陽，天與水連成一片；而引起我思念遠方的無情芳草啊，它處處生長，無邊無際，哪怕是比斜陽更遙遠的天邊，也總是綿綿不絕。我的心因懷念故鄉而黯然悲傷，羈旅的愁緒總是在心頭縈繞不去。我夜夜都受思念的煎熬而難入睡，除非是能做個好夢，才會得到片時的安眠。明月正照在高樓之上，還是不要獨個兒靠在欄杆上吧，我本想借酒澆愁的，誰知酒喝下去，都變成相思的眼淚了。

三十四、思遠人

【練習題】

1. 答案：(B)

解析：(A)點時間 (C)寄書因爲思念 (D)思念至深的結果

2. 答案：(B)

解析：(A)暗示別離之久 (C)極寫其失望之意 (D)悲而淚越多，用誇張的手法表相思情深

【大考演練】

1. 答案：(C)

解析：(A)甲文「我跑到屏東故宅——那棟不再屬於我的故宅——中去摘來的」，可知非返回故居暫住 (B)甲文並無作者與親人昔日在故居中的對話 (C)由甲文「我重溫我猶暖的對雙親的感念」可知。乙文「吾妻死，室壞不修」與喪妻之痛有關 (D)由甲文「自民國四十二年至民國一〇四年擁有一棟宿舍，我們在其間生活成長」、乙文的「余既爲此志，後五年，吾妻來歸」，可知歸氏寫完〈項脊軒志〉後的五年，年二十三歲時娶魏氏；「其後六年，吾妻死」，指年二十八歲時，魏氏卒

2. 答案：(B)

解析：(A)甲文藉回味故居芒果樹的芒果，以重溫對父母的感念 (B)乙文的枇杷樹爲妻子「死之年所手植」，寓含對妻子的思念 (C)二文所提及的樹，皆非於作者親人亡故後所植 (D)二文皆無「生死有命」之意

三十五、飲湖上初晴後雨

【練習題】

1. 答案：(B)

解析：(A)南朝宋陸凱〈贈范曄詩〉 (B)孟浩然〈夏日南亭懷

辛大〉 (C)王昌齡〈塞上曲〉，秋天 (D)李頻〈渡漢江〉

2. 答案：(D)

解析：(A)雖是人工製造，但是精巧勝過天然。比喻人工巧妙神奇 (B)與生俱有才華 (C)天命有所歸屬。指改朝換代，君主的興衰，是由上天所決定的 (D)生來容貌就姣好美麗

3. 答案：(B)

解析：(A)寫全景而未專注一地一景 (C)未由遠而近之移動鏡頭 (D)先分後總

【大考演練】

1. 答案：(D)

解析：(A)由「軍務民情，秋毫無涉」可知 (B)文中未提及季常有贈菊 (C)由「定惠院長老曾送我黃菊數種，栽於後園」可知 (D)蘇軾到黃州見菊花落瓣，領會荊公詠菊所言不虛

2. 答案：(A)

解析：由蘇東坡對陳慥（音ㄗㄠˋ）教訓認同可知。

3. 答案：(C)

解析：甲詩出自夏承燾〈瞿髯論詞絕句〉之一，評東坡才學與豪放風格，胸懷佛道思想；乙詩出自葉嘉瑩〈論蘇軾詞〉之一，論東坡詞亦俗亦工，疏於格律卻渾然天成。(A)由甲文「莊釋」，指莊子和佛家 (B)由甲詩「千載才流學豪放」、乙詩「捋青擣麨俗偏好，曲港圓荷儷亦工」，可知淺俗工麗兼具 (C)未提及此內容 (D)由甲文「雪堂繞枕大江東，入夢蛟龍氣未平」可見豪放之風

三十六、聲聲慢

【練習題】

1. 答案：(B)

解析：(A)以愁爲核心，寫於國亡家破、身世飄零的處境 (C)「如今守著窗兒，獨自怎生得黑？」與梧桐雨和往日美好無關 (D)寫愁

2. 答案：(D)

解析：(D)「梧桐更兼細雨，到黃昏、點點滴滴」，寫從白日到黃昏落不盡的雨，聲聲打在寂寞的心上更添愁苦；「梧桐落木蕭蕭」的秋景蕭瑟寂寥，都是觸景傷情的原因

【大考演練】

1. 答案：(C)

解析：此爲追記往日有趣的郊遊之作。(A)未見花殘之景 (B)驚動的是鷗鷺 (C)由「沉醉不知歸路」可知 (D)並未強調是童年之遊

翻譯：總記得經常出遊溪亭開心地玩到日暮時分，甚至喝醉了忘記回去的路。一直玩到興盡才乘舟返回，卻迷途進入藕花池的深處。船兒搶著渡過，卻驚動了沙灘的鷗鷺。

2. 答案：(A)

解析：(A)出自鄭愁予〈錯誤〉，「蓮花的開落」比喻女子等待的神態與心情：開，是等待懷抱的熱烈希望；落，落空後的心碎，同時也反映年華逐漸凋零 (B)出自白居易〈琵琶行〉，「月」烘托琵琶女的孤單寂寞 (C)出自李清照〈一剪梅〉，「花」、「水」各自飄流，表現時間和生命流逝 (D)

出自紀弦〈狼之獨步〉，以狼自喻，「長嗥」展現的自我意志與力量

三十七、西江月・夜行黃沙道中

【練習題】

1. 答案：(D)

解析：題幹爲晴夜月色中靜中有動的情境。 (A)寫山居豐富活潑的生活，出自王維〈山居秋暝〉。

翻譯：竹林裡笑語喧嘩，洗衣的姑娘們往家走。亭亭的碧荷搖動，順流下來一隻小漁舟。

解析：(B)寫白日情暖之景，出自杜荀鶴〈春宮怨〉 (C)書寫相思之情，出自張九齡〈望月懷遠〉 (D)以有聲襯托無聲的反襯法，呈現出環境深沉靜謐，出自南朝梁王籍〈入若耶溪〉詩

2. 答案：(B)

解析：(A)鵲蟬聲略寫、淺寫，蛙聲詳寫 (B)「七八箇星天外，兩三點雨山前」之視覺寫之 (C)夜還有蟬鳴，可見天氣很熱 (D)前者爲豐年之喜，後者爲覓得躲雨處之喜

3. 答案：(A)

解析：(A)「月明」而「驚鵲」，因「驚鵲」而使得「枝搖」 (B)嗅覺、聽覺 (C)視覺 (D)對偶

【大考演練】

1. 答案：(B)

解析：由「狗是很羨慕貓的，羨慕牠們……世界就越寬廣。」可知。

2. 答案：(A)

三十八、四塊玉・閑適

【練習題】

1. 答案：(B)

解析：(A)「適意行，安心坐」、「意馬收，心猿鎖」等可知 (B)由「離了利名場」，「南畝耕，東山臥」可知不求世用 (C)由「舊酒投，新醅潑」可知 (D)由「共山僧野叟閑吟和」可知

2. 答案：(B)

解析：(A)「日月長，天地闊」：形容悠閒的日子漫長而寬廣自在。天長地久：天地永恆無窮地存在著，後用以形容時間悠遠長久 (B)黃粱一夢：比喻榮華富貴如夢一般，短促而虛幻。亦比喻慾望落空 (C)己飢己溺：看到別人受飢受溺，就像是自己使那人受飢受溺一樣，指關懷同情別人的苦難 (D)餐風露宿：形容野外生活或行旅的艱苦

3. 答案：(C)

解析：(A)此曲未用比喻 (B)此曲並不以寫景爲主 (D)前二首敘事，後二首說理

【大考演練】

1. 答案：(B)

解析：(A)未說明是否出於書香世家、是王闓運父親所夢 (B)塾師以激將法期勉其奮進力學 (C)努力求解精義 (D)日夜讀

書，力求通解，並未「捨記誦」

翻譯：王闓運，字壬秋，又字壬父。出生時，他的父親夢到神明在他的家門寫了榜文：「天開文運」，所以用「闓運」命名。但是他天性愚笨魯直，小時候讀書，每天背誦不到一百句，又不能完全理解，私塾的同學都嗤笑他。看見他被嘲笑，私塾老師說：「做學問而被人恥笑，是羞恥之事。被人恥笑後如果還不知道勤奮讀書，還不如停止不要讀了。」闓運聽到了難過地哭泣，回去就更加刻苦勵學，太陽快出來時讀書，如果背誦不好就不吃飯；夜晚讀書，對於背誦的文句不理解就不上床睡覺。十五歲時開始明白經書釋義。

三十九、雙調題西湖（節選）

【練習題】

1. 答案：(C)
解析：(A)第一首是概括西湖之景 (B)以「布江山自然如畫」爲總綱 (C)皆押ㄚ韻 (D)景中有情，有作者觀點

2. 答案：(D)
解析：(A)人爲之宴賞不及西湖之湖山景致 (B)春日活動熱鬧活潑而多樣，由「暖日」可見非料峭之時 (C)西湖樓臺乘涼勝過沉李浮瓜

3. 答案：(B)
解析：(A)視覺 (C)未用典，以視覺、觸覺表現玉之透明光潔 (D)未運用比喻、轉化

【大考演練】

答案：(A)
解析：(A)由「花飛莫遣隨流水，怕有漁郎來問津」，可知謝枋希望落花不要隨流水而去，以免被漁郎發現，顯現他擔憂有人知悉桃源所在地 (B)由「千載避秦眞此地，問君何必武陵回」，可知徐孚遠認爲是躲避戰亂的最佳去處，不一定要返回來處 (C)(D)從文中未能看出兩人四處尋找桃花源，或認爲此處即爲陶淵明所描述之桃花源，而是借陶淵明桃花源之典故述說欲避開外界紛擾、隱居鄉間的理想

〈慶全庵桃花〉翻譯：尋找到一處像桃花源那樣的世外仙境，以便躲避像秦朝那樣的暴政，看到豔麗的紅色桃花，才知道已經又是一年的春天。希望凋謝的桃花不要隨著流水而去，深恐漁郎看見了桃花花瓣會追蹤到這裡來，讓這世外桃花源從此不得寧靜。

〈桃花〉翻譯：臺灣的山海春光美景處處可見，朵朵桃花依舊如美人的臉龐那麼嬌豔欲滴。像千年前爲躲避秦末戰亂的人一樣，來到臺灣這個眞正的桃花源，問您何必再回到那虛幻的故鄉。

2. 答案：(C)
解析：(A)由「武陵」可推測爲中國 (B)從作者介紹可知謝枋得堅辭不應元朝徵聘，推知「漁郎」指元朝 (C)謝枋得處於元人入主中原之時，徐孚遠則處於明末清初，故可推測「避秦」是爲「不受異族統治之地」 (D)「花飛莫遣隨流水」暗指避秦地不被發現；而「朵朵還如人面開」則以臺灣的春色寫居住之美好

四十、殿前歡

【練習題】

1. 答案：(A)

解析：(B)敘說群芳正盛靜賞之閒趣 (C)非閨怨詩，而是望見杏花楊柳之美的情趣 (D)賣花聲以聲襯動，也是引動女子從室內到戶外的媒介

2. 答案：(B)

解析：(A)今晨「隔簾聽，幾番風送賣花聲」→昨夜「微雨」→今晨「天階淨」 (C)(D)室內「隔簾聽」→院外「幾番風送賣花聲」→院落「小院閑庭」、「穿芳徑，十二闌干憑」

3. 答案：(A)(C)(D)(E)

解析：甲、寫秋日相思情懷 (B)乙曲並無比擬，也不見化人爲蝶

翻譯：風飄飄地吹著，雨瀟瀟地下著，即使是「睡仙」陳摶也睡不著。懊惱感傷充滿整個內心，淚珠不斷地落下。秋蟬聲停，寒蛩接著鳴響，心情被擾得煩躁不安，淅零零的細雨一滴滴打在芭蕉葉上，愁苦更深。

【大考演練】

1. 答案：(A)

解析：題幹「那搭」，是處所之意，指那邊、那裡。

(A)出自宋代楊萬里〈小池〉，「小荷才露尖尖角」先，才能有「蜻蜓立上頭」，加一「早」字把時間刻意提前。

翻譯：剛長出來的荷葉面捲曲像一個尖尖的小角，蜻蜓迫不及待站立在上面歇息。

(B)出自宋代蘇軾〈失題二首〉其二，「早朝」是早晨，並非刻意提前時間。

翻譯：任憑鳩鳥喚醒午覺夢裡的我，今日早晨聽見呦呦鹿鳴好似催促著人們趕快回返。

(C)出自宋代賀鑄〈烏江東鄉往還馬上作二首其二〉，羨慕耕夫之前，耕夫已「收雞犬」、「閉柴扉」。

翻譯：回頭一看眞是羨慕耕田農夫比我還悠閒，早早就趕著雞犬入禽舍畜欄，關好柴門準備休息。

(D)出自唐代易靜〈兵要望江南・占鳥〉，從判斷「定有奸謀陰禍起」之時，便須開始進行「排備」。「早須」強調「儘早」之意，並非將時間提前。

翻譯：一定是有奸詐陰謀災禍就要發生，須早早安排準備，不要驚惶。

四十一、蹇叔哭師

【練習題】

1. 答案：(B)

解析：(A)此非蹇叔哭師的原因 (C)孟明是秦武將，自是勇，其是否不仁則不得而知 (D)杞子，是燭之武退秦師後，被派在鄭國以防晉攻打者，「鄭人使我掌其北門之管，若潛師以來，國可得也。」對秦而言是忠也是信

2. 答案：(C)

解析：(A)郭偃託言的所謂「君命大事」，不過是個藉口 (B)對手並非等閒之輩，不可能在非常時刻沒有防備，因此，此時出征無異於自投羅網 (C)敵手以逸待勞，勞師遠襲，疲憊

不堪，必定慘敗　(D)杞子密掌鄭國城門鑰匙，促使秦東向

3\. 答案：(A)

解析：(B)此對秦無利，爲說之以理　(C)喻之以弊　(D)說之以理，喻之以敝

【大考演練】

1\. 答案：(C)

解析：朱熹認爲：今時秀才只是會說廉義，到來只是不廉不義。「下以言語爲學，上以言語爲治」，因而世道日下。

翻譯：宋代理學家謝良佐（學者稱上蔡先生）說：「能夠勘透名利關卡的人，只是到了小小歇息處（小有所成）。現今的士大夫哪值得談呢？眞的只是會說話的鸚鵡而已呀！」朱熹說：「現在的讀書人，教他說廉，眞是會說廉；教他說義，眞是會說義。到了要用行動來表現，行爲卻只是既不廉又不義。」這就是會講人語的鸚鵡罷了。底下的人民將存在於言語的那一套作爲學習內容，上層的統治者用存在於言語的那一套作爲治國的憑靠，說的和做的脫節了，這便是社會道德風尚日趨低落的原因。

2\. 答案：(A)

解析：引文觀點是：做比說重要，與(A)「訥於言而敏於行」，君子說話要謹慎，做事要勤快敏捷之意相合。

(B)出自《曾國藩語錄》。

翻譯：話說得少的人可以杜絕別人的忌恨，事情做得少的人可以隱藏自己的笨拙。

(C)出自《周易．繫辭》上。

翻譯：言語和行爲是君子操守的關鍵，關鍵一旦啓開發動，榮譽和恥辱便定下了。

(D)出自《韓非子．問辯》。

翻譯：聽別人的言語，觀察別人的行爲，若不先以功用作爲目的，以此來審視檢驗，即使言語雖然非常清楚，行動雖然十分堅定，終究只是狂妄的言說而已。

四十二、召公諫厲王止謗

【練習題】

1\. 答案：(C)

解析：(A)非縱容暴民作亂，而是民怨無可擋　(B)周厲王平外夷建立戰功，導致民不聊生的是實施專利　(C)周厲王不讓百姓陳述意見，不願相互溝通，造成民憤抗爭　(D)埋下國貧民變是因無仁心

2\. 答案：(B)

解析：(A)民意紛紛，可提供國君行政參考　(B)國君可衡量民意，行善備敗必能補闕漏　(C)側目：斜眼看人，不以正眼看人　(D)廣徵民意，不是爲建立威權勢

3\. 答案：(B)

解析：(A)以各方獻意說明天子接納百姓發表意見／出自韓愈〈師說〉，巫醫等人不恥於相互學習　(B)「以財用從山川出」爲喻，說明民意之益　(C)民意不可堵塞／出自《孟子．梁惠王》，如果把義放在後而把利擺在前，下位者不奪得國君的地位是永遠不會滿足的　(D)以原隰之有衍沃，說明讓百姓暢所欲言的好處／語出《論語．顏淵》：此是孔子弟子有

若答魯哀公問「年饑，用不足。如之何」時所言，強調為政在使民富的儒家思想

【大考演練】

1. 答案：(D)

解析：乙文對話當時，宓子賤已將單父治理得很好。可知(D)就發生時間而言，乙文的對話應晚於甲圖的對話。

翻譯：宓子賤治理單父在任期間，經常悠閒地彈琴自娛，很少外出探訪民情處理公務，但單父卻治理得很好。巫馬期也曾擔任單父縣令，每天早出晚歸，日夜工作，事必躬親，也把單父治理得很好。巫馬期請教宓子賤治理方式差異的原因，宓子賤回答說：「因為我選擇任用人才，您靠自己的力量。工作全集中在一人身上，當然會很辛苦；廣任人才，分工合作，自然能夠輕鬆得多了。」

2. 答案：(D)

解析：宓子賤的「任人」指耆老尊賢者。

3. 答案：(D)

解析：由「我之謂任人……任人者固佚」可知。

四十三、鄒忌諷齊王納諫

【練習題】

1. 答案：(A)

解析：由齊人納諫的數量逐漸地減，可知無諫可進，意謂齊王能從善如流，納諫改進。

2. 答案：(D)

解析：(A)妻的回答中「君美甚」三個字，表示其偏愛之情，「徐公何能及君也」的反問，表示十分肯定、不容懷疑的口氣 (B)妾的回答少了「君美甚」三個字，但仍然用反問句，表現了她低微的地位和畏怯、順從的心理 (C)客人的回答不用強烈的反問語氣，只是平淡地肯定，顯示應酬、逢迎的態度

3. 答案：(D)

解析：(A)以功利實用的眼光來看待對象，就不可能做出正確的審美判斷，反而誤解乃至歪曲了美 (B)以家事類比國事，得「王之蔽甚矣」之結論 (C)以層遞的方式 (D)國內：期年之後，雖欲言，無可進者。國外：燕、趙、韓、魏聞之，皆朝於齊

【大考演練】

1. 答案：(A)(C)

解析：(A)出自連橫《臺灣通史‧序》

翻譯：懷抱仁慈與孝順的德行，秉著正義，勇敢地奉行公事，來發揚民族性。

(B)出自顧炎武〈廉恥〉。

翻譯：那些專門玩弄機巧變詐的人，根本就用不著羞恥心（指無羞恥心）。

(C)由「性格偏激，但能運用譎智機巧，出奇制勝。」、「富冒險精神」、「打破規則」、「在華人文化較受質疑」等敘述可知。

(D)華文文化重視道德、知識學養。

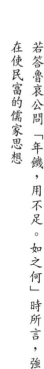

2. 答案：(C)

解析：⑴由文中可知孫悟空顧忌身上的「妖精氣」恐爲師父詬病，可見其爲人著想的道德觀，與乙型人物較相符。⑵以巧捷機敏的談判技巧，與太上老君商議，可見其「譎智機巧、出奇制勝」的性格，與甲型人物較相符。⑶由沙僧所言「可不違了菩薩的善果，壞了自己的德行」，可知重視德行，與乙型人物較相符。⑷沙僧安慰豬八戒，認同「大哥」的領導，屬於下對上的尊重與信任，與乙型人物較相符。

四十四、非攻中

【練習題】

1. 答案：(B)

解析：(A)文中未涉及以暴制暴的內容 (C)閒於大國之間，不敬事於大，大國亦弗之從而愛利，因他國攻戰而亡而，非主動發動戰爭 (D)成功的例證不多自者，其爲國甚小。是以夾削其壤地，兼而有之。計莒之所以亡於齊越之間者，以是攻戰也

2. 答案：(A)

解析：由所引文句與說明，可知墨子認爲攻戰會造成如莒、陳、蔡之亡國。

3. 答案：(A)

解析：飾攻戰者以少數攻戰獲利的國家，便認爲所有國家都可因攻戰而獲利，故其犯了以偏概全的錯誤。(A)以偏概全：以少數的例證或特殊的情形，強行概括整體 (B)使別人蒙受損失而讓自己獲利 (C)貪心而不滿足 (D)顧此失彼：注意這個卻忽略了那個。指不能全面兼顧

【大考演練】

1. 答案：(B)

解析：(A)齊王不解守門人子狄爲何求死，而非責問「臨陣脫逃」 (B)守門人子狄以「鳴吾君」爲喻，強調使君王陷於危殆是臣子之罪 (C)守門人子狄主動求死，而非齊王對他有所誤解 (D)車右武士只因「左轂鳴吾君」求死。

翻譯：越國軍隊攻臨齊國，守門人子狄請求爲國犧牲。齊王說：「戰場上的戰鼓鐸鈴聲音都還沒聽到，（兩軍）箭矢壘石與槍矛長兵器還未接觸，你爲什麼一定要尋死呢？是爲了盡人臣的禮節嗎？」守門人子狄回答：「臣聽說：從前君王在園囿打獵，車子的左邊車軸發出聲音，車右武士請求賜他一死，而君王問：『你爲何要死？』車右武士回答：『因爲車子的鳴聲驚擾了我的君王。』王說：『左邊的車軸發出聲音，是造車工匠的罪過，你對此事有什麼責任？』車右武士說：『我沒有看見工匠造車子，只知道車子發出的聲音驚擾到我的君王。』於是刎頸而死。君王記得有這事嗎？」齊王說：「有的。」守門人子狄說：「現在越國甲兵侵犯國境，這事驚擾我君王的程度，難道在剛剛所說左邊車軸發出聲音而一事之下嗎？那時的車右武士可以因左邊車軸發出聲音而死，我獨不可以因爲越國甲兵犯境而死嗎？」於是刎頸而死。這天，越國人帶領軍隊撤退七十里，說：「齊王有守門人子狄這樣的臣子，會讓越國覆滅，社稷因爲無人祭拜得不到祭祀的血牲。」於是越國人帶領甲兵歸國了。

2. 答案：(C)
解析：故事的重點爲：「齊王有臣鈞如雍門子狄，擬使越社稷不血食。」即「認爲齊人忠君愛國，若執意攻伐將招致亡國之禍」。

3. 答案：(A)
翻譯：殺掉一個人叫做不義，必定構成死罪，依此類推，殺死十個人，有十倍不義，必然有十層死罪；殺死百個人，有百倍不義，必然有百層死罪。在這種時候，天下的君子都知道並且譴責他，稱他爲不義。現在有人大規模地去攻打別國做出不義之事，卻不懂得反對，反而跟著去讚譽他，稱之爲義，實在是他們不懂得那是不義啊，所以記載那些稱讚攻國的話遺留給後代。倘若他們知道那是不義的，又有什麼理由解釋記載這些不義之事，用來遺留給後代呢？假如現在這裡有一個人，看見少許黑色就說是黑的，看見很多黑色卻說是白的，那麼人們就會認爲這個人不懂得白和黑的區別。

四十五、非樂

【練習題】

1. 答案：(A)
解析：(B)出自《大學》，強調大學之道在發揮靈明本性，化導他人，達到至善 (C)《論語．子路》，強調不要求快速，也不要貪小利 (D)《孟子》強調過猶不及

2. 答案：(D)
解析：題幹的重點是仁者不應追求物質享受，而犧牲百姓 (A)重點在強調士志於學，應求道而非衣食享受 (B)《禮記．禮運》，孔子歎禮制崩壞 (C)黃宗羲〈原君〉，國君坐擁天下，獨享利益 (D)黃宗羲〈原君〉，爲天下興利除弊

3. 答案：(D)
解析：(A)《禮記．樂記》，強調音樂在治國平天下的社會教化作用 (B)出自《荀子．樂論》，強調樂是不可缺的 (C)出自《荀子．樂論》，樂具有協調人群社會關係的和諧作用 (D)出自《墨子．非樂》
翻譯：現在的王公大人從事音樂活動，掠奪民眾的衣食財物，大規模地敲擊樂器。

【大考演練】

1. 答案：(C)
解析：由「一九七八年在湖北發掘的一個戰國初期墓葬出土一座木鐘架，上有四十六件甬鐘和十九件鈕鐘，每一鐘在敲打部位的隧部和鼓部都刻有定音銘文，證實把鐘鑄成扁橢圓狀，是爲了使每一個鐘都能敲出不同的兩個音階。一鐘兩音既可節省演出場地，也不會讓樂工手腳疾忙。」可知。

2. 答案：(D)
解析：未提及「鐘樂」與「弦樂」 (D)最流行的時代。

3. 答案：(B)
解析：由「弦樂器發明之初可能多以敲擊方式演奏」可知選(B)伯牙「鼓」琴，明顯與彈、拂、調的方式不同。

四十六、曾子易簀

【練習題】

1. 答案：(A)
解析：(B)曾元不忍父親病重而勞 (C)樂正子春體貼老師 (D)童子天眞直率

2. 答案：(C)
(A)翻譯：按照禮儀謹慎辦理喪事，喪葬之後也要按照禮儀，定時去祭祀，還要從上面追溯，祭他的始祖。在位的人都能夠以身作則，上行下效，人民的德行就歸於厚道了。
(B)翻譯：總是說禮呀禮呀，難道僅僅指玉帛之類的禮物嗎？
(D)強調禮的根本在於內在之眞情而非外在儀式。
翻譯：禮與其奢侈浪費，還不如節儉的好；辦理喪事，與其節文周備，還內心卻充滿哀戚之情。

【大考演練】

1. 答案：(D)(E)
2. 答案：(A)
解析：由字與字之間「如老翁攜帶幼孫，顧盼有情，痛癢相關」可知。

四十七、杜簣揚觶

【練習題】

1. 答案：(A)
解析：由「簣也，宰夫也，非刀匕是共，又敢與知防，是以飲之也」可知是 (A)俎，古代祭祀時，用來盛祭品的禮器。越俎代庖指掌管祭祀的人放下祭器代替廚師下廚，後用以比喻逾越自己的職分而代人做事 (B)成全別人的好事 (C)從旁鼓動，使事態擴大。比喻不能消弭事情，反而助長它 (D)比喻因同類的死亡而感到悲傷

2. 答案：(B)
解析：(A)文中並未顯示體貼平公煩憂 (C)藉師曠、李調喝罰酒以警平公，行事並不魯莽 (D)文中並未顯示置國事不顧

3. 答案：(D)
解析：(A)因是商紂夏桀亡國的日子，而不奏樂 (B)因爲有過 (C)身爲臣而北面

【大考演練】

1. 答案：(A)
解析：由「根據餐廳所在地來調整菜單內容……拉麵也只出現在亞洲人較多的南區分店菜單中。」可知以在地人爲目標客群。

2. 答案：(C)
解析：由「北區分店便改供應炸物，以迎合顧客喜歡酥脆食物的口味。」——炸豬排花壽司套餐「拉麵也只出現在亞洲人較多的南區分店菜單中。」可推知——味噌烏龍湯麵。

3. 答案：(D)
解析：「江戶壽司」是澳洲布里斯本的一家平價日本餐廳，老闆是韓國人，故可推知文章的目的在討論海外餐飲市場如何開拓客源。

四十八、人間訓

【練習題】

1. 答案：(A)
解析：凡人之舉事，莫不先以其知規（觀察）→慮（思考）→揣度（想像）→，而後敢以定謀（行動）。

2. 答案：(C)
解析：(A)由「夫禍之來也，人自生之；福之來也，人自成之」，可見禍福是人爲造成 (B)文中並未強調禍福變化難測 (C)由「是故知慮者，禍福之門戶也；動靜者，利害之樞機也」可知 (D)文中並未強調個性因素

3. 答案：(D)
解析：(A)「使知所爲是者」說明智之必要。「智者千慮，必有一失」：聰明的人對問題雖然深思熟慮，偶爾也會失誤出錯 (B)「塞翁失馬，焉知非福」，比喻一時雖然受到損失，也許反而因此能得到好處 (C)禍兮福所倚，福兮禍所伏：禍與福常相因而至，往往福因禍生，而禍藏福 (D)出自《淮南子．人間訓》：「聖人敬小愼微，動不失時。」
翻譯：聖人對細微的事物也採取小心謹慎的態度，不做不切合時宜的事。

【大考演練】

1. 答案：(A)
解析：由「以諷誦章句爲精，以穿鑿文字爲奧，至於聖賢之微旨，教化之大本，人倫之紀律，王道之根源，則蕩然莫知所措矣。」可知。

翻譯乙：學習的人，難道只學習文章句意而已，務必探求足以教化自己的學問，每天學習新知識，讓自己有新的想法，如此終身不間斷。教育的人，難道只具備文字詞彙有廣博的知識，必須以忠孝建立學習者的根本，用禮法道義反覆申說，用信用和謙讓來敦促他，用禮義廉恥來激勵他，有過失就要糾正、改正，像琢磨玉石一樣切磋琢磨精益求精，直到品德到達完美無瑕。所以兩漢多名臣，向皇帝勸諫進言的風氣，如同夏、商、周三代一樣，這都是因爲親身受到老師的教誨、朋友的勸告，知道自己的缺點和優點，不忍心看到別人失敗。魏晉以來，風氣大壞，學習的人都把不向別人請教當成是天才的表現，自己學習以爲天生就能明白道理，……把諷詠語誦文章當成學業精通的表現，把牽強附會文字當成學問好的表現，至於聖賢精妙的教誨、教化別人的根本、人與人之間關係的綱紀法規、王道的本初來源，則完全蕩然無存。而那些有學問的前輩，也把教育別人當成恥辱，公卿大夫，把當別人的老師當成恥辱，以至於稱呼鄉校老人爲老師時，臉上會突然出現不滿的神情。長期以來的風俗習慣把人們改變成這樣眞是讓人痛心！現在的上位者，侍奉君主卻不謹言直諫，和朋友間更沒有切磋琢磨，原因在於自身沒受到老師的教誨指導，和朋友的箴言規勸，既然不知道自己的長處與短處，怎麼會去在意別人的成功與失敗呢？

2. 答案：(D)
解析：兩篇文章都強調士大夫恥學於師、句讀之學，忽略了爲人處世之道，逐漸失去了審己度人的能力。

3. 答案：(C)
解析：(C)「公卿大夫，恥爲人師」與「鄉校之老人，呼以先

生，則勃然動」，態度相同。

四十九、項羽本紀

【練習題】

1. 答案：(C)

解析：(A)馬贈烏江亭長　(B)烏江亭長極力勸項羽渡江　(D)自刎而死，身體被切成五部分

2. 答案：(A)

解析：(A)你　(B)助詞／替　(C)回頭看見／拜訪，探望　(D)無以渡即無所以渡，表用來之意／因爲。以約失之者鮮矣：因爲謹言愼行不浪費而失誤的人很少

3. 答案：(D)

解析：(A)前者提出「勝敗兵家不可期」、「包羞忍辱是男兒」、「江東子弟多才俊」作爲捲土重來行動的支持點　(B)不認爲勇氣是致勝關鍵，而認爲失去天時，則機不可挽也　(C)前者認爲項羽應從失敗中站起來

【大考演練】

1. 答案：(C)

解析：「豪傑蜂起」順接「相與並爭，不可勝數」。「然」帶出轉折之意「然羽起隴畝中」順接「三年，遂將五諸侯滅秦」。「霸王」才能掌握「裂天下、封王侯、政由羽出」，由此可以找出語句正確順序。

翻譯：秦代政治動亂不安，陳涉最早起事，英雄豪傑蜂擁而起，相互爭奪天下，不勝枚舉。然而項羽沒有尺寸封地，趁時勢由民間興起，僅僅三年的時間，就率領五國諸侯消滅秦國，劃分天下，分封王侯，天下政令都由項羽發布，自稱「西楚霸王」。

2. 答案：(D)

解析：(A)由「西方的悲劇英雄總有一個從懵然無知到恍然大悟的過程」可知，西方悲劇英雄無法預知難逃毀滅的結局　(B)在中國傳統悲劇的書寫中，會先透過某些徵兆顯示「命」的存在，使主角早就意識到自己的結局已註定　(C)中國人雖然認知到「命」已註定，但沒有遠遁，而是以「知其不可而爲之」的精神克服絕望　(D)西方傳統悲劇主角最終會發現自己受更大意志所支配，中國傳統悲劇主角則受非人格力量的自然所影響，可見東西方皆有人們無法超越的必然性思維存在

3. 答案：(A)

解析：「常在既定的不幸結局來臨前，早就認識到這種結局是不可避免的。主角在這裡沒有抗爭，而是在註定要遭受不幸的情況下『知其不可而爲之』，令人崇敬地克服絕望情緒」，與文天祥「視死如歸」精神最接近。

(A)出自文天祥〈正氣歌〉。

翻譯：即使被烹煮而死，也會把它當作像喝糖漿一樣地甘美，我只求痛快一死，卻無法得到。

(B)出自李煜〈子夜歌〉。

翻譯：我夢見自己重新回到了故國，一覺醒來發現只是虛幻的夢，不由得雙淚垂落。

(C)出自劉長卿〈長沙過賈誼宅〉。

翻譯：賈誼你在這裡過了三年謫居的生活，萬古以來，此地

就留有屈原被放逐的悲哀。
(D)出自丘逢甲〈離臺詩〉其一。
翻譯：我只能學范蠡坐船離去，回頭告別故土臺灣，心中黯然神傷。

五十、孟嘗君傳

【練習題】

1. **答案**：(C)
解析：(A)馮驩結轡下拜。孟嘗君下車接之。禮賢下士：有地位者能尊禮有才德的人，謙恭待士 (B)馮驩觀時機而勸誡。見縫插針：看到一點縫隙，就插進一根針。比喻善於把握一切可以利用的時機、空間 (D)馮驩見機勸誡。見風轉舵：比喻隨機應變，視情況而行動

2. **答案**：(A)
解析：(A)富貴時多朋友，貧賤時少朋友，事情本來就是這樣（《史記・孟嘗君列傳》） (B)而在那眾人都昏睡沉迷的時候，當然也不會沒有特別清醒的人啊！（顧炎武〈廉恥〉） (C)上位者少欲望就不會被外物役使，就可以依正道做事（司馬光訓儉示康） (D)諺語（《史記・貨殖列傳・序》）說：「千金之家的子弟就不會因犯法而死於市井。」這並不是空話

【大考演練】

1. **答案**：(C)
解析：子貢認爲困難的，卻是別人認爲容易的；子貢認爲容易的，卻是別人認爲困難的。因此子貢論調可說是悖於常理。
翻譯：甲、田常想在齊國造反，但害怕高固、國佐、鮑叔牙、晏嬰等四家勢力，所以調動軍隊，想要攻打魯國。孔子聽聞後，告訴弟子說：「魯國，是我們祖先的墳墓所在之地，是我們的祖國，國家遇到這樣的危難，怎能不挺身而出呢？」子路請求出使齊國，孔子阻止他。子張、子石請求前往，孔子不答應。子貢請求前往，孔子答應了。子貢於是出發，到了齊國，勸田常說：「討伐魯國是錯的。魯國，是很難攻下的國家，它的城牆又薄又矮，它的護城河狹窄又低淺，它的國君愚笨而又沒有仁德，它的大臣虛僞而又沒有用處，它的軍民又都厭惡戰爭，因此不能和魯國作戰。您不如去討伐吳國。吳國，城牆又高又厚，護城河又廣又深，武器又堅固又新穎，士兵精良又飽足，厲害的武器和精良的士兵都在其中，又派遣賢明的大夫防守，因此容易攻下。」田常變了臉色生氣地說：「你認爲困難的，卻是別人認爲容易的；你所認爲容易的，卻是別人認爲困難的；你這樣指教我，是什麼緣故？」子貢說：「我聽說，國內有憂患的就去攻打強國，國外有憂患的就去攻打弱國。如今你的憂患在國內。我聽說你有三次受封的機會，卻三次都沒有成功，這表示有大臣不順從你。現在你擊敗魯國來擴大齊國的國土，在戰場上取勝令國君自覺驕豪，以打敗魯國來使大臣地位更加尊貴，但是你的戰功並不會列在其中，而且會更加被國君疏遠。因此你對上使國君自覺驕豪，對下使群臣跋扈專橫，若想要成就大事，是很困難。君上驕橫就會恣意妄爲，臣下驕縱就會爭奪權力，這麼一來，你一方面和國君有嫌隙，另一方面和大臣們互相爭鬥。這樣，你在齊國立足就很危險了。

所以說不如去討伐吳國。討伐吳國若勝不了，百姓戰死在國外，大臣在內部空虛，這麼一來，你既沒有強大的臣子作爲政敵，另一方面沒有百姓責怪你，孤立國君控制齊國的就只有你了。」田常說：「很好。」

乙、《史記》提到：「齊國攻打魯國，孔子聽聞後，說：『魯國，是我們的祖國。國家遇這樣的危難，你們怎能不挺身而出呢？』子貢於是動身前去遊說齊國討伐吳國，遊說吳國解救魯國，又遊說越國，再遊說晉國，五國因此相互交戰。有的國家變強，有的被打敗了，有的混亂了，有的稱霸了，最終保全了魯國。」看他所說的話，考察他所做的事，和張儀、蘇秦、陳軫、蘇代等人沒什麼不同。唉！孔子說：「自己不想要的事物，不要施加在別人身上。」自己想要保全祖國，那麼齊國、吳國的人難道就沒有保全自己國家的心嗎？爲什麼使他們的國家混亂呢？這是我何以認爲古書所傳常常虛妄不實的原因。

2. 答案：(B)
解析：題幹之意是在戰場上取勝，令國君自覺驕豪。文中打敗魯國，使大臣地位提升，更加尊貴。

3. 答案：(A)
解析：由伐吳之後，「上無強臣之敵，下無民人之過，孤主制齊者唯君也。」可知「擺脫強臣掣肘」之意。

4. 答案：(B)
解析：(A)出自《論語・泰伯》，不擔任這個職務，就不去過問這個職務範圍內的事情 (B)出自《論語・衛靈公》，由「子貢想要保全祖國，那麼齊國、吳國的人難道就沒有保全自己國家的心嗎？」可知 (C)出自《論語・述而》，受國君重用時就出來實行自己的理念，不受重用就隱居修身 (D)出自《論語・爲政》，用道德來引導人民，用禮來齊一整飭人民的行爲

5. 答案：(C)
解析：子貢想保全自己的國家，卻使其他國家陷入戰亂之中，不符合孔子「己所不欲，勿施於人」的儒學精神 (C)「以鄰爲壑」：戰國時白圭築堤治水，將氾濫的洪水排入鄰國，而保障自己的安全。比喻禍給別人，損人利己。

五十一、說苑・政理

【練習題】

1. 答案：(C)
解析：(A)誤判誤刑，造成冤獄 (B)戰爭命令錯誤爲害甚於刑官 (D)文中並未提及尊賢納諫

2. 答案：(B)
解析：(A)「攻城爲下」出自《孫子兵法・謀攻》，意謂攻城是下下策 (B)出自《論語・季氏》：如果遠方的人還不歸服，就用修治文德感化他們。原文中的「有扈氏請服」，正與此選項吻合 (C)出自《論語・衛靈公》：祭祀禮儀之類的事，我聽說過；帶兵打仗的事，我沒有學過 (D)出自《論語・堯曰》：不經教化便加以殺戮叫做「虐」；不加告誡便要求成功叫做「暴」；發令遲緩，到期卻不寬貸叫做「賊」。

【大考演練】

1. 答案：(A)
解析：大理的工作是「判案」而不是「辨案」，故為法院，而非調查局。

2. 答案：(A)
解析：引文中敘述司馬遷寫作三千年間的史事，只用了五十萬字；班固敘述二百年的史事，卻用了八十萬字。同時讚美司馬遷「辭約而事舉」，批評班固「人道之常，中流小事，亦無取焉，而班皆書之」，可知作者認為班固取材較雜蕪，有失精審。
翻譯：世人評論司馬遷、班固，多半認為班固超過司馬遷，我認為這是錯的。司馬遷的作品，文辭簡潔而史事詳盡，敘述三千年間的史事，只用了五十萬字。班固敘述二百年的史事，竟然用了八十萬字，一個繁瑣，一個簡潔，並不能相提並論，這是班固比不上司馬遷的其中一個原因。好的史家敘述史事，表揚善行時足以勸勉人向善，描述惡行時足以使人鑑戒。尋常的做人道理、普通的小事，根本無須記錄，但班固都寫下來了，這是班固比不上司馬遷的第二個原因。誹謗、貶抑晁錯，損傷忠臣之道，這是班固比不上司馬遷的第三個原因。司馬遷開創紀傳體，班固承襲，難易的程度更不相同。而且司馬遷替蘇秦、張儀、范雎、蔡澤寫傳記，用字遣詞光彩絢爛，也足以彰顯他們的卓越才能。所以敘述善辯之士時，辭藻就十分華美；敘述帝王實錄時，就精確詳實地加以考量，描述形容皆簡潔扼要，這就是司馬遷為什麼被稱為良史的原因。

3. 答案：(A)
解析：司馬遷敘述善辯之士時，辭藻就十分華美；敘述當朝實錄時，就精確詳實地加以考量。而「蘇秦、張儀、范雎、蔡澤」皆為辯士，故用字遣詞光彩絢爛。由此可知，司馬遷能依所敘人物選用最合宜的筆法。

五十二、論貴粟疏

【練習題】

1. 答案：(B)
解析：(A)富人有爵，農民有錢 (B)即「取於有餘，以供上用」 (C)取有餘之財則「貧民之賦可損」，但非為提升商人地位 (D)國家財力充沛，但與天下版圖擴張無關，亦非文中討論範圍

2. 答案：(B)
解析：(A)以粟為賞罰對國家之利 (C)強調農業是國家根本 (D)以粟為賞罰對邊塞之利

3. 答案：(A)加惠於人而己又無所耗費。語出《論語・堯曰》：「因民之所利而利之，斯不亦惠而不費乎？」 (B)招攬吸收有品德、學識的賢人士子 (C)驕傲自大，不可一世的樣子。 (D)視睥睨：斜著眼睛看人，表示傲然輕視或不服氣的意思 人民如同胞，視動物如同類。語本宋代張載《西銘》：「民吾同胞，物吾與也。」比喻博愛。

【大考演練】

1. 答案：(A)
解析：由「例如臺積電的清洗製程→與另一道製程產生的含

氨氮廢水一起處理→再送到化工廠製成工業用氨水，供應給需要的業者→「未來，臺積電希望將廢硫酸全部純化，回收到晶圓廠製程使用。」可知。

2. 答案：(C)
解析：由「循環經濟透過資源再生，讓整個系統盡可能不產生廢棄物，實踐「搖籃到搖籃」可知。

3. 答案：(B)
解析：(A)出自王禎《農書》，強調畜養牲畜要懷抱愛種謹愼態度。
翻譯：善於養牲畜的人，一定懷抱對動物眞愛看重的心情；具有對動物關愛重視的心態，一定不會怠慢輕忽。
(B)出自王禎《農書》，敘述如何農人以糞朽爲肥料，使地盡其利的方法——符合資源循環利用。
翻譯：從事農務的人，一定會儲存糞朽來使土地肥沃，這樣土地的地力便會常保持強壯（肥沃），收穫就不會減少。
(C)出自李斯〈諫逐客書〉，強調國家要強大必須如泰山不辭土壤、河海廣納百川。
(D)出自蘇軾〈赤壁賦〉，以此爲例說明自然是不受限制、享之無盡的寶藏。

五十三、誡子書

【練習題】

1. 答案：(C)
解析：(A)(B)計畫的力量 (D)時間的力量

2. 答案：(A)學以明志靜以儉以養廉。
解析：(B)說明學的必要 (C)雙重否定句法，仍是正面說理，強調學之必要 (D)同時強調學的條件在於志

3. 答案：(B)(E)
解析：(A)出自朱熹《朱子語類》，動與靜互爲其根，無靜不能動，無動不能靜，陰靜之中已有陽動之根，陽動之中自有陰靜之理，說明動靜是一個不可分割的整體 (B)出自《大學》，說明靜能與本文「寧靜致遠」、「學須靜」之意近。
翻譯：能夠知其所止，止於至善，然後意志才有定力；意志有了定力，然後心才能靜下來，不會妄動 (C)出自《禮記．樂記》，提出性靜欲動之說 (D)出自程頤《程氏易傳》，強調動是天地運行之道 (E)出自《荀子．解蔽》，心保持正直衡定而澄徹，就可以清楚地照見事理，同本文「險躁則不能理性」
翻譯：人心就像盤中的水，端正地放著而不去攪動，那麼沉澱的汙濁泥渣就在下面，而清澈透明的水就在上面，那麼就足以照見鬚眉且能細察皮膚紋理了。

【大考演練】

1. 答案：(D)
解析：由「出其金銀、丹漆、耕牛、戰馬給軍國之用」可知。
翻譯：曹操篡位叛逆，禍害蔓延到現在，大家都想殲滅除盡他的巢穴，卻沒有結盟。我諸葛亮承受昭烈皇帝劉備託付的重任，不敢不竭盡全力盡忠。現在大兵已經聚集在祁山，狂妄的敵人將滅亡於渭水，懇請您以同盟的道義，任命我北伐，一起平定中原亂事，匡正漢室。

2. 答案：(B)
解析：(A)甲文爲敘及未能結盟之惋惜 (C)乙文稱「昭烈皇帝」，甲文稱「先帝」 (D)「執事」尊稱對方

3. 答案：(C)
解析：由乙文善「安排人事」、「期望劉禪能因律臣以賢而勵己親賢」可知。

五十四、南匈奴傳

【練習題】

1. 答案：(B)
解析：(A)強調昭君出身清白 (C)離宮前之風姿讓左右驚豔 (D)被迫嫁單于之子的原因

2. 答案：(C)
解析：(A)敘昭君不得寵幸而怨 (B)敘述嫁單于後的處境與經歷 (D)敘述漢元帝悔不當初，想留下昭君而不可得

3. 答案：(C)
解析：(A)無內心獨白之技巧 (B)情節變化是以敘述表現出來 (D)並未用及譬喻，個性是以行動表現

【大考演練】

1. 答案：(D)
解析：甲、以「千軍萬馬」形容浪花的聲勢浩大，宜選「崩裂坍塌」。乙、描寫颱風的狂暴聲響與風雨，「狂飛八方」比較能呼應「驟雨狂下」。丙、「江河日下」通常比喻情況日漸衰微，由後文「啞口」可知應爲「銷聲匿跡」。

2. 答案：(B)(D)(E)
解析：(A)芭芭拉來自印第安納的特雷霍，所以不知要給門房小費 (C)芭芭拉研究地圖，絕對無法準時出席派對

五十五、楚文王少時好獵

【練習題】

1. 答案：(C)
解析：由「爪短神爽，殊絕常鷹」可知其姿態氣質與眾不同。

2. 答案：(A)
解析：(A)出自《史記．陳涉世家》，燕雀怎麼能知道鴻鵠的遠大志向呢，比喻平凡的人哪裡知道英雄人物的志向 (B)蒼蠅因附在千里馬的尾巴上而跑了千里的路程，比喻普通人因沾了賢人的光而名聲大振 (C)出自《戰國策．馮諼客孟嘗君》，狡猾的兔子準備好幾個藏身的窩。比喻隱蔽的地方或方法多 (D)出自《古詩十九首》之一〈行行重行行〉，胡馬來自北方，故依戀北風；越鳥來自於南方，故巢宿於南枝。比喻不忘根本

【大考演練】

1. 答案：(B)
解析：「楚文王少時好獵，有一人獻一鷹」應接續對此鷹的描述，故以（丁）最適合。當狩獵開始時，應先言（甲）捕獵狀況，再接（戊）互鬥相擊情形。（丙）項的「汝鷹曾無奮意」，應在（乙）項的「無搏噬之志」之後。最後則是評論。

2. 答案：(C)
解析：從「竟然放棄教職，讓老鷹帶著往前走」、「沉振中觀鷹卻全然出世」可知。

3. 答案：(A)
解析：由「老鷹醒來後整理儀容的地方」、「老鷹呢？他解釋，在水塔開完會後，老鷹們就各自朝四面八方離去」可知。

4. 答案：(D)
解析：老鷹靠捕食小動物爲生，但農藥毒殺了老鷹的食物，導致食物鏈遭受破壞。

五十六、山中與裴秀才迪書

【練習題】

1. 答案：(B)
解析：(B)以想像中的春天美景來逗引好友的遊興，邀其同賞。

2. 答案：(A)
解析：(A)這是讚許朋友乃天機清妙者。

3. 答案：(D)
解析：(A)(B)詩人與外界的某種互相的滲透與交流　(C)交疊出心裡的底層湧動，無不堪回首之情

【大考演練】

1. 答案：(B)
解析：(A)「文學家用來形容孤獨的意象無疑都非常有力，只可惜太個人化了」，指出文學家孤獨意象強烈確屬個人性，與選項的「文學家每爲孤獨所困」、「難以引起讀者共鳴」無關　(B)由「把陰比爲孤獨，把陽比爲交會」，可知陰陽「互滲於對方之中，不可能眞正的獨存」　(C)「孤獨和群體生活二者對人同等重要，是體驗世界時不可偏廢的兩條路徑」，意謂孤獨、群體生活都是體驗世界重要的方式　(D)太極圖中的黑、白點意謂在人我交會的極致中，「最深沉的孤獨、和與天地、人際之間最深沉的交會」，並非指「人心深處的黑暗面」與「朋友」

2. 答案：(D)
解析：(A)出自陳夢林〈望玉山記〉，僅寫景，未見孤獨與交會之情狀。
翻譯：十二月十六日，客棧的人跑來告訴我：「玉山出現了，可以看見玉山了！」當時將近中午，風靜悄悄的，空氣中沒有任何塵埃，天地間一片清澈乾淨　(B)出自蘇軾〈赤壁賦〉，敘寫赤壁之遊的時間、空間狀態　(C)出自郁永河〈北投硫穴記〉，描述前往北投琉穴探勘的準備　(D)出自歐陽脩〈醉翁亭記〉，當地人「從太守遊而樂」，是人我交會；「太守之樂其樂」，是在交會中體驗孤獨

五十七、雜說一

【練習題】

1. 答案：(A)水：名詞→動詞　(B)下：形容詞　(C)汩：動詞　(D)陵：名詞

2. 答案：(C)

【大考演練】

1. 答案：(A)
解析：(B)雲，龍之所能使爲靈也　(C)龍弗得雲，無以神其靈　(D)龍之靈，則非雲之所能使爲靈

2. 答案：(A)
解析：羊毛襪→穿上智慧羊毛襪的人捨不得脫下（感官之觸覺）→產品與人們的互動（記憶）→當喜歡品牌的人們到處跟朋友分享→銷售、利潤就會不斷累積→最終形塑成有價值、人人都喜歡的品牌。

3. 答案：(C)
解析：該產品的訴求是舒適。

4. 答案：(B)
解析：由「品牌的形象或內涵融入到消費者的人生時刻，形成記憶……品牌價值」可知。

五十八、張中丞傳後序

【練習題】

1. 答案：(A)
解析：(A)用來　(B)(C)因爲　(D)用

2. 答案：(B)

3. 答案：(A)
解析：(B)義正詞嚴地斥責：「雲來時，睢陽之人，不食月餘日矣！雲雖欲獨食，義不忍；雖食，且不下咽！」壯烈殉國的悲劇感：「公有言，雲敢不死！」　(C)並無語言激昂之處　(D)此處動作激昂，非悼念緬懷的情緒，文氣隨之高亢

【大考演練】

1. 答案：(D)
解析：(A)當代祭典回顧悲情，驅逐不平安　(B)許多瘟疫已受到醫學控制，但曾發生車禍、意外的地點，還是會透過宗教儀式趕走災厄　(C)有人類學家以「社會劇場」和「受難儀式」來解說這類看似迷信的儀式，與參與者心態無關　(D)儀式讓民眾面對自己的痛苦

五十九、梓人傳

【練習題】

1. 答案：(B)
解析：由「能者用而智者謀，彼其智者歟！」可知。

2. 答案：(B)
解析：(A)未提及有技藝的人的社會地位　(B)由「專其心智」可知　(C)未提及忘心機　(D)善治者要運用勞心與勞力者成事

【大考演練】

1. 答案：(B)
解析：梓人如現今所謂建築設計師，負責建築籃圖規劃、材料配置以及工人的管理與指揮等，而非親手進行營造的實際工作。（甲）運斤執斧：指揮動斧頭者工作。文中梓人只「指揮工匠」並未親自執斧。（丙）由「畫宮於堵，盈尺而

曲盡其制，計其毫釐而構大廈，無進退焉」知其設計藍圖。（丁）文中只見其設計及工作之實際現象，未有貯藏材之敘述。（戊）梓人姓名列於橫樑之上，未有區額題辭。

2. 答案：(C)

解析：(A)指官署預定地堆積許多木材，聚集許多工人 (B)工人視梓人之臉色行事，唯其命之爲聽 (D)梓人毫釐計算，最後完成大廈，沒有任何差錯

3. 答案：(A)(C)(D)(E)

解析：(A)出自白居易〈畫竹歌〉，「低耳靜聽疑有聲」，逼眞寫出畫竹吹動的聲音。

翻譯：附著白粉的竹節姿態秀美動人，瀟灑自然深具天然景致的情韻。抬頭一看忽然覺得這不像只是畫出來的竹子，俯首用耳靜聽彷彿可以聽得到風吹拂竹林的聲響。

(B)出自清代石濤《菊竹石圖》題畫詩，「枯藤纏數花」、「石棱留得一拳斜」形容作畫時筆隨意走，顧不得形似與預想的位置。

翻譯：興致一來畫菊花像是隨意塗抹而成，讓人誤以爲是乾枯的藤蔓纏繞著數莖花。筆勢酣暢直落而下一時收束不住，石頭的邊角留下一小塊呈現彎曲傾側的特殊姿態。

(C)出自元代吳鎮《董源夏山深遠圖》詠畫詩，「疊起烟雲隱霹靂」與「若有蛟龍在昏黑」，都表現出畫作生動逼眞。

翻譯：董北苑（董源）的用墨之法十分巧妙，靈動的墨染神韻在畫作中翻騰而出。其作畫以水墨逐層點染，瀟灑神奇，成功表現煙雲變幻的姿態，畫面中似隱藏著霹靂之聲。雖然這張圖只是信手畫在小小的篇幅間，但氣勢雄渾，氣韻生動，似有蛟龍翻騰在墨韻之中。

(D)出自唐代李白〈當塗趙炎少府粉圖山水歌〉，「驅山走海置眼前」、「滿堂空翠如可掃」、「赤城霞氣蒼梧烟」都強調畫作的生動逼眞。

翻譯：名工巧匠尋找靈感思索內容，揮動彩筆完成此畫。畫中所現好像移動眞實的高山大海來到我們眼前。整個房間因爲這幅畫映照山中草木翠綠之色，彷彿伸手可觸。我似乎見到滿山紅赭、狀似雲霞的赤城山，與煙雲繚繞的蒼梧山。

註：粉圖，指粉壁上的彩畫。

(E)出自清代惲壽平《山雨圖》題畫詩，「隱几忽聞山雨來」表現畫作逼眞之感。

翻譯：遠望山峰頂上看似黛綠色放晴卻又還浮動溼潤的雨氣，我筆下畫作的春雲也黯淡不開朗。烏雲翻滾布滿天空遮斷原本青翠縹緲的山色，倚靠几案的我忽然聽到屋外山雨沛然而至的聲音，彷彿這也是我畫中的聲音啊。

六十、朋黨論

【練習題】

1. 答案：(B)

解析：君子與君子以同道爲朋，小人與小人以同利爲朋。

2. 答案：(A)

解析：(B)出自《論語・衛靈公》：「君子矜而不爭，群而不黨。」君子莊敬自處而無所爭，與人和睦相處而不營私結黨。(C)《書經・洪範》：「無黨無偏，王道平平。」意謂公正不偏私。黨同伐異：結合同黨，攻擊異己。原指學術上派別之間的鬥爭，後泛指一切團體之間的鬥爭 (D)沆瀣一氣：比喻

氣味相投，後多用於貶義

3. 答案：(D)
解析：由「故爲人君者，但當退小人之僞朋，用君子之眞朋，則天下治矣。」可推知君綱昏暗，是因國君不能進君子之眞朋（親賢臣），退小人之僞朋（遠小人） (C)李斯〈諫逐客書〉，增強中央統治者的權力，杜絕其他利益集團

【大考演練】

1. 答案：(B)
解析：由「知其用而置得其處者勝」可知。
翻譯：治理國就好比下棋，懂得棋子作用而安置在適當地方的人就能得勝，不能明白棋子的作用而放在不合適的位置的人就失敗。失敗的人對著棋子專心注目，成天勞心傷神；善於下棋的人看了，只要替他改變棋子的位置就勝了。獲勝的人所使用的棋子，正是失敗的人的棋子；振興國家所任用的人，正是國家滅亡的臣子。

2. 答案：(D)
解析：(A)出自蘇軾〈赤壁賦〉，前者以水寫不變之理；後者以月寫不變之理 (B)出自魏徵〈諫太宗十思疏〉，前後兩句分別強調謙虛、節制 (C)出自屈原〈漁父〉，強調隨世而調整作爲 (D)出自荀子〈勸學篇〉，以「不臨深谿，不知地之厚也」，比喻【不聞先王之遺言，不知學問之大也】，說明讀聖賢書方知學問廣大

六十一、伶官傳序

【練習題】

1. 答案：(A)
解析：(A)言莊宗極盛之時 (C)成功之時，是憂勞可以興國的表現 (D)亡國之時，是逸豫可以亡身的結果

2. 答案：(A)
解析：「一夫夜呼，亂者四應」之倉皇東出、「未及見賊……」之君臣相顧狀況寫亡國。

3. 答案：(C)
解析：文中所述莊宗報父仇後便鬆懈享樂，歐陽脩以其爲例說明君主當居安思危。

【大考演練】

1. 答案：(C)
解析：文章以「無諫官」、「有諫官」展開正反論述。脈絡是先是「古者諫無官」，故從公卿大夫至工商百姓，皆可勸諫→漢後設諫官，諫官的職責與作爲→諫官之功能。
翻譯：古時候並沒有設置專門來規勸君王的官職，所以從公卿大夫到工商百姓，沒有一個不能提出勸諫。漢朝興起以後才設置諫官，將天下所有的政事、四海之內的百姓、國家社稷的得與失、優勢和弊病，都集中放於諫官身上，讓他正確地將一切說出來。諫官的責任相當重，要當好一個諫官，應注意重要的部分，捨棄細微的地方；把情況緊急的事放在前面，不要緊的事放在後面。

2. 答案：(A)(B)(C)
解析：(A)不自操事、不自計慮，皆是「靜退」之道，符合虛

靜無爲的理念 (B)文中提到，君主實施獎賞時，就像及時雨那樣溫潤，百姓都能從恩澤中受益，這是抓住人心會趨利的特質；實施懲罰時，就像雷霆一樣可怕，就算是神明也不能解救，這是抓住人心會避害的特質 (C)「循名責實」是指依照其名分來責求其實質功績。文中提到「群臣陳其言，君以其言授其事，事以責其功」，且「功當其事，事當其言，則賞；功不當其事，事不當其言，則誅」，因此是循名責實以施行賞罰 (D)文中提到「明君無偷賞」，因此君主不會偷賞以勵善 (E)文中提到「疏賤必賞，近愛必誅，則疏賤者不怠，而近愛者不驕也」，因此賞疏賤、誅近愛，是令疏賤者勤勉不怠，近愛者自戒不驕

翻譯：人君治理的方法，以虛靜謙退最爲可貴。不自己辦理，而知道部屬的拙劣和智巧；不親自謀畫思慮，而明白部屬的行事會帶來的福與禍。因此，君王不必多說話、下指令，他的主張就能好好實現；不必約束臣下，就能讓他們辦理更多職務。君王的主張如果實現，辦理的職務如果增加，就應該建立明確的約定。與約定的內容相符合的程度，就是獎賞與懲罰的依據。所以臣子們陳述他們的主張，君王依據他們的主張授予職務，再依據他們所操辦的職務要求功績。功績與他的職務相稱、職務與他的主張相稱，就給予獎賞；功績與他的職務不相稱、職務與他的主張不相稱，就誅殺。英明的君主所施行的方法中，臣子不應該陳述了主張而無法承擔。因此，英明的君主實施獎賞時，就像及時雨那樣溫潤，百姓都能從恩澤中受益；實施懲罰時，就像洪大而急發的雷聲一樣可怕，就算是神明也不能解救。因此，英明的君主不會隨便獎賞，不會任意赦免罪責。隨便獎賞，那麼功臣就會怠慢他的職務；赦免罪責，那麼奸臣容易爲非作歹。因此，若確實有功勞，就算疏遠卑賤之人也一定給予獎賞；若確實有罪過，就算是親近寵愛之人也一定給予懲罰。疏遠卑賤之人也一定給予獎賞，親近寵愛之人也一定給予懲罰，那麼疏遠卑賤之人就不會懈怠懶惰，親近寵愛之人就不會傲慢驕縱。

六十二、管仲論

【練習題】

1. 答案：(C)

解析：(A)天下人不稱讚管仲的賢能。出自《史記・管晏列傳》。

翻譯：天下人不稱讚管仲的賢能，而稱讚鮑叔善於識別人才。

(B)鮑叔牙推薦管仲，位居其下，謙卑自處

翻譯：鮑叔既推薦了管仲，自己情願做他的部屬。他的子孫世世代代都在齊國享有俸祿，有封地的有十幾代，而且常常都有著名的大夫。

(C)管仲之功業

翻譯：鮑叔向齊桓公推薦管仲。管仲被任用後，執掌齊國政事，桓公因此成就霸業，多次會集諸侯，匡正了整個天下，這些都是管仲的計謀。

(D)管仲視鮑叔牙爲知己

翻譯：公子糾失敗，召忽自殺，我被囚禁，遭受屈辱，鮑叔並不以爲我無恥，他知道我是不羞小節，恥的是功名不能顯

揚於天下。

2. 答案：(B)

解析：(A)比喻一個人做了官，和他有關係的人也都跟著得勢 (B)一個強大的國家可以因為一個人而興起，因為一個人而衰亡 (C)比喻說話力量大，能產生很大作用 (D)強調言之重要性。此句意謂得當的言語，足以定國安邦，反之則國破家亡

3. 答案：(B)

解析：(A)(B)(C)(D)翻譯見本書頁

【大考演練】

1. 答案：(A)

解析：由「其為人絜廉善士也，其於不己若者不比之，又一聞人之過，終身不忘」可知。

翻譯：甲、管仲夷吾，是潁上人。年輕的時候常常跟鮑叔牙在一起，鮑叔知道管仲賢能。管仲家境貧困，常常欺騙鮑叔，鮑叔卻一直善待他，不把這事聲張出去。不久鮑叔服事齊國的公子小白，管仲服事公子糾。等到小白立為齊桓公的時候，公子糾被殺死，管仲也因此被囚禁。鮑叔就向桓公推薦管仲。

乙、管仲生病，齊桓公去探望他，問他道：「仲父的病更為嚴重了，如果不避諱，你萬一病逝，我要把國政交付給誰才好？」管仲回答道：「您想把國政交給誰？」齊桓公說：「鮑叔牙。」管仲說：「不可。鮑叔牙人廉潔，屬於善士；但他對於那些不如自己廉潔之士便瞧不起；而且一聽別人有什麼過錯，便終身不忘。若讓他治理國家，上他會違背君命，下他會違逆民意。他得罪國君，用不了多久。」

2. 答案：(B)

解析：「鮑叔遂進管仲」，可知齊桓公頗器重鮑叔牙，故聽其言用管仲。管仲曰：「公誰欲與？」公曰：「鮑叔牙。」可知想選他繼管仲為相。

六十三、與子由書

【練習題】

1. 答案：(B)

解析：(C)痌瘝在抱：關懷群眾的疾苦感同身受，形容愛民殷切 以退為進：指在形式上採取了退讓，使對方能從己方的退讓中得到心理滿足，以達到目的。

2. 答案：(C)

解析：(A)表現出有自知之明，而非個性怯懦 (B)表現出挑骨頭中間肉有所得的樂趣 (D)無誇耀自己才學兼備之意，再次強調其實用性

【大考演練】

1. 答案：(D)

解析：(A)「市井寥落……不敢與仕者爭買」，殺羊的是商人，「日殺一羊」並非由地方官規定，蘇軾只是說自己不敢跟當官的人搶買羊肉，並不是官方規定殺羊 (B)「率數日輒一食」，蘇軾自己啃食羊脊骨，不曾藉以牟利 (C)「終日抉剔……如食蟹螯」蘇軾自言啃羊脊骨，味美直追啃蟹螯，非

眞吃蟹螯　(D)「此說行，則眾狗不悅矣」正如選項所說，狗兒將大不高興

2. 答案：(C)
解析：蘇軾認爲羊脊骨肉之美味，比美蟹螯，故不會以爲羊脊骨如雞肋般；還以子由只知吃肉，不知啃骨爲美味來和子由開玩笑，所以絕不會以爲羊骨食之無味，棄之可惜。

3. 答案：(B)
解析：(A)甲文並無「儒、道衝突」之處　(C)非蘇軾閱讀《莊子》來開展故事　(D)甲文強調變與不變的道理

4. 答案：(A)
解析：由「自其不變者而觀之，則物與我皆無盡也，而又何羨乎？」可知蘇軾體悟了「萬物與我爲一」，與莊子「以不藏爲藏」相近。

5. 答案：(A)
解析：由「藏天下於天下，就無從發生『失落』這回事了」，可知。

六十四、東軒記

【練習題】

1. 答案：(C)
2. 答案：(A)
解析：由「勤勞鹽米之間，無一日之休，雖欲棄塵垢，解羈縶，自放於道德之場，而事每劫而留之。」可知。

【大考演練】

1. 答案：(B)(C)(D)
解析：(A)蘇轍只說在筠州張羅生活所需，確實頗爲辛苦繁忙，卻沒有如顏回一樣，窮困至三餐難以爲繼。
(B)從「勤勞鹽米之間」，「欲棄塵垢，解羈縶」，知道蘇轍深受俗世塵垢羈絆，而渴望擺脫俗務。
(C)從「抱關擊柝尚可自養，而不害於學」，可知作者曾認爲：抱關擊柝的工作並不妨礙學習。
(D)從「然後知顏子不肯求斗升之祿以自給者，良以其害於學」，知作者以其親身經歷，驗證顏回所以不仕，是想全心致力爲學。
(E)作者在小時候對顏回的抉擇，認爲是奇怪的。

2. 答案：(A)
解析：(B)「年之先後」是指老師，而非學習者年紀；「師道」是指「學習道理」，非「學習師道」　(C)聖人無固定的老師　(D)「郯子之徒」的「徒」，是「類、輩」

3. 答案：(D)
解析：由「吾師道也，夫庸知其年之先後生於吾乎」、「道之所存，師之所存」、「弟子不必不如師，師不必賢於弟子」、「聞道有先後，術業有專攻」可知。

4. 答案：(A)
解析：(A)出自《荀子．勸學》，「善假於物」即是善用外力資源　(B)出自《孟子．盡心下》。翻譯：製造木器、房屋的木工，和製造車輪、馬車的車工能夠教會人懂得規矩法則，但無法教會人巧妙。意指形式可學，但精神、精髓難傳遞　(C)出自《荀子．勸學》，強調反思。翻譯：君子廣博的學習，每天再三省察自己，心智就會清明，行爲就會沒有過失

(D)出自《論語・子張》，強調溫故知新

六十五、河南程氏遺書

【練習題】

1. 答案：(C)
解析：由「懷憤怨不平之心而顯其惡，故舜得以因其跡而誅竄之也」可知。

2. 答案：(A)
解析：(A)由「及堯舉舜於匹夫之中而禪之位，則憤怨」可知 (B)堯以其才任大位，並未牽制 (C)堯禪讓地位給舜時，天下人皆知其才德 (D)文中未敘及四凶內訌

3. 答案：(B)
解析：(A)堯知四凶不善，因其才而授以大位，可見其用人度量寬宏 (B)「聖人在上，皆以其才任大位」、「堯非不知其不善也」可判 (C)舜得位後，四凶懷恨而顯現兇惡之行，所以被流放 (D)舜認爲心懷惡念者，未表露惡行，故不處理

【大考演練】

1. 答案：(A)
解析：對聯原則是字數相等，詞性相同，平仄相反。依上聯「七歲孩兒當馬驛」，下連必定以時間爲首，再依故事情境是太祖與小孩子之間的對話，上聯是皇帝對小孩，下聯，故「萬年天子坐龍庭」最宜。
翻譯：甲、太祖皇帝有一天在遠處驛站所用的差役中，看見一個小孩子在其中，問他。那小孩對答道：「臣的父親擔當這個差事，近日過世，由我來代替這差役。」皇上問：「你幾歲？」小孩回答道：「我七歲。」皇上問：「你會作對聯嗎？」小孩回答：「我會。」皇上說：「七歲的孩兒當馬夫。」小孩立刻應聲回道：「＿＿＿＿。」皇上非常高興，就免除了他的勞役。
乙、太祖常微服私行，路上遇見一個太學生，於是一同去酒店裡喝酒，無奈座位已滿，回頭看只有土地神的小桌子還空著，太祖於是把土地神移到地上，說：「請暫時讓我。」於是兩個人便相對飲酒，太祖問太學生：「你是哪個地方人？」太學生回道：「重慶。」太祖於是出了對聯道：「千里爲重，重水重山重慶府。」太學生對道：「一人成大，大邦大國大明君。」太祖非常高興。散會後，酒店老闆把土地神搬回上座。那天晚上夢到土地神說：「皇帝命令我不可坐上座。」酒店老闆心生疑惑之際，就聽到朝廷召喚昨日飲酒的太學生與官員，然後才知是太祖。所以今天土地神大多坐在下面。

2. 答案：(A)
解析：(A)甲文小孩應答時，已知太祖的眞實身分。

六十六、答司馬諫議書

【練習題】

1. 答案：(B)
解析：(A)此爲寫此信的目的 (C)苟且媚眾之陋端 (D)無此敘述

2\. 答案：(C)

解析：(A)表明度義而後動的堅定決心 (B)確定回覆司馬光指責的理論前提 (D)對變法招來的怨誹早有預料，因爲無視於此而導致缺乏民眾支持的力量而失敗

3\. 答案：(A)

解析：(B)否定排比句 (C)反問，此非證據 (D)舉出事實反駁

【大考演練】

1\. 答案：(B)

解析：全文旨在說明爲政者應順從「民之所欲」，並以生物間交互影響的關係來設喻說理。(A)強調爲政不可力強而致，與文章概念不同 (B)「爲淵驅魚」比喻爲政不善，人心渙散，使百姓投向敵方。同「爲淵驅魚，爲叢驅爵」 (C)引文未提及大材不宜小用 (D)引文重點不在用人之術與明賞慎罰的管理方式

翻譯：強制命令出來的笑不快樂；強制出來的哭不悲哀；強制命令這種做法只可能有短暫的效果，卻不能成就長久的大事。瓦器中的醋變黃了，蚊蚋就會聚集，那是因爲有酸味的緣故，如果只是水就必定不會招來蚊蚋。用貓招引老鼠，用冰招引蒼蠅，縱然做法再巧妙，也達不到目的。用腐臭的魚驅除蒼蠅，蒼蠅會越來越多，而無法禁止，這是由於用招引牠們的方法去驅除牠們的緣故。桀、紂企圖用破壞太平安定的暴政求得太平安定的局面，懲罰即使再重，刑法即使再嚴，又有什麼幫助呢？

六十七、送東陽馬生序

【練習題】

1\. 答案：(A)(B)(C)(D)

解析：(E)是等待老師改變態度爲欣悅，文中無法看出非宋濂是否一直以欣悅面對困難。

2\. 答案：(D)

解析：本段所引重點在呈現宋濂求學歷程 (A)強調老師教學必須嚴格 (B)出自《增廣賢文》，說明人生至樂在讀書與教子 (C)出自宋代鄭耕老，強調立身修德由讀書開始 (D)出自清代阮元，強調讀書需下苦功夫，與本段苦學相映

3\. 答案：(B)

【大考演練】

1\. 答案：(C)

解析：與「目不能兩視而明，耳不能兩聽而聰」，同強調專心致志的重要性。

翻譯：弈秋，是全國最善於下棋的人，他教兩個人下棋，其中一個專心致志，處處聽弈秋的指導；另一個一心認爲有大鳥即將飛過，準備用箭射下牠。雖然同樣學習，成就卻比不上前者啊！是因爲智慧比不上嗎？回答說：「並不是如此。」

2\. 答案：(B)

解析：(B)人莫之非，爲「人莫非之」的倒裝句。

六十八、說虎

【練習題】

1. 答案：(C)
解析：(A)動詞，磨利　(B)名詞，利益　(C)以……爲利　(D)形容詞，銳利

2. 答案：(D)
解析：(A)詰問　(B)提問　(C)排比、映襯　(D)虎利其爪牙，而人無之，又倍其力焉，(因)則人之食於虎也(果)

3. 答案：(B)
解析：「是故天下之用力而不用智，與自用而不用人者，皆虎之類也。」作者批評虎徒賴爪牙與力的原始力量，諷時人不知用物與用智，徒賴本能　(A)虎具爪牙之利　(B)人要運用智慧，善於運用外界條件，才能獲得成功，而不是只憑自己的力量一味蠻幹　(C)用智與物則能勝虎

【大考演練】

1. 答案：(A)
解析：無「避敵」的描寫。
翻譯：甲、利未亞州（非洲）東北方「厄日多國（埃及）」產的一種魚，名爲「喇加多（鱷魚）」，長約三丈多。尾巴長，鱗甲堅硬，連刀箭都不能戳入。腳上有鋒利的爪子，滿口長著像鋸齒的牙，生性非常兇惡。身體爲黃色，嘴巴裡沒有舌頭，只用上齶的上下開合來吃東西。能入水捕食魚類，登陸上岸後往往會吐涎液到地上，人類或牲畜一踩踏到涎液便會跌倒，牠就趁機攻擊吃掉對方。看見人在較遠處就會像哭一樣掉掉淚，一旦對方靠近就張口吞噬。冬天不太吃東西，睡覺時會張口吐氣。

2. 答案：(B)
解析：(A)哈氏腺：位於鱷魚眼睛的瞬膜，會分泌鹹液潤滑眼睛　(B)舌下腺：棲息於河口或淺海的鱷魚，舌頭表面會流出清澈的液體，這是鹽腺的分泌物。亞洲的鹹水鱷與美洲的美洲鱷，鹽腺都位在舌下腺中。甲文的鱷魚涎液屬於此　(C)淚腺：海龜的鹽腺位於淚腺中　(D)鼻腺：海鬣蜥的鹽腺位在鼻腺中。

3. 答案：(D)
解析：甲文「見人遠則哭」指掉淚，乙文：「位於瞬膜的哈氏腺便會分泌鹹液潤滑眼睛」，結合二者可知。

4. 答案：(A)
解析：(A)依棲息地的鹽分多寡，鱷魚的鹽腺排鹽效能發生變化，在不須排鹽的淡水區，其鹽腺完全不會排出鹽分。故(B)(C)不同地區的鱷魚有相同舌下鹽腺和舌頭孔洞，所以其鹽腺的位置並無改變　(D)文中也並無提及演化歷程這一議題

六十九、越巫

【練習題】

1. 答案：(C)
解析：第一次：自以爲眞的能驅鬼，「即旋其角，且角且走」。第二次：「角不能成音」「走愈急」。第三次：「手慄氣所懾，角墜、鈴墜」。

2. 答案：(D)

解析：越巫欺人，惡少年以石裝神弄鬼欺之。

3. 答案：(B)

解析：(A)由「立壇場，鳴角振鈴，跳擲叫呼，爲胡旋舞，禳之」可知是利用「角」和「鈴」，刻畫越巫除鬼的方式。由「候巫過，下砂石擊之」可知石頭是惡少攻擊越巫的道具 (C)「鳴角振鈴，跳擲叫呼，爲胡旋舞」是越巫所謂驅鬼治病時的動作，惡少非嫉妒其才能而擊之 (D)「死則諉以他故，終不自信其術之妄」點出越巫的欺騙性，已經到了自欺的地步，至於越巫死的原因是驚嚇過度，之所以如此是因爲心虛，以爲眞的有鬼害他，結果自己嚇死自己

【大考演練】

1. 答案：(D)

解析：巫師「終不自信其術之妄」，還向人誇耀善於治鬼；爲人祈禳去病，人卻因而死亡，最後被一群惡少嚇死。綜合所敘，其人可謂「無知自是，誤人害己」。

2. 答案：(C)

解析：(A)少年們「相去各里所」是準備要驚嚇巫師，並未對巫師心存畏怯 (B)巫師本無法力，故並無法力越加減弱的情形 (C)巫師邊跑邊吹響號角，是相信自己有法力之自欺；號角和鈴鐺都掉落，還大叫奔跑是狼狽地落荒而逃 (D)「行聞屨聲及葉鳴谷響，亦皆以爲鬼號」是巫師驚嚇到風聲鶴唳，並非研判鬼的行蹤

七十、深慮論

【練習題】

1. 答案：(B)

解析：此強調人之智無法及於天意。

2. 答案：(C)

解析：題幹之意是上天會因君王以誠意施德行待天下，而加惠其子孫。(A)以眞誠的心意及態度去對待他人 (B)本指周代召公行德政，人民感戴，對召公憩息過的甘棠樹亦愛護有加。後用以表示對賢官廉吏的愛戴或懷念 (C)比喻非常喜愛某人，從而連帶愛及和他有關的人或物 (D)廣施愛心，救濟眾人。常用於醫界祝賀開業或紀念場合的題詞

3. 答案：(A)

解析：由「唯積至誠、用大德，以結乎天心」可知。

4. 答案：(B)

解析：(A)以誠待天下，而得天助——胡人懾於秦之威勢，不敢反抗 (B)企圖以小智包攬天下的事務——自以爲擁兵自重，金城湯池便能高枕無憂 (C)形容得老天眷顧——秦人開關延敵，九國恐懼猶豫 (D)天下之變非個人與權力所能控制——民間起義

【大考演練】

1. 答案：(B)

解析：(A)「乃時穢汙之」指學童穢汙柴堆 (B)粉墨，指演員化妝用的白粉與黑墨，即「塗朱墨演劇」 (C)「有欲往詬詈者」指有人要去辱罵作怪的狐狸 (D)「諸兒實無禮，撻不爲過」指學童過於無禮，被打也不爲過

翻譯：有一位老儒生在鄉下私塾當童子的啓蒙老師，私塾旁邊有一堆柴木，是狐狸所住的地方。當地的鄉人都不敢去侵犯那柴堆，但是私塾的學生頑皮愛搗亂，竟時常去弄髒柴堆。有一天，老儒生去外地參加葬禮，約定隔天返回。幾個學生就把書桌堆疊起來當戲臺，臉上擦得紅紅綠綠地演起戲來。這時老儒生突然返回，把學生一個個抓起來鞭打到流血，然後很憤恨的又離開了。鄉人們認爲私塾的學生大一點的才十一二歲，小些的才七八歲，都怪老師太嚴厲。隔天，老儒生返回，說昨天其實不曾回來過，大家才知道是狐狸來報復怨仇。鄉人有的要向土神告狀投訴，有的商議要清除柴堆，有的要去辱罵作怪的狐狸。當中有一人說：「這幾個小孩確實對狐狸無禮，被打也不爲過，只是打得太毒辣罷了。我聽說戰勝妖物應當以德服它，若是以蠻力和它對抗，終究沒有戰勝之理。況且冤冤相報，我擔心禍患不會僅止於此。」眾人這才停止報復的念頭。這人可謂用心平正，亦可說是計慮深遠。

2. 答案：(C)
解析：故事以前敘後議的結構呈現，主旨必然在議的論述，也就是：「吾聞勝妖當以德……吾慮禍不止此也。」即「冤冤相報，禍不止此」、「以力相角，終無勝理」。

七十一、初至西湖記

【練習題】

1. 答案：(C)
解析：(A)此爲動詞划船，(B)娥眉，黛眉 (D)聚攏，聚合。

2. 答案：(D)
解析：(A)歡喜之情如曹植夢見洛神 (B)這是第一次遊西湖，無黯然神傷之情 (C)草草領略，未及徧賞

【大考演練】

1. 答案：(B)
解析：(A)「庶民的主要旅遊形式爲節慶廟會與進香團」、「商人在貿易行程中會順便觀光」，並未以發掘奇僻景點爭取同儕肯定 (B)由「江南是晚明的文化中心，文人到此社交、撰文，以爭取更多曝光和認可」可知 (C)「士大夫藉著遊道論述、雅俗之辨等，企圖與商人做出區隔，展現不同凡俗的品味」，而非經營文人導覽行程與庶民區隔 (D)「旅行社『牙家』，協助旅客吃喝玩樂」，而非文人行爲

2. 答案：(C)
解析：(A)只有商人有路程書 (B)路程書與文人遊記各自獨立 (C)「遊記蔚然成風與文人自我意識有關由「爭取更多曝光和認可」、「遊記來彰顯身分地位」可知 (D)親自旅遊、據僮僕見聞杜撰遊記，都不是虛構景點

3. 答案：(D)
解析：(A)由聚會感傷情隨事遷之無常 (B)寫發現西山而自覺不與培塿爲類，心凝形釋 (C)以雨悲情喜，突顯先憂後樂的格局 (D)描述西湖朝煙、夕嵐、月夜之令人期待

4. 答案：(B)
翻譯：出遊卻無法在預定的時間出發，往往因爲江上風浪險惡。這一天，天氣晴朗微風和順，於是跟客一起前往遊覽。

經過龔遴甫書屋，呼喚他一同出遊。當時吳長統，從新安來此，也一同去遊覽。我們坐上船順江流而下，不久就到達沙洲上。我站在船頭跟大家說：「這艘船非常靈驗，往年我第一次在春天來此遊覽，得到一塊美麗的石頭，結果一整年所有事都非常如意。」於是船子和小孩子們，都踴躍地跳上，到沙洲找石頭，每個人都沿江搜羅尋找奇特的石頭。凡是得到一個美石，就呈上來給我看。我非常驚訝地說：「好棒，今年一定會有好事。」那人非常高興，又前去尋找石頭，他們一個個呈給我看，讓我來評斷等級的高低上下，再還給他，取其中最好的一塊石頭。不久我又告訴他們：「這裡面的小石頭，只能放點清澈而不流動的水，沒什麼大用途，要找能用的石頭才是。」又讓他們找了幾個石頭，都可以做擱筆的用具，或者可以當鎮紙，或可作爲墨硯。大抵而言凡是具有巧思聰慧的僮僕，一定能找到好石頭；其餘稍微愚癡的人，所找到的石頭多粗略簡陋無可用。船子們不知道美好與醜惡，各自背了好些可以當成洗衣時捶衣服的大石石塊上船。我看了大笑。

5. **答案**：(D)
解析：(A)作者認爲巧慧者必覓得佳石 (B)「至洲覓石，各求奇者。凡得一枚，即以呈予」 (C)爲求好運找奇石，爲有用找大石

6. **答案**：(A)
解析：由「巧慧者，必得佳石；其餘稍癡，所得者多頑陋無足取」可知 (B)小石無用 (C)取石爲砧，也是用途 (D)比喻善於修改文字，能化腐朽爲神奇

七十二、柳麻子說書

【練習題】

1. **答案**：(B)
解析：(A)貌醜 (C)並未主動開發客户 (D)由「十日前先送書帕下定」，可見人人可聘之，另由午夜「拭桌剪燈，素瓷靜遞」，便款款言之，見其對說書藝術的堅持而非傲人驕傲

2. **答案**：(A)
解析：(B)未見身似武松 (C)主人屏氣凝神專心聆聽 (D)羞愧之至

3. **答案**：(C)
解析：這八個字既論柳麻子說書從容自若，於內容剪裁上的獨到之專精，也誇讚他說書的語調速度、快慢輕重，配合著文氣的起伏以及呼吸吐納的精彩程度。

【大考演練】

1. **答案**：(C)
解析：(A)由「公傾囊僅能償之」可知是蘇東坡付錢購屋 (B)「子不肖，舉以售人」，可知是兒子售屋 (D)由「不索其直」可知東坡將房子送還給老嫗。
翻譯：蘇軾居住在陽羨，邵民瞻爲他買了一間房子，花了五百串銅錢，蘇軾花盡了所有的財產才勉強能夠給付。後來蘇軾挑了一個吉日要搬進新居，晚上與邵民瞻在月下散步到村莊時，聽到一位老婦人哭得很哀傷。於是蘇軾和邵民瞻就推門進去問老婦哭泣的原因，老婦人說：「我有一間房子，已家傳百年，但是我兒子不肖，賣給別人。已經是住了好幾

代的舊居，突然搬走，所以悲傷。」東坡難過地問她原來的房子在什麼地方，竟然是東坡花五百串錢買的那間房子，於是東坡再三地安慰她說：「你的房子是我買的，不要太過悲傷，現在我就把房子還給你。」於是派人取來房契，當著老婦人的面燒了，並且叫老婦人的兒子把母親接回老房子，也不要求買房子的錢。於是東坡回到毘陵，不再買房子了。

2. 答案：(C)
解析：(A)選定良辰吉日 (B)花光所有的資產，指東坡經濟情況窘困 (D)表現對老婦人的憐憫

3. 答案：(B)
解析：(A)賣／買 (B)返回 (C)然後／用 (D)就是／立刻

七十三、白沙學案上語錄二則

【練習題】

1. 答案：(C)
解析：(C)因爲「七情交熾，人欲橫流」，所以道不明。道不明，所以「雖普濟群生，一匡天下，不害爲私意」

2. 答案：(A)
解析：明代科舉制度使讀書人沉溺於八股與四書，陳白沙反對此爲人（科考求名利）讀書的態度。

3. 答案：(A)
解析：從「道不明，雖日誦萬言，博極群書，不害爲未學」，可知學者如果對「道」的認知是幽暗不明，就算是每日背誦萬言詩書，博覽群書，其實和沒有學習沒有不同。所以陳白沙的觀點應是博覽群書未必能明道，必先昌明聖賢之道後，博覽群書才有助益。

【大考演練】

1. 答案：(C)
解析：由「而不試圖徹底『消化』那一落落、一排排，往往只讀了梗概，或幾頁幾行不等，即使再花幾輩子也不可能讀完的藏書？」可知。

2. 答案：(D)
解析：由第二樂章始可言「入室登堂」，得見「宗廟之美，百官之富」，以及「舉凡時代思潮、文人風尚、大小文史掌故，林林總總，盡入囊中」可知。

3. 答案：(B)
解析：由「不管是『悲憤著書』或『怨毒著書』……正是爲了蕭條異代不同時，那少數心有戚戚焉的讀書人」可知。

七十四、大鐵椎傳

【練習題】

1. 答案：(B)
解析：(A)滅門：全家人被殺死 (B)從「奈何殺吾兄？」可知 (C)(D)由「吾嘗奪取諸響馬物，不順者，輒擊殺之。眾魁請長其群，吾又不許，是以讎我。」可知是搶奪財物之故、不願合夥而結下仇恨

2. 答案：(D)
解析：(A)藉以掩飾自己窘態，也表現誠意，個性誠懇 (B)宋

將軍故「自負」，且欲觀客所爲，力請客 (C)賊仁是看中大鐵椎之武功與氣魄可拓展其勢力，並非嫉惡如仇

3. 答案：(C)

解析：(A)顯現月光明亮，視野寬闊，顯現肅殺氣氛 (B)大鐵椎離去 (D)大鐵椎是作者心目中的「力士」，寄託復明願望的強烈眞情

【大考演練】

1. 答案：(D)

2. 答案：(B)

解析：(B)與「用之則行，舍之則藏」之意同。

七十五、盜戶

【練習題】

1. 答案：(A)

解析：(A)居心叵測：心存險詐，難以預測 (B)「官不以爲盜而以爲奸」是官刻意降低盜戶的罪行，但並未藉以達不正當目的。巧立名目：定出許多名目，以達到某種不正當目的 (C)魚目混珠：比喻以假亂眞。偷天換日：比喻暗中改變事物的內容、性質 (D)恬不知恥：犯了過錯卻安然不以爲羞恥。欲蓋彌彰：想要遮蓋掩飾反而更加顯明

【大考演練】

1. 答案：(A)

解析：(B)從「曲直且置不辨」可知並沒有問明是非曲直 (C)狐模仿人類冒稱盜户，冀求免禍 (D)從「頗有司稽籍焉」可知，訟者並未事先陳上戶籍證

2. 答案：(C)

3. 答案：(D)

解析：(A)是索馬利族人的「盜獵者」非法獵捕 (B)亞當森並未聯合索馬利族人，索馬利族人是放牧牛群與盜獵之人 (C)亞當森沒有向「肯亞當局」檢舉，而是撰文揭露事實 (D)由「他知道，自己在打一場必輸的戰爭」可知行動不被支持

七十六、原才

【練習題】

1. 答案：(C)

解析：(C)因爲有智解決問題者，眾以爲君。

2. 答案：(A)

解析：(A)此謂領導者時時以民之所好存心 (B)文中並未提及人心險惡 (C)由「眾人所趨，勢之所歸，雖有大力，莫之敢逆」、「風俗之於人之心，始乎微而終乎不可禦者也」可知 (D)「使賢者皆當路在勢，其風民也皆以義，故道一而俗同」，強調人才正面影響，而非奪政權

3. 答案：(A)(B)(D)(E)

解析：曾國藩於文中倡言人才影響性，並舉先王使賢者在職爲例，旨在請清政府正視人才與用人才。

(A)強調人才的引導作用

翻譯：選出善人擔任公職來教導不善的人，人民就能相互勸

勉向善！
(B)強調用人才的必要
翻譯：舉用正直的人安置在邪枉的小人之上，則人心服。
(C)針對個人想爲官必須由言行修身
翻譯：說話少過失，做事少後悔，官職俸祿就在這裡了。
(D)強調仁者的作爲是推己及人，所謂仁人，要能做到自己想成功時先幫別人成功，自己想得到時先幫別人得到。

【大考演練】

1. 答案：(D)
解析：(A)由「在漢代，……產生最早的古書傳注」可知 (B)〈倉頡篇〉是兒童「識字課本」；「俗師失其讀」意爲一般的師傅無法解讀 (C)《左傳》是「編年體」 (D)由「把前人傳授的古訓記錄下來，我再加上自己對經文的理解」可知

七十七、渡黑水溝

【練習題】

1. 答案：(B)
解析：(A)無此描述 (B)由「湍流迅駛」、「風濤鼓盪」等形容可知 (C)此不具危險性 (D)文中僅出現海蛇而非魚群
2. 答案：(D)
解析：(A)紅水溝不甚險 (B)「懼或順流而南，不知所之耳」，而非實際發生迷路現象 (C)有紅黑間道蛇及兩頭蛇繞船游泳，船員認爲不祥而擲紙錢 (D)紅水溝與黑水溝與綠水終古不淆，是奇特處
3. 答案：(C)
解析：(A)非爲故布疑陣而是寫實 (B)形成旅程的恐怖與眞實 (D)會偏南而抵達臺南府

【大考演練】

1. 答案：(B)
2. 答案：(D)
3. 答案：(B)
解析：(A)由「縣役貓角命人盜童骸埋之室中，計欲以實其事」，可見是縣役設計誣陷西醫 (B)由「拘長嚴鞫，不服。下之獄」，以及後來眞相大白，可知 (C)由「聚徒傳播，相安無事」，可知並無鬥爭 (D)由「仇教者肆爲蜚語以排擠之」，可見臺灣人常以流言排擠外國牧師

七十八、獄中雜記

【練習題】

1. 答案：(B)
解析：(A)免死 (C)窮人往往難以脫罪，飽受牢獄之苦 (D)順天府爲中央刑部所在，及方苞所羈之所，由敘述可見獄吏貪贓枉法，犯人想入其中以相互勾結營私
2. 答案：(A)
解析：作者藉此例指責「凡殺人，獄詞無謀故者，經秋審入矜疑，即免死，吏因以巧法」 (B)未敘述官商勾結 (C)郭四

並非無罪者　(D)無寬法減刑與民同樂之實

3. 答案：(D)

解析：題幹重點在指責良吏不能偵查眞相。(A)引文重點在官吏得民犯罪的實情，不要沾沾自喜

翻譯：在上位的人不以正道治民，民心背離已久！審判案件時，如果能弄清他們犯罪的實情，就應當憐憫他們，不要因爲查出眞相而高興。

(B)引文重點在強調刑賞寬。《書經》上說：「如果賞賜有可疑的地方，應該選擇給予獎賞，以此來擴大恩德；懲罰如果有可疑的地方，應選擇免予懲罰，這是謹愼用刑的方法。」

(C)引文重點在強調刑賞寬。《書經》上說：「罪行有疑問，量刑從輕；功績有疑問，從重功賞。與其錯殺無罪的人，寧可犯執法不嚴的過失。」

(D)《韓非子．孤憤》

翻譯：通曉治國之道的人，必定是有遠見而能明察秋毫的人，不明察，就不能洞察隱密私情。

【大考演練】

1. 答案：(A)

解析：由「約至寺，將遺千錢。」可知。

翻譯：江南有一縣郊外的古寺，因爲地處偏僻的山隩處，縣人很少來，僧侶們生活窮苦，衣食不足。一天，有位遊方僧侶從外地到這所寺廟，告訴主僧，將跟他一起想辦法做些令人稱奇事。在這座寺廟五百位羅漢，選擇一個相貌跟自己類似的，穿上他的衣，戴他的斗笠，拿他的僧杖，入縣裡剃髮。故意讓頭部被刀子所傷，解下衣服帶子用白藥包紮，留下僧杖爲抵押，約定到寺廟，將給他千錢。被剃髮的人如期到寺廟，剛要進入寺廟，守門人就做出要打他的動作說：「羅漢丟掉僧杖已半年，是你偷的！」剃頭的人描述他怎麼得到僧杖的情形，於是一起去見主僧，更加覺得奇怪。他們一同打開羅漢堂，門上鎖已生鏽，灰塵布滿坐榻，好像很久沒打開的樣子。看看丟掉僧杖的羅漢，身上穿的僧衣戴著斗笠都是他親眼看過的，頭頂上有傷處，滲著血的傷口敷著藥跟以前一樣。面前擺放一千銅錢都是古錢，貫串錢的繩子幾乎腐朽。因此驚歎不已。這傳聞遠近皆知，布施者每天來，寺廟香火因而大盛。

2. 答案：(B)

解析：由「視亡杖羅漢，衣笠皆所見者，……寺因大盛。」可知。

3. 答案：(A)

解析：(B)頭部被刀子所傷　(C)羅漢遺失禪杖　(D)血漬敷藥處像以前一樣

七十九、板橋自敘

【練習題】

1. 答案：(C)

解析：(A)「不苟同俗」、「由淺入深，由卑及高，由邇達遠，以赴古人之奧區」可見讀書求甚解　(B)(C)(D)「不治經學，愛讀史書以及詩文詞集、傳奇載簿之類，靡不覽究。」可見讀書不專於科考，不僅止於記誦，對所喜之詩文等深入

研究

2. **答案**：(B)

解析：這首〈題畫・竹石〉題畫詩讚美竹石堅定頑強精神，隱寓作者風骨、立場和受到打擊絕不動搖的品格。首二句說竹子扎根破岩中，基礎牢固，次二句說任憑各方來的風猛刮，竹石受到多大的磨折擊打，它們仍然堅定強勁　(B)即使「諸先輩皆側目，戒勿與往來」，對其認定的做法，不以爲然的批評仍「大言，自負」　(C)言其隨皇帝東巡至泰山的經歷　(D)這是鄭板橋的人生哲學，充分傳達出鄭板橋落拓不羈的豁達性格

3. **答案**：(D)

解析：(A)刻苦爲學，自我獨見　(B)隨父讀書，幼時平凡　(C)以才聞名，得世青睞

【大考演練】

1. **答案**：(A)

解析：(A)「二十年前舊板橋」，意指鄭板橋還是同一個鄭板橋，但人們只因名聲不同而有前拒後迎的差別。

翻譯：鄭板橋考上秀才後，曾三次到揚州，賣自己的書畫作品，但因沒沒無聞而乏人問津，景況非常淒涼失意，令人憐憫。後來在鄉試考中舉人，很快又進士及第，於是名聲傳揚開來。當他又來到揚州時，人們爭相索取鄭板橋的精妙書畫作品，他的門外常排滿了到訪賓客的鞋子。鄭先生本是出身貧寒的文士，至此更爲珍惜重視自己的羽毛，對方不是出重金高價，就不讓人索求作品。沈凡民先生替他鐫刻了一方小印章，內容是「二十年前舊板橋」，以誌記他對人情現實的憤懣。

八十、鏡喻

【練習題】

1. **答案**：(A)

解析：本文以善假於鏡，可以知己爲喻。

2. **答案**：(D)

解析：出自錢大昕〈鏡銘〉。(A)出自《莊子・讓王》，學道卻未能實踐才是病，本文強調實踐　(B)出自《論語・公冶長第五》，能夠看到自己的錯誤而又能從內心責備自己的人，信目而不信鏡之人雖屬不能見己過者，但本文重點在假於物　(C)出自《論語・學而》，不怕別人不瞭解自己，只怕自己不瞭解別人，此意重點在把瞭解別人看成比讓人瞭解自己更重要，但本文強調向他人請益，藉由旁人察覺自己的錯誤　(D)出自徐幹《中論・序》，學習沒有固定的老師，有某一種知識、技能勝過自己的人，便值得我們跟從他學習。本文以臉上黑子必須依賴鏡而見，寄託人當學習他人以補己之短的意思

3. **答案**：(D)

解析：(D)自信而不信鏡。

【大考演練】

1. **答案**：(A)

解析：由「夏滿不雨，民前後走神所，刲羊豕而跪乞者凡三，而後得請」可知。

翻譯：立夏小滿正是莊稼最需要雨水的時候，但雨神不下雨，百姓前前後後來到雨神的地方，斬羊豬跪拜乞求三次後，才如願下雨。百姓非常高興，再次到廟裡感謝神靈，我覺得非常疑惑。爲什麼？老天派雨神主掌養育所有苗穀，必須在適當的時候降雨，然後百姓相率以感謝雨神的勤勞，於是建廟祭祀。現在雨神一開始就吝於降雨，使得百姓勞苦煩心，這是雨神怠慢了老天賦予祂的職分。一定等到百民祈求才回應他們的願望，這是雨神玩弄了老天給祂的權力。既讓百姓把怨恨發洩給上天，又把恩惠歸於己，這是雨神侵奪了天的恩德。使百姓怨恨這算什麼義？貪圖百姓回饋的豬羊，怎能稱得上是仁？荒怠天下的事，怎能算是敬？如此不明事理，怎能算是神？……唉！上天不可永遠受到蒙騙，百姓不會長久被侮辱欺騙。我認爲這是神靈的危機，但又能如何！

2. 答案：(C)

3. 答案：(B)

解析：天賦予雨神權力來照顧百姓→雨神必須降甘霖養苗穀，讓百姓得以維生。

八十一、國風・邶風・擊鼓

【練習題】

1. 答案：(C)

解析：(A)鼓舞／歡樂熱烈的樣子 (B)疏遠／眞實、確實 (C)合 (D)發語詞，無義／於是

2. 答案：(A)

解析：(B)孫子仲是衛國領兵南征的統帥 (C)被徵調從軍之苦 (D)生死契闊，與子偕老

3. 答案：(B)

解析：(A)作者不忍離別遙闊而傷悲，與此句不在乎朝暮相處不同。出自秦觀〈鵲橋仙〉。

翻譯：兩人的情如果能經得起時間的考驗就如地久天長，哪裡在乎是否能天天都從早到晚長相廝守？

(B)出自元好問〈摸魚兒・雁丘辭〉，強調愛情的力量。

翻譯：問世間的人們，愛情究竟是什麼？竟會要讓這大飛雁以生死來對待？

(C)作者追求與子偕老，與此句不在乎天長地久不同。出自一九九○年代鐵達時錶廣告，強調珍惜當下。

(D)此句意謂處處都有可愛之人，無須執著，多用於勸慰失戀之人。

【大考演練】

1. 答案：(B)

解析：由「蒙大王厚恩無以報，歸當畜一豚。」可知。

翻譯：明朝嘉靖年間，有一個砍柴的樵夫早上出門，失足掉進虎的洞穴，看見兩隻小老虎在洞穴裡睡覺，洞深好幾丈，樵夫無法爬出洞，惶然等死。近中午時分，老虎回來了，嘴中銜了一隻生麋鹿，餵飽小老虎之後，又把剩餘的食物給樵夫，樵夫非常害怕，暗想自己一定逃不過被老虎吃的死劫。等到天將曉而尚暗之時，老虎一躍離去，回來飼小老虎時，

又把剩餘食物給樵夫。這樣過了一個多月，樵夫漸漸跟老虎關係親近。有一天，老虎背著小老虎出洞，樵夫大喊：「大王救我！」不久，老虎又進入洞裡，低頭讓樵夫坐上，樵夫於是騎在老虎身上跳出洞，老虎將他放在草叢中。樵夫跪地告訴牠說：「蒙大王救我，今天若錯過，我害怕不免迷途山中或遭噬等其他災患，希望引導我到四通八達的馬路，這份恩情我到死都不會忘記報答。」老虎又引樵夫到大道旁。樵夫哭著拜謝道：「承蒙大王厚恩無以報答，我回家後會養一隻豬，懸掛在西郭外郵亭下，等候大王，某天中午來，請不要忘記。」虎點頭答應之。到了約定的那天，老虎比約定的時間早到，沒看見樵夫，於是走進城郭裡，居民鼓譟趕牠，有個人抓到這隻老虎，告訴官府。樵夫聽到這事，急忙奔到縣廳，抱著老虎痛哭說：「大王來赴約嗎？」老虎點頭。樵夫曰：「我爲大王請求，如果不成功，希望跟著你一起死。」話說完，老虎淚下如雨。旁觀數千人，沒有不歎息。知縣，萊陽人某也，急忙催促將老虎放生，把老虎帶到亭下，投給牠豬肉，大口吃之後，再回頭看樵夫之後離開。

2. 答案：(D)
解析：樵聞之，奔詣縣廳，抱虎痛哭曰：「大王以赴約來耶？」虎點頭，可知欲尋樵夫履約。

3. 答案：(C)
解析：(A)暗想終將不免被老虎所吃　(B)放置在樹叢裡　(D)急忙催促將老虎放生

八十二、西北有高樓

【練習題】

1. 答案：(C)
解析：(A)杞梁妻之樂用來比喻歌者之聲哀　(B)這是詩人的想法　(D)樂曲之愁苦並非不知愁苦之聲。爲賦新詞強說愁：出自辛棄疾〈醜奴兒·書博山道中壁〉，年少的時候不懂得什麼是憂愁，爲了要填寫新的詞而勉強說憂愁

2. 答案：(B)
解析：(A)出自《論語·陽貨》曰：「懷其寶而迷其邦，可謂仁乎？」（意指孔子不仕是懷寶，知國不治卻不出來爲政是迷其邦。）(B)本詩寓有求知音賞識，爲國效力之意。出自孟浩然〈留別王維〉
翻譯：當權者們哪個支持幫助我呢？世上的知音太稀少了。
當路：比喻掌握權力的人。假借：即幫助支持的意思。
(C)出自王勃〈送杜少府之任蜀川〉
翻譯：只要我們是世間上一對眞正的知心朋友，哪怕遠隔天涯海角，心中也和近鄰一樣　(D)韜光養晦：收斂光芒，懷才不露修養學識，以待時機

【大考演練】

1. 答案：(B)(C)(D)
解析：(A)以飄浮不定的雲比喻不義的富貴　(B)(C)(D)以浮雲蔽日比喻奸佞之人遮蔽君主的光明　(E)以浮雲比樓高

2. 答案：(C)
解析：由「晚上不必燈火」即可推知是明亮　(C)獨抒胸臆：比喻從胸中抒發出來的獨特創意發想　(B)無獨有偶：比喻兩

項事物的恰巧相同或類似

八十三、七哀詩

【練習題】

1. 答案：(A)
解析：(B)此爲送別之情　(C)此爲途中所見　(D)此爲途中所爲

2. 答案：(B)
解析：(A)因戰亂而至荊州，當時未任官職　(C)此爲飢婦人的動作　(D)戰亂時無法自保的悲歎

3. 答案：(B)
解析：(A)「西京」指長安，因在洛陽之西而名。「豺虎」：比喻　(C)直敘　(D)用典

【大考演練】

1. 答案：(D)
解析：作者觀點是「與其於災後宣揚無私的大愛情懷，不如在災前改善社會不公」，災害預警系統及災害避難設施，在解決社會脆弱問題後。

2. 答案：(B)
解析：背景說明（影響受災風險分布的因素）→界定區分（貧富差距、行政能力、醫療與社會福利、住宅政策等因素，如何影響居民的受災風險）→學理建議。

3. 答案：(C)

八十四、歸田園居五之一

【練習題】

1. 答案：(B)
解析：(A)此爲歸田園後作爲　(C)(D)此爲描述田園之景，並非主要因素

2. 答案：(C)
解析：(A)重點在性愛丘山　(B)籠鳥檻猿：籠中鳥，檻中猿。比喻人不自由　(D)重點在再度返回自然

3. 答案：(C)
解析：(B)曖曖是模糊不清的樣子，村落相隔很遠，所以顯得模糊　(C)前四句敘說個性與現實的衝突，「鳥戀舊林，池魚思故淵」爲過渡；後四句寫情，中段寫景

【大考演練】

1. 答案：(B)
解析：由龔自珍詩「二分梁甫一分騷」，可知認爲陶淵明與屈原、諸葛亮相同，均懷有濟世之志。
翻譯：1.龔自珍〈舟中讀陶詩〉三首之二：陶淵明有與諸葛亮非常相似的豪情壯志，他的品格如松樹、菊花挺立於嚴寒之中那樣高潔足以輝映萬代。不要以爲詩人作品極其恬靜平淡，其實骨子裡蘊含著與諸葛亮〈梁甫吟〉和屈原〈離騷〉一樣的豪邁之氣與不平悲憤。
2.杜甫〈遣興〉：陶淵明避俗隱居，但是對於出仕和隱退並未釋懷。看他所作的詩集，對於處境貧困還多所憾恨。
3.陶潛〈飲酒〉第十一首：顏回以仁者著稱，榮啓期也很有

德行。顏回因經常簞瓢屢空而短命，榮啓期時常在飢餓狀態一直到老都如此。他們雖然於後世留下美好的名聲，但一生都在憔悴困頓中度過。……

2. 答案：(B)
解析：由「批評家常將『枯槁』解作『風格上的平淡』，自然而然會認定杜甫以其〈遣興〉一詩來批評陶潛的詩風」可知

3. 答案：(D)
解析：(A)(B)唐杜甫、清龔自珍都質疑陶潛作爲隱士的單純性，與作者觀點同 (C)清浦起龍認爲杜甫揭開清貧隱士陶潛的面具，也是自我示現，孫康宜認同 (D)作者不認同胡應麟與朱光潛所認爲杜甫以其〈遣興〉一詩批評陶潛的詩風

4. 答案：(C)
解析：功成不居、樂極生悲無法概括陶淵明生平與精神。

八十五、把酒問月

【練習題】

1. 答案：(B)
解析：(A)人不如月自在 (C)殷勤不休，作者藉以問何須如此辛苦守寂寞孤獨 (D)「古人今人若流水」：古人今人終將如流水消逝。車如流水馬如龍：比喻訪客多

2. 答案：(C)
解析：(A)同情嫦娥孤清，並無成仙之想 (B)超越對人生悲苦無奈之感 (C)將明月與歷史、未來巧妙結合，又將其濃縮在及時行樂的想法 (D)詩中並未強調不喜不懼之情

3. 答案：(D)
解析：(A)出自孟浩然〈宿建德江〉，以景色描述旅人情緒。
翻譯：把船停泊在煙霧迷濛的沙洲上，漸漸濃暗的暮色，撩起了旅人的愁緒。遙望遠處的曠野，天空好像比樹還要低似的。江水是那麼清澈，月影浮現在水面上，彷彿明月就伴隨在身旁。
(B)出自白居易〈琵琶行〉，寫音樂震撼聽眾，四周靜默的情景。
翻譯：最後曲子終了，要收取撥子停止彈奏時，在琵琶的中心奮力一劃，琵琶四根弦同時發出清厲的聲音，像撕裂縑帛一樣。這時四周的船隻都靜悄悄的沒有一點聲音，只見江心倒映著一輪皎潔的秋月。
(C)出自張若虛〈春江花月夜〉，寫閨怨。
翻譯：可歎那小樓上來回徘徊移曳的月光，本應照著離人的梳妝鏡臺，卻黏著思念的人不放。你看那門上竹簾收了又放，卻捲不去月的光影；搗衣時砧上鋪滿月光，拂之不去。
(D)出自劉長卿〈謫官後臥病官舍，簡賀蘭侍郎（一作貶睦州祖庸見贈）〉第三句談及江月的永恆，第四句寫到年華難長久的遺憾，寫「物是人非」的感慨。
翻譯：青春年少時都穿上繡衫瀟灑自信，年老時白髮披垂憾恨湧現。江水上的明月照耀多少年歲，只可惜鏡中映照的人影已經不復年少時的模樣。

【大考演練】

1. 答案：(A)(B)

解析：(A)甲文「詩是心聲」指詩是作者主體情感的自然流露；「不可違心而出」指不可虛矯造作 (B)乙文「不似則失其所以爲詩」，主張創作要符合詩體傳統；「似則失其所以爲我」強調開創出自我獨特的面貌 (C)甲文是留意作品與情志的連結；乙文著重文學與時代的關聯 (D)從「李、杜之詩所以獨高於唐人者，以其未嘗不似，而未嘗似也」可知 (E)引文只談及「心聲」，未提及「心性」

翻譯：甲、詩歌是心中思想感情的顯現，不可以違逆心意而造情，也不能違逆心意而作出詩句。熱衷功名的人，絕不會寫出泉林奇石寧靜淡泊的詩句；輕佻浮誇之人，一定無法作出高尚雅正的詩句。所以陶淵明的作品多是表現純潔心境的語句，李白有超脫塵世的詩句，杜甫詩中興起「希望得到萬間高廣房屋以庇護天下寒士」的心願，蘇軾詩中師法子夏而有「四海兄弟」之言。諸如此一類，都源自心中思想感情而作出詩句。

乙、詩文作品代代變化，有它不得不變的原因。一代之中文章風格和內容沿襲已久，就不容許人人都說這類似的話語。現在時間已隔了將近數千百年了，如果還取用古人的言語陳舊摹寫仿效，當作是寫詩，可以這樣嗎？因爲模仿得不像便失去詩之所以爲詩的形式與要求，模仿得很像就失去我之所以爲我的獨特性。李白、杜甫的詩作高於其他唐朝詩人的原因，正因爲他所作的詩未必不像古人所作，卻又未必像。知道這個道理的人，就可以與他談論詩歌了。

八十六、贈衛八處士

【練習題】

1. 答案：(C)
解析：(A)分別二十年成家生子之喜 (B)會面難得歡然而飲 (C)人生變化大，生命短暫而無常 (D)今夕之相聚難得之至

2. 答案：(C)
解析：(A)承少壯能幾時？將時光飛逝具象化 (B)「參商」比擬相見之難，「山岳」表示離別後此彼此爲山岳阻隔 (D)表現鄉村濃郁人情

3. 答案：(A)
解析：(A)每個名詞都透露出人在天涯的荒涼與落寞之情境，與題幹之「茫茫」相應。出自馬致遠〈天淨沙・秋思〉。
翻譯：眼望淒涼的枯藤、寂寞的老樹，以及黃昏時飛過天際的歸鴉。縱然有彎拱的小橋、清澈的流水，與溫暖的農家田舍，但這畢竟不是自己的家鄉。一個滿懷愁思的旅人，只有身旁的瘦馬相伴，迎著西風，站立在古道中。夕陽西下，浪跡天涯的悲傷斷腸人，繼續他飄泊的旅程。
(B)由「家鄰漢苑」而「心到胡天」，可知是思念遠行在外的人。出自皇甫冉〈春思〉。
翻譯：鶯燕的啼喚，提醒大家新年的來到。西域的馬邑、龍堆，是與此處相隔幾千里的塞外苦寒之地。家住長城內的中原地區，比鄰著漢室宮苑，可是一顆思念良人的心，卻已隨著明月飛到了邊境外的西域去了。
(C)這是一首想像蜀主與花蕊夫人月下納涼的情景，所選部分感歎時光飛逝，沒有寄託。出自蘇軾〈洞仙歌〉。
翻譯：請問這夜多晚了？原來夜已至三更，天上的月光早淡

了，玉繩星也越轉越低了。屈指數著秋天何時到來，想不到不一會工夫一年就這樣暗地裡偷偷流逝了。

(D)表現濃厚的離愁別緒，出自范仲淹〈蘇幕遮〉。

翻譯：天空飄著淡青的雲朵，大地鋪滿枯黃的落葉。秋色綿延，一直伸展到水邊；水面清波浩渺，籠罩著一層帶有寒意的蒼翠煙霧。遠處山巒映著斜陽，天與水連成一片；而引起我思念遠方的無情芳草啊，它處處生長，無邊無際，哪怕是比斜陽更遙遠的天邊，也總是綿綿不絕。我的心因懷念故鄉而黯然悲傷，羈旅的愁緒總是在心頭縈繞不去。我夜夜都受思念的煎熬而難入睡，除非是能做個好夢，才會得到片時的安眠。明月正照在高樓之上，還是不要獨個兒靠在欄杆上吧，我本想借酒澆愁的，誰知酒喝下去，都變成相思的眼淚了。

【大考演練】

1. **答案**：(D)

解析：文中提到要先讀經史，再讀唐代著名作家的全集，而後推及其他作品。

(A)清代黃任《香草箋》為詩集。唐代王維《王右丞集》是作品集。《詩經》屬經部 (B)黃庭堅《黃山谷詩集》非唐代著作 (C)杜甫《杜工部集》為詩集，非經史類

翻譯：寫詩須具有特出的才華，並不需要閱讀書籍，這是騙人的話。杜甫是詩壇大家，他尚且說：「讀書超過一萬卷，下筆就好像有神力相助。」現在的人只讀過一本《香草箋》，就想要寫詩，拿出作品來與人交際往來，把寫詩看得多麼容易啊！我認為想學寫詩的人，就算不能讀遍經書和史書，也必須大概知道一點皮毛，然後拿唐朝名家全集來讀，沉浸在繁盛芬芳的作品中，品味其中的要旨，咀嚼辭藻的華美，才能期待有所體會。有了體會後，才可以推及其他作品，這樣自然不會雜亂沒有秩序，下筆寫作才有值得觀看之處。

八十七、白雪歌送武判官歸京

【練習題】

1. **答案**：(A)

解析：(A)是描述當時大雪紛飛之景。

2. **答案**：(C)

解析：(A)出自杜甫〈旅夜書懷〉，微風吹拂著江岸上的細草，豎著高高桅杆的小船在月夜孤獨地停泊著，寫淒孤無依之境 (B)出自王維〈終南山〉，白雲繚繞回望中合成一片，青靄迷茫進入山中都不見 (C)李白〈黃鶴樓送孟浩然之廣陵〉，當孤帆已遠，送行者仍凝望長江之水，可見內心不捨之情 (D)出自王翰〈涼州詞〉，即使醉倒沙場請諸君不要見笑，自古以來征戰的人有多少能回著回來？

3. **答案**：(C)

解析：(A)寫北風狂虐 (B)寫雪寒入帳 (C)愁字既寫雲暗也寫離別之情 (D)寫大雪寒凍

【大考演練】

1. **答案**：(A)(B)(C)

解析：(A)「催黃鳥」、「轉綠蘋」，點出「早春」之景 (B)「三秦（長安）」、「五津（蜀地）」，點出地理空間 (D)甲詩情感歸結於思鄉 (E)乙詩內容爲與朋友離別，無落葉歸根的期望

翻譯：甲、只有爲仕途四處漂泊的人，特別容易因時令變化而感到驚心。遠望海上晨光雲氣蔚成彩霞，江畔的梅樹和柳樹顯露出春意。春天的溫和的氣息催促黃鶯鳴唱，晴朗的陽光照得水中蘋草變成深綠。突然接到晉陵縣丞寄來的〈早春遊望〉望春懷舊的詩句，引發我無限鄉思禁不住淚霑巾帕。

乙、三秦京畿之地環衛著長安城，遙望你將去的五津蜀地只見風煙瀰漫。在這分別的時刻懷著同樣的感情，因爲你我同是遠離故土宦遊他鄉之人。只要四海之內有知心朋友，縱使天各一方，也覺親如近鄰。千萬別學那些小兒女在離別之際，淚溼巾帕。

2. **答案**：(B)(D)(E)

解析：(A)出自王勃〈詠風〉，由「從去來無跡、起松聲」可推知。

翻譯：風來去本就沒有蹤跡可尋，但吹動時卻好似有著千萬情感。當日落山水一片寧靜時，風爲你吹起一陣又一陣的松濤。

(B)出自楊萬里〈巖桂〉，由「月窟、廣寒」可推知。

翻譯：它不是人間所長成的花種，而是從月宮中移植過來的。廣寒宮的桂花一點點香氣，在清風吹拂下就會讓人覺得滿山都開滿了桂花。

(C)出自吳融〈送杜鵑花〉，蜀帝杜宇化爲杜鵑鳥，啼血染紅杜鵑花，從「春紅始謝、蜀冤啼不盡」，可推知。

翻譯：春天的杜鵑紅花才剛開始凋謝就來到秋天，令人想起春秋息國夫人在息國滅亡後成爲楚王的夫人。應該是蜀帝杜宇亡國的冤恨化成的杜鵑鳥在啼訴，藉著滿山的紅色在向秋風哀訴。

(D)出自徐夤〈詠筆〉，從「江淹有五色筆、班超投筆從戎」，可以推知。

翻譯：春秋衛國大夫史魚只知謹守正道諫衛靈公，爲何江淹可以寫出靈巧通達的作品？漢班超不想只成爲一個握筆的文士，所以投筆從戎，成就了萬里外的偉大軍功。

八十八、菩薩蠻

【練習題】

1. **答案**：(D)
2. **答案**：(B)

解析：(A)狀寫眉型，或指屏風上裝飾 (C)無互文 (D)無對偶

【大考演練】

1. **答案**：(D)

解析：(A)出自唐代韓偓〈新秋〉，由「桃花眼裡汪汪淚」可知是擬人，以桃花眼喻女子美麗的眼睛。

翻譯：整夜清風吹拂天氣微涼中，女子搖動扇子發愁，女子噙著眼淚忍到夜深人靜才在枕上流下來。

(B)出自唐代施肩吾〈佳人覽鏡〉，「以減卻桃花一半紅」，

指減卻女子姿色，喻女子形容憔悴。

翻譯：每每坐在梳妝臺前看自己，今天卻與以前不同。丈夫整夜外宿外地，讓他如桃花般美豔的女子容貌減色大半。

(C)出自唐代羅虬〈比紅兒詩並序〉，以「擬情」形容拂牆桃花，可知桃花藉欲女子。紅兒，借指美女。末句意指淡薄妝似桃花。

翻譯：淺紅色的桃花輕拂著矮牆，即使沒有風也可以聞到花香，宛如女子鎮日思念意中人，郎君是否知曉？那美麗的桃花就像臉上畫著淡妝的名妓杜紅兒啊。

(D)出自唐代張說〈三月三日定昆池奉和蕭令得潭字韻〉，春水桃花屬純寫景。

翻譯：三月三日晚春時節，修褉活動在春水蕩漾、桃花紛飛的水濱舉行，盛大的音樂、婉轉的歌聲響徹雲霄，在波平如鏡的潭池中，船隻來往，滿溢著歡樂，眾人彷彿酣樂在仙境裡。

2. 答案：(B)

解析：由甲詩「趕路的鞋子」、「趕路的雁」、「寒了的，與暑了的追迫」，乙詩「晨起動征鐸，客行悲故鄉」可知。

翻譯：黎明起來轉動車馬的鈴鐸啓程，遊子悲傷地思念著故鄉。雞鳴聲中只見殘月映照茅草旅店，踏上覆蓋著早春寒霜的木板橋。枯敗的槲葉落滿荒山野路，枳花開放在驛站的泥牆上。因而想起昨夜夢見杜陵的美好情景，一群群鴨和雁正嬉戲在岸邊彎曲的湖塘裡。

3. 答案：(B)

解析：(A)意謂寒暑間皆在趕路 (B)暗指旅人清晨趕路 (C)寫景物，並無腸枯思竭之意涵 (D)無自比籠中之鳥之意

八十九、山亭柳．贈歌者

【練習題】

1. 答案：(A)

解析：(B)看似客觀，但字裡行間無處不包含著作者的身世感慨 (C)藉歌女寫自我，同悲歎找不到知音 (D)未言其德，昔盛今衰

2. 答案：(C)

解析：(A)具有很多才藝，敢跟別人比賽競爭 (B)歌舞才藝創新出眾 (D)想起這些往事而悲泣

【大考演練】

1. 答案：(B)

解析：(A)指說歌女自恃多才多藝，敢與人比賽競爭 (C)指說歌女的才藝普獲肯定，人正當紅 (D)指歌女已不再受歡迎，獨自品嘗愁苦

2. 答案：(A)

解析：歌者的遭遇是由上半闋「當紅」到下半闋「失意」。

九十、讀史

【練習題】

1. 答案：(C)

解析：(A)言追求功名之苦 (B)歎出世入世選擇背後的心情與想法有誰知 (D)歎後世無人解的孤單寂寞

2. 答案：(D)

解析：(A)用典（論語）　(B)並未用典　(C)借代

3. 答案：(B)(C)(D)(E)

解析：(A)顯示王安石認同孟子爲個人理念而遭世人批判的勇氣。

翻譯：然而孟子的魄魂早已逝去難以招得，但從他的遺編我們仍能想見他的理想以及風範。即使全世界的人嫌我思想迂闊又有何妨？必定有如孟子這般的理想主義者可以安慰我寂寥不受他人認同的靈魂。（〈詠孟子〉）

【大考演練】

1. 答案：(C)

解析：(A)「也得文章用」意謂沛公懂得文章寫作的目的與作用。／「胯下羞都忘」指韓信受淮陰惡少的胯下之屈辱，並無忘卻名利之意　(B)「無人出彀中」意謂沛公才能特出，能夠掌控麾下的將領。／「提牌不過一中郎」意謂韓信是項羽手下官位低下，不受重用之人　(C)「狡兔死，良狗烹；高鳥盡，良弓藏；敵國破，謀臣亡」指功成殺謀士。／蒯通認爲劉邦日後必對韓信不利，遂以「勇略震主者身危，而功蓋天下者不賞」相勸，然而韓信未能接受。曲中「良弓不早藏」意謂韓信未能急流勇退　(D)「後宮，外宗，險把炎劉并」意謂沛公死後，呂后、外戚專擅，殺戮劉氏諸王，差點斷送大漢國祚。／漢高祖十年，呂后與蕭何共謀，將韓信處死於長樂宮，非死於項羽之手

翻譯：甲：劉邦，寫〈大風歌〉，可見也懂得文采。卻讓韓信那樣的猛將有飛鳥盡良弓藏的感慨，何必使用雲夢遊列之計。他控制了英雄豪傑，既能收服又能統御，沒有人能逃出他的掌握之中。可惜呂后，外戚，險些把大漢王朝斷送。

翻譯：乙、韓信，氣宇軒昂，連胯下之辱都可以容忍。他的出身不過是一個中郎將，漂母曾經對他有一飯之恩。蒯徹曾對韓信說過，將軍統兵能力強，不需及早急流勇退。在未央宮朝見君王，在長樂宮被處死，皇宮被當作刑場。

2. 答案：(D)

解析：韓信自請代理「齊王」。當時劉邦與楚軍相持情況下，不得不暫時封韓信爲「眞齊王」，遂埋下怨隙。劉邦即位，即誣以謀反之名被處死韓信。

九十一、踏莎行・郴州旅舍

【練習題】

1. 答案：(B)

解析：(A)忍受／足以　(C)堆積／臺階　(D)本來／自己

2. 答案：(C)

解析：(A)寫霧氣瀰漫之景　(B)寫無法至桃源之憾　(D)寫得友人書信

3. 答案：(B)

解析：(A)上片重於景，下片抒情　(C)「砌」字寫「恨」，而非實寫建築　(D)與屈原無關

【大考演練】

1. 答案：(D)

解析：(A)由「行腳僧煙簑雨笠……生活富有詩意」，可判無「失意」之概念 (B)「隨意索」是隨手可取來詩酒書 (C)「獨醒還睡，自歌還歇」描寫作者行爲，無眾人唱和之事 (D)「擘破三萬六千頃青琉璃」指船行過碧綠水面

2. 答案：(A)
解析：由題幹問題判斷須從作者對於蘇軾詩與程垓詞的評述細加體會。「湖山好處便爲家」是關鍵，與(A)相應。

九十二、青玉案·元夕

【練習題】

1. 答案：(A)
解析：(A)由火樹銀花、寶馬雕車可知看燈人潮，故與臺灣鑽燈腳接近。從日治至今龍山寺仍保有鑽燈腳的習俗 (B)俗稱元宵各地活動是「北天燈、南蜂炮、東寒單、西乞龜」 (C)以鞭炮炸財神的祈福活動「臺東元宵炸寒單爺」 (D)清光緒十一年，鹽水區上感染瘟疫流行，居民向當地的「關聖帝君」祈求平安，而後成爲習俗

2. 答案：(A)
解析：本詞作於罷職閒居期間，置身熱鬧之外的那人形象裡，實是作者不同世俗堅持自我人格的投射 (B)強調與眾同樂 (C)出自魏徵〈諫太宗十思疏〉，只喜歡遊獵但必須有節制 (D)出自《論語》，樂在其中者勝於喜好者

3. 答案：(D)
解析：(A)嗅覺描寫 (B)元宵節時女子的裝扮 (C)以豔麗的裝扮，襯托那人的寂寞孤獨

【大考演練】

1. 答案：(C)
翻譯：蜀地有三個商人，都在市上賣藥。其中一個專收購好藥材出賣，計算收入和支出成本相當，不報虛價，也不會謀取過多的盈利；另一個商人好藥、壞藥都收購來賣，價格的貴賤，只根據買者的需要，用好藥和壞藥來滿足顧客。第三個商人不收購好藥，只靠多購多賣，降低藥的價格，顧客請求多添點就添加點，從不計較，於是人們都爭著去買他的藥，他家店鋪的門檻，一個月就得更換一次，過了一年，他就發了大財。那個好藥、壞藥都賣的商人，買藥的顧客稍少些，過了兩年也富了起來。那個專賣好藥的商人，他的藥店裡，每天中午都像夜晚一樣安靜，吃了早飯而到了晚飯就無米下鍋了。

2. 答案：(B)
解析：因爲量多價廉、顧客要求添加就添加並不計較，滿足顧客貪便宜的心態。

3. 答案：(C)
解析：低價、屋況較差可選乙、丙，未來換優質房子選甲。

九十三、〈沁園春〉將止酒，戒酒杯使勿近

【練習題】

1. 答案：(C)
解析：(A)愛惜身體 (B)鼾聲如雷 (D)因情生怨

2. 答案：(C)

解析：由「老子今朝，點檢形骸」、「勿留亟退，吾力猶能肆汝杯」可知。

3. 答案：(A)

解析：全文未出現對酒杯本身形狀的描述。

【大考演練】

1. 答案：(C)(D)(E)

解析：引文出自現代學者王易《詞曲史》 (A)引文中無「宋代詞家不復纖辭美韻」之說 (B)引文中無「五代詞合音節」、「宋代詞音節漸失，難於演唱」之法

九十四、雨霖鈴

【練習題】

1. 答案：(C)

解析：(A)(B)皆現在式(D)並無示現

2. 答案：(D)

解析：(A)由「楚」字可知是南方 (B)從「執手相看淚眼，竟無語凝噎」等敘述可知兩情深刻 (C)因爲離別 (D)由「楊柳岸，曉風殘月」可知是清晨

3. 答案：(A)

解析：(A)「寒蟬淒切」、「驟雨初歇」是季節，「蘭舟催發」是動作，前二句之景是烘托離別氣氛與心情

【大考演練】

1. 答案：(B)

解析：本闋詞寫秋夜清冷蕭索和羈旅獨居的悲愁，下片依典故則有思念情人之意。與(A)(B)(C)所述，皆了無交涉。

翻譯：橫展如帶的山林籠罩著煙霧，天邊的夕陽漸漸向遠山沉落，黃昏時分斷斷續續傳來鐘鼓聲。室內燭光搖曳映照著門窗簾子，蟋蟀促織促織地哀鳴著，好似聲聲催人夜織，在這明淨的秋夜中，萬物都因感受淒風寒露而生發愁苦之感。思念遠方親人而夜不成眠的婦女起來搗衣，砧杵聲與蟋蟀鳴聲、風聲相互應和著。震動了我這天涯倦客，驀然驚覺年光飛馳時近歲暮。當年曾縱酒自負，一心以爲司春之神會把春日好景交付給我。誰料到長年流浪輾轉於南北旅途。滿懷幽怨無人可以面訴，幸賴明月知道我舊日遊歷的去處。希望伴著化作行雲的伊人同來這裡，再把我思念伊人的夢境帶向她處。

2. 答案：(D)

解析：(A)「煙絡」、「山沉遠照」、「邐迤」，皆爲詞人所見聞之遠景 (B)見「燭映簾櫳」，聽「蛩催機杼」，和「共苦清秋風露」可知 (C)當年縱酒使氣；後來流浪四方，輾轉南北，形成失意之情對比 (D)既言「明月曾知舊遊處」，表明月是知我心者

九十五、雙調沽美酒帶太平令歎世

【練習題】

1. 答案：(C)

解析：(A)當官時徒羨歸隱者，此指未決定隱居前之矛盾心理

(B)指當官者　(D)從歷史可知古人要安，不得安，故選歸隱

2. 答案：(D)

解析：(A)出自張養浩〈山坡羊．驪山懷古〉。

翻譯：贏了的，都變成了灰燼；輸了的，都變成了灰燼。

(B)出自張養浩〈中呂．山坡羊〉。

翻譯：不要圖謀追求官位，不要貪求富貴，人的衣食在冥冥之中早已預定，隨緣過活不可多欲望。

(C)出自馬致遠〈雙調．夜行船．秋思〉，對像蒼蠅爭血那樣的現實表現了激憤，對封建社會的功名富貴表示了鄙視。

翻譯：爭名爭利何時停止。看那密密麻麻的螞蟻列隊而出，蜜蜂亂紛紛地採花釀蜜，蒼蠅喧喧嚷嚷地爭著噬血。

(D)出自喬吉〈折桂令．荊溪即事〉，意指如果在官場沒有正義、法規來執行，連飛禽、老鼠這類都可以充職。

翻譯：廟中沒有正法的存在，就會狐狸之類的大仙作祟，官不做事，烏鼠之類的小人就會當權。潔淨水流，黃沙淺灘，倚欄杆，聽烏鴉啼叫。

【大考演練】

1. 答案：(C)

解析：(C)此句寫仕官者留任或歸隱兩相矛盾的掙扎。

2. 答案：(C)

解析：題幹出自〈正宮．醉太平．譏貪小利者〉，控訴貪官剝削百姓，窮盡一切手段，搜刮民脂民膏。

翻譯：從燕子口裡奪取築巢的泥土，從針尖上刮削鐵屑，從鍍金佛像表面刮取金粉後還要仔細搜查尋覓，一點也不放過。即使什麼都沒有的地方也要硬找出東西來。結果能在鵪鶉的膆囊中尋出豌豆，在鷺鷥的瘦腿上劈取精細的肉絲，在蚊子的肚腹內挖取油脂。虧得你這尊貴的高官下得了這等手段。

九十六、西廂記（節選）

【練習題】

1. 答案：(C)

解析：(A)請人代爲做事，央求／美好　(B)形容行動緩慢／處境艱險，前進困難　(C)擦拭　(D)匆忙不安的樣子，此指急忙、趕緊／悲傷恐懼而無依的樣子

2. 答案：(C)

解析：(A)因離別　(B)快快寄信來　(D)因離別

3. 答案：(D)

解析：(A)元曲本色是口語直接　(B)五種景物是自然地聯繫在一起的，西風掃落葉，萎黃花，風送雲走、雁飛，將天上、地下的景物用秋風連在一起，藉以寫離別悲苦之情　(C)透過恨楊柳不牽住馬車的移情、樹林留不住夕陽強調內心不捨離別

【大考演練】

1. 答案：(C)

解析：甲、引文謂「中國戲曲的舞臺時空，卻是要以抽象化的象徵手法『虛擬』實境」，因此實景實物不必然出現在舞

臺。故甲正確。乙、由引文「《牡丹亭》本身是『虛構』大於『現實』，包括舞臺設計、服飾道具，也包括演員的唱作念打」，故知「舞臺、服飾道具、演員唱作念打」需要虛構式的存在，否則「意境」便無可依託而難以表達。

2. 答案：(A)
解析：從「小兒女的青澀嬌態……的綜合體。時間……悄悄折疊進身體的記憶裡」可知。

3. 答案：(C)
解析：(A)老演員虛擬杜麗娘，而非被喚醒青春 (B)唱腔與身段的表演，而非虛實相生的效果可知 (D)引文並無提及「召喚演員與觀眾靈魂裡『不曾有過』的青春情懷」

九十七、秦策一・蘇秦

【練習題】

1. 答案：(B)
解析：(A)窘困之境況 (C)刻苦爲學之境 (D)得意之境遇

2. 答案：(D)
解析：(A)呈現蘇秦影響力 (B)縱橫家之功 (C)個人享受之豐

3. 答案：(A)
解析：(B)自負能取卿相之位 (C)説明有效的謀略勝於武略 (D)蘇秦事功

【大考演練】

1. 答案：(A)
解析：(B)燭之武回應鄭伯之語是個人情緒 (C)晉惠公反悔，朝濟夕設版 (D)燭之武與秦伯並無深厚交情

2. 答案：(D)
解析：燭之武主觀地強化晉的野心與不利秦的可能

3. 答案：(C)

九十八、性惡

【練習題】

1. 答案：(C)
解析：荀子認爲積善化性，禮義行事爲善。(A)(B)(D)此爲孟子之性善，荀子重視行爲，而非良心。

2. 答案：(A)
解析：由「若是，則夫強者害弱而奪之，眾者暴寡而嘩之，天下之悖亂而相亡不待頃矣」可知。

3. 答案：(B)
解析：(A)推翻孟子性善之説 (C)並未用及典故，而是反問 (D)並未用及錯綜

【大考演練】

1. 答案：(B)
解析：(A)試著找出對自己最有利的布局 (C)評估影響利潤的諸多環節 (D)任由市場自然發展、自由競爭的結果，應避免反而無法得到預期獲利的情況

2. 答案：(A)

解析：由「賽局理論似乎預設了人們會冷靜理性地研判利弊」可推知。

3. 答案：(B)
解析：(B)燭之武挑起秦晉之間的矛盾，如果鄭國滅亡，晉國便會對秦採取軍事攻擊。

九十九、卜居

【練習題】

1. 答案：(B)
解析：(B)諂媚阿諛 (C)玲瓏圓滑，顛倒是非，像膩人的油脂，柔韌的獸皮 (D)誠實勤懇的樣子
2. 答案：(C)
3. 答案：(A)
解析：(A)出自《易經》，意思是小人之道增長，君子之道消亡 (B)表君子在位，小人無法作亂 (C)出自《論語・先進》
翻譯：舉用正直的人，來指導教化那些枉曲的人，可以使不正直的人也變得正直了。
(D)出自《禮記・禮運》
翻譯：國君傳位給兒子，沒有兒子就傳爲給弟弟，以此爲制度。

【大考演練】

1. 答案：(C)
解析：由「訊息透過網路彈指可得……，人際溝通不再受空間距離所限」可知。
2. 答案：(B)
解析：由「但在網路世界裡，志同道合者可以超越空間距離……逃離現實，退到他覺得舒適自在的社群。」可知「同溫層」勢必形成一個個「全球化山村」。
3. 答案：(D)
解析：由「接受彼此的差異。」可知。

一〇〇、逍遙遊（節選）

【練習題】

1. 答案：(B)
解析：(A)海運並非小風，而是莊子所講與天地合而爲一，是「無待」 (B)無所依憑須先無己，即莊子所倡不滯於物，追求無條件的精神自由 (C)此爲逍遙遊後段以大小、長短相對敘述的意旨 (D)並無強調掌握目標的敘述，也非莊子思想
2. 答案：(D)
解析：(A)盛氣凌人：用傲慢的氣勢壓迫別人 (B)此形容鵬鳥高飛貌。後以「扶搖直上」比喻仕途得志 (C)指奔馬般蒸騰浮動太陽光反射的投影，四處飛揚的塵埃，都是活動的生物被大風吹拂所造成的

【大考演練】

1. 答案：(B)(C)(E)

解析：(A)皆爲民貴君輕。
翻譯：人民的地位最尊貴，國家其次，國君地位最低微／古代視天下國家爲最重要，國君只是過客，因此國君窮盡一生的努力，只爲了國家。
(B)心靈上絕對的觀念
翻譯：天下沒有什麼比秋毫更大的東西，而泰山是算是最小；世上沒有什麼人比夭折的孩子更長壽，傳說中年壽最長的彭祖卻是短命的。／現實上相對的觀念／本來知道把生死看成相同的說法是荒誕的，把長壽和短命當成一樣是不合理的。
(C)天庇佑善人
翻譯：天道公正無偏無私，只愛好人。／質疑天善待好人，否則爲何修德之人反不能蒙受庇佑。／有些謹慎的人，講究出處進退，該說話待到合適的時機才開口，連走路不走捷徑小路，不是爲了主持公正，就不表露憤懣，可是他們反倒遭遇災禍，這種情形多得簡直數也數不清。
(D)皆強調修德的必要性
翻譯：君子廣博地學習，並且以禮來規範言行舉止和態度，就可以不偏離正道了。／木材用墨線量過再切割就成直木，刀劍等金屬製品在磨刀石上磨過就能變得鋒利，君子廣泛地學習，而且每天檢查反省自己，那麼他就會聰明機智，而行爲就不會有過錯了。
(E)強調以法律行教化
翻譯：聖明的國君治理的國家，沒有書籍，以法令來教化；沒有先王的話，以官吏爲人民的老師。／法家的嚴苛性。直到殘暴的秦，焚燒經書，殺死儒生，設禁止藏書的法令，推崇先王也會被判罪。

2. 答案：(C)
解析：(A)(B)惠子主張既生而爲人，不能無情　(C)由「吾所謂无情者，言人之不以好惡內傷其身，常因自然而不益生也」(D)莊子認爲「順自然而無情」，不會「不利養生」可知
翻譯：惠子對莊子說：「人本來就沒有情感嗎？」莊子說：「是的。」惠子說：「人如果沒有情感，怎麼能夠稱爲人呢？」莊子說：「道給了人容貌，天給了人形體，怎麼不能稱爲人呢？」惠子說：「既然稱爲人，怎會沒有情感呢？」莊子說：「這不是我所說的『情』。我所說的『無情』，是說人不因爲好惡而損害自己的本性，人應該經常順應自然而不用人爲去改變增益。」
答案：(D)
解析：題幹：道「與」之貌：給予。(A)出自〈大同與小康〉，推選　(B)出自《論語・衛靈公》，和、同　(C)出自歸有光〈項脊軒志〉，和、同　(D)出自《老子》八十一章，給予。

一〇一、戰城南

【練習題】
1. 答案：(B)
解析：(A)指農田無人耕種而荒蕪　(B)野死不葬烏可食呈現曝屍原野，烏鴉來食的情景　(C)描述河水深而清澈，蒲葦蓊鬱茂盛　(D)指想要效忠而不可得
2. 答案：(C)

解析：(A)描述戰士犧牲壯烈的情況 (B)對戰士們無法生還的哀悼 (C)以「思」表景仰懷念之情，「良臣」的美譽來肯定之 (D)軍事建設使交通受阻

3. 答案：(B)

解析：(B)以疑問強化戰士死狀之慘，曝屍野外無人理之悲。

【大考演練】

1. 答案：(A)

解析：(B)未提及家庭財務規劃與長壽者居家生活品質的關係 (C)並未提及回歸自然是永續發展正軌 (D)未提及世代融合

一〇二、伯夷列傳

【練習題】

1. 答案：(C)

解析：(A)同早 (B)飽足，滿足 (C)廉潔謹愼／衡量 (D)罪

2. 答案：(B)

解析：(A)僅言盜蹠行事，而未呈現天報 (C)敘司馬遷作書目的 (D)僅言伯夷、叔齊行事，而未呈現天報

3. 答案：(A)

解析：(A)出自《尚書．泰誓中》，天與民同其感受，同其好惡。

翻譯：天的視聽通過人民的視聽來體現。

(B)出自《荀子．天論》，天不會因堯或夏桀而改變。

翻譯：大自然的運行有一定的規律，不因堯的賢聖而存在，也不因桀的暴虐而消亡。

(C)出自《詩經．大雅．烝民》，天道有一定的規則。

翻譯：上天生養萬民，任何事物都有法則。百姓把握常規，喜愛美好品德。

(D)出自《易．繫辭》，聖人法天象之意。

翻譯：天生蓍龜，聖人法則之以爲卜筮也。天行四時生殺，賞以春夏，刑以秋冬，是聖人效之。

【大考演練】

1. 答案：(A)

解析：司馬遷「辭約而事舉」寫三千年間的史事，只用了五十萬字；班固「人道之常，中流小事，亦無取焉，而班皆書之」，敘述二百年的史事，卻用了八十萬字。可知作者認爲班固取材較雜蕪，有失精審。

翻譯：世人評論司馬遷、班固，多半認爲班固超過司馬遷，我認爲這是錯的。司馬遷的作品，文辭簡潔而史事詳盡，敘述三千年間的史事，只用了五十萬字。班固敘述二百年的史事，竟然用了八十萬字，一個繁瑣，一個簡潔，並不能相提並論，這是班固比不上司馬遷的其中一個原因。好的史家敘述史事，表揚善行時足以勸勉人向善，描述惡行時足以使人鑑戒。尋常的做人道理、普通的小事，根本無須記錄，但班固都寫下來了，這是班固比不上司馬遷的第二個原因。詆謗、貶抑晁錯，損傷忠臣之道，這是班固比不上司馬遷的第三個原因。司馬遷開創紀傳體，班固承襲，難易的程度更不相同。司馬遷替蘇秦、張儀、范雎、蔡澤傳記，用字遣詞光

彩絢爛，足以彰顯他們的卓越才能。所以敘述善辯之士時，辭藻就十分華美；敘述帝王實錄時，就精確詳實地考量，描述形容簡潔扼要，這就是司馬遷爲什麼被稱爲良史的原因。

2. 答案：(A)

解析：司馬遷敘述善辯之士時，辭藻就華美；敘述當朝實錄時，精確詳實。由此可知，司馬遷能依所敘人物選用最合宜的筆法。

一〇三、別賦（節選）

【練習題】

1. 答案：(A)

解析：(B)(C)(D)皆爲居人愁臥之傷。

2. 答案：(A)

解析：(A)寫遊子離別之苦。

3. 答案：(B)

解析：(A)別爲核心內容　(C)未出現議論　(D)並無正反對比

【大考演練】

1. 答案：(B)

解析：(A)「人類和較低等動物主要的情緒表達來自天生或遺傳」，而非「情緒表達完全相同」；「稍後的學者繼續探討此議題」，非「修正該主張」　(B)由「許多動物在面對危險時會毛髮豎立，……也是哺乳類親戚表情的遺跡」可知　(C)「高階情緒通常被認爲是認知的運作……個體間的差異」，而非「認知能力較弱，而非擁有高階情緒」　(D)「高階情緒越多的人，說明其表達力和道德感越高」無關

2. 答案：(B)

解析：(A)出自魯迅〈孔乙己〉，掌櫃前後都在乎「孔乙己還欠十九個錢呢」　(B)出自馮夢龍《醒世恆言》，月香一開始只是欠身道萬福，張婆提醒下才磕頭行大禮　(C)出自吳敬梓《儒林外史．范進中舉》，范進被打暈昏倒於地，後來在眾鄰居幫助下漸漸喘息過來，皆屬生理反應，無「展示規則」之心理活動　(D)出自劉義慶《世說新語．雅量》，王戎不爲所動，無前後差異

一〇四、與楊德祖書

【練習題】

1. 答案：(A)

2. 答案：(D)

3. 答案：(B)

解析：(A)諷刺其才不如作者，而好評論　(C)喜好各異　(D)未引用典故，說明各人喜好不同

【大考演練】

1. 答案：(A)(E)

解析：(B)敘述論文的方式而非理論別出心裁　(C)透過讚美他這篇文章了解其人　(D)這是一般論文的寫作方式，作者認讚美的是倫琴有別於此的清高風格

2. 答案：(D)

解析：(A)此非是杜詩的特殊風格 (B)把詩境「還原為物象平列雜陳的視覺印象」，由此產生理解的歧義，與「長於經營視覺意象」無關 (C)並無難以理解詩人原意的問題 (D)由「詞語的省略與錯綜改變了人們的閱讀習慣，原來直線呈現的詩境轉變為平行疊加」可知

3. 答案：(B)

解析：由省略與錯綜，使直線呈現的詩境轉變為平行疊加可知。

一○五、滕王閣序

【練習題】

1. 答案：(B)

解析：「老當益壯，寧移白首之心？窮且益堅，不墜青雲之志」，此句才是自勉志節不變，壯懷不移 (C)表示理想再遠，只要努力必能達到 (D)不要因年華易逝和處境困頓而自暴自棄。

2. 答案：(D)

解析：(A)歎有功而不被重視 (B)懷才不遇 (C)強調及時努力尚未晚矣。

3. 答案：(A)

解析：由「空」、「豈」，可見作者並不認同孟嘗高潔，空有報國之心，終不見用。阮籍不滿世事，飲酒佯裝狂放，其中寄託的是想為國效命之意。

(A)出自左思〈詠史〉，意喻才能雖不佳，也想有所作為。

翻譯：鉛刀雖鈍，但也還有一割之用，我也夢想著施展良好的謀略。

(B)出自蘇軾〈臨江仙〉，意欲歸隱。

翻譯：我駕著小船，從此消逝，將餘生寄託在這寬廣的海上。

(C)出自杜甫〈旅夜書懷〉，感歎四處飄盪。

翻譯：如今我漂泊不定，究竟像什麼呢？就像天地間一隻孤零零的沙鷗

(D)出自李白〈將進酒〉，及時行樂之意。

翻譯：人活在世上就要盡情地享受歡樂，不要使自己的酒杯只對著月亮獨飲。

【大考演練】

1. 答案：(C)(E)

2. 答案：(A)

解析：由甲詩「欲問」義心義，可推出下接「遙知」空病空。乙詩情境在「海風」，一對聯的規則名詞相對、空間相對，就能選出「江月」對應。丙詩客子念「故宅」，故接離家長久。

翻譯：甲、一位行動不便的老先生，緩緩地走進寺廟要謁見禪師。想要問一個明白，聽了禪師的講解後，終於知曉了空病亦空的道理。天地萬物盡在天眼之中，大千世界也在佛的自性之中。不要怪氣候炎熱，因為它能生出大地之風啊。（王維〈與裴迪同作〉〈夏日過青龍寺謁操禪師〉）

乙、瀑布高高地懸掛山涯有三百丈高，噴湧的溪水漫延數十

里長。瀑布水流迅速得如同閃電一般，隱然好像空中升起的白虹。初看時還以爲是銀河從九天垂落，河水從雲天高處半灑而下。抬頭仰望那氣勢更加雄偉，大自然造化之功多麼壯闊啊。海風吹不斷瀑布，江上的明月照得如同空無。（李白〈望廬山瀑布水〉）

丙、飛蓬草並非沒有根，只是隨著風四處飄盪。在天氣嚴寒中飄落在萬里之外，不再回到它生長的地方。遠方的遊子思念故鄉舊居，三年來沒有再踏入。惆悵地望著那邊已被戰亂籠罩的家鄉，戰火布滿函谷關。人生有多長久，而我卻長久地在寄身他鄉的旅程中度過。（杜甫〈遣興〉）

3. 答案：(A)

解析：甲詩從「山河天眼裡，世界法身中」可看出是與佛理有關，是王維（詩佛）的風格。乙詩從「三百丈」、「數十里」、「壯哉」可推知是李白的豪情。丙詩從「烽火」、「戎車」、「羈旅」社會寫實可推是杜甫。

一〇六、藍田縣丞廳壁記

【練習題】

1. 答案：(B)

解析：京師試才出類拔萃：「貞元初，挾其能，戰藝於京師，再進再屈千人」→貶官藍田反躬自省從於流俗：「元和初，以前大理評事言得失黜官，再轉而爲丞茲邑」→始至，喟曰：「官無卑，顧材不足塞職。」（自省）→既噤不得施用，又喟曰：「丞哉！丞哉！余不負丞而丞負余！」則盡枅去牙角，一躡故跡，破崖岸而爲之。（從流俗）

2. 答案：(C)

解析：(A)「不可否事」指不可對公事表達可或否，這是一種消極的態度 (B)「雁鶩行以進，平立」指小吏像雁一般直行而進，拘謹直立，這不是恭敬，而是警戒 (C)「種學績文」以耕田織布爲例，強調崔斯立的勤學能文 (D)「水浮虎浮虎循除鳴，斯立痛掃溉」崔斯立大力整理庭除，比對前後文，水聲必不可能爲喜悅反映

【大考演練】

1. 答案：(A)

解析：所謂呼應，必定在於彼此有關聯，或爲因果，或爲表裡，或爲相反。韓愈於本文，先談藍田縣縣丞的官銜及職責的怪現象，次二段談崔斯立到任時之不適，後來隨俗而改動的實例 (A)前句爲當地人對這個職位的批評譏諷，並非使得崔斯立噤不得施用的理由。崔斯立噤不得施用的原因在於官場文化，而非當地人的譏諷。四個選項中，只有第一個選項彼此無關；後三個選項都可見得當地官場文化的矛盾現象 (B)前句指丞之下設立主簿及尉，後句則說官位在其下，但勢力卻在其上的矛盾 (C)前者言丞的職分應在輔佐縣令，後者則質疑無法參與政事 (D)前者言丞的職務本應無所不問，後者言縣丞什麼都不能問。

2. 答案：(A)(C)(E)

解析：(A)老子認爲社會失去道、德、仁、義，才須講求「禮」 (B)孔子認爲「禮」的精神比形式更重要，憂心徒具儀式而喪失內在的誠意 (C)吳子良「禮」的形式與內在應

爲一體，是以批判老子矯枉過正　(D)吳、朱未批評老子對「禮」缺乏深度認知或有失偏頗　(E)從〈禮運〉謀略兵戰之興，與老子「忠信之薄」失義而後禮的看法相似

翻譯：老子：出自《老子》第三十八章：失去了道而後有德，失去了德而後有仁，失去了仁而後有義，失去了義而後有禮。禮是忠信的不足，是禍亂的開端。

孔子：出自《論語．陽貨》：禮啊禮啊！哪裡只是指玉帛這些禮器呢？樂啊樂啊！哪裡只是指鐘鼓這些樂器呢？

吳子良（宋代學者）：出自吳子良《林下偶談》：原來老聃對於禮，注重其核心精神而不注重其表象形式儀文，然而假使儀式可以廢除，那麼核心精神也不能獨立存在了。會說出「禮者忠信之薄而亂之首」這樣的話的老子，是因爲他看到了講求相信形式的弊病，而說了矯枉過正的較偏激之言。

朱熹學生：老子既然說：「夫禮，忠信之薄而亂之首」，孔子卻又向他問禮，不知是何緣故？

朱熹：出自《朱子語類》：他曾擔任柱下史之職，自然對禮是瞭解的，所以與孔子談禮說得這麼好。只是他又說禮這個物事，不必刻意使用也好，一如聖人所行無不合禮，刻意用禮時反而像無事生事，所以老子才如此說。《禮記．禮運》中有「謀用是作，而兵由此起」等話語，便自有這個意思在。

一〇七、柳子厚墓誌銘

【練習題】

1. 答案：(C)

解析：(A)文中並無此論點　(B)此非本文最主要觀點，而是藉以襯托柳宗元重情義，並批判世情　(D)窮厄困頓與品格無關，柳宗元品格高潔亦表現於未貶時，且一般人處變故則勢利寡情

2. **答案**：(B)

解析：形容人行動果決、快速，迫不及待的樣子。

3. **答案**：(B)

解析：(A)寫柳宗元重情義之行　(B)慨歎柳宗元貶謫時無人相救，批判士風澆漓、友道浮薄的現實，患難中不見節義的人性　(C)論柳宗元因困阨而成就文學高度　(D)以形象化方式反諷當時人落井下石

【大考演練】

1. **答案**：(B)

解析：(B)目「不能」，耳「不能」，表無法。

翻譯：每次看到古人作品感慨的緣由，與我感歎的相符合時，沒有不對著這文章而歎息悲傷才知道把死與生看成一樣的說法是虛妄荒誕的，把長壽和短命看成等齊也是虛妄不實。

2. **答案**：(A)

解析：(A)把魚蝦當成陪伴者，麋鹿當成朋友　(B)衡量　(C)買　(D)治理、帶領

一〇八、賈誼論

【練習題】

1. 答案：(A)
解析：(A)由「優游浸漬」之建議可見其自負自信 (B)(C)由「大臣不忌」可見待人不能謙卑，親和 (D)文中無法見其行事苟且

2. 答案：(D)
解析：作者一方面惜賈誼之才未見用，另方面指出他器量不足，不能忍與待時而動，一旦不遇便陷溺於哀戚而自傷。(A)出自劉長卿〈長沙過賈誼宅〉，表悲憫而惋惜。
翻譯：江山寂寥，草木飄零，可憐呀！為什麼你無端地被貶謫到這偏遠的天涯海角來呢？
(B)出自白居易〈讀史〉，並未說及賈誼志大之見，敘述漢文帝採黃老之術，刑罰罕用。賈誼此番貶往長沙，內心極其苦悶。
(C)出自吳仁璧〈賈誼〉，推崇賈誼才高。
翻譯：經世濟民的文章留在他的遺策之中，當年在文帝面前的只是一個弱冠少年，誰料權臣認為他恃才輕視絳侯灌嬰，最後只落得惆悵地到湘川憑弔屈原。
(D)出自王令〈讀西漢〉批駁賈誼。
翻譯：當時是太平盛世，本來就不須過於勞心；這樣的無為而治，本就是順於歷史發展。而賈誼識不見此，並非真知灼見。還有認為賈誼不肯等待會有重用的一天，而把自己變得傷痕累累，這樣是不夠有肚量的。

3. 答案：(B)
解析：(A)說明一段時間後便能得志 (B)量小、識不足正因為不能待、不能忍
翻譯：君子要想達到長遠的目標，則一定要等待時機；要想成就偉大的功業，則一定要能夠忍耐。
(C)取證說明國君用人之道 (D)建議做法

【大考演練】

1. 答案：(A)
解析：教授被聾啞人買釘子的「既有認知」所限制。

2. 答案：(A)(C)(D)
解析：(A)南海、北海、梧桐、練實、醴泉都是遠大、高潔的象徵 (B)是叫聲難聽 (C)鵷鶵代表堅持高遠的理想，鴟仰視恐嚇可見其害怕心理 (E)「燕雀難知鴻鵠之志」出自《史記．陳涉世家》，指目光短淺之人無法體會高遠的志向
翻譯：甲、那鳳凰鳥，從南海出發要飛向北海，不是高大的梧桐樹就不棲息，不是精緻的竹實就不食用，不是乾淨的甘泉就不飲用。有隻貓頭鷹抓到一隻死老鼠，恰好鳳凰飛過牠，貓頭鷹怕害鳳凰搶死老鼠，抬頭盯著鳳凰，大喊一聲：「嚇！」
乙、貓頭鷹遇見鳩鳥。鳩問：「您要去哪兒？」貓頭鷹說：「我要搬去東方。」鳩問：「為什麼？」貓頭鷹說：「鄉民都討厭我的叫聲，所以我要搬去東方。」鳩說：「您如果能換掉叫聲，就可以（免於鄉民的責難）；如果不能換掉叫聲，搬去東方，東方人還是討厭您的叫聲。」

一〇九、永遇樂京口北固亭懷古

【練習題】

1. 答案：(B)

解析：(A)語出曹操〈短歌行〉，歎人生短暫　(B)出自鮑照〈擬行路難　其一〉，表達宦途失意的憂憤情感

翻譯：希望你節制悲傷減少憂愁，聽我擊唱行路難的歌調。你沒見到漢時的柏梁臺，魏時的銅雀樓都早已灰飛煙滅，難道有誰還能夠聽到古時候的清音管樂？

(C)語出王維〈送別〉，表述歸隱之意　(D)元代貫雲石〈塞鴻秋〉（〈代人作〉），寫相思之情

2. 答案：(C)

解析：(A)劉裕　(B)劉義隆　(D)北魏太武帝拓跋燾

3. 答案：(A)

【大考演練】

1. 答案：(C)

解析：由「小康是保有大同精神的調節型理想，並部分實現了這個理想」可知。

2. 答案：(C)

解析：文中與(C)視城郭爲彼此隔閡而亟欲拆除無關。

3. 答案：(D)

解析：儒家「大同」社會的基礎不在外在條件，而是無私的關愛分享精神。

一一〇、尚節亭記

【練習題】

1. 答案：(B)

2. 答案：(B)

解析：(A)花木枝繁葉茂，不僅要有節，還須得到這個節的中和之道，文中並未提及追求權位財富　(C)季子、曾子爲反例，且文章並未強調萬古流芳　(D)節與虛心無關

3. 答案：(B)

解析：(A)(B)出自《論語》　(C)出自宋代文天祥〈過零丁洋〉　(D)出自明代于謙〈石灰吟〉

【大考演練】

1. 答案：(C)

一一一、騾說

【練習題】

1. 答案：(A)

2. 答案：(A)

解析：(B)「行止出於其心，而堅不可拔者」一方面指騾，另一方面也是作者不屈的寫照　(C)「檟楚以威之」，馬便會乖乖聽話，世人也因畏懼而服從，諷刺世人以爲貴者是奴性　(D)「煦之以恩，任其然而不然者」，說明人才不受利誘

3. 答案：(A)(B)(C)(D)(E)

【大考演練】

1. 答案：(D)

解析：(A)由「黃魚鴞雖是……，但比起亞洲魚鴞的大哥大——毛腳魚鴞仍矮上一個頭」可知其體型不及亞洲的毛腳魚鴞 (B)由「迎接農曆新年的同時，黃魚鴞夫婦也爲了新生命而忙碌」，並無法明確判斷是否「每年冬季飛至臺灣棲息」 (C)由「母鳥必須寸步不離的孵卵……」可知孵卵者爲母鳥 (D)由「一個黃魚鴞家庭所需的溪段長達五至八公里」，可知溪流爲主要的獵食場所。

2. 答案：(D)
解析：從未標明五時到十四時的狀態，推測黃魚鴞正在安眠；而十七、十八時，其鳴叫則最爲頻繁，故選(D)。

3. 答案：(A)
解析：由題幹強調「讓動物也彷彿對自然環境有所關懷」，與(A)「爲生態祈福」觀念相同，其餘都是知識性概念。

一二二、梅花嶺記

【練習題】

1. 答案：(D)
解析：(A)(B)是神仙詭誕之說 (C)不必以出世爲仙成佛，入世爲人之說

2. 答案：(B)
解析：(A)韓愈〈師說〉，感歎句 (B)方孝孺〈指喻〉 (C)孟子，排比句 (D)范仲淹〈岳陽樓記〉，反問

3. 答案：(B)
解析：(A)假託史忠烈公（史可法）之名 (C)因孫兆奎反問中諷刺洪承疇降清 (D)民間不忍史可法死亡而有此傳說

【大考演練】

1. 答案：(B)
解析：(A)面具不是人，沒有情緒與想法 (C)「面具後頭應該讓它空著才好」指不要戴面具，而以眞實面孔；無面孔指失去自己 (D)「紙製的面具」紙做的面具；「薄得像紙」暗示面具越來越無法遮掩

2. 答案：(B)
解析：(A)乙文突顯人性「不換面孔」和「換面孔」的對比 (C)(D)無此比較

一二三、陶庵夢憶序

【練習題】

1. 答案：(B)
解析：(A)雞鳴枕上，「夜氣」方回／夜晚的空氣，語出南朝梁六劉孝儀〈和昭明太子鍾山解講詩〉 (B)說明世事變化無常 (C)寤，睡醒／寐，就寢。寤寐表示無時無刻 (D)反而／按照舊曲譜製作新詞

2. 答案：(A)

3. 答案：(D)
解析：作者藉以寫期待陶庵夢憶種種能傳之於後世。

【大考演練】

1. 答案：(A)(B)(C)
解析：(A)由「賈寶玉是被幽禁於傳統文化心靈深處的禁忌與

壓抑之大解放」可知 (B)由「在有法之天下中，有情之天下只能成其爲夢」可知 (C)由「以這個踽踽於洪荒的第一畸零人，來傳達他對生命的孤奇領悟」可知 (D)魔怪病疴是作者刻意營造的反抗姿態突顯正統禮法對「情」的約束 (E)以爲傳達他對生命的孤奇領悟

一一四、遊雁宕山日記

【練習題】

1. 答案：(D)
解析：危峰：靈峰道所經，巨石：老僧岩

2. 答案：(B)
解析：(A)擬人 (C)示現 (D)摹寫

3. 答案：(A)
解析：(A)山陰位在今浙江紹興，境內山水美景甚多，後喻風景豐富而迷人 (B)文中並未遇絕境，故無山窮水盡之時 (C)該段敘述並未提及鳥的描繪 (D)文中所敘，並未以各種角度觀看同一座山峰，更未描述因不同角度所觀之景不同之文句

【大考演練】

1. 答案：(D)
解析：(A)都是「雖遊猶弗遊」不能見全貌 (B)由「在中州者無大過人；其奇絕者，閩粵楚蜀滇黔，百蠻荒徼之區」可知 (C)由「不多其博辨，而多其眞實」可知 (D)由「記文排日編次」、「直敘情景，未嘗刻畫爲文」可知情景

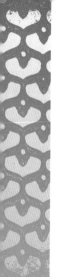

翻譯：文人與見識高超的人，大多喜歡談旅遊。但旅遊並不容易談，……在淺近的地方旅遊沒有什麼奇特，只在方便處旅遊不會覺得暢快，一群人旅遊不會常久，若非讓自己置身於超脫塵世之外處，斷絕諸多世俗雜事，而依自己的心意去做，那麼雖是去旅遊也像沒有旅遊一樣。我閱覽過去許多名人的遊記，以我親眼目睹、親身經驗過的經歷來對比查驗，明白這些名人都像嚐一塊肉便知道整鍋食物的味道，閱覽一個章節文字就推知全書內容一樣，只是略微涉獵旅遊的門徑，鮮少掌握旅遊眞正幽深所在。……徐霞客的旅遊，在中原地區的探索無過常人之處；他所經歷的奇險僻絕之處，像福建、廣東、荊楚、四川、雲南、貴州，各種蠻夷所居的荒遠邊域，都往返遊歷多次。他遊歷路線不走官道大路，只要有名勝美景的地方，往往不惜走迂迴彎折的路來尋找；出發前先審視山脈的走向如何，水流脈絡如何分合，已經瞭解大致形勢之後，再對於每座山陵、溪谷，枝節細微處詳細搜求研討。他所登臨的名勝美景不一定有路可走，即使面對雜亂叢生的草木與茂密的竹林，沒有不穿越而過的。……他所記載的文字，按日期先後逐一編排次序，直接書寫景物情景，不曾炫耀寫作技巧，以精細描摹爲能事。……因此對於徐霞客的遊歷，我並不佩服他到過多麼廣闊遼遠的地方，而是佩服他觀察記載的精準詳實；對於徐霞客的著作，可貴處不在他對景物的談說形容，而在他留下許多詳實珍貴的記載。……若問徐霞客果眞做了什麼？正因他沒有其他附加的目的而只是單純遊歷，所以志意專一；能志意專一，所以行動獨立；行動獨立，所以來去隨心所欲，沒有到達不了的地方。我想上天的意思或許是：大自然的創造者不想使山川的

靈妙奇異被祕藏太久不能公開，所以才出現像徐霞客這樣的人物來揭露大自然的神奇瑰麗吧？

2. 答案：(C)

解析：文中提及選擇路徑的標準是「其行不從官道」、「登不必有徑」 (A)出自歐陽脩〈醉翁亭記〉，層層寫出所見景物，無關路徑選擇 (B)出自袁宏道〈晚遊六橋待月記〉，寫西湖桃柳盛開、遊人如織，無關路徑選擇 (C)出自柳宗元〈始得西山宴遊記〉，「緣染溪，斫榛莽，焚茅茷」句，是自闢道路 (D)出自王羲之〈蘭亭集序〉，寫雅集的靜態活動，無關路徑選擇

3. 答案：(D)

解析：徐霞客的旅遊是「其行不從官道」、「登不必有徑」 (A)由「志專，故行獨」可知不重交際人情 (B)「沿縣道公路深入風景勝地」，與「其行不從官道」不合 (C)由「服其精詳」；「多其眞實」可知重客觀報導，而非「與自我心靈對話」之敘述 (D)符合「其行不從官道」的選擇

一一五、登泰山記

【練習題】

1. 答案：(C)

解析：(A)日觀亭座落於泰山巔，故應先到泰山巔 (B)(D)古時登山路線從東谷入，「余所不至也」

2. 答案：(A)

解析：陰曆每月的最後一日稱爲「晦」。五鼓是五更，即早上三至五時，天將亮時。

3. 答案：(B)

解析：(A)道中迷霧冰滑，磴幾不可登 (B)半山居霧若帶然 (C)日未出時，足下皆雲漫，稍見雲中白數十立者如樗蒱，山也 (D)日出之前，極天雲一線異色，須臾成五彩

【大考演練】

1. 答案：(D)

解析：由「柏油一里一里鋪過來，高壓線一千碼一千碼架過來，公寓樓房一排一排挨過來」可知。

2. 答案：(A)

解析：(B)「讓下車的人好在樹下從容撐傘」是因爲老樹庇蔭，「工務局裡的科員」預示老樹將被砍除 (C)顯示老樹溫柔的守護眾人 (D)強調隨著搬遷人口密度帶來改變

一一六、望玉山記

【練習題】

1. 答案：(C)

解析：(A)不使人親近／出自《論語》，比喻求學的次第。

(B)隱藏才氣與美好的內在／出自《論語》。

翻譯：仰望老師的形象越來越覺得高大，鑽研老師的學問越來越感到堅實。

(C)出白居易〈長恨歌〉，寫雲籠山頭的狀態。

(D)出自李白〈清平調〉，寫雲霧盡散的狀態。

【大考演練】

1. 答案：(D)
2. 答案：(A)
3. 答案：(D)

解析：(A)臺灣僅記載清朝　(B)並未檢討史書散佚的原因　(C)並未回顧歷來的臺灣史書典範　(D)以所修府志「無關全局，而書又已舊」來突顯該書的必要

翻譯：《閩海紀要》是清朝的禁書，卻是紀載鄭成功事蹟可信的歷史書，所以我非常喜愛而將它印刊。某人讀後跟他人說：「這本書所記載的內容，有多處跟《臺灣府志》不同，連雅堂校對時，爲什麼不修改？」我說：「這本書的價值就在它跟《臺灣府志》所記述的不同。《臺灣府志》是清朝修的官書，其中記載鄭成功的文辭有多處誣陷誹謗，而這是私人著作，根據事實直接記述，藏在藏書處，傳給後人，這就是這本書珍貴的地方。」我說讀歷史應該多讀野史，考證不同與同的地方，辨證分析所記載的對錯，才不會被官府所記載的書籍所局限。

4. 答案：(C)

解析：(A)由「故余喜而刊之」可知未遭官方查禁　(B)臺、鳳、彰、淡諸志，有續修　(C)可與野史相互辯證　(D)文中僅言多讀野史可比較異同，並未強調正史都不可信

5. 答案：(D)

解析：(D)連橫不會稱鄭氏政權爲僞，如「僞藩鄭克塽」

一一七、祭妹文

【練習題】

1. 答案：(B)

解析：(A)「幼從先生受經，汝差肩而坐，愛聽古人節義事」，因而一心堅守婚約　(C)中進士　(D)即使記存也無素文可印證

2. 答案：(B)

解析：(A)慨歎，難以置信　(C)懷想，往事歷歷不堪回首　(D)相信，肯定確信

3. 答案：(A)

解析：(B)顯現兄長袁枚對素文之情　(C)取材選擇生活瑣事　(D)敘事中寓情於事

【大考演練】

1. 答案：(A)(B)(C)

解析：(A)由「只賭珠璣滿斗」，可知以珠寶當賭注　(B)由甲文「與古人的藥草觀念有關」、乙文「此地藥苗都是數千里外移來的」，可知鬥草時常使用藥草，有機會可以認識之　(C)王建詩等其他人都亮出後，再從袖中拿出「鬱金芽」，由此可推知勝出的關鍵在於花草之獨特　(D)由李白詞之「禁庭春晝」、柳永之「春困厭厭」，可知在春季進行　(E)在草的韌性

翻譯：1.明代〈秦淮鬥草篇〉：借用長滿蘭草的水邊低地來當作較量勝負的場地，把栽植香草的園圃變成了角逐競爭的會場。花卉的隊伍按照順序分行排列，草葉兩兩相對峙的旗幟張開了。花卉、草葉不能是同一種類，但名稱卻必須兩兩相

對仗。

2.李白〈清平樂〉：春天早晨的禁宮中，黃鶯的羽毛亮麗，彷彿披上了新的絲繡，宮人們求取各種美好的花草，在花下鬥草，賭的都是滿斗的珠寶。

3.王建〈宮詞〉第八十五：不論是長在水中的芹葉還是生長在土裡的花卉，只要撿拾來了就躲開大家，不讓人看見。總是等到別人一一細數完了他們的花草後，才從袖子裡拿出珍貴的鬱金芽。

4.白居易〈觀兒戲〉：玩了沙土後又玩鬥草遊戲，整天開心地遊戲取樂。

5.柳永〈鬥百花〉三之二：春天裡精神不振、倦怠虛弱，連鬥草的時間也浪費了，也沒有出門踏青的心情。

6.范成大〈四時田園雜興〉：看到滿地都是散亂的青枝和花朵，就知到剛剛孫兒們玩過鬥草了。

2.**解析**：(A)甲文所述《紅樓夢》的玩法是指：折下花草，當某人擺出一種植物時，另一人必須擺出名稱相對仗的另一種植物。乙文批評舊玩法須折花草，甚可惜，而他們的新玩法是不折花草，只以花草名稱來做對仗。可推知所謂的舊套與甲文所述《紅樓夢》的玩法相同 (B)文鬥除了要辨識植物種類外，還須具備對偶之類的語文素養 (C)紫芝提議的新玩法是可以使用書中出現的植物別名，不一定要用俗名，並非自創植物名 (D)乙文中提到的對仗實例是「鈴兒草」對「鼓子花」。可知除了上下兩句平仄相反，詞性相同外，類別也要相同。「鼠姑心」與「龍鬚柏」，只有「鼠」能與「龍」相對，其餘各字皆不符對仗原則。「鼠姑」是牡丹的別名，心是指花芯，並非植物之名 (E)《紅樓夢》與《鏡花緣》中，參與鬥草者多爲女性，故可提供古代婦女辭采展現與人際交流的資訊

一一八、隨園記

【練習題】

1.**答案**：(B)
解析：隨園者，是隨心之嚮往 (A)漢代曹參繼蕭何爲相國，舉事皆無所變更 (C)意謂到一個地方就順隨當地的風俗習慣行事 (D)依附他人而成名

2.**答案**：(A)
解析：(B)未見萬念俱灰之情 (C)未寄個人境遇之歎 (D)未敘作者遊園狀況

3.**答案**：(A)(B)(C)(E)
解析：(D)作者因貶官而傷痛愁苦。

【大考演練】

1.**答案**：(A)
解析：由「夫人惟不滯於境之內者，斯可超於象之外」可知。
翻譯：朋友見到了說：四季的花，你都栽種了；四季的樂趣，你都能享受；這地方不可以不取個名字。稱爲「聚芳園」，好嗎？但你是怎麼修了什麼好福氣才能享受這樣的樂趣？一個人只有不受現實環境拘限，才可以享受超脫世俗的樂趣。我曾見達官貴人，每天坐在華麗的堂屋裡，珍藏的寶貝擺滿面前，毛織的地毯鋪在地下。但你住的房舍是簡陋的

茅草屋柴門、紙糊的窗子和竹屋，簡直是天地之別；他們整天往來頻繁追名逐利經營奢靡的排場，在香氣馥烈的帷帳裡卻終日憂慮不已，睡不好，吃不安寧，不知道何時才能快樂！

2. 答案：(B)

解析：(B)工之僑以歸，謀諸漆工，作斷紋焉；(工之橋)又謀諸篆工，作古窾焉。

一一九、聊齋誌異．畫皮

【練習題】

1. 答案：(B)

解析：(A)未生恨而是懼 (C)未發誓殉節 (D)未毀皮，而是捲而置囊中

2. 答案：(A)

解析：(A)意指壞事幹多了，結果是自己找死 (B)出自《老子．五十八章》，意味禍與福互相依存，可以互相轉化。禍是造成福的前提，而福又含有禍的因素 (C)出自《紅樓夢》第一回，把假當眞，則眞的便成了假的了；把眞當假，則假的便成了眞的了 (D)「曾經滄海難爲水」，出自元稹〈離思〉，經歷過無比深廣的滄海的人，別處的水再難以吸引他。「糟糠之妻不下堂」，出於《後漢書．宋弘傳》，不能拋棄共患難的妻子。

3. 答案：(C)

解析：引文表現王生恐懼之心 (A)不定，不能自持 (B)形容心神迷亂，不能自持 (C)思緒如隨風飄動的旗幟，喻心思起伏，不能自持 (D)疑心太重將虛幻的事當成眞，徒自驚擾。

【大考演練】

1. 答案：(B)

解析：(A)狐仙擲瓦石擊人 (C)狐仙占據書室，良吏前往驅之 (D)狐仙並未嘲弄僕婦

翻譯：滄州孝廉劉士玉，有間書房被狐仙占據。狐仙白天和人對話，丟瓦片打人，但是看不見牠的身影。知州平原人董思任，是一個好官。聽到這樣的怪事，便親自前去驅趕狐仙。董知州正在大談人和妖怪不屬於同一類的道理時，忽然聽到屋簷邊狐仙高聲說：「您當官，很愛民，也不貪財，所以我不敢拿瓦石打您。但是您愛護百姓是爲了獲取好的名聲，不貪財是害怕以後有災禍啊，所以我也不會躲避您。請您停止（驅趕勸說）吧，不要再多嘴自討沒趣。」董思任知州狼狽地回去，心理鬱悶了好幾天。劉士玉家中有一個僕婦，很粗笨，只有她不害怕狐仙，狐仙也不攻擊她。有人在和狐仙對話時，提起僕婦來問狐仙。狐仙說：「她雖然是一個低下的僕婦，卻是眞正的孝婦啊。鬼神看見她還得退縮形跡躲避，何況我們狐仙呢？」劉士玉於是讓僕婦居住在書屋中，狐仙當天便離開這間屋子。

2. 答案：(D)

解析：從「『然公愛民乃好名，不取錢乃畏後患耳，故我亦不避公。』」後，『狼狽而歸，咄咄不怡者數日。』」可知。

3. 答案：(A)

解析：由「彼雖下役，乃眞孝婦也。鬼神見之猶斂避，況我曹乎？」可知。

二二〇、閱微草堂筆記卷二　灤陽消夏錄二　妾再嫁

【練習題】

1. 答案：(D)
解析：(A)遊士無貪婪之行　(B)愛妾無移情別戀之情　(C)豪士無揮霍之敘　(D)成全樂昌公主與其夫徐德言破鏡重圓

2. 答案：(A)
解析：(B)報恩　(C)愛妾改嫁，豪士答應其祭祀前夫，此爲重信約　(D)豪士見愛妾囈語後的作爲，一方面是妒忌愛妾夢中與前夫相會，另方面是趕走其前夫之陰魂

3. 答案：(B)
解析：(A)由「再嫁，負故夫也；嫁而有二心，負後夫也」可知　(B)「憶而死，何如殉而死乎？」意謂既然如此懷想前夫，便當殉節，是重情則守夫妻之義　(C)「哀其遇可也，憫其志可也」可見宅心仁厚，「《春秋》責備賢者，未可以士大夫之義，律兒女子」足見不拘泥流俗　(D)三人的觀點不同，對事情的評論各有看法

【大考演練】

1. 答案：(D)
翻譯：人情詭詐伺機騙人，再也沒有比京城更過分的。我曾買過十六錠羅小華墨，裝墨的漆盒烏黑破舊，眞的是舊東西。試磨之後，才發現那是用泥土捏出來再染上黑色，墨上的白霜，也是覆蓋在溼地長出來的白霉。還有在丁卯那年應鄉試，在住處買蠟燭，怎麼燒都點不著，原來裡面內餡是泥土外頭再敷一層羊脂做的。還有人在燈下賣烤鴨，我堂兄萬周買了。才發現原來是鴨肉全吃乾淨了，保留整副鴨骨頭，再塞滿泥土，外皮糊上一層紙，染成燒烤的鴨皮顏色，再塗上油，只有兩隻鴨掌和鴨頭鴨脖子是眞的。還有，我的奴才趙平用二千錢買了一雙皮靴，非常得意。有一天下大雨，他穿著這雙鞋出門，結果赤腳徒步回來，原來鞋面是用烏油高麗紙揉成皺紋，鞋底用破棉絮糊黏，最後在包上布。

2. 答案：(A)
解析：(B)由「完其全骨」可知鴨骨是眞的，鴨肉是泥　(C)文中並無眞品　(D)只有奴子趙平花兩千錢自喜賺到了

Note

Note

Note

國家圖書館出版品預行編目資料

高中國文：全方位跨領域經典閱讀／陳嘉英
著. ——二版. ——臺北市：五南圖書出版股
份有限公司, 2021.01
面； 公分
ISBN 978-986-522-320-5（平裝）

1.國文科 2.閱讀指導 3.中等教育

524.31 109016067

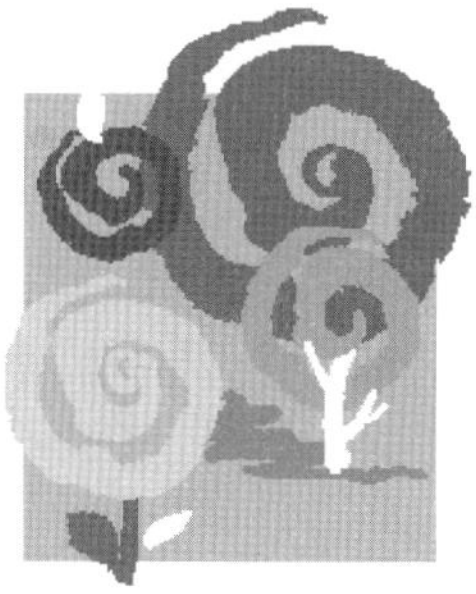

ZXOS

高中國文
全方位跨領域經典閱讀

編　　著— 陳嘉英
企劃主編— 黃惠娟
責任編輯— 魯曉玟
封面設計— 萬亞雰
出 版 者— 五南圖書出版股份有限公司
發 行 人— 楊榮川
總 經 理— 楊士清
總 編 輯— 楊秀麗
地　　址：106臺北市大安區和平東路二段339號4樓
電　　話：(02)2705-5066　傳　　真：(02)2706-6100
網　　址：https://www.wunan.com.tw
電子郵件：wunan@wunan.com.tw
劃撥帳號：01068953
戶　　名：五南圖書出版股份有限公司
法律顧問　林勝安律師
出版日期　2020年 1 月 初版一刷
　　　　　2021年 1 月 二版一刷
　　　　　2024年 7 月 二版六刷
定　　價　新臺幣580元

童年的祕密
烏托邦
Utopia
奇怪的戰敗
新工具
Novum Organum
理想國
禪學隨筆
Studies in Zen
美學原理
自殺論
人的行為：經濟學專論
Human Action: A Treatise on Economics